Économie

collection aide-mémoire

Droit administratif
A. Maurin

Droit des affaires
B. Hess-Fallon, A.-M. Simon

Droit civil
B. Hess-Fallon, A.-M. Simon, M. Vanbremeersch

Droit constitutionnel
E. Oliva, S. Giummarra

Droit de la famille
B. Hess-Fallon, A.-M. Simon

Droit fiscal
Ch. Aimé, M. Rochedy

Droit pénal. Procédure pénale
J. Borricand, A.-M. Simon

Droit du travail
B. Hess-Fallon, S. Maillard-Pinon, A.-M. Simon

Droit de l'Union européenne
R. Ghévontian

Économie
C. Dollo, L. Braquet, D. Chavot-Dolce, N. Gimeste

Finances publiques
E. Oliva

Institutions juridictionnelles
A. Maurin, M. Brusorio Aillaud, A. Héraud

Management et économie des entreprises
G. Bressy, C. Konkuyt

Sciences sociales
C. Dollo, J.-R. Lambert, L. Lorrain, S. Parayre

aide mémoire

Économie

Christine Dollo
agrégée de sciences sociales et maîtresse de conférences de sciences économiques à l'ESPE d'Aix-Marseille

Laurent Braquet
professeur de sciences économiques et sociales au lycée Gustave Flaubert de Rouen et en classe préparatoire universitaire IEP à Rouen

Delphine Chavot-Dolce
agrégée de sciences sociales et professeure de SES en classes préparatoires au lycée militaire d'Aix-en-Provence

Nathalie Gineste
agrégée de sciences sociales et professeure de SES en classes préparatoires au lycée Saint-Charles de Marseille

7e édition
2021

SIREY

Éditions DALLOZ
31-35 rue Froidevaux, 75685 Paris Cedex 14

ISBN : 978-2-247-20850-0
978-2-247-21069-5

Sommaire

Chapitre 5

Chapitre 6

Chapitre 7

Chapitre 8

Chapitre 9

Chapitre 10

Sigles et abréviations

AAI	Autorité administrative indépendante
ADPIC	Accord sur les aspects des droits de propriété qui touchent au commerce
AFEP	Association française d'économie politique
AFSE	Association française de sciences économiques
AGCS	Accord général sur le commerce des services
AGETAC	Accord général sur les tarifs douaniers et le commerce
ALENA	Accord de libre-échange nord-américain
AMF	Autorité des marchés financiers
AME	Accord multilatéral sur l'environnement
AMI	Accord multilatéral sur l'investissement
ANASE	Association des nations d'Asie du Sud-Est
ANI	Accord national interprofessionnel
AOSIS	Alliance des petits États insulaires
APD	Aide publique au développement
APEC	Association pour la coopération économique en Asie-Pacifique
APU	Administrations publiques
ATTAC	Association pour une taxation des transactions financières pour l'aide aux citoyens
BAII	Banque asiatique d'investissement pour les infrastructures
BEI	Banque européenne d'investissement
BCE	Banque centrale européenne
BIT	Bureau international du travail
BRI	Banque des règlements internationaux
BRICS	Brésil, Russie, Inde, Chine, Afrique du Sud
CA	Chiffre d'affaires
CAD	Comité d'aide au développement
CAE	Conseil d'analyse économique
CAF	Caisse d'allocations familiales
CAS	Conseil d'analyse stratégique
CCF	Consommation de capital fixe
CECA	Communauté européenne du charbon et de l'acier
CED	Communauté européenne de défense
CEE	Communauté économique européenne
CERS	Conseil européen du risque systémique
CFC	Chlorofluorocarbures
CGSP	Commissariat général à la stratégie et à la prospective

CICE	Crédit d'impôt pour la compétitivité et l'emploi
CIP	Consommation intermédiaire de produit
CME	Capitalisme monopoliste d'État
CMU	Couverture maladie universelle
CNAMTS	Caisse nationale d'assurance maladie des travailleurs salariés
CNIS	Conseil national de l'information statistique
CNUCED	Conférence des nations unies pour le commerce et le développement
COP	*Conférence of parties*
COR	Conseil d'orientation des retraites
CREDOC	Centre de recherche pour l'étude et l'observation des conditions de vie
CSP	Catégories socio-professionnelles
CVM	Chaînes de valeur mondiales
DC	Dépense de consommation finale
DIT	Division internationale du travail
DTS	Droits de tirages spéciaux
EBE	Excédent brut d'exploitation
ECN +	*European Competition Network*
ECU	*European Currency unit*
EI	Entreprise individuelle
EIRL	Entreprise individuelle à responsabilité limitée
EQTP	Équivalent temps plein
ESEC	*European Socio-Economic Classification*
ESEG	*European Socio-Economic Groups*
ETI	Entreprises de taille intermédiaire
EURL	Entreprise unipersonnelle à responsabilité limitée
FBCF	Formation brute de capital fixe
FESF	Fonds européen de stabilité financière
FMI	Fonds monétaire international
FMN	Firme multinationale
FSB	*Financial stability board*
FSF	Forum pour la stabilité financière
GATT	*General agreement on tariffs and trade*
GE	Grandes entreprises
GES	Gaz à effet de serre
GIE	Groupement d'intérêt économique
GIEC	Groupe intergouvernemental d'experts sur l'évolution du climat
GVC	*Global value chains*
HCSF	Haut conseil de stabilité financière
HOS	Heckscher Ohlin Samuelson
ICF	Indicateur conjoncturel de fécondité

IDE	Investissement direct à l'étranger
IDH	Indice de développement humain
IDHP	Indice de développement humain ajusté aux pressions exercées sur la planète
IHH	Indice de Herfindahl-Hirschmann
INED	Institut national des études démographiques
Insee	Institut national de la statistique et des études économiques
IPC	Indice des prix à la consommation
IPCH	Indice des prix à la consommation harmonisé
IRPP	Impôt sur le revenu des personnes physiques
ISBLSM	Institutions sans but lucratif au service des ménages
ISJ	Inflation sous-jacente
ISM	Institute of supply management
IWI	*Inclusive wealth index*
LOLF	Loi organique relative aux lois de finances
MES	Mécanisme européen de stabilité
MIT	*Massachusset Institute of Technology*
MRU	Mécanisme de résolution unique
MSU	Mécanisme de surveillance unique
NAIRU	*Non accelerating inflation rate of unemployment*
NBER	*National bureau of economic research*
NEC	Nouvelle école classique
NEK	Nouvelle économie keynésienne
NGFS	*Network for greening the financial system*
NIP	Nouveaux indicateurs de prospérité
OCDE	Organisation de coopération et de développement économique
ODD	Objectifs de développement durable
OIC	Organisation internationale du commerce
OIT	Organisation internationale du travail
OMC	Organisation mondiale du commerce
OMS	Organisation mondiale de la santé
ONG	Organisation non gouvernementale
ONU	Organisation des Nations Unies
ONPES	Observatoire national de la pauvreté et de l'exclusion sociale
ORD	Organe de règlement des différends
OST	Organisation scientifique du travail
PAC	Politique agricole commune
PACTE	Plan d'action pour la croissance et la transformation des entreprises
PCS	Professions et catégories socioprofessionnelles
PDR	Prêteur en dernier ressort
PED	Pays en développement

PIB	Produit intérieur brut
PMA	Pays les moins avancés
PME	Petites et moyennes entreprises
PMNC	Politique monétaire non conventionnelle
PNB	Produit National Brut
PNUD	Programme des Nations Unies pour le développement
PNUE	Programme des nations unies pour l'environnement
PPA	Parité des pouvoirs d'achat
PRS	Pacte de responsabilité et de solidarité
PSC	Pacte de stabilité et de croissance
PTI	Parité des taux d'intérêt
QE	Quantitative Easing
RDB	Revenu disponible brut
RDM	Reste du monde
R&D	Recherche et développement
RGPP	Révision générale des politiques publiques
RMA	Revenu minimum d'activité
RMI	Revenu minimum d'insertion
RNB	Revenu national brut
RSA	Revenu de solidarité active
RSE	Responsabilité sociale de l'entreprise
SA	Société anonyme
SARL	Société à responsabilité limitée
SAS	Société par actions simplifiée
SASU	Société par actions simplifiée unipersonnelle
SCEQE	Système communautaire d'échange de quotas d'émission
SEBC	Système européen de banques centrales
SEC	Système européen de compte
SECN	Système élargi de comptabilité nationale
SF	Sociétés financières
SI	Secteur institutionnel
SME	Système monétaire européen
SMI	Système monétaire international
Smic	Salaire minimum interprofessionnel de croissance
SNC	Société en nom collectif
SNF	Sociétés non financières
STN	Sociétés transnationales
TAFTA	*Transatlantic Free Trade Area*
TCAM	Taux de croissance annuel moyen
TEE	Tableau économique d'ensemble
TES	Tableau Entrées-Sorties
TFCD	Task force on climate-related financial disclosure
TIC	Technologies de l'information et de la communication

TiVA	*Trade in Value Added*
TMS	Taux marginal de substitution
TMST	Taux marginal de substitution technique
TOF	Tableau des opérations financières
TPE	Très petite entreprise
TSCD	Traité sur la stabilité, la coordination et la gouvernance
TVA	Taxe sur la valeur ajoutée
UC	Unité de consommation
UE	Union européenne
UEM	Union économique et monétaire
UMC	Union des marchés de capitaux
VA	Valeur ajoutée
VAB	Valeur ajoutée brute
VAN	Valeur actuelle nette
VOC	*Variety of capitalism*
WWF	*World wide fund for nature*
ZMO	Zone monétaire optimale

Les auteurs de la présente édition souhaitent rendre hommage à Alain Beitone, qui a contribué à de nombreuses publications de cet ouvrage et qui est décédé le 27 novembre 2019. L'immense travail qu'il a contribué à initier trouve encore ici toute sa place.

CHAPITRE 1

Épistémologie économique

Selon **M. Grawitz** : « *L'épistémologie, au sens strict, est une étude critique faite* a posteriori, *axée sur la validité des sciences, considérées comme des réalités que l'on observe, décrit, analyse* » (Grawitz, 2000). L'épistémologie économique n'est rien d'autre que l'application à une discipline particulière – la science économique – de la réflexion sur les conditions de production des connaissances scientifiques.

Le statut scientifique de la science économique fait l'objet de débats : faut-il adopter les mêmes règles de scientificité que les sciences de la nature ? Faut-il, au contraire, dénoncer la prétention des économistes à « faire science » et la domination sans partage du discours économique dans le débat social ?

§ 1. Qu'est-ce que la science économique ?

En premier lieu, les économistes se sont toujours interrogés sur les notions à employer : Économie politique, doctrines économiques, science(s) économique(s) ?

À la suite d'**A. de Montchréstien** (1576-1621), ceux qui s'efforcent de comprendre les phénomènes économiques désignent d'abord leur discipline par le terme « économie politique ». Ce terme est utilisé par **K. Marx** (1818-1883), **J.-B. Say** (1767-1832), **V. Pareto** (1848-1923) ou **A. Marshall** (1842-1924) et plus récemment par **E. Phelps** (prix Nobel 2006). Progressivement le terme « science économique » s'est imposé dans le but de mieux affirmer le caractère scientifique du savoir économique.

Certains économistes hétérodoxes ont vu dans ce déclin du terme « économie politique » un signe de l'hégémonie de conceptions qui négligent les dimensions sociales et historiques de la vie économique. Une Association française d'économie politique (**AFEP**) a été créée en 2009 parallèlement à l'Association française de sciences économiques (**AFSE**).

Cela étant, le terme « science(s) économique(s) » soulève lui aussi un problème : doit-on l'employer au singulier ou au pluriel ? Y a-t-il une science économique, au sein de laquelle cohabitent divers **paradigmes**, ou plusieurs sciences économiques ? **Th. Kuhn** (1922-1996) définit, dans *La structure des Révolutions scientifiques* (1962), le paradigme comme un **modèle** qui fait consensus, à un moment donné, parmi les chercheurs du champ scientifique concerné. On se situe alors dans une période qu'il qualifie de **science normale** et les chercheurs d'une discipline scientifique travaillent dans le cadre du paradigme dominant. Lorsque ce dernier est remis en cause par de nouvelles observations ou de nouvelles hypothèses, qui conduisent à un nouveau paradigme en gestation, on assiste alors une **révolution scientifique** qui débouchera elle-même sur une nouvelle période de science normale.

La majorité des économistes penche aujourd'hui pour le singulier : il y a une science économique, comme il y a une sociologie, une science politique, etc. Ce qui n'est pas contradictoire avec le fait que ces disciplines sont caractérisées par un pluralisme théorique et méthodologique.

Enfin, pendant longtemps les économistes ont distingué les théories économiques (visant à une connaissance positive des réalités économiques) et les doctrines économiques (qui avaient un contenu normatif et faisaient référence à des jugements de valeur ou à des préférences politiques). On parlait ainsi des doctrines socialistes ou de la doctrine sociale de l'Église catholique. Cette distinction théorie/doctrine est tombée en désuétude, mais on a assisté au développement d'une économie normative (qui s'intéresse par exemple aux critères de la justice sociale).

Plusieurs définitions de la science économique ont été utilisées au cours de l'histoire de cette discipline et elles exercent une influence dans les débats contemporains.

Nous retiendrons en première approche que, selon **E. Malinvaud** : « *L'économie est la science qui étudie comment des ressources rares sont employées pour la satisfaction des besoins des hommes vivant en société ; elle s'intéresse, d'une part, aux opérations essentielles que sont la production, la distribution et la consommation des biens, d'autre part, aux institutions et aux activités ayant pour objet de faciliter ces opérations* » (Malinvaud, 1969).

Cette définition ne fait pas l'unanimité, les notions de **rareté** et de besoin, par exemple, sont contestées, mais elle a le mérite de tenter une synthèse entre plusieurs approches et de prendre en compte l'importance des institutions.

I. L'approche classique

Les économistes classiques considèrent que l'**économie politique** est la science qui étudie la production des marchandises, la répartition des revenus et la consommation. **J.-B. Say** indique par exemple « *L'économie politique enseigne comment se forment, se distribuent et se consomment les richesses qui satisfont aux besoins des sociétés* » (Say, 1803).

Pour les classiques, il s'agit de construire une connaissance objective de la réalité économique et donc de formuler des lois. La perspective adoptée est macro-dynamique et macrosociale, elle met l'accent sur la question de la reproduction du système économique, sur l'accumulation du capital, sur la détermination de la valeur et des prix ainsi que sur la répartition des revenus entre les classes sociales.

II. L'approche marxiste

K. Marx s'efforce de construire une « critique de l'économie politique » dont l'objectif est de formuler les lois qui président au fonctionnement du mode de production capitaliste. Si **K. Marx** rend hommage à l'œuvre scientifique des économistes classiques (et en particulier à **D. Ricardo**), il considère que ces derniers ne sont pas allés jusqu'au bout de leurs investigations parce qu'ils restaient prisonniers de la vision du monde de la bourgeoisie. En particulier, les classiques ont présenté comme des lois naturelles et universelles, des propositions qui ne sont relatives qu'au mode de production capitaliste. De même, les économistes classiques n'ont pas appliqué la théorie de la valeur travail à la force de travail et n'ont donc pas mis en évidence le phénomène de l'exploitation. Pour **K. Marx**, la critique de l'économie politique est la science des conditions sociales (contradictoires) de la production.

III. L'approche marginaliste

Les économistes néo-classiques et les économistes autrichiens développent, à partir des années 1870, une approche souvent qualifiée d'individualiste. À la différence des classiques et de **K. Marx**, ils ne partent pas des rapports sociaux ou des contraintes de la reproduction du système économique. Pour eux, la vie économique résulte de l'agrégation de comportements individuels rationnels. Les agents cherchent à maximiser leur satisfaction s'ils sont consommateurs ou leur profit s'ils sont producteurs.

Ces comportements individuels sont coordonnés par le marché. Dès lors la science économique est la science du choix rationnel. Ces auteurs se caractérisent notamment par leur utilisation de ce qu'on appelle le **raisonnement à la marge** (notion d'utilité marginale par exemple, v. chapitre *Analyses microéconomiques du consommateur et du producteur, et équilibre de marché*), et on parle d'ailleurs de révolution marginaliste dans l'histoire de la pensée économique (v. chapitre *Les grands courants de l'analyse économique*).

Dans cette perspective, **L. Robbins** (1898-1984) a donné une définition célèbre : « *L'économie est la science qui étudie le comportement humain en tant que relation entre des fins et des moyens rares à usages alternatifs* » (Robbins, 1932).

Le concept de **rareté** est essentiel dans cette définition. En effet, on considère que les hommes ont des besoins illimités et des ressources limitées. Pour **L. Walras**, c'est la rareté qui permet de définir la richesse : « *J'appelle richesse sociale l'ensemble des choses matérielles ou immatérielles* [...] *qui sont rares, c'est-à-dire qui, d'une part, nous sont utiles, et qui, d'autre part, n'existent à notre disposition qu'en quantité limitée* » (Walras, 1874).

Dans sa réflexion sur la définition de l'économie politique, **L. Walras** (1834-1910) distingue :

- l'**économie pure**, qui est une discipline déductive comparable à la physique et à la chimie. Une science observe, expose, explique : son critère est le vrai ;
- l'**économie appliquée** qui est un art. Elle conseille, prescrit, dirige : son critère est l'utile ;
- l'**économie sociale** qui concerne la répartition de la richesse sociale, c'est une science morale, son critère est le bien (ou la justice sociale).

Pour **L. Walras**, les diverses approches sont complémentaires. Il a d'ailleurs publié un ouvrage sur chacun des trois domaines, même si ce sont ses travaux d'économie politique pure qui ont surtout retenu l'attention des économistes.

§ 2. Les querelles des méthodes en sciences économiques

I. Le statut scientifique de la science économique

A. Une explication scientifique des phénomènes économiques

Les classiques, aussi bien que **K. Marx** ou les néo-classiques avaient l'intention clairement affichée de produire une connaissance scientifique des phénomènes économiques. En dépit de leurs divergences, ils adhéraient au monisme épistémologique, c'est-à-dire qu'ils considéraient que les règles du travail scientifique sont les mêmes dans le domaine des sciences de l'homme et dans le domaine des sciences de la nature. Formuler des hypothèses, construire des modèles, tester empiriquement des propositions sont des démarches qui ont cours dans toutes les disciplines scientifiques.

Ainsi la **modélisation** (construction de modèles) est une des caractéristiques du travail des scientifiques en science économique (comme dans d'autres disciplines). Un **modèle** est une représentation simplifiée de la réalité qui permet de tester des hypothèses et de préciser dans quelles conditions un énoncé peut être considéré comme scientifique ou non et provisoirement admis comme tel. Selon **G. Mankiw** et **M. Taylor** (2015) « en faisant des hypothèses, les économistes se concentrent sur les aspects spécifiques qu'ils souhaitent étudier et rejettent de nombreux détails qui ne sont pas pertinents pour l'étude de la question traitée. Par exemple, dans un modèle de marché, nous pouvons faire l'hypothèse que l'offre et tous les déterminants de la demande sont constants, seul le revenu varie. Cette hypothèse simplifie la réalité afin d'améliorer notre compréhension de l'impact d'une variation du revenu sur un marché » (p. 35).

Aujourd'hui encore de nombreux économistes s'inscrivent dans cette perspective et s'inspirent notamment des conceptions épistémologiques de **G. Bachelard** (1884-1962) et de **K. Popper** (1902-1994), ils considèrent que les économistes doivent produire des propositions réfutables (ou falsifiables).

Les partisans du dualisme épistémologique, que l'on peut faire remonter aux travaux de **W. Dilthey** (1833-1911) considèrent au contraire que les sciences de la nature et les sciences de la culture obéissent à des registres épistémologiques différents, notamment parce que l'expérimentation ne serait pas possible dans les sciences sociales et qu'il serait impossible d'y distinguer jugement de fait et jugement de valeur. Un tel point de vue est aujourd'hui minoritaire parmi les économistes.

Le monisme épistémologique ne doit cependant pas conduire au **scientisme** pour lequel la science économique (ou la physique) produit des connaissances définitives et indiscutables. L'épistémologie contemporaine considère au contraire que toute proposition scientifique (y compris en économie) est à la fois une connaissance approchée et une connaissance provisoire.

À propos du scientisme, on considère souvent à tort que les économistes libéraux se réclament du modèle des sciences de la nature, alors que les économistes hétérodoxes sont des adeptes du dualisme épistémologique. Cette vision est trop simpliste. **F. Hayek** (1899-1992) s'est livré à une vive critique du « scientisme » (1952). Il considère en effet que, dans les sciences de la nature, la connaissance du réel permet de le transformer à partir de projets conscients (c'est notamment la tâche des ingénieurs). Pour **F. Hayek**, une telle attitude n'est pas acceptable dans le domaine des sciences sociales. L'ordre social est en effet un ordre spontané et toute tentative de le modifier de façon discrétionnaire est vouée à l'échec.

B. Économie expérimentale

On a longtemps admis que la science économique ne pouvait pas mettre en œuvre une démarche d'expérimentation contrôlée, c'est-à-dire dans des conditions « de laboratoire » où les expérimentateurs contrôlent toutes les variables en jeu.

L'attribution du prix Nobel d'économie 2002 à **D. Kahneman** et **V. L. Smith** a permis de souligner l'essor de l'économie expérimentale à partir des années 1980. Ce champ disciplinaire est désormais fortement institutionnalisé (revues, manuels, association professionnelle).

L'économie expérimentale consiste à tester en laboratoire (c'est-à-dire dans un environnement contrôlé) un certain nombre de propositions théoriques relatives notamment aux choix individuels et aux interactions entre acteurs. Par exemple, de nombreuses expériences ont porté sur la théorie des jeux afin d'analyser les comportements de passager clandestin. Pour tester l'illusion monétaire, on peut construire une expérience consistant à demander à des individus de comparer la situation de deux salariés à partir de données sur l'évolution de leur salaire nominal et l'évolution de l'inflation : la majorité des sujets sont victimes d'illusion monétaire.

L'économie expérimentale est aussi utilisée dans le cadre d'activités pédagogiques afin d'entraîner les élèves ou les étudiants à pratiquer des raisonnements économiques. L'un des précurseurs de l'usage pédagogique de l'économie expérimentale a été **E. Chamberlin** (1899-1967) qui simulait dans sa classe le fonctionnement d'un marché dans le but de montrer les limites du modèle de concurrence parfaite et de faire percevoir l'intérêt de son hypothèse de concurrence monopolistique.

L'économie expérimentale est aussi utilisée comme procédure d'aide à la décision notamment dans le domaine du **Market Design**. Il s'agit dans ce cas de tester expérimentalement diverses structures de marché et diverses procédures d'enchères afin de choisir dans chaque cas particulier le fonctionnement de marché le mieux adapté.

L'économie expérimentale a enfin permis de mettre en évidence les limites de certaines hypothèses du modèle néo-classique standard, notamment le fait que les agents font preuve de biais de rationalité par rapport aux hypothèses microéconomiques de base. Par exemple, certaines expériences ont montré qu'ils accordaient plus de valeur à un bien qu'ils détiennent plutôt que s'ils ont à l'acquérir sur le marché (c'est l'**effet de dotation**).

Les économistes recourent également à des méthodes économétriques lorsqu'une expérience contrôlée est impossible, ce qu'on appelle des **expériences naturelles** qui consistent à trouver une situation où deux populations présentant des caractéristiques similaires ne sont pas affectées par le même événement. On peut alors mesurer l'effet de cet événement sur le groupe de référence et le comparer à la situation du groupe de contrôle qui n'a pas été touché, de manière à évaluer l'impact de l'événement en question. L'économiste canadien **D. Card** a notamment publié une étude, en 1990, à propos de l'Exode de Mariel qui a eu lieu entre avril et octobre 1980 à Cuba sous le régime de **F. Castro** (125 000 Cubains considérés comme contre-révolutionnaires ont été expulsés de Cuba). Cet exode constitue une expérience naturelle dans la mesure où elle permettait de mesurer la capacité d'absorption d'une économie (celle de la ville de Miami) à un choc externe (l'augmentation subite et imprévue de la population). Dans son étude, **D. Card** compare ainsi l'évolution du taux de chômage et des salaires à Miami avec quatre autres villes qui possédaient des caractéristiques voisines mais n'avaient pas été affectées par un tel exode. Son étude montre que la vague d'immigration cubaine n'a pas eu d'impact à moyen terme ni sur le taux de chômage ni sur les salaires.

Certains travaux d'expérimentation ont connu récemment un écho important à travers les travaux d'**E. Duflo** en économie du développement. Il s'agit de mettre en œuvre le même type de démarche que celle qui est utilisée dans la recherche médicale. On applique une mesure de politique économique ou sociale à un groupe de la population et on compare ensuite les effets sur ce groupe par comparaison à un groupe test. L'important est de choisir les deux groupes de façon aléatoire afin que le traitement statistique des données soit significatif (v. chapitre *Économie du développement*).

II. Méthode déductive et méthode inductive

Les économistes classiques (et notamment **D. Ricardo** et ses disciples) utilisent une **méthode déductive**. Ils partent d'hypothèses simplificatrices (la recherche de son intérêt personnel par un individu rationnel, l'immobilité internationale des facteurs de production, etc.) et ils construisent des modèles qui visent à rendre compte du réel (modèle de la main invisible d'**A. Smith**, tendance vers l'état stationnaire de **D. Ricardo**, etc.). Cette démarche est donc abstraite et les exemples tirés du réel n'ont qu'une fonction d'illustration. Il faut noter que **K. Marx** fait lui aussi l'éloge de l'abstraction et que *Le Capital* (1867) suit une méthode déductive (on part d'une économie marchande simple avant de construire le modèle d'une économie capitaliste).

Cette méthode va être mise en cause par l'**École historique allemande**. Des auteurs comme **F. List** (1789-1846), **W. Roscher** (1817-1894), **G. Schmöller** (1838-1917) dénoncent le « cosmopolitisme » de l'école anglaise qui néglige les spécificités nationales. Ils considèrent qu'il faut adopter en économie une démarche historique et inductive, c'est-à-dire partir de l'observation des faits et ne formuler des lois que par généralisation (par exemple la **loi de Wagner**).

En réponse à ces critiques la tradition ricardienne va proposer une « méthode déductive enrichie » qui comporte trois phases :

- une phase inductive qui permet de tirer de l'observation les prémices de l'analyse économique ;
- une phase déductive (qui est l'étape décisive) qui permet de formuler des lois par déduction à partir des prémices ;
- une nouvelle phase inductive qui permet de vérifier les conclusions théoriques.

En fait, dans la méthode déductive enrichie, il n'y a pas vraiment de phase inductive (au sens d'observation sans concept théorique) mais un aller-retour entre élaboration théorique et confrontation au réel. Ce qui est très proche de ce que l'on nomme aujourd'hui « **méthode hypothético-déductive** ».

Le débat se développe à nouveau dans le dernier tiers du XIXe siècle. Il oppose cette fois les économistes de l'École autrichienne aux membres de l'École historique allemande et aux institutionnalistes américains. Pour **C. Menger** (1840-1921), le fondateur du marginalisme autrichien, l'École historique est condamnée à multiplier les descriptions, sans accéder à une véritable connaissance scientifique. **C. Menger** considère que l'on ne peut faire œuvre scientifique qu'en formulant des propositions générales logiquement déduites d'hypothèses explicites.

Ce débat sur la place respective de l'induction et de la déduction se poursuit aujourd'hui. On reproche parfois aux économistes (ou à certains d'entre eux) de se complaire dans des modèles abstraits sans manifester le souci de l'investigation empirique. La plupart des économistes font cependant observer que toute étude des faits suppose la formulation préalable d'hypothèses théoriques et la référence à la **méthode hypothético-déductive** est très générale chez les économistes.

L. von Mises et l'apriorisme

Il ne faut pas confondre la méthode hypothético-déductive (ou les prémices sont des conjectures) et l'**apriorisme** qui considère que les prémices sont des évidences tirées de l'introspection.

- **L. von Mises** (1881-1973), par exemple, développe une conception aprioriste. Il considère que l'on peut connaître par introspection les caractères du comportement individuel rationnel et que, partant de propositions qui s'imposent avec la force de l'évidence, on peut déduire des propositions qui sont universellement vraies et qui n'ont pas besoin d'être vérifiées.
- La méthode hypothético-déductive considère que les propositions (postulats, hypothèses) qui servent de point de départ au raisonnement sont conjecturales, que l'on doit en déduire des propositions empiriquement testables et que si le test est défavorable, il faut modifier les postulats de départs.

La méthode hypothético-déductive accorde une grande importance à la déduction, mais toute démarche déductive n'est pas aprioriste.

III. Économie littéraire et économie mathématique

Les premiers travaux des économistes (**A. Smith**, **D. Ricardo**, etc.) ont une forme littéraire. **K. Marx** est sans doute l'un des premiers auteurs à utiliser des éléments d'une formalisation mathématique. Cependant, c'est avec le développement du courant néo-classique que le recours à la formalisation et/ou à des présentations géométriques vont se développer. **L. Walras** et **V. Pareto** (1848-1923) jouent un rôle important dans ce processus. Cette utilisation des mathématiques fait l'objet de vives résistances y compris parmi les économistes libéraux français et autrichiens, mais elle va progressivement s'imposer.

En suivant **B. Walliser** et **Ch. Prou** on peut présenter ainsi les apports de la formalisation mathématique à l'analyse économique :

« *La formalisation est d'abord un langage d'exposition précis et rigoureux qui permet, dans un cadre cohérent, de définir les concepts de façon si possible unique et d'énoncer les propositions sous une forme souvent ramassée.* […] *La formalisation est ensuite un instrument puissant de*

démonstration et de calcul, qui permet de mieux cerner les conditions de validité logique des énoncés théoriques et d'engendrer progressivement des propositions nouvelles. [...] *La formalisation est également un outil efficace de rapprochement entre deux théories, voire de construction d'une théorie synthétique.* [...] *La formalisation est enfin un support utile pour confronter les théories aux observations* » (Walliser & Prou, 1988).
Cependant des économistes (dont certains sont d'excellents mathématiciens comme **W. Leontiev**, **M. Allais** ou **E. Malinvaud**) craignent que l'élégance formelle ne soit privilégiée au détriment de la pertinence empirique. Par ailleurs, les approches sociologique, historique et institutionnelle (souvent plus littéraires) sont complémentaires des approches formalisées. Ce qui serait inquiétant ce serait la domination sans partage d'une norme unique de la production scientifique en économie.

IV. Le débat sur le réalisme des hypothèses

Le débat sur le réalisme des hypothèses prend naissance très tôt en économie politique. Le modèle de l'*homo œconomicus* est dénoncé car il est trop réducteur. De même, certains soulignent que l'on ne rencontre jamais dans la réalité les conditions de la concurrence parfaite. Pendant longtemps les économistes ont invoqué le droit de construire des modèles très simplifiés qu'ils se proposaient d'enrichir (et donc de rendre plus « réalistes »). Mais dans un article publié en 1953 (*La méthodologie de l'économie positive*), **M. Friedman** (prix Nobel 1976) défend le point de vue selon lequel une hypothèse ne doit pas être jugée en fonction de son réalisme, mais en fonction de la qualité des prévisions qu'elle permet de réaliser. À la limite, une hypothèse a d'autant plus de chances d'être féconde qu'elle est moins réaliste (puisqu'on considère souvent comme réaliste une hypothèse qui est conforme au sens commun).
Ce point de vue conventionnaliste est vivement critiqué par **P.A. Samuelson** (prix Nobel 1970). Pour lui on ne peut pas déduire logiquement une proposition empiriquement vraie à partir d'hypothèses fausses. Les économistes doivent donc travailler à élaborer des modèles reposant sur des hypothèses aussi réalistes que possible.
Ce débat n'a rien perdu de son actualité. Certains économistes recherchent un plus grand réalisme en introduisant les hypothèses de rationalité limitée des agents, de concurrence imparfaite, d'asymétrie d'information, etc. D'autres au contraire développent des recherches qui ne reposent pas sur le réalisme des hypothèses mais sur la qualité des prévisions et des interprétations rendues possibles par le modèle (analyses de **G. Becker** (1930-

2014) sur la famille ou la délinquance par exemple). Ce type de travaux étend en fait le modèle de l'analyse des comportements économiques d'agents rationnels soumis à diverses contraintes à des domaines très éloignés des questions usuellement considérées comme relevant de la sphère économique (productions, échanges et répartition des revenus), pour s'appliquer à d'autres objets. Selon l'expression d'**E. Lazear**, on peut considérer qu'il s'agit d'un « impérialisme économique », qui pose le problème des relations entre les diverses sciences sociales.

V. Science économique et sciences sociales

On oppose parfois la science économique aux sciences sociales. Cette opposition n'est guère pertinente, dans la mesure où la science économique (comme la sociologie, la psychologie sociale, l'ethnologie...) est une science sociale. Les sciences sociales, comme les sciences de la nature, sont marquées par un processus de spécialisation qui conduit à un découpage disciplinaire de plus en plus fin. Certes le social forme un tout inextricablement économique, politique, religieux, etc. mais chaque discipline se dote de son propre point de vue, découpe et construit son objet. L'entreprise, par exemple, peut être étudiée par le sociologue, par l'économiste, par le politologue (étude des politiques publiques relatives aux entreprises). Il n'y a donc pas des faits économiques par nature étudiés par la science économique et des faits sociaux étudiés par les autres sciences sociales. Le social forme un tout, ce qui n'est pas incompatible avec l'existence de plusieurs disciplines, dont la science économique, qui rendent compte, chacune de son point de vue, du même objet. Selon **A. Orléan**, « *l'existence d'une théorie économique autonome, séparée des autres sciences sociales est, à mes yeux, une aberration épistémologique, source de confusions et d'impasses* » (Orléan, 2013). Partant du postulat que le raisonnement économique s'appuie sur les mêmes principes que ceux régissant les rapports sociaux, il prône une « *science sociale unifiée* », qu'il nomme « *l'unidisciplinarité par quoi s'affirme, dans la théorie, l'unité du règne social* ». Il ne milite pour autant pas pour une suppression des traditions disciplinaires, « *lesquelles sont porteuses d'exigences méthodologiques et de connaissances dont la science sociale ne saurait se priver, mais pour leur intégration progressive dans une même perspective d'analyse. Il ne s'agit pas de "décréter" l'unité des savoirs, ce qui n'aurait aucun sens. Il s'agit de refuser le schisme existant entre raisonnement économique et raisonnement sociologique, pour reprendre le concept de Jean-Claude Passeron* » (Orléan, 2013).

Dans cette perspective, **J. Tirole**, dans son ouvrage *Économie du bien commun* (2016), évoque justement cette question de l'interdisciplinarité en expliquant le fait que les comportements humains répondent à des incitations diverses, matérielles et/ou sociales mais qu'ils dépendent aussi des valeurs portées par chaque individu. Par exemple, la générosité peut se décliner selon trois facettes différentes : « *la motivation intrinsèque (nous sommes spontanément et naturellement généreux), la motivation extrinsèque (nous sommes poussés à être généreux par des incitations externes) et la volonté de paraître, de donner une bonne image de soi, aux autres mais aussi à soi-même* » (p. 16). Il prend l'exemple du don de sang, en indiquant que, si celui-ci était rémunéré, alors certains individus cesseraient de donner le leur, du fait notamment d'une « d'éviction de la motivation intrinsèque ». Ainsi, la rémunération du don de sang aux États-Unis a réduit à la fois la quantité et la qualité du sang donné.

VI. Anthropologie économique, sociologie économique, ethnographie économique

Le terme « économie » désigne une composante de la réalité, un sous-ensemble des activités sociales par lesquelles les hommes produisent, répartissent et consomment des biens et des services. L'économie politique (ou science économique, ou analyse économique) est un discours qui vise à rendre compte de cette réalité. Il ne faut donc pas confondre l'objet d'étude (l'économie comme composante du réel) et le discours relatif à cet objet (l'économie comme discipline de recherche et d'enseignement). Toute discipline scientifique peut s'emparer, sur la base de ses concepts, de ses problématiques et de sa méthodologie, de n'importe quel objet. La science économique n'a donc pas le monopole de l'étude des comportements économiques.

Dans l'histoire des sciences sociales c'est au sein de l'**anthropologie sociale** que l'on a d'abord assisté à l'analyse des phénomènes économiques. Les travaux de **B. Malinovski** (1884-1942) sur la kula aux îles Trobriand, de **M. Mauss** (1872-1950) sur le don, de **E. Evans-Pritchard** (1902-1973) sur les Nuer, de **M. Godelier** (né en 1934) sur la monnaie de sel chez les Baruya constituent autant d'exemples de travaux qui visent à rendre compte de l'articulation entre les comportements économiques et les autres sphères de la vie sociale (politique, religieuse, familiale). Le développement de l'anthropologie économique s'est parfois appuyé sur les analyses de **K. Marx** (travaux de **M. Godelier**, **M. Sahlins**, né en 1930) et parfois sur ceux de **K. Polanyi** (1886-1964) qui distingue les sociétés traditionnelles où l'économie est encastrée dans le social et les sociétés modernes marquées par le désencastrement de l'économie. Ces dernières années, l'anthropologie économique a cessé de se cantonner aux sociétés traditionnelles pour étudier des objets caractéristiques des sociétés modernes : la bourse de Shanghai, les consultants internationaux, le trafic d'organes, etc.

S'agissant de la sociologie économique on distingue souvent l'ancienne sociologie économique illustrée par les travaux de **E. Durkheim** (1858-1917), **M. Weber** (1864-1920) et **V. Pareto** (1848-1923), et la nouvelle sociologie économique qui se développe à partir des années 1970 liée notamment aux travaux de **M. Granovetter** (né en 1943) et de **V. Zelizer** (née en 1946).

Pour **M. Granovetter** et **R. Swedberg** (*The Sociology of Economic Life*, 1992) la sociologie économique repose sur trois propositions fondamentales :

- l'action économique représente une forme d'action sociale ;
- l'action économique est socialement située ;
- les institutions économiques sont des constructions sociales.

Le terme ethnographie économique a été avancé récemment par **C. Dufy** et **F. Weber** (2007). Il s'agit dans leur esprit de renouveler l'approche anthropologique de l'économie qui est entrée en crise sous le triple effet de l'extension du champ de l'analyse économique (économie de la famille avec **G. Becker**), de l'effondrement du marxisme et de l'essor de la nouvelle sociologie économique. Pour **C. Dufy** et **F. Weber** il s'agit d'appliquer à des objets économiques la méthode ethnographique qui repose notamment sur le comparatisme et sur un travail d'observation reposant sur des concepts universels. L'ethnographie économique ne postule pas l'existence d'un *homo oeconomicus*, mais elle vise à rendre compte des « *façons de faire et de penser dans leur diversité* ». L'accent mis sur la méthode ethnographique s'inscrit dans une démarche épistémologique qui ne remet pas en cause l'existence et la légitimité d'autres approches (en particulier de la science économique) mais qui vise à instaurer entre les diverses approches de la réalité économique un dialogue exigeant et rigoureux.

RÉFÉRENCES DU CHAPITRE

Dufy C. et Weber F. (2007), *L'ethnographie économique*, La Découverte.

Grawitz M. (2000), *Méthode des sciences sociales*, Dalloz.

Hayek F. (1953), *Scientisme et sciences sociales*, Plon.

Malinvaud E. (1969/2005), *Leçons de théorie microéconomiques*, Dunod.

Mankiw G. N. & Taylor M. P. (2015), *Principes de l'économie*, De Boeck.

Orléan A. et Diaz-Bone R., (2013), « Entretien avec André Orléan », *Revue de la régulation* [En ligne], 14 | 2e semestre / Autumn 2013, mis en ligne le 12 décembre 2013, consulté le 4 mars 2016. URL : http://regulation.revues.org/10305

Robbins L. (1932/1947), Essai sur la *nature et la signification de la science économique*, Traduit de l'anglais par I. Krestovsky, Librairie de Médicis.

Say J.-B. (1803/1972), *Traité d'économie politique*, Calmann-Lévy.

Tirole J. (2018), *Économie du bien commun*, PUF, coll. « Quadrige ».

Walras L. (1874/2010), *Éléments d'Économie Politique Pure. Ou Théorie de La Richesse Sociale*, Kessinger Publishing.

Walliser B. & Prou C. (1988), *La science économique*, Éditions du Seuil.

POUR EN SAVOIR PLUS

Initiation

Eber N. et Willinger M. (2012), *L'économie expérimentale*, La Découverte.

Steiner Ph. (2011), *La sociologie économique*, La Découverte.

Approfondissement

Allais M. (1968), « L'économie en tant que science », *Revue d'économie politique*.

Aréna R. (et al.) (2011), *L'économie, une science qui nous gouverne ?* Actes sud.

Berthelot J.-M. (éd.) (2001), *Épistémologie des sciences sociales*, PUF.

Blaug M. (1999), *La méthodologie économique*, Economica.

Cariou J. (2019), *Histoire des démarches scientifiques : De l'Antiquité au monde contemporain*, Éditions Matériologiques.

Chalmers A. (1987), *Qu'est-ce que la science ?* Paris, La Découverte.

Frézal S. (2010), *Modèles et mesures. Éléments d'épistémologie économique*, Ellipses.

Grignon C. et Kordon C. (2009), « Spécificité de la science et diversité des sciences : l'option démarcationniste », in Claude Grignon et Claude Kordon (Eds.), *Sciences de l'homme et sciences de la nature*, Éditions de la maison des sciences de l'homme.

Jullien V. (2020), *Ce que peuvent les sciences : Une enquête*, Éditions Matériologiques.

Menger C. (1883/2011), *Recherches sur la méthode dans les sciences sociales et en économie politique en particulier*, éditions de l'EHESS.

Rodrik D. (2017), *Peut-on faire confiance aux économistes ? Réussites et échecs de la science économique*, De Boeck.

Walliser C. (2011), *Comment raisonnent les économistes*, Odile Jacob.

CHAPITRE 2

Les grands courants de l'analyse économique

L'intérêt pour les questions économiques existe dès l'Antiquité, même si celles-ci restent encore fortement dépendantes de la morale divine. Les réflexions portent surtout sur l'organisation de la maison puis, peu à peu avec **Platon** et **Aristote**, sur la gestion de la Cité. Au Moyen Âge cette pensée est scolastique. Au XIIIe siècle, **Saint Thomas d'Aquin** (1225-1274) voit la question de l'économie comme la nécessité de déterminer les pratiques économiques justes selon la religion et la volonté divine : il va par exemple considérer comme immoraux les prêts avec intérêt.
La Renaissance marque le point de rupture puisque l'économie va devenir une science autonome avec le développement des pensées mercantiliste et physiocrate. C'est aussi une période de renouveau dans les idées, d'apparition du protestantisme qui vont participer au développement du capitalisme, le prêt à intérêt n'étant plus condamné.

§ 1. La pensée pré-classique

I. Les mercantilistes : l'État, l'afflux des métaux précieux et le commerce extérieur

On regroupe sous l'étiquette « mercantilistes » des auteurs très différents dont l'œuvre et l'action politique s'étalent sur près de trois siècles (de 1450 à 1750 environ).
Ce sont les mercantilistes qui sont à l'origine de l'expression « économie politique ». Ils ne se demandent pas si les actes économiques sont conformes

à la morale chrétienne mais plutôt quels sont les moyens dont dispose un pays pour s'enrichir.
Trois idées importantes caractérisent le **courant mercantiliste**.

- **La question de l'afflux de métaux précieux pour l'enrichissement.** Les mercantilistes considèrent que c'est l'accroissement de la quantité de devises qui permet l'enrichissement de la nation aux dépens des autres. Cette vision de la richesse impose donc des politiques commerciales protectionnistes visant à favoriser les exportations et entraver les importations. Le contrôle des changes est donc souvent préconisé. Cela pose alors la question du commerce extérieur.

- **La question de la « *balance du commerce* » et du « *commerce exclusif* ».** Les mercantilistes considèrent qu'un pays s'enrichit si sa balance commerciale est excédentaire et s'il bénéficie de ce fait d'entrées d'or et d'argent en provenance de l'étranger. Pour bénéficier de cette « *balance du commerce* » favorable, l'État peut accorder des privilèges à des compagnies de commerce pour le commerce avec les colonies (« *commerce exclusif* »). Ce type de politique se développe en France sous l'influence de **J. B. Colbert** (1619-1683) avec l'installation de plus de 400 manufactures, dont la célèbre manufacture des Gobelins (manufacture de tapisserie). C'est donc l'État qui doit favoriser le développement de l'industrie nationale.

- **La question de l'intervention de l'État.** Pour les mercantilistes, c'est à l'État de mettre en œuvre la politique commerciale et de développer l'industrie nationale. L'État va donc aider à l'exportation de produits nationaux, développer les transports, surtout maritimes, et même encourager à la colonisation.

Il existe cependant des clivages au sein du **mercantilisme**. On distingue ainsi plusieurs courants nationaux :
- Un mercantilisme espagnol (souvent qualifié de « bullioniste » en raison de son intérêt exclusif pour les métaux précieux), dont la politique va surtout consister à favoriser le rapatriement de métaux précieux des colonies. Cette politique ne permettra pas un enrichissement durable du pays et entraînera une forte augmentation des prix.
- Un mercantilisme anglais centré sur les questions de commerce extérieur et sur les questions monétaires : le commerce est la source de l'enrichissement. Les Actes de navigation (le premier en 1651 puis 1660 et 1663) d'**O. Cromwell** (1599-1658) limitent les importations et l'Angleterre prend la tête du « commerce triangulaire ». Les mercantilistes anglais mettaient en avant l'abondance monétaire et préconisaient des taux d'intérêt favorisant l'essor du commerce. Pour eux une population abondante permettait de se procurer une main-d'œuvre bon marché et

donnait du soutien à la demande. **W. Petty** (1623-1687) influence les sciences économiques dans l'utilisation des méthodes quantitatives et des mathématiques. **Sir Thomas Gresham** (1519-1579) met en avant la célèbre loi qui porte son nom, dans une lettre adressée à la reine Elizabeth 1re, « *Lorsque deux monnaies sont en circulation, l'une considérée comme bonne, l'autre considérée comme mauvaise, la mauvaise monnaie chasse la bonne* ». La monnaie qui inspire le plus confiance est thésaurisée et la mauvaise est utilisée pour les transactions courantes.

- Un mercantilisme français au sein duquel s'illustrent, notamment, **J. Bodin** (1530-1596) et **J.-B. Colbert**. **J. Bodin** apporte les premières analyses de l'inflation. Dans sa *Réponse aux paradoxes de M. de Malestroit* (1568), il élabore l'une des premières formes de la théorie quantitative de la monnaie : la hausse des prix s'explique par une augmentation de la quantité de métaux précieux et donc de monnaie en circulation (v. chapitre *Monnaie et financement de l'économie*). **J. Bodin** est l'auteur de la formule célèbre : « *Il n'est de richesse ni de force que d'hommes* » (Bodin, 1568). Les mercantilistes se préoccupent de la grandeur des princes et de la puissance des États-nations et ils considèrent qu'une population nombreuse est un facteur de puissance et de richesse.
- Un mercantilisme allemand (connu sous le nom de **caméralisme**) qui s'intéresse surtout à l'État et à son financement. Le représentant le plus connu de ce courant est **J. Justi** (1717-1771). Dans son analyse la place de l'État est importante. En outre, il a le devoir de sécurité, au sens large, c'est-à-dire, celle des populations mais aussi économique à travers le plein-emploi, le développement des infrastructures (architecture, génie civil), de l'art. L'État doit aussi fournir les services publics dont l'enseignement et des routes accessibles mais il ne doit pas réguler les prix et être prudent quant à l'utilisation de la masse monétaire qui est, à la fois, porteuse d'inflation et de croissance.

II. Les physiocrates et le circuit économique

Les physiocrates écrivent pendant la période des Lumières, au XVIIe siècle. Ce courant se développe essentiellement en France et ils n'exerceront pas une influence aussi importante que les mercantilistes en matière de politique économique.

- **Première école de pensée économique.** Les physiocrates constituent une véritable école qui a un chef, **F. Quesnay** (1694-1774), des disciples (**Mirabeau**, **P. Dupont de Nemours**...), un texte de référence (Le *Tableau* *économique* publié en 1758). Ils développent une méthode qui se veut scientifique et **F. Quesnay** jette les bases d'une analyse en termes de circuit.

- **Une définition de la richesse fondée sur la terre.** Pour les physiocrates, seule, l'agriculture est à même de faire naître un « ***produit net*** » grâce à un « ***don gratuit de la nature*** ». C'est la source de l'enrichissement. Le revenu ainsi créé circule dans l'économie : il permet de verser des rentes aux propriétaires fonciers qui achètent des marchandises aux agriculteurs, mais aussi à la « *classe improductive* » des artisans. Lesquels répondent aussi à la demande des agriculteurs et leur achètent en retour des produits. **F. Quesnay** représente donc l'économie comme un ensemble de flux qui circulent entre les trois classes de la société. Il essaie de mettre en évidence les relations entre les différents agents qui participent à l'économie.

- **La défense de la propriété privée et de l'agriculture.** Les physiocrates préconisent de donner la primauté à l'agriculture. Pour cela, il faut réduire l'intervention de l'État et supprimer en particulier les réglementations qui entravent l'agriculture et le commerce. Ils pensent qu'il ne faut pas laisser les terres en jachères et qu'il faut développer le libre-échange afin que les paysans soient incités à produire davantage.

Le « Tableau Économique » de **F. Quesnay** préfigure les analyses macroéconomiques de **J.M. Keynes** (1883-1946) ainsi que les modèles de la comptabilité nationale.

C'est un proche de l'École des physiocrates, **V. de Gournay** (1712-1759), qui lance la formule « *laissez faire les hommes, laissez-passer les marchandises* ». Les physiocrates sont favorables au libre jeu de l'initiative individuelle et à la libre circulation des marchandises.

§ 2. La pensée classique et la naissance de l'économie politique

Tout découpage historique est arbitraire, mais on considère généralement que la période classique s'étend de 1776, avec les écrits d'**A. Smith** (1723-1790) à 1871 avec la naissance de l'école néoclassique et notamment les écrits de **S. Jevons** (1835-1882), **C. Menger** (1840-1921) et **L. Walras** (1934-1910).

C'est **K. Marx** (1818-1883) qui donne son nom à ce courant, mais il ne rend hommage qu'aux fondateurs (**A. Smith** et surtout **D. Ricardo** [1772-1823]), il appelle au contraire « économistes vulgaires » les successeurs comme **J.-B. Say** (1767-1832).

Malgré les différences, les classiques ont des préoccupations communes : quelle est l'origine de la richesse ? Quelle est l'origine de la valeur ? Quelle place pour l'État ? Ils considèrent l'économie comme une science et essaient de dégager des lois. Mais ils utilisent cependant peu l'outil mathématique.

I. L'école classique

A. Adam Smith

A. Smith est considéré comme le « père de l'économie politique » en tant que discipline autonome. Il publie en 1776 son livre « *Recherches sur la nature et les causes de la richesse des nations* ». Ses contributions portent notamment sur :

- **La théorie de la valeur et des prix. A. Smith** adopte une **théorie de la valeur travail** : « *Le travail est le fondement et l'essence des richesses* » (Smith, 1776). Il distingue la **valeur d'usage** (qui est liée à l'utilité des biens) et la **valeur d'échange** qui exprime le pouvoir d'acheter d'autres biens. C'est la valeur d'échange qui détermine le **prix naturel** des marchandises, c'est-à-dire le prix qui permet de payer le revenu des facteurs utilisés pour produire le bien. Le **prix de marché** est déterminé par la confrontation de l'offre et de la demande et il fluctue autour du prix naturel (donc de la valeur d'échange). Pour **A. Smith** « *le prix naturel est donc pour ainsi dire le point central vers lequel gravitent continuellement les prix de toutes les marchandises* » (Smith, 1776).

- **La théorie de la main invisible.** Pour **A. Smith** les hommes sont guidés par la recherche de leur intérêt personnel, mais dans le cadre de la concurrence, le mécanisme des prix conduit chacun à concourir à la satisfaction de l'intérêt général. Le marché est donc autorégulateur.

- **La théorie de la division du travail.** À travers l'exemple de la manufacture d'épingles, **A. Smith** montre que la division du travail permet d'accroître la productivité. Cela conduit à un cercle vertueux car plus une économie est riche plus elle peut pratiquer la division du travail et plus elle pratique la division du travail, plus elle s'enrichit. Cependant, **A. Smith** est conscient des effets néfastes sur les travailleurs de la division du travail : « *un homme qui passe toute sa vie à remplir un petit nombre d'opérations simples* [...] *perd donc naturellement l'habitude de déployer ou d'exercer ses facultés et devient, en général, aussi stupide et aussi ignorant qu'il soit possible à une créature humaine de le devenir* » (Smith, 1776). Il montre aussi que si la taille du marché est trop limitée la division du travail devient inefficace.

- **La théorie du commerce international. A. Smith** dénonce le mercantilisme, le commerce exclusif et l'existence des colonies. Il se montre favorable à la liberté du commerce international et à une division internationale du travail qu'il explique par la théorie des avantages absolus (v. chapitre *Commerce international, internationalisation de la production et gouvernance mondiale*).

- **L'intervention de l'État.** Pour **A. Smith**, la prospérité d'une économie suppose la paix, des taxes modérées et « *une administration tolérable de la justice* » (Smith, 1776). Il est donc favorable à une intervention de l'État limitée aux fonctions régaliennes (police, justice, défense, diplomatie). Il note cependant que l'État doit intervenir pour construire les équipements publics et produire les services (éducation des pauvres) pour lesquels le marché se révèle inefficient (v. chapitre *Les fonctions économiques de l'État*).

B. David Ricardo

D. Ricardo est sans conteste l'auteur majeur de l'École classique. Il publie son principal ouvrage, *Principes de l'économie politique et de l'impôt*, en 1817.

On retiendra de ses analyses :

- **La théorie de la valeur travail.** Pour **D. Ricardo**, « *Toutes les marchandises sont le produit du travail et n'auraient aucune valeur sans le travail dépensé à les produire* » (Ricardo, 1817). Pour **D. Ricardo**, la valeur d'échange est liée au travail incorporé dans la marchandise par l'activité de production. Il introduit une distinction entre les **biens reproductibles** dont la valeur dépend du travail et les **biens non reproductibles** (vin de qualité, œuvre d'art...) dont la valeur dépend de la rareté.

- **La théorie de la rente différentielle.** La **rente** est le revenu qui est payé au propriétaire foncier pour avoir le droit d'exploiter sa terre. Elle est déterminée par des mécanismes de marché en fonction de la différence de rendement des terres exploitées. **D. Ricardo** intègre son analyse de la rente dans une analyse d'ensemble de la répartition des revenus (v. chapitre *Les revenus*). Cette analyse de la répartition conduit **D. Ricardo** à penser que l'économie tend vers un état stationnaire (v. chapitre *La croissance économique*).

- **La théorie du commerce international.** Généralisant le modèle d'**A. Smith**, **D. Ricardo** propose une justification du libre-échange reposant sur la **théorie des avantages comparatifs** (v. chapitre *Commerce international, internationalisation de la production et gouvernance mondiale*).

- **La théorie monétaire. D. Ricardo** considère que la hausse des prix est liée à l'excès d'émission monétaire rendue possible par l'inconvertibilité des billets en or qui avait été instaurée en Grande-Bretagne en 1797. À l'issue d'un important débat public, la Grande-Bretagne restaurera la convertibilité en 1844 (***Le Bank of England Charter Act*** ou acte de Peel) en même temps qu'elle réformera la Banque d'Angleterre pour séparer l'octroi de crédit et l'émission de monnaie assurant ainsi une victoire posthume des idées de **D. Ricardo** (v. chapitre *Monnaie et financement de l'économie*).

C. Thomas Robert Malthus (1766-1834)

Th. R. Malthus a été un économiste influent de son temps. De ses nombreuses contributions on peut retenir notamment :

- **Le problème de la demande. Th. R. Malthus** s'oppose à la loi des débouchés de **J.-B. Say** acceptée par **D. Ricardo** et considère pour sa part qu'une épargne excessive constitue un danger pour l'économie (insuffisance des débouchés). C'est donc le problème du sous-emploi qui est posé (v. chapitre *Fluctuations, cycles et crises*).

- **La loi de population.** Dans son *Essai sur le principe de population* (1798), **Th. R. Malthus** formule sa « **loi de population** » selon laquelle la population tend à s'accroître selon une progression géométrique alors que les subsistances s'accroissent selon une progression arithmétique (v. chapitre *Économie et démographie*). Il y a donc une tendance permanente à la **surpopulation**. **Th. R. Malthus** préconise la « *contrainte morale* » (chasteté et mariage tardif) pour limiter le nombre des naissances. Il défend aussi l'école gratuite et obligatoire car, pour lui, les lumières apportées au peuple sont la meilleure façon de lutter contre la pauvreté.

- **Les lois sur les pauvres. Th. R. Malthus** développe une analyse en termes d'effets pervers : la pauvreté découle de l'excès de population, or l'aide aux pauvres leur permet d'avoir plus d'enfants (voire les y incite) et conduit donc à aggraver la situation. Il propose l'abrogation des lois sur les pauvres et notamment de l'**Acte de Speenhamland** (1795).

D. Jean-Baptiste Say (1767-1832)

J.-B. Say est connu comme le vulgarisateur des thèses d'**A. Smith**, mais sur certains points il se sépare de son maître. Il publie en 1803 son *Traité d'Économie politique* et en 1817 son *Catéchisme d'économie politique*. De ses nombreuses analyses on retiendra notamment :

- **La théorie de la valeur. J.-B. Say** adopte une position éclectique : il insiste sur le rôle du coût de production comme déterminant de la valeur, mais il souligne également l'importance de l'utilité. « *Il n'y a donc véritablement production de richesse que là où il y a création ou augmentation d'utilité* » (Say, 1803). Cette position le conduit, contrairement à l'avis d'**A. Smith**, à considérer que les services ont un caractère productif de valeur.
- **La loi des débouchés.** Pour J.-B. Say, « *un produit terminé offre, dès cet instant, un débouché pour la production* » (Say, 1803). On résume souvent sa thèse en disant que l'offre crée sa propre demande. Pour **J.-B. Say** la monnaie est comparable à « *l'huile qui adoucit les mouvements d'une machine compliquée* » (Say, 1803), elle ne joue donc pas un rôle essentiel et les produits s'échangent contre des produits. La **loi des débouchés** (ou **loi de Say**) conduit donc à mettre l'accent sur l'offre et conduit à considérer que, dans les conditions de la concurrence il ne peut pas y avoir de crise générale et durable de surproduction. La loi des débouchés a fait l'objet de nombreuses critiques notamment de la part de **Th. R. Malthus** et de **K. Marx**. Ce dernier écrit par exemple : « *Personne ne peut vendre sans qu'un autre achète; mais personne n'a besoin d'acheter immédiatement parce qu'il a vendu* » (Marx, 1867).
- **L'intervention de l'État. J.-B. Say** est hostile à l'intervention de l'État, il s'inquiète en particulier des effets négatifs du prélèvement fiscal et des réglementations ou monopoles publics. Cependant il justifie le financement public de la recherche et de l'éducation par un argument qui préfigure la théorie des effets externes : puisque les effets de la recherche et de l'éducation bénéficient à tous, il n'est pas inéquitable de faire participer tous les contribuables à leur financement (v. chapitre *Les fonctions économiques de l'État*).

II. L'école réformiste : John Stuart Mill (1806-1873)

Même s'il défend la propriété privée et l'économie concurrentielle, **J. S. Mill** est conscient des inégalités sociales et refuse d'assimiler le progrès économique au progrès social. Dans son ouvrage *Principes d'économie politique* de 1848, l'intervention de l'État apparaît comme moyen de pallier les effets négatifs du marché concurrentiel.

- **Le progrès social.** Pour **J.S. Mill**, il faut assurer une vie décente à chacun et donc « *attacher moins d'importance au simple accroissement de la production* » (Mill, 1848). Pour cela il faut une meilleure allocation des richesses, en mettant en place une législation sur les droits de succession et les donations (réduction des disparités en termes de patrimoine). Il est favorable à la participation des salariés aux résultats de l'entreprise, non seulement pour accroître leurs revenus mais aussi pour modifier les relations entre maîtres et ouvriers. Le **progrès social** correspond pour **J.S. Mill** à un changement dans les rapports sociaux, plus égalitaires y compris pour les rapports hommes/femmes. Pour permettre ce progrès social, **J.S. Mill** propose une intervention de l'État.
- **La place de l'État dans l'économie. J.S. Mill**, même s'il défend le laisser-faire et la concurrence, pense que les fonctions de l'État doivent dépasser le strict cadre de l'État-Gendarme : production de biens qui sont d'un intérêt majeur pour la société, instruction (tout en laissant un secteur scolaire privé), protection des individus les plus faibles notamment par la réglementation du travail des enfants, accès plus facile des femmes au marché du travail.

Les réformistes

L'école réformiste met en évidence les effets pervers du libéralisme et préconise une intervention compensatrice de l'État en matière économique ou/et sociale. Elle connaît de grands auteurs aux apports importants : Jean Charles Léonard **Simonde de Sismondi** (1773-1842) ou encore Claude-Henri de Rouvroy, comte de **Saint-Simon** (1760-1825). Ils dénoncent les effets sociaux pervers du capitalisme (le partage inégal des richesses) et critique la loi des débouchés de **J.-B. Say** (une surproduction dans un secteur peut entraîner des déséquilibres économiques et sociaux porteurs d'une crise généralisée). **Friedrich List** (1789-1846) met en avant son argumentation en faveur d'un protectionnisme éducateur (v. chapitre *Commerce international, internationalisation de la production et gouvernance mondiale).*

III. Karl Marx et la critique de l'économie politique

K. Marx (1818-1883) a publié un nombre important de livres et d'articles dans de nombreux domaines (économie, histoire, politique, mathématiques, philosophie, etc.). Il est à l'origine d'un mouvement politique qui a profondément marqué l'histoire du XXe siècle. Nous ne retiendrons ici que quelques éléments de ses analyses économiques.

A. La théorie de la valeur et l'exploitation de la force de travail

- **La théorie de la valeur travail. K. Marx** adopte une théorie de la **valeur-travail**, c'est-à-dire que la valeur d'une marchandise se mesure par le temps de travail moyen (ou social) nécessaire à sa production. Comme les classiques, **K. Marx** distingue la **valeur d'échange** (qui a une base objective) et la **valeur d'usage** (qui dépend de l'utilité et qui est donc subjective). Seule la valeur travail peut servir de base à la détermination des rapports d'échange entre les marchandises.
- **La théorie de l'exploitation.** Cette loi de la valeur travail s'applique à toutes les marchandises, y compris à la **force de travail**, qui, dans une économie capitaliste est une marchandise vendue par les travailleurs et achetée par les capitalistes. Comme toute marchandise, la **force de travail** a donc une valeur égale à la quantité de travail socialement nécessaire à sa production, c'est-à-dire le temps que requiert la production de biens de subsistance nécessaires à sa reconstitution. Mais si la force de travail est une marchandise parmi les autres, elle n'est pas, pour **K. Marx**, une marchandise comme les autres. En effet, lorsque le capitaliste achète une quantité déterminée de force de travail à son prix de marché (soit *v*, le **capital variable** qui correspond à la valeur de la force de travail) et qu'il met en œuvre cette force de travail, l'usage de cette dernière fait naître une valeur additionnelle (la **plus-value** ou **survaleur**, notée habituellement *pl*). **K. Marx** appelle **taux de plus-value** le rapport *pl*/*v*. Quand le prolétaire vend sa force de travail à une valeur d'échange inférieure à la valeur d'échange de ce que sa force de travail a servi à produire, alors le capitaliste a fait un gain. C'est cette extorsion de la plus-value qui fait le profit du capitaliste.

B. La dynamique du capitalisme

Pour **K. Marx**, le mode de production capitaliste est caractérisé par des contradictions qui conduisent, à terme, à sa disparition. La plus-value extorquée au prolétaire par le capitaliste, qui est aussi le profit du capitaliste, fait la contradiction du système capitaliste. En remplaçant le capital variable (la force de travail) par du capital constant (le capital), le capitaliste réduit la plus-value qui est produite par le prolétaire et ainsi son profit. Cette baisse s'explique par :

- **La paupérisation ouvrière. K. Marx** considère, comme **D. Ricardo**, que le **taux de salaire** est déterminé par les conditions sociales de la production. Il ne peut pas être durablement inférieur à la valeur de la force de travail. Mais l'accumulation du capital conduit à augmenter la part relative du capital constant (*c*) utilisé pour acheter des machines, par rapport au capital variable (*v*) utilisé pour l'achat de la force de travail. Le rapport *c/v* (que **K. Marx** nomme **composition organique du capital**) augmente et engendre inévitablement à terme une offre excédentaire chronique de la force de travail. C'est l'armée de réserve industrielle qui exerce une pression à la baisse sur les salaires conduisant à une **paupérisation** de la classe ouvrière.

- **La baisse tendancielle du taux de profit.** L'augmentation de la composition organique du capital, conduit, selon **K. Marx**, à une tendance à la baisse du taux de profit. Le **taux de profit** est égal au rapport entre la plus-value et la totalité du capital : $pl/(c+v)$. Si on divise chaque terme du rapport par *v*, on obtient :

$$\text{taux de profit} = \frac{\frac{pl}{v}}{\frac{c}{v}+\frac{v}{v}} = \frac{\frac{pl}{v}}{\frac{c}{v}+1}$$

Pour **K. Marx**, la composition organique (*c/v*) augmente plus vite que le taux de plus-value (*pl/v*) ce qui provoque une tendance à la baisse du taux de profit.

- **Les crises du capitalisme.** Les crises résultent donc d'un double mécanisme : le blocage de l'accumulation qui découle de la baisse du taux de profit et un problème de débouchés qui résulte de la paupérisation et conduit à la surproduction de valeur d'échange.

§ 3. Les néoclassiques : le marginalisme

Vers 1870, trois auteurs vont, de façon indépendante, contribuer à faire naître une nouvelle approche de l'économie il s'agit de :
– **S. Jevons**, *Théorie de l'Économie politique* en 1871 ;
– **C. Menger**, *Fondements de l'Économie politique* en 1871 ;
– **L. Walras**, *Éléments d'Économie politique pure* en 1874.
Ils utilisent le raisonnement à la marge (utilité marginale par exemple) et on parle parfois d'une « **révolution marginaliste** » dans l'histoire de la pensée économique. Le marginalisme donne naissance à deux courants de l'analyse économique : le courant néo-classique (qui regroupe des auteurs comme **L. Walras**, **V. Pareto** ou **A. Marshall**) et l'École autrichienne (avec notamment **C. Menger**, **E. von Böhm-Bawerk**, **F. Hayek**).

Le courant néo-classique opère une rupture avec la théorie classique sur deux points essentiels :
- l'abandon de la théorie de la valeur travail et l'adoption d'une **théorie de la valeur utilité** ;
- l'adoption d'une méthodologie individualiste qui abandonne les aspects macroéconomiques et macrosociaux de l'approche classique.

À cette période, le capitalisme triomphe dans les pays qui connaissent la Révolution Industrielle et les vagues d'innovations dynamisent la croissance économique. C'est un contexte qui favorise la constitution de ce nouveau paradigme néoclassique.

I. L'école de Lausanne et l'école anglaise

A. Les précurseurs

Les analyses des néoclassiques s'inscrivent dans le prolongement de travaux antérieurs, notamment ceux de **A.J. Dupuit** (1804-1866), d'**A. Cournot** (1801-1877) mais aussi de **H.H. Gossen** (1811-1858) et **H.V. Thunen** (1783-1850). **A.J. Dupuit** va introduire le concept d'utilité marginale variable selon le consommateur et selon les quantités de biens détenues, il est le précurseur de ce qu'**A. Marschall** (1842-1924) nommera le surplus du consommateur. **A. Cournot** est le précurseur de **L. Walras** pour sa démarche abstraite et formalisée. **H.H. Gossen** mettra en avant la rationalité individuelle, mais aussi la loi de l'utilité marginale décroissante (v. chapitre *Analyses microéconomiques du consommateur et du producteur, et équilibre de marché*). Enfin **H.V. Thunen** montrera que le producteur combine des facteurs de production substituables selon leurs prix et leur efficacité (loi de l'égalisation des facteurs de production à leur productivité marginale).

B. L'école de Lausanne : l'équilibre général

a. Léon Walras (1834-1910) : concurrence et équilibre général

L. Walras élabore un **modèle d'équilibre général** et cherche à démontrer qu'il existe un système de prix relatifs tels que tous les marchés interdépendants d'une économie concurrentielle sont simultanément en équilibre. La fixation du prix sur chaque marché résulte de la confrontation de l'offre et de la demande par un commissaire-priseur (ou arbitre de marché) qui recherche, par tâtonnement, le prix d'équilibre (v. chapitre *Analyses microéconomiques du consommateur et du producteur, et équilibre de marché*).

b. Francis Ysidro Edgeworth (1845-1925)

Même s'il n'a eu que peu d'influence sur la pensée économique de son époque, **F. Y. Edgeworth** est l'un des principaux auteurs à avoir introduit la formulation mathématique en économie.
F. Y. Edgeworth est à l'origine du concept de **courbe d'indifférence** (ensemble des paniers de biens qui procurent la même satisfaction au consommateur) qui conduira plus tard **V. Pareto** (1848-1923) à schématiser les **cartes d'indifférence** (v. chapitre *Analyses microéconomiques du consommateur et du producteur, et équilibre de marché*). Il propose sur cette base une représentation graphique, la **boîte d'Edgeworth**, illustrant les échanges entre deux agents. Dans le cadre d'une transaction entre deux agents rationnels, chacun d'eux peut accepter un échange de biens qui améliore sa situation ou, du moins, ne la détériore pas. On peut alors construire une **courbe des contrats** représentant toutes les propositions qu'un agent peut accepter. Sur cette courbe, seuls les points qui améliorent la dotation initiale apparaissent. La négociation entre les agents cesse lorsqu'il n'est plus possible d'améliorer la situation de l'un sans détériorer celle de l'autre.

c. Vilfredo Pareto et la théorie de l'optimum

V. Pareto, successeur de **L. Walras** à l'université de Lausanne, développe la formulation mathématique de l'équilibre général et introduit le concept d'**optimum**. Une situation économique est un optimum s'il n'est pas possible d'améliorer la situation d'un agent économique sans dégrader la situation d'un autre. Un équilibre général walrasien est un optimum au sens de Pareto (v. chapitre *Analyses microéconomiques du consommateur et du producteur, et équilibre de marché*).

C. L'école anglaise : l'équilibre partiel

École marquée par les analyses de **J. S. Mill**. Ils vont prendre en compte les défaillances du marché et montrer la nécessité de l'intervention de l'État pour faire face à celles-ci.

a. William Stanley Jevons (1835-1882) : la prise en compte de l'environnement

W.S. Jevons est le père fondateur de l'école néo-classique anglaise, surtout connu pour son apport à l'analyse marginaliste, notamment avec le concept d'utilité marginale. Comme **L. Walras**, il rejette la théorie de la valeur travail. Il est aussi connu pour avoir mis en avant dans son ouvrage *The Coal question* (1865), « **l'effet de rebond** » : il constate les effets de la production de charbon sur l'environnement et montre que l'amélioration des performances énergétiques d'une ressource peut se traduire par une plus grande consommation de celle-ci et finalement annuler les gains environnementaux (v. chapitre *Économie et environnement*).

b. Alfred Marshall : équilibre partiel et économie industrielle

A. Marshall s'efforce de concilier l'approche classique et l'approche néo-classique. En ce qui concerne la théorie de la valeur, **A. Marshall** considère que le coût de production (y compris le coût en travail) et l'utilité contribuent conjointement à la détermination de la valeur des marchandises. À la différence de **L. Walras**, **A. Marshall** raisonne en **équilibre partiel** : il étudie la détermination de l'équilibre sur un marché particulier. Cela le conduit à mettre en avant le raisonnement *ceteris paribus*, « toutes choses égales par ailleurs ». Il étudie l'impact d'une modification d'une variable sur un marché sans tenir compte de son effet sur les autres marchés. Par ailleurs, **A. Marshall** jette les bases de l'économie industrielle en s'intéressant aux effets externes, aux rendements croissants et aux monopoles. Il fait aussi progresser l'analyse de la demande en introduisant les concepts d'élasticité et de surplus du consommateur (v. chapitre *Analyses microéconomiques du consommateur et du producteur, et équilibre de marché*).

c. Arthur Cecil Pigou (1877-1959) : l'économie du bien-être

Pour **A.C. Pigou** il peut y avoir un décalage entre le « *bien-être économique* » et « *bien-être non économique* » (Pigou, 1912). Dans les situations de défaillances du marché, *market failures*, un décalage se crée entre répartition par le marché et optimum social. L'État intervient alors pour corriger ces écarts liés à la seule considération du bien-être économique. Il existe donc des **effets externes** et leur prise en compte (par exemple par des taxes et/ou des subventions) peut permettre une affectation optimale des ressources en internalisant les externalités (v. chapitre *Économie et environnement*).

A.C. Pigou est également à l'origine de l'idée selon laquelle une baisse du niveau des prix entraîne une augmentation de la dépense du fait d'un accroissement de la valeur réelle des encaisses monétaires détenues par les agents (**effet Pigou**). Cet effet de richesse accroît la demande de biens et de services mais aussi de celle des actifs financiers. On peut alors considérer la baisse des prix comme un phénomène transitoire.

II. L'école autrichienne

A. L'école de Vienne

a. Eugen von Böhm-Bawerk (1851-1914) et la théorie du capital

E. Böhm-Bawerk a apporté une contribution décisive à la **théorie du capital**. Pour lui, les hommes produisent des biens destinés à satisfaire leurs besoins. Ce qui n'est évidemment pas le cas des biens d'équipement. Ces derniers n'ont d'utilité qu'indirecte : ils permettent d'obtenir une plus grande quantité de biens de consommation pour une moindre dépense. Réaliser un investissement net, et donc accroître le stock capital, c'est allonger le détour entre l'effort réalisé par l'investisseur (ou l'épargne qu'il réalise) et la satisfaction finale qu'il obtiendra. La formation du capital est donc liée à l'**arbitrage intertemporel** : pour obtenir une satisfaction plus importante dans le futur, il faut réduire sa satisfaction dans l'immédiat afin de produire des biens de production et accroître ainsi le stock de capital (v. chapitre *Capital et investissement*).

b. Friedrich Hayek (1899-1992) : temps, monnaie, ordre social

La réflexion économique de **F. Hayek** (prix Nobel 1974) est centrée sur la monnaie, les cycles économiques, les échanges internationaux et la croissance. Il a apporté aussi une contribution importante à la philosophie politique.
Le thème central de l'œuvre de **F. Hayek** est la défense de la régulation par le marché. Mais il rejette l'hypothèse de concurrence parfaite. Dans la réalité l'information est presque toujours imparfaite et les représentations de chaque individu, qui influeront sur ses choix, sont marquées par cette imperfection de l'information. Mais c'est de cette imperfection de la circulation de l'information que naît la supériorité du marché en tant que mode d'organisation sociale. Le marché est efficace parce qu'il permet la meilleure gestion possible de l'information.

F. Hayek développe une théorie des crises qui s'inspire à la fois de la théorie du capital de **L. Böhm-Bawerk** et de la théorie monétaire de **K. Wicksell** (1851-1926). Pour **F. Hayek** la monnaie n'est pas neutre et une émission excessive de monnaie conduit à un allongement injustifié du **détour de production** (surinvestissement) et, à terme, un retour brutal à un stock de capital compatible avec les arbitrages intertemporels des agents (v. chapitre *Fluctuations, cycles et crises*).

F. Hayek s'oppose aussi à toute intervention de l'État, c'est-à-dire à toute tentative d'un pilotage conscient de l'économie : l'ordre social est un **ordre spontané** qui ne doit pas être perturbé.

Classiques, néo-classiques et libéraux

Il ne faut pas confondre les termes « classiques » et « néo-classiques » qui désignent des courants théoriques et le terme « libéral » qui désigne une orientation doctrinale. **A. Smith** et **D. Ricardo** sont des économistes classiques et ils sont aussi indiscutablement libéraux dans la mesure où ils considèrent qu'il faut accorder à la régulation par le marché la plus grande place possible. **K. Marx**, qui est lui aussi un théoricien du marché, est parfois classé parmi les économistes classiques et il n'est certainement pas libéral. **L. Walras** est un néo-classique, mais il accepte dans sa correspondance qu'on le considère comme socialiste et il est favorable à la nationalisation de la terre et des chemins de fer. Par ailleurs, il ne faut pas confondre les économistes néo-classiques et les économistes autrichiens. Ces derniers sont libéraux, mais leur conception du marché est très différente de celle des néo-classiques. Enfin, il importe de distinguer le **libéralisme économique** et le **libéralisme politique**. **V. Pareto** est libéral d'un point de vue économique, mais il est conservateur d'un point de vue politique, quant à **J. M. Keynes**, si ses conceptions doctrinales l'opposent au libéralisme économique, il est indiscutablement libéral du point de vue politique.

B. Une pensée hétérodoxe : Joseph Schumpeter (1883-1950) et l'évolution économique

J. Schumpeter a apporté de nombreuses contributions à la science économique, notamment en ce qui concerne la théorie des crises, la théorie monétaire, l'analyse des systèmes économiques. Il rejette les conclusions et les méthodes de l'économie néoclassique. Les conditions de la concurrence pure et parfaite ne lui paraissent pas vérifiées. La concurrence ne permet pas la stabilité, elle est pour **J. Schumpeter** un phénomène déséquilibrant. Il est aussi l'auteur d'une « *Histoire de l'analyse économique* » (1954). Sa contribution principale concerne la dynamique du capitalisme.

Pour J. **Schumpeter**, l'**entrepreneur** joue un rôle essentiel car c'est lui qui réalise les innovations et qui est à l'origine du processus de **destruction créatrice** (v. chapitres *La croissance économique* et *Fluctuations, cycles et crises*). Or le capitalisme est caractérisé par un processus de concentration économique et par l'influence croissante de la bureaucratie. Et pour J. **Schumpeter** il n'y a pas de moyens d'empêcher la concentration : ainsi cette évolution conduit au « *crépuscule de la fonction d'entrepreneur* » (Schumpeter, 1942). Le capitalisme est destiné à disparaître, du fait de ses succès (croissance de la production, progrès technique, etc.) (v. chapitre *Entreprise et système productif*).

L'intérêt de **J. Schumpeter** pour la dimension sociale et institutionnelle de l'économie, son analyse en termes de circuit, l'importance qu'il accorde à la dynamique de long terme expliquent l'influence qu'il a conservée dans l'analyse économique.

§ 4. La rupture keynésienne

J.M. Keynes a exercé une influence considérable tout au long du XXe siècle. Il devient célèbre en contestant le Traité de Versailles (1919), joue un rôle important à la conférence de Bretton Woods (1944) et ses idées dominent la pensée économique pendant les Trente Glorieuses. Formé par **A. Marshall** et **A.-C. Pigou**, **J.M. Keynes** rompt progressivement avec l'orthodoxie pour développer une analyse originale. Il a publié de nombreux articles et ouvrages, le principal étant la *Théorie générale de l'emploi de l'intérêt et de la monnaie* (1936).

I. Les points de rupture

- **Une analyse de court terme ?** Pour **J.M. Keynes**, les prix sont rigides à court terme, ce sont les quantités qui s'ajustent. Quand il y a un déséquilibre entre l'offre et la demande de biens, par exemple lorsque l'offre est supérieure à la demande, le niveau de production et le niveau d'emploi vont baisser. Il plaide ainsi pour la mise en place de politiques de court terme visant à améliorer la situation conjoncturelle sans attendre un hypothétique équilibre de long terme. À propos de la théorie quantitative de la monnaie, il écrivait notamment ainsi : « *cela est probablement vrai, à la longue. [...] Mais cette manière d'envisager les choses dans un long espace de temps est une mauvaise méthode d'étudier les événements actuels. À la longue, nous serons tous morts. Les économistes se donnent une tâche trop facile et trop inutile, si, dans une période orageuse, ils se contentent de nous dire que lorsque la tempête est passée l'Océan redevient calme* » (Keynes, 1923).

On a souvent qualifié **J.M. Keynes** de « court-termiste » sur la base de la seule formule « *À long terme, nous serons tous morts* » extraite de son contexte. Il faut cependant rappeler que **J.M. Keynes** raisonne également sur le long terme, à propos notamment des placements financiers : « *Un investisseur vise d'abord, ou devrait viser, des résultats à long terme et ne devrait être jugé que d'après ces derniers* [...] *Penser que nous devrions tous être en train de vendre à un autre et tous nous trouver avec rien d'autre que du liquide lorsque le marché est au plus bas est non seulement ahurissant, mais aussi destructeur du système dans son ensemble* » (Keynes, 1938).

- **Du certain à l'incertitude.** Les néoclassiques raisonnent *ex ante* sur un avenir probabilisable. **J.M. Keynes** raisonne *ex post* et met en avant l'importance des anticipations. Pour **J.M. Keynes,** dans un contexte d'incertitude radicale, l'avenir n'est pas probabilisable, contrairement au risque. Pour lui, les agents ne peuvent tout prévoir et les éléments sur lesquels les agents fondent leurs anticipations sont peu fiables. De ce fait, face à l'incertitude, la monnaie devient une réserve de richesse et peut être demandée pour elle-même. Dans ce cas, la monnaie n'a plus la fonction de facilitation des échanges. La production dépend de la **demande effective** qui, elle-même découle en partie des « *esprits animaux* » des entrepreneurs.

- **La remise en cause de la microéconomie. J.M. Keynes** raisonne en termes macroéconomiques et conteste l'idée d'un simple passage de l'individuel au collectif : lorsque les salaires baissent dans une entreprise, cela réduit ses coûts mais pas ceux des autres entreprises, puisque tous les salaires ne diminuent pas. La baisse de toutes les rémunérations aurait d'ailleurs un effet dépressif sur l'économie, entraînant une baisse de la demande globale.

II. John Maynard Keynes et la contestation du marché autorégulateur

- **Demande effective** et **équilibre de sous-emploi. J.M. Keynes** est à l'origine du principe de la **demande effective** : c'est la demande globale anticipée (demande de biens de consommation et de biens de production) par les entrepreneurs qui détermine le niveau de la production, donc le niveau de l'emploi. Aucun mécanisme ne peut assurer que cette demande effective se fixe à un niveau compatible avec le plein-emploi. Dans ce cas il y a équilibre de sous-emploi (v. chapitre *Marché du travail, emploi, chômage*).

- **La non-neutralité de la monnaie et le rôle de l'épargne**. **J.M. Keynes** rejette la loi des débouchés : la monnaie n'est pas neutre et peut être demandée pour elle-même. « *L'importance essentielle de la monnaie vient de ce qu'elle est un lien entre le présent et le futur* », (Keynes, 1936). Dès lors, les comportements de thésaurisation peuvent conduire à une insuffisance de la demande adressée à l'économie (v. chapitre *Monnaie et financement de l'économie*). Pour **J.M. Keynes**, alors, l'épargne n'est pas toute nécessairement investie. L'épargne est fonction des revenus et non du taux d'intérêt. Épargne et investissement ne dépendent pas des mêmes variables.
- **Le rôle de l'État**. Les analyses de **J.M. Keynes** le conduisent à constater « *La fin du laisser-faire* ». L'économie ne peut plus, selon lui, fonctionner sur la base de mécanismes automatiques. Le marché n'est pas (ou n'est plus) autorégulateur. Une intervention discrétionnaire de l'État est donc nécessaire pour maintenir l'économie au voisinage de l'équilibre de plein-emploi (v. chapitres *Les fonctions économiques de l'État* et *Fluctuations, cycles et crises économiques*).

III. Les prolongements keynésiens

A. La synthèse néo-classique : une interprétation de la théorie générale, le modèle IS-LM

Dès les années 1950-1960 se développe la **synthèse néo-classique**. L'un des représentants les plus éminents est **P.-A. Samuelson** (prix Nobel 1970), qui inspire les politiques dites keynésiennes des Trente Glorieuses (v. chapitre *Politiques économiques*).

Ce courant inspiré des travaux de **J.-R. Hicks** (1904-1989) et **A.-H. Hansen** (1887-1975) (**schéma IS-LM**), se propose de faire la synthèse entre l'approche néo-classique (en termes de marché) et l'approche keynésienne (régulation de la demande globale), notamment à travers le modèle IS-LM. Ce modèle, va rendre légitime les politiques conjoncturelles de relance et de rigueur pendant la période des Trente glorieuses et permettre de chiffrer les moyens à mettre en œuvre pour résorber le chômage.

Ce modèle envisage un équilibre sur les deux marchés : marché des biens et marché de la monnaie et met en relation niveau du produit national (revenu nominal) et niveau du taux d'intérêt nominal.

La courbe investissement/épargne (IS), décroissante, représente l'ensemble des situations d'équilibre possibles sur le marché des biens. Elle représente l'ensemble des couples (i, Y) pour lesquels il y a égalité entre investissement et épargne.

La courbe demande de monnaie/offre de monnaie (LM), croissante, représente l'ensemble des situations d'équilibre sur le marché de la monnaie. Elle représente l'ensemble des couples (i, Y) pour lesquels il y a égalité entre demande et offre de monnaie. L'offre de monnaie M est, dans ce modèle, une variable exogène qui dépend de la politique de l'État en matière de création monétaire.

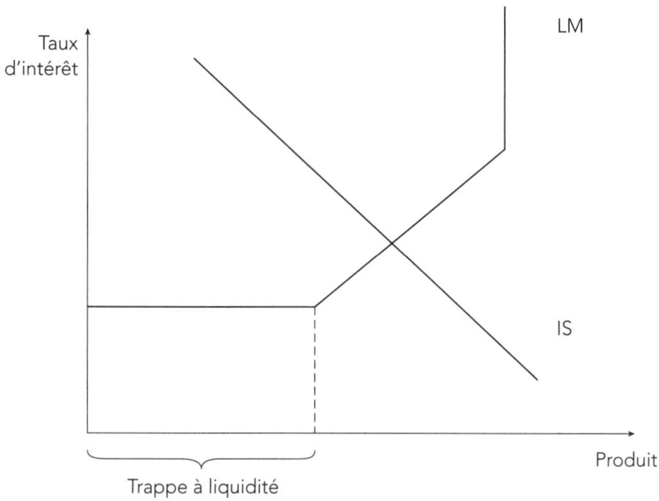

L'intersection des deux courbes détermine la combinaison du taux d'intérêt et du revenu nominal qui assure simultanément l'équilibre sur le marché de la monnaie et sur le marché des biens.

Ce modèle décrit l'interdépendance des politiques budgétaire et monétaire : une augmentation du montant des dépenses publiques pousse la courbe IS vers la droite ; le revenu croît d'autant plus que l'offre de monnaie est en même temps accrue, limitant ainsi la hausse des taux d'intérêt. Une politique monétaire expansive déplace la courbe LM vers la droite, générant un nouvel équilibre (déplacement du point d'équilibre du marché des biens sur la courbe IS), fondé sur une augmentation du revenu nominal et une baisse du taux d'intérêt. Inversement une politique monétaire restrictive (réduction de la création monétaire), pour faire face à une situation marquée par un plein-emploi et des tensions inflationnistes, déplace la courbe LM vers la gauche (restriction du revenu et augmentation du taux d'intérêt). Dans la même perspective d'une réduction des tensions inflationnistes, une politique budgétaire restrictive génère un déplacement de la courbe IS sur la gauche (réduction du revenu et du taux d'intérêt).

Selon ce modèle, il existe une **trappe à liquidité**. En dessous d'un certain niveau de taux d'intérêt, l'élasticité de la demande de monnaie au taux d'intérêt est infinie et l'élasticité de l'investissement est dans le même temps nulle. Lorsque l'économie se trouve dans la trappe à liquidité, seule une politique budgétaire peut permettre un retour vers le plein-emploi (déplacement de la courbe IS vers la droite). Cette notion retrouve une certaine actualité face à la contrainte actuelle des taux zéro à laquelle la politique monétaire se heurte (v. chapitre *Monnaie et financement de l'économie*).
La **synthèse néo-classique** a fait l'objet d'une double critique. Certains économistes libéraux (et notamment monétaristes) lui reprochent de justifier un interventionnisme excessif de l'État et de favoriser l'inflation. Les économistes post-keynésiens ou les théoriciens du circuit monétaire de production lui reprochent de donner une interprétation de Keynes qui fait l'impasse sur l'hétérodoxie de l'auteur de la *Théorie générale de l'emploi de l'intérêt et de la monnaie*.

B. Les économistes post-keynésiens

L'économie post-keynésienne est une école de pensée économique hétérodoxe qui se développe à partir du milieu des années 1950. Ses origines proviennent des économistes de l'université de Cambridge, notamment **J. Robinson** (1903-1983) et **N. Kaldor** (1908-1986). Mais aussi **H. Minsky** (1919-1996). Il s'agissait alors d'approfondir les travaux de **J.M. Keynes** en y intégrant l'accumulation du capital et l'analyse de long terme.
Le paradigme post-keynésien s'articule autour de 5 grands principes :
- L'importance de la demande effective : la demande à court terme et à long terme dicte la dynamique économique. L'investissement est donc autonome par rapport aux choix intertemporels d'épargne des ménages ;
- L'existence de l'incertitude radicale ou fondamentale : les décisions importantes découlent du degré de confiance attribué aux informations connues ;
- L'existence d'un temps historique irréversible qui a des **effets d'hystérèses**. L'effet d'hystérésis (les évolutions actuelles dépendent aussi des évolutions passées) fait que le processus d'ajustement peut créer différents points d'équilibre.
- La monnaie est active tant à court terme qu'à long terme ;
- La répartition des revenus (entre salaires et profits mais aussi entre travailleurs et cadres bien rémunérés) a des effets sur le niveau de l'activité économique et du progrès technique Ils vont s'intéresser aux conflits de répartition.

Keynes, le retour ?

F. Geerolf et **Th. Grjebine** montrent que les effets macroéconomiques des politiques économiques mis en avant par **J.M. Keynes** sont empiriquement vérifiés. D'une part, la crise des dettes souveraines en Europe a montré que les hausses d'impôts avaient eu un impact récessif important et durable sur l'activité économique. Les effets multiplicateurs sont sous-estimés par les modèles macroéconomiques actuels. Le FMI, lors de la mise en place des politiques d'austérité en Europe en 2010, avait estimé un effet multiplicateur de –0,5 % de PIB. Or les études de 2012 ont montré un impact négatif trois fois supérieur. D'autre part, comme l'avait montré J.M. Keynes, il y a un lien entre politiques macroéconomiques, déficits extérieurs et processus de désindustrialisation. En effet, en économie ouverte une politique de relance de la demande va entraîner une croissance du déficit extérieur (une partie de la relance bénéficie aux produits étrangers, comme lors de la relance de 1981) qui va pénaliser le tissu industriel national, on parle de **contrainte extérieure**. C'est le danger mis en avant par Keynes lorsque les relances ne sont pas coordonnées au niveau mondial.

IV. Les critiques monétaristes

Le monétarisme est un courant de l'analyse économique qui relève du libéralisme économique et qui a été développé pour l'essentiel par les économistes de l'École de Chicago : **K. Brunner** (1916-1989), **A. Meltzer** (né en 1928) et **M. Friedman** (1912-2006) notamment. Ce courant de pensée voit son influence grandir pendant les années 1980, notamment par son analyse de la politique monétaire que doivent mettre en œuvre les banques centrales (v. chapitre *Monnaie et financement de l'économie*).

M. Friedman critique notamment la fonction de consommation keynésienne en montrant que celle-ci est fonction du revenu permanent et non du **revenu courant** et défend l'idée d'une stabilité à long terme de la propension moyenne à consommer (v. chapitre *Consommation, épargne et patrimoine*). Dans cette perspective, la politique budgétaire de relance est inefficace et créatrice d'inflation. Elle n'affecte que le revenu transitoire. **M. Friedman** montre alors que si la relation inflation-chômage existe à court terme, à long terme la courbe de Phillips devient une verticale et se fixe au niveau du taux de chômage naturel (v. chapitre *Marché du travail, emploi, chômage*).

D'une manière générale, pour les monétaristes :

- la fonction de demande de monnaie est stable ;
- la quantité nominale de monnaie en circulation est déterminée pour l'essentiel par les autorités monétaires ;
- « *l'inflation est toujours et partout un phénomène monétaire dans le sens où elle est, et peut-être, simplement provoquée par une augmentation plus rapide de la quantité de monnaie que du niveau du produit* » (Friedman, 1987) ;
- il existe un taux naturel de chômage dû à des dysfonctionnements structurels du marché du travail.

§ 5. Des synthèses contemporaines

Même si la science économique contemporaine se caractérise aujourd'hui par une diversité de programmes de recherches, on assiste depuis le milieu du XXe siècle au développement de nouveaux courants qui s'inspirent de plusieurs paradigmes.

I. La Nouvelle école classique (NEC)

Les **nouveaux classiques** se fondent notamment sur l'hypothèse d'**anticipations rationnelles** et reformulent la loi des débouchés des économistes classiques. Ce courant ne se limite plus à une approche microéconomique, mais propose une nouvelle macroéconomie : **théorie des cycles réels**, **théorie de la croissance endogène** (v. chapitres *La croissance économique* et *Fluctuations, cycles et crises*).

Pour les tenants de la NEC, comme **R. Barro** (né en 1944), **R.E. Lucas** (né en 1937) ou **P. Romer** (né en 1955), les politiques conjoncturelles sont inefficaces même à court terme car les anticipations rationnelles dépendent aussi de la crédibilité des pouvoirs publics. C'est pour cela que **F.E. Kydland** (né en 1943) et **E. Prescott** (né en 1940) (Prix Nobel 2004) défendent la mise en œuvre de politiques réglementaires afin de « lier les mains » des décideurs économiques (v. chapitres *Les fonctions de l'État* et *Politiques économiques*).

W. Nordhaus (Prix Nobel 2018) (né en 1941) va proposer dans les années 1990 le modèle DICE (pour *Dynamic integrated climate-economy*) qui permet de mesurer les coûts futurs des effets des émissions de gaz à effet de serre (le **taux d'actualisation**) pour déterminer le prix présent des activités émettrices (v. chapitre *Économie et environnement*). Ces travaux avaient pour objectif de modéliser l'interaction entre la croissance économique et le changement climatique.

II. La Nouvelle école keynésienne (NEK)

Les **nouveaux Keynésiens** retrouvent les conclusions de **J.M. Keynes** sur l'équilibre de sous-emploi et la nécessité de l'intervention de l'État, mais en leur donnant un fondement microéconomique. Ils prolongent les analyses de la synthèse néo-classique.

A. L'analyse des équilibres à prix fixes (ou théorie du déséquilibre)

À partir des années 1970, un certain nombre d'économistes – **A. Leijonhufvud**, **R. Clower** (1926-2011), **E. Malinvaud** (1923-2015) – vont proposer une approche qui constitue d'une part un retour à **Keynes** et d'autre part une tentative d'intégrer dans un cadre théorique commun les approches « classique » et « keynésienne ». La **théorie des équilibres à prix fixes** se propose en effet d'élaborer une microéconomie non walrasienne, dans laquelle les marchés sont interdépendants mais où ils ne sont pas tous simultanément en équilibre du fait de la lenteur d'ajustement des prix relatifs. Des échanges se déroulent donc à des prix qui ne sont pas des prix d'équilibre et certains agents sont rationnés (ils ne peuvent pas acheter ou vendre tout ce qu'ils souhaiteraient au prix qui existe sur le marché). À côté des ajustements instantanés par les prix de l'univers néoclassique, il existe donc des situations d'ajustement par les quantités qui se traduisent par des offres ou des demandes excédentaires. Cette analyse permet notamment d'envisager des situations de **chômage classique** – résultant d'une rentabilité insuffisante – et de **chômage keynésien** – résultant d'une demande globale insuffisante – (v. chapitre *Marché du travail, emploi, chômage*).

B. Les fondements microéconomiques à la macroéconomie

Pour ces auteurs les défaillances de marché s'expliquent par un processus endogène. Les agents économiques ont des comportements rationnels mais les interactions entre ces comportements dans le cadre du marché peuvent conduire à des « défauts de coordination » et donc à des situations collectives sous-optimales. En effet, l'information est imparfaite et asymétrique, ce qui incite certains agents à adopter des comportements opportunistes. Cela crée des rigidités microéconomiques qui ont des conséquences sur le plan macroéconomique. Elles peuvent être de deux ordres : *ex ante* (avant la signature du contrat), on parlera de sélection adverse, ou *ex post* (après la signature du contrat), on parlera d'aléa moral.
C. Azariadis (1943), montre que la rigidité à court terme du taux de salaire nominal peut s'expliquer par un comportement rationnel des agents (v. chapitre *Marché du travail, emploi, chômage*). De même, l'équilibre de sous-emploi peut être expliqué par le rationnement du crédit résultant d'une asymétrie d'information (les banques évaluent mal la solvabilité de leurs clients et accordent de ce fait un volume de crédit sous-optimal).
Enfin, les travaux de **J. Akerlof** (né en 1940) (prix Nobel en 2001), montrent, à propos du marché des voitures d'occasion, que les asymétries

d'informations empêchent le marché de fonctionner et nécessite l'intervention de l'État (v. chapitre *Les fonctions économiques de l'État*).

Le prix Nobel d'économie 2015, **A. Deaton** (né en 1945), montre, dans son livre « *La Grande évasion* » (2016), comment l'humanité s'est arrachée à des déterminismes (trappes à pauvreté, faible espérance de vie) à partir de la moitié du XIXe siècle. Pour autant, il constate la persistance de certaines inégalités. En effet, il montre que si effectivement la croissance économique et le progrès de la science sont nécessaires pour réduire la pauvreté et les inégalités, il faut aussi des politiques économiques qui se préoccupent de l'accès pour tous à la santé. Ces recherches lui ont alors permis d'expliquer la baisse récente de l'espérance de vie aux États-Unis. Cette dernière touche essentiellement les catégories moyennes inférieures et s'explique par « les morts de désespoir » (suicide, crise des opioïdes) (v. chapitre *Économie et démographie*).

III. Coordination : marché, hiérarchies, institutions, conventions

De nombreuses recherches en sciences économiques ont pour objet de comprendre les procédures qui permettent à des agents prenant des décisions de façon décentralisée de se coordonner. Pendant longtemps, les économistes n'ont mis en avant qu'une procédure de **coordination** : le marché. Cependant, on a mis en évidence l'existence de défaillances du marché et la nécessité d'interventions correctrices de l'État (v. chapitres *Analyses microéconomiques du consommateur et du producteur, et équilibre de marché* et *Les fonctions économiques de l'État*). Plus généralement, les travaux de **R. Coase** (1910-2013) (Prix Nobel, 1991) ont montré qu'il existe deux types de coordination : le marché et la hiérarchie (v. chapitre *Entreprise et système productif*). On a souligné aussi que le marché comme l'entreprise sont des **institutions** et que leur fonctionnement suppose l'existence de règles et de conventions qui permettent aux agents de gérer les asymétries d'information et les conséquences des comportements stratégiques. Ce dernier point permet de comprendre pourquoi la théorie des jeux occupe une place croissante dans l'analyse économique.

A. L'économie institutionnelle

Selon **B. Chavance** (*L'économie institutionnelle*, 2018), l'économie institutionnelle regroupe différents courants hétérodoxes de l'analyse économique qui, en dépit de leurs divergences, ont en commun de considérer que les institutions constituent un objet essentiel de l'analyse économique. Pour **B. Chavance**, l'école historique allemande (**G. Schmöller**, 1838-1917), l'institutionnalisme américain (**Th. Veblen**, 1857-1929) et **R. Commons** (1862-1945), l'école autrichienne (**C. Menger**, **F. Hayek**), la nouvelle économie institutionnelle (**O. Williamson**, **D. North**, 1920-2015), la théorie de la régulation (**R. Boyer**) et l'économie des conventions relèvent de l'économie institutionnelle.

Ces courants ont en commun de mettre l'accent sur la diversité des institutions et sur leur importance dans la régulation des activités économiques.

Les définitions du concept d'**institution** sont variables au sein de ces courants, mais elles ont en commun de mettre l'accent sur le caractère durable des institutions et sur le fait qu'elles sont des règles (formelles ou informelles), des habitudes, des normes, des contraintes, au sein desquelles se déroulent les actions individuelles. Il existe donc un cadre institutionnel de la vie sociale (la famille, le marché, le droit, la morale, etc.) au sein duquel se mettent en place des organisations et se nouent des interactions sociales.

R. Coase est le fondateur du néo-institutionnalisme. Il s'intéresse à la coexistence, dans une économie, des modes de coordination par le marché et par la hiérarchie, présentant chacun des coûts d'utilisation différents. Selon le niveau des coûts, les entreprises choisissent leur mode de coordination (v. chapitre *Entreprises et système productif*).

Les travaux d'**O. Williamson** (1932), dans la continuité de ceux de **R. Coase**, montrent que la rationalité limitée des agents est source d'asymétries d'information qui rendent les contrats incomplets (v. chapitre précité).

Selon **D. North**, prix Nobel 1993, « *les institutions sont des contraintes établies par les hommes qui structurent les interactions humaines. Elles se composent de contraintes formelles (comme les règles, les lois, les constitutions), de contraintes informelles (comme des normes de comportement, des conventions, des codes de conduite auto-imposées) et des caractéristiques de leur application* » (North, 1994). Pour lui « *si les institutions sont les règles du jeu, les organisations et leurs entrepreneurs sont les joueurs* » (North, 1994). Les institutions affectent les coûts de transaction et selon leur efficacité favorisent la croissance économique. Par l'évolution de la fiscalité, des droits de propriétés, les institutions peuvent modifier la structure des échanges économiques.

J. Tirole (prix Nobel 2014), à travers la théorie des incitations insiste sur la nécessité d'une réglementation des monopoles naturels et de la commande publique. Il critique le théorème de Coase en montrant qu'il peut être parfois inefficace.

B. Économie industrielle et économie de l'innovation

L'économie industrielle se développe dans les années 1960, dans le prolongement des travaux des économistes de la concurrence imparfaite, **A.A. Cournot** (1801-1877), **J. Dupuit** (1804-1866), **E. Chamberlin** (1899-1967), **H. von Stackelberg** (1905-1946). Les analyses portent sur le pouvoir de marché des entreprises et les effets de la concentration économique.

Dans les années 1980, les travaux de **J. Tirole** sur les comportements stratégiques des entreprises sur les marchés oligopolistiques (*Industrial Organization*, 1988), conduisent à des propositions en termes de politiques de la concurrence. Il montre que les imperfections du marché doivent être corrigées par l'élaboration de règles universelles, plus particulièrement dans le secteur industriel. Il faut selon lui développer une approche du « cas par cas ». On peut aussi citer ses travaux menés avec **O. Blanchard** sur les institutions et règles de la protection de l'emploi. Ils montrent que les contrats à durée déterminée introduisent un marché du travail peu efficace et dual. Ils préconisent de taxer les licenciements pour responsabiliser les entreprises et la mise en place d'un contrat de travail unique (v. chapitre *Marché du travail, emploi, chômage*). Dans le cadre de la réglementation bancaire, **J. Tirole** propose de surveiller le secteur bancaire au niveau macro-prudentiel en examinant l'exposition globale du secteur.

Les travaux de **J. Tirole** s'inscrivent également dans l'économie de l'innovation (la propriété intellectuelle, les brevets, la diffusion et l'adoption des nouvelles technologies), à travers ses études sur les méthodes de commercialisation des licences, les logiciels libres, les activités en réseaux. Sur ce dernier point, il s'est intéressé à la régulation sectorielle et notamment la réglementation des industries de réseaux, en particulier le secteur du numérique. Ces industries ont des coûts fixes (infrastructures, R&D) importants et il est donc difficile, même en favorisant la concurrence, de faire rentrer de nouvelles entreprises sur ces marchés (d'où l'expression parfois utilisée à leur propos « d'économie du coût marginal zéro »). Par ailleurs, ces industries présentent des effets de réseaux car plus il y a d'individus qui utilisent le bien ou le service plus celui-ci prend de la valeur (les plateformes collaboratives, les réseaux sociaux ont une utilité croissante avec leur nombre d'utilisateurs). À ces **effets de réseaux directs** s'ajoutent les **effets de réseaux indirects** lorsque « *la satisfaction des utilisateurs situés d'un côté du marché augmente lorsque le nombre de ceux situés sur l'autre côté croît. Un moteur de recherche comme Google attire les internautes par le nombre de contenus auquel il permet l'accès; ensuite, les annonceurs publicitaires sont attirés par le nombre* *d'internautes que cette plate-forme permet de toucher* ». (CAE, 2015). Enfin, la concentration des données représente à la fois un avantage pour le consommateur (le service rendu répond à ses attentes) mais aussi constitue une barrière à l'entrée pour les concurrents potentiels : l'algorithme de Google est le meilleur car Google est le moteur de recherche le plus utilisé (+ de 90 % des parts de marché mondial des moteurs de recherche). Réguler ces industries est alors à la fois délicat et nécessaire (v. chapitre *Marchés, concurrence imparfaite et nouvelle microéconomie*).

IV. La théorie de la régulation

La **théorie de la régulation** (ou école de la régulation), portée par **M. Aglietta**, **R. Boyer**, **A. Orléans** s'est développée en France puis au niveau international à partir des années 1970. Elle emprunte à la fois aux traditions marxiste, schumpétérienne, keynésienne et institutionnaliste. Les contributions majeures de ce courant portent sur la dynamique du capitalisme, la croissance et les crises, la monnaie et la finance, les relations économiques internationales. Pour **R. Boyer** la régulation est une « *conjonction de mécanismes concourant à la reproduction d'ensemble compte tenu des structures économiques et des formes sociales en vigueur* » (Boyer, 1986). L'histoire du capitalisme est interprétée comme la succession de modes de régulation qui entrent tour à tour en crise. Un **mode de régulation** est la combinaison d'un **régime d'accumulation** et de **formes institutionnelles** qui codifient les rapports sociaux. Cette perspective permet d'articuler une réflexion sur la reproduction (continuité) et sur le changement (ruptures). Conçue au départ pour rendre compte de l'évolution à long terme des économies capitalistes industrialisées, cette problématique a été appliquée aux pays en voie de développement et aux économies de type soviétique.

D'un certain point de vue, toute théorie économique est une théorie de la régulation (régulation par le marché chez **A. Smith** et **L. Walras**, régulation conjoncturelle par la politique économique chez **J. M. Keynes,** etc.). Il ne faut donc pas confondre le sens général du terme régulation, avec la signification spécifique à la théorie de la régulation.

V. Concurrence des paradigmes et cumulativité

Pour conclure, la science économique est caractérisée par l'existence de courants théoriques divers. Cette situation est souvent mal perçue par l'opinion et par les décideurs politiques qui s'irritent du désaccord des économistes sur des questions jugées essentielles (chômage, développement économique, etc.).

Sur le plan scientifique, cependant, il faut souligner que :

- la concurrence des paradigmes est féconde. Chaque courant théorique doit répondre aux critiques des autres et se trouve donc contraint de préciser ses analyses, d'approfondir ses investigations ;
- il existe une cumulativité partielle, c'est-à-dire un ensemble de références, de techniques de recherches, de concepts, etc.

RÉFÉRENCES DU CHAPITRE

Bodin J. (1568), *Réponse au paradoxe de M. de Malestroit touchant l'enrichissement de toutes choses, et le moyen d'y remédier.*

Boyer R. (1986), *La théorie de la régulation : Une analyse critique*, La Découverte.

CEPII, (2020), *L'économie mondiale 2021*, La Découverte, Coll. Repères.

CEPII, (2018), *L'économie mondiale 2019*, La Découverte, Coll. Repères.

Deaton A. (2016), *La Grande évasion. Santé, richesse et origine des inégalités*, PUF.

Deaton A. et Case A. (2021), *Morts de désespoirs. L'avenir du capitalisme*, PUF.

Friedman M. (1987), *Quantity Theory of money, in The New Palgrave : A dictionary of Economics*, Macmillan.

Keynes J.M. (1923), *La réforme monétaire*. Traduction de l'Anglais par P. Franck (1924), Éditions du Sagittaire.

Keynes J.M. (1936), *Théorie générale de l'emploi de l'intérêt et de la monnaie*, Payot.

Keynes J.M. (1938), *Lettre à F.N. Curzon*, cité par Dostaler G. (2015), Keynes et ses combats, Albin Michel.

Marx K. (1867), *Le capital*, Essais Folio, Poche.

Mill J.-S. (1848), *Principes d'économie politique*, Flammarion.

North D. (1994), *Economic performance through time*, in *The American Economic Review.*

Note du CAE (2015), *Économie numérique*, n° 26.

Pigou A.C. (1912), *L'Économie du bien-être.*

Ricardo D. (1817), *Des principes de l'économie politique et de l'impôt*, Flammarion.

Say J.-B. (1803), *Traité d'économie politique*, Economica.

Schumpeter J. (1942), *Capitalisme, socialisme et démocratie*, Édition Payot.

Smith A. (1776), *Recherches sur les causes et la nature de la richesse des nations*, Economica.

Sismondi S. (1819), *Nouveaux principes d'économie politique*, Economica.

Turgot J. (1759), *Éloge de Vincent de Gournay*, Institut Coppet.

POUR EN SAVOIR PLUS

Initiation

Chavance B. (2018), *L'économie institutionnelle*, La Découverte, Coll. Repères.

Colliard J.-E. et Travers E. (2009), *Les prix Nobel d'économie*, La Découverte, Coll. Repères.

Combemale P. (2018), *Introduction à Marx*, La Découverte, Coll. Repères.

Dufy C. et Weber F. (2007), *L'ethnographie économique*, La Découverte, Coll. Repères.

Duménil G. et Lévy D. (2003), *Économie marxiste du capitalisme*, La Découverte, Coll. Repères.

Eber N. et Willinger M. (2012), *L'économie expérimentale*, La Découverte, Coll. Repères.

Henry G.M. (2009), *Histoire de la pensée économique*, A. Colin, Coll. U.

Ménard C. (2012), *L'économie des organisations*, La Découverte, Coll. Repères.

Poulon F. (2016), *La pensée économique de Keynes*, Dunod, Coll. Topos.

Saraceno F. (2017), *L'économie à l'épreuve des faits : comprendre les controverses du passé pour éclairer les défis de la société*, Revue Banque.

Steiner Ph. (2011), *La sociologie économique*, La Découverte, Coll. Repères.

Approfondissement

Aréna R. (et al.) (2011), *L'économie, une science qui nous gouverne ?*, Actes sud.

Berr E., Monvoisin V., Ponsot J.-F. et al. (2018), *L'économie post-keynésienne. Histoires, théories et politiques*, Le Seuil.

Blaug M. (1999), *La méthodologie économique*, Economica.

Blaug M. (1999), *La pensée économique*, Economica.

Cœurderoy R. (2007), *Économie des organisations*, Vuibert.

Daniel J.M. (2014), *Histoire vivante de la pensée économique*, Pearson.

Deleplace G. (2009), *Histoire de la pensée économique*, Dunod.

Greffe X., Lallement J. et De Vroey M. (dir.) (2002), *Dictionnaire des grandes œuvres économiques*, Dalloz.

Menger C. (1883/2011), *Recherches sur la méthode dans les sciences sociales et en économie politique en particulier*, éditions de l'EHESS.

Mignon V. (2010), *La macroéconomie après Keynes*, La Découverte, Coll. Repères.

Mistral J. (2019), *La science de la richesse. Essai sur la construction de la pensée économique*, Gallimard.

Snowdon B., Vane H., Wynarczyk P. (1997), *La pensée économique moderne*, Ediscience international.

Steiner Ph. et Vatin F. (2013), *Traité de sociologie économique*, PUF, Coll. Quadrige.

Thaler R.H. et Sunstein C.R. (2010), *Nudge, comment inspirer la bonne décision*, Vuibert, Coll. Pocket.

Walliser C. (2011), *Comment raisonnent les économistes*, Odile Jacob.

SUR LA TOILE

Un dossier sur l'histoire de la pensée et le raisonnement économique sur http://ses.ens-lyon.fr/l-histoire-de-la-pensee-et-le-raisonnement-economique-124771.kjsp?RH=05

Un feuilleton HPE sur http://ses.ens-lyon.fr/feuilleton-h-p-e--40877.kjsp?RH=05

Émission « Entendez-vous l'éco ? » sur France culture avec des thèmes sur la pensée économique : https://www.franceculture.fr/emissions/entendez-vous-leco

CHAPITRE 3

Analyses microéconomiques du consommateur et du producteur, et équilibre de marché

A. Smith (1723-1790) écrivait que « *ce n'est pas de la bienveillance du boucher, du marchand de bière ou du boulanger, que nous attendons notre dîner, mais bien du soin qu'ils apportent à leurs intérêts. Nous ne nous adressons pas à leur humanité, mais à leur égoïsme ; et ce n'est jamais de nos besoins que nous leur parlons, c'est toujours de leur avantage* » (Smith, 1776), pour mettre en évidence le fait que, selon lui, la poursuite d'intérêts individuels devait conduire à la réalisation de l'intérêt général.
À la suite de **L. Walras** (1834-1910), la **microéconomie néo-classique traditionnelle** s'appuie sur l'intuition d'**A. Smith**, dans un cadre formalisé utilisant des outils mathématiques. Le modèle de Walras cherche en effet à montrer que les individus ont intérêt à participer à l'échange marchand dans le cadre très particulier de la concurrence parfaite, et que ces échanges interindividuels conduiront l'économie à un équilibre général.
La **microéconomie** traditionnelle se propose donc d'étudier comment les individus (consommateur et producteur) prennent leurs décisions et la façon dont ces décisions interagissent. Ces interactions se déroulent sur des marchés, où chaque agent échange des biens et des services (soit comme offreur, soit comme demandeur), à un certain prix. La confrontation de ces offres et de ces demandes aboutit à un équilibre de marché qui optimise les gains à l'échange. Cet équilibre peut cependant être modifié par des chocs exogènes, comme la mise en place d'une taxe forfaitaire.

§ 1. L'analyse microéconomique des choix de consommation

Dans l'approche microéconomique des choix de consommation, le consommateur est un agent économique rationnel qui, du fait de sa petite

taille par rapport au marché (hypothèse d'**atomicité**), n'a aucune influence sur les prix des biens. Ceux-ci, donnés par le marché, s'imposent à lui. Il est « **price-taker** ». Il dispose d'un revenu fixe qu'il dépense intégralement en opérant des choix entre deux ou plusieurs biens, choix guidés par ses préférences, elles-mêmes liées à l'utilité retirée de la consommation des différents biens.
L'objectif du consommateur est de maximiser son utilité compte tenu de sa contrainte de budget.

I. L'équilibre du consommateur

A. La théorie de l'utilité

a. Préférences et utilité

Le choix du consommateur porte sur des **paniers de consommation**. Pour simplifier l'analyse, on raisonne généralement sur des paniers constitués de deux biens. Le panier X se note (x_1, x_2), x_1 représentant la quantité de bien 1 que le consommateur décide d'acheter. C'est le concept abstrait de **préférence** qui permet d'ordonner les différents paniers de biens. Tout consommateur rationnel est ainsi capable de dire s'il préfère tel panier de bien à tel autre ou s'il lui est indifférent de consommer l'un ou l'autre des deux paniers. Du fait d'une hypothèse de **non-satiété**, un consommateur préfère toujours consommer plus. Tout panier de biens comportant une quantité supérieure de l'un des deux biens, à quantité égale du second, sera ainsi préféré au premier. Cependant, le consommateur ayant également une préférence pour la diversité, il consommera toujours des deux biens.
C'est le concept d'**utilité** qui permet de mesurer la satisfaction que retire le consommateur de la consommation d'un panier de biens. Le niveau de l'utilité dépend donc de la quantité consommée (Q) et peut être formalisé à l'aide d'une **fonction d'utilité** : $U = f(Q) = f(x_1, x_2)$. Cette fonction indique ainsi le niveau d'utilité d'un consommateur donné lorsqu'il acquiert les quantités x_1 et x_2 des biens 1 et 2.

Utilité cardinale et utilité ordinale

- Selon la conception cardinale de l'utilité, le consommateur est capable d'exprimer par un nombre la satisfaction retirée de la consommation d'une quantité déterminée de biens. Le consommateur doit être ainsi capable de donner une « note » pour chaque quantité de bien consommée.
- Cette hypothèse a été retenue par les premiers théoriciens marginalistes, **L. Walras** (1834-1910), **W. S. Jevons** (1835-1882), **C. Menger** (1840-1921). Selon les fondateurs de la révolution

marginaliste (v. chapitre *Les grands courants de l'analyse économique*), il fallait pouvoir mesurer l'utilité du consommateur afin de construire un modèle microéconomique (il était donc absolument nécessaire de trouver un indicateur de mesure pertinent de l'utilité). Mais la construction d'une fonction d'utilité dans le cadre de la mesure cardinale de l'utilité s'avère impossible. En effet, dans le cas de l'utilité cardinale, le consommateur doit être capable de mesurer l'utilité de chaque bien de façon indépendante. En réalité l'utilité de chaque bien dépend de l'utilité des autres.

• Cette impossibilité sera contournée par **V. Pareto** (1848-1923) au début du XXe siècle, qui propose de parler d'utilité ordinale, en substituant la classification à la quantification. Selon **V. Pareto**, considérer que les individus sont capables de classer les choix offerts selon un ordre de préférence mais sans attribuer à chacun un indice quantitatif précis est à la fois plus réaliste et surtout suffisant pour construire une analyse microéconomique du comportement du consommateur. Selon la conception ordinale de l'utilité, le consommateur peut ainsi établir un ordre de préférence entre différents paniers de consommation sans pour autant attribuer à chacun d'eux une « note » précise.

b. Une représentation graphique des préférences : les courbes d'indifférence

C'est à partir de la fonction d'utilité que l'on construit les courbes d'indifférence du consommateur, grâce à une représentation graphique initiée par **V. Pareto** pour des biens substituables.

Une **courbe d'indifférence** représente l'ensemble des paniers de consommation qui procurent la même utilité au consommateur. On parle également de courbe d'**iso-utilité**.

Il existe, pour un même individu, plusieurs courbes d'indifférence qui représentent chacune un niveau de satisfaction différent. L'ensemble des courbes d'indifférence représente la **carte d'indifférence** du consommateur.

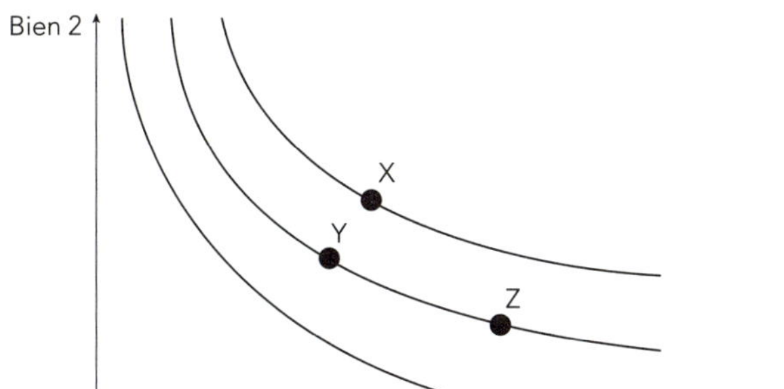

Dans cet exemple (courbe d'indifférence pour des biens substituables), le panier X est préféré aux paniers Y et Z, car il est situé sur une courbe d'indifférence représentant un niveau d'utilité plus élevé.

Les paniers Y et Z procurent le même degré de satisfaction au consommateur. On dit qu'il est indifférent à l'égard de ces deux paniers.

Les courbes d'indifférence n'ont pas la même allure pour des biens complémentaires. Les économistes néoclassiques raisonnent cependant sur des biens substituables (courbes ci-dessus).

c. Principe de l'utilité marginale décroissante et Taux marginal de substitution

Dans le modèle microéconomique néoclassique, ce n'est pas tant le niveau d'utilité qui importe que sa variation aux changements de consommation (**raisonnement à la marge**). On parle ainsi d'**utilité marginale** d'un bien pour désigner l'accroissement d'utilité procuré par la consommation d'une unité supplémentaire de ce bien, les quantités des autres biens restant constantes.

Le **principe de l'utilité marginale décroissante** stipule que le supplément de satisfaction obtenu par la consommation d'une unité supplémentaire de bien diminue au fur et à mesure de l'augmentation de la consommation de ce bien. Pour illustrer ce principe, **W. S. Jevons** prend l'exemple d'un bien alimentaire et montre que plus un individu consomme de ce bien, plus il se rapproche de la satiété et moins la consommation supplémentaire apportera d'utilité.

Le long d'une courbe d'indifférence, pour maintenir une utilité constante, le consommateur doit renoncer à une certaine quantité d'un des deux biens pour pouvoir consommer une quantité supplémentaire de l'autre bien.

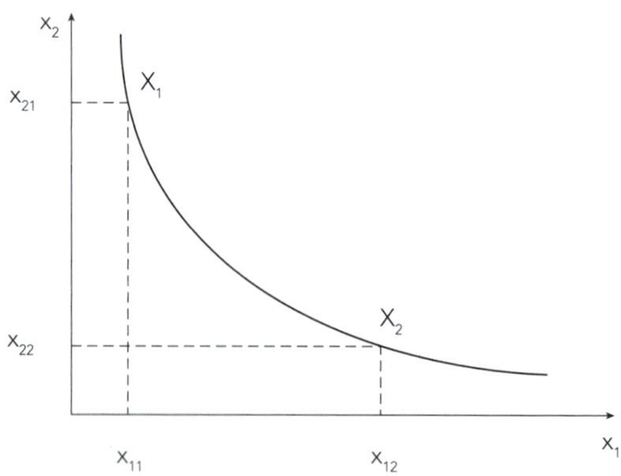

Ainsi, dans le passage de X_1 à X_2, il a dû accepter de renoncer à la quantité $(x_{21} - x_{22})$ de bien 2, en échange d'une augmentation $(x_{11} + x_{12})$ de la quantité de bien 1. Le taux auquel le consommateur est disposé à substituer une quantité de bien 2 au bien 1 est appelé **taux marginal de substitution** (TMS) entre les biens 1 et 2. Ce TMS est égal au rapport des utilités marginales des deux biens.

B. De la contrainte de budget à l'équilibre du consommateur

a. La contrainte budgétaire

Les préférences du consommateur sont limitées par une contrainte imposée par son revenu et le prix des biens.

L'**ensemble budgétaire** du consommateur est alors constitué par les paniers accessibles pour des prix p_1 et p_2 (prix unitaires respectifs des deux biens, fixés par le marché) et un revenu R donné, intégralement dépensé. La **contrainte de budget** marque la frontière de cet ensemble budgétaire et est formalisée par la relation :

$$p_1 x_1 + p_2 x_2 = R$$

$p_1 x_1$ représente la dépense en bien 1. Il s'agit d'une fonction affine, représentée par une droite, dont on peut écrire l'équation sous la forme :

$$x_2 = -\frac{p_1}{p_2} x_1 + \frac{R}{p_2}$$

L'ordonnée à l'origine (qui mesure la quantité maximale de bien 2 que l'on peut consommer si l'on dépense la totalité de son revenu dans l'achat de ce bien) est égale à $\frac{R}{p_2}$ et la pente de la **droite de budget** est donnée par le rapport $-\frac{p_1}{p_2}$, c'est-à-dire l'opposé du rapport des prix des deux biens : si le consommateur dépense une unité monétaire de plus pour consommer du bien 1, il devra réduire sa dépense en bien 2 (on parle également de **coût d'opportunité** de la consommation du bien 1).

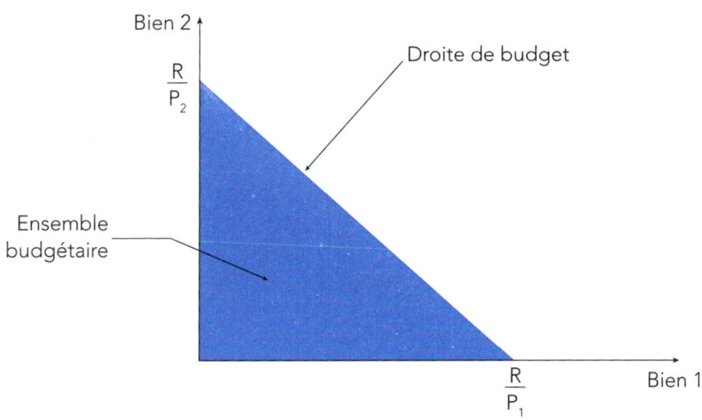

b. Les déplacements de la droite de budget

1. Variation de revenu

Un accroissement du revenu, toutes choses égales par ailleurs (à prix des biens inchangés), accroît l'ordonnée à l'origine ($\frac{R}{p_2}$) mais n'affecte pas la pente de la droite (elle est indépendante de R).
Une augmentation (baisse) du revenu se traduit donc par un déplacement parallèle et vers le haut (bas) de la droite de budget.

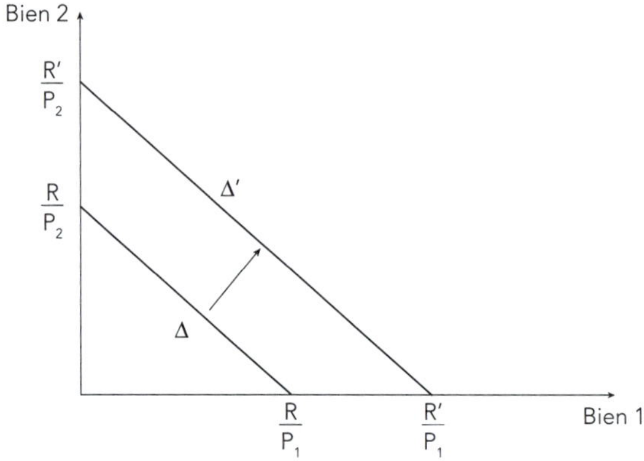

Les prix p_1 et p_2 étant fixés, le passage de Δ à Δ' traduit une augmentation du revenu et donc une augmentation du pouvoir d'achat du consommateur.

2. Variation des prix

Un accroissement du prix p_1, « toutes choses égales par ailleurs » (p_2 et R inchangés), ne modifie pas l'ordonnée à l'origine mais accroît (en valeur absolue) la pente de la droite de budget. Celle-ci « pivote » alors autour de l'ordonnée à l'origine.

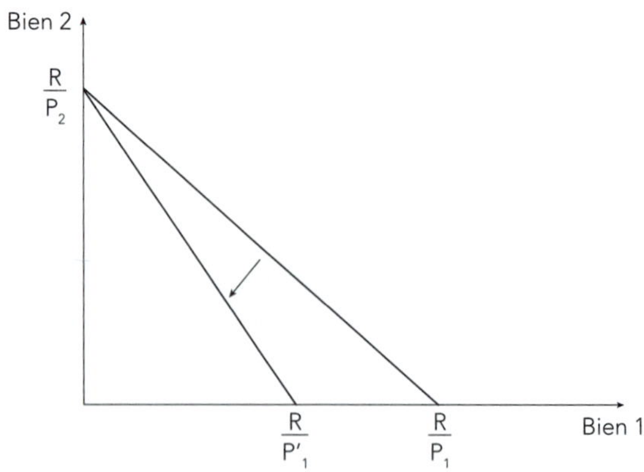

c. L'équilibre du consommateur

L'**équilibre du consommateur** est le panier de consommation, traditionnellement nommé X^*, qui rend maximale la fonction d'utilité tout en étant compatible avec la contrainte de budget.

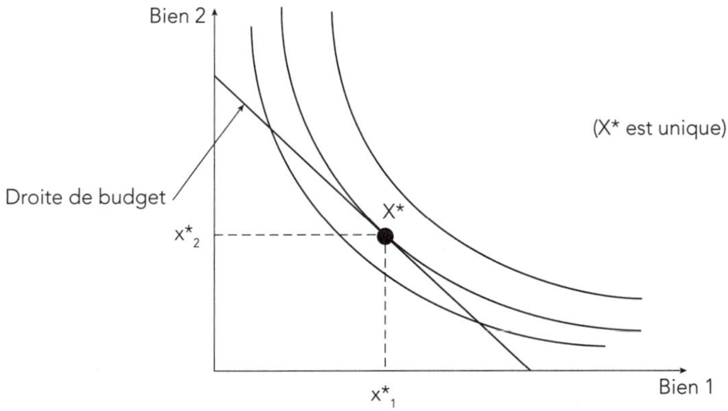

Le panier (x^*_1, x^*_2) constitue le **choix optimal** du consommateur. Il faut en effet choisir un point situé sur la droite de budget. Il en existe une infinité. Tant qu'il y a deux points d'intersection entre une courbe d'indifférence et la droite de budget, il existe une courbe d'indifférence située plus haut qui reste accessible au consommateur. Le point optimal (X^*) est le point de la droite de budget qui n'a plus qu'un point de tangence avec une courbe d'indifférence.

À l'équilibre du consommateur, le rapport des utilités marginales des deux biens est égal au rapport des prix des deux biens.

Univers certain et effet de dotation

Le développement de l'**économie expérimentale** a contribué à mettre en évidence un certain nombre de problèmes de la microéconomie standard, et notamment de la théorie de l'utilité.

L'**effet de dotation**, observé par **J. Knetsch** (né en 1933) en 1989 dans le cadre d'une expérience construite à partir de trois groupes d'individus aléatoirement répartis, montre notamment qu'il peut exister, pour une quantité de bien donnée, une divergence entre prix offert et prix demandé sur le marché de ce bien. L'expérience de **J. Knetsch** montre en effet que les préférences des agents sont sensibles à leur dotation initiale. Les individus se voient remettre, au début de l'expérience, un mug pour le premier groupe, une barre de chocolat suisse pour le deuxième et aucune dotation initiale pour le troisième, et ils doivent ensuite formuler des propositions d'échanges en fonction de leurs préférences. 89 % des individus du groupe 1 souhaitent conserver leur mug et n'expriment donc aucune volonté d'échange, de même que 90 % des individus du groupe 2 souhaitent conserver leur barre de chocolat. En revanche plus de la moitié des individus n'ayant reçu aucune dotation initiale souhaitent acquérir un mug. L'effet de dotation conduit ainsi les agents à préférer le bien qui leur a été attribué en dotation initiale.

D. Kahneman (né en 1934, Prix Nobel 2002), **J. Knetsch** et **R. Thaler** (né en 1945) ont prolongé en 1990 cette expérience en demandant aux individus d'un groupe possédant un mug et à ceux d'un groupe sans dotation initiale de proposer un prix auquel ils seraient prêts à vendre le mug (pour le premier groupe) ou à l'acheter (pour le second). Le résultat de cette expérience tend à montrer que le prix demandé par les individus vendeurs est supérieur au prix que sont prêts à payer les individus acheteurs, ce qui contredit la théorie de l'utilité et du prix d'équilibre de marché. L'effet de dotation montre ainsi que la perte d'utilité ressentie par un agent se séparant d'un bien est supérieure au gain d'utilité espéré par un agent acquérant ce bien.

C. Équilibre du consommateur et évolutions du revenu ou des prix des biens

a. Courbe de consommation-revenu et courbe d'Engel

La **courbe de consommation-revenu** (ou **chemin d'expansion du revenu**) permet de représenter les variations de la consommation optimale d'un agent lorsque son revenu s'accroît.
On part d'une position d'équilibre de l'agent. Supposons que le revenu augmente, les prix des biens étant fixés. Sur le graphique, la droite de budget se déplace vers le haut et la droite en restant parallèle à la droite initiale. On obtient un nouvel équilibre et donc une nouvelle combinaison optimale de quantités du bien 1 et du bien 2.
Si on relie les différents paniers optimaux à mesure que la droite de budget se déplace vers le haut, on obtient la courbe de consommation-revenu.

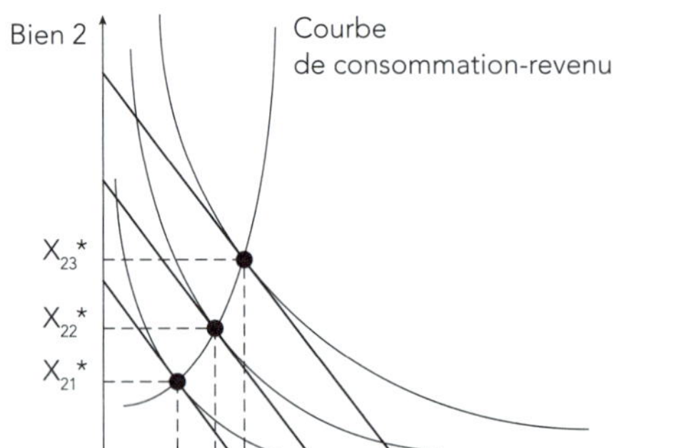

Dans le cas de la figure ci-dessus, on constate que, quand le revenu augmente, il en est de même pour la consommation des biens 1 et 2. Mais ces augmentations ne se font pas au même taux. Ici, pour une augmentation de revenu identique, la consommation de bien 1 croît moins vite que celle de bien 2. La courbe de consommation-revenu peut alors être transformée en **courbe d'Engel** qui permet de visualiser la relation existant entre l'augmentation du revenu et la variation de la quantité consommée d'un bien.

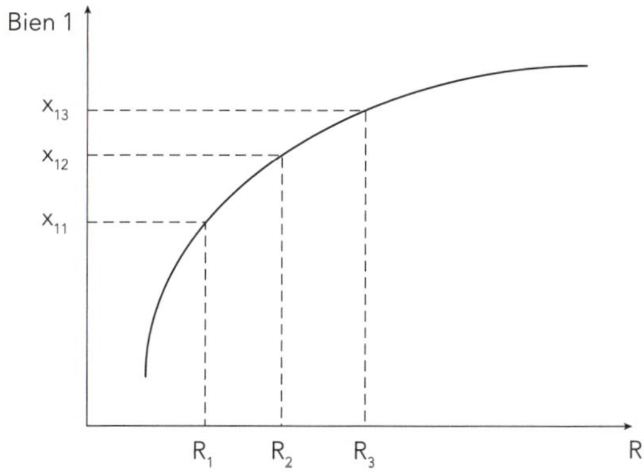

b. Effet substitution et effet revenu

L'effet global d'une variation du prix de l'un des deux biens, donne lieu à deux effets : un effet substitution (ou effet-prix) et un effet revenu.
La baisse du prix d'un bien va modifier les prix relatifs et le consommateur va avoir tendance, toutes choses égales par ailleurs, à augmenter la quantité demandée du bien devenu relativement moins cher et à diminuer la quantité demandée de l'autre bien. Il s'agit de l'**effet substitution**.
Mais la baisse du prix de ce bien, toutes choses égales par ailleurs, provoque également un accroissement du pouvoir d'achat du consommateur.
On peut donc s'attendre à ce que la demande de tous les biens (et non pas seulement de celui dont le prix a baissé) augmente : c'est l'**effet revenu**.

II. La théorie de la demande

A. Courbes de demande et surplus du consommateur

a. La construction des courbes de demande

La **fonction de demande** de bien 1 (Dx_1) formulée par un consommateur exprime les quantités optimales consommées du bien x_1 en fonction des prix et du revenu auxquels ce consommateur est confronté :

$$Dx_1 = f(P, R).$$

La **loi de la demande** exprime le fait que, dans la plupart des cas, la quantité demandée d'un bien décroît lorsque le prix de ce bien augmente. La **courbe de demande** d'un bien est donc en général décroissante en fonction du prix de ce bien.

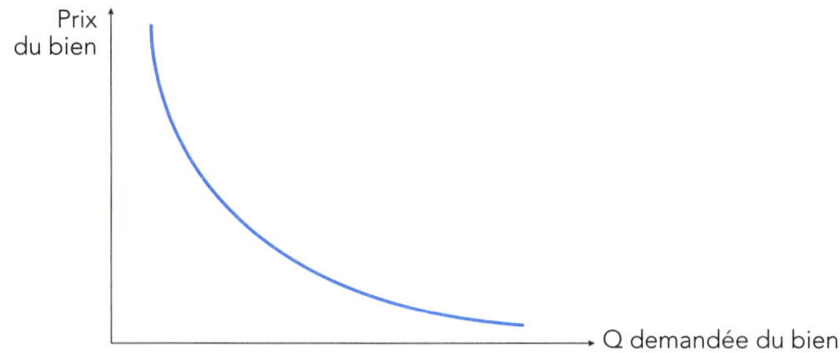

Le paradoxe de Giffen

Sir R. Giffen (1837-1910) attire l'attention au XIXe siècle sur un cas rare : pour les familles pauvres, l'augmentation du prix du pain se traduisait par une augmentation de la demande de pain. On doit ensuite à **A. Marshall** (1842-1924), l'appellation de **bien Giffen** ou « **paradoxe de Giffen** » qui survient lorsque la hausse du prix d'un bien affecte beaucoup le revenu : les consommateurs à très faible revenu sont alors contraints, pour survivre, de supprimer leurs consommations de certains biens normaux et d'augmenter leur consommation des biens dont le prix a augmenté, comme le pain.

b. Le surplus du consommateur

Le **surplus du consommateur** mesure le montant (fictif) des gains qu'un consommateur retire de ses achats en faisant la différence entre la dépense effective et celle qu'il aurait été prêt à faire (sa **disposition à payer**).

Par exemple, si on considère un bien X pour lequel le prix (unitaire) de marché s'établit à 4 euros.

– Cas d'un **bien indivisible** : au prix de marché, compte tenu de ses préférences et de sa fonction d'utilité, un consommateur demandera 4 unités de biens. Sa dépense en bien X est donc de 16 euros. Mais il était prêt à payer jusqu'à 10 euros pour obtenir une unité du bien. De même, si le prix unitaire avait été compris entre 6 et 8 euros, il aurait consommé deux unités du bien (le supplément d'utilité retiré de la 2e unité est donc équivalent à 8 euros). Il s'agit bien d'un raisonnement à la marge. Au total, le montant maximal que le consommateur est prêt à engager pour obtenir 4 unités de biens est : 10 + 8 + 6 + 4 = 28 euros. L'avantage net qu'il retire donc d'un prix de marché égal à 4 euros est : 28 – 16 = 12 euros. Cette somme représente le surplus du consommateur (surface colorée du graphique de gauche).

– Cas d'un **bien divisible** : D représente la courbe de demande du consommateur (pour simplifier, on l'a représentée par une droite), et P* est le prix de marché d'une unité de bien. Conformément au raisonnement précédent, le montant maximal que le consommateur est prêt à dépenser pour obtenir une quantité Q* de bien est représenté par la surface O Q* E P'. Mais sa dépense effective est représentée par la surface O Q* E P*. Le surplus du consommateur (surface colorée du graphique de droite) est donc la différence entre les deux, soit la surface du triangle P* E P'.

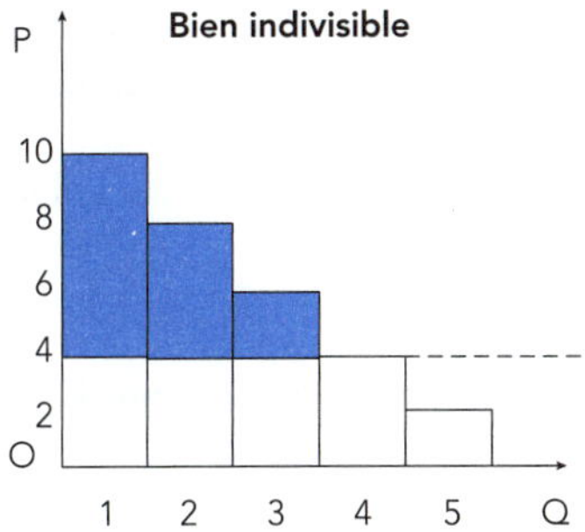

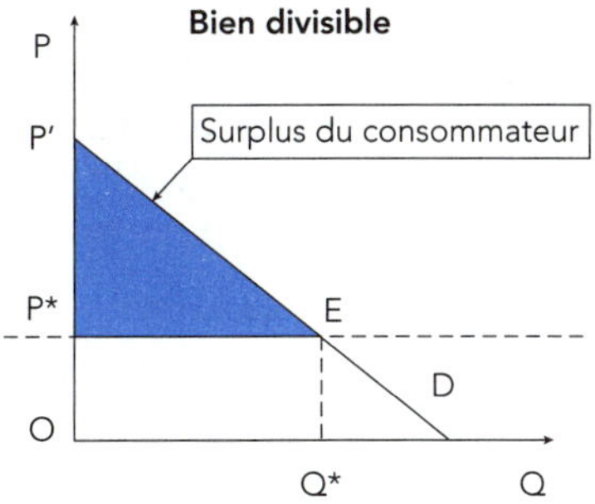

À l'échelle du marché, le surplus du consommateur est la somme des surplus individuels.
Si on considère la demande globale, le surplus du consommateur se mesure alors comme l'aire située entre le prix d'équilibre et la courbe de demande globale.

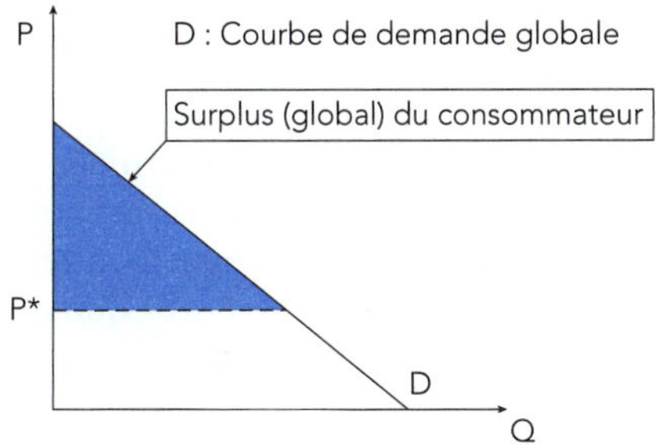

B. La notion d'élasticité de la demande

a. L'élasticité-prix de la demande

L'élasticité de la demande par rapport au prix (ou **élasticité-prix de la demande**) est définie par le rapport entre la variation relative de la quantité demandée et la variation relative du prix. Elle mesure la sensibilité de la demande aux variations du prix d'un bien, à savoir la variation en pourcentage de la quantité demandée d'un bien pour une variation de 1 % de son prix. Prenons le cas par exemple d'un consommateur de tomates dont la demande diminue de 2 % quand le prix augmente de 1 %.

$$\text{On note alors : } \varepsilon = \frac{\frac{\Delta q}{q}}{\frac{\Delta p}{p}} = \frac{-0{,}02}{0{,}01} = -2$$

L'élasticité-prix de la demande de tomates est donc de – 2 dans ce cas de figure. La tomate constitue alors un **bien ordinaire** (la quantité demandée baisse quand le prix du bien augmente).
On peut dresser une typologie des différentes valeurs possibles de l'élasticité-prix.

$\varepsilon < 0$	**Biens ordinaires**
$\varepsilon > 0$	**Biens Veblen** (**effet de snobisme**) encore appelés **biens de consommation ostentatoire** ou **biens Giffen** : la quantité demandée augmente lorsque le prix du bien s'accroît.
$-1 < \varepsilon < 0$	Biens faiblement élastiques (**biens nécessaires**) ; la quantité demandée varie relativement moins vite que le prix.
$\varepsilon < -1$	Biens fortement élastiques ; la quantité demandée varie relativement plus vite que le prix du bien.
$\varepsilon = -1$	Élasticité unitaire : la quantité demandée varie proportionnellement au prix.
$\varepsilon = 0$	Bien parfaitement inélastique : le prix n'a aucun effet sur la quantité demandée.

b. L'élasticité-croisée de la demande

On peut également calculer une **élasticité croisée de la demande** du bien 1 par rapport au bien 2, qui mesure la variation relative de la quantité demandée du bien 1 quand le prix du bien 2 varie. En d'autres termes, l'élasticité croisée mesure la sensibilité de la demande d'un bien à la variation du prix d'un autre bien. Elle s'écrit :

$$\varepsilon \text{ croisée} = \frac{\dfrac{\Delta q_{x1}}{q_{x1}}}{\dfrac{\Delta p_2}{p_2}}$$

L'élasticité croisée permet de préciser la substituabilité ou la complémentarité entre deux produits. En effet, si l'élasticité croisée est négative, cela signifie qu'une hausse du prix du bien 2 provoque une baisse de la quantité demandée du bien 1. Ce sont des **biens complémentaires**.
A contrario, si l'élasticité croisée est positive, cela signifie qu'une hausse du prix du bien 2 provoque une augmentation de la quantité demandée du bien 1. Ce sont des **biens substituables**.

c. L'élasticité-revenu de la demande

L'**élasticité-revenu de la demande** d'un bien mesure la sensibilité de la demande aux variations du revenu. Elle se mesure par le rapport entre la variation relative de la quantité demandée d'un bien par un consommateur et la variation relative du revenu de ce consommateur.

$$\varepsilon_{q/R} = \frac{\frac{\Delta q}{q}}{\frac{\Delta R}{R}}$$

On peut dresser une typologie des différentes valeurs possibles de l'élasticité-revenu.

$\varepsilon_{Q/R} > 0$	**Biens normaux**. La consommation augmente avec le revenu.
$\varepsilon_{Q/R} < 0$	**Biens inférieurs**. La consommation de ce type de bien diminue lorsque le revenu augmente.
$0 < \varepsilon_{Q/R} < 1$	**Biens de nécessité**. La consommation augmente avec le revenu, mais moins que proportionnellement.
$\varepsilon_{Q/R} = 1$	La dépense de consommation est strictement proportionnelle à la variation du revenu.
$\varepsilon_{Q/R} > 1$	**Biens de luxe**. La part des dépenses consacrées à ce type de biens augmente plus vite que le revenu.

Il faut noter qu'un bien normal est nécessairement un bien ordinaire, mais que la réciproque n'est pas vraie.

LES DIFFÉRENTS TYPES DE BIENS SUIVANT LES VALEURS DES ÉLASTICITÉS PRIX ET REVENU

	Élasticité-revenu (ε_R)	Élasticité-prix (ε_P)
Bien normal : – **bien de « luxe »** – **bien de nécessité**	 $\varepsilon_R > 1$ $0 < \varepsilon_R < 1$	 $\varepsilon_P < 0$ $\varepsilon_P < 0$
Bien inférieur : – **non Giffen** – **Giffen**	 $\varepsilon_R < 0$ $\varepsilon_R < 0$	 $\varepsilon_P < 0$ $\varepsilon_P > 0$

§ 2. L'analyse microéconomique des décisions de production

I. La théorie de la production

A. La Fonction de production

a. Facteurs de production et combinaison productive

On appelle **facteurs de production** tous les éléments nécessaires à la production d'un bien ou d'un service et utilisés dans le processus de produc-

tion. Ces facteurs de production sont combinés ensemble (on parle de **combinaison productive**) pour donner un produit.
Dans le modèle microéconomique néo-classique, on retient deux facteurs de production : le travail et le capital. D'autres économistes expliquent que l'on combine du travail et du capital pour produire des biens et services à l'aide d'un troisième facteur de production, constitué des consommations intermédiaires. Certains évoquent également un quatrième facteur de production, la technologie. Pour autant, de nombreux auteurs s'accordent pour dire que la technologie améliore l'efficacité des facteurs de production et notamment le capital (progrès technique) ou le travail, mais ne constitue pas un facteur de production à part entière.
La nature impose aux entreprises des contraintes techniques : l'ensemble de toutes les combinaisons productives qui correspondent à un processus de production techniquement réalisable est appelé un **ensemble de production**.
Le passage des facteurs de production aux produits, qui se fait par le plan de production, s'étudie à travers la **fonction de production**. Cette dernière indique le niveau maximal de production qui peut être obtenu par les différentes combinaisons de facteurs de production, la technologie étant donnée. La forme générale pour une entreprise quelconque est : $Q = f(X_1, X_2, \dots X_j)$
Dans cette expression Q est la quantité du bien produite par la firme considérée et $(X_1, X_2, \dots X_j)$ sont les facteurs de production utilisés par cette entreprise.
Dans la suite, on désignera par L le facteur travail, par K le facteur capital et par Q la quantité produite à l'aide d'une combinaison productive de ces deux facteurs. On aura donc : $Q = f(L, K)$
La notion d'homogénéité permet d'étudier la façon dont varie la production lorsque tous les facteurs augmentent dans la même proportion.
Une fonction de production sera **homogène de degré k**, si, lorsqu'on multiplie les quantités de facteurs utilisées par un réel λ, on multiplie la quantité produite par λ^k : $f(\lambda L, \lambda K) = \lambda^k f(L, K)$
Les fonctions de production généralement étudiées en microéconomie sont les **fonctions CES** ou fonctions à **élasticité de substitution** constantes. L'élasticité de substitution est un indicateur qui mesure la variation relative du rapport entre le capital et le travail à la suite d'une variation du prix relatif du capital. Si les facteurs de production sont complémentaires, l'élasticité de substitution sera proche de zéro et si les facteurs sont substituables, elle sera proche de l'unité. Les fonctions CES comprennent des cas particuliers, les plus couramment étudiés en microéconomie, notamment la **fonction de type Cobb-Douglas**.
Cette dernière est de la forme : $Q = AK^{\alpha} L^{\beta}$
Cette fonction est homogène de degré $(\alpha + \beta)$.

En effet : $A (\lambda K)^{\alpha} (\lambda L)^{\beta} = \lambda^{(\alpha+\beta)} A K^{\alpha} L^{\beta} = \lambda^{(\alpha+\beta)} Q$
Les rendements d'échelle (v. chapitre *La croissance économique*) seront donc constants si $\alpha + \beta = 1$.
La fonction de Cobb-Douglas homogène de degré 1 peut alors s'écrire sous la forme : $Q = A K^{\alpha} L^{1-\alpha}$, K et L étant des réels positifs, α et β étant des réels quelconques.

b. Des courbes d'isoproduit au Taux marginal de substitution technique

La théorie microéconomique utilise pour la théorie du producteur un cadre analytique analogue à celui de la théorie du consommateur avec les courbes d'indifférence.
Une **courbe d'isoproduit** (ou **isoquante**) est ainsi une courbe indiquant l'ensemble des combinaisons de capital (K) et de travail (L) qui, pour un état donné des techniques, permettent de produire une même quantité (Q). Il y a une infinité d'isoquantes, chacune correspondant à un niveau de production différent, qui va en s'accroissant lorsqu'on se déplace vers le haut.

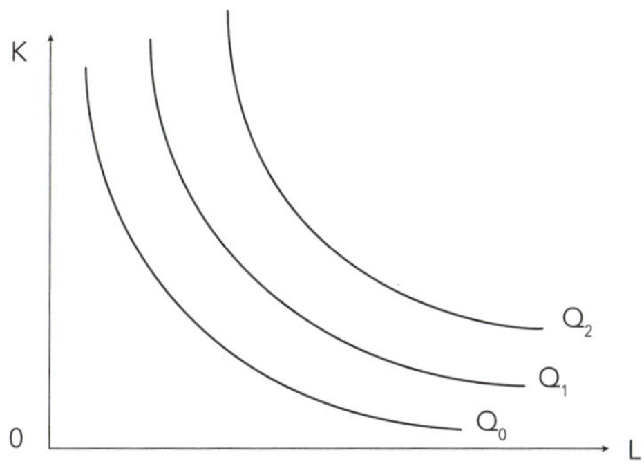

Le **taux marginal de substitution technique** (TMST) est le taux auquel on peut échanger les facteurs de production tout en conservant le même niveau de production. En un point d'une courbe d'isoproduit, le TMST est égal à l'opposé de la pente de la tangente à la courbe en ce point. Il est égal au rapport des productivités marginales des deux facteurs de production. Lorsqu'on raisonne sur des accroissements infinitésimaux de facteurs de production (hypothèse de divisibilité des facteurs), la productivité marginale d'un facteur s'exprime alors par la dérivée de la fonction de production par rapport à la variable désignant la quantité utilisée de ce facteur.
La **productivité marginale du travail**, représente la variation de la production engendrée par l'utilisation d'une unité de travail – un salarié par exemple – supplémentaire. De la même façon, la **productivité marginale**

du capital représente la variation de la production engendrée par l'utilisation d'une unité de capital supplémentaire.

B. Minimisation des coûts et combinaison optimale de facteurs

a. La contrainte budgétaire du producteur : la droite d'isocoût

Si l'on appelle D la dépense que le producteur affecte à l'achat des facteurs de production (travail et capital), w le prix du facteur travail et r le prix du facteur capital, on peut écrire la contrainte de budget du producteur de la façon suivante : $D = w\,L + r\,K$

ou encore : $K = -\frac{w}{r}L + \frac{D}{r}$

L'équation de la **droite d'isocoût** est donc celle d'une droite dont la pente est égale à l'opposé du rapport des prix des facteurs de production.

b. Combinaison optimale des facteurs

Le producteur qui veut atteindre un niveau de production donné minimise ses coûts lorsqu'il choisit la combinaison productive (combinaison de facteurs) qui se trouve au point de tangence entre l'isoquante considérée et une droite d'isocoût.

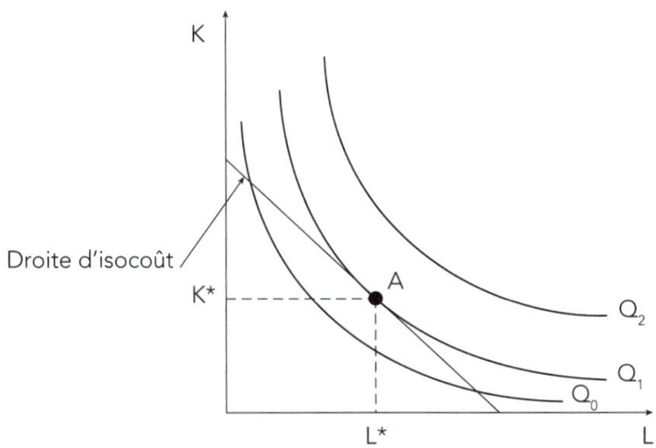

De la même façon que pour la théorie du consommateur, on peut montrer qu'à l'équilibre du producteur, le TMST (égal au rapport des productivités marginales des facteurs) est égal au rapport des prix des facteurs de production.

II. La théorie des coûts

A. Des coûts de production au profit

Les **coûts de production** représentent, pour une entreprise, l'ensemble des dépenses nécessaires à l'obtention d'une quantité donnée de produits. La **fonction de coût** exprime la relation existant entre les coûts de production et les quantités produites dans les conditions optimales.

a. Coût total, coût moyen, coût marginal

Le **coût total** de production (C_T) est la dépense minimale qu'une entreprise doit engager pour atteindre un niveau de production donné. Il se calcule en faisant la somme des coûts fixes (C_F) et des coûts variables (C_V).
Les **coûts fixes** sont des coûts indépendants du volume de la production (à court terme). Il s'agit par exemple des bâtiments, machines, véhicules, mais aussi de dépenses en Recherche et développement notamment… Ils sont donc exprimés à l'aide d'une constante : $C_F = k$. Les **coûts variables, en revanche**, dépendent, eux, des quantités produites : $C_V = C_V\ (Q)$
On a donc finalement : $C_T\ (Q) = k + C_V\ (Q)$
Le **coût moyen** de production est obtenu en divisant le coût total par la quantité produite (non nulle). Il mesure le **coût unitaire moyen**.

$$C_M\ (Q) = \frac{C_t(Q)}{Q}$$

Le **coût marginal** est le supplément de coût entraîné par la production d'une unité supplémentaire de produit : $C_m(Q) = \dfrac{\Delta C_T(Q)}{\Delta Q}$

Lorsqu'on raisonne sur des accroissements infiniment petits de la quantité produite (hypothèse de divisibilité), le coût marginal s'exprime alors par la dérivée de la fonction de coût total :
$C_m\ (Q) = C'_T\ (Q)$

b. Relations entre les courbes de coût à court terme

Soit M un point de la courbe de coût total.
La droite OM passe par l'origine. Elle est donc de la forme : $C_T\ (Q) = a \times Q$

La pente de cette droite, a, est donc égale à : $\dfrac{C_t(Q)}{Q}$

Le coût moyen correspondant à la quantité Q est donc donné par la pente de la droite (OM).

Le minimum du coût moyen est égal au minimum de la pente de la droite OM (M parcourant la courbe de coût total), qui est le coefficient directeur de la tangente à C_T passant par O. Le coût marginal est donné par la pente de la tangente en un point de la courbe de coût total. La courbe de coût marginal coupe la courbe de coût moyen en un point dont l'ordonnée est le minimum du coût moyen.

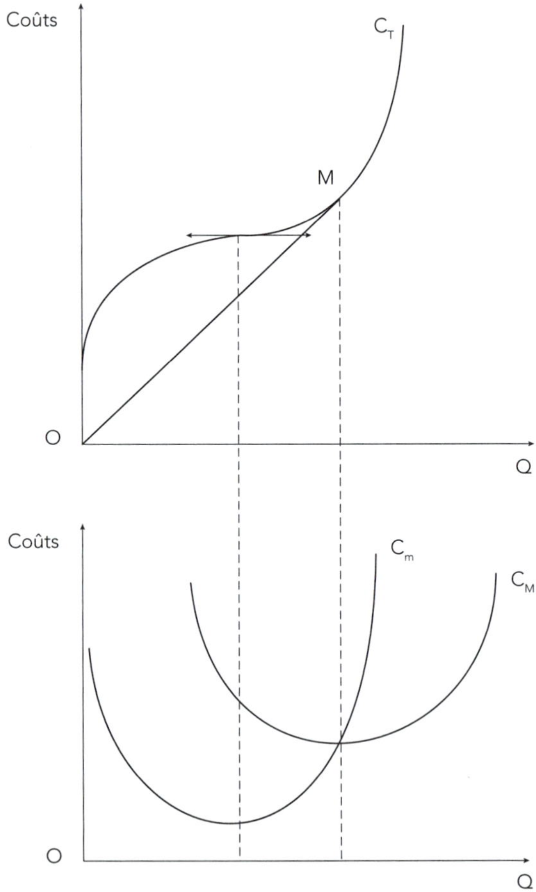

c. Le profit

Le **profit** (π), dans l'analyse microéconomique du producteur, est égal à la différence entre les recettes totales et les coûts totaux. La recette totale se calcule en faisant le produit entre la quantité produite (Q) et le prix de vente (P) du bien.

$$\pi(Q) = (P \times Q) - C_T(Q) = Q\left(P - \frac{C_t(Q)}{Q}\right) = Q \times (P - C_M(Q))$$

La valeur du profit dépend donc de l'écart entre le prix du marché et la valeur du coût moyen. En concurrence parfaite, le prix de vente d'un bien n'est en effet pas maîtrisé par le producteur ; il est fixé par le marché. Ce profit est donc positif pour un prix supérieur ou égal au coût moyen.
En effet,

$$\pi(Q) = (P \times Q) - CT\,(Q)$$
$$\pi(Q) \geq 0 \Leftrightarrow (P \times Q) - CT\,(Q) \geq 0$$
$$\Leftrightarrow (P \times Q) \geq CT\,(Q)$$
$$\Leftrightarrow P \geq \frac{CT\,(Q)}{Q}$$
$$\Leftrightarrow P \geq C_M\,(Q)$$

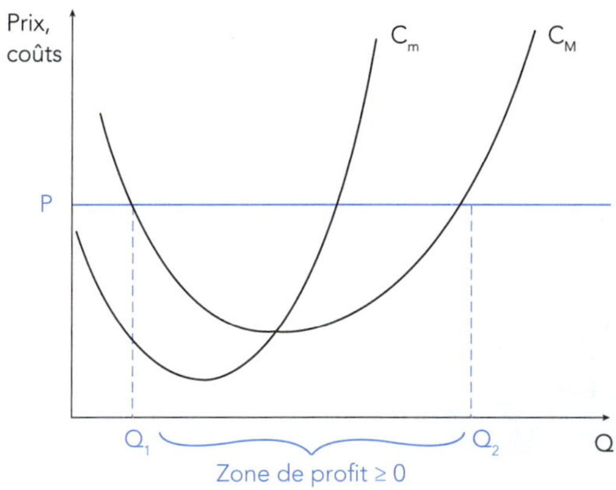

B. L'équilibre du producteur en concurrence parfaite

a. L'équilibre de court terme

En concurrence parfaite (v. chapitre *Marchés, Concurrence imparfaite et nouvelle microéconomie*), le prix est donné par le marché.
La recette moyenne du producteur est égale au prix de vente du produit. En effet, la recette totale (R_T) est telle que $R_T\,(Q) = P \times Q$, et donc la recette moyenne est égale à :

$$R_M(Q) = \frac{R_t(Q)}{Q} = \frac{P \times Q}{Q} = P$$

Comme par ailleurs, en concurrence parfaite, une unité supplémentaire de bien ne peut être vendue qu'au prix unitaire de ce bien, la recette marginale est aussi égale au prix.

On a donc : $R_M(Q) = R_m(Q) = P$
Le profit (π) est tel que : $\pi(Q) = (P \times Q) - C_T(Q)$
La fonction de profit est maximale lorsque sa dérivée première s'annule (la dérivée seconde étant négative).

$$\pi'(Q) = P - C'_T(Q) = 0 \quad \Leftrightarrow \quad P = C'_T(Q) = C_m$$

La condition de second ordre exige que : $\pi''(Q) = -C''(Q) < 0$, soit $C''(Q) > 0$
La fonction de coût marginal doit donc être croissante pour que la valeur de la production maximise le profit.
Ainsi, pour maximiser son profit, le producteur doit vendre une quantité telle que : $C_m = P$, et donc telle que : $C_m = R_m$
Sur le graphique, la surface représentant le coût total est calculée par le produit $C_M \times Q$.

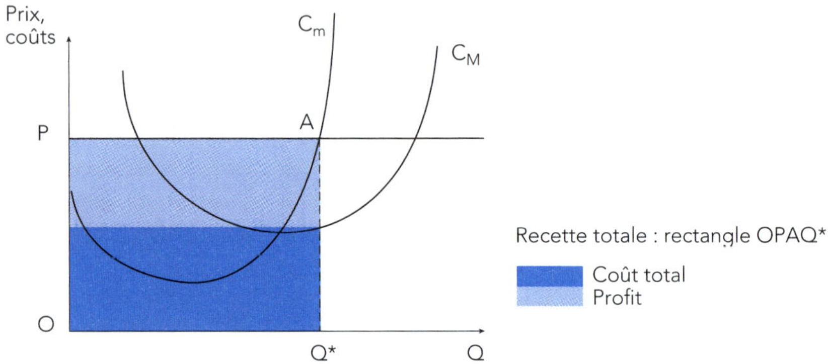

À court terme, la **courbe d'offre** du producteur est donnée par la partie de la courbe de coût marginal située au-dessus de la courbe de coût moyen.

b. Le surplus du producteur

Le concept de **surplus du producteur** permet de mesurer le montant des gains qu'un producteur retire de ses ventes en faisant la différence entre la recette obtenue par la vente de ses biens au prix du marché et la recette qu'il aurait obtenue en les vendant au prix auquel il était prêt à les vendre. Pour l'ensemble des producteurs, ce gain se mesure par l'aire située entre la courbe d'offre et la droite horizontale représentant le prix de marché.

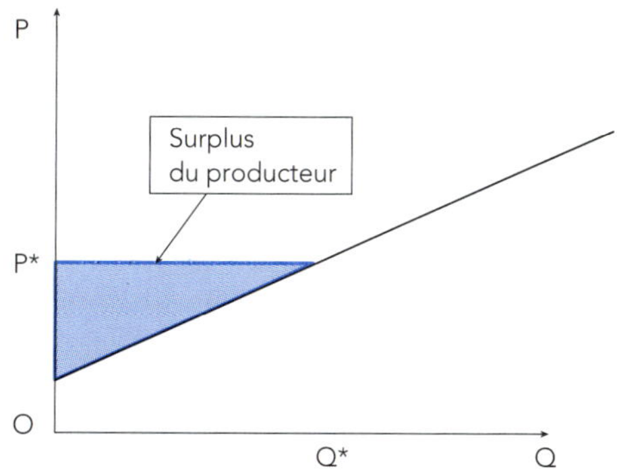

c. L'équilibre de long terme

À long terme, les perspectives de profit attirent de nouvelles entreprises sur le marché. Ces nouveaux arrivants utilisent la meilleure technique de production et les fonctions de coûts sont alors identiques pour toutes les entreprises. L'accroissement de l'offre provoque une baisse du prix de marché et donc du profit économique, jusqu'au niveau du seuil de rentabilité (minimum du coût moyen). À ce niveau, le profit économique (profit global) est nul et il n'y a donc plus d'incitation à entrer sur le marché.

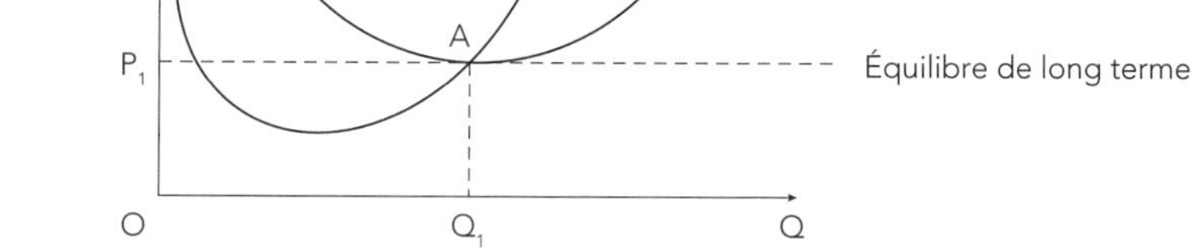

À long terme, le processus d'accroissement de l'offre globale fait donc baisser le prix jusqu'au niveau P_1. À ce prix, la quantité globale produite est égale à Q_1. Le coût marginal ET le coût moyen sont tous deux égaux à P_1.

Les recettes totales ($P_1 \times Q_1$) sont donc représentées par l'Aire du rectangle O P_1 A Q_1.

De son côté, le coût total ($C_M \times Q_1$) est représenté par la même aire, puisque le coût moyen est, à ce point égal au prix.

Le profit, représenté par la différence entre les deux aires, est alors nul. On a atteint l'équilibre de long terme.

§ 3. L'équilibre de marché en concurrence parfaite

Le modèle de concurrence parfaite a été présenté par **L. Walras** et reformulé dans les années 1970 et 1980 par **K. Arrow** (né en 1921, prix Nobel en 1972) et **G. Debreu** (1921-2004). On parle souvent aujourd'hui du « **modèle Arrow-Debreu** ». Ce modèle étudie le fonctionnement d'une économie dans les conditions hypothétiques de la concurrence parfaite. Il relève, selon **L. Walras**, de l'économie politique pure (v. chapitre *Les grands courants de l'analyse économique*).

I. Les conditions de la concurrence parfaite

Un marché en situation de concurrence pure et parfaite remplit cinq conditions :

- La condition d'**atomicité** : il doit exister une multitude d'acheteurs et de demandeurs, de taille comparable, de telle façon qu'aucun d'entre eux ne puisse influencer la détermination du prix du bien (le prix est une variable endogène au système économique mais exogène à chaque agent). Les acheteurs et les vendeurs sont alors preneurs de prix (v. chapitre *Éléments de microéconomie : les théories du consommateur et du producteur*).
- La condition de **fluidité** : il faut qu'il y ait une libre entrée et une libre sortie du marché. Tout agent doit pouvoir, à tout moment et sans contrainte, formuler une offre et une demande.
- La condition d'**homogénéité** : les produits disponibles sur le marché doivent être parfaitement standardisés.

Ces trois premières conditions définissent la concurrence pure ; deux autres sont nécessaires pour qu'elle soit parfaite :

- La condition de **transparence** : les offreurs et les demandeurs disposent d'une information parfaite et gratuite sur les conditions du marché et notamment sur les prix des biens.
- L'hypothèse de **mobilité des facteurs** : ils doivent pouvoir, à tout moment, se déplacer du marché d'un bien à celui d'un autre bien.

B. Guerrien est l'un des premiers auteurs à avoir contesté la notion de concurrence pure et parfaite pour lui préférer celle de **concurrence parfaite**. Pour lui, en effet, les hypothèses de la concurrence parfaite *forment « un tout indissociable »*.

II. Le tâtonnement walrasien et la détermination du prix d'équilibre

A. L'équilibre sur le marché concurrentiel et l'ajustement par les prix

Les offreurs et les demandeurs d'un même bien se rencontrent sur un marché où opère un « **commissaire-priseur** », qui joue le rôle d'« **arbitre de marché** ». Ce dernier exerce ses fonctions de façon bénévole, puisque l'information est supposée gratuite dans ce modèle.
L'**arbitre de marché** propose un prix et chaque agent annonce la quantité qu'il est disposé à vendre ou à acheter à ce prix. L'arbitre de marché fait la somme des offres et des demandes (on dit qu'il agrège les offres et les demandes ce qui permet de passer des offres et des demandes individuelles aux offres et aux demandes agrégées). Si, pour le prix annoncé, l'offre est supérieure à la demande, c'est que ce prix est trop élevé, l'arbitre de marché propose donc un prix plus faible et ainsi de suite jusqu'au moment où l'on découvre le **prix d'équilibre**, c'est-à-dire le prix pour lequel l'offre agrégée est égale à la demande agrégée. C'est cette recherche du prix par essais et erreurs que l'on nomme « **tâtonnement walrasien** ».
On peut représenter la détermination du prix d'équilibre par le schéma suivant :

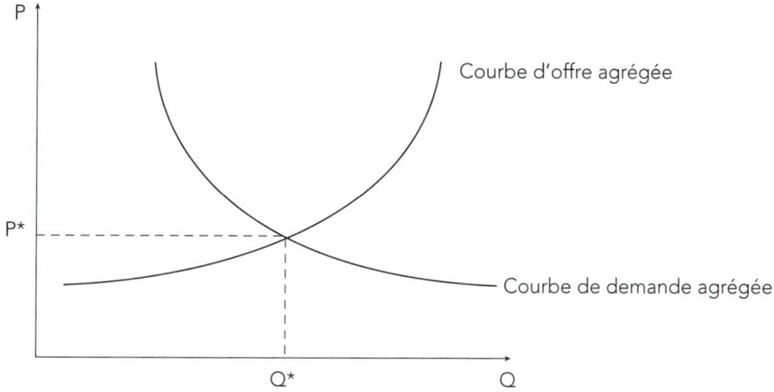

Sur un marché walrasien, les agents économiques sont « preneurs de prix » (***price takers***). En effet, en vertu de l'hypothèse d'atomicité (v. chapitre *Marchés, Concurrence imparfaite et nouvelle microéconomie*), aucun agent ne peut, par ses propres décisions, modifier les conditions du marché.
Le prix d'équilibre s'impose donc à tous : en cas de déséquilibre (quantité offerte supérieure ou inférieure à la quantité demandée), des mécanismes automatiques s'appliquent.

Si, à un moment donné, le prix proposé par les producteurs est supérieur au prix de marché (P_1), certains demandeurs vont réduire leur demande, voire se retirer du marché. On va alors se trouver en situation de surproduction. Tous les producteurs ne pourront pas vendre leur production à ce prix. Le prix du bien va alors baisser, certains producteurs vont se retirer du marché (qui ne sera plus rentable pour eux), certains consommateurs vont formuler une demande à nouveau, et le marché reviendra à l'équilibre. Le raisonnement inverse est identique en cas d'une demande excédentaire (prix P_2, pénurie).

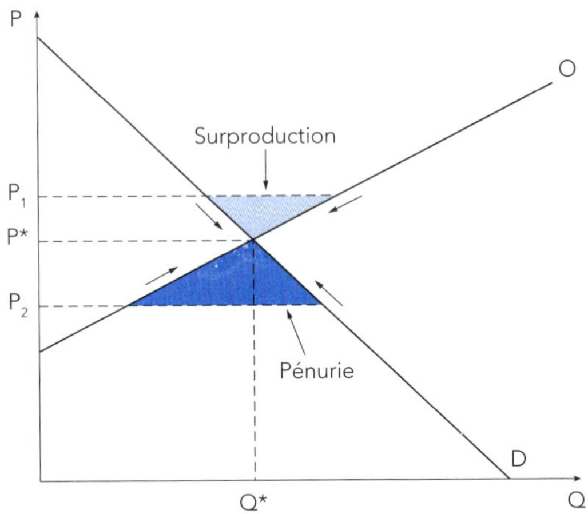

L'hypothèse d'**information parfaite** implique que tous les échanges se déroulent à l'équilibre. C'est-à-dire qu'aucun échange ne se déroule avant la détermination du prix d'équilibre et qu'aucun échange ne se déroule entre deux séances de marché. Les agents n'ont donc aucune incertitude sur les prix.

Le tâtonnement walrasien et l'établissement d'un équilibre général supposent une parfaite **flexibilité des prix**. Il s'agit en fait d'une situation idéal-typique de référence. La plupart du temps, dans le fonctionnement concret des économies, on observe des phénomènes de rigidité ou de viscosité des prix. On dit que les prix sont visqueux lorsqu'ils s'adaptent aux variations de l'offre et/ou de la demande, mais lentement.
Dans certains cas, la **rigidité des prix** résulte d'une intervention des pouvoirs publics : fixation du Smic, des prix agricoles, plafonnement des loyers, etc.
Mais le plus souvent les prix sont rigides à court terme en raison des comportements rationnels des agents qui ont de bonnes raisons de ne pas ajuster instantanément leurs prix. Par exemple, dans un restaurant, les prix relatifs des différents plats offerts à la carte ne varient pas au cours du service en fonction de la demande des clients. Si, au prix de la carte, il ne reste plus de tel ou tel plat, les consommateurs sont rationnés (ils se

reportent sur un autre plat, l'ajustement se fait donc par les quantités et non par les prix). Réciproquement, si au prix fixé, le restaurateur ne parvient pas à écouler toutes les portions fabriquées de tel ou tel plat c'est lui (l'offreur) qui est rationné. Ces situations de rigidité des prix à court terme sont très générales qu'il s'agisse des prix de catalogue de la vente par correspondance, des prix affichés dans la grande distribution, du prix des places de cinéma (qui ne varient pas en fonction de l'engouement pour tel ou tel film), etc. Le fonctionnement réel des marchés se situe donc le plus souvent entre deux situations idéal-typiques : la flexibilité parfaite des prix et la rigidité parfaite des prix.

Les théoriciens de la Nouvelle économie Keynésienne (NEK) expliquent notamment les rigidités nominales des prix à court terme par l'existence de « **coûts de menu** ». Changer de prix entraîne ainsi des frais pour les entreprises : il faut imprimer un nouveau menu (pour un restaurant), établir un nouvel étiquetage, changer le catalogue, renégocier des contrats, etc.

B. Les effets de la mise en place d'une taxe forfaitaire

a. Incidence de la taxe sur les quantités échangées et les prix

L'imposition d'une taxe forfaitaire modifie l'équilibre.
Si, par exemple, l'État décide de taxer les producteurs de bonbons pour financer une campagne de prévention contre l'obésité, ces derniers vont modifier leur fonction d'offre pour intégrer cette taxe dans leurs plans de production. La courbe d'offre va donc se déplacer vers le haut et la gauche (O_2) :

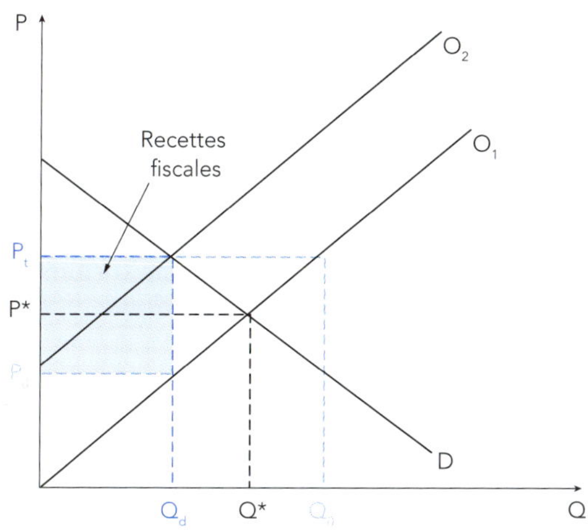

Sur le graphique, le prix P_t représente le prix de vente incorporant la taxe forfaitaire. À ce prix, les producteurs de bonbons vont donc offrir la quantité Q_d, alors qu'ils auraient offert la quantité Q_0 à ce prix avant la mise en œuvre de la taxe forfaitaire. Pour cette quantité offerte, les producteurs recevront le prix de vente P_0 par unité vendue.
De même, à ce prix P_t, la quantité demandée globalement par les consommateurs est moindre qu'au prix d'équilibre (on passe de Q* à Q_d).
Ainsi, après imposition de la taxe, les quantités échangées seront égales à Q_d, le prix à l'unité payé par les acheteurs sera P_t (supérieur au prix d'équilibre) et le prix à l'unité reçu par les vendeurs sera P_o, inférieur au prix d'équilibre.
En définitive, on assiste à un « partage » de la taxe entre les offreurs et les demandeurs, qui diffère en fonction des pentes respectives des courbes d'offre et de demande. Le produit des quantités échangées par la différence entre le prix payé par les demandeurs et le prix reçu par les offreurs constitue les recettes fiscales ($Q_d \times [P_t - P_0]$).

b. Incidence de la taxe en termes de surplus

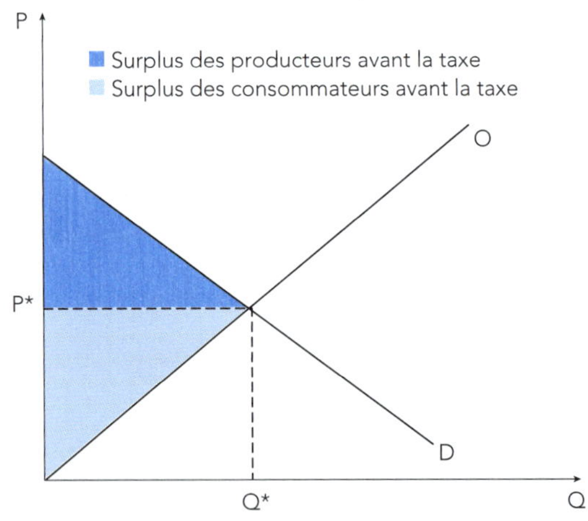

Dans l'analyse microéconomique néo-classique, le marché permet des **gains à l'échange** et, à l'équilibre, la somme des surplus (du consommateur et du producteur) est maximisée.

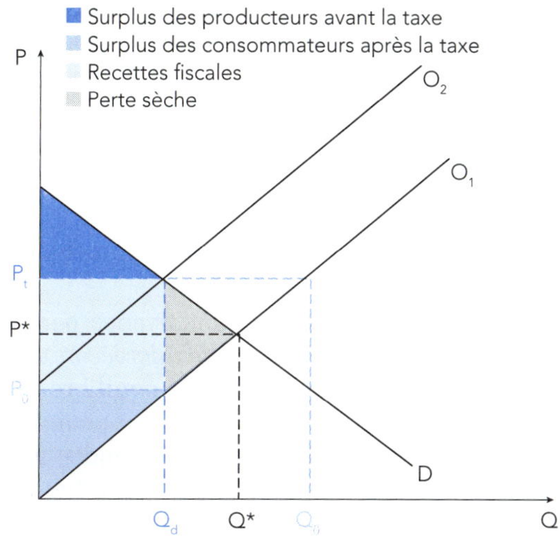

Après la mise en place de la taxe forfaitaire, les surplus du consommateur et du producteur diminuent et une **perte sèche** résulte de cette imposition, c'est-à-dire que la baisse des surplus engendrée par la taxe ne bénéficie à personne (ni aux consommateurs, ni aux producteurs, ni à l'État).

Ainsi, dans l'analyse néo-classique, une intervention publique sur le marché modifie la répartition des surplus et peut parfois diminuer le surplus total.

III. L'équilibre général

A. Équilibre général et loi de Walras

Dans une économie concurrentielle, il y a autant de marchés que de biens et services à échanger. L'économie est en situation d'**équilibre général** lorsque tous les marchés sont simultanément en équilibre. Deux processus contribuent à conduire l'économie vers la situation d'équilibre général :

- le tâtonnement walrasien détermine le prix d'équilibre sur chaque marché ;
- les agents arbitrent entre les marchés en fonction des prix relatifs (si le prix relatif du thé diminue par rapport au café, les agents consommeront moins de thé et plus de café).

Ces deux processus se déroulent simultanément : en effet, le modèle d'équilibre général vise à rendre compte de l'interdépendance générale des marchés.

Une situation d'équilibre général est conforme à la **loi de Walras**, selon laquelle, à l'équilibre, la somme des demandes excédentaires (différence entre la demande et l'offre d'un bien) est nulle. Ou encore, lorsque (n – 1) marchés sont en équilibre, le nième marché est en équilibre.

B. Existence et stabilité de l'équilibre

Un équilibre général peut donc se définir comme une liste de prix d'équilibre (un prix pour chaque bien).

Est-on assuré que les conditions de la concurrence parfaite (v. chapitre *Marchés, Concurrence imparfaite et nouvelle microéconomie*) garantissent une tendance spontanée à l'existence d'un tel équilibre ? Pour **L. Walras** la réponse est positive car, sur chaque marché, on peut définir une équation d'équilibre qui égalise les offres et les demandes agrégées. Le prix d'équilibre est la valeur qui permet de résoudre cette équation d'équilibre. Pour **L. Walras**, le problème est résolu par le fait qu'il y a autant d'inconnues (les prix) que d'équations d'équilibre.

La position de **L. Walras** n'est pas satisfaisante : le fait qu'il y ait autant d'équations que d'inconnues ne garantit pas qu'il existe toujours un équilibre, ni que cet équilibre soit unique et stable.

Le modèle d'équilibre général proposé par **K. Arrow** et **G. Debreu**, prolonge la démarche de **L. Walras**, en cherchant à déterminer sous quelles conditions exactes un équilibre général peut survenir.

Ces auteurs montrent, dans les années 1950, que la convergence de l'économie vers une situation (unique) d'équilibre stable nécessite la réunion de plusieurs conditions :

- les agents économiques (offreurs et demandeurs) sont rationnels ;
- tous les marchés fonctionnent en concurrence pure et parfaite et il existe un système complet de marché ;
- les producteurs n'ont pas de coûts fixes et ne sont donc pas en situation de rendements croissants ;
- les demandeurs disposent d'une dotation initiale de biens qui leur permet de vivre sans faire d'échanges, ils ont de plus des préférences convexes (ils préfèrent un panier de biens contenant un « mélange » des divers biens plutôt qu'un panier contenant un seul bien) ;
- les fonctions d'offre et de demande sont continues et bornées.

Le **modèle Arrow-Debreu** est donc une version élégante et robuste (compte tenu de ses fondements mathématiques) de l'équilibre général walrasien. Cependant, cette construction est remise en cause par des travaux réalisés presque simultanément (1973-1974) par **H. Sonnenschein**, **R. Mantel** (1934-1999) et **G. Debreu** lui-même. Le **théorème de Sonnenschein** énonce en effet que, dans les conditions définies par Arrow-Debreu, les formes des courbes d'offre et de demande sont quelconques, c'est-à-dire que rien ne permet d'assurer qu'une hausse du prix du bien conduira à une diminution de la demande et à une hausse de l'offre. Dès lors, l'existence, l'unicité et la stabilité de l'équilibre ne sont plus garanties.

IV. Équilibre général, optimum de Pareto et économie du bien-être

La notion d'optimum a été définie par **V. Pareto** (1848-1923), pour qui une situation est optimale lorsqu'on ne peut pas améliorer la situation d'un individu sans détériorer celle d'au moins un autre individu dans une proportion égale ou supérieure. On parle d'ailleurs d'**optimum de Pareto** pour qualifier une telle situation.

Cette définition a un caractère normatif. Elle repose sur une approche individualiste et sur la règle de l'unanimité : un état de l'économie E, ne sera jugé préférable à un autre E' que s'il y a unanimité en faveur de ce classement (E > E').

La relation entre l'optimum au sens de **V. Pareto** et l'équilibre général walrasien fait l'objet des deux théorèmes de l'**économie du bien-être** :

- Selon le premier théorème, tout équilibre concurrentiel est un optimum de Pareto, puisque, aux prix d'équilibre, chacun maximise son utilité (sous sa contrainte de revenu).

Si l'on se place du point de vue de la production, un équilibre général concurrentiel correspond à la meilleure utilisation possible des ressources productives.

- Le deuxième théorème est la réciproque du premier puisqu'il affirme qu'à tout optimum de Pareto peut être associé un système de prix tel qu'il soit, à ces prix, un équilibre concurrentiel.

RÉFÉRENCES DU CHAPITRE

Smith A. (1776/1990), *Recherches sur la nature et les causes de la richesse des nations*, Gallimard.

POUR EN SAVOIR PLUS

Initiation

Buisson E. et Navarro M. (2018), *Microéconomie en pratique*, A. Colin, Coll. Cursus, 3e édition.

Eber N. (2006), *Le dilemme du prisonnier*, La Découverte, Coll. Repères.

Eber N., Willinger M. (2012), *L'économie expérimentale*, La Découverte, Coll. Repères.

Gabszewicz J. (2003), *La concurrence imparfaite*, La Découverte, Coll. Repères.

Gabszewicz J. (2006), *La différenciation des produits*, La Découverte, Coll. Repères.

Approfondissement

Krugman P. et Wells R. (2019), *Microéconomie*, De Boeck, 4e édition.

Montoussé M. (dir.) (2019), *Microéconomie : cours, méthodes, exercices corrigés*, Bréal, Coll. Grand Amphi, 3e édition.

Pindyck R., Rubinfeld D. (2017), *Microéconomie*, Pearson Education, 9e édition.

Varian H. R. (2015), *Introduction à la microéconomie*, De Boeck, 9e édition.

Wasmer E. (2017), *Principes de microéconomie. Méthodes empiriques et théories modernes*, Pearson, 3e édition.

CHAPITRE 4

Marchés, concurrence imparfaite et nouvelle microéconomie

Le terme de marché désigne des réalités diverses et on parle aussi bien du marché du village, du marché boursier, du marché du travail ou du marché monétaire.

Au sens économique, le **marché** désigne l'ensemble des mécanismes assurant la rencontre d'une offre et d'une demande pour aboutir à la détermination du prix auquel se réalisent les échanges (achats et ventes).

Le marché constitue donc l'une des modalités possibles de la coordination des décisions individuelles. Les prix de marché sont des informations à partir desquelles les agents économiques (producteurs et consommateurs) déterminent leurs choix et font évoluer leurs comportements (v. chapitre *Analyses microéconomiques du consommateur et du producteur, et équilibre de marché*).

Pour autant, le marché est également une **institution**, au sens où il s'inscrit toujours dans une réalité sociale et où il est encadré par des règles et des normes. De nombreuses analyses économiques visent à rendre compte du fonctionnement du marché. Les économistes classiques, néo-classiques, autrichiens, tout comme **K. Marx** (1818-1883) sont des théoriciens du marché (v. chapitre *Les grands courants de l'analyse économique*).

Dans la période contemporaine, c'est la théorie néo-classique qui a apporté la contribution la plus abondante à l'analyse du marché.

Cependant, l'analyse néo-classique ne se limite pas à l'étude du modèle de concurrence parfaite (v. chapitre *Analyses microéconomiques du consommateur et du producteur, et équilibre de marché*).

Aujourd'hui, l'essentiel des travaux de ce courant d'analyse, notamment, repose sur des modèles en concurrence imparfaite. Or, lorsqu'on compare les résultats (en termes notamment de **gains à l'échange**) obtenus en situation de concurrence imparfaite et de concurrence parfaite, force est de constater que la première présente une certaine inefficacité, notamment en termes de surplus total (surplus du consommateur et du producteur) (v. chapitre *Analyses microéconomiques du consommateur et du producteur, et équilibre de marché*).

Les autorités publiques peuvent être amenées à intervenir pour encadrer le fonctionnement des marchés imparfaitement concurrentiels, notamment lorsque le pouvoir de marché n'est pas justifié par un monopole naturel. On met alors en œuvre certaines mesures de politique de la concurrence.

À partir des années 1970, on assiste à la constitution d'une **nouvelle microéconomie**. De nombreux travaux vont ainsi chercher à intégrer dans leurs modèles la prise en compte des interactions stratégiques des acteurs et des imperfections informationnelles. C'est le cas notamment de la théorie des jeux et de l'économie de l'information. Ces travaux ne sont plus attachés uniquement au courant néo-classique, mais contribuent au renouvellement de la science économique dans de nombreux domaines, et ils jouent par exemple un rôle central dans les nouvelles théories keynésiennes.

§ 1. Marchés et formes de la concurrence

I. Néoclassiques et autrichiens : deux approches du marché

Les économistes néoclassiques, en particulier les héritiers de l'École de Lausanne fondée par **L. Walras** (1834-1910) et **V. Pareto** (1848-1923), ont une approche du marché qui est essentiellement statique : la confrontation des offres et des demandes se réalise à un moment donné et le temps n'est donc pas pris en compte. Par ailleurs, pour ces auteurs, les mécanismes du marché conduisent à une situation d'équilibre stable. Enfin, ils raisonnent en supposant que les agents sont parfaitement informés des conditions du marché. Dès lors qu'ils ne prennent pas en compte le temps et qu'ils supposent l'information parfaite, ces économistes n'accordent pas une grande importance à la monnaie (qui est considérée comme un simple instrument destiné à faciliter la circulation des biens).

Les économistes autrichiens, en particulier **L. Von Mises** (1881-1973) et **F. Hayek** (1899-1992), accordent au contraire une grande importance au temps et aux choix des agents entre le présent et le futur (arbitrages intertemporels). L'école autrichienne considère de plus que le marché est essentiellement un moyen de gérer l'information (le marché est un processus de découverte). Le marché est donc envisagé de façon dynamique, il ne tend pas vers un équilibre stable, mais constitue un processus de gestion des déséquilibres qui naissent en permanence de la vie économique. Dans cette approche, la réflexion sur la monnaie occupe une place très importante puisqu'elle est notamment un moyen de gérer les arbitrages intertemporels, elle est un pont entre le présent et le futur.

II. Le marché est une institution

Si l'analyse économique néoclassique joue un rôle important dans l'analyse du marché, d'autres travaux, qui s'appuient sur l'anthropologie et la sociologie économiques, mettent l'accent sur le fait que les relations marchandes n'ont pas un caractère universel et qu'elles ne peuvent se dérouler que dans un cadre institutionnel. Les marchés réels sont ainsi « *encadrés par des institutions c'est-à-dire un ensemble de règles, de normes et de conventions formelles et informelles au sens de* ***D. North****, qui lui permettent d'exister et de fonctionner. Les institutions sont donc en quelque sorte les "règles du jeu", le cadre des interactions* [...]. *Parmi les institutions clés qui permettent le fonctionnement du marché, il y a [donc] les droits de propriété, la monnaie, mais aussi les systèmes de poids et de mesure, l'affichage des prix entre autres. Sans ces règles, formelles et informelles, l'échange marchand ne peut se produire. Le marché s'inscrit dans une réalité sociale institutionnalisée* » (Collège de France, 2019).

Selon **J.-M. Servet**, « *nous transposons nos propres conceptions sur les sociétés anciennes en appelant "marché" tout ce qui relève en fait d'une relation beaucoup plus générale : l'échange entre groupes. La plupart des sociétés dites "primitives" ont des contacts avec leurs voisins et entretiennent avec eux des relations.* [...]. *Ces relations sont de différents types : transferts de biens, échange de femmes, relations guerrières, dons, etc. Il y a une pluralité de transferts de biens qui ne sont pas commandés par un strict échange marchand, réglé par le mécanisme des prix. Les échanges sont universels ; le marché au sens où nous l'entendons aujourd'hui, lui, ne l'est pas* » (Servet, 1993).

J.D. Reynaud montre ainsi que « *le bon fonctionnement du marché suppose le respect de règles qui ne découlent nullement de l'interaction "naturelle" des agents* » (Reynaud, 1989). Ces règles (protection contre le vol, existence d'une monnaie, poids et mesures clairs de part et d'autre, par exemple), doivent être socialement élaborées, et comportent bien une contrainte extérieure aux individus.

Le marché est donc bien lui-même une institution économique. Dans ces conditions, il est souvent simpliste d'opposer le marché à l'État. **K. Polanyi** (1886-1964) a particulièrement insisté sur ce point, en écrivant : « *Le lais-*

ser-faire n'avait rien de naturel [...] *L'économie du laisser-faire était produite par l'action délibérée de l'État* [...] *Le laisser-faire était planifié* » (Polanyi, 1944). Selon **K. Polanyi**, l'échange marchand n'est pas la seule forme de circulation des biens produits, et il distingue deux autres types, la réciprocité (les biens doivent être rendus dans une logique de dons et de contre-dons) et la redistribution (les biens circulent verticalement à travers une organisation administrée, système que l'on rencontre dans plusieurs grands empires dès l'Antiquité). Ainsi, le marché n'est qu'une forme institutionnelle particulière, historiquement située.
Enfin, les travaux de sociologie économique montrent que l'émergence d'un marché n'a rien de spontané, et le seul intérêt des agents ne suffit pas à le faire apparaître.

III. La diversité des formes de la concurrence

A. Le tableau de Stackelberg des formes de la concurrence

Le nombre d'agents présents sur le marché est un critère simple pour distinguer les formes de concurrence. Dans l'optique néo-classique, le **tableau de Stackelberg** (1905-1946) permet de distinguer neuf types de marchés. Il existe bien sûr d'autres éléments qui déterminent la façon dont s'exerce la concurrence, comme la qualité des biens échangés, l'information dont disposent les agents, etc. (v. chapitre *Analyses microéconomiques du consommateur et du producteur, et équilibre de marché*).

Offre (vendeur) / Demande (acheteur)	Un (mono)	Quelques (oligo)	Grand nombre (poly)
Un (mono)	Monopole bilatéral	Monopsone contrarié	Monopsone
Quelques (oligo)	Monopole contrarié	Oligopole bilatéral	Oligopsone
Grand nombre (poly)	Monopole	Oligopole	Concurrence atomistique

Les formes de marché les plus étudiées sont la concurrence atomistique, le monopole et l'oligopole.

Il ne faut donc pas confondre la **concurrence**, c'est-à-dire la compétition économique, avec la **concurrence atomistique** ou la concurrence parfaite. Il peut y avoir une concurrence très vive entre les vendeurs dans le cas du monopsone. De même, des entreprises en situation d'oligopole peuvent choisir de s'entendre pour se partager le marché par exemple, mais elles peuvent aussi s'affronter, chacune cherchant à obtenir la plus grande part de marché possible.

B. Concurrence, atomicité et marché disputable

Certains économistes considèrent qu'il n'est pas nécessaire qu'un marché soit atomistique pour que l'on obtienne une situation identique à celle qui découlerait de la concurrence parfaite.

Dès lors que, sur un marché, quelques producteurs (voire un producteur unique) sont menacés par l'entrée de concurrents, ces producteurs sont contraints de fixer un prix suffisamment bas et une quantité suffisamment forte pour dissuader l'entrée de nouveaux concurrents. C'est pour rendre compte d'une telle situation et pour souligner que l'hypothèse centrale concerne la libre entrée et la libre sortie du marché que **W. Baumol**, **J. Panzar** et **R. Willig** ont introduit en 1982 le concept de **marché contestable** (ou **disputable**).

Le marché d'un bien ou d'un service est contestable (ou disputable) si, d'une part, l'entrée sur ce marché est complètement libre, et si, d'autre part, la sortie de ce marché se fait sans coût.

- L'entrée est libre si les concurrents éventuels ont un accès identique aux marchés des facteurs de production, aux techniques disponibles, aux infrastructures. Il faut en outre que les consommateurs puissent choisir librement entre les différents concurrents.
- L'hypothèse de sortie sans coût signifie que le risque que prend une entreprise en entrant sur un marché est faible, voire inexistant. Une entreprise peut « entrer » dans la branche, installer un équipement, produire et vendre pendant une certaine période en ne supportant aucun coût autre que celui correspondant à l'usage et à la dépréciation de l'équipement utilisé.

La présence de coûts fixes importants, qui sont le plus souvent la source des économies d'échelle dans la production, était traditionnellement considérée comme la principale barrière à l'entrée technologique. La théorie des marchés disputables introduit la distinction entre **coûts fixes recouvrables** et **coûts fixes irrécupérables**, qui ne peuvent être recouverts en cas de sortie du marché. Par exemple, des dépenses de prospection minière sont irrécupérables, car on ne peut plus les « vendre » à un autre agent. Seuls les coûts fixes irrécupérables constituent un obstacle à la concurrence car leur non-recouvrement en cas de sortie de l'activité limite les possibilités d'une entrée temporaire rentable.

§ 2. Concurrence imparfaite et politique de la concurrence

On peut définir la **concurrence imparfaite** comme une situation dans laquelle une ou plusieurs des conditions de la concurrence parfaite ne sont pas réunies.
Relèvent, par exemple, de la concurrence imparfaite : le monopole et l'oligopole (pas d'atomicité) et la concurrence monopolistique (pas d'homogénéité du produit).
L'analyse économique s'est très tôt préoccupée d'autres modèles que celui de la concurrence parfaite. Par exemple, dès 1838, **A.A. Cournot** (1801-1877) présente les premières analyses du monopole et de l'oligopole, bien avant le modèle pareto-walrasien. Quand il existe un petit nombre d'offreurs ou de demandeurs, voire un seul, les transactions de chacun représentent un volume significatif de l'ensemble des transactions réalisées. Ces agents disposent alors d'un **pouvoir de marché** qui leur permet d'agir sur le prix d'équilibre, en fonction de la stratégie qu'ils se donnent.
Lorsque ce pouvoir de marché n'est pas justifié par l'existence d'un monopole naturel, les autorités publiques peuvent mettre en œuvre des mesures de politique de la concurrence.

I. Monopole et monopsone

Le **monopole** est une situation de marché dans laquelle un producteur (offreur) unique d'un bien homogène est en présence d'un grand nombre d'acheteurs.
En monopole, le marché est donc soumis aux conditions imposées par le producteur unique du bien, qui exerce un pouvoir sur le prix. Contrairement à la concurrence pure et parfaite, le producteur est ici « ***price maker*** » (faiseur de prix).
Le monopoleur, pour déterminer sa production d'équilibre, peut choisir entre différentes stratégies selon les objectifs qu'il s'assigne.
Dans le cas du monopsone en revanche c'est un seul acheteur qui fait face à un grand nombre de vendeurs.

A. Différents types de monopole

Le monopole désigne la situation d'un marché sur lequel un seul producteur offre la totalité de la quantité d'un bien ou d'un service. Mais divers mécanismes peuvent conduire à la création d'un monopole.

On parle de **monopole naturel** lorsque, pour la production d'un bien, il existe des **rendements d'échelle croissants** qui entraînent une baisse des coûts unitaires de production (**économies d'échelle**) lorsque la quantité produite augmente. C'est notamment le cas pour les productions pour lesquelles les coûts fixes sont élevés. Les économies d'échelle permettent au producteur qui les réalise de baisser les prix de vente et d'éliminer ses concurrents.
On parle de **monopole d'innovation** lorsqu'une entreprise, grâce à une avancée technologique par exemple, crée un nouveau produit et est la seule à le distribuer sur le marché. Un monopole d'innovation n'est en général que provisoire, car les innovations seront rapidement imitées par d'autres entreprises, même si les brevets permettent de prolonger la durée de ce type de monopole.
On parle de **monopole institutionnel** lorsque le monopole a été institué par l'État. En France aujourd'hui, par exemple, le marché de distribution du tabac est un monopole institutionnel. L'État confie la vente au détail de ces produits aux débitants de tabac.
F. Lévêque (2019) évoque également le **monopole des plateformes**, expression apparue plus récemment dans la littérature économique. Ce type de monopole repose sur les économies de réseau, qui « *sont une sorte d'économie d'échelle de la demande : plus les utilisateurs sont nombreux plus la satisfaction retirée de son usage par un individu est élevée. L'exemple canonique est celui du téléphone : si vous êtes le seul abonné, l'équipement n'est d'aucun intérêt car vous ne pouvez appeler personne et n'être appelé de personne. Deux abonnés, c'est mieux, trois encore mieux, etc. En général (loi de Metcalfe), l'utilité d'un réseau est proportionnelle au carré du nombre d'utilisateurs. C'est ce qui explique le succès de réseaux sociaux comme Facebook. Il y a un avantage à grandir le plus vite le premier. L'adhésion des premiers membres au réseau fait boule de neige, elle attire de nouveaux membres. C'est le phénomène du "premier qui rafle tout" (*winner-takes-all*)* ».

B. L'équilibre du monopole

Si le monopoleur souhaite maximiser son profit, il applique la règle selon laquelle le profit est maximum lorsque la recette marginale est égale au coût marginal. En effet, tant que la recette marginale est supérieure au coût marginal, une hausse de la production augmente son profit. Dans le cas du monopole, la recette marginale (Rm sur le schéma ci-dessous) est inférieure au prix (ou recette moyenne RM), qui est donné en fait par la courbe de demande sur le marché : la courbe de demande permet en effet de déterminer à quel prix les demandeurs sont prêts à acheter une quantité donnée de biens. Le monopoleur ayant déterminé la quantité d'équilibre, il fixe le prix de monopole (Pm) qui lui assure l'écoulement de sa production. Ce prix est supérieur au prix concurrentiel (Pc) qui s'appliquerait si le monopole avait le même comportement qu'en concurrence parfaite : dans ce cas, la recette marginale est confondue avec la recette moyenne, et le prix d'équilibre Pc est déterminé par l'égalité entre coût marginal et recette marginale. On constate qu'en monopole le prix Pm est supérieur au prix Pc, et la quantité est inférieure à ce qu'elle serait en concurrence parfaite. La différence entre le profit du monopoleur et le profit qui serait réalisé en concurrence parfaite, constitue la **rente de monopole**.

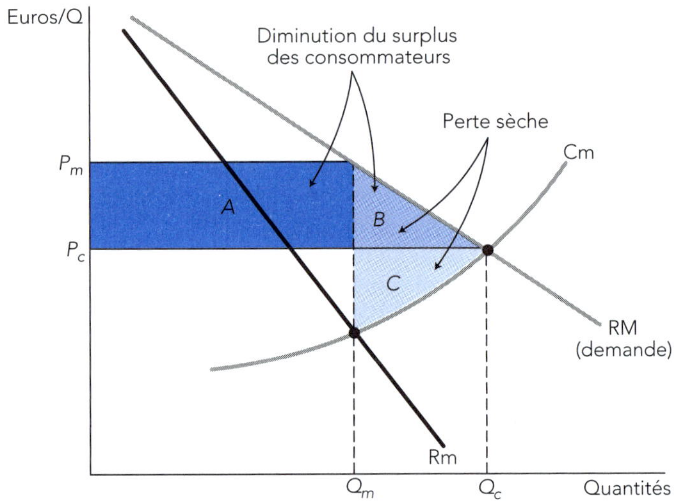

Source : R. Pindyck et D. Rubinfeld, *Microéconomie*, Pearson Education.

La notion de perte sèche joue un rôle fondamental en économie publique pour déterminer les effets des politiques publiques sur un marché, afin de comparer par exemple différents types de mesures fiscales ou différentes formes de subventions (v. chapitres *Analyses microéconomiques du consommateur et du producteur, et équilibre de marché* et *Politiques économiques*).

Comme on le voit sur le schéma, la tarification de monopole se traduit par une **perte sèche** sur le marché, c'est-à-dire une réduction du surplus affectant l'ensemble des agents. L'augmentation du prix de Pc à Pm se traduit par une diminution du surplus des consommateurs (v. chapitre *Analyses microéconomiques du consommateur et du producteur, et équilibre de marché*) qui perdent la surface (A + B). L'entreprise profite d'une hausse de son surplus (+ A), mais elle perd (– C) en raison de la diminution des ventes (de Qc à Qm). Au total, consommateurs et producteurs ont donc subi une perte sèche de – (B + C). Cette surface donne une évaluation monétaire du montant de pertes subies par les agents (pour le calculer, on multiplie un prix par une quantité) en raison du monopole, par rapport à la situation concurrentielle.

C. Pouvoir de marché et discriminations

La firme peut également utiliser son pouvoir de marché pour augmenter sa rente de monopole, par exemple en pratiquant des tarifs différents dans des conditions différentes, de façon à pratiquer dans chaque cas le tarif le plus élevé possible. On parle alors de **monopole discriminant** (ou de **discrimination par les prix**) si le monopoleur vend le même produit à des prix différents.

Pour que la discrimination soit possible, il faut que le produit soit vendu sur des marchés qui ne communiquent pas (ou très faiblement) entre eux. Cette séparation peut être :

- d'ordre temporel : les tarifs « basse-saison » ou « hors-saison » d'une compagnie aérienne en situation de monopole ;
- d'origine géographique : lorsque la communication entre les divers marchés nationaux ou régionaux est imparfaite, le monopoleur a intérêt à pratiquer des prix différents dans le but de maximiser son profit ;
- d'ordre socio-économique : une compagnie aérienne en situation de monopole pratiquera des tarifs différents pour les jeunes, les personnes âgées, les familles, les participants à des congrès, etc.

La discrimination par les prix se développe grâce au big data. Avec le développement des algorithmes, les agents économiques se voient proposer un prix particulier en fonction de leur disposition à payer individuelle. Les prix ne sont plus déterminés de manière uniforme mais plutôt « à la tête du client ».

En 2012, une étude américaine a montré qu'il existe des écarts de prix significatifs pour un même produit selon la localisation géographique de l'internaute. Sur les jeux vidéo en version numérique, les écarts peuvent aller jusqu'à 166 % pour un même produit. Les algorithmes permettent de discriminer de différentes façons : les rabais ciblés, un affichage différencié des résultats d'une requête ou bien la participation des clients à des enchères.

Selon E. Combe, le risque existe de voir la défiance se développer du côté des clients car il y a une opacité sur les critères utilisés par les entreprises pour discriminer.

La **discrimination par les prix** ne concerne pas que les monopoles. Dès que la concurrence n'est pas parfaite, les offreurs peuvent adopter un comportement stratégique afin de jouer sur les différences de consentement à payer des agents (places de cinéma à tarifs réduits pour les étudiants et les seniors, mais pas à toutes les séances, prix différenciés en fonction de l'heure ou de la période du voyage dans le transport aérien ou ferroviaire, etc.).

La discrimination par les prix n'est pas la seule forme de discrimination. Ainsi, le droit définit la discrimination comme « *le fait, pour une entreprise, de pratiquer ou d'obtenir à l'égard d'un partenaire économique des prix, des délais de paiement, des conditions de vente, ou d'achat différents, sans justification par des contreparties réelles, de ceux négociés avec des concurrents du partenaire, créant de ce fait un désavantage ou un avantage dans la concurrence pour ce dernier* ».

Par exemple, la Commission européenne cite une autre forme de discrimination dans une enquête en 2016, la présence d'obstacles pour l'achat en ligne : certains sites refusent de livrer dans plusieurs pays d'Europe ou refusent le paiement par carte de crédit selon la localisation géographique du client. Ainsi, la marque Guess a été sanctionnée pour blocage géographique. Elle a « *empêché ses détaillants agréés de vendre à des clients situés en dehors des territoires qui leur étaient alloués. Selon la Commission européenne, ces accords ont permis à Guess de cloisonner les marchés européens, notamment en privant les clients de pays d'Europe centrale et orientale de bénéficier des prix plus attractifs existant dans les pays d'Europe occidentale* » (E. Combe, 2019).

D. La tarification publique du monopole

Un monopole a un « coût social » pour les consommateurs, car il se traduit par une augmentation des prix et une restriction de la quantité consommée. L'État a donc intérêt dans certains cas d'exercer un contrôle sur le prix pratiqué par le monopole (v. chapitre *Les fonctions économiques de l'État*), soit en prenant le contrôle de l'entreprise en question, soit en lui imposant une tarification (contrôle des prix). Plusieurs règles de tarification sont envisageables, en particulier :

- la **gestion à l'équilibre**, qui vise un profit global nul. Cette stratégie peut être envisagée par un producteur soucieux d'accroître sa production pour se prémunir de l'arrivée de concurrents éventuels, mais désireux en même temps d'éviter d'encourir des pertes. Ce peut être également un critère de gestion envisageable pour une entreprise en situation de monopole et gérée par la puissance publique qui veut éviter l'existence d'une rente de monopole en même temps que les pertes qu'il faudrait faire supporter par les contribuables. La gestion à l'équilibre conduit souvent à fixer un prix trop faible par rapport au coût marginal. Ce prix incite à une consommation trop forte et donc à une mauvaise allocation des ressources productives ;
- la **tarification au coût marginal** : une gestion visant à l'utilisation rationnelle de l'ensemble des ressources par la collectivité doit donc conduire à vendre les biens et services fournis par les monopoles publics à leur coût marginal. Dans ce cas, il est possible que l'entreprise réalise une perte, qui sera donc compensée par une subvention publique.

E. Monopsone et oligopsone

Alors que dans l'étude du monopole on envisage la situation où le producteur-vendeur est seul sur un marché donné, c'est l'hypothèse inverse qui est ici étudiée, dans le cas du **monopsone**. Sur un marché d'un bien ou service homogène, un grand nombre de vendeurs, d'offreurs, font face à un acheteur unique.

Une illustration de ce type de marché est fournie par la situation où une grande entreprise est la seule à acheter la matière première, le produit agricole ou industriel (café, cacao, caoutchouc), produit dans une région considérée ; ou celui d'une région, un « bassin de main-d'œuvre » où une firme est la seule à embaucher. Elle est alors l'unique employeur, le seul acheteur de la force de travail.

Sur le marché du travail, une situation de monopsone conduit généralement à un niveau d'emploi et de salaire plus faible que celui qui apparaîtrait en situation de concurrence. Les travailleurs peuvent en conséquence être amenés à réagir et à tenter une action concertée par l'intermédiaire des syndicats. De même, sur un marché agricole, les petits producteurs sont amenés à se regrouper (coopératives, associations diverses). Il peut en résulter un rééquilibrage des pouvoirs, et un monopole bilatéral.

Les situations d'**oligopsone** sont assez fréquentes dans les relations entre industries, notamment lorsqu'il existe un petit nombre d'entreprises clientes sur un marché (par exemple, les constructeurs automobiles sont dans cette situation face aux fournisseurs de biens d'équipement). Elles peuvent conduire les agents à négocier des conditions particulières de façon à sécuriser leurs approvisionnements (contrat de longue durée, etc.).

L'**indice de Herfindahl-Hirschmann** (IHH) est un indicateur de mesure de la concurrence entre entreprises ou du pouvoir de marché. Il se calcule en faisant la somme des parts de marché au carré des entreprises d'un secteur.

Par exemple, sur un marché sur lequel quatre entreprises détiendraient chacune 25 % de parts de marché, l'IHH s'élèverait à $25^2 + 25^2 + 25^2 + 25^2 = 2\,500$

Plus l'IHH est élevé plus la concentration est forte sur le marché concerné.

Cet indicateur est notamment utilisé en France par l'Autorité de la concurrence, notamment en matière de contrôle des concentrations.

II. Les modèles de duopole

Le **duopole** est une situation de marché dans laquelle deux vendeurs rencontrent un grand nombre d'acheteurs.

De nombreux modèles théoriques se sont développés, concernant les comportements (en termes de quantités produites) des duopoleurs. Ces modèles ont un fondement commun : ils introduisent une « fonction de

réaction » qui exprime la façon dont une entreprise donnée réagit aux décisions de ses rivales. Quelle est la production décidée par l'entreprise A pour tel niveau de production de B ? L'entreprise A a-t-elle un comportement de « maître », cherchant à dominer le marché ou de « satellite » (situation de dépendance), s'adaptant aux décisions de l'entreprise B ?
Différents modèles de duopoles peuvent être ainsi recensés, selon le type de comportement retenu par les auteurs :

		Producteur B	
		Comportement de dépendance	**Comportement de maîtrise**
Producteur A	**Comportement de dépendance**	**Équilibre de Cournot** (Double dépendance)	**Équilibre de Stackelberg** (Duopole asymétrique)
	Comportement de maîtrise	**Équilibre de Stackelberg** (Duopole asymétrique)	Pas d'équilibre possible (**Duopole de Bowley**)

Il est à noter qu'un auteur, **J. Bertrand** (1822-1900) s'est intéressé à une situation de duopole dans laquelle les entreprises annoncent d'abord les prix, les quantités venant ensuite.

A. Le duopole de Cournot (1838)

Les modèles de duopole sont généralement abordés à partir de celui exposé par **A.A. Cournot** (1838). Dans ce modèle, deux entreprises produisent le même bien (et pas des biens substituables, comme dans le cas de la concurrence monopolistique). La forme d'organisation sous-jacente à ce modèle se rapproche très fortement de celle de la concurrence parfaite : les agents formulent des demandes et des offres à un commissaire-priseur, qui propose des prix (seuls les prix qui égalisent les quantités offertes et demandées sont envisagés et ces prix sont supposés connus des duopoleurs).
Au moment où elles décident de leur offre, les deux entreprises en présence n'ignorent que l'offre de l'autre. Pour prendre leur décision, elles doivent donc, non seulement anticiper ce que sera l'offre de leur concurrent, mais également la réaction de l'autre à leur propre offre (conjecture sur la fonction de réaction de l'autre duopoleur). Dans le modèle de Cournot, cette conjecture est très simple : chacun des duopoleurs enregistre l'offre de l'autre et pense qu'il ne la modifiera pas en fonction de l'offre qu'il peut faire lui-même (comportement myope).
Chacun d'entre eux cherche alors à maximiser son profit à la manière du monopole, en égalisant son coût marginal à sa recette marginale, calculée à partir de la demande résiduelle (c'est-à-dire la demande totale à laquelle elle soustrait l'offre de l'autre).

Chaque entreprise détermine donc la quantité qui lui permet de maximiser son profit en anticipant l'offre de l'autre entreprise. Si cette anticipation s'avère fausse, il n'y a pas d'équilibre de duopole possible (le profit ayant été calculé sur la base d'une prévision erronée).

B. Le duopole de Bowley (1924)

Dans le modèle présenté par **A. Bowley** (1869-1957), on considère que les deux duopoleurs adoptent simultanément un comportement de maîtrise, en pensant que l'autre va s'adapter et se comporter en satellite. Chacun des producteurs fixe donc son niveau de production et on aboutit alors à une surproduction car chacun des « duellistes » a fixé son niveau d'offre sans prendre en considération le comportement réel de l'autre. À l'ajustement par les quantités va alors se substituer la guerre des prix, qui peut déboucher soit sur la faillite de l'un des producteurs et son contrôle par l'autre, soit sur l'entente.

C. Le duopole de Stackelberg (1934)

Dans le modèle de duopole de **H. von Stackelberg**, on introduit une hypothèse de domination (de maîtrise) pour l'un des deux protagonistes, l'autre cherchant à s'adapter. Le modèle de **Stackelberg** a la même structure que le modèle du duopole de Cournot : il n'en diffère que par l'hypothèse selon laquelle l'un des duopoleurs connaît la fonction de réaction de l'autre. A sait comment B réagit à chacune de ses offres : il détermine donc celle qui maximise son profit, compte tenu des réactions de B.

III. Concurrence monopolistique et différenciation des produits

On dit qu'il y a **concurrence monopolistique** chaque fois qu'il y a différenciation des produits sur un marché concurrentiel : les biens ne sont pas homogènes, et les entreprises se font concurrence non seulement par les prix, mais aussi en différenciant leur offre. L'analyse de ce type de marché a été introduite par **E. H. Chamberlin** (1899-1967) et présente des éléments qui l'apparentent aux deux formes de marché les plus opposées, la concurrence parfaite d'une part, le monopole d'autre part.

La concurrence monopolistique se distingue de la concurrence pure et parfaite parce que chaque entreprise dispose d'une clientèle relativement fidèle, attachée à la qualité de ses produits. Compte tenu de la qualité (réelle ou supposée) des produits, de raisons de proximité ou de facilités de desserte, l'acheteur préfère, les produits qui proviennent d'une entreprise déterminée. De ce fait, les entreprises ne subissent plus le prix du marché et ont une certaine latitude pour déterminer le prix et la quantité.

La concurrence monopolistique se distingue du monopole par le nombre (et la petite taille) des producteurs. Les décisions de chacun d'entre eux sont sans conséquence sur la situation individuelle des concurrents, même si, au bout du compte, les réactions de l'ensemble des concurrents ne sont pas sans conséquence sur la situation et le profit de l'un d'entre eux.

L'hétérogénéité du produit est au centre de l'analyse de la concurrence monopolistique et dans bien des cas, cette hétérogénéité ne découle pas des qualités intrinsèques du produit. En dehors des différences de localisation, les différences de présentation, de marques (et de sous-marques), les conditions de crédit, les services après-vente (réseau de concessionnaires ou « contrat de confiance ») visent à segmenter le marché, à « fidéliser » la clientèle, à éviter que celle-ci n'abandonne le vendeur à la moindre différence de prix.

On démontre que l'équilibre en concurrence monopolistique se traduit à long terme par une augmentation tarifaire par rapport à un marché de concurrence parfaite : c'est le « prix à payer », pour le consommateur, d'une offre diversifiée de produits. Les entreprises cherchent souvent délibérément à augmenter leurs marges en ajoutant des caractéristiques nouvelles à leurs produits, de façon à pouvoir les vendre à un tarif plus élevé.

La différenciation des produits est donc l'inverse de la **loi de Hotelling**, formulée par l'économiste et statisticien H. **Hotelling**, (1895-1973) qui affirme que, sur la plupart des marchés, la concurrence conduit les producteurs à réduire la différence entre leurs produits. Cette loi est aussi appelée **principe de différenciation minimale.**

IV. La politique de la concurrence

La **politique de la concurrence** désigne, d'une manière générale, l'ensemble des mesures prises par les pouvoirs publics pour encadrer et favoriser la concurrence sur les marchés. Elle cherche notamment à réduire les pouvoirs de marché.

Dans une certaine mesure, l'État se révèle ainsi être un « **arbitre de marché** », qui selon **J. Tirole** (2018) « *veille à la concurrence, garante d'innovation et de produits abordables pour le consommateur. Il définit les règles du jeu par le droit à la concurrence, et il œuvre à travers les autorités de la concurrence contre les abus de domination dominante et interdit les ententes et les fusions qui feraient trop monter les prix* ».

Selon **E. Combe** (2016), « *les règles de concurrence ne visent donc pas à protéger des concurrents en particulier, mais plutôt à encadrer le processus de concurrence, afin qu'il profite aux consommateurs et à l'économie en général, que ce soit en termes de prix, de croissance, de variété ou de qualité des produits* ». **E. Combe** préfère ainsi utiliser l'expression de « *politiques pro-concurrentielles* » (2021).
La lutte contre les pratiques anti-concurrentielles comprend deux volets qui relèvent à la fois du droit et de la politique de la concurrence.

A. Les cadres juridique et institutionnel

En matière juridique, le droit de la concurrence comporte trois volets qui se retrouvent (à quelques nuances près) dans les pays qui ont adopté une politique anti-trust (Combe 2016) :
- l'interdiction des pratiques d'entente (*Sherman Act* aux États-Unis, *Clayton Act* en Europe, code de commerce en France, par ex.).
- le contrôle des « **abus de position dominante** » : pratiques mises en œuvre par une entreprise ayant une position dominante qui tentent de « capter » les consommateurs par certaines pratiques, du type : **prix prédateurs** (vente de certains de ses biens ou services en dessous de certains de ses coûts), ventes liées, pratiques discriminatoires, remises par le biais de cartes de fidélité, refus d'accès d'un concurrent à une ressource essentielle, etc.

Pour ces deux premiers volets, les contrôles se font ex-post, pour le troisième volet il s'effectue *ex-ante.*
- le contrôle des opérations de concentration, notamment par le biais de fusions-acquisitions : *Clayton Act* de 1914, puis *Celler Kefauver Act* en 1950 et du *Hart Scott Rodino Act* en 1978 aux États-Unis. Dans le cadre européen, ce contrôle est apparu assez tardivement (1990 : contrôle préalable des opérations de concentration). En France, le contrôle des concentrations du code de commerce.

Ce troisième volet devient très important aujourd'hui dans le domaine du numérique car il est difficile d'apprécier les opérations de concentration. En outre, pour décourager l'entrée de concurrents, les entreprises peuvent opérer des **achats prédateurs** (ou ***killer-acquisition***) afin d'éviter qu'un concurrent de plus petite taille ne remette en cause sa position dominante. Une *killer-acquisition* désigne le rachat d'une start-up avant qu'elle ne conteste la position des leaders du marché. L'exemple le plus connu est le rachat d'Instagram par Facebook mais aussi le cas Quidsi et Amazon. Quidsi est un magasin en ligne spécialisé dans la production de produits pour bébés. La première offre de rachat d'Amazon s'est soldée par un refus. Peu de temps après Amazon a commencé à ajuster en temps réel ses prix à ceux de Quidsi avec une décote de 30 %. À bout de souffle, en

2010, Quidsi a accepté la proposition de rachat d'Amazon de 550 millions de dollars. En 2017 la marque a disparu. Les prix ont ainsi retrouvé leur niveau initial supérieur à ceux de Quidsi.

Ces situations s'expliquent par l'essor des actifs immatériels pour lesquels la richesse provient d'une marque, d'un algorithme, ou d'un réseau d'utilisateurs. La richesse des GAFAM (Google, Apple, Facebook, Amazon, Microsoft) provient du nombre d'utilisateurs et des données de ces derniers, qu'elles peuvent monétiser. Dans ce cas, une taille et une concentration d'un niveau important sont essentiels à la viabilité de l'entreprise. Ces actifs immatériels, par la spécificité de leurs coûts, créent des barrières à l'entrée. L'investissement initial est important, mais une fois réalisé, les coûts marginaux sont presque nuls. Donc les firmes du numérique sont tentées de mettre en œuvre des pratiques déloyales, ayant pour effet de restreindre la concurrence sur le marché. Le graphique suivant montre que des barrières à l'entrée se développent sur le marché du numérique :

PLUSIEURS ANALYSES ÉCONOMIQUES RÉCENTES MONTRENT QUE LE DÉVELOPPEMENT DE L'ÉCONOMIE NUMÉRIQUE A CONDUIT À UNE DIMINUTION DE L'INTENSITÉ CONCURRENTIELLE.

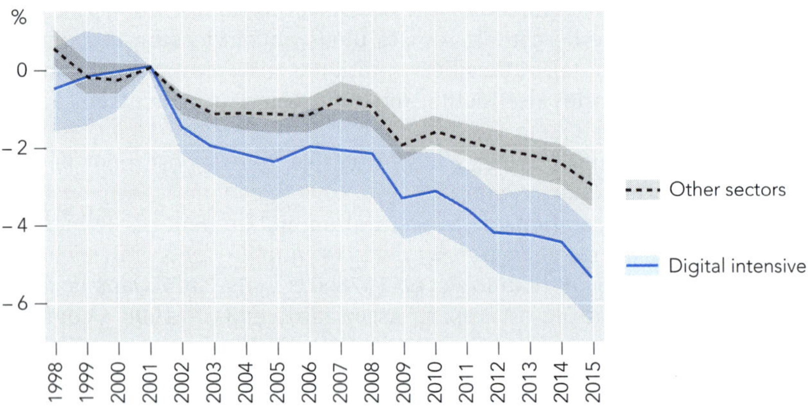

Le taux d'entrée dans les secteurs à forte intensité numérique a plus reculé qu'ailleurs.

Source : Calvino et Criscuolo, OCDE, 2019.

Il existe un quatrième volet qui est plus en lien avec la politique de la concurrence au niveau européen et qui vise la surveillance des aides des États (prêts à taux faibles, subventions exonérations fiscales) au sein de l'Union européenne. Certaines aides sont autorisées, celles qui concernent la protection de l'environnement, préservation du patrimoine, aides régionales ou à un secteur en difficultés. Elles ne doivent pas fausser la concurrence, elles sont alors sanctionnées. C'est le cas en 2017, Amazon a été condamnée à rembourser 250 millions d'euros d'arriérés d'impôts à l'État luxembourgeois.

Du point de vue institutionnel, « *la politique de la concurrence est d'abord mise en œuvre par des autorités de la concurrence qui agissent au nom du maintien de l'ordre public économique* » (Combes 2016). En France par exemple, c'est l'**Autorité de la concurrence**, une autorité administrative indépendante (AAI) au service de la compétitivité et du consommateur, qui est arbitre de la concurrence en France.

De la « Commission technique des ententes » à l'Autorité de la concurrence : les dates clés en France

1953 – Naissance de la « Commission technique des ententes ».;
1963 – Élargissement des compétences de la Commission aux abus de position dominante
1977 – Naissance de la « Commission de la concurrence », dont les missions deviennent plus larges : elle conseille désormais le gouvernement sur toute question de concurrence et donne des avis sur les opérations de concentration.
1986 – Adoption de l'ordonnance relative à la liberté des prix et de la concurrence, qui crée le Conseil de la concurrence. Celui-ci est doté d'un pouvoir de sanction et son rôle consultatif est renforcé (il est obligatoirement consulté sur certains projets de texte).
2001 – La loi NRE renforce les pouvoirs du Conseil de la concurrence : relèvement du plafond des sanctions pécuniaires et introduction de nouveaux outils (clémence, non-contestation des griefs).
2008 – Création de l'Autorité de la concurrence par la loi de modernisation de l'économie n° 2008-776 (loi LME). Ses missions sont élargies et son indépendance renforcée. L'Autorité devient compétente pour examiner les fusions et rachats (compétence détenue jusqu'alors par le ministre de l'Économie). Elle dispose par ailleurs désormais d'un pouvoir d'initiative en matière consultative et de ses propres forces d'enquête.
2015 – L'Autorité, dont la présidente est I. de Silva se voit confier dans le cadre de la loi « Macron » des missions supplémentaires en matière de régulation de certaines professions réglementées du droit (notaires, huissiers de justice, commissaires-priseurs, etc.).

Source : Autorité de la concurrence. https://www.autoritedelaconcurrence.fr/fr/missions

En 2019 est publiée la directive **ECN+** (*European Competition Network*) qui dote toutes les autorités de concurrence européennes d'un socle minimal commun de moyens afin de garantir la mise en œuvre plus efficace des règles de concurrence.

En juin 2021, l'Autorité de la concurrence a sanctionné Google pour abus de position dominante, en matière de publicité en ligne.

B. Les différents leviers d'action sur le degré de la concurrence

Plusieurs outils sont à la disposition des pouvoirs publics lorsqu'ils cherchent à favoriser la concurrence (Combe 2021) :

- faciliter les comparaisons de prix et de caractéristiques des produits ;
- diminuer les barrières à l'entrée sur certains marchés (droits de douane par exemple) ;

– lutter contre les comportements de concurrence déloyale, comme le **dumping** (pratique visant à vendre à l'étranger un produit à un prix inférieur au prix national) ou encore les pratiques de **fusions-acquisitions** (opération juridique consistant à transmettre le patrimoine d'une société à une autre société).

C. Le dilemme de la politique de la concurrence en économie de marché

P. Aghion, **C. Antonin** et **S. Bunel**, dans le cadre de leur modèle néo-schumpétérien de « destruction créatrice », insistent tout particulièrement sur le délicat dilemme de la politique de la concurrence dans une économie de marché : l'innovation crée des rentes sur les marchés pour les entreprises, nécessaires pour inciter à des nouveaux investissements porteurs de progrès technique ; mais ces rentes doivent être temporaires, pour autoriser l'entrée de nouveaux concurrents qui « *challengent* » les entreprises en place et portent les innovations.

Toute la subtilité de la régulation de la concurrence est alors de récompenser le mérite des firmes efficaces, tout en évitant les pratiques déloyales.

Ce dilemme est particulièrement à l'œuvre dans le secteur du numérique et de la *high-tech*. En effet, le pouvoir de marché des GAFAM (Google, Apple, Facebook, Amazon, Microsoft) aujourd'hui peut être analysé comme la réussite de leur modèle plébiscité par les consommateurs, et qui s'appuie sur les effets de réseaux pour conquérir une position dominante. Mais il est le résultat de certains mécanismes qui peuvent être régulés. Comme l'expliquent **M. Bourreau** et **A. Perrot** dans une note du Conseil d'Analyse économique d'octobre 2020, « *le numérique crée une tendance naturelle à la concentration. C'est d'abord le résultat des économies d'échelle dans la production de produits ou services numériques, une activité considérée généralement comme étant à forts coûts fixes. Une seconde source de concentration est liée aux effets de réseau dans la consommation de biens numériques : les consommateurs sont plus attirés par une entreprise donnant accès à un large réseau, ce qui renforce d'autant sa position sur le marché* ». Dès lors selon eux, « *économies d'échelle et effets de réseau favorisent la concentration des marchés numériques, avec à l'extrême la domination par une seule entreprise* ». Comme le rappelle **E. Combe**, cet avantage peut aussi être fragile dans la mesure où une innovation disruptive peut remettre rapidement en cause les avantages acquis par la firme, en particulier si les coûts de transferts d'un écosystème numérique (Apple, Microsoft…) à l'autre sont peu élevés pour le consommateur (grâce à la portabilité des données par exemple). Mais cette position dominante peut être aussi perçue comme une stratégie anti-concurrentielle en mesure d'ériger des barrières à l'entrée.

En tout état de cause, le pouvoir de marché acquis par les grandes entreprises technologiques, les GAFAM, inquiète et déclenche de vifs débats (aux États-Unis) et des décisions juridiques au titre de la politique de la concurrence (procès Google en Europe). C'est la Commission européenne qui est chargée de la politique de la concurrence sur le marché unique européen. Son site internet met en avant les bienfaits de la concurrence libre et non faussée, et stipule que « *la concurrence oblige les entreprises à chercher en permanence à offrir la meilleure gamme de produits au meilleur prix, sous peine de voir les consommateurs se tourner vers leurs concurrents* », et que dès lors, « *dans un marché libre, le jeu concurrentiel entre les entreprises est indispensable, au profit des consommateurs* ».

§ 3. La nouvelle microéconomie

Née à la fin des années 1970, l'émergence de la nouvelle microéconomie est favorisée par le renouvellement des outils analytiques, notamment la théorie des jeux et l'économie de l'information.

I. La théorie des jeux

La **théorie des jeux** étudie la manière dont les individus rationnels règlent des situations conflictuelles. Cette théorie a été introduite en économie par **J. Von Neumann** et **O. Morgenstern** (1944).

On distingue les jeux coopératifs, dans lesquels les agents économiques se concertent, et les jeux non coopératifs, dans lesquels les individus prennent les décisions seuls en essayant de maximiser leurs gains propres. Ce sont essentiellement les jeux de type non coopératifs qui sont étudiés par la théorie des jeux.

A. Jeux et stratégies : la matrice de gains

La matrice de gains permet de donner une représentation complète du jeu. Elle décrit le jeu en précisant le nombre de joueurs, les stratégies à leur disposition, et les gains en fonction des combinaisons de stratégies. Une **stratégie** est un plan de décision, qui définit l'ensemble des décisions que le joueur doit prendre.

On peut prendre l'exemple classique du **dilemme du prisonnier** développé en 1950 par **A. Tucker** (1905-1995) pour illustrer la façon dont on peut élaborer une matrice de gains :

« *Deux hommes accusés d'avoir conjointement enfreint la loi, sont détenus séparément par la police. Chacun est informé que :*

1) Si l'un des deux avoue et l'autre non, le premier aura une récompense (gain + 1) alors que le second sera lourdement condamné (gain – 2).

2) Si les deux avouent, ils subiront tous les deux une peine légère (gain – 1).

En même temps, chacun a de bonnes raisons de croire que :

3) Si aucun des deux n'avoue, chacun repartira libre (gain 0) » (Tucker, 1950).

La matrice des « gains » est donc :

		Prisonnier 2	
		Avoue (A)	N'avoue pas (NA)
Prisonnier 1	Avoue (A)	– 1, – 1	1, – 2
	N'avoue pas (NA)	– 2, 1	0, 0

Si le prisonnier 1 avoue, il subira une peine légère (– 1) si le prisonnier 2 avoue, et une récompense (1) si le prisonnier 2 n'avoue pas. Tandis que s'il n'avoue pas, il risque une lourde peine (– 2) si le prisonnier 2 avoue. Dans l'incertitude du choix du prisonnier 2, il préférera avouer.

Le prisonnier 2 aura le même raisonnement et chacun écopera ainsi d'une peine légère (– 1), alors qu'ils auraient été libres tous les deux en n'avouant pas. Leur comportement, bien que rationnel est donc sous-optimal : cet exemple permet de montrer que la recherche de l'intérêt individuel ne permet pas toujours d'atteindre un optimum collectif.

B. L'équilibre de Nash

L'**équilibre de Nash** est une solution de théorie des jeux proposée en 1951 par le mathématicien américain **J.-F. Nash** (1928-2015, prix Nobel 1994). Cet équilibre d'un jeu non coopératif correspond à une combinaison de stratégies pour laquelle la stratégie de chaque joueur est la meilleure réponse aux stratégies des autres joueurs (le joueur ne peut donc espérer obtenir un gain supérieur en changeant unilatéralement de stratégie). Selon **N. Eber**, un équilibre de Nash présente un critère de stabilité « *puisqu'il implique l'absence généralisée de regret : à l'équilibre de Nash, aucun joueur n'a de regret étant donné ce qu'ont fait les autres joueurs* » (Eber, 2004). Tant qu'un équilibre de Nash n'est pas atteint, on trouve toujours au moins un joueur qui a intérêt à changer de stratégie.

Certains jeux ne présentent aucun équilibre de Nash, d'autres peuvent en présenter plusieurs (notamment dans le cas de jeux répétés) et il est fréquent que de tels équilibres ne soient pas des optimums de Pareto.
Dans l'exemple précédent du dilemme du prisonnier, c'est la situation dans laquelle les deux avouent qui constitue l'unique équilibre de Nash, puisque la stratégie consistant à avouer (A) est une stratégie dominante pour les deux prisonniers. En effet, quelle que soit la stratégie de l'autre prisonnier, c'est celle qui permettra le « gain » le plus élevé.

Tout équilibre en stratégies dominantes est également un équilibre de Nash. En revanche, l'inverse n'est pas vrai.
La théorie des jeux permet de représenter un grand nombre de situations économiques, en s'intéressant à la diversité des stratégies des acteurs, alors que la théorie microéconomique traditionnelle se centre sur les problèmes d'allocation des ressources. Par exemple, elle donne la possibilité d'introduire le choix entre différentes stratégies de prix, selon le comportement des autres agents : faut-il lancer une « guerre des prix » ou tenter de maintenir des prix élevés ? Faut-il réaliser une entente entre producteurs ou laisser jouer la concurrence, etc. ?

II. L'économie de l'information

L'**économie de l'information** étudie les comportements d'agents confrontés à des problèmes d'acquisition d'information. Elle s'est développée à la suite d'un article de **G. Akerlof** (1970) traitant des problèmes liés à la difficulté de connaître véritablement la qualité des voitures d'occasion. L'économie de l'information utilise certains résultats de l'économie de l'incertain : un agent confronté à des problèmes d'acquisition d'information doit gérer des situations risquées. Par exemple, un consommateur qui décide d'acheter un produit dans un magasin sans prospecter dans d'autres points de vente prend le risque de payer un prix relativement élevé. L'objectif de l'économie de l'information est donc d'étudier des situations avec information asymétrique dans lesquelles certains agents sont mieux informés que d'autres.

A. Les imperfections de l'information

L'information est imparfaite dès lors qu'un agent ne peut accéder à la totalité de l'information dont il a besoin pour prendre ses décisions. La prise en compte de ces imperfections a renouvelé en profondeur la microéconomie, avec l'émergence de l'économie de l'information.
Ainsi, les agents économiques adoptent des règles de comportements différentes lorsqu'ils ont affaire à un environnement incertain, et les processus d'ajustement sur les marchés ne sont plus les mêmes. La distinction

entre **risque** et **incertitude** est introduite par **F. Knight** (1885-1962) : le risque est probabilisable grâce à des outils statistiques, et permet donc d'évaluer le comportement probable des agents. En revanche, l'incertitude n'est pas probabilisable, ce qui pose problème pour étudier les réactions des agents car on ne peut prévoir « à l'avance » ce qu'ils vont faire. **J.M. Keynes** a prolongé la réflexion de **F. Knight** sur l'incertitude : « *Par connaissance "incertaine" je n'entends pas distinguer ce que l'on considère comme certain de ce qui est seulement probable. Le jeu de la roulette n'est pas, en ce sens, soumis à l'incertitude* [...] *Le sens que je donne à ce terme est celui qu'il prend lorsque l'on juge incertain la perspective d'une guerre européenne, le niveau du prix du cuivre ou du taux d'intérêt dans dix ans* [...] *Il n'existe pour toutes ces questions aucun fondement scientifique sur lequel construire le moindre calcul de probabilité. Tout simplement : nous ne savons pas* » (Keynes, 1937). Selon **J.M. Keynes**, la spéculation sur les marchés financiers est l'exemple même d'une activité soumise à l'incertitude. Il montre que les agents adoptent des comportements spécifiques dans un environnement incertain : l'équilibre sur le marché n'est pas le résultat d'une évaluation « objective » de la valeur des titres, mais le produit de comportements mimétiques, chaque spéculateur essayant d'anticiper le comportement des autres, comme le montre le fameux exemple du « concours de beauté » (v. chapitre *Globalisation et instabilité financières*).

En présence d'**imperfections de l'information**, les transactions sur le marché sont plus risquées pour les agents. Pour se prémunir contre ces risques, les agents ont intérêt d'adopter des contrats spécifiques, car le contrat « standard » sur lequel repose une transaction marchande n'est pas adapté. Quelques précisions sont nécessaires pour décrire ces contrats. On distingue deux types de variables relatives aux transactions : d'une part les variables observables, que l'on peut mesurer, d'autre part les variables vérifiables, pour lesquelles l'agent peut disposer d'une preuve, valable pour un tiers ou sur le plan juridique. Par exemple, il est possible que l'employeur d'un salarié puisse observer l'effort fourni par le salarié, mais ne puisse pas le vérifier (il n'existe pas de « preuve » de son effort). On distingue alors trois types de contrats :

- le **contrat explicite** : toutes les variables sont à la fois vérifiables et observables ;
- le **contrat implicite** : certaines variables sont observables mais ne sont pas vérifiables ;
- le **contrat incomplet** : certaines variables ne peuvent être intégrées, car elles ne sont pas observables.

Le développement de la théorie des contrats a joué un grand rôle dans le renouvellement de la théorie microéconomique. Ainsi, la relation entre le salarié et l'employeur peut reposer sur des contrats implicites (v. chapitre

Marché du travail, emploi, chômage). De même, la théorie de la firme s'appuie aujourd'hui sur l'incomplétude des contrats, pour comprendre pourquoi l'entreprise préfère faire en interne plutôt que de faire faire à un autre agent (v. chapitre *Entreprise et système productif*). D'après la **théorie de l'agence**, la firme ne sait pas toujours si les agents avec lesquels elle est en relation réalisent bien les tâches prévues (par exemple, elle ignore si un prestataire de service réalise correctement son travail). Si le contrat avec un agent extérieur à la firme est incomplet, elle peut alors adopter deux comportements : soit elle « internalise » l'activité, en embauchant par exemple un salarié supplémentaire, de façon à pouvoir contrôler directement son travail, soit elle met en place dans le contrat avec l'agent des mécanismes d'incitation ou de sanction adaptés (primes d'objectif, pénalités, etc.).

B. L'antisélection

La notion d'**antisélection** (on parle aussi de **sélection adverse**) désigne le fait que, faute d'une information parfaite, certains agents peuvent être conduits à sélectionner des produits de mauvaise qualité. L'asymétrie d'information se situe *ex ante*. Ces problèmes de sélection adverse surviennent notamment lorsque certaines caractéristiques d'un bien ne sont pas observables par l'acheteur. Il y a donc **asymétrie d'information** dans la mesure où le vendeur ne divulgue pas certaines caractéristiques du produit, indécelables par l'acheteur. C'est le cas notamment des vendeurs de voitures d'occasion, qui seuls connaissent la qualité véritable des véhicules qu'ils vendent. Les acheteurs savent qu'il existe des véhicules d'occasion de bonne qualité et des véhicules de mauvaise qualité. Comme ils ne peuvent déterminer la qualité d'un véhicule, ils refusent de payer un véhicule d'occasion au-delà d'un certain prix. Mais les vendeurs, eux, au prix que sont prêts à payer les acheteurs, ne vendent que des véhicules de mauvaise qualité. Le prix n'est plus le signal de l'information. C'est ainsi que **G. Akerlof** montre, dans son étude du marché des véhicules d'occasion, que l'asymétrie d'information et les comportements des acheteurs et des vendeurs sur un tel marché conduisent finalement à l'exclusion des véhicules de bonne qualité de ce marché, voire à la disparition du marché. L'antisélection correspond ainsi à un effet pervers qui élimine des échanges les produits de bonne qualité.

Le modèle d'Akerlof peut s'appliquer à de très nombreuses situations et montre que le laisser-faire peut avoir des conséquences négatives pour les agents économiques : élimination des bons produits, voire absence d'échange. Dans ce cadre, une réglementation assurant la révélation de tout ou partie de l'information, ou encore instituant des procédures de recours efficaces contre les ventes de produits de mauvaise qualité, permet d'améliorer le fonctionnement des marchés.

C. L'aléa moral

La notion d'**aléa moral** (ou **risque moral**), quant à elle, provient de la théorie des assurances. Le risque moral apparaît dans les situations où certaines actions des agents, inobservables par les assureurs, ont une conséquence sur le risque de dommage. On parle aussi de **relation principal-agent**. Avec le développement de l'économie de l'information, cette notion a cependant pris un sens plus général. On distingue ainsi généralement deux types de situations.

- Le modèle du « tire-au-flanc » (**C. Shapiro** et **J. Stiglitz**) : l'agent qui ne dispose pas de l'information ne peut pas observer l'action de son partenaire. Ce dernier peut alors en « profiter » et déclarer que les mauvais résultats de son action ne lui sont pas imputables. C'est le cas par exemple des travailleurs dont l'effort est imparfaitement observable par leur employeur. Ils peuvent alors avoir intérêt à « tirer au flanc » tout en déclarant que les mauvaises performances de l'entreprise ne sont pas le résultat d'un relâchement de leur effort.
- Les services d'experts : l'agent non informé peut observer l'action, mais il ne peut pas vérifier si elle est appropriée. Cette situation émerge pour tous les services d'experts : ces derniers disposent d'une information privée dans la mesure où ils sont seuls à pouvoir établir un diagnostic. Ils peuvent avoir intérêt à annoncer un diagnostic erroné tout en choisissant ensuite une action adaptée au diagnostic en question. Lorsqu'un dentiste pose une couronne, le patient ne peut pas savoir si cet acte était réellement nécessaire ou si un simple plombage aurait pu suffire.
- Lorsqu'il y a risque moral, le problème est alors d'inciter l'agent qui dispose de l'information à prendre une décision optimale pour l'agent non informé. L'asymétrie d'information se situe *ex post*.

On peut cependant noter que de nombreuses transactions de ce type sont inscrites dans la durée. Plus la transaction est longue, plus le principal accumule des informations sur l'agent, qui ainsi se dévoile peu à peu : l'information devient alors de moins en moins asymétrique.

RÉFÉRENCES DU CHAPITRE

Bourreau M., Perrot A. (2020), *Plateformes numériques : réguler avant qu'il ne soit trop tard*, note du Conseil d'Analyse économique ? n° 60.

Collège de France (2019). *Comment un marché concurrentiel fonctionne-t-il ?*, https://www.college-de-france.fr/media/campus-innovation-lycees/UPL6900333321499473721_Classe_de_premiere___Chapitre_1.pdf

Combe E. (2021), *La concurrence*, PUF.

Combe E. (2016), *La politique de la concurrence*, La Découverte, Coll. Repères, 3e éd.

Eber N. (2004), *La théorie des jeux*.

Keynes J.M. (1936), *Théorie générale de l'emploi, de l'intérêt et de la monnaie*, Payot.

Kuhn H.W. and Tucker A.W. (1951), Contributions to the theory of games, *Bull. Amer. Math. Soc.* 57, n° 6, 495-497.

Lévêque F. (2019), *Le monopole et le pouvoir de monopole*. Article en ligne sur le site de l'ENS. http://ses.ens-lyon.fr/articles/le-monopole-et-le-pouvoir-de-monopole

Polanyi K. (1944/2009), *La grande transformation : aux origines politiques et économiques de notre temps*, Gallimard.

Reynaud J.-D. (1989), *Les règles du jeu*, Armand Colin.

Servet J. (1993), « Du troc au réseau, les marchés dans l'histoire », *Sciences humaines*, novembre-décembre.

Tirole J. (2018), *Économie du bien commun*, PUF, Coll. Quadrige, 2e éd.

POUR EN SAVOIR PLUS

Initiation

Braquet L. (2015), *L'essentiel pour comprendre l'économie de marché*, Gualino, Lextenso éditions.

Buisson-Fenet E. et Navarro M. (2018), *Microéconomie en pratique*, A. Colin, Coll. Cursus, 3e éd.

Combe E. (2019), *Le low-cost*, La Découverte, Coll. Repères, 2e éd.

Combe E. (2019), *Vers des prix personnalisés à l'heure du numérique ?*, Fondation pour l'innovation politique.

Combe (2021), *La concurrence*, PUF.

Gabszewicz J. (2003), *La concurrence imparfaite*, La Découverte, Coll. Repères.

Gendron B. (2020), *L'essentiel de la micro-économie*, Gualino, Coll. Les carrés.

Guesnerie R. (2013), *L'économie de marché*, Le Pommier.

Approfondissement

Béjean S., Peyron C. (2003), *Microéconomie*, Dalloz, Coll. Hypercours.

Combe E. (2020), *Économie et politique de la concurrence*, Dalloz, Coll. Précis.

Duguet E. (2021), *Microéconomie de la concurrence imparfaite. Cours et exercices corrigés d'économie industrielle*, Ellipses.

Encaoua D., Guesnerie R. (2006), *Politiques de la concurrence*, Rapport du Conseil d'analyse économique, La Documentation française.

Frydman R. & Goldberg M. D. (2013), *Marchés : la fin des modèles standards*, Le pommier.

Gabszewicz J. (2006), *La différenciation des produits*, La Découverte, Coll. Repères.

Généreux J. (2021), Économie politique – Tome 2, Microéconomie. Hachette Supérieur, 9e éd.

Giraud G. (2009), *La théorie des jeux*, Flammarion, Coll. Champs.

Krugman P. & Wells R. (2019), *Microéconomie*, De Boeck, 4e éd.

Lévêque F. (2017), *Les habits neufs de la concurrence*. Odile Jacob.

Lévêque F. (2021), *Les entreprises hyperpuissantes*, Odile Jacob.

Mankiw G. N. & Taylor M. P. (2015), *Principes de l'économie*, De Boeck.

Pindyck R. et Rubinfeld D. (2010), *Microéconomie*, Pearson Education.

Pradier P.-C. (2006), *La notion de risque en économie*, La Découverte, Coll. Repères.

Varian H. R. (2015), *Introduction à la microéconomie*, De Boeck, 8e éd.

Wasmer E. (2017), *Principe de microéconomie. Méthodes empiriques et théories modernes*, Pearson, 3e éd.

SUR LA TOILE

Un article sur la concurrence et le duopole (mars 2016) :
https://theconversation.com/coca-cola-contre-pepsi-la-guerre-est-finie-56882

Plateformes numériques : réguler avant qu'il ne soit trop tard, Notes du CAE, octobre 2020 : https://www.cae-eco.fr/plateformes-numeriques-reguler-avant-qu-il-ne-soit-trop-tard

Plateformes numériques et pratiques concurrentielles déloyales, Notes du CAE, octobre 2020 : https://www.cae-eco.fr/plateformes-numeriques-et-pratiques-anti-concurrentielles-et-deloyales

CHAPITRE 5

Entreprise et système productif

L'**entreprise** est une unité économique qui produit des biens et des services afin de les vendre sur un marché, en combinant des facteurs de production apportés par différents agents. La définition de l'entreprise fait l'objet de débat, pour plusieurs raisons :

- L'entreprise se distingue à la fois d'une administration (publique ou privée) qui produit des services non-marchands, et d'une association, laquelle poursuit un but non lucratif.
- Il existe une très grande diversité des entreprises, et les économistes peuvent être conduits à privilégier dans leur définition un aspect au détriment d'autres. Par exemple, dans l'approche néo-classique on considère que l'entreprise a un objectif de maximisation du profit, ce qui exclut de sa définition les entreprises publiques, et également les entreprises de l'économie sociale (mutuelles, coopératives, etc.)
- Si l'entreprise est « l'institution cardinale du capitalisme », selon l'expression de **F. Perroux** (1903-1987), paradoxalement elle n'a pas toujours une place centrale dans la théorie économique Au XIXe siècle, les travaux de **K. Marx** (1818-1883) sur l'organisation de la production ou ceux d'**A. Marshall** (1842-1924) sur les différents types de structures de marché font plutôt figure d'exception.

En fait, l'entreprise, fait l'objet progressivement d'une double réflexion théorique à partir des années 1930 :

- Elle porte d'une part, sur l'émergence de l'**économie industrielle**, dont l'objectif est d'étudier la diversité des entreprises et des marchés au sein du système productif qu'**Y. Morvan** définit comme « *un ensemble structuré de tous les agents économiques, simples ou complexes, qui créent des biens et/ou des services propres à satisfaire des besoins individuels et collectifs et qui participent ainsi à l'accroissement de la production* » (Morvan, 1999).
- D'autre part sur l'analyse des conflits entre les actionnaires et les dirigeants décrits dès les années 1930 par l'étude empirique d'**A. Berle**

(1895-1971) et **G. Means** (1896-1988) ; l'analyse concerne les grandes entreprises américaines en 1929, et montre que la montée du pouvoir managérial transforme la nature de la firme capitaliste, et ouvre ainsi la voie aux analyses contemporaines en termes de gouvernance.
- Enfin, les travaux précurseurs de **R. Coase** (1910-2013, prix Nobel 1991) sont à l'origine de l'économie de la firme, qui s'interroge sur les spécificités de l'entreprise en tant qu'institution distincte du marché.

§ 1. La diversité des entreprises et l'évolution des modes de gouvernance

I. Les différentes formes d'entreprise

A. L'entreprise en tant qu'organisation productive

On désigne par le terme **organisation productive** toute forme de coordination en vue de réaliser une production marchande ou non marchande à partir de divers facteurs de production (v. chapitre *Comptabilité nationale*).

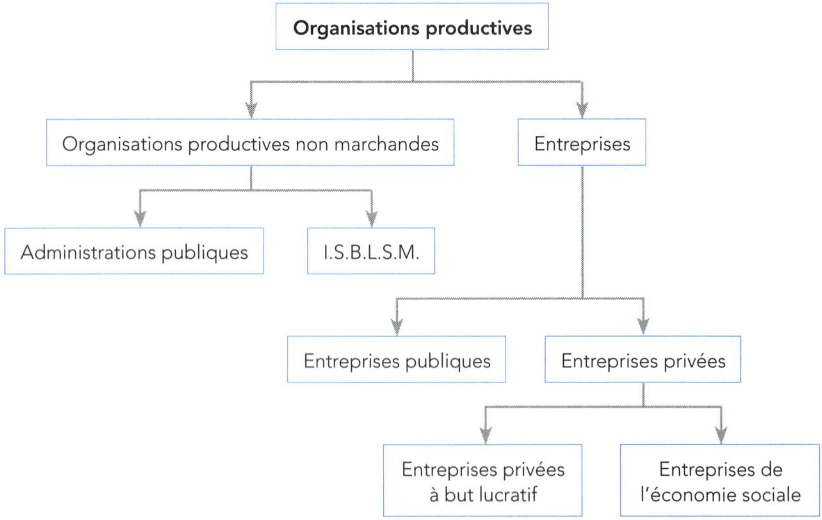

Les administrations publiques ou les Institutions sans but lucratif au service des ménages (ISBLSM) sont donc des organisations productives. Cependant, ce sont les entreprises qui constituent l'essentiel des organisations productives.

Il existe une grande diversité d'entreprises.

- On distingue les **entreprises privées** et les **entreprises publiques**. Le statut juridique de ces dernières est variable : on trouve des sociétés de droit privé à capitaux publics (EDF, Renault, EADS, La Poste) qui ont un objectif de rentabilité, ainsi que des établissements publics, qui relèvent du droit public et doivent remplir une mission de service public. Les domaines d'intervention des établissements publics sont variés, mais la plupart remplissent une mission de nature économique ou sociale. Il peut s'agir du domaine de la santé (ex : Établissement français du sang), de l'enseignement (ex : universités, lycées), de la culture (certains musées nationaux, comme le Louvre), de l'économie (ex : Caisse des dépôts et consignations, SNCF).
- Dans le secteur privé, il faut distinguer les **entreprises à but lucratif** et les **entreprises à but non lucratif** (coopératives, associations, mutuelles). Ces dernières ne doivent pas rémunérer le capital apporté par leurs membres, qui ont un statut particulier (sociétaire de mutuelle, membre d'une association, etc.).

La propriété du capital des entreprises peut évoluer :

- Une entreprise privée peut se transformer en entreprise publique, à la suite d'une opération de **nationalisation**. En 1981-1982, le gouvernement français a ainsi procédé à une importante vague de nationalisations (Thomson, Saint-Gobain, Rhône-Poulenc et Péchiney notamment dans le secteur industriel, et Suez, Paribas et Crédit Lyonnais par exemple dans le secteur bancaire).
- À l'inverse, une entreprise publique peut évoluer vers un statut d'entreprise privée, à l'occasion d'une opération de **privatisation** : depuis le milieu des années 1980, l'État s'est ainsi désengagé d'une très grande partie du secteur concurrentiel, même s'il demeure encore présent en tant qu'actionnaire dans des activités de réseau telles que les transports (SNCF) ou l'énergie (EDF).

B. L'entreprise en tant que personnalité juridique

a. La définition de l'entreprise selon l'Insee

Selon l'Insee, une **entreprise** peut se définir comme « *la plus petite combinaison d'unités légales qui constitue une unité organisationnelle de production de biens et services jouissant d'une certaine autonomie de déci-*

sion, notamment pour l'affectation de ses ressources courantes ». L'**unité légale** « est une *entité juridique de droit public ou privé* ». Cette entité juridique peut être :

- une personne morale, dont l'existence est reconnue par la loi indépendamment des personnes ou des institutions qui la possèdent ou qui en sont membres ;
- une personne physique, qui, en tant qu'indépendant, peut exercer une activité économique. Elle est obligatoirement déclarée aux administrations compétentes (Greffes des tribunaux, Sécurité sociale, Direction générale des impôts…) pour exister.

Cette définition se veut plus économique que juridique et un groupe est considéré comme une seule entreprise quelle que soit sa taille.

Il ne faut donc pas confondre l'entreprise (unité statistique) et l'unité légale (entité juridique).

Cette définition de l'Insee a l'inconvénient de ne pas faire référence au caractère marchand de la production des entreprises. Pourtant, sur le plan conceptuel la distinction entre la production marchande (réalisée par des entreprises) et la production non marchande (réalisée par les administrations publiques et certaines ISBLSM) reste essentielle (v. chapitre *Comptabilité nationale*).

b. L'entreprise et ses différents statuts juridiques

Du point de vue juridique, une entreprise peut avoir des statuts différents, selon que l'on distingue ou non l'entreprise et son propriétaire, et selon les droits accordés aux différents associés.

- Le cas le plus simple est celui de l'**entreprise individuelle**, où une même personne fournit le capital nécessaire, dirige l'entreprise, et apporte également son travail. Un commerce, un atelier d'artisan ou une personne exerçant une profession libérale en sont des exemples. L'entreprise individuelle peut employer des salariés, mais, traditionnellement, elle n'est pas dotée d'une personnalité juridique autonome ; ainsi le patrimoine de l'entreprise fait partie du patrimoine de son propriétaire. On peut ainsi noter que la résidence principale reste exclue de la dette professionnelle.
- Il existe désormais un statut juridique (**société unipersonnelle à responsabilité limitée**) qui permet aux entrepreneurs individuels de distinguer leur patrimoine et celui de leur entreprise. Par ailleurs le statut d'**auto-entrepreneur (ou micro-entrepreneur)** a été créé en France en 2009 afin de faciliter le développement d'activités économiques par des individus avec des démarches réduites et un statut fiscal favorable. L'autoentrepreneur peut exercer en tant qu'artisan, commerçant ou profession libérale, et ce, à titre principal (exclusivement autoentrepreneur) ou bien complémentaire (en parallèle d'un statut de salarié, retraité, étudiant…). Le

statut d'**autoentrepreneur** (entrepreneur individuel) n'est pas à proprement parler une forme juridique, mais il constitue une simplification des déclarations d'activités dans le cadre de l'exercice de petites activités indépendantes : l'autoentrepreneur peut exercer une activité commerciale ou artisanale en parallèle d'une activité principale, c'est-à-dire en complément d'un autre statut (salarié, demandeur d'emploi, retraité, étudiant...) Ce statut permet de débuter et d'arrêter relativement facilement une activité indépendante. L'autoentrepreneur s'acquitte de ses cotisations sociales par un prélèvement libératoire calculé sur la base d'un pourcentage du chiffre d'affaires encaissé, et le pourcentage prélevé dépend du type d'activité exercée (vente de marchandises, prestations de services et professions libérales). Depuis le 1er janvier 2015, le régime des autoentrepreneurs a fusionné avec celui de la microentreprise, *via* la loi Pinel. Avec cette réforme, dont l'objectif est de réduire la concurrence avec les artisans, les autoentrepreneurs sont, comme ces derniers, obligés de s'immatriculer à la chambre des métiers et de l'artisanat.

– Une **société** apparaît lorsqu'au moins deux personnes s'associent pour créer une entreprise. La société a une **personnalité morale** propre, c'est-à-dire qu'elle est un sujet de droit, caractérisé par des droits et des obligations. Les sociétés permettent de réunir des capitaux en quantités plus importantes que les entreprises individuelles, dans la mesure où elles permettent de réunir l'épargne d'un grand nombre de sociétaires.

Selon l'article 1832 du Code Civil, « La société est instituée par deux ou plusieurs personnes qui conviennent par un **contrat** d'affecter à une entreprise commune des biens ou leur industrie en vue de partager le bénéfice ou de profiter de l'économie qui pourra en résulter. Ce contrat doit satisfaire à la fois des conditions de fond et de forme : les conditions de fond concernent le type d'activités, le nombre d'associés, leur apport, leur but, ainsi que *l'affectio societatis*, c'est-à-dire la volonté exprimée par les associés de collaborer à la poursuite d'un objectif commun ; les conditions de forme correspondent au statut juridique de l'entreprise (origine des capitaux, détermination de la responsabilité des associés). C'est la forme juridique de l'entreprise qui va déterminer son mode de fonctionnement, les obligations de chacun des partenaires, etc. L'entreprise est ainsi une personne morale qui possède un patrimoine distinct de celui des associés et inscrite au Registre du commerce et des sociétés (forme, objet, dénomination sociale, siège social, montant du capital, etc.). Le secteur privé regroupe les entreprises dont les capitaux nécessaires sont apportés par des personnes privées, qui détiennent alors le pouvoir et acceptent d'encourir un risque plus ou moins important dans la poursuite de leur activité. On distingue ainsi deux catégories d'entreprises privées suivant le nombre de personnes apportant les capitaux : une ou plusieurs, avec risque limité ou illimité.

c. Les formes d'entreprise selon le risque

Les formes d'entreprises dont le risque est illimité :

- **L'entreprise individuelle (EI)** : une entreprise individuelle correspond à une activité économique développée par une personne physique, seule, en son nom propre. Cette personne, appelée le chef d'entreprise, affecte à l'activité un certain nombre de biens de son propre patrimoine (il n'y a pas de séparation entre le patrimoine de l'entreprise et celui de l'entrepreneur). L'exploitation individuelle n'a alors pas de personnalité distincte de celle de l'exploitant. On parle d'entreprise individuelle mais aussi d'entreprise en nom propre, de travailleur indépendant ou encore d'activité exercée en *freelance*. Cette activité exercée par l'entrepreneur individuel peut être de nature commerciale, artisanale, libérale ou agricole ;
- **la société en nom collectif (SNC)** est constituée sans capital minimal, par au moins deux associés. Il s'agit d'une société de personnes et la responsabilité de chaque associé y est indéfinie et solidaire. Les associés apportent un capital divisé en parts sociales. Elle est dirigée par un ou plusieurs gérants. Sur le plan fiscal, les résultats de la société en nom collectif sont imposés au niveau de ses associés à l'impôt sur le revenu, sauf si la société opte pour l'impôt sur les sociétés. Cette forme de société est rarement utilisée car elle présente l'inconvénient de ne pas protéger patrimonialement ses associés : ceux-ci sont en effet responsables indéfiniment et solidairement des dettes sociales sur leurs biens personnels. Tous les associés sont commerçants et sont soumis personnellement à l'impôt sur le revenu ;
- **les sociétés civiles** sont des sociétés qui, par leur objet (immobilier, agricole…) ou par leur forme, relèvent du droit civil et non du droit commercial (comme les sociétés civiles immobilières, les sociétés civiles professionnelles). Elles sont dirigées par un ou plusieurs gérants et les associés sont indéfiniment responsables des dettes de la société, comme dans le cadre des sociétés civiles immobilières (SCI). Par exemple, la société civile professionnelle (SCP) est une forme de société qui permet à plusieurs personnes exerçant une même profession libérale de l'exercer en commun, et celles-ci sont alors responsables indéfiniment des dettes sociales. Les bénéfices de la SCP sont imposés à l'impôt sur le revenu au niveau de chaque associé ;
- **les groupements d'intérêt économique (GIE)** constituent des groupements dotés de la **personnalité morale**, ce qui permet à ses membres (qui doivent être au minimum deux) de mettre en commun certaines de leurs activités afin de développer, améliorer ou accroître les résultats de celles-ci tout en conservant leur individualité. Il n'y a pas de capital minimum et la responsabilité est illimitée et solidaire entre les membres à l'égard des tiers.

Les formes d'entreprises dont le risque est limité :

- **l'entreprise individuelle à responsabilité limitée (EIRL)** : il s'agit d'un régime qui s'adresse aux entrepreneurs individuels qui décident de limiter l'étendue de leur responsabilité en constituant un patrimoine d'affectation, dédié à leur activité professionnelle, sans constituer de société. L'entrepreneur individuel sépare donc son patrimoine en deux parties distinctes : un patrimoine privé qui constitue une garantie pour ses créanciers privés (notamment sa banque), et un patrimoine professionnel connu des créanciers de l'EIRL et qui leur sert de garantie (il existe une obligation d'établir et déposer ses comptes annuels pour que les créanciers puissent suivre l'évolution du patrimoine professionnel) ;
- **la société anonyme (SA)** : elle est constituée par au moins sept actionnaires réunissant au minimum 37 000 € sans appel public à l'épargne. Elle est dirigée par un président et un directeur général (qui peuvent n'être qu'une seule et même personne) et par un conseil d'administration (CA) composé d'au moins trois personnes. La nomination d'un commissaire aux comptes par l'assemblée générale des actionnaires est obligatoire. Le statut de SA est également utilisé lorsque des actionnaires qui ne participent pas à l'activité veulent exercer un pouvoir de contrôle au sein du conseil d'administration. Les actionnaires y voient leur responsabilité limitée au montant de leurs apports. Ces sociétés sont soumises à l'impôt sur les sociétés (IS) et les dirigeants peuvent avoir le statut fiscal et social de salarié. Ce type de société est réservé aux projets de grande ampleur et aux grandes entreprises du fait de sa complexité et de son coût de fonctionnement important ;
- **la société à responsabilité limitée (SARL)** est le type de société le plus couramment utilisé dans le cadre de la création d'entreprise (environ 60 % des sociétés françaises) : il s'agit d'une structure simple au sein de laquelle la responsabilité des associés (personnes physiques ou morales) est limitée au montant de leurs apports. Son capital, dont la loi ne fixe aucun montant minimal, est réparti entre au moins deux associés (d'où la formule « SARL au capital de 1 euro »). Elle est dirigée par un ou plusieurs gérants, associés ou non. On parle parfois de « SARL de famille » lorsque la société est constituée entre des associés qui sont parents en ligne directe, frères et sœurs ou bien conjoints ;
- **la société par actions simplifiée (SAS)** est une forme de société créée en 1994, qui connaît un certain succès. Ainsi, beaucoup de SA se sont transformées en SAS et les règles qui la gouvernent sont en effet voisines de celles de la SA. Toutefois, aucun montant minimal pour le capital social n'est exigé (37 000 € pour la SA). Par ailleurs, la nomination d'un commissaire aux comptes est réservée aux SAS d'une certaine taille ou ayant des liens capitalistiques avec d'autres sociétés. La SAS doit disposer d'au moins deux associés, responsables dans la limite de leurs apports. Par rapport à la SA, elle offre toutefois l'avantage de la

souplesse : la loi laisse en effet aux associés la possibilité d'organiser librement son fonctionnement dans les statuts.

Enfin, existent les sociétés qui ne comportent qu'un seul « associé » :

- **l'entreprise unipersonnelle à responsabilité limitée (EURL)** est une catégorie particulière de SARL, qui n'a qu'un seul associé. Ses règles de fonctionnement sont très proches de celles de la SARL, et la principale différence concerne son régime fiscal : ses bénéfices sont imposés de plein droit à l'impôt sur le revenu au nom de l'associé (une option à l'impôt sur les sociétés étant toutefois possible) ;
- **la société par actions simplifiée unipersonnelle (SASU)** : il s'agit d'une catégorie particulière de société par actions simplifiée (SAS) qui ne dispose que d'un seul associé. Seules quelques règles de fonctionnement diffèrent de celles applicables à la SAS, simplifiant notamment les formalités juridiques.

Il faut bien distinguer l'autonomie juridique d'une entreprise, et son autonomie économique, en tant que centre de décision. En effet, une entreprise peut être juridiquement indépendante, tout en étant tributaire des décisions prises dans une autre entreprise. C'est le cas dans un **groupe d'entreprises**, où une série d'entreprises appelées filiales sont contrôlées par une **société-mère**, qui en est l'actionnaire principal. Ce mode de relation est privilégié aujourd'hui car il permet à la fois une grande concentration des entreprises, tout en favorisant un contrôle plus souple de chaque société, du fait de leur indépendance au plan juridique. Quand la société-mère a des activités purement financières de prises de participation dans diverses sociétés, on parle de ***holding***.

La **sous-traitance** désigne en revanche une relation entre des entreprises juridiquement indépendantes : le donneur d'ordre fait réaliser par une entreprise sous-traitante tout ou partie d'un bien ou d'un service qu'il propose à ses propres clients. La sous-traitance permet donc d'externaliser les risques et certains coûts auprès d'une autre société, qui peut être placée dans une relation de forte dépendance si le donneur d'ordre est en capacité d'imposer ses choix. Elle a été largement pratiquée par les grandes entreprises depuis les années 1980.

Il ne faut pas confondre l'entreprise, en tant qu'entité économique et juridique, et l'**établissement**, en tant que lieu de production, une entreprise pouvant compter un grand nombre d'établissements. L'établissement est une unité de production géographiquement individualisée, mais juridiquement dépendante de l'entreprise. Un établissement produit des biens ou des services : ce peut être une usine, une boulangerie, un magasin de vêtements, un hôtel d'une chaîne hôtelière, une agence bancaire, etc.

C. Le cycle de vie de l'entreprise

On retient généralement cinq grandes phases dans la vie d'une entreprise : c'est le « cycle de vie de l'entreprise ». Dès la fin du XIXe siècle, l'économiste

Alfred Marshall compare la longévité des entreprises à celle d'un processus naturel lié à la présence des dirigeants et à leur capacité de management. Toutefois, il n'y a pas forcément une évolution mécanique de la vie des entreprises, et toutes ne traverseront pas l'ensemble des phases du cycle de vie. Tout comme un organisme vivant, chaque entreprise est différente.

a. La création de l'entreprise

La société est en phase de création ou vient juste d'être créée, et elle ne réalise pas encore de chiffres d'affaires (on parle parfois de phase d'incubation). Trois conditions sont requises au moment de la création de l'entreprise : l'innovation, la faisabilité, la solvabilité.
C'est une période marquée par l'élaboration de stratégies et par l'expérimentation. Durant ce moment, des activités clés typiques sont : la planification, la recherche de capital, le développement de prototypes ou de modèles de services afin d'établir la marque. Cela nécessite de nommer l'entreprise, de développer son identité visuelle (logo), son site web et/ou un espace physique et matériel promotionnel.
Selon France Stratégie (2020), depuis 2000, les créations d'entreprises ont fortement progressé en France, passant de 200 000 par an environ à plus de 800 000 en 2019, avec une accélération depuis deux ans.
Cette progression n'est due qu'en partie au développement des microentreprises : sur les seules entreprises individuelles et les sociétés, les créations doublent sur la période. Malgré ce dynamisme, selon l'enquête internationale *Global Entrepreneurship Monitor* (GEM), la proportion de nouveaux entrepreneurs se situerait en France en dessous de la moyenne de l'OCDE : au même niveau qu'en Allemagne mais en retrait par rapport au Royaume-Uni et aux États-Unis.

b. Le démarrage de l'entreprise

Dans cette seconde phase, il s'agit de coordonner toutes les ressources de l'entreprise et de lancer les produits sur le marché.
À l'issue de cette étape, l'entreprise réalise du chiffre d'affaires, mais ses résultats peuvent néanmoins être encore déficitaires.
Lorsque l'entreprise est fondée, fonctionne et commence croître, les dirigeants lancent généralement des actions en matière de marketing et de ventes, d'embauche de personnel, d'amélioration de l'organisation du travail.

c. L'adolescence et la croissance de l'entreprise

L'entreprise est en activité, réalise du chiffre d'affaires et possède un véritable portefeuille de clients. La croissance implique des investissements supplémentaires qui nécessitent de nouvelles solutions de financement. Au cours de cette phase, elle doit également réaliser des profits. L'entreprise doit effectuer des prévisions et prendre des décisions à long terme, comme réaliser des investissements coûteux. Une manière de soutenir la croissance de l'entreprise est alors de s'ouvrir au marché à l'international ou par le commerce en ligne. L'expansion peut aussi impliquer de nouveaux locaux dans un nouveau quartier. Une autre manière d'atteindre de nouveaux marchés est de diversifier l'offre de biens et services pour satisfaire les goûts des clients, avec une plus grande variété de produits.

d. La maturité

Il s'agit de la phase la plus longue, l'entreprise a généralement plusieurs années d'existence, son chiffre d'affaires est plus solide et son endettement reste mesuré.
Pour poursuivre le développement, la solution passe généralement par une augmentation de capital pour mobiliser des capitaux. Pour réussir, l'entreprise doit reposer sur des fondamentaux solides, une vision stratégique, et continuer à innover sur les marchés.

e. Le vieillissement de l'entreprise

L'entreprise arrive alors à l'étape de la transmission, qui peut se traduire par une entrée en Bourse ou une cession, que ce soit à un fonds d'investissement ou à une autre entreprise. L'entreprise se prépare à la succession des créateurs.
On peut relier les évolutions des statuts juridiques de l'entreprise avec le « moment » du cycle de vie dans lequel elle se situe. Par exemple, le statut d'autoentrepreneur est souvent associé à la phase de démarrage. On constate aussi que la croissance de l'entreprise passe souvent par une transition entre un statut d'entreprise individuelle à celui d'entreprise sociétaire.

II. Les transformations de la gouvernance d'entreprise depuis le XIXe siècle

Selon **M. Aglietta** et **A. Rebérioux**, « *la* ***gouvernance d'entreprise*** *renvoie à la structure et à l'exercice du pouvoir dans les entreprises* » (Aglietta et Rebérioux, 2015). Si Berle et Means ont évoqué le gouvernement d'entreprise dès 1932, cette question a pris une dimension centrale avec la montée d'un type de gouvernance centré sur l'actionnaire à partir des années 1980. La gouvernance désigne un problème crucial pour les firmes sur le long terme : comment associer des capitaux et organiser la répartition des pouvoirs au sein de l'entreprise, de façon à en assurer le développement ?

La **gouvernance d'entreprise** recouvre plus spécifiquement l'ensemble des mécanismes et des relations qui ont pour effet de délimiter les pouvoirs de ses dirigeants et d'influencer leurs décisions. Le terme de « gouvernance » se différencie de celui de « gouvernement », qui suppose une organisation centralisée et hiérarchisée du pouvoir : abstraction faite des rapports hiérarchiques au sein de l'entreprise, celle-ci suppose une coopération de plusieurs **parties prenantes** (propriétaires du capital, managers, salariés, fournisseurs), déterminées à partager un objectif commun (*affectio societatis*), en dépit de divergences d'intérêts qui peuvent entraîner des conflits (comme sur le partage des richesses créées). L'efficacité d'un système de gouvernance d'entreprise se mesure alors à sa capacité de réduire les conflits et les coûts de transaction internes préjudiciables à la réalisation de ses objectifs.

A. Le rôle central de l'entrepreneur

L'**entrepreneur** est sans nul doute un personnage clé de l'économie.

L'histoire du capitalisme depuis la révolution industrielle est d'abord émaillée d'entrepreneurs de légende : du barbier perruquier Richard Arkwright, qui se lance dans la filature dans les années 1760 à Steve Jobs d'Apple ou Mark Zuckerberg de Facebook au début du XXIe siècle, les *success stories* se succèdent depuis trois siècles et les grandes entreprises ont longtemps porté le nom de leur illustre créateur à l'instar de Ford, Peugeot, Tata, etc.

L'analyse économique retient, pour cerner ce personnage légendaire, les diverses fonctions de l'entreprise moderne : tantôt le financier, tantôt l'innovateur, tantôt le gestionnaire avisé se succèdent pour incarner le personnage de l'entrepreneur. Preneur de risques ? Faiseur de projets ? Révolutionnaire de l'économie ? Découvreur d'opportunités ? Ses qualités dominantes font encore débat de nos jours. Mais si le rôle de l'entrepreneur peut apparaître déterminant dans la phase de démarrage de l'entreprise, puis au cours de son développement, celle-ci reste une aventure collective, dont la réussite repose également sur un environnement et des institutions plus ou moins favorables à l'entrepreneuriat : moyens financiers (personnels, familiaux, bancaires), poids des institutions (famille, État et grandes entreprises), ressources scientifiques et techniques, état de la société (revenus, goûts des consommateurs, infrastructures).

J. Schumpeter (1883-1950) donne un rôle central à l'entrepreneur dans la dynamique du capitalisme. L'entrepreneur schumpétérien est un innovateur, il brise les routines dans le processus productif, afin de prendre un avantage décisif sur ses concurrents, tout en acceptant les **risques** liés à ce rôle (v. chapitre *Fluctuations, cycles et crises*). Selon Schumpeter, la figure de l'entrepreneur connaît son apogée à la fin du XIXe siècle. Dans *Capitalisme, socialisme et démocratie* (1942), il décrit « *le crépuscule de la fonction d'entrepreneur* » qui résulte de la concentration des entreprises et du processus de bureaucratisation qui en découle.

Avec l'apparition de grands groupes durant la première moitié du XXe siècle, le capitalisme cesse d'être fondé sur l'innovation et le risque individuels, pour devenir un système dépersonnalisé, où la recherche est une activité « professionnalisée », où la propriété privée se dilue dans l'actionnariat, et où la direction d'entreprise passe aux mains de managers salariés.

L'entreprise évolue dans un environnement économique plus ou moins propice à ses activités : les institutions de l'économie de marché, et notamment les règles juridiques et la fiscalité déterminent largement ses performances, tant sur le marché national que sur le marché international. Par ailleurs, l'entrepreneur, l'agent qui est à l'origine de la création puis du développement de l'entreprise, dispose d'un capital social, celui de ses réseaux, pour lancer son projet, et à l'origine de toute entreprise existe une coopération entre plusieurs personnes. L'entrepreneur dispose d'un capital social (acquis par ses ressources financières, informationnelles, relationnelles, tiré de son éducation), qu'il va valoriser en créant son entreprise à condition que la société, le marché, les institutions lui en donnent l'opportunité.

Si le rôle de l'entrepreneur est de risquer son capital en créant une entreprise pour l'accroître, tous les individus ne disposent pas des mêmes ressources pour jouer ce rôle. La création d'une entreprise, d'une part, et sa réussite, d'autre part, sont conditionnées par des ressources financières, des conditions et des procédures administratives plus ou moins favorables. La réussite de l'entreprise est donc conditionnée par un ensemble de facteurs extérieurs présents ou pas dans la société et la probabilité d'être entrepreneur n'est pas également ouverte à tous les individus.

Au niveau macroéconomique, la qualité et le nombre d'entrepreneurs dans un milieu donné dépendent largement de la situation économique générale (boom, crise…) et sociale (stabilité, troubles…), des politiques économiques envisagées ou effectivement mises en place (encouragement à la création d'entreprise, forte protection des travailleurs, niveau et structure de la fiscalité…), de la configuration de l'offre (taille des marchés, localisation des entreprises…) et de la demande (évolution du revenu des ménages, existence de besoins latents ou insatisfaits…), de l'existence et du niveau de diffusion des connaissances scientifiques et techniques, de la division de la production entre grandes et petites entreprises, etc. Autant de facteurs qui vont permettre à l'entrepreneur de valoriser son potentiel de ressources. Les entrepreneurs insistent souvent eux-mêmes sur l'impact de l'environnement réglementaire et fiscal sur la performance de leur entreprise.

Dans l'actualité économique, les créateurs d'entreprise sont souvent cités comme un moteur crucial de l'innovation, de la croissance et de l'emploi, surtout dans les pays avancés qui ont atteint la « frontière technologique » *(v. chapitre La croissance économique)*. L'entrepreneur est en effet un personnage central de l'économie qui assume le risque d'entreprise, la décision d'investir, et mobilise des ressources humaines, technologiques, financières, pour développer son activité. S'il subsiste des critiques sur les gains qui peuvent être réalisés par les chefs d'entreprise (les rémunérations des grands patrons) et des débats sur la fiscalité des hauts revenus, les entrepreneurs conservent une image positive dans de nombreuses enquêtes. La question du « *moral des patrons* » est par ailleurs souvent évoquée comme indicateur avancé de la conjoncture, et mesurée dans les différents baromètres de confiance sur la politique économique, comme celui établi par l'Insee en France, l'**indicateur synthétique de climat des affaires**. Cet indicateur synthétise 26 enquêtes d'opinion réalisées auprès des chefs d'entreprise des grands secteurs de l'économie française que l'on sonde à propos de l'évolution prévue de leur chiffre d'affaires, du niveau de leurs carnets de commande, de la tendance prévue de la production, ou encore du niveau de leurs stocks.

Dans le cadre de la crise du coronavirus, le plan de relance de l'économie en France a ainsi engagé un certain nombre de mesures de soutien aux entreprises, et notamment des baisses d'impôt sur la production. En février 2021, l'indicateur de climat des affaires s'établissait en effet à 91,2, alors qu'il se trouvait aux alentours de 105 les mois précédant la crise sanitaire (il est descendu jusqu'à 53,8 en avril 2020, pendant le premier confinement).

B. De l'émergence de l'entreprise capitaliste moderne au XIXe siècle à « l'ère des managers »

Avec la révolution industrielle, on assiste à l'émergence de l'entreprise sous sa forme capitaliste moderne, caractérisée par la réunion, dans un même lieu, de salariés à qui le propriétaire confie un travail et apporte le capital nécessaire. Des transformations juridiques importantes ont été nécessaires à l'apparition de l'entreprise moderne, notamment pour faire émerger un marché libre du travail. En France, la Révolution française est une étape décisive, avec la **loi Le Chapelier** (1791), qui abolit les anciennes corporations, et en même temps interdit toute coalition ouvrière, et donc la pratique du syndicalisme. Cette loi est abolie par la **loi Waldeck-Rousseau** de 1884, qui autorise l'activité syndicale.

Il existe de nombreuses formes précoces d'industrialisation qui ne passent pas nécessairement par le développement d'entreprises, comme la **proto-industrie** dès le XVIIIe siècle. Il s'agit selon **F. Mendels** d'une relation entre un marchand-entrepreneur et les familles rurales à qui il confie un travail rémunéré à la pièce, par exemple le filage de la laine. La proto-industrie a été particulièrement dynamique dans le textile.

Le développement des sociétés s'accélère cependant au cours du XIXe siècle. Les **sociétés en nom collectif** (sociétés de personnes associées et responsables sur leur patrimoine), les **sociétés en commandite** (dans laquelle un *commanditaire fournit* l'essentiel des fonds mais confie la gérance de la société au *commandité*, qui dispose de prérogatives accrues à raison des plus grands risques encourus) et les **sociétés anonymes** apparaissent en France dans le code du commerce de 1807, mais les sociétés anonymes sont soumises à une autorisation jusqu'en 1867, et de ce fait le développement de sociétés par actions n'intervient réellement qu'à la fin du XIXe siècle. Le phénomène est plus ou moins rapide selon les formes nationales d'industrialisation : par exemple le développement de grandes sociétés est plus rapide aux États-Unis et en Allemagne dans la deuxième moitié du XIXe siècle.

De nombreux auteurs ont insisté sur les transformations de la direction d'entreprise au cours du XXe siècle, en raison de la concentration progressive qui pousse à la constitution de vastes structures, dans lesquelles s'opère une distinction entre la propriété de l'entreprise et sa direction. Dans une société anonyme de grande taille, les actionnaires n'exercent pas un contrôle quotidien sur l'entreprise, ce contrôle est dévolu à un **manager**, c'est-à-dire à un cadre salarié, spécialisé dans les tâches de direction. **J. Burnham** (1905-1987) parle de « ***révolution managériale*** » selon le titre de son livre publié dès 1941, pour caractériser ce phénomène. De même, **J.K. Galbraith** (1908-2006) décrit dans *Le nouvel État industriel* (1967) la formation d'une **technostructure**, c'est-à-dire le groupe des cadres dirigeants qui détiennent le pouvoir économique réel, par opposition aux actionnaires, dont le pouvoir est plus formel et ne s'exerce pas quotidiennement. Selon **W. Baumol** (né en 1922), les managers ont ainsi une fonction d'utilité propre, celle de maximiser le chiffre d'affaires sous contrainte de profit minimum.

Dans *La main visible des managers* (1977) l'historien **A. Chandler** montre que le pouvoir croissant des managers conduit les firmes à orienter et structurer les marchés par leurs stratégies à long terme et leurs choix organisationnels. Le fonctionnement des marchés n'a donc rien de spontané, il est le produit des stratégies managériales.

Historiquement, le poids du contrôle managérial est bien visible, tout particulièrement aux États-Unis. Au moment de la crise de 1929 par exemple, 44 % des 200 plus grandes firmes américaines sont contrôlées en pratique par leurs managers du fait de la dilution de leur actionnariat, selon l'enquête réalisée par **A. Berle** et **G. Means** dans « *The Modem Corporation and Private Property* » en 1932. Il en découle, selon ces auteurs, une tendance de plus en plus marquée à la séparation entre la logique managériale et la logique actionnariale, qui peuvent refléter des objectifs et des intérêts contradictoires.

C. La gouvernance d'entreprise et le « retour de l'actionnaire »

a. La remise en cause du modèle managérial de gestion

Dès la fin des années 1960, la perte de compétitivité des grands oligopoles industriels et financiers, la crise de la production de masse et de l'organisation du travail fordiste, le ralentissement des gains de productivité et la perte de rentabilité des titres financiers détenus par les actionnaires, favorisent une évolution de la **gouvernance de l'entreprise**. Le pouvoir excessif des « managers » dans les grandes entreprises est fortement critiqué, d'autant que leur rentabilité subit un déclin continu. La « direction par objectifs » prônée par **P. Drucker** (1909-2005) dès la fin des années 1960, est symptomatique de cette évolution : elle consiste à fixer des objectifs aux salariés avec des mécanismes incitatifs en fonction de leur réalisation, plutôt que leur donner des tâches à exécuter, de façon à les impliquer davantage dans leur travail.

Un certain nombre de travaux universitaires et de rapports d'institutions internationales préconisent un rééquilibrage de la gouvernance des entreprises. L'économiste **M. Friedman** (1912-2006), avait déjà hiérarchisé les priorités de l'entreprise capitaliste en affirmant de manière polémique dans un article du *New York Times* que celle-ci, selon lui, n'a « *qu'une responsabilité sociale, et une seule, vis-à-vis de son actionnaire : utiliser ses ressources et s'engager dans des activités destinées à accroître ses profits* » (Friedman, 1970). Dans un article de 1972, **A. Alchian** et **H. Demsetz** montrent que pour être gérée efficacement, l'entreprise doit être contrôlée, en dernière instance, par ses actionnaires-propriétaires. Selon leur raisonnement, dans une production commune, on ne peut que difficilement isoler la contribution de chacun au résultat collectif : dans ces conditions, les propriétaires du capital, les actionnaires, doivent avoir le pouvoir ultime de nommer les dirigeants, de contrôler leur action et de les sanctionner le cas échéant, car ils ne peuvent percevoir des dividendes que si l'entreprise dégage un surplus une fois toutes les charges acquittées. Pour inciter les dirigeants à bien gérer la société anonyme et maximiser la rentabilité des capitaux, il faut donc qu'ils représentent les intérêts des actionnaires.

À la fin des années 1970, *l'American Law Institute* énonce les grands principes de la *corporate governance*, censée encadrer le pouvoir des dirigeants (mécanisme de surveillance et d'information, rôle des conseils d'administration, mesures incitatives touchant à la rémunération des dirigeants, etc.), tandis que divers rapports ultérieurs diffuseront ces principes dans le monde de l'entreprise (rapport Cadbury en 1992, rapport Viénot en 1995, rapport de l'OCDE en 1999). Ces « codes de bonne conduite » se généraliseront dans la conduite des grands groupes sous la forme de normes et de « bonnes pratiques » à respecter sous la pression des actionnaires, et dans un contexte de surveillance des agences de notation qui évaluent la gouvernance des firmes.

b. La gouvernance « orientée actionnaire »

Le développement d'une économie de marchés financiers, dans les années 1980, a également transformé le *rapport entre managers et actionnaires des grandes firmes* (v. chapitre *Fluctuations, cycles et crises économiques*). Les entreprises dépendent davantage pour leur financement des marchés financiers, et le rapport de force se renverse au profit des actionnaires. De plus, la place croissante prise par les investisseurs institutionnels (fonds de pension, fonds mutuels, compagnies d'assurance) dans le capital des entreprises, a conduit à une concentration de l'actionnariat, qui retrouve davantage de pouvoir de contrôle. Cela se traduit, dans les grandes firmes, par la remise en cause des managers aux résultats jugés insuffisants, et l'imposition de normes de profit élevées en faveur des actionnaires. C'est la base de la **gouvernance « orientée actionnaire »** (ou modèle « ***shareholder*** »), qui subordonne la direction d'entreprise à l'intérêt des actionnaires, en mettant en place des mécanismes de contrôle et d'incitations pour que les dirigeants fassent des choix en faveur des actionnaires. L'objectif de la firme est alors de favoriser la **création de valeur**, soit faire en sorte que le placement réalisé par l'actionnaire ait une rémunération supérieure à son coût d'opportunité (par exemple le rendement moyen des capitaux sur les marchés financiers). Différentes mesures sont utilisées, par exemple le développement des ***stock-options*** qui donnent aux managers une option d'achat à terme d'actions de leur société à un prix fixé à l'avance, ce qui les incite à tout mettre en œuvre pour que le cours de l'action augmente. La gouvernance « orientée actionnaire » a accompagné un changement profond de stratégie des firmes au cours des années 1990, avec le mouvement de « recentrage sur le métier » : les firmes créent davantage de valeur si elles se focalisent sur ce qui constitue leur avantage spécifique (le « cœur de métier »), et délèguent ou vendent le reste de leurs activités à d'autres firmes.

c. Les limites de la gouvernance « actionnariale »

Ce modèle fait en effet l'objet de diverses critiques.

- D'une part, il a conduit au développement d'un capitalisme financier faiblement régulé dans lequel les crises financières se sont multipliées à partir des années 1980 (v. chapitre *Commerce international, internationalisation de la production et gouvernance mondiale*). Il favoriserait une gestion « court-termiste » à l'anglo-saxonne (un retour rapide sur investissement), au détriment des projets durables de développement, et au détriment des salariés. Par ailleurs, si protéger l'environnement est considéré comme un coût, la gouvernance actionnariale tend à les minimiser dans une perspective court-termiste qui n'intègre pas les enjeux climatiques dans un horizon de long terme.
- D'autre part, une autre critique porte sur le fait de privilégier uniquement l'actionnaire, au détriment des autres « **parties prenantes** » (ou « ***stakeholders*** »), c'est-à-dire des différents agents affectés directement ou indirectement par le comportement de la firme : les salariés, les banques, mais aussi les clients et fournisseurs, les riverains, les représentants de la société civile (ONG, syndicats et associations de consommateurs) ou les administrations publiques. Avec notamment, pour ces dernières, des enjeux autour de la responsabilité et l'équité fiscales posés aujourd'hui par le G20 et d'autres institutions après la survenue de différents scandales financiers tels le Luxembourg Leaks (v. chapitre *Commerce international, internationalisation de la production et gouvernance mondiale*). Selon **R.E. Freeman**, les **parties prenantes** sont les « *individus ou groupes d'individus qui peuvent influencer ou être influencés par la réalisation des objectifs d'une organisation* » (Freeman, 1984) par conséquent les intérêts de ces agents peuvent être affctés par le comportement de l'entreprise, mais en retour leur réaction peut durablement affecter la firme elle-même. Par exemple, la dégradation de l'environnement par une firme peut conduire les acteurs de la société civile à mener des campagnes contre elle, ce qui risque de menacer son activité-même. D'après cette théorie, l'entreprise doit donc se développer en partenariat avec ses différentes parties-prenantes, plutôt que de privilégier la seule relation actionnariale.

III. La responsabilité sociale de l'entreprise

A. L'entreprise dans son environnement social

L'entreprise n'est pas un agent économique en situation d'apesanteur sociale. Les relations entre l'entreprise et la société civile sont complexes : comme le note **R. Perez**, « *l'entreprise est partie prenante de la société civile et celle-ci est partie prenante de l'entreprise* » (Perez, 2010). Si on a pu parler de responsabilité sociale du patron paternaliste, notamment au XIXe siècle, avec les préoccupations sociales des entreprises en faveur des travailleurs au nom d'une certaine philosophie humaniste, la responsabilité sociale des entreprises (traduit de l'anglais *social responsibility*) ne concerne pas le seul comportement de l'entreprise avec son personnel, ce qu'on appelle le « *social* ».
La **responsabilité sociale des entreprises** (RSE), également appelée responsabilité sociétale des entreprises est définie par la Commission européenne comme « *l'intégration volontaire par les entreprises de préoccupations sociales et environnementales à leurs activités commerciales et leurs relations avec les parties prenantes* ». Il s'agit d'un un processus permettant que la gouvernance de l'entreprise intègre les préoccupations en matière sociale, environnementale, éthique, de droits de l'homme et de consommateurs dans leurs activités commerciales et leur stratégie de base. Une entreprise qui pratique la RSE va donc chercher à avoir un impact positif sur la société tout en étant économiquement viable. La norme ISO 26 000, standard international définit le périmètre de la RSE autour de 7 questions centrales : 1. La gouvernance de l'organisation ; 2. Les droits de l'homme ; 3. Les relations et conditions de travail ; 4. L'environnement ; 5. La loyauté des pratiques ; 6. Les questions relatives aux consommateurs ; 7. Les communautés et le développement local. La responsabilité sociale de l'entreprise (*corporate social responsibility* aux États-Unis) suppose le principe selon lequel l'entreprise a des obligations non seulement envers ses actionnaires (les propriétaires du capital), mais également envers ses salariés et la société civile.

B. La RSE et la gouvernance de l'entreprise

Dans un rapport de France Stratégie publié en janvier 2016, intitulé *Responsabilité sociale des entreprises et compétitivité*, **S. Benhamou** et **M.-A. Diaye** évoquent la crise financière de 2008 comme un accélérateur des initiatives en faveur de la RSE, afin de repenser le modèle de l'entreprise du XXIe siècle et susciter de nouvelles dynamiques de croissance durable et inclusive, même s'ils déplorent que ce thème soit encore méconnu d'une grande partie des entreprises. Les auteurs de l'étude montrent notamment que la RSE n'est pas, bien au contraire, un obstacle à la performance économique. Cependant, cette politique de la RSE est vue par ses défenseurs comme un moyen de réconcilier l'entreprise et la société, alors qu'elle est perçue par ses détracteurs comme un simple outil de communication au service des objectifs de l'entreprise, et notamment la motivation du personnel pour consolider la cohésion interne. Si la RSE n'induit pas un mode de gouvernance particulier de l'entreprise, elle implique un débat sociétal et politique sur l'organisation générale du système de gouvernance d'entreprise, et plus largement, sur la place de l'entreprise dans la société. L'entreprise est alors confrontée au défi de maximiser son profit sous contraintes sociale et environnementale, car ne pas le faire serait prendre le risque de détériorer son image de marque et donc ses profits futurs. Pour expliquer l'essor des stratégies de RSE, la littérature économique, appuyée notamment sur les travaux de **J. Tirole** (né en 1953, prix Nobel en 2014) et **R. Benabou**, s'est développée principalement autour de la question des imperfections de marché et des incitations. Les travaux sur ces enjeux identifient trois principaux arguments incitant les entreprises à offrir des biens publics ou à corriger leurs impacts négatifs de façon volontaire : éviter une future réglementation contraignante, répondre aux pressions de la société civile et s'acquitter d'un devoir moral ou altruiste. Deux autres motifs économiques sont généralement évoqués : 1) La RSE peut être un outil de stratégie concurrentielle pour augmenter ses parts de marchés en attirant de nouveaux consommateurs et pour se différencier de ses concurrents. 2) La RSE peut en fait répondre à une demande émanant de trois catégories de parties prenantes internes : les actionnaires (en particulier les investisseurs socialement responsables), les employés et les administrateurs. L'intérêt de l'entreprise, en particulier à long terme, est donc de ne pas rendre compte à ses seuls actionnaires, mais de répondre aussi aux demandes de ses différentes parties prenantes. La RSE peut aussi parfois s'apparenter à un outil de communication dans le cadre de la stratégie des entreprises.

C. Quelle « raison d'être » de l'entreprise ?

Selon **B. Segrestin** et **A. Hatchuel**, on assiste aujourd'hui à une « *crise de l'entreprise* » due aux limites du modèle de gouvernance orienté actionnaire, qui met en cause la pérennité d'entreprises inscrites dans la longue durée, susceptibles de disparaître très rapidement depuis les années 1990, en raison des risques trop élevés pris par leurs dirigeants. Il faudrait donc « *refonder l'entreprise* » en s'appuyant sur l'ensemble des parties prenantes, et notamment les salariés. Les auteurs plaident ainsi pour une nouvelle démocratie d'entreprise, où les dirigeants sont habilités par les salariés.

C'est notamment l'enjeu de la Loi Florange promulguée le 29 mars 2014, qui cherche à « redonner des perspectives à l'*économie* réelle et à l'*emploi* industriel » (dans un contexte marqué par l'arrêt des hauts fourneaux du site de Florange, en Moselle). Cette loi contraint toute entreprise qui envisage de fermer un établissement de plus 1 000 salariés et de procéder à un licenciement collectif, de passer d'abord par la recherche d'un repreneur, et elle se donne pour objectif de soutenir l'actionnariat de long-terme par la généralisation du droit de vote double pour les actionnaires détenant leur titre depuis plus de deux ans, afin de lutter contre certain un type d'actionnariat spéculatif. La loi confère donc à ces acteurs, présents depuis un certain temps au capital d'une entreprise, un pouvoir économique plus important non directement corrélé à une augmentation de leur participation.

En mars 2018, en France, J.-D. Senard, président du groupe Michelin, et N. Notat, ancienne secrétaire générale de la CFDT, ont remis un rapport d'étude après une mission intitulée « *Entreprise et intérêt général* », à B. Le Maire, ministre de l'Économie et des Finances, N. Hulot, ministre d'État, ministre de la Transition écologique et solidaire, M. Pénicaud, ministre du Travail et N. Belloubet, garde des Sceaux, ministre de la Justice. Les propositions ont alimenté la loi du Plan d'action pour la croissance et la transformation des entreprises (PACTE), votée en 2018. Le texte porte sur la gouvernance de l'entreprise et la nécessité de changer son « *objet social* », afin qu'il soit moins tourné vers la recherche du profit et le court terme, mais il a aussi pour ambition d'améliorer le dialogue social et la prise en compte des parties prenantes, en augmentant le nombre d'administrateurs salariés notamment.

La loi PACTE reprend intégralement le contenu du **rapport Senard-Notat**, en modifiant deux articles piliers du Code civil napoléonien de 1804 pour préciser la « *raison d'être* » des entreprises et l'inscrire dans un projet davantage soucieux du long terme et de l'intérêt collectif, pour consacrer la notion jurisprudentielle d'« *intérêt social* », et pour encourager la possibilité pour les sociétés de prendre en considération les enjeux sociaux et environnementaux inhérents à leur activité :

- L'article 1833, qui impose à toute Société d'être « *constituée dans l'intérêt commun des associés* », s'est vu ajouter un deuxième alinéa, qui consacre la notion développée par la jurisprudence d'un « *intérêt social* » dépassant celui des actionnaires, et affirme la nécessité que toute Société prenne désormais en compte les enjeux sociaux et environnementaux liés à son environnement, au-delà de la simple cause lucrative mentionnée à l'article 1832. Tout dirigeant est maintenant

amené à s'interroger sur ces enjeux à l'occasion de ses décisions de gestion.
- L'article 1835, consacré à la forme et au contenu des statuts des Sociétés, est lui aussi modifié, en mentionnant la possibilité pour les entreprises d'inclure dans ces statuts une « raison d'être », qui est définie comme « *un projet entrepreneurial répondant à un intérêt collectif et qui donne sens à l'action de l'ensemble des collaborateurs* », compatible avec l'objet social de l'entreprise, qui s'inscrit dans ce « *projet de long terme* ».

De plus, la loi Pacte a instauré la qualité de « *société à mission* » pour les entreprises qui souhaitent expliciter, dans leurs statuts, les missions qui découlent de leur raison d'être et s'engager publiquement à les réaliser vis-à-vis de toutes leurs parties prenantes. La loi impose aux sociétés à mission (comme l'entreprise Danone qui a par exemple choisi ce statut), de se doter d'un organe de contrôle de la mission. Il est aussi prévu que ces sociétés soient régulièrement contrôlées par un organisme indépendant.

§ 2. Les théories de l'entreprise

I. La firme, une alternative à la coordination par le marché ?

A. La firme dans la théorie néo-classique standard

En concurrence pure et parfaite, la définition de la firme répond à des caractéristiques très restrictives (v. chapitre *Analyses microéconomiques du consommateur et du producteur, et équilibre de marché*).
- La firme néo-classique choisit la combinaison optimale de facteurs de production pour produire un bien donné. Chaque firme est donc définie par une **fonction de production**, qui associe les combinaisons de facteurs et le produit réalisé. Par hypothèse, l'entreprise bénéficie d'une information parfaite et on doit supposer qu'elle fait à tout moment les meilleurs choix organisationnels, car son fonctionnement interne n'est jamais décrit : l'organisation de la firme ne fait pas partie du modèle.
- Les entrepreneurs font preuve d'une rationalité substantielle (et adoptent tous le même comportement pour maximiser leur profit). On utilise ce terme lorsque les individus peuvent exercer un choix rationnel en contrôlant tous les paramètres nécessaires (information parfaite

par exemple) : ils prennent alors la meilleure décision possible « dans l'absolu », dans un contexte où les prix des produits et des facteurs de production sont imposés par le marché, ce qui évite des coûts de recherche. Sur un marché de concurrence pure et parfaite, tous les entrepreneurs sont conduits à adopter les mêmes choix, et de ce fait il n'existe aucun facteur de différenciation d'une entreprise par rapport à la concurrence.
- En vertu de l'hypothèse des rendements non croissants, les firmes n'ont pas intérêt à augmenter leur taille. Ce modèle ne rend donc pas compte du phénomène de concentration économique.

Par conséquent, dans le modèle néo-classique standard, les firmes sont un acteur central, en raison de leur rôle dans la détermination des équilibres de marché, mais leur comportement est mécanique, et on ne comprend pas la spécificité et les avantages qui découlent de la formation d'entreprises.

Au sein du courant néo-classique, **A. Marshall** (1842-1924) fait figure de précurseur par son analyse des différences de structures de marché (par exemple les situations oligopolistiques ou monopolistiques), et leur incidence sur le comportement des firmes. **A. Marshall** raisonne en **équilibre partiel** : il étudie l'équilibre sur un seul marché, en considérant comme fixes les variables liées à d'autres marchés, ce qui permet de lever certaines hypothèses du modèle néo-classique de concurrence pure et parfaite.

B. Nature de la firme et coûts de transaction

Dans un article de 1937, « *La nature de la firme* » **R. Coase** pose une question en apparence naïve : pourquoi les firmes existent-elles et pourquoi n'existe-t-il pas une seule firme ? Si le marché fonctionnait de façon optimale, les entreprises pourraient en effet avoir intérêt à se procurer tous les biens et services dont elles ont besoin par des transactions marchandes plutôt qu'en les réalisant elles-mêmes. À l'inverse si la firme est systématiquement plus efficace que le marché, la solution économiquement la plus rationnelle serait de faire réaliser tous les biens par une seule firme.

Pour sortir de ce dilemme, **R. Coase** met l'accent sur l'existence de **coûts de transaction** : toute transaction réalisée sur un marché suppose, en plus du prix du produit, de payer des coûts liés à la recherche d'informations sur les produits, à la découverte du prix adéquat, à la négociation et la rédaction des contrats, et au contrôle de leur bonne réalisation.

Le principal avantage que procure la firme, c'est donc d'économiser les coûts de transaction. Par exemple, un entrepreneur souhaitant faire réaliser une tâche d'entretien peut acheter ce service sur le marché, et payer les coûts de transaction qui sont afférents. Mais il peut aussi avoir intérêt à la réaliser en interne, en embauchant un salarié afin d'économiser les coûts de transaction.

La production en interne engendre, au-delà du coût de fabrication (coût des facteurs de production et des consommations intermédiaires), un certain nombre de coûts, appelés **coûts d'organisation** : ils sont induits par la définition précise des tâches, des règles et des rapports de subordination hiérarchique rationnellement établis, inhérents à la bureaucratie.

La théorie des coûts de transaction est développée par **O. Williamson** (prix Nobel 2009), chef de file du **néo-institutionnalisme**, dans les années 1970, à partir des travaux précurseurs de **R. Coase**. Ce courant place l'étude des institutions au centre de l'analyse économique, en conservant l'hypothèse de rationalité des agents. Cette rationalité est cependant limitée et l'on retient l'hypothèse de l'incomplétude des contrats. L'existence des firmes en tant qu'institutions alternatives au marché se justifie lorsque ce dernier présente une efficience moindre, du fait de la présence de coûts de transaction importants, et de la possibilité de **comportements opportunistes**. Ces derniers consistent à ne pas respecter les engagements pris par l'agent dans le cadre d'une relation marchande. Par exemple, un salarié fournit peu d'efforts au travail, ou un assuré ne donne pas les informations correctes sur sa situation. Cette théorie explique que la comparaison des coûts d'organisation avec les coûts de transaction permet de déterminer le mode de coordination le plus adapté : si une transaction marchande supplémentaire présente un coût supérieur à celui engendré par la production par l'entreprise, alors l'agent économique choisira d'**internaliser** cette activité (c'est-à-dire la réaliser dans le cadre hiérarchique). Ainsi, quand l'entreprise se développe et accroît son volume de production, il arrive un moment où une taille trop importante devient un handicap : le processus productif devient très complexe à organiser, l'information circule mal et le rendement des facteurs de production baisse. Il existe ainsi une **taille optimale** pour une entreprise, qui correspond à la taille pour laquelle les rendements d'échelle sont maximaux. Pour **R. Coase**, la firme est donc un mode de **coordination** des relations économiques entre les agents qui repose sur la **hiérarchie**. Au sein des entreprises, ce sont les consignes données aux différents agents par les détenteurs du pouvoir hiérarchique qui assurent la coordination des activités. Ce mode de coordination est alternatif au **marché**, où la coordination est assurée par les prix relatifs, qui sont un vecteur d'information orientant les décisions des agents. Selon les cas, il est donc plus avantageux de passer par le marché ou par la firme.

C. Les nouvelles analyses néo-classiques de la firme

De nouvelles approches intégrant la vision contractuelle, ont été développées dans le cadre des hypothèses néo-classiques, pour proposer une explication plus satisfaisante de l'existence de la firme. Selon le travail précurseur d'**A. Alchian** et **H. Demsetz** « *Production, informations costs, and economic organization* » (1972), la firme résulte de l'impossibilité dans certaines tâches de mesurer les productivités individuelles, et donc de permettre au marché des facteurs de fonctionner correctement. Lorsqu'un travail en équipe doit être réalisé par exemple, chacun risque de se comporter en « passager clandestin » en laissant à d'autres les efforts à fournir. L'équipe doit donc trouver d'autres moyens pour fonctionner efficacement, en rétribuant un de ses membres en tant que contrôleur du travail effectué par le groupe. Il est appelé « **créancier résiduel** » : l'équipe lui donne le droit de s'approprier le « reste » du produit de son travail, après paiement des salaires de chacun. Cela crée un système d'incitations, car le revenu du contrôleur dépend du résultat de l'équipe. Si le contrôleur est le propriétaire de l'entreprise, la firme résulte alors d'une « soumission volontaire » et contractuellement acceptée de chacun. Dans cette approche, l'entreprise est simplement le produit d'une série de contrats, il n'y a pas de différence fondamentale entre la relation patron/salarié et n'importe quelle relation entre client et prestataire sur le marché, chacun acceptant librement le contrat auquel il se soumet. La firme n'est donc pas fondée sur une relation hiérarchique, ni sur des relations de pouvoir.

Dans le prolongement de ces travaux, la théorie des **droits de propriété** considère que toute transaction peut se concevoir comme un échange de droits de propriété, soit pour s'approprier un actif, soit pour en obtenir le droit d'usage (par exemple, le droit de location, l'usage d'une machine, etc.). La firme est alors définie par un ensemble de droits de propriété, qui définissent les statuts et les relations entre ses membres. L'objectif de cette théorie est de démontrer que la firme est une organisation efficiente, car elle permet de mettre en commun certains droits de propriété, et de bénéficier des avantages qui en découlent, tels que des économies d'échelles ou des externalités. Ainsi, de nombreuses machines ne peuvent être efficacement mises en œuvre que dans le cadre d'un travail collectif. La firme ne s'oppose donc pas au marché (contrairement à la vision de **R. Coase**), mais elle en prolonge la logique puisque la firme est elle-même un lieu d'échange de droits de propriété. Différentes approches viennent compléter cette analyse :

– En mettant l'accent sur les divergences d'intérêts potentiels entre les parties prenantes de l'entreprise (dirigeants, actionnaires et créanciers), l'article initial de **M. Jensen** et **W. Meckling**, en 1976, marque une étape importante dans la construction d'une approche réaliste de l'entreprise par l'analyse économique. **La théorie de l'agence** est une approche qui, sur la base de certaines hypothèses comme la rationalité parfaite des agents et l'information parfaite, analyse la firme comme un ensemble de **relations d'agence**, c'est-à-dire de contrats reliant un « *principal* » (ou donneur d'ordres) et un « *agent* » chargé d'exécuter une tâche pour le compte du principal. Les contrats de travail sont donc un cas particulier de relation d'agence, qui relie l'entrepreneur/principal, et le salarié/agent, mais c'est le cas aussi de la relation entre client et fournisseur, donc entre l'entreprise et un autre agent économique. Le but étant de déléguer auprès d'un tiers une tâche, il faut prévoir des dépenses pour contrôler l'exécution du contrat, appelées **coûts d'agence**. La firme apparaît alors comme un « *nœud de contrats* » entre l'entrepreneur, les clients, les fournisseurs, les salariés, etc. Ces contrats visent à mettre en place les mécanismes d'incitation les plus efficaces possibles. Une firme efficace choisit les meilleures relations d'agence en minimisant les coûts d'agence. Elle doit pour cela effectuer le meilleur choix possible entre l'externalisation de certaines tâches (faire appel à un agent extérieur) et l'internalisation des activités (les réaliser elle-même). Sur les marchés de services, l'économie du partage (covoiturage, colocation, etc.), le coworking, le crowdfunding, et l'économie collaborative renouvellent les manières de consommer et de produire dans le cadre de communautés de coproduction au sein desquelles les individus s'auto-organisent pour produire un bien commun. En cela, ces évolutions récentes posent de nouvelles questions sur la définition des frontières de la firme et du salariat (v. chapitre *Marché du travail, emploi et chômage*). Certains des ajustements par les quantités (hors prix) sont inconcevables, puisqu'il est impossible de stocker ce type de service, et que les productions sont consommées au moment même où elles apparaissent. Il est juste possible d'ajuster l'offre par la modification de la quantité de travail embauchée, en jouant sur la variabilité des horaires, sur le recours aux contrats de travail temporaire ou à temps partiel, ou encore sur une plus grande polyvalence des salariés. L'enjeu de ce que certains appellent « l'ubérisation » de l'économie est devenu aujourd'hui capital, en raison de la rupture opérée par un essaim d'entreprises nouvelles dans divers secteurs, qui, grâce à l'usage intensif des nouvelles technologies par les consommateurs (ordinateurs, tablettes, smartphones), bouleversent les conditions de la concurrence face aux entreprises de l'économie traditionnelle. On a d'ailleurs pu en voir un exemple dans le cadre du conflit entre les taxis et la société Uber (2014), puisque cette entreprise technologique, qui développe et exploite des applications mobiles de mise en contact d'utilisateurs avec des conducteurs réalisant des services de transport, a été accusée de concurrence déloyale.

- Selon la **théorie des incitations**, apparue dans les années 1980, les agents ont rationnellement intérêt à développer des systèmes d'incitation pour réduire les **asymétries d'information**, par exemple *via* des contrats de rémunération adaptés. À la différence de l'approche de

O. Williamson, cette théorie considère donc que les risques de sélection adverse et d'aléa moral peuvent être réduits par des contrats, ils sont supposés « automatiquement » respectés en raison de l'hypothèse de rationalité substantive (on parle de contrats « auto-exécutoires »). Le choix de la coordination par la firme est préférable au contrat marchand si les coûts de mesure de la performance sont élevés et s'il est difficile d'évaluer l'activité des salariés.

II. La firme en tant qu'organisation

La firme n'est pas uniquement un lieu où se combinent des facteurs, comme le suggère l'analyse néo-classique standard. Selon **H. Leibenstein** (1922-1994), cette théorie est limitée car elle étudie uniquement l'efficience allocative des firmes, c'est-à-dire leur capacité à faire des choix entre différentes combinaisons productives (v. chapitre Analyses microéconomiques du consommateur et du producteur, et équilibre de marché). Si tel était le cas, toutes les firmes utilisant la même combinaison factorielle devraient avoir des performances identiques. Or, **H. Leibenstein** montre que ce résultat n'est pas empiriquement vérifié. Il existe donc un « facteur X », distinct du capital et du travail, qui explique les différences d'efficacité des entreprises. Cette efficience X est due selon **H. Leibenstein** aux choix organisationnels, ce qui explique tout l'intérêt qu'ont porté un certain nombre d'économistes aux choix d'organisation, en particulier dans le domaine du travail.

L'étude de l'entreprise en tant qu'organisation ne relève pas uniquement des sciences économiques, mais fait appel à de nombreuses disciplines comme la sociologie, la psychologie, ou les sciences de gestion.

La notion d'**organisation économique** est donc une catégorie plus large que celle d'entreprise, elle comprend toutes les entités sociales, relativement pérennes avec des frontières identifiables, et une coordination interne. Les organisations sont construites autour de règles et peuvent adopter des stratégies variées.

D'après **F. Eymard-Duvernay**, l'entreprise en tant qu'organisation se distingue de la coordination par le marché à trois niveaux :

- elle tisse des liens durables entre les personnes, la concurrence étant mise hors-jeu entre elles ;
- elle fixe des règles collectives à l'intérieur de la firme, pour déterminer les salaires, les conventions de travail, les règlements, *via* la négociation au sein de l'entreprise en particulier ;
- les individus sont soumis à une autorité hiérarchique au sein d'une organisation comme l'entreprise.

A. La théorie évolutionniste de la firme

Depuis les années 1990, les travaux sur l'économie de l'innovation ont conduit à un renouvellement des théories de la firme. La démarche évolutionniste s'inspire des travaux de **J.A. Schumpeter** : pour ce dernier, le comportement des acteurs doit être saisi dans une perspective dynamique, car l'entrepreneur s'adapte à un environnement en transformation permanente dans lequel il doit innover s'il ne veut pas disparaître (v. chapitre *Fluctuations, cycles et crises*). Selon **R. Nelson** et **S. Winter**, la **firme évolutionniste** se définit par les compétences qu'elle détient, à la fois individuelles (l'expérience et le savoir-faire des salariés) et organisationnelles (les habitudes de travail communes et les cadres organisationnels fixés dans l'entreprise). Dans cette approche, l'environnement économique des agents est souvent trop complexe pour qu'ils puissent adopter une réponse rationnelle efficace, ils s'appuient donc sur des « routines », c'est-à-dire des schémas de comportement réguliers, qui sont progressivement sélectionnés par un processus d'essais et d'erreurs au sein de la firme.

La firme tire sa capacité d'innovation des compétences accumulées, qui dépendent largement des routines et des habitudes de travail propres à chacune d'entre elles, et sont donc non transférables. Ces compétences fondent une **culture d'entreprise** propre à chaque firme. Les auteurs insistent en particulier sur le caractère tacite et informel des compétences, qui sont inscrites dans la mémoire collective de l'entreprise, ce qui peut expliquer sa capacité d'innovation dans un domaine spécifique et non dans d'autres. Certains évoquent la dépendance au sentier de la firme, autrement dit l'idée que la firme est le fruit de son histoire.

B. La diversité des firmes selon l'économie des conventions

L'**économie des conventions** désigne un courant théorique développé à la fin des années 1980, parallèlement à la sociologie des conventions. Il défend une approche institutionnelle de l'économie, et de la firme en particulier. Selon **F. Eymard Duvernay**, l'institution a une fonction essentielle, elle évalue les personnes et les biens : une institution établit un **principe de qualification**, à partir duquel les relations entre les agents et les objets qui les entourent peuvent être caractérisés, dans le cadre fixé par une « **convention** ». Les acteurs ont en effet besoin de s'accorder sur la manière d'évaluer leurs actes, et sur les principes qui justifient leurs actions au sein d'une convention donnée. Il existe, selon cette approche, différentes conventions, qui permettent de comprendre comment les entreprises peuvent adopter selon les contextes des règles de fonctionnement très éloignées. Par exemple, dans l'industrie automobile, on peut opposer deux conceptions du produit, et donc deux manières d'organiser la firme pour y répondre.

- La **convention marchande** est fondée sur l'idée que le client est le seul juge (le marché a toujours raison), il faut s'adapter à lui et faire une « voiture à sa mesure » (même chère), conception que l'on peut illustrer par la stratégie de variété de gamme proposée par General Motors.
- **H. Ford** (1863-1947) s'oppose explicitement à cette conception, en fondant sa stratégie sur une **convention industrielle** reposant sur l'idée que le client a une idée faible de ce qu'il veut à l'avance, alors que l'industriel est capable de définir une « bonne voiture ».

Ces deux conventions impliquent, on le voit, deux façons de juger le « client », deux manières de concevoir des produits, mais aussi deux stratégies d'entreprises, et finalement, deux façons d'organiser la production (par exemple en opposant une firme où le bureau de design est déterminant, et une autre où dominent les conceptions des ingénieurs). Cela pose le problème des « valeurs fondatrices » d'une entreprise, qui déterminent des conceptions « incommensurables » de leurs activités : deux firmes peuvent s'affronter sur un marché avec des conceptions très éloignées de ce qu'il faut proposer, sans que l'on puisse décider qu'une organisation est supérieure ou plus efficace que l'autre.

§ 3. Entreprises et organisation du système productif

I. Le découpage du système productif

Pour étudier le **système productif**, il faut classer les entreprises en fonction des relations qu'elles entretiennent avec les autres agents. Différents critères sont disponibles, l'enjeu étant d'obtenir une description du système productif suffisamment simple pour être utilisable, et suffisamment détaillée pour que les évolutions soient visibles.

A. Le classement des entreprises selon leur taille

Le système statistique français, en même temps qu'il a adopté une nouvelle définition de l'entreprise, a construit une nouvelle typologie des entreprises.

On distingue désormais :
– les grandes entreprises (GE) ;
– les **entreprises de taille intermédiaire** (ETI) ;
– les **petites et moyennes entreprises** (PME) ;
– les micro-entreprises.

Les micro-entreprises sont intégrées aux PME, mais dans les publications statistiques on distingue le plus souvent les PME hors micro-entreprises, et les micro-entreprises *stricto sensu*.

La classification combine trois critères : les effectifs salariés, le chiffre d'affaires et la taille du bilan. Cela permet un classement plus pertinent (en termes de taille) des entreprises qui, bien qu'ayant peu de salariés, jouent un rôle important du point de vue de l'activité économique.
L'Insee donne l'exemple des **entreprises de taille intermédiaire** : « *Une entreprise de taille intermédiaire (ETI) emploie 650 salariés en moyenne. 55 % des ETI emploient entre 250 et 700 salariés. Un cinquième, soit un peu plus de 900 ont moins de 250 salariés et appartiennent à la catégorie sur les critères de chiffre d'affaires ou de total de bilan* ». Il est donc clair que désormais la taille des entreprises n'est plus seulement appréhendée à partir du nombre des salariés.

QUELQUES INDICATEURS SELON LES CATÉGORIES D'ENTREPRISES EN FRANCE EN 2018

	GE	ETI	PME hors MIC	MIC	Ensemble
Secteurs marchands non agricoles et non financiers					
Nombre d'entreprises	269	5 734	148 078	3 779 880	3 933 961
Nombre d'unités légales en France	24 154	58 840	276 442	3 831 207	4 190 643
Effectifs salariés en équivalent temps plein (ETP, en milliers)	3 528	3 248	3 849	2 421	13 046
Valeur ajoutée hors taxes (en milliards d'euros)	376	305	276	236	1 192
Secteurs principalement marchands non agricoles et non financiers, hors régime fiscal de la micro-entreprise et micro-entrepreneurs					
Nombre d'entreprises	257	5 412	139 286	2 135 424	2 280 379
Nombre d'unités légales en France	21 515	55 174	261 974	2 182 616	2 521 279
Effectifs salariés en ETP (en milliers)	3 389	3 018	3 584	2 248	12 239
Chiffre d'affaires (en milliards d'euros)	1 344	1 151	858	495	3 847
Chiffre d'affaires à l'export (en milliards d'euros)	401	251	87	19	758

	GE	ETI	PME hors MIC	MIC	Ensemble
Valeur ajoutée hors taxes (VAHT, en milliards d'euros)	364	288	258	180	1 090
Nombre moyen d'unités légales par entreprise	84	10	2	1	1
Effectif salarié moyen en ETP par entreprise	13 188	558	26	1	5
VAHT par salarié en ETP (en milliers d'euros)	107	96	72	80	89
Immobilisations corporelles par salarié en ETP (en milliers d'euros)	370	238	111	112	215
Salaire moyen brut par salarié en ETP (en milliers d'euros)	48	46	40	42	44
Taux d'exportation (en %)	29,8	21,8	10,1	3,8	19,7
Taux d'investissement (investissement corporel/VA) (en %)	21,7	20,9	14,6	18,6	19,3

Champ : France, entreprises des secteurs marchands non agricoles et non financiers et entreprises des secteurs principalement marchands non agricoles et non financiers hors régime fiscal de la micro-entreprise et micro-entrepreneurs.

Source : Insee, Esane 2018 (données individuelles).

Source : Insee, *Les entreprises en France*, édition 2020.

L'Insee étudie aussi les **groupes de sociétés**. Un groupe est un ensemble de sociétés qui sont contrôlées par une même société. Au sens strict, le contrôle est défini comme la capacité à désigner la majorité des dirigeants. L'Insee étudie d'une part le « noyau dur » des groupes, c'est-à-dire l'ensemble des sociétés détenues directement ou indirectement à plus de 50 % par une société mère, tête de groupe ; la société mère n'étant détenue majoritairement, ni directement ni indirectement, par aucune autre société. Et d'autre part une conception élargie des groupes dans laquelle on intègre toutes les sociétés dans lesquelles le groupe détient une participation quel que soit le montant de cette participation. Dans ce deuxième sens une société peut appartenir à plusieurs groupes. Par exemple, en 2012, la société Monoprix est détenue à parité par le groupe Casino et le groupe Galeries Lafayette, elle appartient donc aux deux groupes au sens élargi.

B. Branches, secteurs, filières

La nature de la production d'une entreprise constitue un critère de classement indispensable au sein du système productif : on distingue la situation des entreprises selon la filière, le secteur, et la branche. Selon la nomenclature de l'Insee (v. chapitre *Comptabilité nationale*) :

- un **secteur d'activité** regroupe des entreprises de fabrication, de commerce ou de service qui ont la même activité principale (au regard de la nomenclature d'activité économique considérée) ;
- une **branche** (ou branche d'activité) regroupe des unités de production homogènes, c'est-à-dire qui fabriquent les mêmes types de produits (ou rendent des services) qui appartiennent à la même catégorie.
- la **filière** désigne quant à elle l'ensemble des activités complémentaires qui concourent, d'amont en aval, à la réalisation d'un produit fini. Selon l'Insee, on parle ainsi de « filière électronique » (du silicium à l'ordinateur en passant par les composants) ou de « filière automobile » (de l'acier au véhicule en passant par les équipements). La filière intègre d'ailleurs en général plusieurs branches.

II. Stratégies des entreprises et dynamique du système productif

A. Structures de marché et stratégies des firmes

L'économie industrielle considère que le modèle de concurrence pure et parfaite n'est pas suffisant pour décrire les choix des entreprises, car il existe des marchés de nature très différente en fonction du produit réalisé. Les entreprises n'adoptent pas un comportement uniforme, mais décident d'une stratégie en fonction des spécificités de leur marché. L'étude du système productif peut donc fournir une grille d'analyse des stratégies suivies par les entreprises. En retour, les choix stratégiques des firmes jouent un rôle central dans la dynamique du système productif.

L'un des fondateurs de l'économie industrielle, **E. Mason** (1899-1992), propose dès les années trente d'étudier le comportement des firmes selon la séquence SCP ou **structures-comportements-performances** : les différents types de marché suivant le degré de concurrence et de concentration, l'existence de barrières à l'entrée, forment les « structures » qui encadrent le « comportement » des entreprises, c'est-à-dire les choix stratégiques qu'elles adoptent, et qui les conduisent finalement à un certain niveau de « performances ».

L'étude des structures de marché relève des théories de la concurrence imparfaite qui montrent comment ces structures modifient les stratégies des firmes. Par exemple, les entreprises cherchent à établir des **barrières**

à l'entrée, selon l'expression de **J. Bain**, par la **différenciation des produits** et à la protection assurée par les brevets, etc.
L'étude des stratégies des firmes selon les caractéristiques des marchés a été profondément renouvelée à partir des années 1980 sous l'influence de la théorie des jeux et de la « nouvelle microéconomie » (v. chapitre *Marchés, Concurrence imparfaite* et *nouvelle microéconomie*).
La taille de l'entreprise change au cours du temps, notamment dans le cadre des opérations de **concentration**. Celles-ci peuvent passer par différentes modalités, comme la croissance interne de l'entreprise (elle investit, embauche et augmente sa taille et sa capacité de production et de commercialisation), ou la croissance externe par la fusion avec une autre entreprise, ou la formation de groupes. On distingue usuellement différentes formes de concentration :
- La **concentration horizontale** : l'entreprise s'agrandit sur son marché d'origine, en augmentant sa part de marché (dans l'objectif de réaliser des économies d'échelle internes).
- La **concentration verticale** (ou **intégration verticale**) : l'entreprise s'agrandit à l'intérieur de sa filière, en direction de ses clients ou de ses fournisseurs, l'objectif étant de contrôler davantage l'ensemble des activités dont elle dépend.
- La **concentration conglomérale** : l'entreprise s'agrandit en se développant sur d'autres marchés, l'objectif pouvant être de diversifier ses risques ou d'utiliser ses compétences pour conquérir de nouveaux marchés.

Le critère de la taille des entreprises est important pour comprendre différents phénomènes sur les marchés, tels que :
- Les défaillances des entreprises : leur mortalité est étroitement liée à la taille des entreprises, qui dépend elle-même de leur âge (plus l'entreprise est ancienne, plus le risque de faillite est faible).
- L'accès aux sources de financement : les petites entreprises sont généralement très dépendantes du crédit bancaire et n'ont que très difficilement accès aux marchés financiers.
- La propension à innover : si les petites entreprises technologiques, comme les *start-up*, sont souvent le moteur de l'innovation, les entreprises de plus grande taille ont la capacité financière de réaliser des investissements plus coûteux en termes de recherche & développement (R&D).

B. L'évolution de la stratégie des firmes dans la concurrence mondiale

Dans les années 1980-1990, la montée de la globalisation et l'essor des technologies de l'information (TIC) et de la communication, et de l'Internet, ont poussé à une restructuration profonde des appareils productifs et à une révision des stratégies et des organisations des entreprises. La pression concurrentielle sur les marchés pousse les modèles hiérarchiques et tayloriens à évoluer vers davantage de flexibilité et d'autonomie des opérateurs. Les groupes industriels opèrent un recentrage sur leurs métiers de base, misent sur l'externalisation, et mettent en œuvre un certain nombre de stratégies :

- Les stratégies d'**externalisation** des firmes se développent, et consistent à faire réaliser une tâche par une autre société plutôt qu'à l'intérieur de l'entreprise. L'externalisation a pour objectif une diminution des coûts, en laissant chaque entreprise se concentrer sur son « cœur de métier », et en déléguant à d'autres entreprises les tâches annexes. Le développement des nouvelles technologies a aussi favorisé une véritable révolution des relations entre firmes : des relations contractuelles de coopération se mettent en place, la **modularisation** s'étend à un grand nombre de biens, c'est-à-dire la segmentation du processus productif entre plusieurs firmes qui coopèrent, certaines étant spécialisées dans la réalisation de composants, d'autres ayant une activité d'assemblage. On parle aussi de **firme-réseau** pour décrire ce processus, qui bouleverse les relations au sein du système productif, et entraîne une réallocation des activités au niveau mondial, dans le cadre de la chaîne internationale de valeur.
- Une firme peut se concevoir comme un ensemble d'activités intégrées formant une **chaîne de valeur** : pour maximiser sa valeur, l'entreprise doit conserver les activités les plus créatrices de valeur qui constituent le cœur de ses compétences, et externaliser les activités dont le coût est moins élevé sur le marché.
- La réduction du degré de **diversification** : les firmes ont tendance à réorganiser leur portefeuille d'activité autour d'un métier de base. Dans la concurrence mondiale, les groupes se restructurent sur une base mondiale mais sur un nombre restreint d'activités. Les grands groupes français ont ainsi, depuis la fin des années 1980, modifié leur stratégie, pour privilégier dans de nombreux cas un recentrage sur leur « cœur de métier », en se séparant des autres activités, afin d'atteindre une taille critique au plan mondial.
- La réduction du degré d'**intégration verticale** : la firme reporte à l'extérieur certaines activités pour gagner en flexibilité (sous-traitance, partenariats, alliances…). Dans ce cas d'organisation en réseau, certaines tâches comme l'approvisionnement, la conception, la fabrication et la distribution sont fabriquées par des firmes indépendantes juridiquement mais liées économiquement.
- Le « ***lean management*** » : la firme met en place un certain nombre de pratiques organisationnelles centrées sur la réduction des gaspillages et

l'optimisation des coûts (soit l'ensemble des dépenses des entreprises nécessaires pour produire une quantité donnée de biens).

- La **modularité** : grâce à l'informatique, la firme développe des systèmes de production qui combinent standardisation des composants de base du produit afin d'optimiser les coûts, et différenciation des biens pour satisfaire les clients.
- Le « ***yield management*** » : la firme s'adapte en permanence et en temps réel aux fluctuations du marché en maximisant son revenu tiré d'un actif fixe fractionné (places d'un avion, tables d'un restaurant, chambres d'un hôtel, etc.) La firme calcule en temps réel les tarifs à pratiquer en fonction de l'évolution de la demande, grâce à une modélisation et une prévision permise par les technologies numériques.
- Les stratégies de **globalisation** : grâce à la baisse des coûts de transport et de communication, les firmes visent l'efficience de la production à l'échelle mondiale, la maximisation en termes de création de valeur sur chaque segment de la production. La firme articule l'intégration globale et l'adaptation aux marchés locaux, en positionnant les filiales dans les territoires où les conditions de production sont les plus favorables.

C. Les transformations contemporaines du système productif français

Depuis les années 1970, les transformations du système productif français ont été extrêmement rapides pour différentes raisons. D'une part, l'évolution de la politique industrielle, qui a conduit l'État, en moins de deux décennies, à passer d'une politique de **nationalisations** (1981-1982), afin de constituer de grands groupes publics dans chaque secteur, à une politique de **privatisations** à partir de 1986, qui a entraîné une mutation en profondeur des grands groupes industriels, par les stratégies d'alliance et de spécialisation adoptées par les groupes privatisés (v. chapitre *Politiques économiques*). D'autre part, la mondialisation des échanges et la globalisation financière ont profondément modifié l'horizon des entreprises, leurs choix stratégiques, et même les « frontières de l'entreprise »; les grandes entreprises françaises se sont insérées dans l'économie globale, de telle manière qu'elles réalisent aujourd'hui l'essentiel de leur chiffre d'affaires et de leurs profits à l'étranger : plus des trois quarts des grandes entreprises françaises sont ainsi des « champions mondiaux », notamment dans les secteurs de la construction, de l'énergie, du luxe, des services aux collectivités, et l'industrie bancaire et financière (L'Oréal, LVMH, Bouygues, Danone, BNP Paribas, Vallourec...) tandis que les investisseurs étrangers possédaient 40,8 % du capital des grandes entreprises du CAC 40 fin 2019.

- En ce qui concerne la **concentration** des entreprises, elle s'effectue désormais sous des formes renouvelées. On observe toujours une tendance à l'accentuation de la concentration, mais elle est en partie masquée par le développement de groupes d'entreprises, en raison de l'indépendance formelle des entreprises qui composent le groupe, ce qui rend plus complexe l'évaluation de la concentration. La progression de la part des groupes dans l'activité économique est d'ailleurs la tendance majeure, puisqu'ils emploient désormais la majorité des salariés. Ce phénomène ne concerne pas que les grandes entreprises, puisque selon l'Insee, on assiste à la multiplication des **microgroupes**, groupes d'entreprises formées par des PME. De même, la multinationalisation des firmes renforce la concentration (v. chapitre *Commerce international, internationalisation de la production et gouvernance mondiale*). Les travaux de l'Insee montrent ainsi que le système productif français est davantage concentré : hors secteur financier et hors secteur agricole on dénombre 200 grandes entreprises qui emploient 28 % des salariés et réalisent 33 % de la valeur ajoutée. La concentration dans certains secteurs, comme celui du numérique, soulève des problèmes sensibles, parmi lesquels celui de concilier l'incitation à l'innovation et la capacité des entreprises à rentabiliser leurs innovations, en acquérant un pouvoir de marché et en réalisant des économies d'échelle. Mais elle pose aussi la question des abus de position dominante, des rentes de monopole et des barrières à l'entrée sur les marchés qui faussent la concurrence. Avec le risque comme le souligne **E. Combes**, que nous soyons en train de revivre, comme à la fin du XIXe siècle, une période de forte concentration industrielle, avec quelques firmes « superstars » qui, sur leurs marchés respectifs, captent l'essentiel de la valeur et des marges.

- L'évolution sectorielle a été très rapide depuis les années 1990, avec un recul des industries de consommation (comme l'habillement), une progression de la production dans l'industrie automobile ou dans les industries technologiquement avancées (aéronautique, pharmacie, etc.). Pourtant, de l'avis général, la France demeure aujourd'hui confrontée au défi du « redressement productif ». Selon les experts de France Stratégie, dans une note de synthèse publiée en 2020, et intitulée *Les politiques industrielles en France, évolutions et comparaisons internationales*, la France est, parmi les grands pays industrialisés, celui qui a subi la plus forte désindustrialisation durant les dernières décennies. Ils notent que depuis 1980, les branches industrielles ont perdu près de la moitié de leurs effectifs (2,2 millions d'emplois), tandis que l'industrie ne représente plus aujourd'hui que 10,3 % du total des emplois. La part de l'industrie dans le PIB a reculé de 10 points sur la même période et s'établissait ainsi à 13,4 % en 2018, contre 25,5 % en Allemagne, 19,7 % en Italie, ou encore 16,1 % en Espagne. Si en 2018 et 2019, le retour à une croissance de l'emploi industriel a pu laisser penser à une interruption de la dynamique de désindustrialisation, la crise liée à la pandémie de la covid-19 questionne fondamentalement cette tendance récente.

- Il faut toutefois nuancer l'hypothèse de la **désindustrialisation** française (ou plus largement dans les pays développés face à la montée des pays émergents), soit la tendance générale à la réduction des effectifs employés dans les entreprises industrielles manufacturières (v. chapitre *Politiques économiques*). La désindustrialisation touche toutes les économies avancées car elle s'explique dans une large mesure par des mécanismes structurels – gains de productivité plus rapides dans l'industrie que dans les services, structure de la consommation se déformant en faveur des services – qui touchent l'ensemble des économies à mesure qu'elles se développent. Par ailleurs, l'industrie a changé de nature : d'importants transferts d'activité de l'industrie vers les services ont été opérés, par **externalisation**, soit une stratégie de recours au marché (acheter les produits à des fournisseurs plutôt que de les faire) en raison de coûts plus avantageux qu'en production interne (v. chapitre *Marché du travail, emploi, chômage*). Paradoxalement, la progression du tertiaire peut masquer une industrialisation des services, en raison de ces stratégies d'externalisation, le secteur tertiaire adoptant une logique proche de l'industrie dans l'organisation du travail et dans la concentration des firmes, afin de bénéficier d'économies d'échelle. Par exemple, une entreprise industrielle qui décide d'externaliser le nettoyage des tenues du personnel participe à la tertiarisation de l'économie (transfert d'emplois du secondaire au tertiaire), et en même temps à l'industrialisation des services : la société de services de blanchisserie va faire des économies d'échelle en adoptant des méthodes industrielles de traitement du linge. Il existe de ce fait un débat sur l'interprétation de la progression des services, notamment en termes d'emplois (v. chapitre *Marché du travail, emploi, chômage*). **P. Veltz** analyse ainsi dans ce qu'il nomme la « *société hyper-industrielle* », une tendance fondamentale de nos systèmes productifs : la propagation de l'industrialisation à la production d'objets pour l'économie des services marchands et non marchands, et à l'économie de la connaissance. Tout l'enjeu est alors pour les pays de consolider cette base « *hyper-industrielle* », qui articule étroitement industrie et services, engagés dans une profonde mutation numérique et un basculement énergétique et écologique.
- La France perd des emplois industriels, car la productivité horaire dans l'industrie progresse rapidement, notamment grâce au recours aux services aux entreprises, mais elle conserve également des services à haute valeur ajoutée, et à forte capacité exportatrice, et elle demeure un territoire attractif pour les investissements directs étrangers.

La nouvelle définition des entreprises et des groupes a conduit à réintégrer au sein des groupes industriels leurs filiales tertiaires. De ce fait, le poids de l'industrie dans l'emploi a conduit à augmenter de 8 % les effectifs de l'industrie, soit une hausse de 2 points du poids de l'industrie dans l'emploi.

RÉFÉRENCES DU CHAPITRE

Aussilloux V., Frocain P., Lallement R., Tabarly G. (2020), *Les politiques industrielles en France, évolutions et comparaisons internationales*, France Stratégie.

Benhamou S., Diaye M.-A. (2016), *Responsabilité sociale des entreprises et compétitivité*, France Stratégie.

Berle A. et Means G. (1932), *The Modem Corporation and Private Property*, Routledge, 1991.

Chandler, A (1977). *La main visible des managers*, Economica, 1989.

Coase R. (1937), *La nature de la firme*, Economica.

Fontagné L. et D'Isanto A. (2013), *Chaînes d'activité mondiales : des délocalisations d'abord vers l'Union européenne*, Insee Première.

France stratégie (2016), Responsabilité sociale des entreprises et compétitivité Évaluation et approche stratégique http://www.strategie.gouv.fr/sites/strategie.gouv.fr/files/atoms/files/fs_etude_rse_finale.pdf

Galbraith (1967), Le *nouvel État industriel*, Gallimard, 1989.

Gilles C., Baena A. & Trannoy A. (2020), *Création d'entreprise : de la volonté au passage à l'acte*, France Stratégie.

Morvan Y. (1999), *Fondements d'économie industrielle*, Economica.

Notat N., Senard J.-D., *L'entreprise, objet d'intérêt collectif*, Rapport aux Ministres de la Transition écologique et solidaire, de la Justice, de l'Économie et des Finances, du Travail, 2018.

Pérez R. (2010), *La gouvernance d'entreprise*, La Découverte, Coll. Repères.

Schumpeter J. (1942), « *Capitalisme, socialisme et démocratie* », Payot, 1990.

POUR EN SAVOIR PLUS

Initiation

Alberto T., Combemale P. (2010), *Comprendre l'entreprise, Théorie, gestion, relations sociales*, A. Colin, Coll. Cursus.

Baudry B., Chassagnon V. (2014), *Les théories économiques de l'entreprise*, La Découverte, Coll. Repères.

Braquet L., Biasutti J. P. (2013), *Comprendre l'entreprise*, Ellipses.

Bressy G., Konkuyt C. (2018), *Management et économie des entreprises*, Sirey, Coll. Aide-mémoire, 12e éd.

Capron M., Quairel-Lanoizelée F. (2015), *L'entreprise dans la société*, La Découverte, Coll. Grands Repères.

Chaudet M. (2014), *Analyse économique de la firme*, Armand Colin, Coll. Cursus.

Combes E. (2021), *La concurrence*, PUF.

Dauphine Recherches en Management (2020), *L'état du management 2020*, Collection repères, La Découverte.

Gomez P.-Y. (2018), La gouvernance d'entreprise, PUF.

Gond J.-P. et Igalens J. (2020), *La responsabilité sociale de l'entreprise*, Coll. Que-Sais-Je, PUF.

Approfondissement

Aglietta M. (2019), *Capitalisme : le temps des ruptures*, Odile Jacob.

Baudry B. (dir.) (2009), *Analyses et transformations de la crise*, La Découverte, Coll. Recherches.

Coase R. (2005), *L'entreprise, le marché et le droit*, Éditions d'Organisation.

Fontagné L., Lorenzi J.-H. (2005), *Délocalisations, désindustrialisation, Rapport du CAE*, La Documentation française.

Freeman R. (1984), *Strategic Management : A Stakeholder Approach*, Cambridge.

Gomez P.Y. et Korine H. (2009), *L'entreprise dans la démocratie*, De Boeck.

Krugman P. et Wells R. (2019), *Microéconomie*, De Boeck.

Plihon D. (2016), *Le nouveau capitalisme*, La Découverte, Coll. Repères.

Revue d'économie financière, « Le gouvernement d'entreprise, nouveaux enjeux », 2018, n° 130.

Segrestin B. et Hatchuel A. (2012), *Refonder l'entreprise*, Le Seuil, Coll. La République des idées.

Torres-Blay O., Amata A. (2019), *Économie d'entreprise : organisation, stratégie et territoire*, Economica.

Veltz P. (2017), *La société hyper-industrielle*, Le Seuil.

Weinstein O. (2010), *Pouvoir, finance et connaissance, les transformations de l'entreprise capitaliste entre* XXe *et* XXIe *siècle*, La Découverte, Coll. Textes à l'appui.

Wirtz P. (2019), *Les meilleures pratiques de gouvernance d'entreprise*, La Découverte, Coll. Repères.

SUR LA TOILE

Les principes de gouvernance d'entreprise du G20 et de l'OCDE :
http://www.oecd.org/daf/ca/Corporate-Governance-Principles-FRA.pdf

Sur le site de France Stratégie :
http://www.strategie.gouv.fr/plateforme-rse
http://www.strategie.gouv.fr/publications/rse-performance-globale-competitivite

CHAPITRE 6

Comptabilité nationale

La **comptabilité nationale** décrit la production et la circulation des richesses et présente les relations macroéconomiques entre les différents agents d'une économie, afin de quantifier et synthétiser ces relations dans un cadre comptable.

La comptabilité nationale est née après-guerre des besoins de la politique économique, qui nécessitait une analyse approfondie des économies nationales. Jusqu'en 1976, la France développe un système comptable original, puis elle adopte à cette date les normes internationales fixées par l'ONU, et précisées dans le cadre européen du Système européen de compte (SEC) : c'est le Système élargi de comptabilité nationale (SECN).

Depuis le 15 mai 2014, c'est la **base 2010** qui est utilisée pour les comptes nationaux (le changement précédent avait eu lieu en 2011 et prenait pour base l'année 2005), notamment pour mettre en œuvre la nouvelle version du Système européen de comptes, le **SEC 2010**. Avec ce changement de base, l'ensemble des agrégats depuis 1949 est modifié, avec d'importantes innovations conceptuelles portant principalement sur le périmètre de l'investissement (notamment immatériel avec l'intégration de la recherche et développement), la comptabilisation des échanges extérieurs ou la description de l'activité des entreprises d'assurance. Il s'applique à l'ensemble des pays européens depuis septembre 2014.

§ 1. Les principes de la comptabilité nationale

I. Circuit économique et production

A. Le circuit économique

Outil d'inspiration keynésienne (v. chapitre *Les grands courants de l'analyse économique*), la comptabilité nationale s'appuie sur une représentation macroéconomique des relations entre agents. Les relations prises en compte sont des **flux**, c'est-à-dire la variation annuelle d'une grandeur comptabilisée sous forme monétaire. Les flux sont mesurés *ex post*, une fois l'année achevée. L'Insee utilise de multiples sources pour évaluer ces flux, principalement des données fiscales et administratives, ainsi que les résultats des recensements et de diverses enquêtes.
Il existe aussi des comptes de **stocks**, tels les comptes de patrimoines, qui décrivent l'accumulation d'actifs ou de biens durables au cours du temps.
Les flux entre les différents agents forment un **circuit économique**, que montre le schéma simplifié suivant.

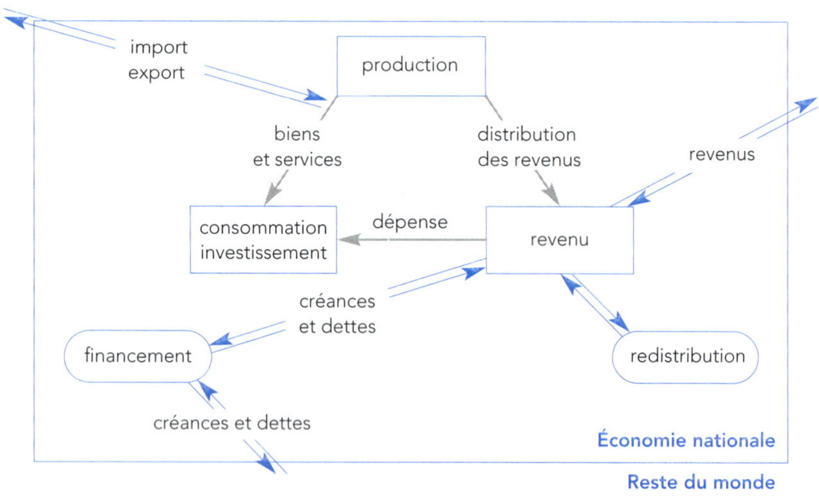

Source : J.-P. Piriou & J. Bournay, *La comptabilité nationale*, La Découverte, Coll. Grands Repères, 2015.

B. La production au sens économique

a. Qu'est-ce que la production au sens économique ?

La **production** au sens de la comptabilité nationale est définie par l'Insee comme l'« activité exercée sous le contrôle et la responsabilité d'une unité institutionnelle qui combine des ressources en main-d'œuvre, capital et biens et services pour fabriquer des biens ou fournir des services, et [le] résultat de cette activité. Les processus purement naturels sans intervention ou contrôle humain ne font pas partie de la production ».

La production désigne donc une activité de création de richesses (biens et services), à l'exclusion des processus naturels (comme la reproduction naturelle des poissons dans une rivière par ex.) mais toutes les activités créatrices de biens et services ne sont pas considérées comme de la production au sens économique du terme.

La production au sens économique doit remplir l'un au moins de ces deux critères :

- son résultat est destiné à être échangé sur un marché ;
- elle a été obtenue à partir de facteurs de production eux-mêmes échangés sur un marché (par exemple à l'aide de travail rémunéré).

Ainsi, la production réalisée grâce à du travail domestique (par exemple cuisiner pour sa famille) ou bénévole (par ex., une aide au travail scolaire donnée gracieusement à la fille de ses voisins) n'est pas de la production au sens économique. En revanche, si la famille embauche un traiteur rémunéré, alors la production du repas sera bien une production au sens économique du terme.

Il faut par ailleurs distinguer la définition de la production et sa mesure.

Pendant longtemps en effet, les activités souterraines, non déclarées et/ou illégales, même si elles répondaient à la définition ci-dessus, n'étaient pas comptabilisées dans les comptes nationaux.

Mais depuis 2014, à la demande de l'Institut européen des statistiques, Eurostat (le débat sur ces questions avait été ouvert dès 2013), dans le but d'aligner les statistiques françaises sur celles des autres pays européens, l'Insee intègre dans la mesure de la production certaines activités reposant sur un accord mutuel, comme les activités non déclarées (« travail au noir », évalué à partir d'estimations sur la base de sources indirectes) et une partie des activités illégales comme « la consommation de stupéfiants et des activités liées à cette consommation sur le territoire national ». Pour cette dernière, elle était intégrée uniquement dans la mesure du revenu national brut (RNB), destiné principalement à déterminer la contribution de la France au budget de l'Union européenne. Il faudra attendre 2018, pour que les activités liées au trafic de drogues soient comptabilisées dans la mesure du produit intérieur brut (PIB).

En revanche, l'Insee a refusé de comptabiliser la prostitution relevant des réseaux, estimant que le consentement des prostituées n'était « probablement pas vérifié ». La prostitution « discrète », elle, c'est-à-dire celle qui se cache derrière d'autres activités, est prise en compte depuis 2014.
Quant à la production domestique, elle représenterait aujourd'hui, selon plusieurs estimations, environ l'équivalent d'un tiers du PIB.

b. Que produit-on ?

On distingue généralement, dans les résultats de la production, les **biens** des **services**.
Trois critères distinguent la production d'un bien et celle d'un service :
- le caractère matériel (la production d'une automobile par Renault est la production d'un bien) ou immatériel (la coupe de cheveu produite par le coiffeur est un service rendu par ce producteur) ;
- le caractère stockable ou non ;
- la simultanéité (ou non) de la production et de la consommation : « *la séparation de la production d'un bien de sa vente ou revente ultérieure est une caractéristique économiquement significative d'un bien qui n'est pas partagée par un service* » (Insee).

La frontière entre biens et services est parfois ténue puisqu'on parle également aujourd'hui de **biens immatériels**. Certaines données informatiques par exemple (musique, photos, articles en ligne, livres numériques stockés sur une liseuse, etc.), sont bien stockables et leur production peut être séparée de leur consommation. Pour autant, ils ne sont pas tangibles.
Il faut être vigilant, dans la distinction entre production de bien et production de service à ne pas « glisser » du côté de la consommation. La question est ici : qui produit quoi ?
Un ménage qui achète un téléviseur dans un hypermarché acquiert un bien. En revanche, le magasin vendeur a produit un service. La télévision a été produite par l'usine qui les fabrique. Cette nuance est importante car, dans les représentations, la production au sens économique émane en général des entreprises, et plus particulièrement des entreprises du secteur de l'industrie. La notion de service, et plus encore de service non marchand est une notion souvent méconnue.
Par ailleurs, on peut également distinguer les biens et services selon leur fonctionnalité économique. Certains biens et services sont produits pour leur usage final par les consommateurs. Certaines entreprises, en revanche, produisent des biens ou des services dont la finalité est d'être incorporés dans d'autres biens. Par exemple, une scierie produit des planches qui sont des **biens intermédiaires**, et qui seront, par la même occasion, des **consommations intermédiaires** pour les entreprises fabriquant des meubles. Les entreprises qui produisent des rouleaux de tissus produisent des biens intermédiaires qui seront les consommations inter-

médiaires des entreprises de prêt-à-porter ou de fabrication de rideaux. En matière de services intermédiaires, un producteur de viande consomme des services de santé pour ses animaux qui ont été produits par un vétérinaire. Ou encore, les grands magasins de distribution consomment les services des agents de sécurité sous-traitants.

Le bien ou service intermédiaire est produit, la consommation intermédiaire est consommée.

c. Production marchande et non marchande

On parle de **production marchande** pour désigner la production écoulée ou destinée à être écoulée sur le marché. Elle comprend, selon l'Insee :

- *les produits vendus à un prix « économiquement significatif » (couvrant au moins 50 % des coûts de production)* ;
- *les produits troqués ;*
- *les produits utilisés pour effectuer des paiements en nature, y compris les rémunérations des salariés en nature* ;
- *les produits livrés par une unité d'activité économique locale à une autre unité d'activité économique locale appartenant à la même unité institutionnelle et destinés à être utilisés par cette dernière pour sa consommation intermédiaire* ;
- *les produits ajoutés aux stocks de biens finis et de travaux en cours, destinés à une ou plusieurs des utilisations précédentes.*

Dans les comptes nationaux, la production marchande est évaluée aux **prix de base** et non aux **prix de marché** : c'est le prix perçu effectivement par le producteur et non le prix de vente au consommateur.

À partir de 2005, l'Insee a revu ses méthodes pour intégrer à la mesure de la production marchande, les activités non observées, c'est-à-dire la production dissimulée par les firmes légales et celle des entités non déclarées (comme l'emploi clandestin des ménages). Ces productions sont notamment estimées par l'utilisation des données des contrôles fiscaux.

Prix de base = prix de marché + subventions à la production
– impôts sur les produits (dont TVA).

La **production non-marchande** regroupe des services gratuits ou vendus à un prix « non économiquement significatif », car il couvre moins de 50 % de leur coût de production (il s'agit principalement de la production des services publics). La valeur des services non-marchands pose un problème de mesure puisqu'ils ne sont pas vendus : par convention, on considère donc que la valeur de la production non-marchande est déterminée par son coût de production, c'est-à-dire le coût des facteurs nécessaires pour l'obtenir (salaires, dépenses en capital, etc.).

Mesurer la valeur de la production non-marchande par les coûts de production associés rend délicate l'interprétation des variations de cet indicateur. Par exemple, il est soumis à des effets de structure : si l'âge moyen des fonctionnaires augmente, cela augmente leur rémunération globale (qui dépend largement de l'ancienneté), donc la valeur de la production non-marchande.

L'Insee définit aussi la **production pour emploi final propre** : c'est la production réalisée par une unité institutionnelle pour sa consommation finale ou sa formation brute de capital fixe. Elle représente moins de 10 % du PIB et regroupe pour l'essentiel les loyers imputés fictivement aux propriétaires (on estime ainsi la production de services de logement qu'ils consomment), ainsi que la production réalisée par le personnel domestique, la production agricole autoconsommée ou les actifs fixes réalisés par les entreprises pour leurs propres besoins d'investissement (logiciels, bâtiments, etc.).

d. Qui produit ?

La production de biens et services est réalisée est mise en œuvre par des **organisations productives** (pouvant être composée d'une seule personne). Ces dernières peuvent être distinguées à partir de plusieurs critères, parmi lesquels, notamment, le caractère marchand ou non marchand de leur production :

- Les organisations qui réalisent une production marchande, qui combinent donc des facteurs de production pour créer des produits destinés à être vendus à un prix significatif, sont les **entreprises**, qui, elles-mêmes, peuvent être distinguées à partir de plusieurs critères (v. chapitre *Entreprise et système productif*).
- Les organisations qui réalisent une production non-marchande peuvent être des **administrations publiques**, ou des **institutions sans but lucratif au service des ménages** (ISBLSM).

Les administrations publiques se financent principalement par les prélèvements obligatoires (par ex., un lycée, une université, un palais de justice…). Les ISBLSM regroupent les partis politiques, les syndicats, les églises et les associations qui réalisent une production majoritairement non marchande. Ce sont donc des organisations productives privées qui réalisent une production non marchande et qui sont financées par des contributions volontaires (dons, legs, cotisations ou même, parfois, subventions publiques). Pour les associations, pour être considérées comme une organisation productive, elles doivent recourir à du travail salarié et ne pas reposer uniquement sur du travail bénévole (par exemple les Restos du cœur).

Les entreprises réalisant une production non marchande et les ISBSLM constituent **l'économie sociale et solidaire**. On parle parfois de « **tiers secteur** », pour la distinguer du secteur public (entreprises et administrations publiques) et des entreprises privées à but lucratif.

II. Les agents de la comptabilité nationale

L'élément de base en comptabilité nationale est l'**unité institutionnelle**. C'est un centre de décision autonome dans l'exercice de sa fonction principale : un ménage décide de sa consommation, une entreprise de sa production par exemple. Elle est résidente si elle est présente sur le territoire économique de la France depuis plus d'un an, quelle que soit sa nationalité. Le territoire économique français regroupe la métropole et les départements d'Outre-mer.

L'**économie nationale** regroupe l'ensemble des unités institutionnelles résidentes. Cela inclut donc les filiales d'entreprises étrangères installées en France, ou les travailleurs immigrés.

Pour présenter les comptes de l'économie nationale, on regroupe les unités institutionnelles qui ont un comportement économique similaire dans un même **secteur institutionnel** (SI). Les critères retenus pour les distinguer sont le caractère marchand ou non-marchand de leur production, leur statut privé ou public, leur fonction économique principale et la nature et l'origine des ressources principales. Il existe six secteurs institutionnels :

- les **sociétés non financières** (SNF) produisent des biens ou services marchands non financiers. Les SNF peuvent être publiques ou privées. Leurs ressources principales proviennent de la vente de leur production;
- les **sociétés financières** (SF) participent au financement de l'économie : elles fournissent des services d'intermédiation financière (banques et compagnies d'assurance) et/ou exercent des activités financières auxiliaires (auxiliaires financiers, comme courtiers, sociétés de bourse, etc.). Leurs ressources principales proviennent des dépôts collectés, des titres émis ou des primes contractuelles pour les compagnies d'assurance;
- les **administrations publiques** (APU) produisent des services non marchands et effectuent des opérations de redistribution des revenus et des richesses nationales. Elles incluent les administrations centrales et locales, ainsi que les administrations de sécurité sociale. Leurs ressources principales proviennent des contributions obligatoires;
- les **institutions sans but lucratif au service des ménages** (ISBLSM) sont des établissements privés dont la production est non-marchande et les ressources formées de contributions volontaires (par exemple les associations, les syndicats, ou les Églises), de versements provenant des administrations publiques et de revenus de la propriété;
- le secteur institutionnel des **ménages** comprend les personnes partageant une même résidence principale, mais aussi les entreprises individuelles (comme les artisans) dont les comptes ne sont pas séparables des ménages. Sa fonction principale est la consommation. Les res-

sources principales de ce secteur proviennent des ventes de leur production pour les entreprises individuelles, de salaires, revenus de la propriété ou de transferts pour les ménages ;
- le **reste du monde** (RDM) rassemble les agents qui ne résident pas sur le territoire économique de la France. Ainsi une vente à un touriste étranger séjournant en France est une opération avec le RDM, mais pas la vente à une filiale d'entreprise étrangère installée en France.

III. Le classement des opérations

Les flux qui forment le circuit économique, sont rassemblés dans différentes catégories selon la nature des opérations concernées, ce qui permet à l'Insee de construire ensuite des tableaux de synthèse pour chaque type d'opération.
- Les **opérations sur les produits** décrivent l'origine et l'utilisation des biens et services marchands ou non-marchands. Les relations entre les différentes activités productives sont synthétisées dans le Tableau Entrées-Sorties (TES).
- Les **opérations de répartition** décrivent l'origine, la distribution et l'utilisation finale des revenus primaires issus de la production, ainsi que la redistribution des revenus de transfert. Ces opérations sont détaillées pour chaque secteur institutionnel dans le Tableau économique d'ensemble (TEE).
- Les **opérations financières** comprennent d'une part l'évaluation des moyens de paiement acquis ou cédés par les agents, en contrepartie des opérations sur les produits ou des opérations de répartition. Et d'autre part des opérations proprement financières de créances et de dettes entre les agents (emprunt, titres, etc.). Ces opérations sont synthétisées dans le **Tableau des opérations financières** (TOF).
- Les **opérations sur les patrimoines** découlent de la volonté, depuis le SCN 93, de ne plus prendre en compte que les opérations relatives à des flux, mais aussi les stocks, non financiers (valeur des logements, de machines, etc.) ou financiers (valeur des actifs détenus, endettement total, etc.).

IV. La méthode comptable

Les flux sont enregistrés dans des comptes emplois-ressources, selon le principe de la comptabilité en partie double : chaque opération est inscrite dans deux comptes, en **ressources** de l'agent qui reçoit un montant et en **emplois** de l'agent qui le dépense. C'est la raison pour laquelle les

comptes sont toujours équilibrés, la somme des emplois étant égale à la somme des ressources.
Par ailleurs, chaque opération est comptabilisée de deux points de vue, économique (l'achat d'un bien) et financier (la variation de ses créances ou de ses dettes). Ainsi, chaque opération donne lieu à quatre écritures comptables.

EXEMPLE

Enregistrement d'un salaire de 2 000 €

Société non financière

Emplois	Ressources
Salaire versé 2 000 €	

Créances	Dettes
Encaisse monétaire – 2 000 €	

Ménages

Emplois	Ressources
	Salaire reçu 2 000 €

Créances	Dettes
Encaisse monétaire + 2 000 €	

Les principes comptables présentés ici décrivent le cadre d'analyse de la comptabilité nationale : ils ne signifient pas que chaque opération est toujours enregistrée ainsi, car les sources utilisées sont très hétérogènes (sources bancaires, fiscales, enquêtes de l'Insee, etc.). En définitive, la vérification des grandes égalités comptables entre emplois et ressources, la cohérence entre les soldes des opérations financières et les soldes des opérations économiques permettent de vérifier la qualité de la description de l'économie française brossée par les comptables nationaux. Ces comptes sont établis sur la base de l'année civile.

§ 2. Les comptes de production

I. La circulation des produits dans l'économie

A. Les ressources et emplois des produits

Un produit en circulation dans l'économie a pour origine, ou **ressource** en comptabilité nationale, soit la production (P) d'une unité résidente, soit l'importation (IM), quand il est produit par une unité non-résidente.

Tout produit peut être utilisé à différents **emplois** alternatifs, regroupés en six grands types selon la destination économique du produit :

- la **consommation intermédiaire de produit** (CIP) est l'utilisation d'un produit au cours du processus de production, par exemple une matière première ou un service de conseil informatique. Ces consommations intermédiaires excluent les bâtiments et biens d'équipements, utilisés dans le processus de production pendant des durées longues (supérieures à un an) : une partie seulement en est usée dans le processus de production de l'année (cette usure est une consommation de capital fixe) ;
- la dépense de **consommation finale** (DC) recouvre la consommation des ménages (DC individuelle) et celle des administrations (DC collective), supposées consommer les services non marchands qu'elles produisent. On définit également la CF individualisable et la CF effective (v. chapitre *Consommation, épargne, patrimoine*) ;
- la **formation brute de capital fixe** (FBCF) est un flux qui accroît le stock d'actifs fixes. Il correspond à l'investissement matériel, et à certains investissements immatériels (les logiciels). Elle est brute car elle intègre le flux total d'investissement (remplacement du capital usé ou augmentation du stock de capital fixe disponible). La **consommation de capital fixe** (CCF) représente la perte de valeur du capital fixe du fait de l'usure physique ou de l'obsolescence. La **formation nette de capital fixe** est alors égale à la différence FBCF-CCF. Avec le SEC 2010, les actifs fixes incluent désormais le résultat de l'activité de Recherche & développement, les bases de données et les systèmes d'armes militaires (véhicules, sous-marins, blindés, missiles balistiques à fort pouvoir de destruction censés rendre un service de dissuasion permanent, etc.). Les dépenses correspondant à l'acquisition de ces actifs sont donc désormais comptabilisées en FBCF et non plus en consommations intermédiaires. L'Insee parle à ce propos de « *capitalisation des dépenses de recherche & développement* ». La FBCF des ménages est limitée à l'achat de logements ;
- l'**exportation** (EX) d'un produit est la vente à une unité non-résidente ;
- les **acquisitions nettes d'objets de valeur** (OV). Elles concernent les achats de bijoux, pierres et métaux précieux, antiquité, objets d'art, détenus à titre de réserve de valeur. Seuls les ménages sont concernés ;
- la **variation des stocks** (VS), dernière utilisation possible d'un produit, signifie qu'un produit peut être stocké d'une année à l'autre ; elle peut donc être négative (déstockage). Avec le SEC 2010, un cinquième type de variations de stocks (stocks militaires, munitions par ex.) a été ajouté aux quatre précédents (stocks utilisateurs, travaux en cours, stocks producteurs et stocks dans le commerce).

B. L'équilibre comptable du produit

La somme des ressources disponibles, pour un produit donné, est égale par définition à la somme de ses emplois, c'est-à-dire à l'ensemble de ses différents usages possibles. On obtient donc l'équilibre comptable, et donc nécessairement vérifié, suivant :

P + IM = CIP + DC + FBCF + VS + OV + EX

Cette formulation est simplifiée : la production étant évaluée aux prix de base, et les biens ou services étant eux payés aux prix de marché par leurs utilisateurs finals, il faut déduire de la production les impôts sur les produits et les subventions à la production pour compléter l'équilibre entre ressources et emplois. À la valeur de la production, on doit aussi ajouter les marges commerciales (MC) et de transport (MT) :

P + impôts – subventions + MC + MT + IM = CIP + DC + FBCF + VS + OV + EX

Il ne faut pas confondre **équilibre comptable** et **équilibre économique**. L'équilibre comptable est toujours vérifié, car c'est une simple identité découlant de la définition même des différentes grandeurs. L'équilibre économique n'est pas automatique : il nécessite que les décisions des agents offreurs et demandeurs soient compatibles entre elles. Le marché automobile par exemple est toujours en équilibre comptable, même si aucune voiture n'est vendue (on a alors une consommation nulle de véhicules et une augmentation de la variation des stocks). Il est en équilibre au sens économique seulement si les véhicules mis en production par les entrepreneurs correspondent à la demande des consommateurs.

C. De la production à la valeur ajoutée

Les entreprises doivent utiliser des consommations intermédiaires afin de produire. Pour déterminer la valeur que chaque entreprise ajoute aux produits qu'elle a consommés dans le processus de production, on calcule la **valeur ajoutée brute** (VAB) :

Valeur ajoutée brute = Valeur de la production
– Valeur des consommations intermédiaires

La VAB mesure donc la richesse effectivement générée par l'activité économique d'un agent, la valeur « ajoutée » aux consommations intermédiaires utilisées.

En comptabilité nationale, la valeur ajoutée est mesurée aux prix de base, comme la production. Elle est « brute » car on ne déduit pas l'amortissement. Un agrégat est net lorsqu'on enlève la **consommation de capital fixe** nécessaire à sa production, c'est-à-dire les dépenses d'amortissement qui viennent compenser l'usure normale du capital fixe.

On peut calculer la VAB d'une unité de production, d'une branche entière ou encore de l'ensemble de l'économie.

D. L'équilibre ressources-emplois de l'économie

Pour évaluer les richesses disponibles dans l'ensemble de l'économie nationale et leur utilisation finale, il suffit d'additionner les équilibres ressources-emplois de la totalité des produits. On en déduit l'équilibre ressources-emplois de l'économie nationale :

$$\underbrace{\text{VAB} + \text{impôts} - \text{subventions} + \text{M}}_{\text{VAB aux prix du marché ou Produit intérieur brut (PIB)}} = \text{CF} + \text{FBC} + \text{X}$$

La VAB est mesurée aux prix de base. Si on lui ajoute les impôts sur les produits (comme la TVA) et qu'on lui soustrait les subventions versées aux producteurs, on obtient alors la VAB aux prix de marché, ce qui est la définition du PIB.

II. Le Tableau entrées-sorties (TES)

A. La construction du TES

Le tableau entrées-sorties est un tableau de synthèse, dont l'objectif est de décrire les relations entre les branches d'une économie, et l'emploi final des produits réalisés par chaque branche.

Une **branche** est un ensemble d'unités de production homogènes ; les différents établissements d'une entreprise peuvent être classés dans plusieurs branches. Elles sont définies par référence à une nomenclature des produits, la NAF (nomenclature des activités françaises), à des niveaux plus ou moins agrégés (5 à 116 branches).

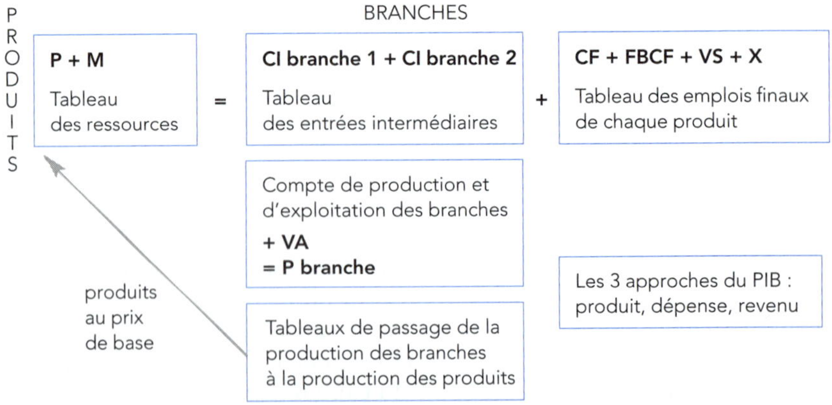

Chaque branche fournit aux autres des consommations intermédiaires : elles sont donc interdépendantes. Dans le TES, on trouve en ligne l'équilibre comptable de chaque produit (la première ligne du schéma page précédente), et en colonne les comptes de chaque branche. Le tableau des entrées intermédiaires situé au croisement des lignes et des colonnes fournit, pour chaque branche, les produits nécessaires en consommations intermédiaires.

B. L'utilisation du TES dans la prévision économique

Le TES permet d'étudier les répercussions sur l'ensemble des branches de la variation des besoins pour un produit donné, il fait donc apparaître les rigidités propres au système productif. Il montre l'interdépendance entre les différentes branches qui composent le système productif. Si l'État décide par exemple d'une mesure fiscale favorable au bâtiment, cela entraînera une hausse de la production de toutes les branches lui fournissant des consommations intermédiaires (y compris le bâtiment lui-même !), et éventuellement une hausse des importations si l'économie nationale ne peut satisfaire ces nouveaux besoins. Le TES est donc un outil de prévision des conséquences macroéconomiques de décisions privées ou publiques.
L'économiste russe **W. Leontief** (1906-1999) a le premier utilisé un tableau regroupant les consommations intermédiaires des branches dans un but prévisionnel.
Il définit un **coefficient technique** comme le rapport entre la quantité de CI d'un produit donné et la production de la branche considérée :

$$\text{Coefficient technique } ij = \frac{\text{Achat produit j par la branche } i}{\text{Production de la branche } j}$$

Leontief a construit une matrice grâce à l'ensemble des coefficients techniques. Si on suppose les coefficients techniques rigides à court terme (avec progrès technique constant et prix relatifs inchangés) alors cette matrice permet de calculer les répercussions sur l'ensemble de l'économie d'une modification de l'environnement économique.

Pour répondre à la hausse de la demande finale d'un bien, il faut une augmentation de la production supérieure à la variation initiale. Par les besoins en consommations intermédiaires qu'elle entraîne, toute hausse de la production d'une branche se répercute sur l'ensemble des branches.

III. Les principaux agrégats

Les comptes de la comptabilité nationale permettent de calculer des **agrégats** qui sont des grandeurs synthétiques, mesurant le résultat de l'activité économique pour l'économie nationale dans son ensemble. Ce sont donc des indicateurs de performance économique, utiles pour les comparaisons dans le temps ou entre nations. L'agrégat le plus utilisé est le PIB.

A. Le Produit intérieur brut (PIB)

Le **PIB** est un agrégat mesurant les richesses produites durant l'année par les unités institutionnelles résidentes. Il existe trois manières de calculer le PIB, ce qui s'avère très utile pour évaluer la fiabilité de cet agrégat, car ces trois modes de calcul utilisent des sources statistiques différentes :

- Le PIB est d'abord un indicateur de production et correspond à la somme des valeurs ajoutées brutes aux prix de marché (voir la formule précédente). En effet, la valeur ajoutée mesure par définition la création de richesses ; d'autre part l'utilisation des prix de marché est nécessaire, car ce sont les prix payés effectivement par les agents pour acquérir les richesses en circulation dans l'économie.

Ne pas confondre la somme des VAB et la somme des produits réalisés dans une économie. Cette dernière n'est pas un indicateur pertinent de la richesse nationale car les consommations intermédiaires sont alors comptées plusieurs fois, comme résultat de certaines activités, et à travers la composition d'autres produits (on ne peut ajouter la valeur de la production de bois et celle de meubles).

- Le PIB est également un indicateur d'utilisation des produits et peut alors se définir comme la somme des emplois finals moins les importations :

PIB = CF + FBC + X – M

Cette définition découle de l'équilibre emplois-ressources de l'économie nationale : elle signifie que toutes les richesses créées ont été utilisées soit à l'intérieur du pays, soit au commerce avec le reste du monde.

- Le PIB est enfin un agrégat de revenus, égal à la somme des revenus primaires distribués dans l'économie pour rémunérer la participation des agents à la production. C'est en fait la somme des emplois inscrits dans le compte d'exploitation, donc le résultat du **partage de la valeur ajoutée** entre les salariés, les entreprises et l'État :

PIB = rémunérations des salariés + Excédent Brut d'Exploitation (EBE)
+ impôts sur la production et les importations – subventions.

On constate que la somme des valeurs ajoutées (PIB) se partage entre les salariés, les entreprises (EBE) et l'État (impôts nets de subventions).

LE PRODUIT INTÉRIEUR BRUT ET SES COMPOSANTES EN VOLUME AUX PRIX DE L'ANNÉE PRÉCÉDENTE CHAÎNÉS (ÉVOLUTION EN %).

	1950	1960	1970	1980	1990	2000	2010	2019
Ressources								
Produit intérieur brut	8,6	8,0	6,1	1,6	2,9	3,9	1,9	1,5
Importations de biens et de services	4,3	14,0	7,3	5,1	5,0	15,4	8,9	2,5
Total	8,1	8,6	6,3	2,2	3,3	6,1	3,4	1,8
Emplois								
Dépense de consommation finale	6,7	4,4	4,8	1,7	2,8	3,1	1,7	1,6
Ménages	6,7	5,0	4,5	1,2	2,5	3,6	1,8	1,5
Administrations publiques	6,9	2,3	5,3	3,1	3,2	1,8	1,3	1,7
Institutions sans but lucratif au service des ménages	5,9	3,7	6,6	1,8	5,3	4,7	4,7	1,1
Formation brute de capital fixe	4,9	6,7	5,3	3,1	4,6	6,6	2,1	4,2
Sociétés et entreprises individuelles non financières	3,2	8,3	3,8	6,1	6,4	6,4	4,1	3,6
Sociétés et entreprises individuelles financières	29,2	8,2	19,3	–7,1	10,6	15,5	–8,3	12,9
Administrations publiques	6,3	6,0	4,8	0,1	6,3	9,5	–0,9	7,7
Ménages hors entrepreneurs individuels	10,1	3,9	7,7	0,5	–1,4	3,8	1,5	1,8
Institutions sans but lucratif au service des ménages	2,9	7,8	1,7	4,4	4,8	3,8	4,4	0,9
Exportations de biens et de services	20,9	17,7	16,1	2,8	4,1	12,9	8,7	1,9

Source : Insee, Comptes nationaux, base 2014.

Il faut noter qu'en 2020 le produit intérieur brut chute de 7,9 % en euros constants. Selon l'Insee, il s'agit d'un recul historique en France, très largement consécutif à la crise sanitaire liée à la covid-19 : l'économie a été fortement perturbée par l'épidémie, tandis que les mesures visant à limiter sa propagation (confinements, couvre-feux, fermetures de commerces, etc.), prises à la fois en France et dans de nombreux pays étrangers, ont à leur tour ralenti l'activité. La baisse mesurée cette année est ainsi la plus importante dans l'histoire des comptes nationaux français, établis depuis 1949 (v. chapitre *Fluctuations, cycles et crises*).

B. Les autres agrégats

Différents agrégats viennent compléter le PIB :

– Le **Revenu national brut** (RNB) se définit comme le PIB auquel :
  - on ajoute les revenus primaires reçus du reste du monde (RDM) ;
  - on retire les revenus versés au RDM.

La différence entre PIB et RNB est peu sensible dans la plupart des pays développés (inférieure à 1 % en France). Elle peut être très sensible dans les pays en développement, en raison de l'importance des transferts de revenus avec le RDM, du fait de l'immigration ou du rapatriement des dividendes par les filiales d'entreprises étrangères.

– Le **Revenu national brut disponible** est identique au RNB auquel on ajoute les transferts courants reçus du RDM, et enlève les transferts courants versés au RDM (par exemple les aides internationales).

C. Les limites du PIB

Le PIB (ou le RNB) est très souvent utilisé dans les comparaisons internationales pour mesurer les performances des différentes économies. Comme toute convention comptable, il présente cependant différentes limites.

– Dans le calcul du PIB, la valeur de la production des administrations publiques est évaluée à partir de leurs coûts de production, ce qui est très discutable, car cela ne donne aucune idée de la qualité du service rendu à la population (une administration publique moins efficace et qui dépense plus augmente le PIB).

– Le PIB est délicat à utiliser pour les comparaisons internationales, en raison des variations de change (v. chapitre *Économie du développement*), et du fait de sa sensibilité à la « monétarisation » des relations sociales. Puisque le travail domestique et le travail non déclaré (même si on a vu, que, pour ce dernier, les choses évoluent) ne sont pas ou mal comptabilisés, le PIB est donc peu pertinent dans les pays où l'économie non officielle est importante.

– En outre, le PIB ne tient pas compte des effets négatifs engendrés par une hausse de la production, c'est-à-dire des **externalités négatives**. Ainsi une hausse de la production d'énergie augmente le PIB mais également la pollution. Certains économistes comme **J. Tinbergen** (1903-1994) ont proposé dès les années 1970 de passer du PIB à un indicateur du « **bonheur national brut** » tenant compte des nuisances engendrées par la croissance. Les débats contemporains sur le développement durable mettent en évidence les insuffisances d'agrégats comme le PIB. Outre l'absence de prise en compte des externalités négatives ou positives sur l'environnement, le PIB néglige l'impact de l'activité sur le

capital naturel (qui désigne à la fois les ressources naturelles renouvelables ou non renouvelables, et les services gratuits que les écosystèmes nous rendent), et enfin il intègre les **dépenses défensives** (dépenses visant simplement à réparer l'environnement ou à éviter sa dégradation, comme la lutte contre la pollution) alors qu'il serait préférable de ne pas les comptabiliser (un été où se multiplient les incendies augmente le PIB à cause de l'activité supplémentaire des pompiers).

- Enfin, le PIB est un indicateur de flux, qui renvoie à une période considérée, et non un indicateur de stock, qui se mesure à un instant donné. Or l'amalgame est souvent fait, dans les médias notamment, entre le PIB et la richesse nationale. Le premier désigne ainsi la production intérieure d'un pays sur une année, la seconde mesure ce que ce pays possède une année donnée. La notion même de richesse fait d'ailleurs l'objet de débats, pour préciser la nature de sa relation avec les objectifs poursuivis par une société.

Ainsi, selon **A. Henneguelle** et **A. Jatteau**, « *Le PIB est en quelque sorte un ensemble d'additions, desquelles rien ne vient être déduit, là où le bon sens voudrait que certaines activités, dont la participation à l'amélioration au bien-être collectif et à la création de richesses à long terme est loin d'être évidente, en soient soustraites. Le PIB agrège en fait différentes activités qui n'ont pas du tout la même "valeur", au sens symbolique et non monétaire du terme* ».

D. Quels indicateurs alternatifs au PIB ?

Pour les raisons évoquées ci-dessus, il est nécessaire de disposer d'autres indicateurs plus adaptés que le PIB à l'évaluation des écarts de développement entre Nations, comme l'**indice de développement humain** ou IDH (v. chapitre *Économie du développement*). L'introduction de cet indicateur par le PNUD en 1990, a ouvert un vaste débat sur la prise en compte de variables environnementales et sociales dans l'évaluation du développement et de la croissance économique. Selon l'OCDE, on comptabilise aujourd'hui plus d'une trentaine d'indicateurs synthétiques nationaux ou internationaux intégrant ces variables. Ces nouveaux indicateurs de richesse tentent de dépasser les limites du PIB en évaluant l'impact négatif de l'activité économique sur l'environnement, et sur la situation sociale des plus modestes. Ils quantifient au contraire l'impact positif, mais non monétaire et donc non présent dans le PIB, de certaines activités comme le travail domestique. Cette logique inspire par exemple le calcul d'**indices de bien-être économique durable**, initié par **H. Daly** et **J. Cobb** en 1989. Leur principe est de corriger le PIB en utilisant les sources comptables pour estimer les dépenses qu'il faut lui retrancher (comme les dépenses défensives) et celles qu'il faut ajouter (comme les externalités positives), afin d'intégrer des préoccupations environnementales mais aussi sociales (par exemple l'effet négatif de la hausse des inégalités sur le bien-être collectif). Ces indices demeurent hétérogènes et partiels aujourd'hui, et il n'existe pas encore de mode de calcul qui se soit imposé. Selon André Vanoli (2013), on est passé aujourd'hui « *de l'objectif de mesurer la croissance économique à celui de rendre compte de la durabilité du développement sous ses aspects économique, social et environnemental dans une perspective mondiale* ».

a. La commission Stiglitz-Sen-Fitoussi

Mise en place en 2008 par le gouvernement français, la Commission sur la mesure de la performance économique et du progrès social (dite **Commission Stiglitz-Sen-Fitoussi**) a remis son rapport en septembre 2009.
Cette commission visait à mieux prendre en compte dans la production et l'exploitation des données statistiques les questions relatives au bien-être, à la qualité de la vie, à l'environnement et à la soutenabilité.
La commission a formulé un certain nombre de recommandations organisées en trois axes :

- La nécessité de ne pas se limiter au PIB. Ce dernier est une mesure de la production et non du bien-être. La commission recommande de se placer prioritairement du point de vue des ménages et de prendre en compte, au côté de la production, de la mesure du revenu et du patrimoine. Elle propose aussi de mieux mesurer la répartition des revenus ainsi que la contribution des activités non marchandes à la formation du revenu.

- La qualité de la vie. La commission recommande d'améliorer la production de données statistiques en matière de santé, d'éducation, de relations sociales, de participation à la vie politique, etc. Elle préconise de plus de mieux connaître les liens entre les divers aspects de la qualité de la vie et de tenir compte de l'appréciation subjective de la qualité de la vie par les agents.

- Le développement durable et l'environnement. La commission souhaite la réalisation de travaux statistiques relatifs à l'évaluation de la soutenabilité. Elle souhaite que l'on mesure les « stocks » qui conditionnent le bien-être (ressources naturelles, etc.). Elle propose d'analyser les aspects environnementaux de la soutenabilité à partir d'une batterie d'indicateurs physiques.

L'Insee a engagé de nombreux travaux pour prendre en compte les recommandations de la commission. Eurostat s'est engagé dans la même direction et l'OCDE a publié en mai 2011 un **indicateur de bien-être interactif** (*Better Life Index*) que chacun peut modifier sur leur site internet.

Des indicateurs de la soutenabilité existent déjà par ailleurs, comme le PIB vert, l'épargne nette ajustée, l'indicateur de richesse inclusive, des indicateurs de découplage, l'empreinte écologique ou enfin le nouveau IDHP, un nouvel Indice de développement humain ajusté aux pressions exercées sur la planète (v. chapitre *Économie et environnement*).

b. Le tableau de bord d'indicateurs de France Stratégie

Après une large consultation d'experts, de la société civile et de citoyens, France stratégie et le Conseil économique, social et environnemental ont élaboré un tableau de bord de dix indicateurs, un pour chaque thème clé de la mesure du progrès. Ils complètent donc le PIB dans trois domaines : social, économique et environnemental.

Un rapport sur les « Nouveaux indicateurs de richesse » a ainsi été publié le 27 novembre 2015 par les services du Premier ministre.

	Thèmes	Indicateurs phares	Définition
Économique	Travail	Taux d'emploi	Taux d'emploi de la population active
	Investissement	Patrimoine productif	Actifs productifs physiques et incorporels en % du Produit Intérieur Net
	Stabilité financière	Dette	Dette des différents agents économiques non financiers (administrations publiques, entreprises, ménages) rapportée au PIB
Social	Santé	Espérance de vie en bonne santé	Espérance de vie en bonne santé à la naissance
	Qualité de vie	Satisfaction à l'égard de la vie	Indice subjectif de satisfaction de la vie
	Inégalités	Écarts de revenus	Rapport de la masse des revenus détenue par les 10 % les plus riches et les 10 % les plus pauvres
	Éducation	Part des diplômés	Taux de diplômés de l'enseignement supérieur parmi les 25-34 ans
Environnemental	Climat	Consommation carbone	Empreinte carbone
	Biodiversité	Abondance des oiseaux	Indice d'abondance des oiseaux
	Ressources naturelles	Recyclage des déchets	Taux de recyclage des déchets

Source : note d'analyse de France Stratégie, 23 juin 2015 : http://www.strategie.gouv.fr/publications/dela-pib-un-tableau-de-bord-france

Le Commissariat général à la stratégie et à la prospective, France Stratégie, a été créé par le décret du 22 avril 2013 pour succéder, doté de missions élargies, au Centre d'analyse stratégique, institution d'expertise auprès du Premier Ministre. Ce dernier avait lui-

même été créé en 2006, avec la fin des plans quinquennaux, dans le cadre d'une réforme profonde de la planification à la Française.
Selon l'Insee, « *ces indicateurs concernent non seulement le bien-être présent et futur de la nation, mais également le bien-être "ailleurs", c'est-à-dire celui des autres régions du monde, impactées par notre mode de vie. Ils peuvent être considérés comme un résumé synthétique du tableau de bord d'une centaine d'indicateurs sélectionnés pour le suivi national de la mise en œuvre de l'Agenda 2030 des Nations unies* ».

— *Cf. tableau page suivante* —

Pour l'UE, la source de données est l'OCDE et pour la France, SIES (ministère de la Recherche). L'OCDE agrège les dépenses de recherche en dollars PPA plutôt qu'en euros comme le fait Eurostat. 2. La donnée est celle de l'année de perception du revenu et pas celle de l'enquête sur les revenus et les conditions de vie (SILC) comme le fait Eurostat dans ses publications ; rapport interquintile des masses de niveau de vie. 3. Données 2017 pour l'Irlande, le Luxembourg, le Royaume-Uni et pour la France calcul Insee. 4. Tonne équivalent CO2 pour les gaz suivants : CO2 N2O CH4 HCF PFC SF6 NF3,champ ensemble des secteurs sources d'émissions atmosphériques, hors UTCATF et items. Note : les définitions des indicateurs sont fournies en annexe.

Les instances officielles de plusieurs pays ont également mis en place de **nouveaux indicateurs de prospérité** (NIP) : Australie, Royaume-Uni, Pays de Galles, Belgique, Wallonie ou encore Allemagne. La France, qui s'était illustrée par les résultats de la commission Stiglitz, a pris un peu de retard dans l'officialisation de ces nouveaux indicateurs. Ces nouveaux indicateurs se positionnent en complémentarité du PIB plutôt qu'en substitution.

INDICATEURS DE RICHESSE NATIONALE DANS QUELQUES PAYS DE L'UE

	Taux d'emploi des 15-64 ans	Dépense intérieure de R&D	Dette publique au sens de Maastricht	Espérance de vie en bonne santé, femmes	Espérance de vie en bonne santé, hommes	Satisfaction dans la vie	Dispersion des revenus	Pauvreté en conditions de vie	Taux de sorties précoces	Émissions de gaz à effet de serre	Artificialisation des sols
	2018 en %	2017 en % du PIB	2018 en % du PIB	2017 en années	2017 en années	2018 (note de 1 à 10)	2017	2018 en %	2018 en % des 18-24 ans	2017 en teq CO_2 par personne	2015 en %
Allemagne	75,9	3,0	61,9	66,7	65,1	7,4	5,1	7,8	10,3	11,0	7,4
Belgique	64,5	2,6	100,0	64,1	63,5	7,6	3,8	10,5	8,6	10,1	11,4
Bulgarie	67,7	0,8	22,3	66,2	62,9	5,4	7,7	32,9	12,7	8,7	1,8
Danemark	75,4	3,1	34,2	59,7	59,8	7,8	4,1	7,2	10,2	8,3	6,9
Espagne	62,4	1,2	97,6	69,9	69,0	7,3	6,0	13,9	17,9	7,3	3,4
France	**65,4**	**2,2**	**98,4**	**64,9**	**62,5**	**7,3**	**4,2**	**11,0**	**8,9**	**6,9**	**5,4**
Grèce	54,9	1,1	181,2	65,1	64,4	6,4	5,5	33,6	4,7	8,9	3,4
Irlande	68,6	1,1	63,6	69,3	67,9	(p) 8,1	(p) 4,2	14,8	5,0	12,6	3,8
Italie	58,5	1,4	134,8	66,4	66,2	7,1	6,1	16,8	14,5	7,1	6,9
Luxembourg	67,1	1,3	21,0	58,1	60,1	7,6	5,7	4,4	6,3	17,2	9,8
Pays-Bas	77,2	2,0	52,4	57,5	62,3	7,7	4,1	6,5	7,3	11,3	12,1
Pologne	67,4	1,0	48,9	63,5	60,6	7,8	4,3	10,5	4,8	10,9	3,5
Portugal	69,7	1,3	122,2	57,0	60,1	6,7	5,2	16,6	11,8	6,8	5,3
Rép. Tchèque	74,8	1,8	32,6	62,4	60,6	7,4	3,3	7,8	6,2	12,1	4,6
Roumanie	64,8	0,5	35,0	58,3	59,2	7,3	7,2	32,2	16,4	5,8	2,2
Royaume-Uni	74,7	1,7	85,9	62,0	63,3	(p) 7,6	(p) 6,0	12,3	10,7	7,1	6,5
Suède	77,5	(r) 3,4	38,8	71,9	73,2	7,8	4,1	4,5	9,3	5,2	1,6
UE	**68,6**	**(r) 2,0**	**80,4**	**64,0**	**63,5**	**7,3**	**5,2**	**(e) 14,5**	**10,6**	**8,4**	**4,2**

Source : Eurostat (extraction du 4 décembre 2019).
Source : Insee, Tableaux de l'économie française, 2020.

§ 3. De la production au financement de l'économie

I. Les comptes des secteurs institutionnels

Chaque secteur institutionnel (SI) dispose de ressources, tirées de sa participation directe ou indirecte à l'activité économique : production, travail rémunéré, revenus sociaux, etc. Ces ressources peuvent être employées à différents usages, suivant les choix d'épargne, de consommation ou d'investissement des agents.

Les comptes des secteurs institutionnels décrivent les ressources dont ils disposent et les choix des agents pour les employer. Les comptables nationaux ont choisi de distinguer plusieurs comptes avec un double objectif : rapprocher des opérations de nature similaire dans un même compte (par exemple l'ensemble des revenus primaires versés ou reçus), et faire apparaître des soldes significatifs pour chaque compte. Le **solde** est la différence entre les ressources et les emplois d'un compte, il est inscrit en emploi s'il est positif de façon à équilibrer les deux colonnes. La valeur ajoutée est par exemple le solde du compte de production, différence entre la production et l'emploi de consommations intermédiaires.

Les comptes sont ensuite enchaînés pour former un ensemble cohérent : le solde d'un compte est inscrit en ressource du compte suivant. De plus, les comptes sont toujours équilibrés puisque les soldes sont calculés de telle façon qu'ils égalisent les ressources et les emplois de chaque compte.

La définition des comptes est identique pour tous les secteurs, toutefois ils ne sont pas tous concernés par chaque opération : seul l'État par exemple reçoit des impôts sur la production, mais différents secteurs paient des impôts, indiqués en emplois.

Les principaux comptes sont les suivants.

- Le **compte de production** décrit la formation de la valeur ajoutée brute (VAB), qui en est le solde. Pour les ménages, il retrace l'activité des entreprises individuelles.
- Le **compte d'exploitation** décrit le partage de la VAB entre les différents agents, les salariés, l'État et les entreprises qui perçoivent le solde du compte appelé excédent brut d'exploitation (EBE) ou Revenu mixte pour les ménages. Ce solde correspond au profit brut en comptabilité nationale.
- Le **compte d'affectation des revenus primaires** présente l'ensemble des revenus primaires reçus ou versés par chaque secteur institutionnel ; les principales opérations sont la rémunération des salariés, les revenus de

la propriété (intérêts, dividendes, loyers, etc.) et les recettes fiscales (revenu primaire de l'État). Ce compte permet de calculer le **solde des revenus primaires**.

- Le **compte de distribution secondaire du revenu** présente les opérations de redistribution, pour l'essentiel les prestations sociales, les cotisations sociales et les impôts sur les différents revenus. Le solde de ce compte est le **revenu disponible brut** (RDB). Son interprétation est différente d'un SI à l'autre : revenu disponible après impôt pour les ménages, et profit non distribué après impôt pour les entreprises.

Afin de mieux évaluer les services rendus par l'État aux ménages, il existe aussi des comptes faisant apparaître la consommation finale effective (v. chapitre *Consommation, épargne et patrimoine*).

- Le **compte d'utilisation du revenu disponible** décrit les arbitrages des secteurs institutionnels dans l'utilisation de leur revenu disponible, entre la consommation finale (CF) et l'épargne brute (EB), qui est le solde de ce compte. Par définition l'épargne brute de certains secteurs institutionnels est égale à leur revenu disponible brut, car ils n'ont pas de consommation finale (c'est le cas des SNF ou des SF).
- Le **compte de capital**. Il décrit les choix faits par les SI dans l'utilisation de leur épargne, principalement entre l'investissement (FBCF), l'acquisition d'objets de valeur et d'actifs non financiers non produits (terrains, actifs incorporels comme des brevets…), et les placements financiers. Ces derniers se traduisent par une **capacité de financement** en solde du compte. Les SI ayant davantage de besoins en capitaux qu'ils n'effectuent de placements financiers présentent alors un solde négatif, appelé **besoin de financement**. La capacité ou le besoin de financement traduit donc les relations de financement entre les différents SI (v. chapitre *Monnaie et financement de l'économie*).

L'enchaînement des comptes n'a rien de « temporel » : les entreprises ne produisent pas, par exemple, « avant » de prendre la décision d'investir. En effet, les comptes rassemblent tous les flux observés au cours d'une année, sans distinction de calendrier.

Le détail des différents comptes est repris dans le tableau suivant :

Emploi	Ressources
Compte de production	
Consommation intermédiaire **Valeur ajoutée brute/nette**	Production
Compte d'exploitation	
Rémunération des salariés Autres impôts liés à la production – Subventions d'exploitation **Excédent brut/net d'exploitation** **Revenu mixte brut/net**	Valeur ajoutée brute/nette

►

Emploi	Ressources
Compte d'affectation des revenus primaires	
Revenus de la propriété **Solde brut/net des revenus primaires**	**Excédent brut/net d'exploitation** **Revenu mixte brut/net** Rémunération des salariés Impôts sur production et importations – Subventions Revenu de la propriété
Compte de distribution secondaire du revenu	
Impôts courants sur rev. et patr. Cotisations sociales Prestations sociales en espèces Autres transferts courants **Revenu disponible brut/net**	**Solde brut/net des revenus primaires** Impôts courants sur rev. et patr. Cotisations sociales Prestations sociales en espèces Autres transferts courants
Compte d'utilisation du revenu disponible	
Dépense de consommation finale **Épargne brute/nette**	**Revenu disponible brut/net**
Compte de capital	
Formation brute de capital fixe (– Consommation de capital fixe si Épargne nette, rien si Épargne brute) Variation des stocks Acquisitions nettes d'objets de valeur Acquisitions nettes d'actifs non financiers non produits **Capacité (+) / Besoins (–) de financement**	**Épargne brute/nette** Transferts en capital reçus – Transferts en capital versés

Source : J.-P. Piriou & J. Bournay, *La comptabilité nationale*, La Découverte, Coll. Grands Repères, 2015.

Les soldes bruts de ces différents comptes pour l'Économie nationale constituent les principaux agrégats des comptes nationaux : produit intérieur brut, revenu national brut, revenu national disponible brut, épargne nationale, capacité ou besoin de financement de la Nation.
Les soldes nets se déduisent des soldes bruts en retranchant la consommation de capital fixe.
Ces comptes sont complétés par des comptes financiers et des comptes de patrimoine.

II. Le tableau économique d'ensemble (TEE)

Le TEE présente une synthèse des comptes des secteurs institutionnels dans un tableau unique : on y trouve en colonnes les différents secteurs institutionnels, et en lignes les comptes décrits ci-dessus.

Le principal intérêt du TEE est de montrer les relations qui existent entre les secteurs institutionnels : par exemple les relations de financement entre les SI dégageant une capacité de financement comme les ménages, et les SI ayant au contraire des besoins de financement. Le TEE étant construit selon les principes de la comptabilité en parties doubles, il est toujours équilibré. Cela signifie en particulier que la somme des capacités et des besoins de financement est nulle car ces soldes se compensent mutuellement.

Les comptes satellites, un outil d'adaptation de la comptabilité nationale à de nouveaux besoins

La rigidité et la complexité du cadre comptable d'ensemble interdisent d'intégrer aisément de nouvelles préoccupations, ou de répondre aux besoins de disposer d'informations plus précises dans un domaine particulier. L'Insee a donc développé pour pallier ces difficultés, des comptes satellites, qui utilisent les mêmes principes que la comptabilité nationale générale, mais se focalisent sur un domaine particulier. Il existe ainsi un compte satellite pour l'environnement, pour l'éducation, pour la santé ou encore pour la protection sociale. Chacun de ces comptes dresse une présentation cohérente, en termes comptables, du domaine considéré, mais certaines des grandeurs ou des opérations enregistrées dans un tel compte n'apparaissent pas, par construction, dans les grands tableaux de synthèse.

III. Les principaux ratios

À partir du TEE, l'Insee calcule des ratios significatifs, c'est-à-dire des rapports économiquement pertinents, généralement en pourcentage, entre différentes opérations ou agrégats :

Les ratios sont calculés soit pour l'ensemble de l'économie nationale (comme le taux d'investissement par exemple), soit pour un secteur institutionnel donné (taux d'épargne des ménages par exemple).

Ratio	Formule (%)	Interprétation	Taux 2014
Taux d'investissement	FBCF / PIB	Part de la production nationale investie	24,5 %
Taux d'exportation	X / PIB	Part de la production nationale exportée	30,8 % (2017)
Taux d'importation	M / PIB	Rapport entre les importations et la production nationale	31,9 % (2017)
Taux d'épargne (ménages)	EB / RDB	Part du revenu disponible des ménages épargnée	15 %
Taux d'épargne financière (ménages)	Capacité de financement/ RDB	Part du revenu disponible des ménages consacrée aux placements financiers	4,6 %

Ratio	Formule (%)	Interprétation	Taux 2014
Taux de marge (SNF)	EBE / VAB	Part de la valeur ajoutée conservée par les entreprises ; elle diminue si la part des salaires augmente	33,2 %
Taux d'autofinancement (SNF)	EB / FBCF	Capacité des entreprises à financer leur FBCF : elles doivent trouver des capitaux si ce ratio est inférieur à 100 %	94,7 %

Source : Insee, décembre 2020.

RÉFÉRENCES DU CHAPITRE

Henneguelle A. & Jatteau A. (2021). III / Quantifier l'économie : production, prix, chômage. Dans : Anaïs Henneguelle éd., *Sociologie de la quantification*, La Découverte, 51-62.

Insee (2020), Indicateurs de richesse nationale, Tableaux de l'économie française. https://www.insee.fr/fr/statistiques/4277783?sommaire=4318291&q=les+indicateurs+de+richesses

Vanoli A. (2013), Comptabilité nationale, statistiques et indicateurs du développement durable : état de l'art et des réflexions. In Vivien F. -D. et al. (2013), *L'évaluation de la durabilité*, Éditions Quæ, Coll. Indisciplines, 239-265.

POUR EN SAVOIR PLUS

Initiation

Davoine L. (2020), *Économie du bonheur*, La Découverte, Coll. Repères.

Gadrey J., Jany-Catrice F. (2016), *Les nouveaux indicateurs de richesse*, La Découverte, Coll. Repères.

Meda D. (2015), *Qu'est-ce que la richesse ?*, Flammarion, Coll. Champs.

Piriou J.-P., Bournay J. & Biausque V. (2019), *La comptabilité nationale*, La Découverte, Coll. Grands Repères Manuels.

Approfondissement

Berr E. (2019), *Macroéconomie*, Dunod, Coll. Éco Sup.

Desrosières A. (2010), *La politique des grands nombres*, La Découverte.

Henneguelle A., (2021), *Sociologie de la quantification*, La Découverte.

Vanoli A. (2002), *Une histoire de la comptabilité nationale*, La Découverte, Coll. Manuels Repères.

SUR LA TOILE

Le rapport du gouvernement 2018 sur les nouveaux indicateurs de richesse : https://www.gouvernement.fr/le-rapport-2018-sur-les-nouveaux-indicateurs-de-richesse

La note d'analyse de France Stratégie, 23 juin 2015 : http://www.strategie.gouv.fr/publications/dela-pib-un-tableau-de-bord-france

Sur le site de l'Insee, un dossier de juin 2021 sur les comptes nationaux annuels (base 2014) : https://www.insee.fr/fr/metadonnees/source/serie/s1030/presentation

Sur le site de l'Insee, les comptes de la Nation en 2020 : https://www.insee.fr/fr/statistiques/5387891

Sur le site d'Eurostat, la page sur les comptes nationaux : https://ec.europa.eu/eurostat/fr/web/euro-indicators/national-accounts

CHAPITRE 7

Les revenus

Selon **J.R. Hicks** (1904-1989) le **revenu** est ce qu'un agent économique peut consommer, au cours d'une période donnée, sans s'appauvrir, c'est-à-dire sans entamer la valeur de son patrimoine. Le revenu est donc un flux, alors que le patrimoine est un stock. Le revenu peut être consommé ou épargné (v. chapitre *Consommation, épargne, patrimoine*).

Il existe différents types de revenus et les économistes se sont efforcés d'en expliquer la formation.

La répartition des revenus, qui est liée à celle des patrimoines, soulève la question centrale des inégalités et donc celle de la justice sociale (v. chapitre *Les inégalités économiques*).

§ 1. Des revenus primaires au revenu disponible des ménages

Selon l'Insee, au niveau de la nation, la masse des ressources disponibles de l'ensemble des ménages est mesurée par le **revenu disponible brut** des ménages (RDB). Ce dernier prend en compte l'ensemble des revenus d'activité et de la propriété (le revenu primaire des ménages), duquel on soustrait les prélèvements (impôts et cotisations) et auquel on ajoute les prestations sociales. On calcule aussi un **revenu disponible ajusté** qui est égal au RDB auquel on ajoute les transferts sociaux en nature qui correspondent à des consommations collectives individualisables incluses dans les dépenses des administrations publiques et des ISBLSM (v. chapitre *Consommation, épargne, patrimoine*).

Au niveau macroéconomique, l'Insee, à la suite des recommandations de la commission Stiglitz-Sen-Fitoussi, accorde une importance croissante au **Revenu national brut** (RNB), qui mesure le revenu total des agents résidant sur le territoire français. Ce dernier est calculé en retranchant du PIB les **revenus primaires** versés au reste du monde et en ajoutant les revenus primaires reçus du reste du monde. En 2019, le PIB de la France, notifié par l'Insee, était de 2 425,7 milliards d'euros et le RNB de 2 475 milliards d'euros, ce qui montre que le solde des échanges de revenus primaires avec le reste du monde est positif pour la France.

I. Les revenus primaires

Les **revenus primaires** sont les revenus perçus en contrepartie de la participation aux activités productives. L'Insee distingue généralement la rémunération des salariés (issue du travail), les revenus du patrimoine (issus de la propriété) et les revenus mixtes (issus à la fois du travail et de la propriété, comme notamment les revenus des entrepreneurs individuels).

A. La rémunération des salariés

a. Les salaires

Les salaires sont la plus grande partie des revenus primaires : en France, selon l'Insee, la rémunération des salariés représentait 75,9 % du revenu primaire brut en 2019 (contre 61,2 % en 1960, 71,2 % en 1990 et 72,2 % en 2010).

Les **salaires** au sens strict résultent d'un contrat de travail entre un salarié et une entreprise. Au salaire de base s'ajoute un nombre variable d'éléments complémentaires de rémunération : des majorations pour heures supplémentaires ; des primes (de rendement, de travail de nuit...) ; des indemnités de transport ou de congés payés ; des gratifications (13e mois...), des avantages en nature (nourriture, logement...). Le **salaire net** perçu par le salarié doit être distingué du **coût salarial** qui contient en outre les cotisations sociales, salariales et patronales, ainsi que les impôts assis sur les salaires (taxe sur les salaires, taxe d'apprentissage...).

On distingue généralement les salaires au sens strict qui concernent les salariés du secteur privé et les **traitements** constituant la rémunération des agents de l'État et des collectivités territoriales.

C'est surtout par la réglementation dont ils sont entourés que les salaires au sens strict diffèrent des traitements des agents publics. Les salaires du secteur privé sont en général fixés dans le cadre de **conventions collectives** conclues entre organisations syndicales représentatives et organisations patronales au niveau des branches professionnelles. Des accords d'entreprises peuvent prévoir des conditions plus favorables. Le **salaire minimum interprofessionnel de croissance** (Smic) est fixé par une décision gouvernementale.

Les **traitements** des fonctionnaires, civils ou militaires, de l'État et des agents des collectivités territoriales ainsi que de la fonction publique hospitalière sont soumis à une tout autre réglementation : le traitement de chacun est déterminé par un indice numérique correspondant à la place de l'agent sur une grille hiérarchique. L'indice est fonction de la catégorie (A, B ou C) de fonctionnaires à laquelle appartient l'agent, de son corps de rattachement à l'intérieur de cette catégorie, de son grade dans le corps, et enfin de l'échelon atteint dans le grade. Le traitement du fonctionnaire est alors obtenu comme multiplication de son indice (indice nouveau majoré) par la valeur du point d'indice, elle-même fixée par décret après négociation avec les organisations représentatives des fonctionnaires.

b. Smic et salaire minimum en Europe

En France, il existe un salaire minimum (le Smic) qui s'est substitué au Smig. En Europe également la mise en place d'un salaire minimum se généralise.

En France, le **Smig** (salaire minimum interprofessionnel garanti), institué en 1950 avait pour objectif d'assurer un minimum vital dont le pouvoir d'achat était garanti par une procédure d'indexation sur l'évolution des prix à la consommation. En 1970, le Smig a été remplacé par le **Smic** (salaire minimum interprofessionnel de croissance), actuellement en vigueur, dont la finalité est non seulement de garantir le pouvoir d'achat des plus bas salaires, mais aussi leur progression, de façon à « *assurer aux salariés dont les rémunérations sont les plus faibles une participation au développement économique de la nation* » (loi du 2 janvier 1970). Tout salarié du secteur privé d'au moins 18 ans doit recevoir un salaire au moins égal au Smic, de même que les salariés du secteur public employés dans des conditions de droit privé.

Trois mécanismes sont prévus quant à la progression de ce salaire minimum :

- le Smic est indexé sur l'indice des prix à la consommation de l'Insee ;
- au 1er janvier de chaque année (à partir de 2010), son niveau est réajusté, après avis de la commission nationale de la négociation collective, compte tenu du « développement économique général », la hausse de son pouvoir d'achat devant au minimum être égal à la moitié de celle du salaire moyen des ouvriers et des employés. Au 1er janvier 2021, le Smic horaire brut s'élevait à 10,25 euros soit un Smic mensuel brut de 1 554,58 euros pour 151,67 heures de travail (35 h hebdomadaires).

Il est également revalorisé à chaque hausse d'au moins 2 % de l'indice des prix (hors tabac). Le gouvernement peut enfin décider de relever le Smic au-delà de ce minimum légal, accordant ainsi ce qu'il est convenu d'appeler un « coup de pouce ». Cela a été le cas le 1er juillet 2012, après l'élection du président F. Hollande, avec une augmentation du Smic de 2 %.
Des salaires minima peuvent être fixés par conventions ou accords collectifs. S'ils sont plus favorables que le Smic, ils s'imposent à l'employeur.
En Europe, en 2021, 21 des 27 pays membres de l'Union européenne disposent d'un **salaire minimum légal**, applicable dans toutes les branches d'activité. Dans les six autres pays (Autriche, Chypre, Danemark, Finlande, Italie et Suède), il n'existe pas de salaire minimum valable pour tous les salariés Dans ces pays, un salaire minimum peut avoir été fixé par branche professionnelle ou avoir été déterminé par négociation entre les partenaires sociaux.
L'Allemagne est le dernier pays en date à avoir adopté un salaire minimum, mis en place au 1er janvier 2015 : son montant mensuel brut est de 1 584 euros en 2020.
Au sein de l'Union européenne en 2020, selon Eurostat, le salaire minimum allait de 312 euros brut par mois en Bulgarie à 2 142 euros brut par mois au Luxembourg.
Un débat sur l'instauration d'une norme de salaire minimum européen existe aujourd'hui. Le Portugal, qui a pris, le 1er janvier 2021, la présidence tournante du Conseil de l'Union européenne a affirmé son ambition d'approfondir l'Europe sociale et a organisé un « sommet social » les 7 et 8 mai à Porto, au cours duquel les Vingt-Sept étaient invités à s'accorder pour développer les droits sociaux de leurs citoyens et débattre autour de l'idée d'un salaire minimum européen. Plutôt que l'établissement d'un Smic identique à l'Union européenne, quasi impossible à réaliser, il s'agissait de discuter d'une « convergence ascendante » et de la mise en place de « salaires minimums équitables », permettant de garantir que les travailleurs gagnent suffisamment pour subvenir à leurs besoins.
Les participants de ce sommet, s'ils se sont engagés à réaliser trois objectifs majeurs dans le cadre de Plan d'action à l'horizon 2030 (au moins 78 % des personnes âgées de 20 à 64 ans devraient avoir un emploi ; au moins 60 % des adultes devraient participer à des activités de formation chaque année ; le nombre de personnes menacées de pauvreté ou d'exclusion sociale devrait diminuer d'au moins 15 millions, dont au moins 5 millions d'enfants), restent aujourd'hui divisés sur la question de l'harmonisation des salaires minima. Certains pays comme la France, l'Italie, l'Espagne et le Portugal y étaient favorables mais les autres préfèrent conserver leur propre modèle, craignant, notamment de perdre en compétitivité.

B. Revenus du patrimoine et revenus mixtes

a. Les revenus du patrimoine (ou revenus de la propriété)

Les **revenus de la propriété** résultent, selon l'Insee, « *du prêt ou de la location d'actifs financiers ou de terrains* » : dividendes, intérêts et revenus fonciers (loyers, fermages).

On y ajoute le montant des loyers fictifs des ménages propriétaires du logement qu'ils occupent, puisque ces ménages sont supposés produire des services de logement qu'ils consomment. Au total, en France, **les revenus du patrimoine** des ménages représentaient, en 2019, 16,6 % du revenu primaire brut.

c. Les revenus mixtes

Certains individus, les entrepreneurs individuels, perçoivent, de façon indissociable, des revenus rémunérant à la fois leur travail (et éventuellement celui des membres de leur famille) et le capital apporté dans leur entreprise. On parle alors de **revenus mixtes**. Ils correspondent au solde du compte d'exploitation des entreprises individuelles (v. chapitre *Comptabilité nationale*). Ces revenus représentaient 7,5 % du revenu primaire brut des ménages en France en 2019.

C. Revenus brut et net, nominal ou réel

La distinction brut/net n'a pas le même sens lorsqu'on considère le salaire et l'ensemble des revenus.

- Le **salaire brut** (sur lequel portent en général les négociations salariales) est égal au salaire net (que perçoit le salarié) plus les cotisations sociales à la charge des salariés, la **contribution sociale généralisée (CSG)** et le **remboursement de la dette sociale (RDS)**. Le **coût salarial** est égal au salaire brut plus les cotisations sociales à la charge de l'employeur.
- Le **revenu net** est égal au **revenu brut** moins l'amortissement (ou consommation de capital fixe). Par exemple, le revenu net disponible est égal au revenu brut disponible moins l'amortissement.
- Un **revenu nominal** (ou un **salaire nominal**) est exprimé aux prix courants. Lorsqu'on veut mesurer l'évolution du revenu au cours du temps, il est nécessaire de corriger cette mesure de l'effet de l'inflation. On calcule alors un revenu à prix constants (ou **salaire réel** ou **revenu réel** ou **pouvoir d'achat**) en déflatant la série statistique :

$$\text{Indice du revenu réel (ou du pouvoir d'achat)} = \frac{\text{Indice du revenu courant}}{\text{Indice des prix}}$$

II. Prélèvements obligatoires, revenus de transferts et revenu disponible

A. Redistribution, revenu disponible et niveau de vie

a. Redistribution et formation du revenu disponible

La **redistribution** modifie la répartition primaire des revenus : les revenus primaires perçus par les ménages font l'objet de **prélèvements obligatoires** (impôts et cotisations sociales). Les ménages bénéficient par ailleurs du versement de prestations sociales. On passe ainsi du revenu primaire au **revenu disponible brut.** :
Les **prestations sociales** sont versées par les institutions de protection sociale pour aider de manière collective les personnes à surmonter une baisse de revenu (chômage, vieillesse, maladie, handicap...) ou à faire face à un accroissement des charges (dépenses de maladie, prise en charge d'enfants, etc.).
Elles représentaient 35,3 % du revenu disponible brut en France en 2019 et se sont accrues depuis les années 1990, ce qui traduit l'effort accompli par les institutions publiques pour compenser les conséquences du ralentissement de la croissance et de la montée du chômage de masse.
On peut distinguer trois grands objectifs à la redistribution des revenus :
- un objectif d'assurance : mise en place par les États d'une procédure obligatoire de couverture des risques (en matière de santé par exemple);
- un objectif d'étalement dans le temps (retraites);
- un objectif de correction des revenus afin de lutter contre la pauvreté et les inégalités (RSA, ou Prime d'activité, minimum vieillesse, etc.) (v. chapitre *Les fonctions économiques de l'État*).

Certains économistes distinguent par ailleurs :
- la **redistribution pure**, qui s'applique aux situations où l'équilibre de marché est optimal au sens de **V. Pareto** (1848-1923), c'est-à-dire où il est impossible de réorganiser la production et l'allocation des ressources de façon à ce que tout le monde y gagne, mais où des considérations de pure justice sociale peuvent conduire à une redistribution des individus les mieux dotés vers ceux qui le sont moins. Cette question se pose donc en fonction de préférences de la société et non de motifs économiques;
- la **redistribution efficace** correspond aux situations où des imperfections du marché sont constatées, et où l'existence d'interventions

directes dans le processus de production, *via* la redistribution, permet à la fois d'améliorer l'allocation des ressources et l'équité de leur redistribution. Par exemple, la redistribution peut améliorer la croissance, générer des externalités positives, etc.

DU REVENU PRIMAIRE AU REVENU DISPONIBLE

Revenu salarial brut augmenté des cotisations sociales patronales
+ Revenus bruts des indépendants
+ Revenus du patrimoine
+ Pensions alimentaires

Revenu primaire

+ Pensions de retraite et de chômage brutes et indemnités journalières
– Cotisations patronales

Revenu avant redistribution

+ Prestations familiales
+ Allocations logement
+ Minima sociaux
+ Prime d'activité

– Cotisations salariales et cotisations des indépendants
– Contributions sociales (CSG, CRDS, prélèvements sociaux)
– Impôts directs (impôt sur le revenu, prélèvement forfaitaire et taxe d'habitation)
– Impôt sur la fortune (ISF/IFI)

Revenu disponible

+ Chèque énergie et tarifs sociaux

Revenu disponible élargi

– Taxes sur le tabac

Revenu disponible corrigé

+ Aides ciblées à destination des ménages (aides à la garde d'enfants, APA, chèque ACS, CMU-C, etc.)
– TVA, TICPE

Source : Insee, France, portrait social, édition 2020.

b. Revenu et niveau de vie

L'Insee parle de **niveau de vie** pour désigner le revenu disponible d'un ménage par **unité de consommation (UC)**. En effet, pour comparer le revenu de ménages de tailles et de compositions différentes en tenant compte des économies d'échelle, on divise le revenu disponible d'un ménage par son nombre d'unités de consommation pour obtenir le niveau de vie. Le niveau de vie est donc le même pour tous les individus d'un même ménage. Les unités de consommation sont calculées selon l'échelle d'équivalence de l'OCDE qui compte 1 UC pour le premier adulte du ménage, 0,5 UC pour les autres personnes de 14 ans ou plus et 0,3 UC pour les enfants de moins de 14 ans.

En France métropolitaine, selon l'Insee (2020) le niveau de vie médian de la population s'élève à 21 250 euros annuels en 2018.

Les inégalités de niveau de vie ont également augmenté avec la crise sanitaire de 2020-2021, les familles les plus modestes étant également celles qui ont le plus eu recours aux mesures de chômage partiel. En effet, de nombreux emplois peu qualifiés ne pouvaient être réalisés à distance, alors que, chez les cadres par exemple, le télétravail a majoritairement été possible (v. chapitre *Les inégalités économiques*).

B. La politique des bas-revenus : RMI, RSA et prime d'activité

La persistance de la pauvreté et du chômage de masse a conduit à une évolution majeure du système redistributif français. À côté des dispositions fondées sur l'assurance sociale, des prestations reposant sur une logique non contributive ont été mises en place afin de servir de « filet de sécurité ».

La loi sur le **revenu minimum d'insertion** (RMI) a été votée le 1er décembre 1988 et renouvelée le 23 juillet 1992. Elle garantissait un revenu minimum à toute personne d'au moins 25 ans dont les ressources n'atteignaient pas un certain montant.

L'inconvénient principal de cette disposition était qu'elle avait un fort effet désincitatif, puisque tout allocataire du RMI qui se mettait à exercer une activité perdait sur le RMI, 100 % du revenu d'activité qu'il obtenait. De plus le volet « insertion » du RMI fonctionnait mal. À partir du 1er janvier 2004, un **revenu minimum d'activité** (RMA), est venu compléter le dispositif du RMI. Le RMA était un contrat de travail à temps partiel, 20 heures minimum par semaine, d'une durée de 6 mois proposé aux allocataires du RMI dans le but de les inciter à une reprise d'emploi. Afin d'éviter les effets de seuil, les membres d'un foyer bénéficiaire du RMI conservaient le bénéfice de cette prestation, ainsi que la couverture maladie universelle et l'exonération de la taxe d'habitation.

Sur la base de propositions formulées par **M. Hirsch**, une loi de décembre 2008 (entrée en vigueur en juin 2009) a mis en place un nouveau dispositif, le **Revenu de solidarité active** (RSA), qui se substitue au RMI et à l'Allocation de parent isolé (API). Ce dispositif, qui s'inscrit dans un changement d'orientation des politiques de l'emploi vers l'offre de travail (« *make work pay* »), est conçu pour favoriser le retour à l'emploi dans la mesure où les bénéficiaires peuvent (dans la limite d'un plafond) cumuler le RSA socle (celui qui est perçu par les personnes sans revenus d'activité) et 62 % de leur revenu d'activité. Certains allocataires reçoivent donc le RSA socle seul (équivalent de l'ancien RMI), d'autres le RSA activité seul (complément de revenu pour les travailleurs pauvres), d'autres enfin cumulent les deux au sein d'un foyer où certains sont actifs et d'autres pas. De plus, la loi sur le RSA prévoit un renforcement de l'aide aux bénéficiaires en prévoyant à la fois un accompagnement social et un accompagnement au retour à l'emploi.

En novembre 2013, une étude publiée par le Centre d'études de l'emploi (CEE), « *Le pari perdu de la réduction de la pauvreté par le RSA* », dresse un bilan peu favorable de ce dispositif (et en particulier du RSA activité) qui n'améliorerait pas le retour à l'emploi ni le revenu des travailleurs pauvres.

La loi du 17 août 2015 relative au dialogue social et à l'emploi, dite loi Rebsamen, a mis en place une **prime d'activité** versée par la Caisse d'Allocations familiales (CAF), qui remplace le RSA activité et la prime pour l'emploi (mais le RSA socle, pour les personnes sans activité, est maintenu). Cette prime, entrée en vigueur le 1er janvier 2016, est un complément de rémunération. Ses objectifs sont à la fois d'inciter plus d'individus à exercer ou à reprendre une activité et à lutter contre la pauvreté en renforçant le pouvoir d'achat des ménages les plus modestes. Les bénéficiaires doivent être âgés de 18 ans au moins, être salariés ou travailleurs indépendants et recevoir une rémunération dont le montant est inférieur à 1,3 fois le Smic (pour une personne seule sans enfant). Le montant en fonction de la composition et des ressources du foyer et la prime est versée chaque début de mois. Les étudiants et apprentis peuvent être concernés également sous certaines conditions. La simplification des procédures devait permettre une diminution des individus ne recourant pas à cette possibilité.

En réponse au mouvement des Gilets jaunes, l'attribution de la prime d'activité a été élargie depuis le 1er janvier 2019. Les plafonds de revenus à ne pas dépasser dépendent de la composition du foyer. Pour une personne seule sans enfant, ce plafond est fixé à 1,5 Smic, soit environ 1 800 € nets par mois en 2021.

En 2019, France stratégie a proposé une évaluation de ce dispositif du point de vue des deux objectifs qu'il poursuit. Elle conclut que :

- « le travail paie », et ce quelle que soit la configuration familiale : « *lorsqu'une personne reprend une activité, le ménage auquel elle appartient voit dans tous les cas son revenu disponible – donc son niveau de vie – progresser. La prime pour l'emploi, plusieurs fois revalorisée, a d'abord rendu intéressante la reprise d'activité pour un niveau de rémunération égal au Smic. Le RSA activité a ensuite rendu intéressante la reprise d'un emploi dès les premiers euros gagnés* ».
- Le travail ne permet cependant toujours pas de sortir de la pauvreté : « *avec un seul emploi au Smic à mi-temps, seuls les ménages isolés avec un enfant y parviennent. Les couples mono-actifs, avec ou sans enfants,*

restent pauvres, avec un niveau de vie à 85 % du seuil de pauvreté. Même avec un emploi à temps plein au Smic, les couples mono-actifs ne dépassent pas ce seuil ».

§ 2. Trois approches de la répartition

I. La répartition fonctionnelle des revenus

La présentation fonctionnelle (ou factorielle) de la répartition décrit le partage du revenu entre les différents facteurs de production. On s'intéresse particulièrement au partage des revenus entre le facteur travail et le facteur capital.

Un indicateur souvent utilisé pour étudier la répartition fonctionnelle des revenus est le **partage de la valeur ajoutée**. On calcule, à partir du compte d'exploitation, la part des salaires dans la valeur ajoutée et la part de l'excédent brut d'exploitation dans la valeur ajoutée (**taux de marge**).

En France on constate que la part des salaires dans la valeur ajoutée est restée à peu près stable en moyenne de 1950 au premier choc pétrolier (environ 70 %). Elle augmente entre 1974 et 1982 en raison, d'une part, du ralentissement de la croissance et, d'autre part, du maintien des règles antérieures de fixation des salaires (indexés sur l'inflation) pour atteindre 76 % environ. La politique de désindexation des salaires et de désinflation compétitive qui est menée à partir de 1984 conduit à une baisse de la part des salaires dans la valeur ajoutée (de près de 10 points, soit 66 % en 1988) et à une hausse du taux de marge des entreprises. À partir des années 1990, la part des salaires dans la valeur ajoutée se stabilise à un niveau inférieur de 3 à 4 points par rapport à la situation antérieure à 1974. À la fin des années 2000, dans un contexte de crise économique et financière, la part des salaires dans la valeur ajoutée s'accroît à nouveau.

PARTAGE DE LA VALEUR AJOUTÉE À PRIX COURANTS (EN %)

	1990	2000	2009	2019
Rémunération des salariés	56,6	56,7	57,9	57,6
Salaires et traitements bruts	41,1	41,6	42,7	43,1
Cotisations sociales à la charge des employeurs	15,5	15,1	15,2	14,5

	1990	2000	2009	2019
Excédent brut d'exploitation	31,6	31,9	31,8	33,5
Impôts sur la production	3,7	4,5	5,0	5,6
Subventions d'exploitation	– 1,0	– 1,0	– 1,5	– 2,4
Revenu mixte brut des entrepreneurs individuels	9,1	7,9	6,8	5,8
Ensemble	**100,0**	**100,0**	**100,0**	**100,0**

Champ : France. Source : Insee, Les entreprises en France, 2020.

Le partage de la VA au sein du travail est plus inégalitaire entre travailleurs qualifiés et non qualifiés. Depuis les années 1990 la part du travail peu qualifié baisse nettement dans le coût du travail, alors que celle du travail qualifié progresse. Ce phénomène est notamment à relier à la mondialisation de l'économie qui entraîne une pression à la baisse sur les rémunérations du travail peu qualifié.
La situation de la France n'est cependant pas révélatrice de la dynamique mondiale du partage de la valeur ajoutée. Selon le CEPII en effet (2019), la part de la valeur ajoutée revenant au travail a baissé depuis le début des années 1980. Ce phénomène est lié d'une part au progrès technologique, qui conduit au remplacement du travail par le capital (baisse du prix réel de l'investissement et poids croissant des actifs immatériels), d'autre part à une augmentation importante des profits.

II. La répartition personnelle des revenus

Cette approche ne s'intéresse qu'au partage de la masse totale des revenus entre des individus (ou des ménages) sans les différencier autrement que par le niveau de leur revenu. Elle fait donc abstraction du rôle et de la place des agents dans la société ainsi que de la nature des revenus qu'ils reçoivent.
On analyse en particulier la **dispersion** des salaires ou des revenus. Dans ce but, on classe la population étudiée (ensemble des ménages dans une économie ou ensemble des salariés au niveau de la nation, de la branche ou de l'entreprise) en définissant un certain nombre de fractiles ou quantiles (**quartiles**, **déciles**, **centiles**) et on calcule ensuite des ratios qui permettent de mesurer la dispersion ou la concentration des revenus (v. chapitre *Consommation, épargne, patrimoine*).
Par exemple, on classe les salariés en dix groupes d'effectifs égaux, le premier groupe rassemblant les salariés les moins payés et le dixième les salariés les mieux payés. Le premier décile est le salaire au-dessous duquel

se trouvent les 10 % de salariés les moins payés (noté D1) et le neuvième décile est le salaire au-dessus duquel se trouvent les 10 % de salariés les mieux payés (noté D9). On appelle **rapport interdécile** le ratio D9/D1. Les déciles permettent notamment de mesurer les inégalités de revenus (v. chapitre *Les inégalités économiques*).

ÉCARTS DE SALAIRES SELON LE SEXE ET LE NIVEAU DE RÉMUNÉRATION
SALAIRES MENSUELS NETS EN ÉQUIVALENT TEMPS PLEIN

	Hommes (€)	Femmes (€)	Ensemble (€)	Écart (€)	Écart (%)
10 % des salariés gagnent moins de ...	1 319	1 247	1 282	– 72	– 5
20 %	1 480	1 363	1 423	– 117	– 8
30 %	1 626	1 471	1 552	– 155	– 10
40 %	1 786	1 590	1 697	– 196	– 11
50 %	1 972	1 737	1 871	– 235	– 12
60 %	2 205	1 928	2 088	– 277	– 13
70 %	2 530	2 186	2 383	– 344	– 14
80 %	3 056	2 569	2 848	– 487	– 16
90 %	4 107	3 314	3 776	– 793	– 19
5 % des salariés gagnent plus de ...	5 428	4 198	4 932	– 1 230	– 23
1 %	10 480	7 124	9 172	– 3 356	– 32
Ensemble	**2 547**	**2 118**	**2 369**	**– 429**	**– 17**

Salaires nets mensuels en équivalent temps plein.
Lecture : 50 % des femmes ont un salaire inférieur à 1 737 euros par mois (en équivalent temps plein). Ce salaire médian est inférieur de 12 % à celui des hommes.
Source : Insee, données 2018, © Observatoire des inégalités.

L'observatoire des inégalités (2021) montre ainsi, sur la base de données de l'Insee de 2018, que les 10 % des femmes les moins bien rémunérées ont un salaire maximum inférieur de 5 % à celui des hommes (1 247 euros contre 1 319 euros). Par ailleurs, le salaire des 10 % des femmes les mieux rémunérées est inférieur de 19 % à celui des hommes (soit 3 314 euros contre 4 107 euros).

III. La répartition sociale des revenus

Dans ce cadre, la répartition est analysée par groupes d'agents, unis par des similitudes de rôles, de positions sociales, d'intérêts et de comportements économiques. On peut, par exemple, comparer le revenu des agriculteurs ou des médecins à celui de l'ensemble de la population. Pour conduire une telle analyse, on utilise souvent la nomenclature des Professions et Catégories Socioprofessionnelles (PCS). On analyse également la différence de revenus selon le sexe.

SALAIRES MENSUELS NETS MOYENS EN ÉQUIVALENT TEMPS PLEIN (EQTP) SELON LA CATÉGORIE SOCIOPROFESSIONNELLE ET LE SEXE

	Salaires en 2018 (en euros)			Évolution 2018/2017 en euros constants (en %)			Évolution annuelle moyenne 2018/2013 en euros constants (en %)		
	Ens.	Fem.	Hom.	Ens.	Fem.	Hom.	Ens.	Fem.	Hom.
Cadres*	4 210	3 680	4 510	– 0, 2	0,3	– 0,3	0,4	0,9	0,2
Professions intermédiaires	2 350	2 180	2 500	– 0,3	– 0,3	– 0,3	0,2	0,3	0,2
Employés	1 690	1 660	1 760	0,1	0,1	– 0,1	0,3	0,4	0,1
Ouvriers	1 770	1 560	1 820	0,3	0,2	0,3	0,5	0,9	0,4
Ensemble	2 370	2 120	2 550	0,4	0,6	0,3	0,7	1,0	0,5
Ensemble hors contrats aidés	2 390	2 140	2 570	0,3	0,5	0,2	0,8	1,2	0,6

* Y compris chefs d'entreprise salariés.
Lecture : en 2018, le salaire moyen des cadres était de 4 210 euros nets mensuels en équivalent temps plein (EQTP), soit une baisse de 0,2 % par rapport à 2017 en euros constants.
Champ : France hors Mayotte, salariés du privé et des entreprises publiques, y compris bénéficiaires de contrats aidés ; hors apprentis, stagiaires, salariés agricoles et salariés des particuliers-employeurs.

Source : Insee, bases Tous salariés.
Source : Insee Références, Emploi, chômage, revenus du travail, 2021.

Une partie des différences de salaire selon le sexe s'explique par une durée de travail plus faible des femmes (qui est en partie subie dans la mesure où certaines ne se voient proposer que des emplois à temps partiel ou à durée déterminée).
L'écart de salaires entre hommes et femmes s'explique aussi par des différences de qualification des emplois occupés, par des différences de salaires entre les branches (les femmes travaillent plus souvent dans les services par exemple). Au total, lorsqu'on fait intervenir tous ces facteurs, il reste une part inexpliquée qui résulte de discriminations à l'encontre des femmes.

§ 3. Les théories de la répartition

I. L'approche classique et la question de l'état stationnaire

A. A. Smith, salaire naturel et fonds de salaire

Pour **A. Smith** (1723-1790), il existe un **salaire naturel** qui correspond au revenu nécessaire au travailleur pour assurer sa subsistance et celle de sa famille dans des conditions sociales données. Le salaire courant peut être momentanément différent du salaire naturel, mais les mécanismes de marché tendent à faire coïncider les deux. En effet, si le taux de marché s'élève au-dessus du taux naturel, les travailleurs auront tendance à avoir plus d'enfants ce qui conduira à une hausse de l'offre de travail et donc à une baisse du salaire de marché qui retombera au niveau du salaire naturel.

Bien qu'il accorde un rôle essentiel aux mécanismes de marché, **A. Smith** ne néglige pas l'importance des rapports sociaux. Il souligne que les salaires sont l'enjeu d'un rapport de force entre les salariés et les employeurs et que ces derniers sont dans une situation privilégiée. **A. Smith** met en évidence un « *complot* » des maîtres pour faire pression à la baisse sur les salaires : « *les maîtres sont en tout temps et partout dans une sorte de ligue tacite, mais constante et uniforme, pour ne pas élever les salaires au-dessus du taux actuel* [...]. *Quelquefois les maîtres font entre eux des complots particuliers pour faire baisser au-dessous du taux habituel les salaires du travail* » (Smith, 1776).

A. Smith considère aussi que les salaires versés aux travailleurs correspondent à une partie du capital avancé par les entrepreneurs (une autre partie de ce capital est utilisée pour acheter les machines et les matières premières). Ce capital avancé constitue le **fonds de salaire** qui est partagé entre les travailleurs. Pour Smith, les salaires ne peuvent augmenter que si le fonds de salaire augmente, c'est-à-dire si le capital augmente. C'est donc l'accumulation du capital qui est à la source de l'augmentation des salaires.

B. D. Ricardo, répartition des revenus et état stationnaire

D. Ricardo (1772-1823), considère, lui aussi, qu'il existe un **prix naturel du travail** autour duquel fluctue le taux de marché. **D. Ricardo** analyse de plus la répartition globale du revenu entre rente (revenu de la terre), profit (revenu du capital) et salaire (revenu du travail).

La **rente** est déterminée par la différence de rendement entre les terres mises en culture. Le prix du blé doit être tel qu'il couvre les frais de production de la moins fertile des terres mises en culture, les propriétaires des terres plus fertiles encaissent donc un revenu qui est supérieur à leurs frais de production. Ce revenu est la **rente différentielle**. **D. Ricardo** considère que sous l'effet de la pression démographique, il faut mettre en culture de nouvelles terres de moins en moins fertiles, le prix du blé augmente et avec lui la **rente foncière**, c'est-à-dire la part du revenu global qui bénéficie aux propriétaires fonciers.

Pour **D. Ricardo** les salaires et la rente sont déterminés par des mécanismes de marché, le profit (qui rémunère les entrepreneurs capitalistes) est donc un résidu qui subit une pression à la baisse. Cette tendance à la baisse du profit est défavorable à l'accumulation du capital qui est seule à même d'assurer la croissance de l'économie. Cette dernière tend donc vers une situation d'**état stationnaire**, c'est-à-dire de stagnation.

On trouve donc chez **D. Ricardo** les fondements d'une analyse des rapports entre répartition, accumulation et croissance qui sera reprise sous des formes diverses par de nombreux économistes.

II. Marx et l'exploitation

Pour **K. Marx** (1818-1883) la **force de travail** est une marchandise. Son prix est déterminé, comme celui de toutes les marchandises, par le temps de travail socialement nécessaire à sa production (travail abstrait). Le travail apparaît cependant sous des formes concrètes très variées en fonction du type de marchandise produite (travail concret). C'est le travail abstrait qui rend possible la mesure et la comparaison des produits du travail et de leur valeur. Sur la base de cette analyse, **K. Marx** met en évidence l'**exploitation** (appropriation de la **plus-value** par les capitalistes) et la **baisse tendancielle du taux de profit** (v. chapitre *Les grands courants de l'analyse économique*). **K. Marx** établit donc, lui aussi, un lien entre répartition, accumulation et croissance.

Salaire et taux de salaire

• Il est fréquent de lire sous la plume des classiques et de **K. Marx** (comme de leurs commentateurs actuels) que « le salaire est le prix du travail » ou « de la force de travail ». En toute rigueur ces formulations ne sont pas satisfaisantes mêmes si elles ont été utilisées par les pères fondateurs de l'économie politique.

• Le langage actuel des économistes distingue :

– le **taux de salaire** qui est un prix (c'est la rémunération unitaire du travail : salaire horaire ou mensuel par exemple);

– le **salaire** qui est un revenu (égal au produit du taux de salaire par le temps de travail).

III. La théorie néo-classique de la répartition

La théorie néo-classique de la répartition s'appuie sur cinq hypothèses principales :

- La production est réalisée à l'aide de deux facteurs (le travail et le capital). La fonction de production s'écrit : Q = F (K, L) dans laquelle Q désigne les quantités produites (en unités physiques), qui dépendent des quantités utilisées de travail et de capital (v. chapitre *La croissance économique*).
- L'économie fonctionne en concurrence parfaite : cette hypothèse implique que les prix des biens s'établissent au coût marginal, et que les facteurs de production sont rémunérés à leur productivité marginale en valeur.
- Les rendements d'échelle sont constants : la fonction de production est telle que si l'on accroît simultanément et dans la même proportion l'emploi des deux facteurs, la production augmente dans la même proportion.
- Les facteurs de production sont homogènes, c'est-à-dire qualitativement identiques. Cette hypothèse néglige donc les différences de qualification du travail, la variété des éléments constitutifs du capital (différences de générations de machines par exemple), ainsi que l'hétérogénéité des ressources naturelles (fertilité des terres, richesse des gisements, etc.).
- Les facteurs de production sont substituables : le capital peut être combiné, en quantité quelconque avec n'importe quelle quantité de travail. Pour obtenir un volume de production donné, il existe une infinité de combinaisons efficientes.

Sur la base de ces hypothèses, plusieurs résultats fondamentaux ont été présentés par les néo-classiques :

- Il y a **épuisement du produit**, c'est-à-dire que l'intégralité de la valeur de la production (notée Q) est distribuée sous forme de salaire et de profit : $Q = wL + rK$
  Avec, Q = production en valeur, w = taux de salaire, L = quantité de travail, r = taux de profit et K = quantité de capital.
- Les parts relatives des différents revenus dépendent de la seule proportion d'utilisation des facteurs. Elles sont donc indépendantes du volume de la production.

L'analyse néo-classique met l'accent sur le lien entre répartition des revenus et équilibre. En effet, les facteurs de production étant parfaitement substituables et homogènes, supposons que la quantité de travail augmente au sein de l'économie considérée. Le travail devenant plus abondant, le taux de salaire diminue ce qui conduit à une augmentation du prix relatif du capital et donc à une substitution du travail au capital. Un phénomène symétrique se produira si le capital devient plus abondant. La théorie néo-classique prédit en conséquence que le partage salaire – profit est d'une grande stabilité, puisque la hausse de la rémunération d'un facteur est compensée par la baisse relative de son utilisation. À long terme, on constate en effet une grande stabilité dans le partage salaire – profit, mais elle n'est pas vérifiée à court terme.

La rémunération des facteurs à la productivité marginale

Dans le modèle néo-classique, la rémunération des facteurs à la productivité marginale résulte des mécanismes de marché. Prenons l'exemple du capital : il existe un marché du capital sur lequel se détermine un prix unique de ce facteur (le taux de profit qui correspond au taux d'intérêt). Lorsqu'un entrepreneur fait l'acquisition d'une unité de capital, il paie ce prix et cette unité a une productivité marginale physique. Si le taux de profit est supérieur à la productivité marginale, le producteur fait l'acquisition d'une seconde unité de capital, dont la productivité marginale est plus faible que la précédente (hypothèse de la rémunération à la productivité marginale des facteurs). Le processus se poursuit jusqu'au moment où la productivité de la dernière unité de capital acquise est exactement égale au taux de profit. Le même phénomène se produit pour l'ensemble des producteurs et pour le travail comme pour le capital, de sorte qu'à l'équilibre il y a bien égalité entre le prix des facteurs et la productivité marginale. Comme la productivité marginale mesure la contribution des facteurs à la production, on en déduit que chaque facteur reçoit une rémunération correspondant à sa contribution productive.

IV. La répartition chez Keynes et les postkeynésiens

A. La relation salaire/emploi chez Keynes

On ne trouve pas chez **J.M. Keynes** (1883-1946) de véritable théorie de la répartition. En effet, il s'intéresse essentiellement à la question de l'emploi. Sur ce point, **J.M. Keynes** introduit une distinction capitale entre le comportement des employeurs dont la demande de travail dépend du **taux de salaire réel** et le comportement des salariés dont le comportement d'offre de travail dépend du **taux de salaire nominal**. Les salariés sont en effet victimes d'**illusion monétaire** (v. chapitre *Monnaie et financement de l'économie*). Par ailleurs, **J.M. Keynes** souligne qu'il existe une rigidité à la baisse du taux de salaire nominal qui résulte à la fois du contexte institutionnel (accords de salaire) et de la résistance des salariés et des syndicats à la baisse des salaires nominaux. Cette rigidité du taux de salaire nominal n'est pas contradictoire avec la flexibilité du taux de salaire réel, c'est pourquoi **J.M. Keynes** considère que, dans certains cas, il est préférable de favoriser une hausse des prix (plutôt qu'une baisse du salaire nominal) pour réduire le taux de salaire réel.

J.M. Keynes considère de plus qu'il n'existe pas de véritable marché du travail, au sens d'une interdépendance régulatrice entre prix et quantités (v. chapitre *Marché du travail, emploi, chômage*). Pour lui, c'est la demande effective (donc les anticipations des entrepreneurs) qui détermine le niveau de l'emploi et c'est ce dernier qui détermine le niveau du taux salaire nominal.

B. La critique cambridgienne du modèle néo-classique

Les économistes réunis autour de **J.M. Keynes** à Cambridge (Grande-Bretagne), en particulier **P. Sraffa** (1898-1983), **N. Kaldor** (1908-1986) et **J. Robinson** (1903-1983) ont adressé des critiques sévères à la théorie néo-classique de la répartition. Pour eux, il est impossible d'expliquer le partage des revenus à partir de la productivité marginale des facteurs. En effet, le capital étant composé de biens physiquement hétérogènes, il est impossible de construire une mesure agrégée du capital en terme physique. La seule mesure possible du capital est donc une mesure en valeur; or le prix des diverses unités de capital est lié à la rentabilité. On est donc confronté à un raisonnement circulaire : pour déterminer le taux de profit il faut mesurer la valeur du capital, mais pour cela on doit connaître le taux de profit.

Cette critique de la fonction de production agrégée a conduit les économistes cambridgiens à critiquer aussi la théorie néo-classique de la croissance (v. chapitre *La croissance économique*).

Les cambridgiens considèrent que le partage des revenus ne résulte pas des mécanismes de marché ou des caractéristiques techniques de la production, mais du rapport de force entre les groupes sociaux. En ce sens, ils renouent avec la tradition des classiques et de **K. Marx**. Ils mettent l'accent sur l'importance de l'action de l'État et montrent qu'une modification du partage de la valeur ajoutée en faveur des salariés est favorable à la croissance puisque les revenus du travail ont une propension à épargner plus faible que celle des revenus du capital, ce qui contribue à accroître la demande globale adressée à l'économie.

V. Les développements dans la théorie du salaire

A. La prise en compte des rigidités

Le modèle néo-classique standard repose sur la flexibilité du taux de salaire qui est à la fois une hypothèse et une norme. La rigidité est perçue dans ce modèle comme le résultat d'imperfections du marché, de comportements irrationnels ou d'interventions des pouvoirs publics.

Un certain nombre d'analyses, tout en s'inscrivant dans le cadre du modèle néo-classique, considèrent que la rigidité des salaires résulte de comportements rationnels des agents (théorie des **contrats implicites**). De même, on peut considérer que la productivité est une fonction croissante du taux de salaire et que les entrepreneurs ont donc intérêt à fixer des taux de salaire qui stimulent l'activité des salariés (théorie du **salaire d'efficience**) (v. chapitre *Marché du travail, emploi, chômage*).

B. L'analyse en termes de règles, de normes et de conventions

Les approches évoquées ci-dessus mettent l'accent sur l'**incomplétude du contrat de travail** qui résulte notamment de l'existence d'asymétries d'information. Certains économistes se montrent sceptiques quant à la capacité du marché à prendre en compte cette incomplétude et ils soulignent que seul un système de règles et d'institutions permet d'organiser les relations salariales. Selon **B. Reynaud**, « *La relation salariale est coordonnée par une convention qui porte soit sur des considérations d'équité, soit sur des considérations de statut* » (*Reynaud*, 1992). **R. Sandretto** parle pour sa part d'un **ordre salarial**, c'est-à-dire d'un ensemble cohérent de règles qui soumettent « le comportement des agents à un faisceau convergent de normes » (*Sandretto*, 1994).

La **théorie de la régulation** s'inscrit dans cette perspective qui vise à articuler marché et institutions. Pour **R. Boyer**, par exemple, l'étude de la formation des salaires en longue période montre que dans le mode de régulation concurrentielle, il y a bien flexibilité à la baisse du taux de salaire nominal. En revanche, dans le mode de régulation fordiste, il existe une rigidité à la baisse du taux de salaire nominal et une institutionnalisation du rapport salarial qui assure une progression du pouvoir d'achat des salaires. Le rapport salarial est donc organisé dans le cadre de **formes institutionnelles** différentes au sein des différents modes de régulation (v. chapitre *Les grands courants de l'analyse économique*).

La **théorie économique des conventions** s'inscrit pour sa part dans le cadre de l'individualisme méthodologique. Une **convention** est un cadre commun (notamment un cadre cognitif) qui est nécessaire pour encadrer les relations marchandes, elle est à la fois le résultat des actions individuelles et un cadre contraignant pour le comportement des sujets. Dans cette perspective, le taux de salaire n'est pas un prix, mais le résultat de la mise en œuvre d'une convention salariale.

Les approches en termes de règles et de conventions considèrent que le taux de salaire dépend d'une « *poignée de main invisible* » (**A. Okun**) plutôt que de la « *main invisible* » c'est-à-dire de mécanismes de marché.

RÉFÉRENCES DU CHAPITRE

CEPII (2020), *L'économie mondiale 2021*, La Découverte.

CEPII (2018), *L'économie mondiale 2019*, La Découverte.

France stratégie (2019), *Protection contre la pauvreté et gains monétaires au travail depuis vingt ans.* https://www.strategie.gouv.fr/publications/protection-contre-pauvrete-gains-monetaires-travail-vingt-ans

Insee (2021), *Emploi, chômage, revenus du travail*, édition 2021. https://www.insee.fr/fr/statistiques/5392018?sommaire=5392045

Insee (2020), *En 2018, les inégalités de niveau de vie augmentent.* https://www.insee.fr/fr/statistiques/4659174

Insee (2020), *France, portrait social. Édition 2020.* https://www.insee.fr/fr/statistiques/4928952

Insee (2020), *Les entreprises en France, 2020.* https://www.insee.fr/fr/statistiques/4986691?sommaire=4987235

Observatoire des inégalités (2021), *Les inégalités de salaires entre les femmes et les hommes. État des lieux.* https://www.inegalites.fr/Les-inegalites-de-salaires-entre-les-femmes-et-les-hommes-etat-des-lieux?id_theme=15

Reynaud B. (1992), *Le salaire, la règle et le marché*, Christian Bourgois.

Sandretto R. (1994), *Rémunérations et répartition des revenus*, Hachette.

Smith A. (1776), *Recherches sur les causes et la nature de la richesse des nations*, Economica.

POUR EN SAVOIR PLUS

Initiation

Artus P. (2020), 40 ans d'austérité salariale, Odile Jacob.

Gautié J. (2020). Le salaire minimum et l'emploi, Presses de Sciences.

Insee (2018), *Les revenus et les patrimoines des ménages*, Coll. Insee Références.

Askenazy Ph., Cette G. & Sylvain A. (2012), *Le partage de la valeur ajoutée*, La Découverte, Coll. Repères.

Approfondissement

Artus P. et Virard M.-P. (2018), *Et si* les *salariés se révoltaient ?* Fayard, Paris.

Askenazy Ph., Bozio A. & García-Peñalosac C. (2013), Dynamique des salaires par temps de crise, Les notes du Conseil d'analyse économie, n° 5, avril.

Friot B. (2012), L'Enjeu du salaire, La Dispute.

Piketty Th. (2014), *Les hauts revenus en France au* XXe *siècle. Inégalités et redistributions,* 1901-1998, Grasset.

Piketty Th. (2013), *Le Capital au* XXIe *siècle*, Le Seuil.

Van Parijs P., Vanderborght Y. (2019), *Le revenu de base inconditionnel : Une proposition radicale*, La Découverte.

SUR LA TOILE

Un article de J. Gautié (2015), D'un siècle à l'autre, salaire minimum, science économique et débat public aux États-Unis, en France et au Royaume-Uni (1890-2015), document de travail du Cepremap :
http://www.cepremap.fr/depot/docweb/docweb1518.pdf

CHAPITRE 8

Consommation, épargne, patrimoine

Consommation et épargne sont les deux utilisations possibles des revenus des agents économiques.
Selon **E. Berr**, la consommation et l'épargne ont des fonctions radicalement différentes. Ainsi, « *la dépense de consommation des ménages constitue une sorte de "validation" globale de la décision d'investissement des entreprises. De son côté, l'épargne a pour effet de mettre fin à la circulation monétaire* ».
L'épargne (flux) est ainsi la partie non consommée du revenu et elle peut venir alimenter le patrimoine (stock), sauf si elle est thésaurisée (conservée sous forme monétaire). Le patrimoine représente alors l'ensemble des actifs détenus, à un moment donné, par un agent économique.
L'épargne nationale est constituée de l'ensemble de l'épargne des ménages, des entreprises et des administrations.

§ 1. La consommation des ménages

La **consommation** est l'utilisation d'un bien ou d'un service qui entraîne à plus ou moins long terme sa destruction (consommer a ainsi la même racine que le verbe consumer). On distingue généralement la **consommation intermédiaire** et la **consommation finale**.
La **consommation intermédiaire** désigne la valeur des biens et services qui sont entièrement consommés ou transformés au cours du processus de production (pour produire des biens de consommation finale, des biens de production ou d'autres biens de consommation intermédiaire).

Pour ce qui concerne la **consommation finale** des ménages, on différencie dans le nouveau système de comptabilité nationale (v. chapitre *Comptabilité nationale*) :

- la « **dépense de consommation finale** » des ménages, qui correspond aux dépenses effectivement supportées par les ménages (achat de biens et services marchands et part des dépenses de santé, d'éducation et de logement restant à leur charge après remboursement éventuel) ;
- la « **consommation effective** » des ménages, qui recouvre l'ensemble des biens et services qu'utilisent (ou consomment) les ménages, quelle que soit la manière dont ils sont financés. L'Insee précise ainsi que « *la consommation effective des ménages comprend donc, en plus des biens et des services acquis par leurs propres dépenses de consommation finale, les biens et les services qui, ayant fait l'objet de dépenses de consommation individuelle des administrations publiques ou des Institutions sans but lucratif au service des ménages (ISBLSM), donnent lieu à des transferts sociaux en nature de leur part vers les ménages* ».

Dans l'analyse microéconomique, on cherche à rendre compte des choix de consommation individuels, déterminés principalement par les prix relatifs et le revenu des agents : il s'agit d'une théorie du consommateur et non d'une analyse de la consommation (v. chapitre *Analyses microéconomiques du consommateur et du producteur et équilibre de marché*). Pour la théorie keynésienne au contraire, l'analyse de la consommation s'inscrit dans une perspective macroéconomique.

I. Mesure et évolution de la consommation des ménages

A. La mesure de la consommation des ménages

a. Structure par fonction de la consommation des ménages

Une première mesure de la consommation des ménages consiste à analyser la façon dont les ménages répartissent leur consommation entre plusieurs postes et renvoie donc à la question de la nomenclature utilisée. Selon **Ch. Baudelot** et **R. Establet**, le choix d'une nomenclature est toujours un compromis, puisqu'il faut, d'une part, assurer des possibilités de comparaison avec des enquêtes réalisées à des époques antérieures et dans des pays différents, et, d'autre part, s'efforcer aussi d'intégrer les modifications et les transformations au fur et à mesure qu'elles apparaissent dans les modes de vie. Au XIXe siècle et au début du XXe siècle, les économistes et les sociologues qui se sont intéressés à la consommation et aux budgets des ménages – comme **E. Engel** (1821-1896) ou **M. Halbwachs** (1877-1945) – retenaient quatre postes budgétaires principaux : l'alimentation, le logement, l'habillement et les dépenses diverses. **M. Halbwachs** montrait que la répartition de l'ensemble des dépenses se faisait dans les trois premiers postes, le dernier représentant moins de 10 % des budgets des ménages ouvriers de 1900.

Mais, avec les transformations des modes de vie et l'apparition de nouveaux biens et services, la part du poste « dépenses diverses » s'est accru et il est devenu nécessaire de le fragmenter en unités plus ou moins homogènes. La nomenclature utilisée actuellement par l'Insee dans les enquêtes sur les conditions de vie retient ainsi douze grandes fonctions pour classer la consommation des ménages :

- alimentation,
- boissons alcoolisées et tabac,
- articles d'habillement et chaussures,
- logement, chauffage, éclairage,
- équipement du logement,
- santé,
- transport,
- communications,
- loisirs et culture,
- éducation,
- hôtels, cafés et restaurants,
- biens et services divers : notamment, biens et services de soins personnels, bijouterie et maroquinerie, dépenses relatives aux gardes d'enfants hors du domicile, assurances et services financiers, divers autres services (services juridiques, cotisation à des associations...).

Ces nomenclatures permettent de calculer des **coefficients budgétaires**, représentant la part des différents postes de consommation dans la consommation totale.

Par exemple, en France, on avait la structure par fonctions suivante en 2020 (en %) :

CONSOMMATION EFFECTIVE DES MÉNAGES PAR FONCTIONS EN 2020

Type de dépense	Poids dans la consommation effective totale (en %)
Dépense de consommation des ménages	**73,4**
Alimentation et boissons non alcoolisées	11,1
Boissons alcoolisées et tabac	3,2

Type de dépense	Poids dans la consommation effective totale (en %)
Articles d'habillement et chaussures	2,3
Logement, chauffage, éclairage	20,9
Équipement du logement	3,6
Santé[1]	2,9
Transport	8,6
Communications	1,9
Loisirs et culture	5,6
Éducation	0,4
Hôtels, cafés et restaurants	4,1
Autres biens et services	9,2
Correction territoriale (tourisme)	−0,4
Dépense de consommation des ISBLSM[2]	**3,0**
Dépense de consommation des APU[3]	**23,6**
dont :	
santé	11,1
éducation	6,6
action sociale	3,5
logement	0,9
Ensemble	**100,0**

1. Après remboursement de la Sécurité sociale mais avant remboursement des organismes complémentaires.
2. Dépense de consommation des institutions sans but lucratif au service des ménages.
3. Dépense de consommation des administrations publiques en biens et services individualisables.

Lecture : en 2020, les ménages consacrent 11,1 % de leur consommation effective à l'alimentation et aux boissons non alcoolisées.
Champ : France.

Source : Insee, Comptes nationaux, base 2014.

Au XIXe siècle, **E. Engel** a recherché une loi générale caractérisant les comportements de consommation, en mettant en relation le revenu des ménages et la proportion des dépenses consacrées à la nourriture. Il constate que plus une famille est pauvre, plus grande est la part relative de ses dépenses totales qu'elle consacre à l'alimentation. La nourriture occupe en effet 61 % du budget des familles assistées, 55 % du budget des familles pauvres et 50 % des budgets des familles aisées. Il formule ainsi ce que l'on appelle la **loi d'Engel**, dont la traduction la plus courante est : « *plus une famille est pauvre, plus grande est la part de ses dépenses totales qu'elle doit utiliser pour se procurer sa nourriture* » (Engel, cité par Langlois, 2002).

b. Évaluation de la consommation par catégorie de biens classés selon la durabilité

Une autre nomenclature de la consommation des ménages utilisée par la comptabilité nationale et l'Insee se fonde sur le critère de durabilité des biens et distingue également les biens des services.
Les biens sont classés en trois catégories distinctes (on y ajoute les services) :
- **biens durables** (véhicules, meubles, équipement ménager ou de loisir…);
- **biens semi-durables** (textile, habillement…);
- **biens non durables** (alimentation, énergie…).

ÉVOLUTION DE LA CONSOMMATION EFFECTIVE DES MÉNAGES PAR DURABILITÉ

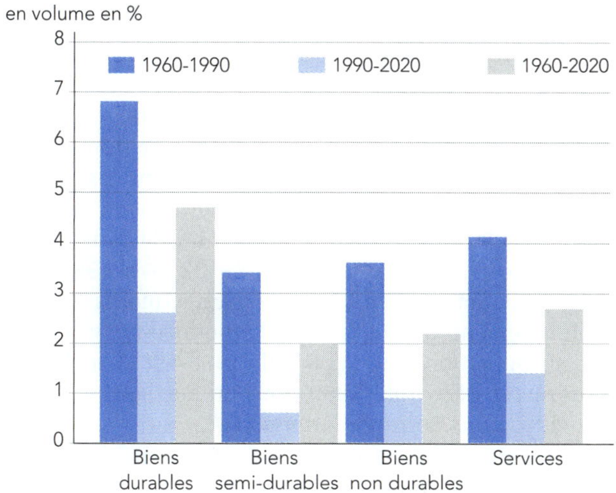

Lecture : entre 1960 et 2020, la consommation effective des ménages en biens durables progresse en moyenne de 4,7 % par an en volume.
Champ : France.

Source : Insee, Comptes nationaux, base 2014.

c. Évaluation de la consommation par produits

Une troisième nomenclature, plus détaillée, est utilisée par l'Insee : la classification des produits française (CPF) qui vise à classer les biens et les services issus des activités économiques. La plus récente date du 1er janvier 2015. Les dépenses des ménages sont alors classées par produits. Ces derniers sont regroupés en grandes catégories selon leur fabrication et la matière de l'objet consommé (bois, textile, chimie…). Selon l'Insee, cette nomenclature de produits a été élaborée principalement en vue de faciliter l'organisation de l'information économique et sociale. Sa finalité est donc essentiellement statistique et les critères d'ordre juridique ou institutionnel sont écartés en tant que tels dans leur construction.

B. L'évolution de la consommation des ménages en France

a. Les grandes tendances depuis les Trente Glorieuses

Pendant les années 1950, le volume de la consommation a évolué en moyenne au même rythme que le pouvoir d'achat du revenu des ménages : + 4,5 % par an.

Il en a été de même dans les années 1960, les rythmes de hausse s'accentuant encore : + 5,5 % par an.

La rupture de croissance du début des années 1970 n'a érodé que très lentement cette tendance lourde : le **taux d'épargne** (rapport de l'épargne des ménages à leurs revenus) a un peu fléchi dans les années 1970 de façon concomitante au fléchissement du rythme de croissance de la consommation (+ 23 % entre 1973 et 1981). Mais la hausse de la consommation des ménages dans les années 1980 (+ 22 % de 1981 à 1989) n'a pu se poursuivre qu'au détriment du taux d'épargne (moins de 12 % en 1990) et grâce à l'endettement (on peut parler d'ailleurs d'un véritable boom des crédits à la consommation pour la période 1986-1989) qui débouchera sur la loi Neiertz du 31 décembre 1989 pour en corriger les excès (mise en place de « commissions de surendettement »).

À partir du début des années 1990, il se confirme que le rythme de croissance de la consommation est fortement lié aux variations du revenu et aux perspectives économiques. Par exemple, à la fin des années 1990 la croissance de la consommation s'accélère (+ 3,3 % en 1998) alors qu'au début des années 2000 elle se ralentit (+ 1,2 % en 2002).

En 2009, sous l'effet de la crise financière, la dépense de consommation des ménages n'augmente que de 0,1 % en volume. Elle connaît une certaine reprise en 2010 (+ 1,4 %) et une rechute en 2011 (+ 0,3 %) et 2012 (– 0,3 %) sur fond de crise de la dette et de la zone euro.

En 2020, sous l'effet cette fois de la crise sanitaire liée à la covid-19, la dépense de consommation finale des ménages chute de 7,1 % en volume (données Insee). Seules les dépenses en alimentation et en boissons progressent nettement. La chute de la consommation en volume est bien évidemment particulièrement forte pour les dépenses en hébergement et restauration, en transports, loisirs et culture.

En longue période cependant, la hausse de la consommation des ménages est une tendance lourde.

b. Consommation et dépenses contraintes

Dans l'analyse de la consommation, l'Insee accorde une importance croissante à la distinction entre les **dépenses pré-engagées**, qui constituent une contrainte pour les ménages (elles concernent principalement le logement, son chauffage et son éclairage) et les dépenses arbitrables.
De fait, selon le Conseil national de l'information statistique (CNIS), Les ménages sont de plus en plus contraints par des dépenses à engagement contractuel, c'est-à-dire par des sommes qui sont dépensées en début de mois, avant même tout arbitrage en matière de dépenses courantes. Ces dépenses correspondent à des engagements difficilement négociables, au moins à court terme. Les dépenses les plus fortement contraintes sont celles consacrées au logement, au chauffage, aux services de téléphonie, à l'assurance. À revenu donné, la croissance des dépenses contraintes peut sembler signifier que les dépenses libres sont de plus en plus réduites, ce qui pourrait être un élément d'explication au sentiment de décalage entre la mesure de l'évolution du pouvoir d'achat et son ressenti par la population. Cependant, cette tendance à la hausse des **dépenses contraintes** ne doit pas être mésinterprétée, car elle s'effectue dans un contexte d'élévation continue du niveau de vie en France. Paradoxalement, cette évolution s'explique aussi par la baisse concomitante du poids relatif des dépenses de première nécessité (alimentation, habillement). La part du reste des dépenses (loisirs, culture...) est, elle, très stable sur longue période.
Certaines études montrent que depuis le début des années 2000, l'augmentation de la part des dépenses contraintes contribue à expliquer le sentiment de baisse du pouvoir d'achat des ménages. On appelle **revenu arbitrable** le revenu disponible après déduction des dépenses pré-engagées (loyers, cotisations d'assurance, remboursements des crédits, etc.).
La part des dépenses pré-engagées dans le revenu disponible brut des ménages est cependant en léger recul depuis 2014.

PART DES DÉPENSES PRÉ-ENGAGÉES DANS LE REVENU DISPONIBLE BRUT (EN %)

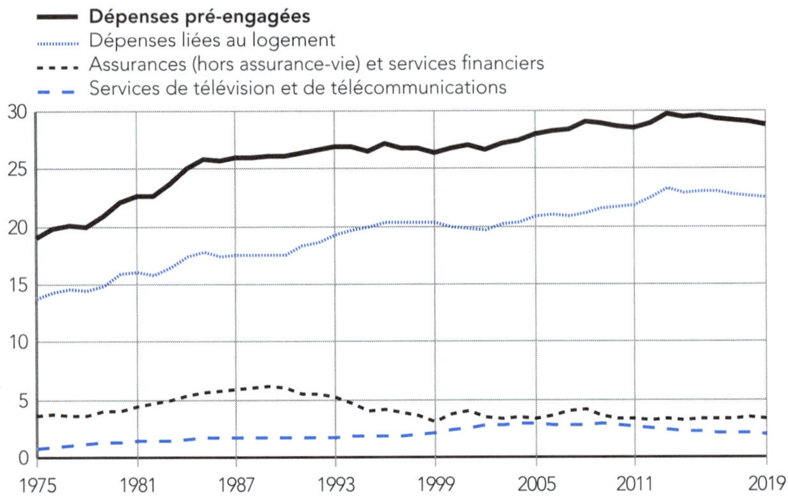

Champ : France. Source : Insee, Comptes nationaux, base 2014.

II. L'analyse macroéconomique de la consommation

A. La fonction de consommation keynésienne

a. La loi psychologique fondamentale

Selon **J.M. Keynes** (1883-1946), « *La loi psychologique fondamentale sur laquelle nous pouvons nous appuyer en toute sécurité, à la fois* a priori *en raison de notre connaissance de la nature humaine et* a posteriori *en raison des renseignements détaillés de l'expérience, c'est qu'en moyenne et la plupart du temps, les hommes tendent à accroître leur consommation à mesure que le revenu croît, mais non d'une quantité aussi grande que l'accroissement du revenu* » (Keynes, 1936).

C'est à partir de ces indications que l'on retient généralement la relation $C = cY + C_0$ pour exprimer la **fonction de consommation keynésienne**. Dans cette relation, le niveau de la consommation globale est expliqué par le niveau du revenu.

- Le terme C_0 (**consommation autonome** ou incompressible) indique la valeur de la consommation lorsque Y est nul.

– C'est la **propension marginale à consommer** (PmC) qui indique la proportion de l'accroissement supplémentaire de revenu qui sera consacrée à la consommation.

C'est un rapport de variations : $\Delta C/\Delta Y$ et ΔY sont de même signe ; ΔC est plus petit que ΔY, donc $0 < c < 1$. Graphiquement, la propension marginale à consommer est la pente de la droite représentant la fonction de consommation.

De façon analogue, on peut calculer la **propension moyenne à consommer** (PMC), qui indique la part du revenu global affectée à la consommation, soit C/Y.

Alors que la propension marginale à consommer est constante, la propension moyenne diminue lorsque le revenu s'accroît, ce qui peut s'illustrer sur le schéma suivant :

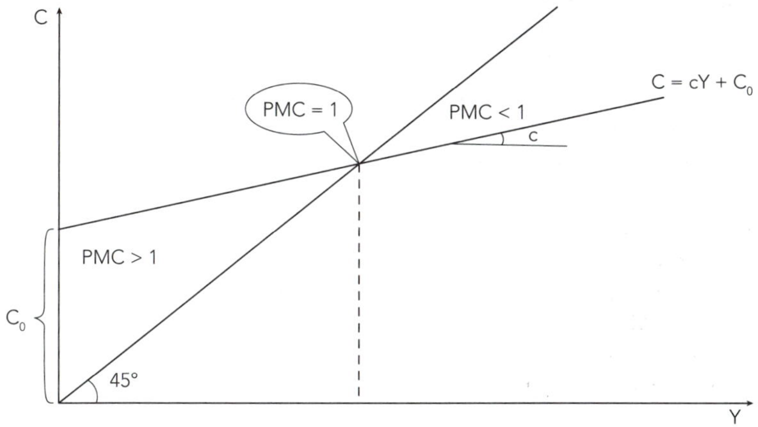

La droite à 45° représente la droite d'équilibre Y = C. Sur le graphique, la PMC est donc égale à l'unité à l'intersection de la droite représentant la fonction de consommation ($C = cY + C_0$) et de la droite d'équilibre : $\frac{C}{Y} = \frac{C}{C} = 1$

La PMC est supérieure à l'unité lorsque la droite de consommation est au-dessus de la droite d'équilibre, on a alors C > Y, et donc $\frac{C}{Y} > 1$

J. M. Keynes, introduit une nuance, en précisant : « *La propension marginale à consommer n'est pas la même quel que soit le niveau de l'emploi et il est probable qu'en règle générale elle tend à diminuer quand l'emploi augmente ; autrement dit, lorsque le revenu réel augmente, la communauté ne désire consommer qu'une proportion graduellement décroissante de son revenu* » (Keynes, 1936). Selon cette affirmation, la propension marginale à consommer serait alors décroissante et non pas constante. La fonction de consommation ne serait alors pas une fonction croissante à taux décroissant.

b. Les résultats contradictoires des premières tentatives de vérification

Le développement des travaux empiriques dans l'immédiat après-guerre a permis de tester la relation proposée par **J.-M. Keynes**. Ces recherches empiriques font apparaître deux fonctions de consommation distinctes selon la période retenue pour le travail d'estimation.

- À long terme, selon des travaux effectués par **S. Kuznets** (1901-1985) sur des séries temporelles longues relatives à la consommation et aux revenus réels des ménages américains sur la période 1869-1938, la consommation est proportionnelle au revenu, ce qui signifie que la PMC est sensiblement égale à la PMC. Malgré la forte hausse du revenu durant la période étudiée, la PMC est demeurée stable, ce qui contredit l'analyse keynésienne.
- À court terme, des travaux réalisés à partir :
  - soit de séries temporelles de court terme portant sur des valeurs trimestrielles de la consommation et du revenu,
  - soit de budgets de famille (séries en coupe instantanées) fournissant à une date donnée, les divers niveaux de consommation des ménages classés par tranches de revenus,

  confirment que la propension à consommer diminue lorsque le revenu augmente.

Ces résultats de court terme sont alors compatibles avec la forme de la fonction keynésienne.

Finalement, les études empiriques parviennent à des résultats paradoxaux : en longue période, la consommation serait proportionnelle au revenu ; en courte période, elle ne le serait pas.

Pour expliquer cette constatation empirique, des efforts théoriques ont été déployés dans différentes directions.

B. Les reformulations post-keynésiennes : effet de démonstration et théorie du revenu relatif

J.S. Duesenberry (1918-2009) cherche à résoudre ce paradoxe en abandonnant l'un des postulats de la théorie microéconomique traditionnelle de la consommation : l'indépendance de la consommation d'un agent à l'égard de la consommation des autres. La dimension sociale des comportements de consommation est fondamentale selon lui. Dans la recherche d'un niveau et d'un genre de vie sans cesse plus élevés, les biens ne sont pas consommés seulement pour leur utilité directe : ils ont également une valeur signe. Les agents d'un groupe social donné auront tendance à imiter la consommation d'un groupe aux revenus plus élevés : leur propension à consommer sera donc plus forte : c'est l'**effet d'imitation** ou de **démonstration**. Ces phénomènes jouant dans toutes les classes de revenu, les consommations d'imitation tendent à accroître le volume global de la consommation à mesure que les revenus s'élèvent. Le fait que la hausse du revenu au cours du temps ne provoque pas de baisse de la propension à consommer trouve ainsi un début d'explication.

Dans cette analyse, on a alors une fonction de consommation différenciée par groupes sociaux.

Le recours à ce type de fonction de consommation a été adopté dans beaucoup de modèles économétriques (modèle Metric utilisé en France à partir de 1977).

C. La fonction friedmanienne de longue période

M. Friedman (1912-2006, prix Nobel 1976) propose en 1957 une nouvelle théorie de la fonction de consommation.

Selon lui, la consommation d'une période ne dépend pas uniquement des revenus de cette période, mais plus généralement de l'ensemble des revenus anticipés sur les périodes futures.

Dans cette conception, il y a donc rupture de la liaison directe entre revenu courant et consommation courante : un accroissement de revenu modifie la consommation de l'agent uniquement dans la mesure où il y a modification de la richesse de l'agent, c'est-à-dire de l'ensemble des ressources dont il pense pouvoir disposer sur l'ensemble des périodes.

Pour **M. Friedman**, le déterminant de la consommation est donc le **revenu permanent**, qu'il définit comme « *la somme qu'un consommateur peut consommer en maintenant constante la valeur de son capital* » (Friedman, 1957).

Il introduit une distinction semblable à propos de la consommation : la consommation permanente est définie comme « *la valeur des services que l'on prévoit de consommer durant la période considérée* » (Friedman, 1957). Ainsi, alors que la consommation au sens habituel inclut les achats de biens de consommation durable, la consommation permanente n'inclut que la valeur des services rendus par ces biens (frigidaire, voiture, télévision…) au cours de la période considérée. On peut alors montrer que la consommation permanente est proportionnelle au revenu permanent.

$$C_p = \gamma Y_p$$

Le revenu permanent est estimé à l'aide des revenus observés de la période courante et des périodes passées, les différents revenus observés étant affectés d'un poids qui décline au fur et à mesure que croît leur éloignement dans le temps. Le paramètre γ dépend notamment du taux d'intérêt.

D. La prise en compte du temps dans l'analyse de la consommation : la « nouvelle théorie du consommateur »

En rupture avec la théorie microéconomique traditionnelle qui considère le consommateur comme un être passif (v. chapitre *Analyses microéconomiques du consommateur et du producteur et équilibre de marché*), **G. Becker** (prix Nobel 1992) introduit en 1964, le variable temps dans l'analyse de la consommation.

Selon la « **nouvelle théorie du consommateur** », l'achat d'un bien ou d'un service ne constitue pas un acte économique final, mais un acte intermédiaire : le consommateur est en fait un producteur, qui utilise des « inputs » (les achats qu'il fait sur le marché, ainsi qu'une autre ressource rare, le temps) pour « produire » une satisfaction finale. On n'achète pas une voiture pour la voiture elle-même, mais pour les services ou les satisfactions dont elle est le support : on achète le moyen de se déplacer commodément d'un point à un autre, ou encore le moyen de « paraître » devant ses voisins ou ses relations.

La satisfaction, pour un même objet, peut donc être différente selon les individus : les uns recherchent avant tout le moyen de locomotion, les autres l'élément d'ostentation. Cette introduction du temps dans l'analyse des activités de l'individu débouche directement sur deux considérations essentielles.

- L'augmentation du revenu élève la valeur du temps qui est donnée par son **coût d'opportunité**, c'est-à-dire le revenu sacrifié par unité de temps consommé. Chaque heure de travail apporte au salarié les moyens de s'offrir un volume croissant de biens et services, et donc la possibilité d'obtenir un volume de satisfactions lui aussi croissant, par unité de temps. Le consommateur est alors incité à se montrer plus économe de son temps. Pour maximiser son « produit », c'est-à-dire le volume global de ses satisfactions, il cherchera à réaliser ses préférences par des moyens nécessitant moins d'inputs de temps (restaurant, réfrigérateur pour ne pas aller au marché…).
- Pour **G. Becker**, il n'est pas nécessaire de supposer que les besoins et les préférences des individus changent au cours du temps pour expliquer la prolifération des produits nouveaux, leur obsolescence ou leur renouvellement accéléré. La seule chose qui évolue, c'est le prix du temps : la hausse continue du prix du temps aboutit à placer le consommateur dans la situation d'une entreprise qui voit en permanence se modifier les prix relatifs de ses facteurs de production. Ce qui change, ce n'est pas la structure des besoins du consommateur, mais les moyens de les satisfaire (par exemple l'utilisation de l'avion n'exprime pas un besoin

spécifique d'avion, mais une demande de déplacement de plus en plus rapide).

De la même façon, la théorie de **J. Lancaster** (1966) stipule que la satisfaction du consommateur ne provient pas uniquement du produit, mais également des attributs qui le caractérisent : « *la principale nouveauté technique consiste à s'écarter de l'approche traditionnelle considérant les biens comme les objets directs de l'utilité, et, à la place, supposer que ce sont des propriétés ou des caractéristiques de ces biens que découle l'utilité* ». Le choix du consommateur se portera alors sur le bien dont les caractéristiques maximisent son utilité. Si deux biens rendent le même service, le choix du consommateur se portera sur le bien dont les caractéristiques lui conviennent le mieux, et pas nécessairement sur le bien dont le prix est le plus bas.

III. Les approches institutionnalistes de la consommation

À distance des approches microéconomiques et macroéconomiques dominantes, les économistes institutionnalistes insistent sur l'inscription de la consommation dans une société particulière, et sur les contraintes institutionnelles qui viennent encadrer les pratiques, comme les normes de consommation en fonction du groupe social.

A. Thorstein Veblen et la consommation ostentatoire

Pour **Th. Veblen** (1857-1929), le niveau technologique élevé, la séparation entre la propriété et la gestion, permettent le développement d'une classe oisive dont la culture, dite *culture pécuniaire*, va avoir tendance à se diffuser dans toutes les classes sociales en raison de comportements d'émulation (*Veblen*, 1899).

Le statut social dans la classe de loisir dépend moins du niveau que du genre de vie. La **consommation ostentatoire** est souvent à l'opposé du sens commun et parfois du confort. Pour se différencier ou se distinguer, il faut s'imposer des objets et des pratiques qui vont à l'encontre des besoins les plus élémentaires. Le signe l'emporte sur l'utilité. L'ostentation remplace la satisfaction tirée de l'objet.

Dans l'analyse de **Th. Veblen**, le loisir et la consommation ostentatoire ont un point commun qui fonde leur utilité, c'est le gaspillage de temps et de richesses. Tous deux servent à faire étalage de la richesse. On préférera l'un ou l'autre selon le stade de l'évolution économique. Avec l'urbanisation, la société se diversifie et la consommation prime sur le loisir.

Le système industriel, avec le type de voisinage urbain qu'il développe, accentue le rôle de la consommation ostentatoire. Les voisins sont des inconnus, mais leur opinion compte, et la consommation est le moyen de leur montrer ses capacités pécuniaires. La consommation ostentatoire est plus importante en milieu urbain qu'en milieu rural, car la ville provoque la démonstration et la surenchère : à revenu égal, la norme des apparences y est plus élevée. À la campagne, l'épargne, le confort domestique, le loisir, jouent en partie le même rôle, car la consommation ostentatoire perd de son efficacité dans un milieu où tout le monde sait tout sur tous.

B. J. K. Galbraith et la filière inversée

À la fin des années 1960, **J. K. Galbraith**, met en évidence le fait que, dans la société industrielle, le pouvoir appartient aux grandes entreprises : « *aussi, loin de se soumettre docilement et placidement aux lois du marché, comme le veut la thèse néoclassique, ces entreprises fixent les prix et font tout ce qu'elles peuvent pour assujettir le consommateur à leurs besoins* » (Galbraith, 1968).

J. K. Galbraith s'oppose ainsi à la théorie néo-classique, dans laquelle le consommateur est roi et où la filière est « normale » : les consommateurs expriment des besoins que les entrepreneurs s'efforcent de satisfaire.

J. K. Galbraith raisonne au contraire en termes de « **filière inversée** » : les entreprises décident des biens qu'elles désirent produire, et elles font en sorte ensuite de créer chez les consommateurs les besoins correspondant aux biens créés, par la publicité notamment (v. chapitre *Entreprise et système productif*).

§ 2. Épargne et patrimoine

Au sens le plus large, l'**épargne** est la part du revenu qui n'est pas consommée au cours d'une période donnée. Les économistes accordent une grande importance à l'épargne pour plusieurs raisons.

- Depuis le XIXe siècle, les débats portent sur les conséquences de l'épargne sur l'activité économique : certains économistes considèrent qu'un excès d'épargne est un facteur de récession, d'autres voient au contraire dans l'épargne un facteur essentiel d'accumulation du capital, et par là de croissance.

- Par ailleurs, l'épargne est une source de financement indispensable, dans la mesure où elle peut permettre une réaffectation des ressources entre les différents agents. Ainsi, l'épargne des ménages contribue au financement des entreprises ou de l'État.
- Enfin, l'épargne est aussi un flux qui vient alimenter le stock de richesses détenues par les agents. Du point de vue comptable, on définit ce stock comme le **patrimoine** d'un agent, c'est-à-dire l'ensemble des actifs qu'il détient (biens capitaux, titres de propriété, créances). Les choix patrimoniaux des ménages, par exemple leur préférence pour les placements financiers ou pour l'acquisition de biens immobiliers, influencent en retour leur épargne, et donc l'activité économique.

I. Le rôle macroéconomique de l'épargne

A. La mesure de l'épargne globale

a. Définitions

Définie au niveau microéconomique, l'épargne résulte de la décision d'un agent individuel qui ne consomme pas l'intégralité de son revenu. En termes macroéconomiques, l'**épargne globale** est la différence entre le revenu national et la consommation globale.

La comptabilité nationale retient cette seconde approche : l'**épargne brute** est définie comme la différence entre le revenu disponible brut et la consommation finale. L'épargne brute est en fait le solde du compte d'utilisation du revenu disponible (v. chapitre *Comptabilité nationale*). On définit aussi une **épargne nette**, en retranchant de l'épargne brute la **consommation de capital fixe**, c'est-à-dire la part de l'épargne brute utilisée pour remplacer le capital fixe usé ou obsolète. La mesure de l'épargne nette est nécessaire au raisonnement économique pour appréhender les flux qui permettent une augmentation du stock de capital, mais l'évaluation de la consommation de capital fixe est complexe et on est souvent conduit à utiliser les indicateurs bruts de l'épargne. En effet, cette mesure suppose une estimation délicate de la durée de vie des biens capitaux, nécessaire pour déterminer le moment où une nouvelle acquisition de capital vient remplacer un capital devenu obsolète, et non s'ajouter à lui. Par exemple, si un ordinateur a une durée de vie de trois ans, un achat d'une unité tous les trois ans n'augmente pas le parc informatique.

L'épargne brute peut être définie soit pour l'ensemble de la nation, en agrégeant l'épargne des secteurs institutionnels résidents, soit pour chacun de ces secteurs. Les ménages ne sont donc pas les seuls agents à épargner, du point de vue de la comptabilité nationale, mais l'interprétation de l'épargne brute est différente selon le secteur institutionnel concerné.

- Les sociétés non financières et les sociétés financières n'ont, par définition, pas de consommation finale, leur revenu disponible brut est donc égal à leur épargne brute. Il s'agit de la part des profits qui n'ont pas été distribués sous forme de revenus (dividendes par exemple), soit le profit brut non distribué, disponible pour les investissements (autofinancement) ou pour les placements.

- L'épargne brute est un indicateur assez restrictif pour les ménages, en raison de la définition de la consommation finale retenue pour ce secteur institutionnel. En effet, seuls les achats de biens immobiliers sont considérés comme des dépenses d'investissement des ménages, par conséquent les autres achats de biens durables (électroménager, automobile, etc.) sont comptabilisés dans la consommation finale, ce qui réduit d'autant l'épargne brute. Plus la définition de la consommation est large, et plus l'épargne se réduit, puisque c'est un solde.

- Pour les autres secteurs institutionnels, la notion d'épargne brute est moins utilisée, car elle n'a pas la même pertinence du point de vue économique que pour les ménages ou les entreprises.

b. Les formes d'épargne des ménages

L'épargne des ménages peut être utilisée sous des formes très diverses, qui ne présentent ni les mêmes degrés de risque, ni la même liquidité, ni le même rendement.

- L'**épargne liquide** sous la forme de dépôts rémunérés, comme les livrets d'épargne proposés par les établissements bancaires, sert à l'épargne de courte durée et de précaution. En France, une part de l'épargne sur livrets défiscalisés contribue au financement du logement social, *via* sa gestion par la Caisse des dépôts et Consignations.
- Les **placements financiers** (ou **épargne financière**), c'est-à-dire l'acquisition de titres (actions, obligations, SICAV, assurance-vie, etc.) participent directement au financement des autres agents économiques.
- La **thésaurisation**, c'est-à-dire la conservation de moyens de paiement est, par hypothèse, une forme d'épargne non rémunérée.
- L'acquisition de biens immobiliers (**épargne non financière**) ou d'objets de valeur est plus adaptée à une épargne longue.

L'épargne salariale

Encouragées par les pouvoirs publics, les entreprises développent depuis plusieurs années une épargne salariale, prenant la forme de participation et/ou d'intéressement. Les dispositifs d'épargne salariale sont nécessairement collectifs et aucun salarié ne peut en être exclu. L'épargne salariale n'a pas vocation à se substituer au salaire.

La loi Macron du 6 août 2015, appliquée au 1er janvier 2016, cherche à favoriser l'accès des salariés des entreprises de petite taille aux dispositifs d'épargne salariale.

La **participation salariale** permet aux salariés d'être associés aux résultats de leur entreprise. Elle est obligatoire dans toutes les entreprises qui ont employé au moins 50 salariés sur douze mois, consécutifs ou non, au cours des trois derniers exercices. Mais toutes les entreprises peuvent recourir à ce dispositif en concluant un accord de participation. Si les salariés le demandent, les sommes attribuées peuvent donner lieu à un versement immédiat (de tout ou partie de la somme). Ils peuvent également placer les sommes, soit :

– sur des comptes d'épargne salariale : plan d'épargne entreprise (PEE), plan d'épargne inter-entreprises (PEI) ou plan d'épargne pour la retraite collectif (PERCO). Les sommes sont alors bloquées pendant une certaine durée (en général 5 ans pour les PEE ou jusqu'à la retraite pour les PERCO);

– sur un compte-courant bloqué (CCB) consacré au financement d'investissements productifs.

L'**intéressement salarial**, qui permet d'associer financièrement les salariés aux performances, est facultatif pour les entreprises. En fonction de ses résultats (chiffre d'affaires, bénéfices, etc.), l'entreprise peut ainsi effectuer des versements en faveur de ses salariés. Le dispositif bénéficie d'exonérations de charges sociales patronales et salariales (hors CSG/CRDS et hors forfait social). Sauf demande contraire du salarié, l'intéressement est affecté par défaut au PEE ou PEI existant dans l'entreprise et bloqué 5 ans.

c. L'épargne des ménages dans un modèle simplifié de comptabilité nationale

Compte d'utilisation du revenu

Consommation finale Solde = Épargne brute	Revenu disponible brut

Compte de capital

Épargne non-financière	Consommation de capital fixe (= épargne nette) Formation nette de capital fixe Variation des stocks Objets de valeur	Épargne brute
Épargne financière	Solde = Capacité de financement	

d. Les différents taux d'épargne

Il existe plusieurs définitions du **taux d'épargne**, c'est-à-dire du rapport entre l'épargne dégagée et les ressources disponibles, selon le secteur institutionnel concerné. Les taux qui suivent sont définis en pourcentage.

Pour l'ensemble de la nation l'agrégat de référence est le PIB :

$$\textbf{Taux d'épargne nationale} = \frac{\text{Épargne brute des résidents}}{\text{PIB}}$$

Pour les sociétés, on définit le taux d'épargne par rapport à la valeur ajoutée qu'elles génèrent :

Taux d'épargne des sociétés non financières (SNF) =

$$\frac{\text{Épargne brute des SNFV}}{\text{Valeur ajoutée brute de SNF}}$$

Pour les ménages, le taux d'épargne est calculé par rapport au revenu disponible brut (RDB) :

$$\textbf{Taux d'épargne des ménages} = \frac{\text{Épargne brute des ménages}}{\text{RDB des ménages}}$$

Pour ce secteur institutionnel, il est utile de distinguer la part de l'épargne financière et non financière :

$$\textbf{Taux d'épargne financière} = \frac{\text{Capacité de financement des ménages}}{\text{RDB des ménages}}$$

$$\textbf{Taux d'épargne non financière} = \frac{\text{FBCF brute des ménages}}{\text{RDB des ménages}}$$

Ces différents taux bruts peuvent également être convertis en taux nets, par soustraction de la consommation de capital fixe au numérateur et au dénominateur.

TAUX D'ÉPARGNE DES MÉNAGES EN % DU REVENU DISPONIBLE BRUT

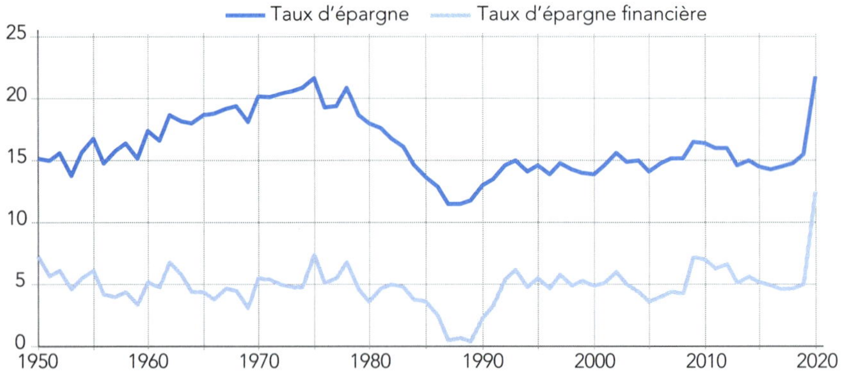

Lecture :
En 2020, le taux d'épargne des ménages est égal à 21,4 % et le taux d'épargne financière à 12,1 %.
Champ : Ménages y comprend des entrepreneurs individuels.

Source : Insee, Comptes nationaux, base 2014.

En 2020, du fait de la pandémie de la covid-19, on assiste à une forte augmentation de l'épargne de précaution des ménages, compte tenu de l'incertitude économique conjoncturelle.

B. Théories économiques et équilibre épargne/investissement

Pour présenter la relation entre épargne et investissement, on considère pour simplifier une économie fermée caractérisée par les relations suivantes :
- la production (Y) se répartit entre consommation (C) et investissement (I) : $Y = C + I$
- Le revenu global (R) se répartit entre consommation (C) et épargne (S) : $R = C + S$
- Durant une période donnée, la production donne lieu à une distribution de revenus de même montant, donc $Y = R$
- Des trois relations précédentes, on déduit que l'épargne est égale à l'investissement : $I = S$

Cette relation d'équilibre peut donner lieu à des interprétations macroéconomiques opposées, suivant que l'on considère l'épargne comme un préalable indispensable à l'investissement, ou au contraire que toute décision d'investir entraîne automatiquement la formation d'une épargne de même montant.

a. L'approche classique

Pour les économistes classiques, la loi des débouchés garantit l'équilibre entre la production et le revenu global, donc entre l'épargne et l'investissement (v. chapitre *Les grands courants de l'analyse économique*). Plus précisément, les classiques considèrent que le rôle des entrepreneurs est de réaliser l'**avance en capital** nécessaire pour engager la production : ils financent ainsi l'investissement, et paient les salaires. Les entrepreneurs ont donc sacrifié une partie de leur revenu pour l'avance de capital, au détriment de leur consommation : ils ont réalisé une **épargne préalable** à l'investissement. En conséquence, l'égalité entre épargne et investissement est toujours vérifiée, car c'est la même classe sociale qui réalise les deux opérations, à savoir les entrepreneurs, et de plus la dépense d'investissement découle d'une épargne préalable de même montant. Par conséquent, une épargne excessive n'est pas envisageable.

Parmi les économistes classiques, **T. Malthus** (1766-1834) adopte une position opposée, à l'origine d'une controverse avec **D. Ricardo** (1772-1823) sur l'équilibre macroéconomique. Selon **T. Malthus**, un excès d'épargne est possible et conduit à une crise de sous-consommation (v. chapitre *Fluctuations, cycles et crises économiques*), alors que **D. Ricardo**, dans la lignée de **J. B. Say** (1767-1832) considère que seules des crises sectorielles sont envisageables, résultant d'un excès d'investissement dans des secteurs où la demande est insuffisante. La baisse des profits qui en résulte dans le secteur considéré conduit les entrepreneurs à réaffecter leur épargne dans des secteurs plus rentables, ce qui met fin à la surproduction.

b. L'approche néo-classique

1. Épargne et équilibre sur le marché des capitaux

Pour les néo-classiques, le marché des capitaux est le lieu où se confrontent besoins et offres de capitaux, déterminant un prix d'équilibre (le taux d'intérêt) tel que l'égalité entre épargne et investissement est toujours réalisée *ex ante*. En effet, l'investissement des entreprises (ou demande de capital) est financé par l'épargne des ménages (ou offre de capital) : un excès d'épargne ou un excès d'investissement n'est donc pas possible (v. chapitre *Capital et investissement*).

À la différence des classiques, les décisions d'épargner et d'investir ne sont pas prises par les mêmes personnes (les entrepreneurs) mais elles sont fixées simultanément par la confrontation des comportements des ménages et des entrepreneurs sur le marché des capitaux (ou le marché des fonds prêtables) en fonction du prix du capital, le taux d'intérêt. Il en découle deux conséquences importantes :

- les ménages réalisent à tout moment un arbitrage entre consommer tout de suite leur revenu, et épargner en vue d'une consommation ultérieure. De ce fait, l'épargne n'est qu'une consommation différée, et son niveau dépend d'un calcul intertemporel entre la satisfaction immédiate (la consommation) et la satisfaction future, qui augmente avec l'épargne ;
- c'est la flexibilité du prix du capital qui permet l'équilibre *ex ante* entre épargne et investissement :

L'ÉQUILIBRE I = S SUR LE MARCHÉ DES CAPITAUX

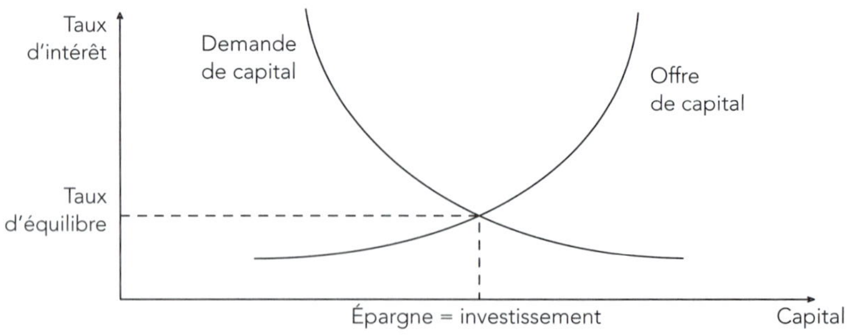

2. La règle d'or de l'accumulation du capital

Dans l'approche néo-classique, le taux d'épargne détermine le **sentier de croissance**, c'est-à-dire les niveaux de production successifs atteints par une économie. Cependant, si la hausse de l'épargne permet d'augmenter le stock de capital, et donc la production, une augmentation du taux d'épargne n'est pas automatiquement favorable à la croissance. En effet, dans le modèle néoclassique de croissance établi par **R. Solow** (v. chapitre *La croissance économique*), le taux d'épargne n'influence pas le rythme de la croissance à long terme, qui dépend d'un facteur exogène, le progrès technique, mais il détermine le niveau maximal de richesse atteint par une économie, c'est-à-dire le produit par tête à l'état stationnaire. Selon la « **règle d'or de l'accumulation du capital** » énoncée par **E. Phelps**, il existe donc un taux d'épargne « idéal » qui maximise la consommation par tête atteint à l'état stationnaire. La politique économique peut se fixer ce taux d'épargne comme objectif à long terme, afin de maximiser la satisfaction des consommateurs.

c. L'approche keynésienne

1. Le multiplicateur d'investissement

Pour **J.-M. Keynes** (1883-1946), l'épargne est un résidu du revenu, après que les ménages aient fixé leur niveau de consommation. De plus, une épargne préalable n'est pas nécessaire à l'investissement. La décision d'investir dépend de la demande anticipée par les entrepreneurs, et la dépense d'investissement peut être financée par le crédit par exemple, où le déficit budgétaire quand il s'agit d'un investissement public. En revanche, Keynes montre qu'un investissement autonome génère finalement une épargne d'un montant identique, grâce au mécanisme du multiplicateur (v. chapitre *Capital et investissement*). Par définition, le **multiplicateur d'investissement** est égal à l'inverse de la propension à épargner (s). Toute augmentation de l'investissement entraîne par le biais du multiplicateur une augmentation du produit national (Y) égale à : $\Delta Y = \Delta I(\frac{1}{s})$

Le produit national supplémentaire génère à son tour une épargne (S) qui est par définition proportionnelle au taux d'épargne de l'économie : $\Delta S = s \times \Delta y$

Soit en remplaçant ΔY par sa valeur : $\Delta S = s \times \Delta Y = s \times \Delta I(\frac{1}{s}) = \Delta I$

Un investissement autonome a donc induit une épargne d'un montant strictement identique.

Pour **J.-M. Keynes**, ce raisonnement a deux conséquences essentielles :

– une politique d'investissements publics permet d'augmenter l'activité, et donc de lutter contre le chômage, quand le niveau d'investissement

privé est insuffisant pour assurer un emploi à tous (v. chapitre *Politiques économiques*) ;
- inversement, une augmentation de l'épargne des ménages n'est pas nécessaire pour sortir d'une situation de sous-emploi, comme le suggère le modèle néo-classique : au contraire, l'augmentation du taux d'épargne a dans cette situation des effets récessifs. Pour **J.-M. Keynes**, si l'épargne est une vertu individuelle (une épargne de précaution est justifiée), elle se transforme en « vice social » en situation de sous-emploi. En effet, l'épargne diminue l'activité actuelle sans créer d'activité nouvelle : il ne s'agit pas d'une consommation différée, comme le montre la métaphore du dîner. « *Un acte d'épargne individuelle signifie pour ainsi dire une décision de ne pas dîner aujourd'hui. Mais il ne requiert pas une décision de dîner* [...] *à une date déterminée. Il déprime ainsi l'activité de confectionner le dîner d'aujourd'hui sans stimuler l'activité de se préparer à un quelconque acte futur de consommation.* » (Keynes, 1936).

2. L'équilibre I = S où les dangers d'une hausse de l'épargne globale

Soit une économie fermée régie par les hypothèses keynésiennes sur le marché des biens et services. On note Y le produit national, C la consommation, S l'épargne, I l'investissement, c la propension à consommer, s la propension à épargner, et C_0 la consommation incompressible.
- Le produit national est égal à $Y = C + I$
- Le revenu global est égal à $R = C + S$
- La fonction de consommation keynésienne s'écrit : $C = cY + C_0$
- L'investissement est autonome : $I = I_0$
- L'épargne est un résidu du revenu, d'où la fonction d'épargne suivante :

$S = Y - C = Y - cY - C_0 = Y(1 - c) - C_0$

La condition d'équilibre sur le marché des biens est $I = S$

On peut représenter sur un graphique le produit d'équilibre Ye à l'intersection des droites d'épargne et d'investissement :

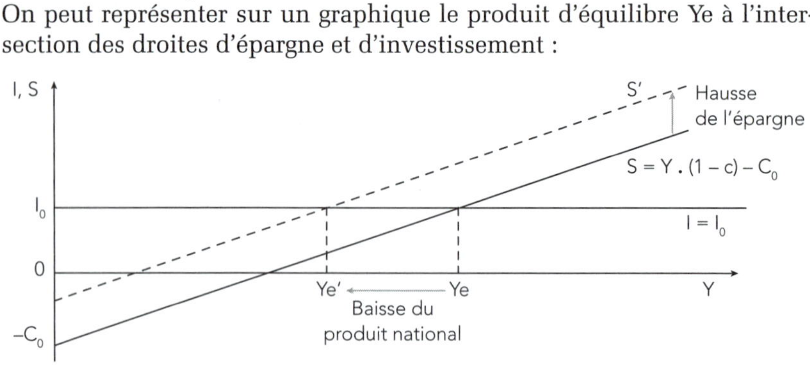

Faisons l'hypothèse d'une hausse de l'épargne globale, suite par exemple à la crainte d'une récession, qui inciterait les ménages à former une épargne de précaution. La fonction d'épargne se déplace à un niveau supérieur S' : comme le montre le graphique, cela conduit à un produit d'équilibre inférieur Ye'. L'effet multiplicateur a joué négativement : une hausse de l'épargne se traduit par une diminution du PIB.

À l'inverse, ce modèle peut être utilisé pour illustrer graphiquement l'effet multiplicateur d'une hausse de l'investissement sur le produit national : dans ce cas la droite d'investissement se déplace vers le haut, et l'équilibre I=S se réalise pour un produit d'équilibre supérieur (cas non représenté ici).

3. Des interprétations différentes de l'œuvre de Keynes

Il existe des interprétations très différentes de l'œuvre de **J.-M. Keynes** (v. chapitre *Les grands courants de l'analyse économique)*, et la question de l'équilibre épargne / investissement n'y échappe pas. Pour **J. Hicks** (1904-1989, prix Nobel 1972) et l'école de la synthèse néo-classique, la relation I = S doit se comprendre comme une condition d'équilibre à un moment donné : le cadre de raisonnement néo-classique en termes d'équilibres de marché est alors préservé. Pour les post-keynésiens au contraire, la relation I = S n'est qu'une identité comptable, elle est par définition toujours vérifiée en fin de période, ce qui peut être compatible avec un déséquilibre *ex ante* entre l'épargne et l'investissement.

Selon **O. Favereau**, ce conflit des interprétations est en réalité au cœur de l'œuvre de **J.M. Keynes**, qui mêle un « projet pragmatique » – convaincre ses contemporains d'agir efficacement contre le chômage, en faisant de la théorie générale de l'équilibre de sous-emploi une simple extension du modèle néo-classique; et un « projet radical », en rupture avec le modèle classique de la régulation marchande du fait de la place accordée aux anticipations, à l'incertitude et à la monnaie.

En poursuivant l'œuvre de **J. M. Keynes** par l'étude de la croissance en longue période, **R. Harrod** (1900-1978) et **E. Domar** (1914-1997) considèrent que la croissance est possible seulement si l'investissement augmente d'une période à l'autre, donc si l'investissement à une période donnée est supérieur à l'épargne dégagée à la période précédente (v. chapitre *La croissance économique*). Cela met en évidence le rôle du crédit, car le financement de la totalité de l'investissement par une épargne préalable n'est pas compatible avec la croissance économique.

Épargne volontaire, Épargne forcée

L'analyse de l'épargne développée par **F. Hayek** (1899-1992, prix Nobel 1974) montre qu'une politique monétaire de diminution des taux d'intérêt conduit à la surcapitalisation, c'est-à-dire à un allongement excessif du détour de production (v. chapitre *Capital et investissement*).

En l'absence d'intervention des autorités monétaires, le niveau d'épargne résulte de l'arbitrage fait par les ménages entre consommation actuelle et consommation future. Il s'agit d'une **épargne volontaire**, car elle découle de la préférence des ménages pour le futur. Sur

le marché des capitaux, la confrontation de l'épargne des ménages et des besoins de capitaux des entreprises pour leurs investissements détermine le taux d'intérêt naturel, notion empruntée à **K. Wicksell** (1851-1926). À ce taux, les entreprises réalisent les détours de production qui permettent de satisfaire au mieux les préférences des ménages. Un changement des choix d'épargne des ménages créé un déséquilibre temporaire, le temps que la structure de production s'adapte à la nouvelle répartition entre consommation et épargne.
Une politique monétaire expansive en vue de soutenir l'activité consiste à baisser les taux d'intérêt afin de faciliter le recours au crédit. Pour **F. Hayek**, cela conduit à une diminution du taux appliqué aux crédits bancaires : le taux d'intérêt monétaire devient inférieur au taux d'intérêt naturel. La baisse du taux d'intérêt monétaire facilite les investissements au-delà de ce qui était nécessaire pour répondre à la demande des ménages : de ce fait**, la structure de production** s'allonge inutilement, au profit des biens intermédiaires et au détriment des biens de consommation. Comme la demande des ménages en biens de consommation n'a pas changé, il en résulte une hausse des prix des biens de consommation. Cela oblige les ménages à réduire leur consommation : ils réalisent une **épargne forcée** par la hausse des prix dans le secteur des biens de consommation, c'est-à-dire une renonciation à consommer imposée par l'inflation qu'ils subissent.
F. Hayek s'oppose donc aux conceptions de **J. M. Keynes** : l'absence d'intervention publique est préférable, car cela évite de perturber « l'ordre spontané » résultant des interactions entre agents, qui se traduit par un niveau optimal d'épargne et d'investissement.

d. L'approche monétariste

Avec les travaux de **M. Friedman**, l'analyse monétariste conteste la validité des conclusions keynésiennes au niveau macroéconomique, en formulant de nouvelles hypothèses sur les fondements microéconomiques des choix de consommation et d'épargne. Les choix de consommation ne dépendent pas du revenu courant, mais du revenu permanent : les individus recherchent la meilleure répartition intertemporelle entre consommation actuelle et future en fonction de la composante stable de leur revenu. Par conséquent l'épargne, tout comme l'endettement, sert de variable d'ajustement. Contrairement aux hypothèses de **J.M. Keynes**, le taux d'épargne courant est instable, de même que la propension à consommer, ce qui permet la stabilité à long terme de la relation entre revenu permanent et consommation permanente. Par exemple, un ménage qui perçoit un **revenu transitoire** important va augmenter son taux d'épargne temporairement pour « lisser » l'effet de ce revenu sur son niveau moyen de consommation.

L'épargne n'est donc pas un résidu comme chez **J.M. Keynes**, mais résulte d'un arbitrage entre consommation actuelle et future, en fonction des anticipations des ménages concernant l'évolution de leur revenu. Les implications macroéconomiques de l'hypothèse du revenu permanent sont fortes, car l'instabilité du taux d'épargne et de la propension à consommer signifie que l'effet multiplicateur est lui-même instable, voire nul, puisqu'il dépend de la valeur de ces paramètres. Cela conduit **M. Friedman** à critiquer l'efficacité des politiques budgétaires d'inspiration keynésienne, fondées sur l'effet multiplicateur des dépenses publiques (v. chapitre *Politiques économiques*).

Dans l'analyse de **M. Friedman**, les ménages ont une logique patrimoniale : les choix d'épargne dépendent de la richesse accumulée (et anticipée) tout au long de l'existence, et non du revenu courant.

Équilibre *ex ante* et Équilibre *ex post*

Pour **G. Myrdal** (1898-1987), il faut distinguer l'équilibre entre épargne et investissement *ex post* et *ex ante*.

• L'**équilibre *ex post***, c'est-à-dire l'égalité entre épargne et investissement à la fin de la période, est toujours vérifié : il signifie simplement qu'il existe un équilibre entre la part du revenu non consommée (l'épargne) et la part de la production non consacrée aux biens de consommation (l'investissement).

• En revanche, l'**équilibre *ex ante*** signifie que les projets d'investissement des entrepreneurs en début de période sont compatibles avec le niveau d'épargne souhaité par les ménages : l'équilibre *ex ante* n'a donc rien d'automatique, et des ajustements peuvent s'avérer nécessaires pour parvenir, finalement à l'équilibre *ex post* en fin de période.

II. Comportements d'épargne et formation du patrimoine des ménages

A. Définitions et formes du patrimoine

À l'origine, le **patrimoine** désigne les biens reçus en héritage. Plus largement, le patrimoine comprend les richesses accumulées par une personne, sous forme de biens durables, d'objets de valeur, de monnaie ou de placements financiers. Il faut souligner que la définition du patrimoine est assez délicate, car elle dépend :

- des conventions adoptées pour distinguer, selon leur durée de vie et leur rôle, les biens durables des biens de consommation courante. Seuls certains biens durables font partie du patrimoine (v. chapitre *Capital et investissement*).
- Seuls les éléments pouvant faire l'objet d'une appropriation privée entrent dans la définition du patrimoine : les frontières du patrimoine dépendent donc de l'évolution des droits de propriété. Par exemple le capital humain ne fait pas partie du patrimoine.

En termes comptables, le patrimoine est un stock d'actifs, détenus, sous forme de droits de propriété et de créances. On peut distinguer le **patrimoine brut** d'un agent économique, qui comprend l'ensemble de ses actifs, et le **patrimoine net**, c'est-à-dire la différence entre les actifs détenus et les dettes de l'agent.

En comptabilité nationale, la **valeur nette du patrimoine** est la différence, au 31 décembre de l'année considérée, entre la valeur de l'actif et du passif d'une unité institutionnelle. On distingue en comptabilité nationale les **actifs non financiers** des **actifs financiers**, seuls ces derniers pouvant figurer au passif d'un agent puisqu'ils sont la contrepartie d'une créance d'un autre agent.

On obtient le **patrimoine national net** en agrégeant la valeur nette du patrimoine détenu par l'ensemble des résidents : fin 2019, il s'élève à 16 421 milliards d'euros, soit 8,3 fois le produit intérieur net de l'année.

En 2020, la crise sanitaire de la covid-19 a eu une influence sur le patrimoine économique national : au premier semestre, la capacité de financement des ménages augmente fortement, tandis que le besoin de financement des sociétés non financières se creuse.

Comme stock, le patrimoine résulte de l'accumulation d'actifs au cours du temps : il doit donc être évalué à une date donnée, contrairement à un flux tel l'épargne, qui est mesuré entre deux dates. La valeur d'un patrimoine est difficile à estimer car elle dépend de plusieurs éléments :

- l'épargne nette de l'agent, c'est-à-dire le flux qui vient augmenter son stock d'actifs ;
- l'estimation retenue pour le calcul de l'amortissement (v. chapitre *Capital et investissement*) ;
- l'estimation de la valeur des actifs, qui se fait généralement au prix de marché mais pose problème pour des actifs non standardisés.

Le patrimoine : du concept à la mesure

La mesure d'un stock d'actifs comme le patrimoine pose bien plus de difficultés que l'évaluation d'un agrégat de flux, tel le PIB. En effet, la plupart des actifs non financiers n'ont pas fait l'objet d'une transaction récente : il faut donc procéder à une estimation de leur valeur, s'ils étaient vendus à la date d'évaluation du patrimoine. Pour un bien immobilier par exemple, on prend en compte le prix moyen de l'immobilier dans le quartier concerné. De ce fait, plus les biens sont atypiques, plus leur évaluation est incertaine. En France, l'Insee réalise périodiquement une enquête nationale sur le patrimoine des ménages. Depuis 2010, cette enquête permet, notamment, de faire une estimation de la valeur des biens durables, des bijoux et des œuvres d'art. Enfin, certains éléments du patrimoine perdent rapidement de la valeur, d'autres au contraire en gagnent avec le temps, et c'est pourquoi la valeur du patrimoine peut changer en raison des variations de prix des actifs qui le compose. Cette enquête s'inscrit désormais dans un cadre européen et a lieu tous les trois ans, avec une ré-interrogation sur plusieurs vagues d'une partie des ménages : en 2020, année de la dernière enquête, certains ménages ont été interrogés pour la 3e fois.

B. Les déterminants des choix d'épargne et de patrimoine

L'évolution de l'épargne des ménages a des conséquences évidentes sur leur patrimoine dans la mesure où le flux d'épargne est un moyen d'augmenter le patrimoine. Par ailleurs, les choix patrimoniaux des ménages contribuent à influencer leur épargne, dans son volume comme dans sa structure.

Depuis le milieu des années 1980, la France a d'abord connu une tendance à la hausse du taux d'épargne des ménages puis une stabilisation entre 15 et 16 % dans les années 2010, qui s'est accompagnée d'une évolution sensible de la nature de l'épargne. Les ménages s'ouvrent à l'épargne financière, et on observe une progression des placements en actifs financiers (actions, livrets d'épargne, et surtout l'assurance-vie).

En 2020 cependant, compte tenu de la crise sanitaire, le taux d'épargne des ménages s'est élevé à 21,4 % du revenu disponible brut, contre 14,9 % en 2019. La crise de la covid s'est révélée particulièrement inégalitaire pour les Français, notamment pour leur épargne. Du fait de la baisse de la consommation liée aux restrictions sanitaires, les ménages les plus aisés, dont les revenus n'ont généralement pas baissé (travail à distance possible notamment plus fréquemment que pour les ménages les plus pauvres) ont pu épargner plus que les autres.

a. Les inégalités de patrimoine des ménages

La répartition du patrimoine est bien plus inégale que la répartition du revenu.

L'importance des inégalités patrimoniales s'explique d'abord par un effet de structure : à taux d'épargne identique, les ménages qui ont un revenu élevé accumulent plus rapidement un patrimoine que les ménages à bas revenu, car les montants épargnés sont plus élevés. Cet effet de structure est aggravé par le fait que le taux d'épargne tend à augmenter avec le revenu, favorisant ainsi le caractère cumulatif des inégalités (v. chapitre *Les inégalités économiques*).

Les inégalités de patrimoine brut se sont accrues entre les enquêtes de 2004 et 2010. Ainsi, le rapport interdécile D9/D1 a augmenté de plus de 30 % et le rapport interquartile Q3/Q1 de plus de 47 %.

COURBES DE LORENZ DU PATRIMOINE ET DU REVENU EN 2010

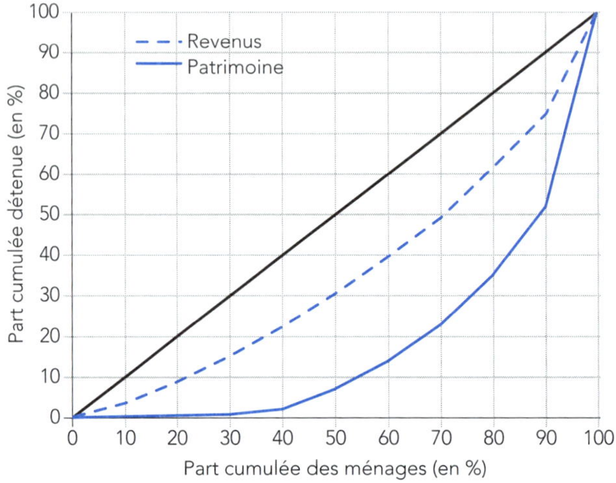

La dernière enquête de l'Insee, rebaptisée *Histoire de vie et patrimoine*, s'est déroulée en 2020 et les résultats ne sont pas encore publiés à ce jour. Selon l'observatoire des inégalités, les inégalités de patrimoine se sont tout de même nettement réduites au XXe siècle. Mais elles se sont stabilisées dans les années 1980 et ont recommencé à augmenter depuis le milieu des années 1990.

b. Les facteurs démographiques

L'évolution de la structure de la population modifie le taux d'épargne, dans la mesure où l'effort d'épargne se répartit inégalement tout au long de l'existence : de jeunes ménages sont plus facilement emprunteurs, tandis que des ménages en fin d'activité ont tendance à préparer leur retraite par une épargne élevée.

La **théorie du cycle de vie** de **F. Modigliani** (1918-2003, prix Nobel en 1985) montre l'influence de la structure démographique sur le taux d'épargne, pour en tirer les conséquences macroéconomiques. L'hypothèse de départ est que les consommateurs effectuent une répartition intertemporelle de leurs ressources, connaissant à l'avance la durée de leur existence et leurs revenus futurs. On suppose que les consommateurs obtiennent le maximum de satisfaction avec une progression régulière de leur consommation, comme le montre le graphique ci-dessous. Or, leur revenu est variable : il augmente progressivement tout au long de la carrière, avant de diminuer sensiblement avec la fin de l'activité. Selon **F. Modigliani**, les consommateurs font alors varier leur patrimoine net de manière à compenser les variations du revenu. Dans ce modèle, on fait ainsi l'hypothèse que les individus n'ont pas de comportements dynastiques et qu'ils ne transmettent donc rien à leurs héritiers. Ils ont un patrimoine net négatif en début de carrière, l'emprunt permettant de consommer davantage que le revenu courant ne le permet (phase A du graphique), ils augmentent ensuite progressivement leur patrimoine pour préparer leur retraite (revenu > consommation dans la phase B), et enregistrent enfin une **désépargne** à partir de la retraite, c'est-à-dire que le patrimoine net diminue, jusqu'à devenir nul, de manière à consommer davantage que ne le permet le revenu courant (phase C).

RÉPARTITION DU REVENU ET DU PATRIMOINE DURANT LE CYCLE DE VIE

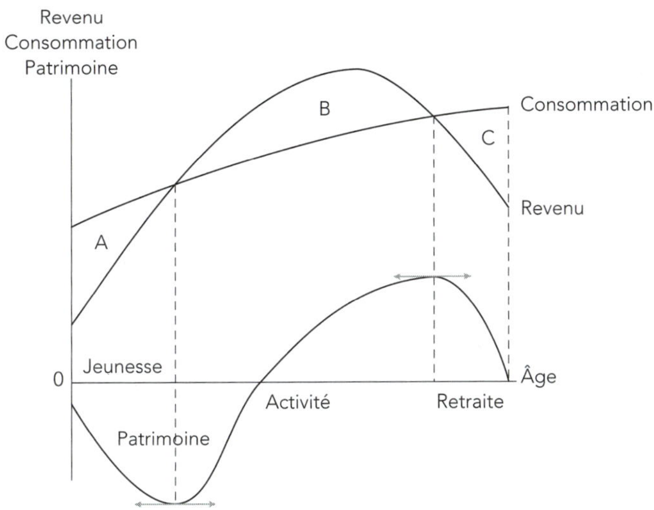

Source : d'après P. Villieu, *Macroéconomie : consommation et épargne*, La Découverte, 2008.

Comme la théorie du revenu permanent de M. **Friedman**, l'hypothèse du cycle de vie suppose que l'épargne est le résultat d'un **arbitrage intertemporel** entre consommation actuelle et consommation future. Les études empiriques en économie comportementale montrent au contraire que les individus font preuve d'**incohérence temporelle**, c'est-à-dire qu'ils ne font pas les mêmes choix dans le futur qu'ils pensaient faire aujourd'hui. Ils repoussent par exemple le moment d'épargner, alors qu'ils regrettent ce choix plus tard. Selon **R. Thaler** et **C. Sunstein**, il ne faut donc pas compter sur les choix rationnels en matière d'épargne et inciter les individus à prendre de meilleures décisions en leur proposant des « choix par défaut », par exemple de souscrire par défaut à un plan d'épargne-retraite, qu'il est plus difficile de décider de supprimer, plutôt que l'inverse.

Le vieillissement de la population, dans les pays développés, devrait donc s'accompagner d'une évolution du taux d'épargne, cependant les vérifications empiriques de l'hypothèse du cycle de vie montrent qu'en réalité, l'augmentation du patrimoine se poursuit généralement bien au-delà de la retraite (v. chapitre *Économie et démographie*).

Plus largement, il faut souligner que l'impact de la démographie sur le taux d'épargne dépend pour une large part de facteurs politiques et institutionnels : l'évolution de l'offre d'actifs financiers ou les choix de financement de la protection sociale exercent une influence déterminante. Les débats contemporains sur l'**épargne retraite** le montrent bien. Cette forme d'épargne, destinée au financement de la retraite des salariés par une contribution volontaire, a connu une certaine progression depuis les années 1990. Plus largement, près d'un ménage sur deux possède une forme d'épargne longue pouvant être destinée à la retraite (Assurance-vie dont la progression est forte depuis la fin des années 1990, PEP, **épargne salariale** qui désigne les placements obtenus par les salariés dans les entreprises à des conditions fiscalement avantageuses). Cette évolution résulte en partie des craintes concernant l'avenir du système de retraite, pour des raisons démographiques, mais elle est aussi le résultat de la progression importante des placements financiers depuis 20 ans, qui a des effets incitatifs sur l'épargne des ménages, et de la politique fiscale de l'État, favorable à l'épargne financière.

Comme tous les pays n'ont pas la même histoire démographique, il en découle nécessairement des mouvements internationaux de capitaux des nations dont la structure par âges conduit à dégager une capacité de financement, vers celles dont la structure par âge nécessite l'emprunt sur le marché des capitaux.

La complexité des comportements patrimoniaux

Les ressources des ménages jouent un rôle essentiel dans la détermination du montant et de la structure du patrimoine. Parmi les ménages qui possèdent un patrimoine, ceux dont les revenus sont les plus modestes privilégient les actifs peu risqués, ceux qui ont des revenus moyens privilégient les actifs qui favorisent la transmission patrimoniale, ceux qui ont des revenus plus élevés diversifient leur patrimoine tout en privilégiant l'immobilier. Mais d'autres variables interviennent, notamment l'âge, le statut professionnel, mais aussi l'héritage familial.

Sur cette base, l'Insee propose une typologie des comportements patrimoniaux des ménages :

- portefeuille modeste de début de cycle de vie ;
- portefeuille en cours de constitution ;
- portefeuille diversifié, orienté retraite ;
- portefeuille diversifié, orienté immobilier ;
- portefeuille modeste de fin de cycle de vie ;
- portefeuille orienté transmission ;
- portefeuille atypique.

RÉFÉRENCES DU CHAPITRE

Berr E. (2019), *Macroéconomie*, Dunod, Coll. Éco Sup.

Friedman M. (1957), *A Theory of the Consumption Function*, Princeton University Press.

Galbraith J.K. (1968/1989), *Le nouvel état industriel*, Gallimard.

Keynes J.M. (1936/1963), *Théorie générale de l'emploi, de l'intérêt et de la monnaie*, Payot.

Langlois S. (2002), Nouvelles orientations en sociologie de la consommation, *L'Année sociologique* 2002/3, Vol. 52.

Veblen Th. (1899/1979), *Théorie de la classe de loisirs*, Gallimard.

POUR EN SAVOIR PLUS

Initiation

Arrondel L. et Masson A. (2011), *L'épargnant dans un monde en crise*, Éditions Rue d'Ulm.

Bekerman G. (2013), *Les 100 mots de l'épargne*, PUF, Coll. Que sais-je ?

Burda M., Wiploz C. (2015), *Macroéconomie : à l'échelle européenne*, De Boeck, 6e éd.

Chessel M. E. (2012), *Histoire de la consommation*, La Découverte, Coll. Repères.

Cochoy F. (2010), *Une histoire du marketing. Discipliner l'économie de marché*, La Découverte.

Heilbrunn B. (2020), *La consommation et ses sociologies*, A. Colin, Coll. 128, 4e éd.

Herpin N. (2018), *Sociologie de la consommation*, La Découverte, Coll. Repères, 3e éd.

Herpin N. & Verger D. (2008), *Consommation et modes de vie en France. Une approche économique et sociologique sur un demi-siècle*, La Découverte, Coll. Repères.

Approfondissement

Aglietta M. (2017), *Macroéconomie financière*, La Découverte, Coll. Grands Repères, 6e éd.

Babeau A. (2011), *Les comportements financiers des Français*, Economica.

Blanchard O., Cohen D. (2017), *Macroéconomie*, Pearson éducation, 7e éd.

Dubuisson-Quellier S. (2009), *La consommation engagée*, Les presses de Sciences Po.

Piketty T. (2016), *Les Hauts Revenus en France au xxe siècle. Inégalités et redistributions (1901-1998)*, Le Seuil, Coll. Points.

SUR LA TOILE

Site du Credoc : http://www.credoc.fr/

Une étude sur l'économie circulaire (juin 2014) : http://www.developpement-durable.gouv.fr/IMG/pdf/economie_circulaire_-_Rapport_CREDOC.pdf

CHAPITRE 9

Capital et investissement

Dans le fonctionnement des économies modernes, les flux d'investissements et le stock de capital jouent un rôle central sur le plan macroéconomique.

- L'accumulation du capital et l'augmentation du stock de capital déterminent dans une large mesure la **croissance potentielle**, c'est-à-dire le potentiel de croissance que l'économie peut espérer atteindre sans risque d'accélération de l'inflation.
- Les variations de l'investissement déterminent, au moins partiellement, les fluctuations de l'activité économique.
- Investissement et capital agissent sur la répartition des revenus, et sur le niveau de l'emploi, en raison par exemple de la substitution entre capital et travail.

Étymologiquement, le terme **capital** vient du latin « *caput* » qui désigne la tête : c'est donc ce qui donne à son propriétaire un pouvoir de commander, dans les relations économiques. Selon **I. Fisher** (1867-1947), le capital est un **stock** d'actifs, accumulé au cours du temps par un agent, pour lui apporter un revenu ou une satisfaction durable. Si cette définition du capital est très large, il existe d'autres approches du capital selon la place que lui accordent les différentes théories économiques.

§ 1. Investissement et formation du capital

I. Les différentes approches du capital

De façon générale, le capital est considéré comme un facteur de production par les économistes, mais il peut également recouvrir d'autres sens.

- On parle de **capital technique** (ou de capital physique) pour désigner le stock de biens servant à produire d'autres biens, en tant que facteur de production. À la suite d'**A. Smith** (1723-1790), on distingue parfois le **capital fixe**, formé par les biens durables servant à transformer d'autres biens (machines, etc.), du **capital circulant**, qui comprend les biens intermédiaires transformés durant le processus productif (matières premières, fournitures, etc.), mais il est préférable de réserver le terme « capital » aux biens durables, et de considérer qu'un producteur utilise par ailleurs des consommations intermédiaires, selon le terme en vigueur dans la comptabilité nationale.
- Plus largement, **I. Fisher** note que la différence entre un bien de consommation et un capital vient de la capacité de ce dernier à procurer une satisfaction prolongée (un logement par exemple), il peut donc être une source durable de revenus. Certains auteurs parlent de **capital économique** pour désigner un stock d'actifs générant des revenus.
- Le **capital financier** regroupe l'ensemble des actifs financiers possédés par un agent, dont il tire différentes rémunérations (intérêt, dividendes, etc.).
- Les économistes distinguent également du capital physique résultant des activités humaines un **capital naturel** qui provient des ressources présentes dans l'environnement (v. chapitres *La Croissance économique* et *Économie et environnement*).
- Au sens juridique, le **capital social** d'une société est la valeur nominale des parts sociales ou des actions de l'entreprise : c'est le capital apporté par ses propriétaires. La notion de capital social est également utilisée au sens institutionnel, pour désigner l'ensemble des réseaux de relations sociales susceptibles de favoriser des relations de confiance et de coopération, et le **capital institutionnel** renvoie pour sa part aux caractéristiques des institutions (les règles, les lois, les constitutions, mais aussi les règles de comportement, les conventions et les valeurs) qui

structurent plus ou moins efficacement les relations économiques et sociales. Par exemple, on peut considérer que des structures démocratiques et associatives développées sont vectrices de relations sociales denses et sont favorables à la croissance économique.

- Enfin, le **capital humain** est un stock de compétences valorisables économiquement (v. chapitre *Comptabilité nationale et circuit économique*).

Les théories économiques mettent en avant l'une ou l'autre de ces acceptions pour définir le capital et déterminer son rôle dans la production.

A. Le capital dans l'analyse de Marx

Selon **K. Marx** (1818-1883), le capital est un rapport social, qui se noue entre les capitalistes, propriétaires des moyens de production, et les travailleurs qui apportent leur force de travail (v. chapitre *Les grands courants de l'analyse économique*).

Le mode de production capitaliste est caractérisé par le salariat, et la propriété privée des moyens de production. Dans ce système, le rôle du capitaliste est d'avancer le capital nécessaire pour engager une nouvelle production. **K. Marx** distingue deux types de capitaux avancés : le **capital variable** sert à acheter la force de travail des salariés et le **capital constant** sert à acheter les **moyens de production**, c'est-à-dire le capital physique nécessaire à la production (machines ou capital fixe, biens intermédiaires ou capital circulant). Cette distinction provient du fait que seul le travail humain est créateur de valeur, et par conséquent seul le capital avancé pour payer le travailleur peut créer plus de valeur qu'il n'en coûte (d'où le nom de capital variable). Au contraire, les moyens de production ne font que transmettre leur valeur aux marchandises produites, ce que **K. Marx** appelle le capital constant.

Le capital peut se présenter sous deux formes distinctes, la forme-argent et la forme-marchandise, c'est-à-dire sous une forme monétaire ou sous une forme matérielle. Quand le capitaliste avance le capital monétaire nécessaire pour acheter les moyens de production (capital constant) et payer les salaires (capital variable), son objectif n'est pas simplement de produire des marchandises, mais de les vendre pour obtenir un capital-argent supérieur au capital avancé au départ. C'est ce que **K. Marx** appelle le circuit A-M-A' : le capital avancé initialement (A) sert à produire des marchandises (M) qui sont transformées par la vente en un capital supérieur au capital d'origine (A'), et la différence entre les deux est la **plus-value**, ou survaleur, résultat de l'exploitation des salariés par les capitalistes. Pour **K. Marx**, l'accumulation du capital est un processus contradictoire, en raison du conflit entre travail et capital pour le partage des revenus, et de la question des débouchés (v. chapitre *Fluctuations et crises*).

B. Le capital dans l'approche néo-classique

Pour les néo-classiques, le capital est simplement un **facteur de production**, au même titre que le travail ou la terre, c'est-à-dire un élément combiné avec les autres facteurs pour produire des biens et services. Le capital est alors défini comme un stock de biens durables utilisé dans la production (capital fixe). Les néo-classiques considèrent comme de nombreux économistes que le capital apporte une rémunération à son propriétaire, en échange de sa mise à disposition à des fins productives. Selon eux, cette rémunération correspond à un prix, fixé comme n'importe quel autre prix sur un marché, à savoir le marché des capitaux.
À la suite de **L. Walras** (1834-1910), les néo-classiques considèrent que le prix du capital, le taux d'intérêt, est déterminé sur un marché où les ménages proposent leur épargne (c'est l'offre de capital) pour acquérir des biens d'équipement utilisés par les entreprises, qui expriment une demande de capital en fonction de leurs besoins d'investissement. L'équilibre entre épargne et investissement est toujours réalisé, et le taux d'intérêt est en fait un prix qui, lorsqu'il est parfaitement flexible, assure l'égalité entre l'offre et la demande de capital (v. chapitre *Consommation, épargne, patrimoine*).

C. Le capital, un détour de production

À la différence des néo-classiques, les économistes autrichiens insistent sur l'hétérogénéité du capital, qui ne peut faire l'objet d'un marché unique. À la suite des travaux d'**E. Böhm-Bawerk** (1851-1914), ils adoptent une définition originale du capital qui repose sur la notion de **détour de production**. Pour l'illustrer, **E. Böhm-Bawerk** décrit la situation d'un paysan qui aurait, pour satisfaire sa soif à couvrir une distance importante jusqu'à une source. S'il couvre ce chemin chaque fois qu'il souhaite boire, alors il n'y a pas de détour de production : l'intégralité du « service » produit (se procurer de l'eau) est consommé. Mais le paysan peut souhaiter se procurer un seau, afin de pouvoir transporter de l'eau jusqu'à son domicile : il a détourné alors une partie de ses efforts de la production du service consommé, pour produire un bien de production. Le détour de production conduit donc à réaliser un investissement, qui se traduit par un allongement du processus de production : une méthode de production qui utilise plus de capital nécessite de créer de nouvelles étapes dans le processus productif, par exemple une étape pour la production de seaux. Cela conduit à augmenter le capital par tête disponible : la production devient plus capitalistique. Un investissement représente une dépense de temps, de travail ou d'argent consacrée à la production d'outils ou de machines, qui détourne le producteur d'une production immédiate de biens de consommation, dans le but de rendre la production future plus efficace, c'est-à-dire d'obtenir une quantité plus grande de biens de consommation. Cette approche se justifie par une hypothèse relative à la **préférence pour le présent** : le détour de production est une perte initiale de temps ou une abstinence, qui explique à la fois l'existence d'un taux d'intérêt et d'un taux de profit, puisque cette abstinence doit recevoir une juste récompense.

F. Hayek (1899-1992) s'inspire de la théorie du capital d'**E. Böhm-Bawerk**. Il distingue les **moyens originels de production**, la terre et le travail, des **biens de production**, qui regroupent tous les biens capitaux, fixes ou intermédiaires. À partir des moyens originels de production, la recherche d'une meilleure efficacité conduit les entreprises à réaliser des détours de production : elles produisent des biens capitaux qui rendent le travail plus productif. Dans le modèle de **F. Hayek**, le capital est hétérogène et la production de chaque type de capital donne lieu à la création d'un nouveau stade de la production pour le réaliser. L'ensemble des stades d'une économie forme sa **structure de production**. La décision d'investir dans de nouveaux biens capitaux entraîne un allongement du détour de production, par l'émergence d'un nouveau stade, et se traduit par une amélioration de l'efficacité technique de l'ensemble. On peut prendre l'exemple d'une filière de transformation d'une ressource naturelle comme le bois, moyen originel soit directement consommé pour le chauffage (pas de biens intermédiaires), soit progressivement transformé par étapes en planches, puis en meuble, etc. par addition de travail ou d'autres moyens originels à chaque stade. Ce processus a pour objectif la production d'une quantité supérieure de biens de consommation à partir d'un volume donné de moyens originels, grâce à une méthode plus capitalistique et efficace. **F. Hayek** utilise une représentation en triangle pour le montrer :

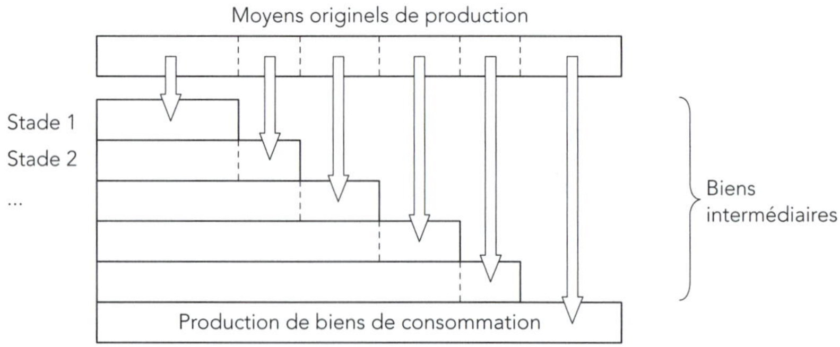

L'allongement de la structure de production est lié aux choix d'épargne des ménages, puisque leur épargne sert à financer les investissements, c'est-à-dire la formation de **biens intermédiaires** nouveaux (v. chapitre *Consommation, épargne, patrimoine*). La déformation de la structure de production, en raison de l'intervention de l'État, peut être à l'origine de crises (v. chapitre *Fluctuations et crises économiques*).

II. La diversité des investissements

L'investissement désigne l'opération économique par laquelle un agent économique crée ou acquiert des biens de production (investissements matériels) ou effectue des dépenses de services (investissements immatériels) destinées à accroître sa capacité de production future. **L'investissement** désigne une formation de capital au cours d'une période donnée, c'est donc un flux qui fait varier le stock de capital existant.
On distingue plusieurs types d'investissements :

- L'**investissement brut** regroupe l'**investissement de remplacement**, réalisé pour compenser la diminution du stock de capital qui résulte de l'usure et de l'obsolescence, et l'**investissement net** qui entraîne une augmentation du stock de capital.
  En comptabilité nationale, l'investissement brut en capital fixe s'appelle la **Formation brute de capital fixe** (FBCF), et l'investissement de remplacement la **Consommation de capital fixe** (v. chapitre *Comptabilité nationale et circuit économique*).
  Les entreprises ne sont pas seules à investir car l'État a également une FBCF (les **investissements publics** réalisés par l'État et les collectivités territoriales) : celle-ci est constituée des acquisitions, nettes des cessions, d'actifs corporels et, depuis l'adoption du système européen de comptes nationaux de 2010, d'actifs incorporels, notamment ceux qui sont issus de la recherche et développement.
  Il en est de même pour les ménages, mais pour lesquels seule l'acquisition de biens immobiliers est comptabilisée en FBCF.
  La FBCF retient donc :
  - Les investissements productifs des entreprises ;
  - Les investissements des administrations publiques ;
  - Les achats immobiliers des ménages ;

- Il peut être utile de distinguer l'**investissement matériel**, c'est-à-dire la formation de biens capitaux, et l'**investissement immatériel**, catégorie moins précise qui comprend les achats de services dans le but d'augmenter durablement l'efficacité de l'entreprise : recherche / développement, acquisition de brevets, dépenses de formation, dépenses de marketing, acquisition d'actifs immatériels. Les achats de logiciels sont parfois inclus dans l'investissement immatériel, mais ils font partie désormais de la formation brute de capital fixe (v. chapitre *Comptabilité nationale*).

- On oppose usuellement les **investissements de productivité**, qui ont pour but d'augmenter la productivité du travail (par exemple l'acquisition de machines plus performantes), et les **investissements de capacité**, qui ne transforment pas les méthodes de production mais visent à augmenter les capacités de l'entreprise (construction d'une usine supplémentaire). Les effets de ces investissements sur l'emploi sont très différents, du moins à court terme, puisque les investissements de productivité peuvent substituer du capital au travail, ce qui diminue l'emploi, tandis que les investissements de capacité entraînent toujours une hausse de l'emploi.

Cette distinction est contestable. Un investissement de capacité a souvent pour effet d'augmenter la productivité car il incorpore les innovations les plus récentes : un ordinateur supplémentaire dans l'entreprise n'a pas les mêmes capacités que les ordinateurs déjà en place. Cet argument sert de base aux **modèles à génération de capital**, dans lesquels on considère que le stock de capital n'est pas homogène, car plus il est issu d'investissements récents, plus il est productif. On peut faire la même remarque pour les investissements de remplacement.

- On peut également distinguer l'**investissement privé** des entreprises et l'**investissement public**. Dans le cadre de la comptabilité nationale, l'Insee assimile l'investissement de l'État à la « formation brute de capital fixe » (FBCF) des administrations publiques (APU). Les investissements de l'État sont la valeur des acquisitions d'actifs fixes corporels (ex : bâtiments, ordinateurs) ou incorporels (ex : logiciels) que l'État utilise pour produire des biens et des services (le budget de l'État évoque les « dépenses en capital »). Au sens de l'Insee, l'État investit très peu, moins d'un cinquième de l'investissement des administrations publiques, contre plus de 70 % pour les collectivités territoriales. L'investissement public peut toutefois jouer un rôle de stabilisateur en période de crise, d'autant que son poids dans l'économie est loin d'être négligeable : contrairement à l'investissement privé, il ne réagit pas aussi fortement aux fluctuations de l'activité. En raison de son caractère discrétionnaire, il ne subit pas aussi fortement que l'investissement privé l'influence des attentes de rendements anticipés, et il peut donc jouer un rôle contra-cyclique.
  Si l'on définit l'investissement comme la dépense de ressource actuelle pour retirer un gain futur – par opposition à la consommation qui génère une satisfaction immédiate –, alors les types de dépenses publiques qui pourraient être considérés comme de l'investissement sont nombreux. Cette accumulation de capital public peut intégrer les infrastructures (réseaux 5G par ex.), les politiques de formation/éducation, les politiques de santé et les programmes de recherche et développement (R&D), et elle peut contribuer à soutenir la productivité des entreprises et la croissance potentielle à long terme.
  Face aux effets de la pandémie de la covid-19, le **Fonds monétaire international (FMI)** insistait, à la fin 2020, sur l'importance de la mobilisation de l'investissement public pour faciliter la sortie de crise et redresser la croissance potentielle. Il notait qu'avant même la pandémie, l'investissement mondial affichait plus d'une décennie de niveaux faibles, en dépit du vieillissement de nombreuses infrastructures (routes, ponts…) dans les pays avancés, et des besoins en infrastruc-

tures considérables au sein des pays émergents, particulièrement dans les transports, l'alimentation en eau salubre et l'assainissement. Le FMI insistait sur la nécessité d'investir dans les infrastructures de santé, les écoles, le respect des mesures d'hygiène dans les bâtiments et les transports, ou le développement des infrastructures numériques. Le contexte du bas niveau des taux d'intérêt à l'échelle mondiale et d'une épargne relativement abondante constituent des facteurs favorables à un effort en matière d'investissements publics. Au moment où le secteur privé reste attentiste, la dépense publique pourrait se substituer à la dépense privée, et les travailleurs sans activité pourraient occuper les nouveaux emplois créés par l'investissement public.

- On oppose enfin les **investissements induits** par la croissance économique, c'est-à-dire l'augmentation du stock de capital nécessaire pour produire davantage, et les **investissements autonomes**, qui résultent de choix des agents en fonction de leur vision de l'avenir.
- Du point de vue financier, le terme d'investissement est également utilisé dans un sens plus large pour désigner des acquisitions ou cessions d'actifs. Par exemple, les **investissements de portefeuille** consistent en l'achat de titres financiers, dans le but de réaliser une opération de placement ou d'acquérir le contrôle d'une société.

En comptabilité nationale, le **taux d'investissement** est le rapport entre la FBCF et le PIB, il mesure donc la part du revenu national consacrée à l'investissement brut. Il ne faut pas confondre le taux d'investissement, qui concerne des flux, et le **taux d'accumulation du capital**, soit le rapport entre la variation du stock de capital et le stock lui-même ($\Delta K/K$), qui mesure le taux de croissance du stock de capital.

Il ne faut pas confondre investissement et **placement**. Lorsqu'un agent économique achète des actifs financiers, il réalise un placement, même si le langage courant parle souvent dans ce cas d'investissement.

§ 2. Choix d'investissement et activité économique

I. Les déterminants de l'investissement

La décision d'investir peut reposer sur des motifs très divers, qui dépendent notamment du type d'investissement considéré. Par exemple,

un investissement de remplacement s'avère indispensable par définition lorsqu'une partie du capital est devenue obsolète, même si l'entreprise n'attend aucune augmentation de la demande.
Plusieurs facteurs interviennent dans la décision d'investir. Comme le suggère le schéma ci-dessous, l'entreprise détermine d'abord la capacité de production dont elle a besoin en fonction de la demande, des profits attendus ou encore du coût du capital. Ensuite, la décision d'investir dépend de ses possibilités de financement.

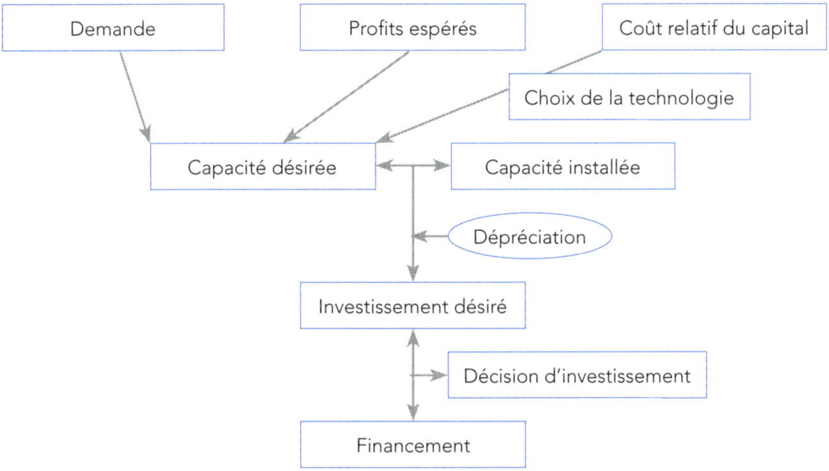

Source : Villieu P., *Macroéconomie : l'investissement*, 2007.

A. Investissement et demande

Les entreprises investissent d'abord en fonction des ventes attendues et de leurs carnets de commande, donc de la demande de biens. Pour répondre à une variation de la demande, elles sont donc conduites à augmenter leurs **capacités de production**, c'est-à-dire la production maximale qui serait atteinte en utilisant la totalité des facteurs de production existants. S'il existe des capacités de production inutilisées, alors les entreprises peuvent répondre à la demande sans investir, mais des investissements de capacité sont indispensables lorsque le **taux d'utilisation des capacités de production** (part des capacités de production utilisées sur le total des capacités de production) atteint son maximum.
Dans ces conditions la variation de la demande par rapport à son niveau passé entraîne selon **A. Aftalion** (1874-1956) et **J.-M. Clark** (1884-1963) des **investissements induits**, c'est-à-dire une variation « mécanique » de l'investissement pour ajuster le stock de capital existant au niveau de production souhaité. Cela suppose que le **coefficient de capital** (le volume

de capital nécessaire pour produire une unité de bien) est fixe, et les capacités de production pleinement utilisées. Les investissements induits connaissent de fortes variations, en raison de l'effet accélérateur qu'ils subissent, puisque les variations de la demande de biens de production sont beaucoup plus marquées que celles des biens de consommation (v. chapitre *Fluctuations et crises économiques*).

Cette interprétation n'a aucun lien avec celle de **J. M. Keynes** (1883-1946). Selon lui, les entrepreneurs se basent non sur la demande constatée, mais sur la **demande anticipée**, c'est-à-dire la demande à laquelle ils devront répondre dans le futur. Les anticipations des entrepreneurs peuvent alors être optimistes ou pessimistes et déterminer dès lors un niveau de production qui ne correspond pas forcément au plein-emploi.

B. Investissement et prix relatifs des facteurs

Au niveau microéconomique, le prix relatif du capital et du travail influence également les choix d'investissement, dès lors que les facteurs de production sont substituables, au moins partiellement. Ainsi, l'investissement sera favorisé si le taux de salaire s'élève plus rapidement que le coût des biens capitaux susceptibles de remplacer les travailleurs. L'adoption d'une nouvelle technologie conduit également à modifier la combinaison capital / travail, car les facteurs n'ont généralement plus la même efficacité, par rapport à leurs coûts respectifs. À long terme, l'augmentation de l'**intensité capitalistique**, c'est-à-dire du stock moyen de capital par travailleur est incontestable : le développement économique s'accompagne de choix productifs incorporant de plus en plus de capital (v. chapitre *La croissance économique*).

Dans l'analyse néo-classique du producteur, l'entreprise substitue du capital au travail lorsque les salaires réels augmentent plus vite que le coût d'usage du capital : la substitution des facteurs de production est une condition indispensable à l'équilibre de marché. Cela suppose que le coefficient de capital est variable (v. chapitre *Marché du travail, emploi, chômage*).

Les politiques publiques influencent également l'arbitrage capital/travail des firmes : par exemple, une baisse du coût du travail peut inciter à la substitution du travail au capital, tandis qu'une subvention à la robotisation de la production peut impacter également le volume de l'emploi.

C. Investissement et profits anticipés

L'entrepreneur attend d'un investissement un revenu futur, sinon il n'a aucune raison de l'engager, puisque le montant nécessaire pour réaliser l'investissement pourrait être utilisé beaucoup plus efficacement en le plaçant, le capital rapportant un intérêt. La décision d'investir dépend

donc du niveau de profit anticipé, par comparaison avec la rémunération d'un placement, c'est-à-dire avec le taux d'intérêt. Les entrepreneurs investissent si l'investissement rapporte plus qu'il ne coûte.
Pour déterminer si un projet d'investissement est rentable, il faut comparer son coût initial (I) et les revenus qui seront tirés de l'investissement. Pour comparer des montants exprimés à des dates différentes, un calcul d'actualisation est nécessaire.
Soit R_t le revenu du capital à la période t, par exemple R_3 est le profit attendu d'un investissement la troisième année. Pour obtenir la **valeur actuelle** (R) de l'ensemble des revenus attendus de l'investissement, il suffit d'actualiser chaque revenu R_t, et de les ajouter :

$$R = \frac{R_1}{1+i} + \frac{R_2}{(1+i)^2} + ... + \frac{R_n}{(1+i)^n}$$

L'entrepreneur investit seulement si les revenus actualisés attendus de l'investissement (R) sont supérieurs au coût du projet (I). La **valeur actuelle nette** (VAN) se définit précisément comme la différence entre ces deux grandeurs, soit VAN = R – I.

Le calcul d'actualisation

Si un capital initial C_0 rapporte un taux d'intérêt *r*, alors la valeur du capital après *n* années sera $C_n = C_0 (1 + r)^n$. Symétriquement, on peut en déduire la **valeur actuelle** d'un capital reçu dans *n* années : $C_0 = C_n / (1 + r)^n$.
L'**actualisation** désigne donc l'opération de conversion d'un montant reçu dans le futur en un montant actuel, en fonction d'un taux d'actualisation donné (par exemple le taux d'intérêt, ou le taux de rendement d'un actif financier). L'actualisation joue un rôle essentiel pour comparer des montants reçus à des dates différentes, qui n'ont pas la même valeur économique aux yeux d'un agent. Le calcul d'actualisation est couramment utilisé pour évaluer la viabilité d'un projet financier ou d'un investissement productif, mais il est aussi d'une grande importance dans l'évaluation et le chiffrage des politiques climatiques dans le cadre de l'économie écologique (v. chapitre *Économie et environnement*). En effet, le décideur public doit procéder à une actualisation des coûts et des bénéfices pour déterminer la valeur actualisée des bénéfices nets de sa politique (la **valeur actuelle nette**), en évaluant la valeur présente de tous ses bénéfices et coûts présents et à venir. Le calcul d'actualisation est également très utile en matière d'évaluation socioéconomique des investissements publics (transports, énergie, santé, éducation), afin de mesurer les conséquences de chaque projet sur l'ensemble de la collectivité ; il s'agit d'évaluer le plus finement possible les gains de productivité, les suppléments de consommation marchande, et les améliorations de qualité de vie procurés aux citoyens, en permettant de comparer ces effets aux coûts de l'investissement.

À la suite de **I. Fisher**, on nomme **taux de rendement interne** de l'investissement le taux (e) pour lequel la valeur actuelle nette est nulle, donc le taux d'actualisation qui égalise le coût du projet et les revenus actualisés qui en seront tirés (soit le taux e tel que VAN = 0, donc tel que I = R).
J.M. Keynes appelle le taux de rendement interne l'**efficacité marginale du capital.**

La décision d'investir dépend alors de la comparaison entre le taux d'intérêt pratiqué sur le marché des capitaux (i) et l'efficacité marginale du capital (e) :

- Si e > i alors l'entrepreneur a intérêt à investir. En effet, le projet d'investissement aura une rentabilité supérieure à un placement du même montant sur le marché des capitaux. L'entrepreneur peut même financer son investissement par un emprunt, puisque le coût de l'emprunt (calculé par la même méthode), sera inférieur à la somme des profits actualisés.
- Si e < i alors l'entrepreneur doit renoncer à l'investissement : il est préférable de placer un montant équivalent sur le marché des capitaux.

Selon **J.M. Keynes**, l'efficacité marginale du capital permet de classer différents projets d'investissement, car l'entrepreneur privilégie les projets dont la rentabilité est la plus grande par comparaison avec un placement. Il existe donc une relation inverse entre l'efficacité marginale du capital et le niveau d'investissement. D'autre part, l'efficacité marginale du capital dépend, pour un taux donné, des profits anticipés : plus ils sont élevés, plus la courbe de l'efficacité marginale du capital (emc) va se déplacer, entraînant davantage d'investissements (passage de I à I' sur le graphique).

J.M. Keynes souligne le rôle essentiel des anticipations, qui dépendent de la psychologie collective des entrepreneurs : s'ils prennent confiance en l'avenir, ils vont anticiper des flux annuels de profit (R_1, R_2...R_n) d'un montant supérieur, alors la courbe de l'efficacité marginale du capital se déplace et le nombre d'investissements réalisés augmente. D'où l'importance accordée par **J.M. Keynes** aux **« esprits animaux » des entrepreneurs**, c'est-à-dire aux facteurs psychologiques à l'origine de l'instabilité de leurs anticipations. En effet, le rendement escompté de l'investissement est par nature incertain : les entrepreneurs doivent décider de leurs investissements en se fondant sur des anticipations de leur rentabilité qui peuvent être très volatiles. C'est la raison pour laquelle les décisions d'investissement peuvent être le résultat de vagues d'optimisme et de pessimisme irraisonnées : les fluctuations de l'efficacité marginale du capital seraient la cause des fluctuations économiques et du niveau d'emploi selon **J.M. Keynes**.

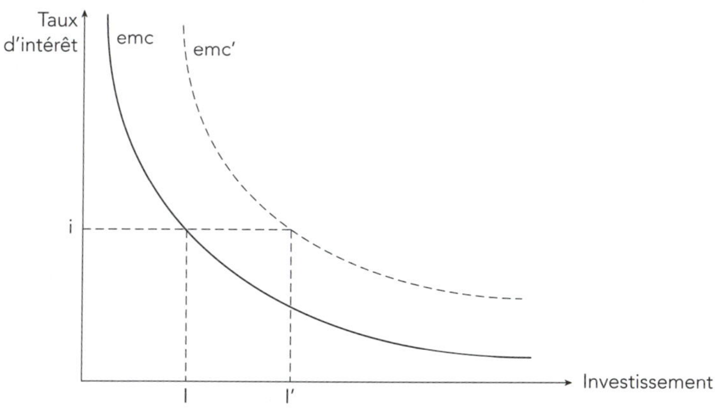

Investissement et profitabilité

• La notion de **profitabilité** a été introduite par **E. Malinvaud** (1923-2015), en prolongeant la réflexion de Keynes sur la décision d'investir, dans *Essais sur la théorie du chômage* (1983) : c'est la différence entre la rentabilité financière d'un investissement et le taux d'intérêt réel. Selon lui, il ne suffit pas qu'un investissement ait une rentabilité financière positive pour être engagé, il faut que la différence avec un placement sur le marché des capitaux (donc la profitabilité) soit suffisamment importante, pour compenser le risque pris par l'entrepreneur.

• Une approche complémentaire est proposée par **J. Tobin** (1918-2002) : il définit le rapport entre la valeur boursière d'une entreprise et la valeur comptable de son stock de capital, appelé **ratio q de Tobin**. Selon lui, la décision d'investir dépend de la valeur du ratio q, et principalement de son numérateur si on fait l'hypothèse que la valeur du stock de capital, au dénominateur, est stable à court terme. Si le ratio q est supérieur à 1, le marché surévalue la valeur de l'entreprise par rapport au coût de remplacement de son capital, car il en attend des profits élevés. Alors, l'entreprise a intérêt à investir et donc à augmenter son stock de capital, puisque le marché boursier lui attribue une valeur supérieure à sa valeur comptable. Si le ratio est inférieur à 1 au contraire, une entreprise a intérêt à augmenter ses capacités de production par croissance externe, c'est-à-dire en rachetant des concurrents dans la même situation qu'elle, car la valeur en bourse du capital est inférieure à sa valeur comptable. **J. Tobin** note que si les informations des agents étaient parfaites, alors la valeur du ratio q devrait être de 1 pour toutes les entreprises.

II. Le financement de l'investissement

A. Les modes de financement de l'investissement

Le financement de l'investissement joue un rôle majeur dans l'économie, car les firmes sont soumises à une contrainte financière pour réaliser les investissements qu'elles jugent utiles. Tout comme l'épargne, l'investissement met ainsi en relation la sphère réelle et la sphère financière. Une entreprise peut financer ses investissements soit par ses ressources propres (**financement interne**), soit en faisant appel aux actifs détenus par d'autres agents (**financement externe**) :

- L'**autofinancement** ou financement interne désigne le financement de l'investissement à partir des ressources propres de l'entreprise, donc des profits non distribués. Le **taux d'autofinancement** mesure le rapport entre les ressources disponibles des entreprises (l'épargne brute), et les investissements réalisés (la FBCF) ; ce ratio peut excéder 100 %, si les entreprises investissent un montant inférieur à leur épargne brute, en préférant par exemple réaliser des placements financiers.
- Il existe deux formes de financement externe. D'une part, le **financement indirect** (ou **financement intermédié**) auprès des banques, qui

procurent des prêts aux entreprises en créant de la monnaie (v. chapitre *Monnaie et financement de l'économie*). D'autre part, le **financement direct** auprès des agents ayant une **capacité de financement**, c'est-à-dire une épargne brute supérieure à leur propre formation de capital (v. chapitre *Comptabilité nationale*). Les entreprises qui ont des besoins de financement émettent alors des titres (actions, obligations...) que d'autres agents utilisent pour placer leur épargne disponible. Ce mode de financement ne fait pas appel à la création monétaire, mais il n'exclut pas le recours aux services des banques, car elles agissent alors comme des intermédiaires financiers, *via* par exemple des sociétés de placements.

Cette distinction ne s'applique pas à l'investissement des ménages, car ils ne peuvent émettre de titres, ni à l'investissement public, car le financement de l'État ne suit pas les mêmes règles (v. chapitre *Monnaie et financement de l'économie*).

B. Les transformations du financement des entreprises

On peut distinguer trois périodes dans l'histoire du financement de l'investissement privé, en s'appuyant sur le cas français :

- De la Révolution industrielle à la Seconde Guerre mondiale, le poids de l'autofinancement est prépondérant, grâce en particulier à des taux de profit élevés, condition indispensable au décollage économique (v. chapitre *La croissance économique*). On assiste cependant à l'émergence d'un secteur bancaire moderne à partir du milieu du XIXe siècle, lié à l'ampleur des investissements nécessaires dans les secteurs moteurs comme le chemin de fer, qui dépassaient largement les possibilités d'autofinancement. Il faut attendre la deuxième moitié du XIXe siècle pour assister au développement de la finance directe, après la libéralisation des sociétés par action (loi de 1867 sur les sociétés anonymes).
- Durant les Trente Glorieuses (1945-1973), le financement indirect prend une place prépondérante, en raison de la mise en place d'une **économie d'endettement**, selon l'expression de **J. Hicks** (1904-1989) : les taux d'intérêt réels sont faibles, voir négatifs, la politique monétaire favorise l'expansion par le crédit, etc. (v. chapitre *Monnaie et financement de l'économie*). Toutefois, le niveau d'autofinancement reste élevé dans le cas français, caractérisé par la faiblesse du financement direct, jusqu'à très récemment.

L'effet de levier

• On avance souvent l'argument de « l'**effet de levier** » pour expliquer pourquoi les entreprises ont intérêt à s'endetter en période d'inflation élevée, et de taux d'intérêt réel faible.

• Ce mécanisme est repéré par **K. Wicksell** dans *Intérêt et Prix* (1898) : lorsque le taux de profit est supérieur au taux d'intérêt, il est plus avantageux d'emprunter pour financer ses investissements car cela augmente la rentabilité des capitaux propres.

Par hypothèse, on raisonne ici sur un choix de financement externe, direct ou indirect, sans tenir compte de l'autofinancement.

• Il faut d'abord distinguer rentabilité économique et rentabilité financière. Soit i le taux d'intérêt, et Π le profit brut.

Rentabilité économique (RE) = $\dfrac{\text{Profit}}{\text{Capitaux engagés}} = \dfrac{\Pi}{FP + D}$

Avec capitaux engagés = ensemble des capitaux, quelle que soit leur origine, soit les fonds propres (FP) pour le financement direct, et la dette (D) pour le financement indirect.

La rentabilité économique exprime donc le point de vue de l'entreprise sur la rentabilité d'un investissement.

Rentabilité financière (RF) = $\dfrac{\text{Profit} - \text{Charge financière}}{\text{Fonds propres}} = \dfrac{\Pi - i \cdot D}{FP}$

La rentabilité financière exprime donc la rentabilité du point de vue de l'actionnaire : c'est le rapport entre le profit net (après paiement des frais financiers pour rembourser la dette) et les capitaux engagés par les actionnaires (les fonds propres).

On montre alors qu'il existe une relation entre les deux types de rentabilité :

$$RF = \frac{\Pi - iD}{FP}$$

$$RF = \frac{\Pi}{FP + D} \quad \text{d'où } \Pi = RE \times (FP + D)$$

$$\text{Donc } RF = \frac{\Pi - ID}{FP} = \frac{RE \times (FP + D) - ID}{FP} = RE + RE \times \frac{D}{FP} - i \times \frac{D}{FP}$$

L'effet de levier s'écrit donc :

$$RF = RE + (RE - i) \times \frac{D}{FP}$$

Comme on le voit, le choix entre augmenter la dette ou les fonds propres dépend de la différence entre rentabilité économique et taux d'intérêt (le levier proprement dit) : si elle est positive, alors les actionnaires ont intérêt à augmenter la dette pour financer les investissements, puisque cela accroît la rentabilité financière. Inversement, il faut rapidement désendetter l'entreprise si l'effet de levier est négatif, pour éviter une réduction de la rentabilité financière au détriment des actionnaires, propriétaires du capital.

– À partir du milieu des années 1980, on assiste au développement d'une **économie de marchés financiers**, caractérisée par la désintermédiation financière, c'est-à-dire le poids prépondérant du financement direct. Par exemple, le **taux d'intermédiation** (soit la part des crédits dans les besoins de financement externe des entreprises) passe de près de 80 % en 1980 à moins de 20 % à la fin des années 1990 (v. chapitre *Monnaie et financement de l'économie*). On observe également une forte augmentation des taux d'intérêt réels, sous l'effet conjugué de la désinflation et de la hausse des taux d'intérêt nominaux due aux politiques monétaires plus restrictives. Cela n'influence pas uniquement le choix de financement des entreprises, mais aussi la décision d'investir elle-même. En effet, la **profitabilité** diminue à cause de l'augmentation des taux d'intérêt réels, et rend plus attractifs les placements financiers que l'investissement productif.

Les transformations rapides du financement des entreprises et du niveau d'investissement en fonction de la conjoncture illustrent bien l'impact de l'**effet de levier**, c'est-à-dire de l'écart entre le taux de profit (ou rentabilité économique) et le taux d'intérêt réel : tant que cette différence est positive, il est préférable d'emprunter pour financer un projet d'investissement car son coût (le taux d'intérêt) sera inférieur à ce qu'il rapporte (le taux de profit). La France se situe dans ce cas de figure jusqu'en 1984, moment où les politiques de rigueur entraînent une forte hausse des taux d'intérêt réels. L'effet de levier devient un **effet de massue** et les entreprises doivent se désendetter rapidement. En conséquence, le taux d'investissement diminue, et les entreprises se tournent vers les marchés financiers. Durant les années 2000, la décrue des taux d'intérêt réels a favorisé un emballement du crédit qui a soutenu un temps l'activité, avant la crise financière de 2007, et de nombreuses entreprises se sont alors lancées dans des opérations de *private equity* (ou « *capital-investissement* »). Ces opérations consistent pour des fonds spécialisés à investir dans des entreprises en principe non cotées en Bourse en misant sur l'effet de levier dans le cadre du recours à la technique du LBO (*Leverage Buy Out*), soit le montage d'une structure juridique et financière en mesure de lever un volume important de capitaux par endettement (jusqu'à 90 % du capital investi).

Avec les politiques monétaires très accommodantes menées depuis 2007, encore renforcées après la crise de la covid-19, et le faible niveau des taux d'intérêt pour lutter contre la récession et les pressions déflationnistes, les conditions sont à nouveau réunies pour de nouvelles stratégies basées sur l'effet de levier et l'endettement des acteurs économiques. Au moment de la crise du coronavirus, le taux d'endettement du secteur privé non financier de la zone euro s'établissait à 127,6 % du PIB au second trimestre 2020, en hausse de 6,5 points par rapport au trimestre précédent, tant en raison des besoins de trésorerie auxquelles les sociétés non financières ont dû faire face pendant le confinement, qu'à cause de la baisse du PIB sur cette période, avec une hausse particulièrement marquée en France. Alors que le taux d'endettement des sociétés non financières était de 72,8 % du PIB au second trimestre de 2019, il est remonté à 84,7 % du PIB au second trimestre de 2020.

En France, les entreprises, et en particulier les PME (petites et moyennes entreprises), se financent en majeure partie auprès des banques. Dans d'autres pays comme les États-Unis, le financement par les marchés financiers occupe une place plus importante, car les ménages investissent davantage dans les fonds propres des entreprises ou dans les titres obligataires. D'autres formes de financement se développent, parallèlement aux banques et aux marchés traditionnels, ce qui peut permettre aux entreprises de renforcer leur indépendance et de bénéficier de ressources provenant d'investisseurs prêts à prendre plus de risques : les fonds d'investissement, ou les particuliers *via* des plates-formes de « financement participatif » (*crowdfunding*) par exemple. Certains organismes publics (BPI France, Banque européenne d'investissement) interviennent également sous forme de crédits, subventions ou garanties.

III. Les effets de l'investissement sur l'activité économique

A. Investissement et revenu national dans l'analyse keynésienne

Dans une perspective keynésienne, l'investissement est, avec la consommation, une composante de la **demande globale**, c'est-à-dire la demande agrégée de biens et services.

J.M. Keynes montre que la dépense d'investissement agit sur le produit national, en raison de l'effet-revenu qu'elle exerce : c'est le principe du **multiplicateur d'investissement**. Il implique selon **J.M. Keynes** qu'une hausse de l'investissement a des effets bien supérieurs à son montant initial sur la production dans le futur, et donc sur l'emploi. Cela justifie la politique d'investissement public pour soutenir l'activité (v. chapitre *Politiques économiques*), et se substituer à l'investissement privé lorsque ce dernier est insuffisant pour atteindre le niveau de demande globale assurant le plein-emploi.

J.M. Keynes n'est pas l'initiateur de la notion de multiplicateur, qui revient à l'économiste anglais **R.-F. Kahn** (1905-1989) dans un article de 1931.

Le multiplicateur d'investissement

Pour montrer le mécanisme du multiplicateur, on se situe dans une économie fermée, ou par hypothèse selon **J.M. Keynes** on vérifie les identités suivantes.

- La production (Y), se répartit en consommation (C) ou investissement (I) : $Y = C + I$
- Le revenu global (R) sert soit à la consommation (C), soit à l'épargne (S) : $R = C + S$
- La consommation dépend du niveau de production engagé :

$C = cY$ avec c la propension marginale à consommer (voir « la consommation »).

Alors toute augmentation de l'investissement entraîne une distribution de revenu de même montant : $\Delta I = \Delta R_1$ (hausse du revenu à la période 1).

Le revenu supplémentaire est en partie consommé pour cY_1 et épargné pour le reste. La partie consommée donne lieu à une distribution de revenu d'un montant équivalent, le processus reprend une nouvelle fois et se répète tant que la part consommée donne lieu à une nouvelle production.

Au final, en additionnant les effets de l'investissement initial à chaque période on peut écrire : $\Delta Y = \sum \Delta Yt = \Delta I + c\Delta I + c^2\Delta I + \ldots = \Delta I\,(1 + c + c^2 \ldots)$

$$\Delta Y = \Delta I(\frac{1}{1-c})$$

Le multiplicateur keynésien s'écrit k = 1 / 1 – c (c'est la limite d'une série géométrique de raison c < 1). Par définition, c'est l'inverse de la **propension marginale à épargner** s, telle que s = 1 – c.
On peut également obtenir le multiplicateur en raisonnant sur les variations de la production et de l'investissement :
d'après les équations d'équilibre on a : $Y = C + I = c \cdot Y + I$
Une variation de l'investissement ΔI entraîne une variation de la production pour y répondre
donc $\Delta Y = c\Delta Y + \Delta I$
d'où $\Delta Y \cdot (1 - c) = \Delta I$

donc $\Delta Y = \Delta I(\frac{1}{1-c})$

comme la valeur de c est inférieure à 1, le multiplicateur est forcément supérieur à l'unité : la hausse de la production entraînée par l'effet multiplicateur est plus que proportionnelle.

Le multiplicateur est utilisé pour montrer l'efficacité des politiques budgétaires en économie fermée, car elles sont basées sur une augmentation des dépenses d'investissement de l'État : on parle indifféremment alors de multiplicateur d'investissement ou de dépenses publiques. Il existe d'autres multiplicateurs, selon que l'on se situe en économie ouverte ou fermée, ou encore des multiplicateurs adaptés aux différentes variables de la politique budgétaire (v. chapitre *Politiques économiques*).

Par exemple, en économie ouverte, le multiplicateur est moins élevé car une partie de la hausse de la production est absorbée par les importations : avec m la propension à importer, le multiplicateur d'investissement est alors $(\frac{1}{1-c+m})$. On peut ainsi considérer qu'en économie ouverte une politique de relance budgétaire vient buter sur la « contrainte extérieure » : la hausse des revenus des ménages s'accompagne d'une consommation qui se porte en large partie sur des biens importés, et l'impact à la hausse sur la production nationale et l'emploi en est réduit d'autant (v. chapitre *Politiques économiques*).

Pour synthétiser la présentation de la théorie keynésienne, on peut utiliser le schéma à 45° présenté ci-dessous. En abscisse on indique les valeurs de l'offre globale, et en ordonnée celles de la demande globale et de ses différentes composantes. Par construction, la droite à 45 degrés (ou première bissectrice), représente les valeurs pour lesquelles l'offre est égale à la demande. Dans un premier temps, on considère une demande globale limitée à la seule consommation, qui varie en fonction du produit national Y dans la logique keynésienne (la droite $Y^d = cY + b$, où c est la propension marginale à consommer et b la consommation incompressible). Si on ajoute à la consommation un investissement autonome I, la fonction de demande globale devient $Y^d = C + I$. L'équilibre de l'économie se situe alors en Y_1 correspondant au point d'intersection entre la fonction de demande globale et la droite à 45°. Supposons que le niveau de production Y_1 corresponde à un équilibre de sous-emploi et que le gouvernement souhaite atteindre le point Y_2 qui assure le plein-emploi, alors l'investissement public additionnel doit correspondre à ΔG ce qui porte la demande globale à $Y^d = C + I + \Delta G$

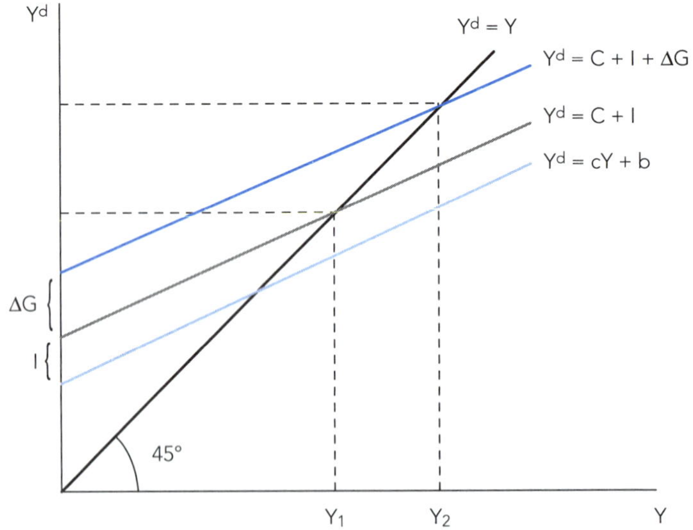

B. Croissance, fluctuations et investissement

En raison du multiplicateur qui entraîne une hausse de la demande, l'investissement augmente le niveau d'activité selon **J.M. Keynes**. Mais à long terme, il a également des conséquences sur l'offre, dans la mesure où l'investissement net augmente le stock de capital disponible pour la production. Le double effet de l'investissement, sur l'offre et la demande de biens à long terme, est selon les économistes keynésiens **R. Harrod** (1900-1978) et **E.D. Domar** (1914-1997) la source de l'instabilité de la croissance. **E.D. Domar** indique que si l'investissement tire la croissance, il génère des capacités productives nouvelles (effet de capacité), qui ne progressent pas forcément au même rythme que les dépenses des agents (effet de revenu). Si les premières augmentent plus vite que les secondes, l'économie peut connaître une crise de surproduction (avec son cortège de déflation, de faillites et de chômage). Si, dans le cas contraire, l'effet de revenu est supérieur à l'effet de capacité, l'économie peut connaître une période de surchauffe inflationniste. Le modèle de **R. Harrod** est fondé quant à lui sur trois taux de croissance : le taux de croissance effectif (g), le taux de croissance garanti (g_w) qui permet une hausse des débouchés conforme aux anticipations des entrepreneurs, et le taux de croissance naturel (g_n) dont le niveau dépend de la population active disponible. Si $g > g_w$, la croissance économique accélère jusqu'à son niveau naturel de plein-emploi. Mais si $g < g_w$, la croissance économique ralentit (g s'éloigne de g_n) et la dépression menace. Dès lors, la croissance économique ne peut être régulière que si $g = g_w$, ce qui est peu probable : elle est donc « sur le fil du rasoir ». Cette analyse a été remise en cause par les travaux néo-classiques sur la croissance, qui font l'hypothèse d'une substituabilité à long terme des facteurs de production (v. chapitre *La croissance économique*).

L'investissement est indispensable à une croissance économique durable, afin d'augmenter les capacités de production grâce à l'accumulation de capital. Mais l'investissement est également un vecteur déterminant du progrès technique incorporé, qui passe souvent par l'acquisition de biens d'équipement plus performants (v. chapitre *La croissance économique*). Par ailleurs, les variations de l'investissement ont un rôle important dans les fluctuations économiques, en raison de nombreux facteurs comme l'instabilité des anticipations, ou bien le mécanisme de l'accélérateur (v. chapitre *Fluctuations et crises économiques*).

L'investissement est donc une variable cruciale pour l'économie qui agit à la fois du côté de la demande et de l'offre :

- À court terme, l'investissement d'une entreprise constitue un débouché pour d'autres entreprises : il est donc un élément de la demande globale et contribue ainsi au niveau de l'activité ;
- À plus long terme, l'investissement permet de desserrer la contrainte qui limite l'offre productive en rendant possible l'augmentation de la production, et donc l'accélération de la croissance économique.

LES DEUX ASPECTS DE L'INVESTISSEMENT

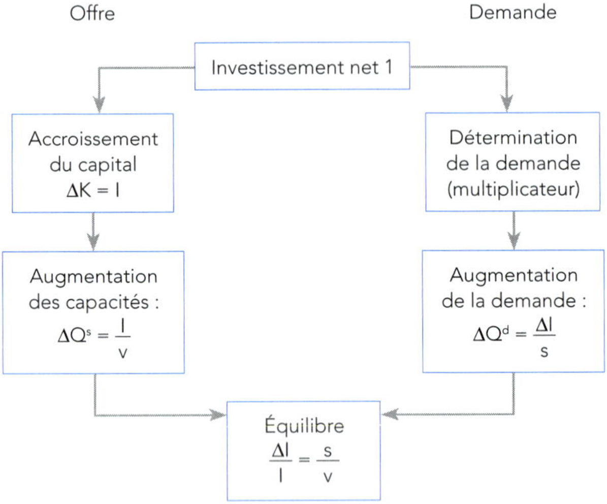

Source : d'après P.-A. Muet, *Croissance et Cycles*, Economica, 1993.

POUR EN SAVOIR PLUS

Initiation

Combemale P. (2010), *Introduction à Keynes*, La Découverte, Coll. Repères.

Dieudonné M. (2017), *Macroéconomie*, De Boeck, Coll. Sup en poche.

Épaulard A., Pommeret A. (2017), *Introduction à la macroéconomie*, La Découverte, Coll. Repères.

Montoussé M., Waquet I. (2018), *100 fiches de micro et macroéconomie*, Bréal.

Villieu P. (2019), *Macroéconomie – L'investissement*, La Découverte, Coll. Repères.

Approfondissement

Bailly J.-L., Caire G., Lavialle C., Quiles J.-L. (2006), *Macroéconomie*, Bréal, Coll. Grand Amphi.

Blanchard O., Cohen D. (2020), *Macroéconomie*, Pearson éducation.

Combe E. (2019), *Précis d'économie*, PUF.

Giraud P.-N. (2016), *Principes d'économie*, La Découverte.

Mankiw G. N. & El Naboulsi J. (2019), *Macroéconomie*, De Boeck.

Stiglitz J., Lafay J.-K. Rosengard (2018), *Économie du secteur public*, De Boeck.

SUR LA TOILE

L'indicateur du climat des affaires (Insee) :
http://www.insee.fr/fr/themes/info-rapide.asp?id=105

CHAPITRE 10

Monnaie et financement de l'économie

La **monnaie** est une réalité familière, mais la définition de ce concept se révèle très difficile, car il n'est pas possible de donner une définition qui soit indépendante d'un choix théorique. La monnaie est-elle un simple instrument ou un rapport social ? Est-elle neutre ou active ? Est-elle endogène ou exogène ?

En première approche, on peut définir la **monnaie** comme un actif parfaitement liquide, c'est-à-dire qui peut être converti, sans risque et sans coût de transaction, en un autre actif (réel ou financier). La monnaie est créée par le système bancaire à l'occasion d'opérations de crédit, et elle se caractérise par son **pouvoir libératoire** général, c'est-à-dire qu'elle permet de s'acquitter de toutes les dettes.

La monnaie est historiquement liée à la souveraineté et la politique monétaire a été et reste un élément important de la politique économique. Désormais, la France est membre de la zone euro et la politique monétaire est conduite par la Banque centrale européenne (BCE).

Il faut distinguer gestion de la monnaie et financement de l'économie :

- la **gestion de la monnaie** concerne l'approvisionnement de l'économie en liquidités destinées à permettre les transactions portant sur les biens, les services et les actifs (réels et financiers) ;
- le **financement de l'économie** concerne les opérations par lesquelles les agents à besoin de financement obtiennent des ressources en provenance des agents à capacité de financement (ces derniers cherchant à placer les fonds dont ils disposent) (v. chapitre *Comptabilité nationale*).

Ces deux aspects (bien que distincts) sont étroitement liés. D'une part, parce que les opérations de création de monnaie (dans un système de monnaie de crédit) résultent d'opérations de monétisations de créances par les banques. D'autre part, parce que l'imbrication est forte (elle a même tendance à s'accroître ces dernières années) entre les banques et les autres institutions financières (sociétés d'assurance, etc.) qui jouent un rôle essentiel dans le fonctionnement des marchés monétaires et financiers. Le financement de l'économie et sa gestion relèvent de la politique monétaire, aujourd'hui portée par les Banques centrales. Elles sont plus ou moins indépendantes des pouvoirs publics et répondent à un mandat qui fixe leurs objectifs. En Europe c'est la BCE qui mène la politique monétaire au sein de la zone euro (v. chapitre *Politiques économiques*).

§ 1. Qu'est-ce que la monnaie ?

Deux conceptions principales de la monnaie existent chez les économistes. Pour certains, la monnaie est un bien économique comme un autre, un simple instrument qui permet de résoudre les problèmes techniques de l'échange. Pour d'autres, la monnaie est un rapport social et il y a une différence de nature entre une économie monétaire et une économie de troc.

I. La conception instrumentale de la monnaie

A. Les fonctions de la monnaie

L'approche fonctionnaliste est très ancienne, on la fait traditionnellement remonter à **Aristote**. Dans cette perspective, la monnaie se caractérise par trois fonctions :

- Une fonction d'**unité de compte** qui permet d'exprimer la valeur de tous les biens en termes d'un seul bien (ou d'une unité de compte abstraite). Alors que le troc oblige à exprimer chaque bien en unité de tous les autres biens, l'existence d'une unité de compte permet de simplifier les échanges. En effet, dans une économie de troc comportant n biens, il faut établir $\frac{n\,(n-1)}{2}$ rapports d'échange, donc avec 10 biens par exemple, 45 rapports d'échange. Si on adopte une unité de compte parmi les n biens, il suffit alors de déterminer $(n-1)$ rapports d'échange, donc avec 10 biens, 9 rapports d'échange.
- Une fonction d'**intermédiaire des échanges** qui permet de résoudre le problème de la double coïncidence des désirs. En effet, dans une économie de troc, l'individu qui possède un bien A et souhaite l'échanger contre le bien B doit trouver un individu qui possède le bien B et sou-

haite l'échanger contre le bien A. Si l'individu qui possède le bien B ne souhaite pas détenir le bien A, l'échange ne peut avoir lieu. L'existence d'un intermédiaire des échanges (le bien C par exemple), permet de résoudre ce problème. En effet un certain nombre d'agents vont accepter de recevoir en échange le bien C, non en raison de sa valeur d'usage, mais parce qu'ils savent que le bien C est accepté par tous les autres agents de l'économie considérée.

- Une fonction de **réserve des valeurs** qui permet de séparer l'acte de vente de l'acte d'achat. Dans une **économie de troc** lorsqu'on offre un bien, on en demande toujours un autre au même moment. Dans une **économie monétaire** on peut offrir un bien contre de la monnaie et mettre en réserve le pouvoir d'achat ainsi obtenu pour ne formuler une demande de bien ou de service que plus tard. C'est pourquoi certains économistes font observer que la loi des débouchés de **J.-B. Say** (1767–1832) est toujours vraie dans une économie de troc, toujours fausse dans une économie monétaire.

B. Les formes de la monnaie

L'approche fonctionnaliste est donc une approche instrumentale. La monnaie est considérée comme un simple outil, un instrument technique permettant de simplifier les échanges. Les hommes auraient inventé la monnaie pour résoudre les difficultés techniques d'une économie de troc. Il en découle une conception linéaire de l'histoire des formes de la monnaie : **monnaie marchandise** d'abord (bétail, sucre, sel, coquillage, pointes de flèche, tabac, etc.), puis **monnaie métallique** (constituée de métaux précieux), monnaie fiduciaire (fondée sur la confiance dans l'émetteur des billets), monnaie scripturale (qui prend la forme de jeux d'écritures dans les comptes des banques). Cette loi de dématérialisation progressive de la monnaie s'expliquerait par le passage des formes les moins commodes aux formes les plus commodes de la monnaie.
Aujourd'hui, plusieurs distinctions doivent être opérées.

a. Monnaie fiduciaire et monnaie scripturale

La **monnaie fiduciaire** est constituée par les billets émis par la Banque centrale et les pièces de monnaie. On parle à propos de ces dernières de **monnaie divisionnaire** (le terme monnaie métallique étant réservé aux pièces en or ou en argent qui n'ont plus cours aujourd'hui).

La **monnaie scripturale** est constituée par l'ensemble des soldes créditeurs des comptes à vue gérés par les institutions financières. Les supports qui permettent la circulation de la monnaie scripturale (chèques,

virements, cartes bancaires) ne sont pas de la monnaie mais de simples moyens de paiement.
Un débat récurrent retrouve aujourd'hui une certaine actualité : faut-il supprimer la monnaie fiduciaire ?
Pour des auteurs comme **K. Rogoff** cela permettrait de dépasser le plancher zéro des taux d'intérêt dans la conduite de la politique monétaire, sans risquer que les agents transforment leurs actifs en liquide (du fait de taux d'intérêt négatifs) et résoudrait également les problèmes de fraude fiscale et d'activités illégales. L'Inde a mis en œuvre une démonétisation des billets les plus utilisés en 2016. Ils ont été remplacés par de nouvelles coupures. L'objectif était de réduire la fraude fiscale et les transactions informelles. Cette démonétisation est considérée comme un échec puisque la quasi-totalité des billets a été échangée (donc il n'y a pas eu de pertes pour l'argent noir) et les cibles supposées (les catégories favorisées) ne stockent pas leur richesse en liquide mais sur d'autres supports, comme l'or.
Pour d'autres, cette suppression remettrait en cause le droit à la vie privée, puisque les transactions ne seraient plus anonymes, et seraient porteuses d'inégalités laissant de côté les plus âgés et les précaires. De plus, cela ne limiterait pas la fraude, car d'autres moyens existent, comme les sociétés-écrans. En outre, l'action pour des taux d'intérêt réels négatifs pourrait passer par la politique fiscale, car augmenter les taxes sur la consommation ou sur la valeur ajoutée fait baisser le taux d'intérêt réel effectif en augmentant le niveau général des prix. Enfin, les billets et les pièces restent le principal instrument de paiement en volume au sein des pays de l'OCDE, ils représentent plus de 50 % des transactions. Dans la zone euro les espèces représentent 79 % des achats réalisés en magasin et 54 % des paiements (2016).

b. Monnaie de banque et monnaie centrale

La **monnaie de banque** est la monnaie émise par les banques, sous une forme scripturale. La **monnaie centrale** est la monnaie émise par la Banque centrale (elle comporte à la fois les billets et la monnaie scripturale émise par la Banque centrale) : c'est la monnaie Banque centrale ou base monétaire. Les banques de second rang (ou banques commerciales) ne peuvent pas créer de la monnaie centrale.

La monnaie dite « électronique » n'est pas une monnaie mais un moyen de faire circuler celle-ci. Elle n'est pas une nouvelle forme juridique de monnaie, mais une valeur monétaire stockée sur un support électronique (porte-monnaie électronique dit « wallet » ou « e-wallet », carte de banque, carte à puce), sur les téléphones portables ou sur des comptes de paiement en ligne. Ce sont de petites sommes qui ne sont pas nécessairement reliées à un compte bancaire. On voit alors le développement de services de paiement proposés par des acteurs non-bancaires, les Fin techs (Lydia), Big techs (proposés par les GAFAM et BATX).

c. Cryptomonnaie ou cryptoactif ?

Les **cryptoactifs** (*bitcoin, stablecoins*), appelés cryptomonnaies par abus de langage, proviennent des avancées technologiques. L'objectif des cryptoactifs de première génération (comme le bitcoin), était de se libérer du pouvoir des banques et de la tutelle de toute souveraineté (ces actifs sont décentralisés et la confiance ne dépend pas d'une forme hiérarchique, la Banque centrale). Ces actifs ne peuvent être de la monnaie car la confiance collective (la confiance éthique) n'est pas encore présente.

Le plus emblématique des cryptoactifs est le ***bitcoin***, apparu en 2009. C'est un système de paiement pair-à-pair (*peer-to-peer*), qui repose sur des procédés cryptographiques. Ce système de paiement passe par des véhicules virtuels associés à une unité de compte, le *bitcoin*, dont la valeur est très instable (notamment lorsqu'il est converti dans une unité de compte officielle). Le système fonctionne sans régulateur grâce à deux procédés complémentaires : la *Blockchain* (la chaîne de blocs) et le *bitcoin mining* (le minage) :

- La ***blockchain*** est un registre public (il est transparent et chacun peut le consulter) qui valide et enregistre les transactions (on peut ajouter des éléments mais jamais modifier les informations précédentes). La *blockchain* retrace la totalité des transactions depuis sa création. Elle permet de se dispenser de la présence d'un tiers de confiance (une banque par exemple). Pour bénéficier d'une blockchain il faut posséder un porte-monnaie électronique.
- Le ***bitcoin mining*** est le mécanisme qui permet d'authentifier la transaction, de vérifier les transferts monétaires et de créer de nouveaux blocs (ou *bitcoins*). Lorsqu'on ajoute un bloc, il doit être validé par ceux qui contribuent à la gestion et à la surveillance des transactions. En effet, des individus ou des entreprises mettent à disposition leur puissance de calculs pour vérifier les transactions. Ils sont rémunérés en bitcoins.

Ces cryptoactifs sont très risqués, car il n'y a pas de réglementation, ni de protection pour les utilisateurs. Depuis le bitcoin, d'autres cryptoactifs sont apparus, comme les *stablecoins*, qui eux sont adossés à des actifs réels mais les risques d'instabilité et d'utilisation restent présents. Ainsi, selon la Banque de France, il faut réglementer les cryptoactifs pour en limiter les risques mais profiter du potentiel innovant de la blockchain qui pourrait être utilisé dans divers secteurs (immobilier, pharmacie, assurance) afin de sécuriser les transactions.

En France, l'ordonnance Blockchain (décembre 2017) autorise l'enregistrement et l'échange sur Blockchain de titres non cotés.

Enfin, la Banque de France constate qu'il y a un risque de substitution de la monnaie Banque centrale par des *stablecoins* en tant qu'actif de règlement de référence. Elle a alors testé en janvier 2021 sa première **monnaie digitale de Banque centrale** (MDBC) grâce à une devise numérique émise sur une *blockchain* privée. L'existence d'une MDBC permettrait d'éviter que l'offre de monnaie soit accaparée par des acteurs privés. **J. Tirole** met en avant les limites d'une crytomonnaie privée qui empêcherait l'action des Banques centrales en termes de politique économique contra-cyclique. Les cryptoactifs ne sont pas de la monnaie (virtuelle ou numérique) : « *L'absence d'institutions spécifiques (telle qu'une banque centrale ou une autorité monétaire), protégeant la valeur des cryptoactifs, empêche leur utilisation en tant que monnaie, car leur volatilité empêche leur utilisation en tant que réserve de valeur, décourage leur utilisation comme moyen de paiement et rend difficile leur utilisation en tant qu'unité de compte* » (Aglietta, 2021).

II. La monnaie comme rapport social

A. La critique de l'approche instrumentale

L'approche fonctionnaliste fait l'objet de nombreuses critiques. Des historiens et anthropologues font observer que l'existence de la monnaie est très ancienne et qu'elle précède, dans de nombreux cas, le développement des échanges sous forme de troc. Certains commentateurs dénoncent d'ailleurs la « fable du troc », car ils contestent le fait que les échanges au sein des économies primitives aient pu être dominés par une logique du « donnant-donnant », c'est au contraire une logique ostentatoire qui semble avoir prévalu. On fait aussi observer que les formes de la monnaie n'ont pas évolué de façon linéaire. Les marchands vénitiens ou les banquiers de Florence utilisaient la monnaie scripturale bien avant que la monnaie métallique (et *a fortiori* la monnaie fiduciaire) soit d'usage courant en Europe. À l'inverse, dans certaines circonstances, on assiste à un retour vers la monnaie marchandise (pendant les deux dernières guerres mondiales par exemple).

Au total, le fait de considérer la monnaie comme un simple instrument technique ne semble guère compatible avec les résultats des travaux historiques et anthropologiques.

Allant au-delà du fonctionnalisme, deux approches permettent de cerner la nature de la monnaie : une approche anthropologique qui considère la monnaie comme un moyen de conjurer la violence et une approche économique qui considère la monnaie comme inhérente à l'économie de marché.

B. La monnaie entre violence et confiance

La première approche est de type anthropologique, elle a été développée notamment par **M. Aglietta** et **A. Orléan** en s'appuyant sur les travaux du philosophe **R. Girard** (1923-2015). Pour ces auteurs, il existe une violence fondatrice des rapports humains et la monnaie est un moyen d'exorciser cette violence. La monnaie permet de substituer l'échange au rapt et à la prédation. La monnaie est donc ambivalente, moyen d'exorciser la violence, institution sociale essentielle, elle peut aussi être source de violence destructrice pour la société (dans le cas de l'hyperinflation allemande des années 1920 par exemple). La monnaie est donc une composante essentielle du lien social, c'est une institution et non un instrument technique, elle repose en particulier sur la confiance sans laquelle aucune communauté de paiement ne peut fonctionner.

M. Aglietta distingue trois types de confiance nécessaires à l'existence d'une monnaie :

- La confiance méthodique : C'est l'utilisation fréquente de la monnaie qui crée la confiance et cette régularité renforce la confiance dans le système monétaire ;
- La confiance hiérarchique : il s'agit de l'existence et de la reconnaissance d'une institution supérieure qui garantit le bon fonctionnement du système. Cette confiance hiérarchique s'établit aujourd'hui par l'intermédiaire de la Banque centrale qui protège des risques bancaires ;
- La confiance éthique : elle repose sur l'adhésion collective de tous les membres de la société à des valeurs communes, dont le fait que les autorités monétaires ne doivent pas abuser de leur pouvoir monétaire et respecter scrupuleusement leurs missions. « *Elle dit que la monnaie est une entité commune qui nous permet de vivre mieux et de produire des richesses, et non un objet à s'approprier* » (Aglietta, 2016).

La définition de la monnaie proposée par **M. Aglietta** est tirée de ce type de réflexion : « *La monnaie est un rapport global entre les centres de décision économique et la collectivité qu'ils forment, grâce auquel les échanges entre ces agents acquièrent une cohérence* » (Aglietta, 1986).

C. Monnaie et rapports marchands

La seconde approche trouve son origine chez **K. Marx** (1818-1883). Ce dernier souligne que ce qui caractérise une société marchande est le fait que la production (l'usage du travail social) résulte de travaux privés réalisés indépendamment les uns des autres et sans coordination *a priori*. Dans les sociétés traditionnelles et non marchandes, le travail social fait l'objet d'un usage qui est contrôlé par l'existence de normes en matière de parenté (organisation de la production domestique au sein de la famille

large), en matière religieuse (offrandes), en matière politique (paiement de tributs). Par exemple, il existe une division du travail entre les sexes, entre les générations, des règles traditionnelles d'organisation des cultures ou de la chasse.
Les sociétés marchandes ne connaissent pas cette coordination *a priori* et sont menacées d'un fractionnement : il faut donc qu'existe un moyen de socialiser ces travaux privés. C'est précisément la monnaie qui permet d'assurer un certain degré de centralisation par l'intermédiaire des prix et des échanges monétaires. La monnaie est absente des sociétés complexes (les Incas par exemple) où les rapports économiques ne sont pas des rapports marchands et elle apparaît dans les sociétés où les relations marchandes se développent. Chez les Baruya, étudiés par **M. Godelier**, les barres de sel ne sont pas de la monnaie à l'intérieur de la tribu (les rapports n'y sont pas marchands), mais elles deviennent de la monnaie dans les échanges avec les autres tribus. Cette approche permet de comprendre que la monnaie n'est pas une « chose », mais un ensemble de règles assurant un arbitrage entre centralisation et fractionnement du fonctionnement de l'économie.

III. La mesure de la monnaie : les agrégats monétaires

La monnaie est un actif liquide, mais il existe différents degrés de liquidité et il est donc difficile de tracer une frontière entre les actifs monétaires et les actifs non monétaires. Cette frontière est pour partie conventionnelle. Les autorités monétaires définissent et mesurent des **agrégats monétaires** c'est-à-dire des catégories d'actifs qui sont relativement homogènes du point de vue de leur liquidité. Ces agrégats (qui sont emboîtés) sont classés par ordre décroissant de liquidité (de M1 qui comporte les actifs les plus liquides à M3 qui inclut outre les actifs compris dans M1 et M2, des actifs moins liquides). Cela mesure aussi la capacité de dépense des agents économiques non financiers résidents. Les agrégats monétaires sont une mesure de la **masse monétaire**, qui représente la quantité totale de monnaie qui circule dans l'économie à un moment donné.
La **liquidité** représente la capacité d'un actif à être transformé en un autre actif sans délai et sans coût de transaction. Tous les actifs sont liquides à des degrés divers, mais la monnaie est la liquidité parfaite. Un actif réel est moins liquide qu'un actif financier et un actif financier est moins liquide que la monnaie au sens strict.

A. Les agrégats monétaires dans la zone euro

À l'occasion du passage à l'euro, la Banque centrale européenne a défini des agrégats monétaires pour l'ensemble de la zone. Ces agrégats sont calculés par les Banques centrales nationales dans chaque pays ayant adopté l'euro. En ce qui concerne la conduite de la politique monétaire, seule l'évolution des agrégats au niveau de l'ensemble de la zone euro est significative.

LA COMPOSITION DES AGRÉGATS MONÉTAIRES DANS LA ZONE EURO

Composition des différents agrégats monétaires

- M3
  - M2
    - M1
      - Pièces et billets
      - Dépôts à vue
    - Dépôts avec un préavis inférieur ou égal à 3 mois
    - Dépôts à terme d'une durée inférieure ou égale à 2 ans
  - Titres donnés en pension livrée
  - Parts d'OPC monétaires
  - Titres de créance de durée initiale inférieure ou égale à 2 ans

Source : Banque de France.

B. Quelle frontière entre les agrégats monétaires ?

Pour l'économiste **A. Chaineau** « *la monnaie c'est M1* » : il signifie par-là que si l'on définit la monnaie par la liquidité parfaite, seul l'agrégat M1 correspond à cette définition.

Cependant, les autorités monétaires se fondent principalement sur l'agrégat M3 pour conduire la politique monétaire. Or, depuis les années 1980, avec la déréglementation financière et le développement des innovations financières, il devient de plus en plus difficile de distinguer les actifs monétaires et non monétaires, notamment parce que certains actifs financiers permettent une importante rentabilité tout en restant suffisamment liquides. Cela pose des difficultés dans la gestion de la création monétaire par l'agrégat M_3. La gestion de portefeuille des ménages se transforme avec un accroissement dans la détention de ces « actifs financiers liquides ».

C. L'endettement des agents non financiers

Lorsqu'un agent économique veut réaliser une opération qui relève de la formation brute de capital fixe (achat d'un logement par un ménage, achat de biens d'équipement par une entreprise), il doit assurer le financement de cette opération. Deux situations se présentent :
- l'agent dispose d'une épargne suffisante pour assurer le financement : on parle alors de **financement interne** ou **autofinancement** ;
- l'agent doit faire appel à l'épargne d'autres agents : on parle alors de **financement externe**.

En cas de financement externe, l'agent peut faire appel à l'endettement auprès d'institutions financières qui ont elles-mêmes collecté l'épargne d'agents à capacité de financement. On parle alors d'un **financement indirect**. L'agent à besoin de financement peut aussi s'adresser directement aux agents à capacité de financement en plaçant des titres sur les marchés financiers. On parle alors de **financement direct**.

Pour analyser le financement de l'économie, les autorités monétaires calculent le total de l'endettement des agents non financiers et mesure la part des différentes sources de financement de cette dette en distinguant le recours aux institutions financières résidentes, aux institutions financières non-résidentes et aux marchés financiers.

En France, au troisième trimestre 2020, l'endettement total des ménages représentait 66,9 % du PIB (+6 points par rapport à 2019), celui des sociétés non financières (crédits et les titres de créance émis) 85,9 % du PIB. Au troisième trimestre 2019, les crédits consentis par les institutions financières représentent 51,9 % de l'endettement des agents non financiers et le financement sur les marchés financiers 47,3 %. On constate que les ménages se financent exclusivement auprès des institutions financières, les sociétés non financières en majorité auprès de celles-ci avec une progression du financement par les marchés (+ 7,3 % entre 2018 et 2019). Ce sont toujours les administrations publiques qui ont massivement recours aux marchés financiers pour placer leurs titres de dette (86,3 % de l'endettement public se fait par les marchés).

La crise de la covid-19 a un impact sur l'endettement et l'épargne des ménages. La dette des sociétés non financières a augmenté de 17 milliards d'euros et, selon une estimation de la Banque de France, l'épargne financière des ménages a connu un surplus de 120 milliards d'euros en raison de la crise de la covid-19. Elle était de 67 milliards d'euros en 2019 et serait comprise entre 100 et 188 milliards d'euros pour 2020.

§ 2. Le processus de création monétaire

I. Création et destruction de la monnaie

A. La monnaie : une créance et une dette

La monnaie est à la fois une créance et une dette. Détenir un billet de banque, par exemple, c'est détenir une créance sur la Banque centrale et c'est en échange de cette créance que les commerçants acceptent de livrer des marchandises. Le billet est une dette de la Banque centrale et le montant total des billets en circulation figure au passif de l'institut d'émission.
La monnaie est cependant une créance particulière car elle est dotée d'un **pouvoir libératoire** général : c'est une dette qui permet de s'acquitter de toutes les dettes. Il en va exactement de même en ce qui concerne un avoir sur un compte-courant : le solde créditeur du compte est une dette de la banque et une créance du client.
La création de monnaie est le mécanisme par lequel une banque créée de la monnaie *ex-nihilo*. Elle résulte d'un processus de **monétisation de créance**. Lors d'un crédit par création monétaire, la monnaie dont dispose l'agent économique est créée par la banque (puisque, à l'échéance, la banque devra se faire rembourser la créance auprès du débiteur) sans qu'elle n'ait utilisé ses propres ressources. Cela entraîne des possibilités de dépenses supplémentaires sans que quelqu'un au préalable ait renoncé aux siennes. Ce sont donc bien les crédits qui font les dépôts. Lorsque le crédit arrive à échéance et qu'il fait l'objet d'un remboursement, la quantité de monnaie correspondante est détruite. La quantité de monnaie en circulation dans une économie à un moment donné est donc le résultat d'un processus de création et de **destruction de monnaie**. Si cette quantité de monnaie augmente, c'est que les opérations de création de monnaie l'emportent sur les opérations de destruction de monnaie.
Le pouvoir de création monétaire des banques est potentiellement illimité, mais en pratique il fait l'objet d'une double limitation :
- une limitation institutionnelle qui a d'abord concerné les banques d'émission et qui prend aujourd'hui la forme du contrôle exercé par les autorités monétaires sur les banques de second rang;
- une limitation liée à la concurrence interbancaire. En effet toute banque de second rang qui crée de la monnaie s'expose à des « fuites » hors de son propre circuit bancaire. Ces fuites exigent de la banque qu'elle

détienne une forme de monnaie qu'elle n'a pas le pouvoir de créer : la monnaie banque centrale. Une banque qui émet « trop » de monnaie s'expose donc à un risque d'illiquidité. Certes, le plus souvent la banque peut se procurer la liquidité qui lui fait défaut en l'empruntant, mais cette opération est coûteuse et réduit la rentabilité de la banque.

Pour rendre compte du pouvoir de création monétaire du système bancaire, deux modèles sont généralement utilisés par les économistes, selon qu'ils ont une conception exogène ou endogène de la monnaie : le multiplicateur de crédit et le diviseur de crédit.

B. Le multiplicateur de crédit

L'approche en termes de **multiplicateur de crédit** repose sur une vision exogène de la monnaie, selon laquelle c'est la Banque centrale qui contrôle le montant de la liquidité en circulation. Elle met l'accent sur le fait qu'une opération de création de monnaie déclenche une réaction en chaîne qui conduit au total à une création de monnaie qui est un multiple de la création initiale. Le raisonnement repose sur le concept de réserve excédentaire. Compte tenu de l'existence des « fuites » évoquées plus haut, les banquiers savent par expérience qu'ils doivent conserver un certain pourcentage des dépôts qu'ils gèrent, sous forme de monnaie banque centrale. On parle de **base monétaire** (avoirs des banques de second rang en monnaie banque centrale et des billets). Si le banquier considère, par exemple, qu'un taux de réserve de 10 % est suffisant, il va conserver 100 unités monétaires pour couvrir un dépôt de 1 000 sur le compte du client et il dispose d'une réserve excédentaire de 900 qu'il va prêter, ce prêt va faire apparaître un dépôt supplémentaire de 900 qui ne nécessite qu'une garantie de 90, il reste donc 810 de réserve excédentaire qui peuvent faire l'objet d'un prêt, etc.

Au total, la création totale de monnaie réalisée par l'ensemble du système bancaire est de :

$1\,000 + 900 + 810 + \ldots$

$= 1\,000 + (1\,000 \times 0{,}9) + (1\,000 \times 0{,}9 \times 0{,}9) + \ldots$

$= 1\,000\,(1 + 0{,}9 + 0{,}9^2 + \ldots)$

Dans la parenthèse, nous avons la somme des termes d'une suite géométrique. Cette somme est alors égale à $\dfrac{1 - 0{,}9^n}{1 - 0{,}9}$

Or, lorsque n tend vers l'infini, $0{,}9^n$ tend vers 0 ;

On obtient donc finalement $1\,000 \times \dfrac{1}{1 - 0{,}9}$

Dans cet exemple numérique fictif, une création initiale de monnaie de 1 000 a conduit à une création totale de monnaie de 10 000. Dans sa version la plus simple, le multiplicateur de crédit est égal à l'inverse du taux de réserve (soit $\frac{1}{0,1} = 10$ dans notre exemple).

L'approche en termes de multiplicateur de crédit permet de mettre en évidence le fait que pouvoir de création monétaire du système bancaire est fonction des réserves c'est-à-dire de la base monétaire. Plus celle-ci est importante plus la création monétaire peut se développer. Mais cette approche fait l'objet de deux critiques importantes :

- elle suppose que la création de monnaie est subordonnée à la détention par les banques d'avoirs en monnaie banque centrale ;
- elle conduit à considérer que la Banque centrale dispose de la maîtrise de l'ensemble de la création monétaire puisque le contrôle de la monnaie centrale assure le contrôle de la création de monnaie par les banques de second rang.

C. Le diviseur de crédit

L'approche en termes de **diviseur de crédit** repose sur une vision endogène de la monnaie, selon laquelle la création monétaire dépend principalement du système bancaire (du comportement des agents économiques).

Le **principe du diviseur de crédit** met donc l'accent sur le fait que les banques commencent par créer de la monnaie à partir d'une logique commerciale et qu'elles cherchent ensuite à se procurer la monnaie banque centrale qui leur est nécessaire pour faire face aux fuites.

Par exemple, les banques de second rang créent 10 000 unités monétaires de monnaie scripturale dans un objectif de financement d'un crédit et elles se retournent ensuite vers d'autres banques ou vers la Banque centrale pour se procurer les liquidités qui leur sont nécessaires (1 000 dans le cas d'un coefficient de réserve de 10 %).

On voit que, du point de vue quantitatif, les deux théories aboutissent à la même conclusion, mais elles décrivent différemment le mécanisme de la création monétaire. En particulier, l'approche en termes de diviseur souligne que la création monétaire est bien réalisée « à partir de rien » (*ex-nihilo*) et que la Banque centrale est placée devant le fait accompli : la monnaie ayant été créée par les banques de second rang, elle ne peut refuser systématiquement de répondre à leurs besoins de liquidités au risque de provoquer une crise financière.

Dans l'**Eurosystème** (qui est chargé de définir et mettre en œuvre la politique monétaire au sein de la zone euro) il existe des réserves obligatoires qui s'imposent aux banques commerciales, elles doivent détenir 1 % de monnaie centrale en réserve.

II. La création monétaire : processus endogène ou exogène ?

A. L'offre de monnaie

Dans un système de monnaie métallique, l'**offre de monnaie** dépend de la découverte et de l'exploitation des mines de métaux précieux.
Dans les systèmes actuels de monnaie de crédit, l'offre de monnaie dépend de la création monétaire par les banques qui est décrite par les mécanismes du multiplicateur ou du diviseur de crédit.
Deux grandes conceptions de l'offre de monnaie sont donc présentes dans l'analyse économique :

- Une conception selon laquelle l'offre de **monnaie** est **exogène**, car elle est déterminée par la liquidité des banques centrales et donc, en dernière analyse, par le comportement d'offre de monnaie de la Banque centrale. Dans ce cas, l'offre de monnaie peut être un instrument de la politique monétaire. Les théories monétaristes reposent notamment sur une conception exogène de l'offre de monnaie. Parler de **monnaie exogène**, c'est considérer qu'elle trouve son origine en dehors de l'activité économique. Elle résulte, en régime de monnaie métallique, des découvertes d'or, et, en régime de monnaie fiduciaire et scripturale, des décisions de la Banque centrale (principe du multiplicateur de crédit).
- Dans la seconde conception, on parle de **monnaie endogène** pour caractériser le fait que l'offre de **monnaie** est déterminée par le comportement de demande de crédit des agents auquel les banques répondent (principe du diviseur de crédit). Les théories du circuit monétaire de production reposent sur une conception endogène de l'offre de monnaie. Selon **M. Aglietta**, dans ce cas, l'économie marchande « *est un commerce de promesses sur des biens futurs, avant d'être un échange de biens présents* » (Aglietta, 2011). Comme l'explique **P.N. Giraud** détenir un actif, accepter de répondre aux attentes des agents, ne garantit pas de la sûreté de la transaction, « *il n'existe aucun moyen sûr de transférer la richesse dans le temps* » (P.N. Giraud, 2009), il n'y a que des promesses gagées sur une production future de biens et services.

B. La demande de monnaie

La **demande de monnaie** émane des agents économiques qui désirent détenir des avoirs liquides. La détention de ces avoirs a un coût d'opportunité : détenir des liquidités c'est renoncer à l'intérêt que l'on obtiendrait en plaçant la somme correspondante sur le marché financier.

L'analyse économique s'est efforcée d'expliciter les déterminants de la demande de monnaie.

L'approche keynésienne met l'accent sur les motifs de la **préférence pour la liquidité**. Pour **J. M. Keynes** (1883-1946), la préférence pour la liquidité permet de comprendre pourquoi il n'y a pas de neutralité de la monnaie. Il existe trois motifs de la préférence pour la liquidité : le motif de transaction, le motif de précaution et le motif de spéculation. Dans cette perspective, **J. Tobin** (1918-2002, prix Nobel 1981) a proposé un modèle dans lequel les agents économiques procèdent à une diversification de leur portefeuille d'actifs (dont les actifs monétaires) en fonction du risque. En univers risqué, les agents composent un portefeuille optimal qui tient compte à la fois de la recherche de rentabilité et de la recherche de sécurité (qui implique la détention d'actifs monétaires peu risqués mais peu ou pas rémunérés). Les agents les plus averses aux risques détiendront relativement plus de monnaie. Le comportement de demande de monnaie est donc expliqué dans le cadre d'une stratégie de gestion du patrimoine qui prend en compte le risque.

Pour **M. Friedman** (1912-2006), prix Nobel 1976, la monnaie est une composante du patrimoine des agents et la quantité de monnaie détenue dépend de l'optimisation de la composition de ce patrimoine (arbitrage entre actifs réels, monnaie et titres). Au total, dans l'approche keynésienne comme dans l'approche monétariste, la demande de monnaie dépend pour l'essentiel du taux d'intérêt et du revenu (revenu permanent chez **M. Friedman**).

L'une des différences essentielles entre les deux approches réside dans le fait que les keynésiens considèrent que la fonction de demande de monnaie est instable, alors que les monétaristes considèrent qu'elle est stable.

§ 3. Les théories monétaires

Selon que les économistes considèrent la monnaie comme exogène ou endogène, ils ne vont pas analyser ses effets sur l'économie de la même façon. Les économistes qui considèrent la monnaie comme exogène mettent en avant deux possibilités :

- la monnaie est neutre (elle n'a pas d'effet sur l'emploi et la production, donc sur la sphère réelle), il y a une dichotomie forte entre la sphère réelle et monétaire ;
- la monnaie est neutre à long terme mais active à court terme (elle peut affecter la sphère réelle à court terme), il y a une dichotomie faible ;
- la monnaie est active (elle affecte la sphère réelle) mais elle est nocive. Ces auteurs refusent la dichotomie.

Pour ceux qui considèrent la monnaie comme endogène, la monnaie n'est jamais neutre, elle est toujours active, il n'y a pas de dichotomie.
Ces différentes conceptions de la monnaie vont avoir un impact sur le choix des politiques monétaires.

I. L'approche dichotomiste

A. La « dichotomie forte »

On dit que la monnaie est neutre, au sens de la dichotomie forte, lorsqu'on considère qu'elle n'a que des effets nominaux et pas d'effet sur l'économie réelle (niveau de l'emploi par exemple). La **neutralité de la monnaie** signifie donc que les variations (exogènes) de la quantité de monnaie n'ont pas d'effets sur les prix relatifs, mais uniquement sur les prix nominaux (et donc sur le niveau général des prix).
La tradition de la **théorie quantitative de monnaie** s'inscrit dans cette perspective dichotomiste forte. **J. Bodin** (1530-1596), cherchant à expliquer la hausse des prix qui se manifeste au XVIe siècle, considère que cette inflation a pour cause principale l'augmentation de la quantité d'or et d'argent en circulation dans le royaume. Cette tradition quantitativiste se poursuit notamment avec **J. Locke** (1632-1704), puis avec **D. Hume** (1711-1776). Au XIXe siècle, ce sont **D. Ricardo** (1772-1823) puis la ***Currency School*** qui incarnent le quantitativisme. La hausse des prix en Grande-Bretagne est expliquée par l'augmentation de la circulation monétaire rendue possible par l'inconvertibilité du papier-monnaie en or instaurée en 1797.
La **loi des débouchés** de **J.-B. Say** est étroitement liée aux idées quantitativistes car, si la monnaie constitue un simple voile, il n'y a pas de différence entre économie monétaire et économie de troc et « *toute offre crée sa propre demande* ».
En 1911, c'est l'économiste américain **I. Fisher** (1867-1947) qui donne une nouvelle formulation à la théorie quantitative avec l'équation :

$$M \cdot V + M' \cdot V' = P \cdot T$$

Avec :
M : masse de monnaie fiduciaire
M' : masse de monnaie scripturale
V : vitesse de circulation de la monnaie fiduciaire
V' : vitesse de circulation de la monnaie scripturale
P : niveau général des prix
T : volume des transactions

Pour que la théorie quantitative soit explicative (et non simplement tautologique) il faut supposer que :
- les vitesses de la circulation de la monnaie sont constantes (ou que leurs variations se compensent) ;
- M n'a pas d'effet sur T (neutralité de la monnaie) ;
- c'est la quantité de monnaie qui influence le niveau des prix (et non l'inverse).

Dans ces conditions, et dans ces conditions seulement, les variations de M et de M' n'ont d'effet que sur P.

Cette conception de la dichotomie forte conduit à considérer que rien n'est moins important que la monnaie, puisque celle-ci n'affecte pas ce qui est essentiel : les prix relatifs. Du point de vue de la politique économique, il est vain, dans cette perspective, de vouloir affecter le fonctionnement « réel » de l'économie (emploi, production, etc.) en agissant sur la quantité de monnaie. Cette conclusion se retrouve aujourd'hui au sein de la Nouvelle macroéconomie classique (ou Nouvelle économie classique) qui se fonde sur l'hypothèse d'**anticipations rationnelles**.

B. La « dichotomie faible »

Une autre approche considère que la monnaie est exogène mais admet qu'elle a des effets réels transitoires. C'est **M. Friedman** qui illustre le mieux cette conception de la « dichotomie faible ». Pour **M. Friedman**, les agents ont des **anticipations adaptatives**, c'est-à-dire qu'ils sont victimes d'**illusion monétaire** à court terme, mais pas à long terme. Par conséquent, ce sont les variations de la quantité de monnaie qui expliquent pour l'essentiel les variations à court terme de l'activité économique (la monnaie a donc des effets réels). Mais les agents ne se laissent pas abuser durablement et, pour obtenir une relance d'une ampleur déterminée, les autorités gouvernementales doivent injecter des quantités croissantes de monnaie. Par conséquent, la monnaie est active à court terme et neutre à long terme (v. chapitre *Inflation, désinflation, déflation*).

II. Le refus de la neutralité de la monnaie

A. Monnaie exogène et active

Pour certains auteurs qui appartiennent au courant libéral (citons en particulier **J. Rueff** et **F. Hayek**) la monnaie est exogène, mais elle n'est pas

neutre. Elle a des effets durables et nocifs sur les variables réelles de l'économie. Pour **J. Rueff** (1896-1978) par exemple, en régime de monnaie inconvertible, les banques et l'État peuvent créer des « ***faux droits*** » (c'est-à-dire des signes monétaires qui ne sont pas la contrepartie de richesses réelles résultant de la production). L'existence de ces « *faux droits* », et leur multiplication permise par l'inconvertibilité, nous fait entrer dans « *l'âge de l'inflation* ». **J. Rueff** rejette la théorie quantitative de la monnaie car il prend en compte l'existence d'une encaisse monétaire désirée par les agents. Si la quantité de monnaie augmente au même rythme que les encaisses désirées il n'y aura pas inflation. Si les encaisses monétaires désirées diminuent alors que la quantité de monnaie reste constante, il y aura hausse des prix. Il n'existe donc pas de lien mécanique entre variation de la quantité de monnaie et variation du niveau général des prix.
J. Rueff considère qu'il faut neutraliser la monnaie ou, au moins, réduire la possibilité d'émettre des faux droits en restaurant la convertibilité des monnaies en or.
F. Hayek (1899-1992) pour sa part, s'inspirant de la théorie autrichienne du capital (v. chapitre *Capital et investissement*), considère qu'une émission excessive de monnaie conduit à une baisse des taux d'intérêt non justifiée par le niveau d'équilibre entre épargne et investissement. Cette baisse des taux d'intérêt est perçue par les agents comme un signal qui les pousse à allonger leur détour de production (surcapitalisation). Mais comme cet allongement du détour de production n'est pas justifié par le niveau d'épargne volontaire des agents, il va y avoir à terme une brusque contraction de la longueur du détour de production. Cet « **effet d'accordéon** » perturbe gravement la production et l'emploi (v. chapitre *Fluctuations, cycles et crises*). La monnaie n'est donc pas neutre. Afin de la neutraliser, **F. Hayek** propose la mise en place de monnaies privées soumises à la concurrence.
Dans la perspective de **F. Hayek**, la meilleure façon de gérer la monnaie est de la soumettre à la régulation marchande.

B. Les théories de la monnaie endogène

Une autre tradition théorique (on parle de tradition intégrationniste) considère que la distinction d'une sphère réelle et d'une sphère monétaire au sein de l'économie n'est pas pertinente. Il n'est pas possible, selon les auteurs de ce courant, de considérer que la monnaie trouve son origine à l'extérieur de l'activité économique.
Cette tradition intégrationniste se manifeste tout d'abord par la *Banking School* et en particulier par l'œuvre de **Th. Tooke** (1774-1858). Alors que la *Currency School* focalisait son attention sur la quantité de monnaie, la ***Banking School*** introduit une distinction essentielle entre la monnaie

métallique (à laquelle s'applique la théorie quantitative) et la monnaie de crédit (billets de banque). S'agissant des billets, ils ne peuvent pas être considérés comme exogènes puisque leur création s'opère à l'occasion d'une opération de crédit : le « réel » et le « monétaire » ne peuvent pas être séparés. Toute mise en circulation de billets est transitoire puisqu'à l'échéance du crédit ces billets reviennent vers la banque à titre de remboursement (c'est la « **loi du reflux** »). La question posée n'est plus alors celle de la quantité de monnaie, mais celle de sa qualité : tant que les crédits sont accordés à des opérateurs solvables qui utilisent la monnaie mise à leur disposition pour financer des opérations de création de richesses, le crédit est remboursé et la monnaie détruite (le circuit monétaire est donc bouclé). Dans de telles conditions, il serait dangereux de limiter le pouvoir de création monétaire des banques car cela constituerait un obstacle à l'expansion de la production. Des difficultés économiques peuvent surgir si la monnaie est créée en contrepartie de créances douteuses ou au bénéfice d'emprunteurs insolvables. Cette approche s'exprime notamment aujourd'hui chez les théoriciens du circuit monétaire de production (**F. Poulon**, **A. Parguez**, **M. Lavoie**, notamment).

La tradition intégrationniste a aussi été illustrée par les travaux de **K. Wicksell** (1851-1926) prolongés par ceux de **G. Myrdal** (1898-1987). **K. Wicksell** envisage l'hypothèse d'une **économie de crédit pur** (c'est-à-dire d'une économie où la seule monnaie est la monnaie scripturale), qu'il distingue d'une **économie d'encaisses** dans laquelle le crédit n'existe pas et où tous les paiements se font au comptant. Alors que la théorie quantitative de la monnaie est valide dans une économie d'encaisses, elle ne l'est pas dans une économie de crédit pur. Pour **K. Wicksell** comme pour **G. Myrdal**, la monnaie n'est donc pas exogène, elle l'est d'autant moins que le crédit est plus développé. De plus, la monnaie est susceptible d'exercer des effets importants sur l'économie réelle par l'intermédiaire du taux d'intérêt. En effet, lorsque le taux d'intérêt naturel (dont le niveau correspond en première approche à celui du taux de profit) est supérieur au taux d'intérêt monétaire, un processus cumulatif se déclenche. Les entrepreneurs ont des profits plus élevés que ce qu'ils prévoyaient ce qui les pousse à investir davantage : la demande s'accroît et les prix augmentent.

J.M. Keynes s'inscrit lui aussi indiscutablement dans cette tradition intégrationniste. Il souligne en effet que la monnaie peut être demandée pour elle-même et que, par conséquent, la loi des débouchés ne s'applique pas. **J.M. Keynes** donne un rôle essentiel aux anticipations des agents, aux comportements irraisonnés d'enthousiasme ou de pessimisme, aux comportements grégaires. Or la monnaie, dans la mesure où elle est un pont entre le présent et l'avenir, joue un rôle essentiel dans les comportements des agents. Du fait de ce caractère endogène et potentiellement perturbateur de la monnaie, **J.M. Keynes** envisage la mise en place d'un système de monnaie dirigée dans lequel les banques utiliseraient leur pouvoir de création monétaire pour stabiliser l'activité économique.

Pour des théoriciens plus récents de la monnaie endogène (notamment **N. Kaldor**, **J. Robinson**, **E. Moore**), même si l'offre de monnaie émane des banques commerciales, leur création monétaire n'est pas illimitée :

- la recherche de rentabilité fait qu'elles accordent surtout des prêts aux agents économiques solvables ;
- les entreprises réduisent leurs emprunts lorsqu'il y a des incertitudes face à la demande effective ;
- la banque centrale n'a pas toujours un comportement accommodant vis-à-vis des banques commerciales.

H. Minsky (1919-1996) apporte une analyse originale des comportements des banques en matière d'offre de monnaie. Ce post-keynésien fonde son analyse sur la monnaie endogène et met en avant le fait que les banques centrales sont plutôt accommodantes envers les banques de second rang. Ainsi, la banque centrale ne peut déterminer complètement le taux d'intérêt et le comportement des banques de second rang agit aussi sur sa détermination. Face à une politique restrictive de la banque centrale, une augmentation des taux d'intérêt entraîne des opportunités de profit et la mise en œuvre d'innovations financières de la part des banques commerciales, qui vont accroître la vitesse de circulation de la monnaie et agir sur l'offre de monnaie. La banque centrale doit alors réduire les réserves pour limiter la liquidité bancaire ce qui accroît le taux d'intérêt. Pour **H. Minsky**, la monnaie est endogène ainsi que le taux d'intérêt. Il met en avant le rôle des intermédiaires financiers dans les explications des fluctuations économiques (v. chapitre *Fluctuations, cycles et crises*).

LES THÉORIES MONÉTAIRES UNE VUE D'ENSEMBLE

Monnaie	Effets nominaux (monnaie-voile)	Effets réels (monnaie active)	
Exogène	**Dichotomie forte** * Vieille théorie quantitative * Currency scholl * I. Fisher (1911) * Nouvelle macroéconomie classique (NEC)	**Dichotomie faible** * M. Friedman	**Refus de la dichotomie** * F. Hayek * J. Rueff
Endogène	* Banking school * K. Wicksell, G. Myrdal, École de Stockholm * Tradition keynésienne * J. Schumpeter		

Source : M. Bassoni et A. Beitone (1997), *La monnaie : théories et politiques*, Sirey.

III. Vers une réhabilitation de la théorie quantitative ?

A. La NEC et la monnaie super neutre : une théorie remise en cause

La Nouvelle École Classique (NEC) renoue avec la théorie quantitative des classiques : la monnaie n'a d'effet que sur le niveau général des prix, aussi bien à court terme qu'à long terme. Les agents économiques font des **anticipations rationnelles**, s'appuient sur des informations passées et projettent également leurs informations sur l'avenir ; ils utilisent ainsi toute l'information disponible. Les seules erreurs possibles sont liées aux événements non prévisibles, c'est-à-dire nouveaux. La monnaie est donc neutre même à court terme, et la dichotomie entre le secteur réel et le secteur monétaire est stricte. Les politiques monétaires expansionnistes sont donc inefficaces, les agents en anticipant les effets inflationnistes.

Si la monnaie est neutre, alors les politiques économiques ne peuvent être discrétionnaires, et doivent s'appuyer sur des règles. La politique monétaire doit rester crédible aux yeux des agents économiques. Pour cela **F. E. Kydland** et **E. C. Prescott** dans « *Rules rather than discretion* » (1977), proposent la mise en place de principes réglementaires permettant le respect de la condition de cohérence intertemporelle des choix (qui implique l'indépendance des banques centrales par exemple). En 1983, **R. J. Gordon** et **R. Barro** montrent l'inefficacité des politiques monétaires et le biais inflationniste qu'elles provoquent. Ils proposent, pour l'éliminer, que les banques s'engagent sur un objectif d'inflation. Pour la NEC, il faut que les autorités monétaires se « lient les mains » par des règles. **K. Rogoff** propose plutôt qu'une règle monétaire rigide de placer à la tête de la Banque centrale un dirigeant « conservateur », c'est-à-dire ayant une aversion pour la hausse des prix supérieure à celle de ses concitoyens.

À la suite à la crise de 2008 la Banque centrale américaine, la Fed, et la BCE, ont mis en place des politiques monétaires non conventionnelles (PMNC) afin d'éviter la déflation alors que les taux d'intérêt étaient proches de zéro. Il s'agissait de mettre en place des politiques monétaires expansives. Cependant même si ces PMNC ont évité la déflation, le risque reste présent et la croissance insuffisante. Ces PMNC fonctionnent selon le principe du multiplicateur de crédit mais la masse monétaire n'augmente pas suffisamment et la base monétaire reste très élevée. On constate que les banques de second rang soutiennent peu l'économie réelle et peuvent générer une instabilité financière (v. chapitre *Politiques économiques*).

La question de la monnaie endogène refait surface : ce sont les agents économiques qui contrôlent la demande de monnaie. Cette nouvelle situation macroéconomique remet en cause l'analyse de la NEC et de la neutralité de la monnaie.

B. La stratégie de la « monnaie hélicoptère »

La métaphore de l'hélicoptère a été introduite par **M. Friedman** en 1969. Il se sert de cet exemple pour expliquer la neutralité de la monnaie à long terme. Ainsi, si on donnait de la monnaie aux agents économiques sans passer par un intermédiaire, et que leurs avoirs monétaires doublaient, alors automatiquement l'indice des prix doublerait lui aussi, car la monnaie est neutre.

Cette idée a été reprise pour en faire une mesure qui dépasse les politiques monétaires non conventionnelles. Pour **J. Couppey-Soubeyran** malgré des politiques monétaires accommodantes le risque de déflation persiste. Elle propose alors de créer de la monnaie sans contrepartie. Ainsi la Banque centrale pourrait « *verser à chaque citoyen 120 à 140 euros de monnaie centrale numérique, sur un compte ouvert pour chacun auprès de la Banque centrale européenne* ». Se faisant, ce « drone monétaire » numérique de Banque centrale, permettrait de s'affranchir des canaux de transmission de la politique monétaire qui freinent son efficacité. En effet le financement de la relance passe par une émission de monnaie centrale dont les effets multiplicateurs seraient plus forts et permettraient de sortir de la trappe à liquidité.

Ces analyses rencontrent des limites : tout d'abord la Banque centrale n'a pas cette possibilité dans son mandat, et comme l'explique **D. Plihon**, avec l'incertitude macroéconomique les ménages très probablement épargneraient cette somme.

La théorie monétaire moderne (MMT, *Modern Monetary Theory*)

Cette analyse connaît un développement important depuis 2019 aux États-Unis, notamment menée par l'économiste S. Kelton. Selon elle, la monnaie est endogène et active. Ainsi la politique monétaire doit être expansionniste et financer le déficit public par monétisation de créances tant que l'inflation est faible.

On peut donc coupler politiques monétaires et budgétaires expansionnistes tant que le taux d'inflation est faible sans que cela ne pose de problème de soutenabilité de la dette.

Cette analyse est critiquée, notamment par **P. Krugman** ou encore **P. Artus**. D'une part cela entraînerait des problèmes dans l'allocation de l'épargne qui se destinerait surtout aux actifs publics et la question de l'efficacité de ces dépenses publiques se pose. D'autre part les prises de risques peuvent se développer fortement avec le surendettement et créer une forte instabilité financière.

§ 4. Le système monétaire et financier français

I. Le financement de l'économie

Le financement de l'économie se fait par les institutions financières et les marchés de capitaux. Les institutions financières ne servent pas seulement à rapprocher l'offre et la demande de fonds prêtables, elles procèdent aussi à la **transformation financière**. Cela signifie que ces institutions collectent de l'épargne à vue ou à court terme et l'utilisent pour octroyer des prêts à moyen ou long terme. Il faut noter que les banques jouent le rôle d'intermédiaire financier, mais leur caractéristique propre est la création de monnaie. Les institutions financières non bancaires se limitent aux activités d'intermédiation (de bilan et de marché). Les marchés de capitaux sont constitués de différents segments où s'échangent une diversité de produits financiers couvrant des risques associés aux différents actifs.

A. L'intermédiation financière

L'une des fonctions des institutions financières est de mettre en relation les agents à capacité de financement et les institutions à besoin de financement. On parle alors d'**intermédiation financière**.

Il existe deux formes d'intermédiation :

- l'**intermédiation de bilan** : l'institution financière s'endette auprès des épargnants et devient créancière des agents à besoin de financement. Par exemple, les Caisses d'épargne collectent de l'épargne (elles sont donc débitrices des déposants) et utilisent les sommes collectées pour effectuer des prêts (à des organismes de HLM par exemple). Ces opérations apparaissent au bilan des Caisses d'épargne qui supportent seules le risque de défaillance de leurs débiteurs.
- L'**intermédiation de marché** : une institution financière s'emploie à mettre en relation un agent qui émet des titres et des épargnants qui souhaitent effectuer des placements. Par exemple, lorsqu'une entreprise émet des billets de trésorerie, elle a recours à la finance directe, mais son banquier peut placer ces billets de trésorerie auprès de la clientèle. Il y a alors intermédiation de marché. L'épargnant est directement créancier de l'entreprise émettrice des billets de trésorerie. En cas de défaillance de l'entreprise débitrice, l'épargnant supporte seul les conséquences.

La désintermédiation vise à favoriser le recours au marché financier afin de soumettre les banques à une concurrence plus vive et à faire baisser les taux d'intérêt.
En France, c'est surtout à partir de 1991 que la désintermédiation s'est manifestée. Le **taux d'intermédiation financière** (rapport entre le montant des crédits accordés par les banques et l'ensemble des flux de financement accordés – y compris sous forme d'émission d'actions) a diminué. Il faut cependant souligner qu'il s'agit là d'un recul de l'intermédiation de bilan alors que dans le même temps les banques ont accru leur intermédiation de marché et leur rôle de conseiller dans les montages financiers des entreprises. Ainsi les banques sont toujours présentes dans le financement mais de manière différente. **J. Couppey-Soubeyran** parle d'une « *économie de marché de capitaux intermédiée* ».

La titrisation : un exemple de développement de la finance de marché

La **titrisation** est l'opération par laquelle une institution financière transforme en titres de créance négociables des créances qui étaient jusque-là peu liquides. Par exemple, une banque peut constituer un portefeuille de créances (crédits hypothécaires, prêts personnels, crédits aux entreprises, etc.) et émettre en contrepartie de ce portefeuille des titres qui sont négociables sur le marché financier. L'avantage pour la banque émettrice c'est qu'elle peut collecter des liquidités et qu'elle transfère une partie des risques liés à l'octroi de crédits aux acquéreurs des titres négociables. La **crise des *subprimes*** de 2007-2008 est assez largement liée à la titrisation des crédits immobiliers à risques accordés par les banques américaines à des ménages faiblement solvables (v. chapitre *Fluctuations, cycles et crises*).

B. Les marchés des capitaux

Le **marché des capitaux** est composé de plusieurs marchés :
- le **marché au comptant** : marché où le prix coté et la livraison de l'actif sont simultanés ;
- le **marché des dérivés**, marché de gré à gré, qui comprend deux marchés :
  - un **marché à terme** : c'est un marché sur lequel les conditions d'une opération sont fixées à un moment donné, le dénouement de l'opération intervenant ultérieurement ;
  - un **marché d'options** : il s'agit d'un actif financier négociable qui établit le droit d'acheter (*Call*) ou de vendre (*Put*) un actif sous-jacent dans le futur à un prix fixé dès le départ de la transaction. Il existe différents types d'options (en couverture, en spéculation, en opérations d'arbitrage) (v. chapitre *Relations monétaires internationales*).

On peut alors sur ces différents marchés coter différents actifs financiers (ou actif sous-jacent) :
- des actions sur le marché des actions ;
- des titres de créances négociables, des obligations ;

- des devises sur le marché des changes ;
- des matières premières, la bourse de commerce, où il y a trois segments : agricole, énergie et métaux ;
- des **swaps**, qui sont des contrats d'échanges de flux futurs. On essaie de modifier les conditions de l'échange, par exemple un swap d'intérêt porte sur l'échange des intérêts d'un prêt, d'un taux fixe à un taux variable.

Tous ces actifs peuvent être cotés sur les marchés au comptant, à terme ou à options. Le **marché primaire** correspond à celui de l'émission de titres nouveaux et le **marché secondaire** est celui sur lequel se négocient les titres déjà émis et dont l'existence assure aux épargnants une certaine liquidité de leur portefeuille.
Pour les actions, les titres de créances négociables et les obligations, on distingue deux segments du marché des capitaux : le **marché financier** et le **marché monétaire**.

a. Le marché financier

Le **marché financier** est le marché sur lequel se traitent des opérations à long terme portant sur des actions ou sur des titres de créance (obligations en particulier).
Depuis 1988 un profond mouvement de transformation s'est opéré dans l'organisation des marchés financiers en France et dans le monde : les charges d'agent de change sont supprimées et remplacées par des sociétés de bourse qui sont des sociétés commerciales de droit commun dans le capital desquelles peuvent entrer les institutions financières. La Société des Bourses Françaises est créée pour gérer l'ensemble des marchés boursiers. En 1999, la société des Bourses Françaises, MATIF SA, MONEP SA et la société du Nouveau Marché fusionnent pour donner naissance à Paris Bourse SBF SA. Cette société fusionne en septembre 2000 avec les bourses d'Amsterdam et de Bruxelles pour donner naissance à une bourse européenne nommée **Euronext**. Cette société gère plusieurs marchés boursiers européens et en 2007, Euronext et la bourse de New York (Le New York Stock Exchange) ont fusionné donnant naissance à **NYSE-Euronext**.
La Bourse de Paris abrite différents marchés :

- la **Bourse des valeurs** est le marché sur lequel se négocient les **valeurs mobilières** qui représentent des titres émis par des personnes morales, publiques ou privées et qui sont négociables sur les marchés. Elle forme un marché d'actions unifié. Il existe donc désormais à Paris un seul marché organisé des actions nommé **Euronext Paris**.
- À côté de ce marché existe un « **marché libre** », Euronext Access où sont cotées de très petites sociétés et qui sert souvent de transition vers le marché organisé. Il s'agit de transactions de gré à gré.
- Il y a enfin **Euronext Growth** qui est un marché dédié aux PME.

b. Le marché monétaire

Le **marché monétaire** est le « marché de l'argent » à court terme.
En France, avant 1985, le marché monétaire était le marché de la monnaie banque centrale, il était réservé aux banques et à quelques entreprises non bancaires.
Depuis 1985, ce marché est ouvert à tous les agents économiques sous réserve qu'ils offrent un certain nombre de garanties. Les opérations portent notamment sur les bons du Trésor, les certificats de dépôts, les billets de trésorerie, etc. Le développement de ce marché des **titres de créance négociables** permet aux grandes entreprises d'être moins dépendantes des établissements de crédit lorsqu'elles souhaitent se procurer des liquidités. La formation des taux d'intérêt est donc le résultat d'une concurrence accrue.
Le **marché interbancaire** est un compartiment du marché monétaire dont l'accès est réservé aux établissements de crédit. Il permet à certaines banques de se procurer les liquidités qui leur sont nécessaires et à d'autres de placer à court terme leurs excédents de liquidités. La Banque de France intervient sur ce marché dans le cadre de la politique monétaire définie par la Banque centrale européenne. Les accords de pension à 24 heures sont les opérations caractéristiques du marché interbancaire.

II. Brève histoire du système monétaire et financier français

A. De 1945 aux années 1980

De 1945 aux années 1960

Au lendemain de la Seconde Guerre mondiale se met en place en France un système de financement qui est sous le contrôle étroit de l'État. Les grandes banques de dépôts sont nationalisées, des organismes financiers publics jouent un rôle très important (Crédit Foncier, Caisse des dépôts et consignation). Les taux d'intérêt sont étroitement contrôlés et les activités bancaires compartimentées. On distingue les banques de dépôts et les banques d'affaires, le Crédit Agricole a le monopole des prêts bonifiés à l'agriculture, les Caisses d'épargne ont le monopole du livret A, etc. Le Trésor public est le véritable chef d'orchestre du financement de l'économie en même temps qu'il s'efforce de financer les déficits publics.

De 1960 aux années 1980

À la suite de **J.-R. Hicks** (1904-1989), on distingue souvent les **économies de marchés financiers** (caractérisées par la prédominance de la finance

directe et de l'intermédiation de marché) et les **économies d'endettement** (caractérisées par la prédominance du recours à l'intermédiation de bilan par les banques et au financement par la création monétaire). Cette distinction doit être nuancée car toute économie capitaliste est nécessairement une économie d'endettement. Cependant, elle peut servir de grille de lecture pour analyser le fonctionnement des divers systèmes financiers. On considère par exemple que, depuis le début des années 1980 l'économie française s'est rapprochée du modèle de l'économie de marchés financiers.
À partir de la fin des années 1960 (Rapport Marjolin, Sadrin, Wormser de 1968) et surtout du début des années 1980 (loi bancaire de 1984, Livre blanc sur le financement de l'économie de 1986), le système monétaire et financier français connaît de profonds bouleversements qui sont amplifiés par la construction européenne (liberté des mouvements de capitaux en 1990 et loi de modernisation des activités financières en 1996) et par la mondialisation croissante des activités financières.
Ces transformations ont été conformes à la **règle des trois D** formulée par **H. Bourguinat** :
- **déréglementation** : privatisation des banques, abandon de l'encadrement du crédit et du contrôle des changes, ouverture du marché monétaire à l'ensemble des agents économiques, etc. ;
- **décloisonnement** : unification progressive du cadre réglementaire des intermédiaires financiers qui sont peu à peu soumis aux mêmes autorités monétaires, interdépendance des marchés, etc. ;
- **désintermédiation** : le financement direct a joué un rôle de plus en plus important conduisant au développement de nouveaux marchés financiers.

Le système monétaire et financier français est donc désormais caractérisé par une logique de marché. La concurrence entre les intermédiaires financiers conduit à l'accroissement de la taille des établissements et à la création d'établissements nouveaux (courtiers en ligne par exemple). La tendance à la mondialisation des activités se renforce.
Le mouvement de libéralisation financière a conduit à de graves difficultés pour certaines institutions qui ont pris des risques excessifs (par exemple, Comptoir des entrepreneurs en 1993, Crédit Lyonnais entre 1993 et 1996).

B. Les structures bancaires et financières aujourd'hui

L'organisation actuelle du système bancaire et financier résulte pour l'essentiel de la loi bancaire de 1984 et de la loi de modernisation des activités financières de 1996. Ces deux lois poursuivent le même objectif :

unifier le cadre juridique des activités monétaires et financières et favoriser la concurrence.
Le système monétaire et financier se compose de quatre types d'institutions :

- Les **établissements de crédit** sont « *des personnes morales qui effectuent à titre de profession habituelle des opérations de banque, c'est-à-dire la réception de fonds du public, les opérations de crédit, ainsi que la mise à disposition de la clientèle ou la gestion des moyens de paiements* » (loi de 1984). Tous les établissements de crédits ne sont pas des banques (banques coopératives ou caisses de crédit municipal par ex.). Alors que les **banques** (adhérentes à l'Association françaises des banques (AFB) ou mutualistes et coopératives) peuvent réaliser toutes les opérations bancaires et services d'investissement, les autres établissements de crédit ne peuvent réaliser que les opérations prévues dans leur statut et pour lesquelles ils ont été agréés.

- Les **entreprises d'investissement** sont « *des personnes morales ayant vocation à fournir des services d'investissement, c'est-à-dire à recevoir, transmettre, exécuter des ordres pour compte de tiers, gérer des portefeuilles, négocier pour compte propre, participer au placement d'instruments financiers* » (Loi de 1996). La catégorie des entreprises d'investissement regroupe les agents de marché interbancaire, les maisons de titres, les sociétés de gestion de portefeuille, etc.

- Les **organismes de placements collectifs en valeurs mobilières (OPCVM)** sont des institutions financières spécialisées dans la gestion collective de l'épargne. On distingue principalement les Sociétés d'investissement à capital variable (**SICAV**) et les Fonds commun de placement (**FCP**). Au sein des OPCVM, ceux qui sont spécialisés dans la gestion de portefeuilles de titres du marché monétaire (OPCVM monétaires) appartiennent à la catégorie des Institutions Financières Monétaires.

- Les autres institutions financières sont d'une part les compagnies d'assurance, d'autre part les organismes financiers qui ne sont pas soumis à la loi bancaire de 1984 (la Caisse des dépôts et Consignation notamment).

L'Union des marchés de capitaux (UMC)

La crise des *subprimes de 2007-2008* a ravivé le débat sur les avantages et les inconvénients du système financier européen, plus assis sur les banques que sur le marché. En 2011, le financement par les banques représente environ 51 % du financement total dans la zone euro. Selon certains économistes, un système financier où le financement obligataire est élevé (contrairement à l'Europe) permet de sortir plus vite d'une crise économique. Cela réduit les contraintes sur l'offre de crédit auxquelles font face les sociétés non financières lors d'une récession. Un marché obligataire développé est ainsi un facteur de résilience des économies après les crises économiques. Ensuite, face aux difficultés pour l'Union européenne pour sortir de la Grande Récession, cette dernière propose un projet de réforme du financement des sociétés non financières, **l'Union des marchés de capitaux (2015)**. L'objectif est d'intégrer davantage les marchés de capitaux dans les 28 États de l'UE. Il vise à agir à la fois sur l'offre et la demande de capitaux en rendant plus facile l'accès aux marchés des capitaux, notamment pour les PME, à relancer le marché de la titrisation, à permettre des investissements sur le long terme et à permettre à des entreprises cotées et non cotées de lever des fonds. La mise en œuvre de l'UMC a bien avancé mais des obstacles subsistent. Un nouveau plan d'action a été mis en place en septembre 2020 pour faciliter l'accès au financement des entreprises, faire de l'UE un espace plus sûr pour l'épargne et l'investissement, intégrer davantage les marchés nationaux par une réglementation unique. Une accélération de cette union s'explique par le contexte de la pandémie covid-19 et pour accélérer la mise en place de la relance européenne post-covid-19.

C. La régulation du système bancaire et financier

L'unification du cadre réglementaire applicable aux établissements de crédit et aux entreprises d'investissement a conduit à renforcer et élargir le pouvoir des organismes de contrôle. Face à un système financier plus concurrentiel et plus complexe, il semble nécessaire de disposer d'organes de contrôle ayant une vue d'ensemble du système financier. Le système financier, par la fonction de prêteur en dernier ressort, permet aux banques d'avoir un comportement d'**aléa moral**, d'être protégées contre la faillite (principe du « *too big to fail* »). Les banques sont alors incitées à adopter des comportements très risqués dans la mesure où, lors de la prise de risques, en cas de réussite, leurs gains seront conséquents alors qu'en cas d'échec, leurs pertes seront minimisées grâce aux aides apportées par les autorités politiques et monétaires.

Ce mouvement de regroupement des autorités de contrôle s'était déjà manifesté en 2003 avec la création de l'**Autorité des marchés financiers** (AMF) qui regroupait trois institutions préexistantes. L'AMF continue à exercer ses missions de surveillance du fonctionnement des marchés financiers, mais elle n'est pas la seule à exercer ces fonctions. En mars 2010, en grande partie sous l'effet de la crise financière mondiale qui s'est déclenchée en 2007, l'**Autorité de contrôle prudentiel** (ACP) a été mise en place. Elle deviendra l'**Autorité de Contrôle Prudentiel et de Résolution (ACPR)** en 2013.

L'ACPR est une autorité administrative indépendante adossée à la Banque de France qui dispose de moyens importants, d'un conseil scientifique et qui a des compétences très larges dans le domaine de la banque et de l'assurance afin de faire respecter le Code monétaire et financier. L'ACPR dispose de pouvoirs de politique administrative pour faire appliquer ses décisions et infliger des sanctions. Ses missions concernent à la fois la lutte contre le blanchiment des capitaux, la stabilité financière et la protection de la clientèle.

Cette volonté de renforcement du contrôle prudentiel se manifeste aussi au niveau européen avec la mise en place du **Système européen de surveillance financière (SESF)**, pour une surveillance microprudentielle, intégrant l'Autorité européenne des assurances et des pensions professionnelles (EIOPA), l'Autorité bancaire européenne (EBA) et l'Autorité européenne des marchés financiers (ESMA). Le SESF connaît de profonds changements avec la mise en place de l'Union bancaire.

En décembre 2010, le **Conseil européen du risque systémique** (surveillance macroprudentielle) est entré en fonction, il est présidé par le président de la Banque centrale européenne (BCE) et il est chargé de veiller à la stabilité financière en Europe.

Il existe par ailleurs un organisme consultatif, le **Comité consultatif du secteur financier**, qui est chargé d'étudier les questions liées aux relations entre les établissements financiers et leurs clientèles, et de proposer toutes mesures appropriées dans ce domaine sous forme d'avis ou de recommandations d'ordre général. Ce comité est compétent en ce qui concerne les banques, les entreprises d'assurance et les entreprises d'investissement.

En juin 2012, l'**Union Bancaire** est mise en place lors du sommet européen. Elle a pour objectif de couper le lien entre crise bancaire et dette souveraine, de prévenir les paniques bancaires et d'éviter la fragmentation des marchés bancaires dans la zone euro. Les économies européennes étant interdépendantes, la crise financière de 2008, en rompant la confiance, a mis à jour la fragilité du marché bancaire européen. Avec l'Union bancaire, la recapitalisation bancaire se fait directement par le **Mécanisme européen de stabilité** (MES) crée en 2012.

L'Union bancaire doit permettre une intégration financière au niveau européen, autour de trois piliers : le **Mécanisme de Supervision Unique** (MSU), le **Mécanisme de Résolution Unique** (MRU) et le **Système européen d'assurance des dépôts** (SEAD) (v. chapitre *Intégration économique européenne*).

- Le MSU concerne la surveillance prudentielle du système bancaire pour les établissements les plus importants. Il inclut la surveillance d'au moins trois banques par pays. C'est la BCE qui en est le superviseur.
- Le MRU, mis en place en janvier 2015, doit pallier les défaillances bancaires. Le MRU ne s'applique que pour les établissements participant au MSU. C'est le **Conseil de Résolution Unique** (CRU, créé en 2014) qui décide de la recapitalisation ou de la liquidation de l'établissement en défaillance. En janvier 2016 a été mis en place le **fonds de résolution unique** (FRU), qui est alimenté par les banques. Dans le cas d'une

défaillance, le renflouement se fait dans un premier temps par les actionnaires et les créanciers, dit « *bail in* ». Cela se substitue au « *bail out* » (le sauvetage par les finances publiques donc les contribuables). Si cela n'est pas suffisant alors le FRU prend le relais. Les participations sont plafonnées. En novembre 2020 il a été décidé d'ajouter un filet de sécurité supplémentaire au FRU. Si ce dernier ne peut suffire à faire face à une crise financière (malgré le « *bail in* » et l'utilisation de ses fonds) alors il pourra faire appel en dernier recours au MES. Ce dernier mécanisme sera mis en place dès 2022.

- Le **Système européen d'assurance des dépôts (SEAD)**. Il s'agit de garantir les dépôts jusqu'à 100 000 euros. C'est la BCE qui a la charge de la surveillance prudentielle des institutions de crédit du système bancaire dans toute la zone euro et dans les autres États membres prenant part au processus. Les autres institutions financières dans le MSU sont sous surveillance nationale ainsi que celles des pays ne participant pas au MSU. Le SEAD sera mis en place de manière complète en 2024.

D. Institutions financières, marchés financiers et règles prudentielles

Les **règles prudentielles** sont des dispositions contraignantes adoptées par les autorités monétaires, visant à prévenir les faillites bancaires et à assurer le bon fonctionnement des marchés financiers. Ces règles ont notamment pour objectif de renforcer la solvabilité des opérateurs et d'éviter les phénomènes de contagion liés aux paniques financières. Elles portent notamment sur la solvabilité (fonds propres suffisamment importants), sur la liquidité et sur la limitation des risques des institutions financières.

Les règles prudentielles existent depuis longtemps, mais l'essor considérable de la finance de marché depuis les années 1980 a conduit à un renforcement et à une internationalisation de ces règles.

Après le krach financier mondial d'octobre 1987, les principales banques centrales se sont accordées en 1988 (accords de Bâle I), dans le cadre de la Banque des règlements internationaux, sur la mise en place d'un ratio de solvabilité (**Ratio Cooke**). Ce ratio contraignait les banques à détenir des fonds propres représentant au moins 8 % du total de leurs engagements pondérés par le risque associé à chaque type de crédit.

Prolongeant ce travail, **les accords de Bâle II** (2006) ont conduit à la mise en application du **Ratio Mc Donough qui se substitue au Ratio Cooke**. La norme de 8 % des fonds propres est maintenue, mais le calcul repose sur une évaluation plus détaillée des risques. Par ailleurs il incite les banques à renforcer leur surveillance prudentielle et à assurer une plus grande transparence financière. Du fait de la crise des *subprimes* de 2007-2008, la question du renforcement de la transparence financière et de la supervision bancaire est à nouveau posée.

L'accord de Bâle III, adopté en décembre 2010, a « *pour but d'accroître la capacité du secteur bancaire à absorber les chocs générés par des tensions financières et économiques, quelle qu'en soit la source, et, donc, de réduire le risque de répercussions de tensions financières sur l'économie réelle* ». Ces mesures permettent d'accroître la liquidité des banques à court et à long terme et d'améliorer leur solvabilité en augmentant le rapport entre leurs fonds propres « durs » (actions et bénéfices mis en réserve) et l'ensemble de leurs actifs. Pour les banques, ces mesures sont susceptibles de réduire leur capacité à financer l'économie et auront donc un effet négatif sur la croissance. Pour de nombreux économistes, les ratios sont au contraire insuffisants (certains proposent 15 % voire 20 % de fonds propres) et s'appliquent sur une trop longue période. La mise en œuvre de l'ensemble de ces mesures, initialement prévue en 2019, a été repoussée à 2022 (v. chapitres *Les relations monétaires internationales* et *Fluctuations, cycles et crises économiques*).

RÉFÉRENCES DU CHAPITRE

Aglietta M. (1986), *La fin des devises clés*, La Découverte.

Aglietta M. (2011), *La rénovation des politiques monétaires*, Rapport du CAE, Banques centrales et stabilité financière.

Artus P. et Virard M. P. (2016), *La folie des banques centrales*, Fayard.

Aglietta M. Valla N. (2021), *Le futur de la monnaie*, Odile Jacob économie.

Banque de France (2021), *L'impact de la crise de la covid-19 sur la situation financière des entreprises et des ménages en 2020.*

C. Borio et A. Zabai dans leur article « Unconventional monetary policies : a re-appraisal » (2016).

Couppey-Soubeyran J. (2015), *Monnaie, banques, finance*, PUF, Coll. Licence.

Couppey soubeyran et alii (2020), *Un drone monétaire pour remettre la politique monétaire au service de tous*, Notes et études, Institut Veblen. https://www.veblen-institute.org/Note-Veblen-Un-drone-monetaire-pour-remettre-la-politique-monetaire-au-service.html

Giraud P. N. (2009), *Le commerce des promesses*, Point Économie.

POUR EN SAVOIR PLUS

Initiation

Benassy-Quéré A. et Cœuré B. (2014), *Économie de l'euro*, La Découverte, Coll. Repères.

Berbèze J. P. et Pauget G. (2012), *Les 100 mots de la banque*, PUF, Coll. Que sais-je ?

Borde Ch. (2010), *La politique monétaire*, La Découverte, Coll. Repères.

Bourachot H. et al. (2012), *100 fiches pour comprendre la bourse et les marchés financiers*, Bréal.

Brana S. et Cazals M. (2006), *La monnaie*, Dunod, Coll. Topos.

Cahiers Français (2012), *Comprendre les marchés financiers*, La Documentation française, n° 361.

Couppey-Soubeyran J. (2015), *Monnaie, banques, finance*, PUF, Coll. Licence.

Dévoluy M. (2012), *L'euro est-il un échec ?*, La Documentation française.

Farvaque E. (2010), *La banque centrale européenne*, La Découverte, Coll. Repères.

Jacquillat B. (2013), *Les 100 mots de la finance*, La Découverte, Coll. Repères.

Plihon D. (2013), *La monnaie et ses mécanismes*, La Découverte, Coll. Repères.

Pollin J.-P., Lavigne A. (1997), *Les théories de la monnaie*, La Découverte, Coll. Repères.

Voisin M. (2016), *Comprendre la monnaie et les politiques monétaires*, Bréal.

Approfondissement

Aglietta M. et Orléan A. (2002), *La monnaie entre violence et confiance*, Odile Jacob.

Aglietta M. (2017), *Macroéconomie financière*, La Découverte, Coll. Grands Repères.

Aglietta M., Valla N. (2021), *Le futur de la monnaie*, Odile Jacob.

Allegret J.-P. (2008), *Monnaies, finance et mondialisation*, Vuibert.

Artus P. et Virard M.-P. (2016), *La folie des banques centrales*, Fayard.

Beitone A., Rodrigues C. & Hemdane E. (2021), *Introduction à l'économie monétaire*, Dunod. 2e éd.

Bilbiie F., Martin-Baillon A., Saint-Paul G. (2021), *L'hélicoptère monétaire, au-delà du mythe*, Rue d'ULM, CEPREMAP.

CEPII (2015), *L'économie mondiale 2016*, La Découverte.

CEPII (2019), *L'économie mondiale 2020*, La Découverte.

Couppey-Soubeyran J. (2015), *Blablabanque, le discours de l'inaction*, Michalon.

Couppey-Soubeyran J. et Nijdam C. (2014), *Parlons banque en 30 questions*, La Documentation française.

Delaplace M. (2013), *Monnaie et financement de l'économie*, Dunod.

Goux J. F. (2013), *Macroéconomie monétaire et financière, Théories, institutions, politiques*, Economica.

Kelton S. (2021), *Le mythe du déficit*, LLL.

Marteau D. (2016), *Les marchés de capitaux*, A. Colin, Coll. Cursus.

Mishkin F. S. (2013), *Monnaie, banques et marchés financiers*, Pearson Education.

Ottavj Ch. (2010), *Monnaie et financement de l'économie*, Hachette.

OFCE (2020), *L'économie européenne 2020*, La Découverte.

Problèmes économiques (2013), *Politique monétaire : le tournant*, n° 3061, La Documentation française.

Problèmes économiques (2015), *La monnaie, quel avenir ?*, n° 3213, La Documentation française.

Rogoff K. (2016), *The curse of cash*, PUP.

Scialom L. (2013), *Économie bancaire*, La Découverte, Coll. Repères.

Scialom L. (2019), *La fascination de l'ogre où comment desserrer l'étau de la finance*, Fayard.

SUR LA TOILE

À propos de la règle de Taylor :

https://www.banque-france.fr/fileadmin/user_upload/banque_de_france/archipel/publications/bdf_bm/etudes_bdf_bm/bdf_bm_45_etu_1.pdf

http://www.labex-refi.com/wp-content/uploads/2013/03/2014-policy-paper4-Pour-un-nouveau-policy-mix-en-zone-euro-Couppey-Dehmej-v2.pdf

Site La finance pour tous (généraliste) :

http://www.lafinancepourtous.com/

Sur le site ENS Lyon des documentaires sur la Banque de France et la monnaie :

http://ses.ens-lyon.fr/documentaires-sur-la-banque-de-france-et-la-monnaie-43320.kjsp?STNAV=&RUBNAV=

Sur le site l'Europe en images : Assouplissement quantitatif

http://www.europeenimages.net/video-a_comme_assouplissement_quantitatif-id-2392.html

Site sur la confiance de la monnaie :

https://blog.deloitte.fr/michel-aglietta-cepii-la-confiance-dans-la-monnaie-est-lalpha-et-lomega-de-la-societe/

Discours Denis Beau (sous-gouverneur Banque de France) sur les crypto-actifs :

https://www.banque-france.fr/sites/default/files/medias/documents/2020_10_29_intervention_denis_beau_-_oedf_vdef.pdf

Article de J. Couppey-Soubeyran

http://www.cepii.fr/BLOG/bi/post.asp?IDcommunique=816

Site de la Banque de France :

https://publications.banque-france.fr/les-mesures-de-politique-monetaire-pendant-la-premiere-phase-de-la-crise-de-la-covid-19

https://publications.banque-france.fr/liste-rubrique/leco-en-bref-0

CHAPITRE 11

Inflation, désinflation, déflation

À partir du début du xxe siècle l'économie mondiale est entrée, selon la formule de **J. Rueff** (1896-1978), dans « l'âge de l'inflation ».

L'**inflation** est un déséquilibre économique caractérisé par la hausse cumulative et auto-entretenue du niveau général des prix. L'explication de ce phénomène est controversée, mais ses conséquences sont généralement considérées comme défavorables pour le fonctionnement de l'économie. En effet, l'inflation entraîne des conséquences sur les consommateurs, avec une perte de pouvoir d'achat liée à une érosion de la valeur de la monnaie.

Pour tenter de casser l'inflation, les politiques économiques ont cherché à obtenir, à partir des années 1980, un processus de **désinflation**, c'est-à-dire de ralentissement du rythme de la hausse des prix. La décrue de l'inflation obtenue, les autorités monétaires s'efforcent de maintenir la stabilité des prix ou plus exactement une hausse modérée des prix (inférieure à 2 % par an au sein de l'Union européenne).

Mais les économistes pointent généralement les dangers de la **déflation**, c'est-à-dire la baisse cumulative du niveau général des prix, qui a notamment caractérisé la crise des années 1930. Elle s'accompagne d'une chute de la demande globale, de la production, de faillites de banques et d'entreprises, et d'un fort accroissement du chômage. Après la crise financière internationale de 2007 et la « Grande Récession » qui a suivi en 2009, les tensions déflationnistes ont fait leur réapparition dans l'économie mondiale, et en particulier dans la zone euro, en raison principalement d'un choc de demande négatif. Pour l'heure, en raison de la pression concurrentielle sur les prix pratiqués par les entreprises dans une économie globalisée, du contexte d'austérité salariale, et malgré les politiques monétaires expansionnistes des banques centrales engagées face à la pandémie de la covid-19, l'inflation reste contenue sur le marché des biens et services.

§ 1. L'inflation

I. La mesure de l'inflation

Pour mesurer la hausse du niveau général des prix, on calcule des **indices de prix**. Il s'agit d'indicateurs de variation du prix d'un panier de marchandises. L'indice le plus utilisé est l'**indice des prix à la consommation** (IPC), mais il existe d'autres indices (par exemple des prix de la construction, des prix industriels, des prix de gros, etc.). L'IPC permet d'estimer, entre deux périodes données, la variation du niveau général des prix des biens et des services consommés par les ménages sur le territoire français. C'est une mesure synthétique des évolutions de prix à qualité constante. En France, l'IPC est calculé et publié chaque mois par l'Insee. Plusieurs centaines d'agents de l'Insee effectuent environ 160 000 relevés chaque mois dans 99 agglomérations de plus de 2 000 habitants en France métropolitaine et dans 4 départements d'outre-mer. Un échantillon d'environ 30 000 points de vente, stratifié par forme de vente, a été constitué par l'Insee pour représenter la diversité des biens et services par marque, enseigne et mode d'achat des consommateurs et pour prendre en compte des variations de prix différenciées selon les formes de vente (y compris internet). L'échantillon est mis à jour annuellement pour tenir compte de l'évolution des comportements de consommation et, notamment, introduire des biens ou services nouveaux. Les révisions portent sur la liste et le contenu des variétés ainsi que sur la répartition par forme de vente et par agglomération. L'indice synthétique des prix à la consommation est un indice de Laspeyres chaîné, et chaque poste de dépense est donc pondéré en fonction de son **coefficient budgétaire**. Ces pondérations sont révisées annuellement. L'indice actuellement en usage en France a pour base l'année 1998, c'est la 7e génération d'indices des prix depuis 1914. Un **indice synthétique** mesure la variation de la valeur d'une grandeur complexe définie comme agrégation d'un ensemble de grandeurs élémentaires : l'**indice des prix à la consommation** (IPC) mesure, par un indice unique, la variation des prix de 1 000 variétés de produits. L'indice de la grandeur complexe est donc une moyenne pondérée des indices des grandeurs élémentaires ; les pondérations sont les « masses » des grandeurs élémentaires (dans le cas des indices des prix, ces masses sont les dépenses). L'indice de Laspeyres pondère par les masses de la période de base. La base de l'indice désigne l'année sur laquelle, en moyenne, l'indice chaîné vaut 100. La notion de base d'indice recouvre aussi l'ensemble des conventions, en grande partie fixé par la réglementation européenne, qui prévaut pour la collecte et le calcul. Le changement de base a lieu régulièrement et comprend d'abord un changement d'année de référence. En effet, l'indice des prix à la consommation

est calculé en référence à une année de base dont le niveau moyen est égal à 100. Jusqu'en décembre 2015, l'indice était publié avec une base 100 en 1998. À partir du 29 janvier 2016, l'année de référence a donc été 2015. La moyenne des indices des prix pour l'année 2015 est donc 100. L'indice des prix à la consommation joue un rôle important dans le débat public. L'Insee insiste sur le fait qu'il s'agit bien d'un indice des prix et non d'un indice du coût de la vie. Il sert de base à l'indexation de certains revenus (notamment le salaire minimum), de certaines prestations sociales, des tranches du barème de l'impôt sur le revenu, etc. C'est l'indice des prix hors-tabac qui est utilisé pour l'indexation du Smic afin que la valeur de l'indice ne soit pas affectée par les hausses de taxes décidées pour des raisons de santé publique. Il s'agit donc de disposer d'un indice qui mesure l'évolution des prix de l'ensemble des dépenses des ménages. L'indice des prix à la consommation est publié chaque mois au *Journal officiel*, et comme le précise l'Insee, il sert à indexer de nombreux contrats privés, des pensions alimentaires, des rentes viagères et aussi à indexer le Smic.
L'analyse macroéconomique cherche à prendre en compte l'inflation résultant de l'évolution des coûts de production et de la confrontation entre l'offre et la demande sur les marchés. Autrement dit, il s'agit de saisir les tendances de fond de l'évolution des prix au-delà des variations qui peuvent résulter de la volatilité des prix et des mesures fiscales prises par les pouvoirs publics. Pour mesurer cette **inflation sous-jacente** (ISJ), on calcule un indice des prix qui exclut les produits dont les prix sont affectés par des décisions publiques (électricité, gaz, tabac...) et les produits dont les prix sont trop volatils (viande, fleurs, produits frais, produits pétroliers). L'inflation sous-jacente calculée par l'Insee est ainsi plus adaptée à une analyse des tensions inflationnistes, car moins perturbée par des phénomènes exogènes (conjoncturels et saisonniers). En mai 2021, l'Insee note ainsi que sur un an, l'indicateur d'inflation sous-jacente (ISJ) a crû de 0,9 %.
Il existe aujourd'hui deux indices des prix dans la zone euro : l'indice des prix calculé par chaque institut national et un **indice des prix à la consommation harmonisé** (IPCH), c'est-à-dire utilisant la même méthodologie et calculé par les instituts nationaux (comme l'Insee) en collaboration avec Eurostat, l'office de statistiques européen. L'indice harmonisé permet de comparer l'évolution des prix dans les différents pays de la zone euro. En Europe cet indice harmonisé est conçu à des fins de comparaison internationale et plus particulièrement pour évaluer le respect des critères de convergence en matière d'inflation (v. chapitre *Intégration économique européenne*).
La différence essentielle avec l'indice des prix à la consommation français tient dans le traitement de la protection sociale et de l'enseignement. Ainsi, dans l'IPCH, seule la part à la charge du consommateur (après remboursement) est prise en compte. Ces limites peuvent être importantes lorsque l'on est amené à comparer les niveaux de vie entre des pays dont

les structures économiques restent très hétérogènes. L'indice des prix harmonisé pour l'ensemble de la zone euro est calculé comme une moyenne des indices de prix harmonisés de chaque pays, pondérée par la part des dépenses de consommation du pays dans le total européen. Depuis 1999 on constate à partir des enquêtes menées auprès des ménages que l'inflation perçue est supérieure à l'inflation mesurée par l'Insee. Le passage à l'euro est souvent mis en cause. Or, les études conduites par l'Insee concluent pourtant à un impact limité du passage à l'euro sur l'inflation. Une des explications est que la concurrence intense entre les entreprises sur les marchés limite les hausses de prix.
Une autre explication de la différence entre **inflation perçue** et **inflation mesurée** résulte du fait que les ménages sont plus sensibles aux hausses des prix des produits qui donnent lieu à des achats fréquents et moins sensibles aux évolutions de prix des biens durables aux achats plus espacés. Il faut aussi tenir compte du fait que les différentes catégories de ménages ne subissent pas de la même manière les hausses des différents prix. Au total, la mesure des variations de prix soulève de nombreuses difficultés méthodologiques et il existe toujours une distance entre les mesures effectuées (même quand leur qualité progresse) et la perception de l'évolution des prix par les agents.

TAUX D'INFLATION DONNÉES ANNUELLES DE 1991 À 2020 (EN %)

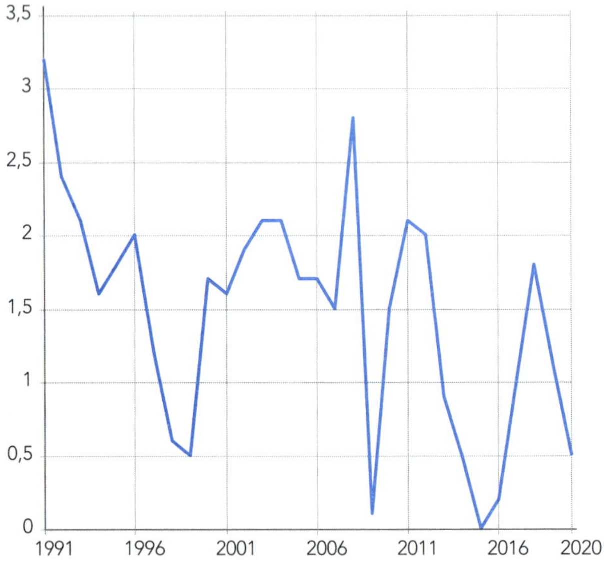

Note : variation annuelle.
Lecture : en 2020, le taux d'inflation est de 0,5 %.
Champ : France hors Mayotte, ensemble des ménages.
Source : Insee, Indices des prix à la consommation.

II. Les formes de l'inflation

On distingue plusieurs types d'inflation en fonction du rythme de croissance du niveau des prix.

- L'**inflation rampante** est une situation durable de hausse modérée du niveau général des prix (de l'ordre de 2 à 5 %). Les pays de l'OCDE ont connu une telle inflation au cours de la période dite des « Trente Glorieuses » (1945-1973). On considère parfois que ce type d'inflation constitue un stimulant favorable à la croissance économique.
- L'**inflation galopante** désigne les périodes d'inflation à deux chiffres, observées, par exemple, dans les pays occidentaux au cours de la décennie 1970.
- L'**hyperinflation** est une période de très forte inflation du type de celle qui s'est manifestée en Allemagne pendant les années 1920 et dans certains pays du Tiers-monde dans les années 1960. Les pays en transition vers l'économie de marché ont aussi connu des épisodes d'hyperinflation. En 1992 par exemple, selon le FMI, la hausse des prix dans les pays en transition de l'Europe de l'Est a été de 682 % en moyenne sur un an.
- La **stagflation** est une situation dans laquelle coexistent un **taux d'inflation** élevé et une faible croissance accompagnée d'une hausse du chômage : on a donc à la fois stagnation et inflation.

III. Les causes de l'inflation

A. L'inflation par la demande

Cette explication repose sur l'idée que la hausse des prix résulte d'une tension entre la demande des ménages, des entreprises et de l'État, et les capacités d'offre du système productif, qui peuvent être relativement inélastiques. Une hausse trop rapide des revenus des ménages, un déficit budgétaire excessif de l'État (ou plus largement des administrations publiques), une demande trop forte de biens de production par les entreprises peuvent conduire à une telle inflation par la demande. Le déséquilibre entre demande et offre peut être sectoriel (goulet d'étranglement), la hausse des prix se diffusant ensuite à l'ensemble des prix. La politique économique conjoncturelle à mettre en œuvre consiste alors à freiner la demande globale.

Dans le cadre de la théorie keynésienne, l'inflation par la demande apparaît lorsque l'économie se situe au plein-emploi : dès que les facteurs de production sont pleinement utilisés, toute augmentation de la demande se traduit par une hausse du niveau général des prix (avec une offre rigide). En revanche, selon la théorie quantitative, l'inflation par la demande s'explique par une création monétaire excessive.

B. L'inflation par les coûts

On parle d'**inflation par les coûts** lorsque les entreprises qui supportent une hausse de leurs coûts de production (hausse des salaires plus rapide que la productivité, hausse des prix des matières premières et des produits semi-finis...) répercutent ces hausses sur les prix afin de sauvegarder leurs marges.
La hausse des salaires peut favoriser une inflation par les coûts : si l'on fait l'hypothèse que le facteur travail est rémunéré à sa productivité marginale, une hausse des salaires plus forte que les gains de productivité, avec une répartition du revenu en faveur des salaires et au détriment des profits, peut pousser les entreprises à réagir en augmentant leurs prix pour maintenir leurs marges. Peut alors s'enclencher **une boucle prix/salaires** cumulative et auto-entretenue : en effet, face à cette hausse des prix, les salariés peuvent obtenir des hausses de leurs rémunérations, et pousser les entreprises à relever le prix de leurs produits...et inciter les travailleurs à formuler de nouvelles revendications salariales, etc.
Une inflation par les coûts peut également surgir en raison de l'**hétérogénéité sectorielle des gains de productivité** dans l'économie : les secteurs où la productivité est la plus forte peuvent avoir un effet d'entraînement en termes de rémunérations sur les autres secteurs où la productivité est relativement plus faible. Les secteurs où les salaires augmentent alors plus vite que la productivité sont alors tentés de réagir en relevant leurs prix pour conserver leurs marges.
L'inflation par les coûts peut être une **inflation importée** lorsqu'elle résulte d'une augmentation du coût des produits importés. Cette hausse du prix des importations peut résulter d'une tendance à l'augmentation des prix mondiaux ou de certains d'entre eux (« crise du pétrole » de 1973-1979, hausse du prix des produits alimentaires à partir de 2007 et jusqu'au déclenchement de la crise). L'inflation importée peut aussi résulter de la baisse du cours du change (ou d'une dévaluation) qui accroît le prix des produits importés exprimés en monnaie nationale.

C. L'explication monétariste de l'inflation

La théorie quantitative de la monnaie a, depuis longtemps, établi un lien entre la quantité de monnaie en circulation et le niveau général des prix (v. chapitre *Monnaie et financement de l'économie*). Cette approche est reprise à partir des années 1950 par **M. Friedman** (1912-2006) dans le cadre du monétarisme et d'une analyse néo-quantitativiste (v. chapitre *Les grands courants de l'analyse économique*). Pour Friedman, « *la cause de l'inflation est toujours et partout la même : un accroissement anormalement rapide de la quantité de monnaie par rapport au volume de la production* » (Friedman, 1969). C'est donc le laxisme des autorités monétaires qui constitue la cause première de l'inflation. Par conséquent, pour lutter contre l'inflation, il faut assurer la croissance à taux constant de la **masse monétaire**. La quantité de monnaie doit croître à taux constant (éventuellement inscrit dans la Constitution) pour ne pas perturber les anticipations des agents et parce que les autorités monétaires doivent s'interdire toute politique discrétionnaire. Selon la règle monétaire du k %, la croissance de la quantité de monnaie doit correspondre au taux de croissance en volume à long terme de la production. De sorte que, la production et la quantité de monnaie s'accroissant au même rythme, le niveau général des prix reste stable.

D. Inflation et structures économiques

L'inflation peut aussi être considérée comme la résultante des structures économiques. Dans cette perspective, on considère notamment que l'inflation résulte des tensions entre les groupes sociaux pour le partage de la valeur ajoutée. On est en présence d'un jeu à somme négative : puisqu'à tout moment la valeur ajoutée à partager est donnée, les conflits déclenchés par la volonté de certains groupes d'améliorer leurs revenus ne peuvent pas entraîner de gain net pour la collectivité. En revanche, comme l'inflation constitue une fuite en avant « commode », tout le monde est en fin de compte perdant (mais certains plus que d'autres). Par exemple, si les agriculteurs obtiennent une hausse des prix agricoles après quelques manifestations, il va en découler une hausse des prix alimentaires qui va déclencher des revendications en faveur de hausses de salaires. S'il existe des mécanismes d'indexation, ces hausses de salaires accordées augmentent alors les coûts des entreprises qui relèvent leurs prix de vente, etc. On entre alors dans une **spirale inflationniste**.
Les structures productives peuvent aussi alimenter l'inflation : un niveau élevé de concentration économique, la multiplication des ententes et des pratiques restrictives de la concurrence favorisent l'augmentation du niveau général des prix. Le protectionnisme a le même effet puisqu'il met les producteurs nationaux à l'abri de la concurrence mondiale ou frappe d'une taxe les produits importés, avec à la clé une répercussion sur les prix. Enfin, on considère souvent que les prix des services augmentent plus vite que l'ensemble des prix du fait de gains de productivité moins importants dans le secteur tertiaire. Or la part des activités de service dans l'ensemble

de l'économie (et dans la consommation des ménages) a tendance à s'accroître ce qui conduit mécaniquement à une hausse des prix plus rapide.

L'inflation : un phénomène auto-entretenu

- L'inflation est un phénomène auto entretenu dans la mesure où les différentes causes de l'inflation interagissent. Par exemple, une hausse des prix résultant d'une inflation importée peut conduire à des revendications salariales, les hausses de salaires obtenues conduisent à la fois à une inflation par la demande (si l'appareil productif ne peut pas accroître rapidement l'offre de biens et services) et à une inflation par les coûts (accroissement du coût salarial que les entreprises répercutent sur les prix de vente). Ces nouvelles hausses de prix peuvent conduire à une course prix/salaires et à des revendications d'autres titulaires de revenus victimes de la hausse des prix (retraités, agriculteurs, etc.).
- Dans ce cercle vicieux inflationniste, les anticipations des agents jouent un rôle essentiel : si les consommateurs anticipent une hausse des prix, ils vont acheter aujourd'hui pour éviter de subir la hausse demain, alimentant ainsi l'inflation par la demande. De même, les anticipations inflationnistes alimentent les revendications des titulaires des différents revenus, ce qui pousse à l'inflation par les coûts.
- L'inflation peut conduire à la dévaluation (en régime de changes fixes) ou à la dépréciation (en régime de changes flottants) ce qui provoque, toutes choses égales par ailleurs, une inflation importée qui amplifie les tensions inflationnistes.

C'est pourquoi les politiques de lutte contre l'inflation accordent une grande importance à la volonté de « casser » les anticipations inflationnistes.

L'évolution de la situation économique mondiale à la suite de la crise financière des *subprimes* confirme qu'il n'existe pas de relation mécanique entre quantité de monnaie et inflation. En effet, les politiques monétaires mises en œuvre en réaction à cette crise de 2007-2008 ont conduit à une augmentation très importante de la base monétaire au niveau mondial (v. chapitre *Monnaie et financement de l'économie*). Par crainte d'une crise générale de liquidités et d'une spirale déflationniste, les banques centrales ont massivement acheté des actifs sur les marchés monétaires ou directement aux institutions financières, et elles ont créé en contrepartie de la monnaie centrale (politiques monétaires dites « non conventionnelles »). On constate toutefois que la **masse monétaire**, qui résulte des crédits accordés par les banques de second rang, a beaucoup moins augmenté que la base monétaire. Les banques de second rang n'octroient donc pas nécessairement de nouveaux crédits, dans un contexte économique déprimé, et même si elles bénéficient de liquidités abondantes, en raison du manque d'opportunités d'investissement et de confiance des entreprises. Par ailleurs, on n'a pas assisté à une accélération de l'inflation. En effet, dans les pays avancés, la demande globale reste peu dynamique en raison des politiques de rigueur budgétaire, conjuguées au taux de chômage élevé qui réduit les revenus distribués et au faible **taux d'utilisation des capacités de production**. Dans ce contexte, c'est plutôt la crainte de la déflation qui prévaut plutôt que celle de l'inflation. Cette modération des prix est renforcée par une offre abondante et à prix faibles de produits de consommation provenant des pays émer-

gents. Ces derniers ont des coûts salariaux encore relativement faibles qui contraignent les pays avancés à la modération salariale.
Selon certains économistes comme **P. Artus**, les pays de l'OCDE ont fait le choix de l'**austérité salariale** à partir de la fin des années 1970, c'est-à-dire l'affaiblissement du pouvoir de négociation des salariés qui a conduit à la déformation du partage des revenus entre salaires et profits au détriment des salariés, avec à la clé une modestie des hausses de salaires et des coûts salariaux. Dans de nombreux pays développés (Royaume-Uni, Espagne, Allemagne, Japon...), les salaires réels par tête ont progressé moins vite que la productivité par tête, conduisant alors à une baisse de la part des salaires dans le revenu national et à une hausse de la part des profits. Pour la période de 1990 à 2019, le salaire réel a ainsi augmenté de 23 % tandis que les gains de productivité ont augmenté de 49 %. La situation est toutefois différente en France et en Italie, puisqu'on ne peut pas parler de déformation du partage des revenus au détriment des salariés selon P. Artus, car les salaires augmentent à peu près au même rythme que la productivité. Mais en France, le poids des dépenses contraintes a lourdement pesé sur le pouvoir d'achat des ménages, en raison de la hausse du prix de l'énergie consommée par les ménages (électricité, carburant), et de la hausse des prix de l'immobilier (avec une progression supérieure de 60 % à celle des salaires de 1998 à 2019). Toutefois, cette politique d'ajustement déflationniste par les salaires a pu déprimer la demande globale et creuser les inégalités entre catégories de travailleurs, même si elle a pour objectif d'améliorer la compétitivité-coût des entreprises et leur permettre de regagner des parts de marché.
Pour **P. Artus**, les nouvelles règles sanitaires liées à l'épidémie de covid (distanciation physique des salariés, désinfection des locaux) pourraient conduire à un net recul de la productivité horaire du travail dans les entreprises. Confrontées alors à une forte hausse de leurs coûts unitaires de production (dans l'industrie, la construction, la distribution, le transport, le tourisme, la restauration...), les entreprises pourraient répercuter une partie de cette hausse des coûts dans leurs prix de vente. L'inflation de la zone euro pourrait dès lors passer au-dessus de l'inflation objectif de 2 % de la BCE.

IV. Les conséquences de l'inflation

A. Les inconvénients de l'inflation

On a pu dire que l'inflation est un phénomène qui commence bien (stimulation de la croissance) et qui finit mal (inflation à taux croissant et stagflation).

L'inflation présente en effet de nombreux inconvénients.

– Lorsque, dans un pays, le taux d'inflation est supérieur à celui des principaux partenaires commerciaux, la compétitivité-prix se dégrade conduisant à un déficit de la balance commerciale. En système de changes fixes cela conduit, à plus ou moins longue échéance, à une dévaluation. La perte des parts de marché à l'exportation et l'augmentation du taux de pénétration des importations (v. chapitre *Commerce international, internationalisation de la production et gouvernance mondiale*) ont un effet néfaste sur le système productif et sur l'emploi des pays inflationnistes.
– L'inflation constitue aussi un facteur de perturbation de la structure des prix relatifs. En effet tous les prix n'évoluent pas au même rythme, tous les secteurs ne sont pas frappés de façon identique par les tensions inflationnistes. L'information que reçoivent les agents par le système des prix est donc biaisée sur les marchés et l'allocation des ressources peut être défectueuse.
– La hausse des prix affecte aussi la formation des revenus, mais toutes les catégories sociales ne sont pas également protégées contre l'inflation. Certaines catégories sociales tirent donc bénéfice de l'inflation (celles dont les revenus sont indexés selon des procédures favorables comme les retraites), tandis que d'autres catégories sont perdantes. Par exemple, les petits épargnants titulaires de livrets de caisse d'épargne ont eu des revenus réels négatifs pendant une bonne partie des Trente Glorieuses (les taux d'intérêt nominaux étaient inférieurs au taux d'inflation). Mais durant les années 1970, les taux d'intérêt réels faibles ont pu avantager les emprunteurs notamment dans l'accession à la propriété immobilière. L'impact sur la répartition des revenus de la politique de désinflation compétitive est controversé : pour certains le ralentissement de la hausse des prix favorise les catégories qui disposent de faibles revenus, pour d'autres, au contraire, la désinflation favorise les titulaires de revenus financiers et plus largement ceux qui bénéficient de patrimoines élevés dans la mesure où la désinflation tend à relever les taux d'intérêt réels et favorise les placements financiers.

B. La courbe de Phillips : un arbitrage inflation/chômage ?

Dans un article datant de 1958, l'économiste d'origine néo-zélandaise **A.W. Phillips** (1914-1975) a mis en évidence une relation empirique inverse entre le taux de chômage et le taux de variation des salaires nominaux, à partir d'une estimation statistique portant sur le Royaume-Uni sur longue période (1861-1957). Sur le plan théorique, la relation découverte par **A.W. Phillips** peut s'expliquer par le fonctionnement du marché du travail : les variations du taux de salaire nominal résultent d'un déséquilibre entre l'offre et la **demande de travail** qui implique un certain taux de chômage (celui qui assure la stabilité des salaires se situerait à 5,5 % au Royaume-Uni selon l'étude de **A.W. Phillips**). Une demande excédentaire de travail des entrepreneurs entraîne une pression à la hausse des salaires nominaux et une diminution du taux de chômage, notamment car la puissance contractuelle des salariés est renforcée. Inversement, une croissance du taux de chômage implique le ralentissement de la croissance des salaires nominaux, alors que le pouvoir de négociation des travailleurs diminue.

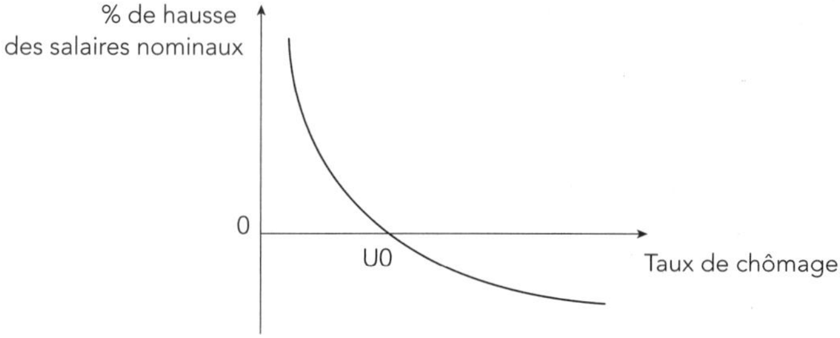

Si l'on suppose un lien stable entre la croissance des salaires nominaux et l'inflation, en raison du comportement de marge des firmes (relation stable entre les prix de vente et le coût salarial), et une proportionnalité entre la variation du salaire réel moyen et la productivité du travail, on peut en déduire une relation inverse entre le taux d'inflation et le taux de chômage. La courbe de Phillips devient alors une **relation inflation / chômage** et fournit une représentation rigoureuse du dilemme des politiques macroéconomiques au sens des économistes de la « **synthèse néoclassique** » (**R. Solow**, **J. Tobin**, **P. Samuelson**) : une accélération de l'inflation semble alors le prix à payer pour réduire le taux de chômage (politique de relance), tandis que la désinflation entraîne une remontée du taux de chômage (politique de rigueur).

À la fin des années 1960, les travaux de **M. Friedman** critiquent la **courbe de Phillips** en postulant un **taux de chômage naturel** déterminé par les imperfections du marché du travail (rigidités salariales, syndicats, allocation-chômage) : la politique de relance monétaire peut tromper temporairement les agents économiques victimes de l'**illusion monétaire** (les salariés ne perçoivent qu'avec retard l'érosion de leurs salaires réels, les entreprises croient à une baisse du coût salarial réel), mais ces derniers intègrent ensuite l'inflation, et le taux de chômage revient à son niveau naturel. La volonté du gouvernement de réduire le taux de chômage se paie d'une accélération sans cesse plus forte de l'inflation.

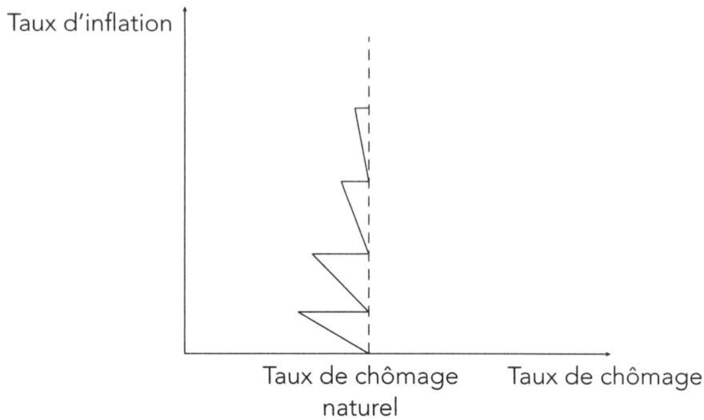

La « **stagflation** » des années 1970 (montée du taux de chômage, inflation à deux chiffres dite « galopante ») confirme ce diagnostic et remet en cause l'interprétation keynésienne de la courbe de Phillips.

Les économistes de la **Nouvelle école classique** (comme **R. Lucas**), affirmeront qu'il n'existe aucun arbitrage inflation/chômage (même à très court terme), puisque les agents sont capables d'anticiper rationnellement les effets des politiques macroéconomiques. Les économistes admettent aujourd'hui l'hypothèse d'un arbitrage inflation/chômage transitoire, même s'ils font valoir que celui-ci s'efface à moyen-long terme.

Si l'hypothèse d'un **retour de la courbe de Phillips** a été évoquée dans les années 1980-1990 (désinflation, hausse du taux de chômage), les années 2000 ont été celles de la « grande modération » (inflation faible et quasi plein-emploi, aux États-Unis notamment). La crise 2007-2009, marquée par une « Grande Récession », puis la crise liée à la pandémie de covid-19 en 2020-2021, pourraient au contraire valider à terme l'hypothèse d'un retour de la « **stagflation** », face au chômage persistant et aux tensions inflationnistes générées par les politiques de stimulation monétaire et budgétaire. Certains économistes évoquent à terme le risque d'une « **stag-déflation** », en raison de la stagnation durable de la croissance et des pressions déflationnistes en raison de politiques de rigueur budgétaire qui pourraient être décidées pour contenir l'endettement public additionnel lié à la lutte contre les conséquences de la pandémie.

Le keynésien **E. Phelps** (prix Nobel 2006) considère lui aussi que l'on ne peut diminuer durablement le chômage en dessous d'un taux de chômage d'équilibre, qui dépend du fonctionnement du marché du travail. Il insiste sur les imperfections du marché du travail pour expliquer les différences de taux de chômage entre les pays. Comme d'autres keynésiens, il développe une critique de la courbe de Phillips à partir de l'abandon de l'hypothèse d'illusion monétaire des agents. Les ménages sont capables de fonder des anticipations d'inflation, et en tiennent compte dans leurs comportements.

À partir des années 1970, le débat économique évolue donc, et il devient décisif de séparer la composante structurelle du chômage et sa composante conjoncturelle. On utilise des modèles économétriques pour calculer le **NAIRU** (*Non Accelerating Inflation Rate of Unemployement*), c'est-à-dire le taux de chômage pour lequel l'inflation est stable, et correspond au niveau anticipé par les ménages. Cela permet d'estimer le taux de chômage d'équilibre, qui dépend de facteurs structurels liés au fonctionnement du marché du travail. Ainsi, si un pays a un NAIRU estimé à 7 %, alors que le taux de chômage se situe à 8 %, **une politique conjoncturelle** de relance sera très peu efficace car elle ne peut réduire durablement le chômage en dessous de 7 %. Il faut mener une politique structurelle sur le marché du travail dans ces conditions. En revanche, si un pays a un NAIRU de 5 % et un taux de chômage effectif de 12 %, une politique de relance sera efficace pour réduire le chômage et s'approcher du taux de chômage d'équilibre.

Les théoriciens des anticipations rationnelles adoptent un point de vue plus radical que les auteurs précédents. Pour eux, l'illusion monétaire, même à court terme, est incompatible avec la rationalité des agents. Si les anticipations sont rationnelles, la politique de relance est totalement inefficace, même à court terme et seule l'inflation augmente.

§ 2. Désinflation et déflation

I. La déflation

A. Les coûts de la déflation

La **déflation** constitue une baisse du niveau général des prix. Les épisodes déflationnistes étaient assez fréquents au XIXe siècle où ils accompagnaient les phases de dépression (v. chapitre *Fluctuations, cycles et crises*).

La dépression des années 1930, consécutive à la crise de 1929, a été caractérisée par une forte déflation : entre 1929 et 1933, les prix de gros, exprimés en monnaie nationale, ont baissé de 32 % en Grande-Bretagne, de 34 % en Allemagne, de 37 % en Italie, de 38 % en France et de 42 % aux États-Unis. Cette déflation est à la fois la cause et la conséquence de la dépression. L'effondrement des prix provoque des faillites d'entreprises, qui liquident leurs stocks (ce qui amplifie la déflation) et qui licencient (ce qui réduit la demande adressée à l'économie) etc. Il y a donc un cercle vicieux déflationniste où la baisse des prix provoque la baisse de la production qui aggrave la baisse des prix.

La déflation est un phénomène de baisse générale et autoentretenue des prix des biens et des services. Elle correspond à une augmentation de la valeur de la monnaie. Dans la mesure où la baisse des prix s'accompagne en général d'une baisse de la production et d'une baisse de la valeur des actifs financiers, il est courant de présenter la déflation dans ses trois dimensions, monétaire (baisse des prix), réelle (baisse de la production) et financière (baisse de la valeur des actifs financiers).

Il existe cependant de nombreux cas de baisse de la production et de baisse de la valeur des actifs financiers non accompagnés d'une baisse des prix. Ces cas de figure ne relèvent pas de la déflation.

Il ne faut pas confondre déflation et désinflation : la **désinflation** correspond à un ralentissement de l'inflation. Les prix continuent à augmenter mais à un rythme de plus en plus lent, mais ils ne baissent pas.

La déflation s'accompagne d'une contraction de l'activité économique :

- elle génère des comportements de report d'achat (pourquoi acheter aujourd'hui ce qui sera moins cher demain ?), ce qui se traduit par une baisse rapide de la demande globale ;
- la faiblesse de la demande pousse à la poursuite de la baisse des prix ;
- elle augmente le poids de l'endettement (du fait d'une augmentation de la valeur réelle des dettes) ;
- elle décourage l'emprunt (en augmentant le niveau des taux d'intérêt réels) ;
- du point de vue des entreprises et des travailleurs indépendants, la déflation est défavorable au cycle des affaires : les recettes tendent à être plus faibles que les coûts de production ;
- par ailleurs, avec la déflation, une politique monétaire expansionniste de baisse des taux d'intérêt est difficile à mener : même avec des taux d'intérêt nominaux très bas, les taux d'intérêt réels restent élevés et pénalisent l'investissement productif.

Pour mesurer le coût des politiques déflationnistes, les économistes évoquent le **ratio de sacrifice**, défini comme la perte cumulée en termes de production (pourcentage de PIB) à la suite d'une baisse permanente de l'inflation de 1 %. Ainsi, il est généralement admis que les politiques monétaires centrées sur la lutte contre l'inflation conduisent à un accroissement du chômage ou à une baisse de la production.

En général la déflation constitue un phénomène subi contre lequel les dirigeants politiques essaient de lutter avec plus ou moins de succès. Mais parfois, la déflation correspond à un objectif de politique économique. Les exemples de ce type correspondent à des situations où les dirigeants politiques choisissent la déflation plutôt que des ajustements par le taux de change.

Ainsi, la politique de déflation menée par la France au cours des années 1930 était la conséquence du maintien de la parité du franc par rapport à l'or à son niveau de 1928 (franc Poincaré), alors que les monnaies des principaux partenaires commerciaux de la France avaient été dévaluées au début des années 1930 (la parité de la livre sterling avec l'or avait pris fin en 1931). Pour mettre fin à la surévaluation du franc et au problème de compétitivité-prix qui en résultait, plutôt que de dévaluer, les autorités françaises ont alors décidé de mener une politique de déflation. En effet, en 1935, le gouvernement Laval décide d'une baisse de 10 % de tous les salaires publics, crée des impôts nouveaux affectant les très gros revenus et les fournisseurs de guerre, et opère une réforme du système des pensions. Mais la politique du gouvernement Laval, en imposant une déflation brutale, va accentuer la spirale dépressive dans laquelle plonge alors l'économie française. Cette politique sera remise en cause par le Front Populaire en 1936.

Durant les années 1930, les pays ont aussi adopté des politiques protectionnistes (« politique dite des "égoïsmes sacrés" ») qui ont accentué la surproduction mondiale. Jusqu'à présent les risques déflationnistes liés aux crises financières récentes (par exemple le krach de 1987 ou la crise des crédits « *subprime* » de 2007-2008) ont pu être évités grâce aux interventions des banques centrales qui ont très largement alimenté les marchés en liquidités. En 2020, les autorités monétaires ont également réagi énergiquement en fournissant la liquidité nécessaire pour éviter une crise bancaire dévastatrice et faciliter le financement des plans de relance des États.

B. La déflation par la dette

En 1933, **I. Fisher** (1867-1947), qui avait reformulé la théorie quantitative de la monnaie en 1911, publie dans la revue *Économétrica*, un article dans lequel il met l'accent sur l'interdépendance entre le surendettement et la **déflation** pour produire une analyse originale de la dépression, celle de la **déflation par la dette**. L'idée centrale est que les « *grandes dépressions* » sont dues au surendettement qui se produit dans la phase précédente de boom économique autour d'innovations importantes pour lesquelles les anticipations de profit sont très importantes. Lorsque la tendance se retourne, la dette accumulée va provoquer la déflation (baisse cumulative des prix et de l'activité) pour deux raisons, l'une liée à son montant, l'autre à sa nature (crédit). La restauration des bilans, pour les agents les plus endettés, passe d'abord par un désendettement. Celui-ci se fait par des ventes en catastrophe (pour convertir des biens produits en liquidités) qui font baisser les prix et les recettes des ventes. Si la déflation est assez forte, elle peut élever la valeur réelle des dettes au point de contrebalancer la réduction de leur encours nominal. Le débiteur voit alors ses charges financières augmenter au fur et à mesure qu'il rembourse ses dettes, « *plus les débiteurs remboursent, plus ils doivent* » (Fischer, 1933). D'autre part, en régime de monnaie scripturale, tout remboursement de dette (extinction de crédit) a pour contrepartie une destruction de monnaie. La masse monétaire se contracte en même temps que le niveau de prix s'effondre ce qui neutralise les effets d'encaisse réelle : la consommation ne s'élève pas lorsque le pouvoir d'achat de la monnaie augmente. Il n'y a pas de mécanisme correcteur et la flexibilité des prix ne garantit nullement la reprise de l'activité. Ceci va conduire Irving Fisher à abandonner l'idée d'un retour spontané des marchés à l'équilibre et à se prononcer pour une intervention de l'État en période de crise. Plus récemment, durant les années 1990, le Japon a ainsi connu le « piège de la déflation », avec une remontée des taux d'intérêt réels et un accroissement du poids des dettes publiques et privées.

II. La désinflation

Dans les années 1960 et 1970, au sein des pays de l'OCDE, le rythme de la hausse des prix à tendance à s'accélérer. À partir des années 1980 en revanche, on assiste à un processus de **désinflation** : l'inflation se poursuit, mais à un rythme plus lent.

A. Les facteurs du ralentissement de la hausse des prix

Plusieurs facteurs interviennent pour expliquer ce processus de désinflation.

a. Ralentissement de la croissance et contre-choc pétrolier

Le ralentissement de la croissance mondiale qui s'est amorcé à partir de 1974, s'il s'est accompagné dans un premier temps d'une accélération de l'inflation, a conduit à terme à des capacités de production inemployées (sous-utilisation du capital productif, montée du chômage). Cela conduit à une concurrence accrue pour les débouchés qui est amplifiée par l'ouverture croissante des économies. Le contre choc pétrolier qui se manifeste à partir de 1986 ramène le prix réel du pétrole à un niveau inférieur à celui qui prévalait avant le premier choc de 1974. Le mouvement de baisse affecte l'ensemble des prix des matières premières, il est amplifié par la baisse du cours du dollar qui se produit à partir de 1985. Les pays de l'OCDE bénéficient donc d'une **désinflation importée**.

b. Une nouvelle orientation des politiques économiques

Le tournant en matière de politique économique se produit aux États-Unis en 1979 avec la nomination (par le Président **J. Carter**) de **P. Volcker** à la tête de la Réserve fédérale. Les autorités monétaires américaines adoptent une politique restrictive d'inspiration monétariste. L'élection de **R. Reagan** à la Présidence des États-Unis et l'arrivée au pouvoir de **M. Thatcher** en Grande-Bretagne amplifient ce tournant libéral : privatisation, désindexation salariale, déréglementation des marchés financiers, affaiblissement des syndicats…Toutes ces évolutions concourent à une concurrence accrue et à une réduction des coûts salariaux. C'est à partir de 1983-1984 que les gouvernements des pays occidentaux adoptent des politiques visant en priorité la lutte contre l'inflation.

B. La politique de désinflation compétitive

La politique de désinflation compétitive adoptée par les gouvernements français dans les années 1980 avait pour objectif prioritaire la lutte contre l'inflation dans le but d'améliorer la compétitivité de l'économie française. Le gouvernement de l'époque considérait qu'il fallait sortir du **cercle vicieux inflationniste** dans lequel était enfermée l'économie française :

Inflation plus rapide que les partenaires commerciaux → déficit extérieur → dévaluation du franc pour rétablir la compétitivité-prix → inflation importée.

Le gouvernement a eu la volonté d'entrer dans un **cercle vertueux de taux de change fort et stable** :

Désinflation → compétitivité accrue → appréciation du franc → désinflation importée.

Cette politique s'est appuyée notamment sur la désindexation salariale et sur une volonté de lutter contre les anticipations inflationnistes dans un contexte de réformes structurelles (indépendance de la Banque centrale, préparation du passage à la monnaie unique et efforts de convergence macroéconomique, etc.)

Cette politique a été controversée, certains économistes et responsables politiques considérant que le coût en termes d'emploi et de freinage de la croissance était trop élevé.

D'autres économistes considèrent que cette politique a été utile mais qu'elle a été prolongée inutilement, surtout après 1989 où la réunification allemande a eu pour effet de pousser à la hausse les taux d'intérêt allemands, ce qui obligeait à maintenir des taux d'intérêt trop élevés en France afin de sauvegarder la parité franc/mark.

À partir de 1997, on a assisté, en France, à une reprise de la croissance et à une amélioration de la situation de l'emploi qui s'est révélée compatible avec le maintien d'un taux d'inflation faible (v. chapitre *Politiques économiques*).

Le faible niveau de l'inflation et la croissance soutenue de l'économie mondiale à la fin des années 1990, mais modérée depuis le début des années 2000, conduit à un débat entre économistes :

- pour les uns, les tendances inflationnistes sont durablement contenues dans la concurrence internationale liée à l'économie globalisée et il faut donc utiliser la possibilité qui s'ouvre à nouveau d'arbitrer entre l'inflation et le chômage (on parle d'un « retour de la courbe de Phillips »), notamment en acceptant un niveau plus élevé d'inflation qui réduirait le coût réel du travail et les taux d'intérêt réels, et stimulerait les créations d'emplois et l'investissement productif ;
- pour d'autres, les risques inflationnistes demeurent bien présents en raison d'une accélération de la hausse des prix dans l'ensemble de l'économie mondiale avec la hausse très importante des prix des produits de base (métaux, pétrole, produits alimentaires), et il faut donc conserver une politique monétaire strictement orthodoxe. L'éclatement de la crise des *subprimes* en 2007 a montré que des tensions inflationnistes existaient bien, mais qu'elles se manifestaient surtout sur les marchés d'actifs (avec à la clé la formation de bulles spéculatives sur les marchés de l'immobilier, des matières premières, etc.) plutôt que sur les prix à la consommation.

Très rapidement cependant, les effets de la crise financière sur l'économie réelle ont conduit à un fort ralentissement de la croissance mondiale et même à une forte chute du commerce mondial en 2009. Dès lors, l'offre devient à nouveau excédentaire sur certains marchés et oriente à la baisse un certain nombre de prix.

C. Le dilemme de l'économie mondiale : inflation ou déflation ?

En 2021, l'économie mondiale est donc aujourd'hui prise en tenailles entre deux risques :

- un **risque inflationniste** car la reprise de la croissance dans les pays émergents pourrait provoquer de nouvelles tensions sur les marchés de produits de base et cette tension inflationniste pourrait s'amplifier sous l'effet de l'abondance des liquidités mondiales liées aux politiques monétaires très expansionnistes des banques centrales sensées stimuler l'activité après la pandémie de covid-19 ;
- un **risque déflationniste** car la persistance d'une faible croissance, d'un chômage élevé et de potentielles politiques d'austérité budgétaires liées

à la volonté de désendettement des agents privés et surtout publics, pourraient conduire à l'entrée dans une spirale déflationniste ou à une longue période de stagnation comparable à celle qu'a connue le Japon à partir des années 1990. Dans ses perspectives de l'économie mondiale publiées en juin 2020, le Fonds monétaire international (FMI) explique que la baisse concomitante de l'activité économique (choc d'offre et choc de demande cumulés en raison de la crise du coronavirus) et des cours des produits de base, pourrait durablement modérer l'inflation, même si, dans certains cas le renchérissement des importations causé par la dépréciation du taux de change pourrait contrebalancer partiellement cette baisse de l'inflation. Mais selon le FMI, en tout état de cause, dans un contexte de faible inflation et de fort endettement public et privé (en particulier dans les pays avancés), la faiblesse prolongée de la demande globale pourrait causer une désinflation accrue et créer des difficultés à assurer le service de la dette des États, ce qui pourrait freiner encore davantage l'activité économique.

RÉFÉRENCES DU CHAPITRE

Friedman M. (1969), *Inflation et systèmes monétaires*, Presses Pocket (Agora), 1991.

Les perspectives de l'économie mondiale du FMI (juin 2020) :
https://www.imf.org/fr/Publications/WEO/Issues/2020/06/24/WEOUpdateJune2020

POUR EN SAVOIR PLUS

Initiation

Bezbakh P. (2019), *Inflation et désinflation*, La Découverte, Coll. Repères.

Approfondissement

Artus P. (2020), *40 ans d'austérité salariale : comment en sortir ?* Odile Jacob.

Cercle Turgot (2014), *Après la récession, inflation ou déflation ?*, Eyrolles.

Insee (2003), *L'inflation au moment du passage à l'Euro*, Rapport sur les comptes de la nation 2002, LGF, Coll. Références.

OFCE (2014), sous la direction de Xavier Timbeau, *Le piège de la déflation*, Perspectives 2014-2015 pour l'économie mondiale.

Blanchard O. et Cohen D. (2010), *Macroéconomie*, Pearson.

SUR LA TOILE

L'indice des prix à la consommation de l'Insee :
http://www.insee.fr/fr/themes/info-rapide.asp?id=29

France culture « Entendez-vous l'éco ? » : https://www.franceculture.fr/emissions/entendez-vous-leco/entendez-vous-leco-emission-du-lundi-11-janvier-2021

CHAPITRE 12

Marché du travail, emploi, chômage

En France, comme en Europe, le chômage a connu de fortes hausses au moment de la crise de 2008-2009, parfois inédites (Espagne, Irlande, Pays baltes). Creusement des inégalités entre groupes sociaux, accroissement du chômage de longue durée, précarisation des emplois, caractérisent aujourd'hui les marchés du travail en Europe. Une embellie se produit à partir de 2016, puisque, en février 2020, l'Union européenne enregistrait l'un des taux de chômage les plus faibles depuis cette crise économique (6,5 %). Mais l'impact de la crise sanitaire covid-19 sur l'économie européenne, entraîne aujourd'hui une nouvelle hausse du nombre de demandeurs d'emploi.

Selon le rapport phare annuel de l'organisation internationale du travail (OIT) de 2020 « *le sentiment que les marchés du travail ne répartissent pas correctement les fruits de la croissance économique et que les inégalités qui en découlent constituent une menace pour la cohésion sociale s'impose chaque jour davantage* ».

Face à ces nouvelles contraintes, les politiques de l'emploi représentent un enjeu essentiel, à court terme dans la lutte contre le chômage, à moyen et long terme par des réformes structurelles du marché du travail. Ces réformes du marché du travail sont aujourd'hui largement encouragées par la nouvelle gouvernance européenne, ainsi que par la pression des marchés financiers, dans un cadre de déficits publics sous surveillance et donc de maîtrise ou de réduction des dépenses sociales, dans des contextes de récession et/ou de faible croissance. La crise sanitaire de la covid-19 a cependant entraîné la mise en pause de nombreuses réformes en cours.

§ 1. La population active

Selon l'Insee, la **population active** comprend les personnes en âge de travailler qui déclarent :
– exercer une activité professionnelle salariée ;
– ou exercer une activité indépendante ;
– ou aider un membre de leur famille dans son travail sans être salarié ;
– ou être apprenti ou stagiaire rémunéré ;
– ou être sans travail et chercher un emploi (chômeurs).
L'Insee établit ses statistiques à partir des « Enquêtes Emploi », seule source officielle permettant de mesurer le taux de chômage à partir des normes établies par le Bureau International du Travail (BIT), et donc de comparer la situation des marchés du travail européens.
Ces enquêtes se déroulent « en continu », au cours de toutes les semaines du trimestre, auprès d'un large échantillon représentatif de l'ensemble de la population (personnes vivant dans des logements ordinaires, ce qui exclut notamment les prisons, les foyers ou les maisons de retraite) sur toutes les semaines de l'année. Les résultats, notamment le taux de chômage, sont publiés chaque trimestre. Cette Enquête Emploi vise à « *décrire l'état du marché du travail et son évolution : le profil des personnes en emploi comme des chômeurs, les caractéristiques des emplois occupés (profession, durée de travail, type de contrat...), les expériences professionnelles passées. Elle sert également à connaître le niveau d'éducation et les formations suivies. Elle contribue ainsi au débat social sur les politiques de l'emploi et de l'éducation et sert de support à de nombreux travaux de recherche dans le domaine économique et social.* » (Insee, 2021).
Ces objectifs restent inchangés, mais, en 2021, le questionnaire a été mis à jour pour se conformer au nouveau règlement européen et permettre une meilleure comparaison avec les statistiques des autres pays européens.
En outre, il est également possible aux enquêtés, aujourd'hui, de « *répondre à l'enquête par internet en réinterrogation* ».
L'Insee mesure également la population active à l'occasion des recensements. Depuis janvier 2004, les enquêtes de **recensement** sont annuelles. Elles portent sur un échantillon de 8 % de la population, dispersé sur l'ensemble de leur territoire. Au bout de 5 ans, tout le territoire des communes de plus de 10 000 habitants est pris en compte et les résultats du recensement sont calculés à partir de l'échantillon de 40 % de leur population ainsi constituée. Les communes de moins de 10 000 habitants continuent à être recensées de façon exhaustive tous les cinq ans.
On compte ainsi, au sein de la population active, les actifs occupés et les chômeurs. Les actifs occupés constituent l'**emploi**. Ce concept est défini par **D. Gambier** et **M. Vernières** comme la « *combinaison des éléments sociaux et juridiques qui institutionnalisent la participation des individus*

à la production de biens et services socialement valorisés » (Gambier & Vernières, 1998). Cette définition implique donc que l'étude des normes, des règles et des institutions soit au cœur de l'analyse de l'emploi ; par ailleurs, cette analyse ne saurait se limiter aux activités des seuls salariés ; les travailleurs indépendants sont également pris en compte.

Il est important de distinguer l'emploi ainsi défini du poste de travail qui identifie, à un moment donné, la place occupée par le travailleur dans le processus productif.

I. Définition et mesure

A. De la population totale à la population active

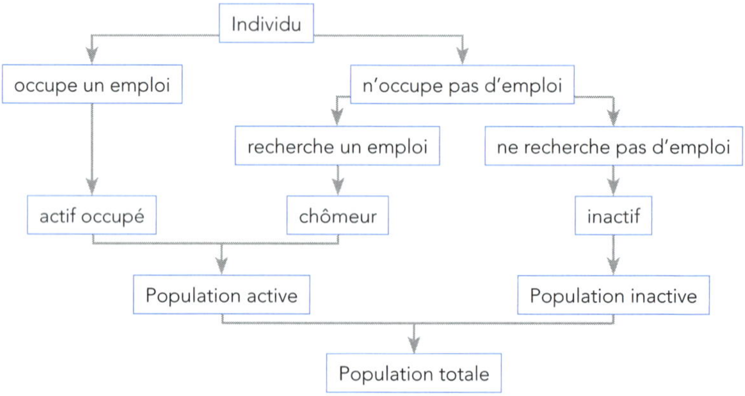

La **population active** regroupe les personnes ayant un emploi et les personnes disponibles à la recherche d'un emploi.
La population active est donc la somme Emploi + Chômage.
Cette définition permet de comprendre qu'il peut y avoir augmentation du chômage, sans dégradation obligatoire de l'emploi, ou augmentation de l'emploi sans diminution sensible du niveau de chômage. Les évolutions des deux phénomènes dépendent en effet de l'évolution de la population active elle-même, ainsi que de l'évolution de la productivité.

B. Deux mesures de la population active

S'il est facile de s'accorder sur la définition ci-dessus, les statisticiens proposent des indicateurs de mesure différents, basés sur des conventions différentes, même si les recommandations du BIT (Bureau international du travail) définissent les principes permettant de considérer un individu comme « personne pourvue d'un emploi » ou « chômeur », (les autres individus étant classés par défaut « inactifs »).

- La **population active au sens du recensement de la population** (RP) émerge des réponses des personnes interrogées lors des enquêtes de recensement menées par l'Insee. Cette approche correspond donc à la manière dont les individus se positionnent eux-mêmes dans l'une des modalités suivantes :
  1. exercer une profession (salariée ou non) même à temps partiel ;
  2. aider un membre de la famille dans son travail (même sans rémunération) ;
  3. être apprenti, stagiaire rémunéré, etc. ;
  4. être chômeur à la recherche d'un emploi.

  Ne sont pas retenues les individus qui, bien que s'étant déclarées chômeurs, précisent qu'ils ne recherchent pas d'emploi.
- La seconde mesure de la population active, la **population active au sens du BIT**, est liée au fait que le BIT « reclasse » les individus en fonction de ses propres critères. Cette mesure a été construite pour permettre les comparaisons internationales. Les **actifs occupés** au sens du BIT englobent toutes les personnes de plus de 15 ans qui ont travaillé au moins une heure au cours de la semaine de référence. Sont également incluses toutes les personnes qui, bien que n'ayant pas effectivement travaillé au cours de la semaine de référence, ont manifestement un emploi (personnes en congés payés, en formation pour leur entreprise ou en arrêt maladie, sous certaines conditions de durée).

II. Évolution de la population active et taux d'activité

A. Les facteurs d'évolution de la population active

On peut distinguer différents facteurs d'évolution de la population active :
- Elle dépend en premier lieu des phénomènes démographiques : la population active est en effet un sous-ensemble de la population en âge de travailler (15-64 ans), qui dépend des naissances et des mouvements migratoires. Le baby-boom a ainsi eu une incidence forte sur l'évolution de la population active de la période 1975-1982.

– Elle dépend d'autre part des comportements d'activité et des dispositions légales en matière de durée de la vie active. Certains facteurs jouent à la hausse de la population active (ça a été le cas notamment de l'activité des femmes dans les années 1960 et après) ; d'autres facteurs jouent au contraire à la baisse du nombre des actifs (prolongation de l'âge de la scolarité obligatoire, poursuite d'études supérieures au-delà de cette limite, recul de l'âge de départ à la retraite).

POPULATION TOTALE ET POPULATION ACTIVE EN FRANCE DE 1806 À 2020 (EFFECTIFS EN MILLIONS)

Années	Population totale	Population active	Années	Population totale	Population active
1806	29,6	12,8	2002	59,3	26,6
1896	38,6	19,5	2003	59,9	27,4
1901	39	19,6	2004	60,2	27,5
1911	39,6	20	2005	62,8	27,4
1921	39,2	20,1	2006	63,2	27,6
1926	40,9	20,3	2007	63,6	24,4
1936	41,9	19,3	2008	63,9	25,6
1946	40,3	19,4	2009	64,3	26,5
1954	43,1	19,6	2010	64,6	26,6
1962	47	19,7	2011	65,0	27,4
1968	49,9	20,6	2012	65,4	27,5
1975	52,6	22,1	2014	66,3	29,4
1982	54,3	23,8	2018	66,9	29,3
1990	56,3	24,4	2019	67,1	29,2
1999	58,5	26,5	2020	67,4	28,9

Champ pour les années récentes : France hors Mayotte, personnes vivant en logement ordinaire, âgées de 15 ans ou plus.

Source : d'après Insee, Recensements de la population et enquêtes emploi.

Selon l'Insee (enquête Emploi), en 2020, en moyenne, la population active est de 29,4 millions de personnes âgées de 15 à 64 ans en France (hors Mayotte), dont 14,05 millions de femmes et 14,84 millions d'hommes.

B. Taux d'activité par âge et par sexe

Le **taux d'activité** désigne le rapport entre le nombre d'actifs d'une catégorie donnée, et la population totale de la catégorie. En 2020, en France (hors Mayotte), 71,0 % des personnes âgées de 15 à 64 ans étaient actives. Par exemple, le taux d'activité féminin se calcule en faisant le rapport :

$$\frac{\text{Nombre de femmes actives}}{\text{Nombre total de femmes}} \times 100$$

Les taux d'activité féminin ne cessent de se rapprocher des taux d'activité masculins depuis les années 1960. En 1975, le taux d'activité masculin était de 84,1 % pour les hommes de 15 à 64 ans et de 53,1 % pour les femmes de 15 à 64 ans. En 2020, ces taux sont respectivement 74,5 % pour les hommes et 67,6 % pour les femmes. Il faut cependant noter que ces taux ont baissé en 2020 par rapport à 2019, compte tenu de la crise sanitaire de la covid-19 (chute importante de ces taux au 2e trimestre 2020). En 2019, ils étaient effectivement de 75,3 % pour les hommes et de 68,2 % pour les femmes. Le taux d'activité global était de 71,7 % en 2019. Par ailleurs, la tendance à la réduction de la participation à la vie active pour les classes d'âge extrêmes est une des tendances lourdes enregistrées depuis 1954. Chez les jeunes, les taux de scolarisation par âge ont fortement progressé en l'espace d'une quinzaine d'années. D'un autre côté, les sorties de la vie active ont été de plus en plus précoces jusqu'à très récemment. Il s'agit d'une évolution de long terme, mais elle a été nettement accélérée par des dispositifs institutionnels (retraite légale à 60 ans, préretraites). Il faut cependant noter que cette évolution tend à se retourner à la suite des réformes des régimes généraux et spéciaux de retraites. Les taux d'activité des 50-64 ans tendent ainsi à remonter.

POPULATION ACTIVE ET TAUX D'ACTIVITÉ SELON LES CARACTÉRISTIQUES DES PERSONNES

	2017	2018	2019	2020	2020			
					T1	T2	T3	T4
Population active de 15 à 64 ans (en milliers)	**29 206**	**29 316**	**29 192**	**28 902**	**29 170**	**28 257**	**29 136**	**29 045**
Femmes	14 088	14 189	14 185	14 056	14 173	13 730	14 143	14 176
Hommes	15 119	15 128	15 007	14 845	14 998	14 527	14 994	14 869
Taux d'activité des 15 à 64 ans (en %)	**71,5**	**71,9**	**71,7**	**71,0**	**71,7**	**69,4**	**71,6**	**71,4**
Sexe								
Femmes	67,6	68,2	68,2	67,6	68,2	66,1	68,1	68,2
Hommes	75,5	75,7	75,3	74,5	75,3	72.9	75,4	74,7
Âge								
15-24 ans	36,9	37,5	36,8	35,6	36,6	33,6	36,7	35,8
25-49 ans	87,8	88,0	87,8	87,1	87,8	85,2	87,8	87,4
50-64 ans	65,7	66,5	67,0	67,1	67,2	66	67,4	67,8
dont : 55-59 ans	*76,9*	*77,2*	*77,3*	*77,5*	*nd*	*nd*	*nd*	*nd*
60-64 ans	*31,7*	*33,7*	*35,4*	*35,5*	*nd*	*nd*	*nd*	*nd*

	2017	2018	2019	2020	2020			
					T1	T2	T3	T4
Comportement d'activité des 65 ans ou plus								
Nombre d'actifs de 65 ans ou plus (en milliers)	271	259	300	296	nd	nd	nd	nd
Taux d'activité des 65 à 69 ans (en %)	7,0	6,7	7,8	7,7	nd	nd	nd	nd

nd : résultat non disponible.
Lecture : en 2020, le taux d'activité des personnes de 15 à 64 ans est de 71 %.
Champ : France hors Mayotte, personnes vivant en logement ordinaire, âgées de 15 ans ou plus.

Source : Insee, enquêtes Emploi.

III. Répartition par secteurs d'activité : accroissement du poids du secteur tertiaire

A. Les secteurs d'activité

L'analyse en termes de **secteurs d'activité** est due à **A.B. Fischer**, mais la plupart des économistes, lorsqu'ils présentent l'histoire de la théorie des secteurs économiques, font référence à **C. Clark** (1905-1989) qui est le premier à avoir rendu opératoires les notions de **secteur primaire** (agriculture et industries extractives), **secteur secondaire** (industries manufacturières) et **secteur tertiaire** (services et commerce), dans un ouvrage intitulé *Les conditions du progrès économique* (1940).
C. Clark donnait une définition négative ou résiduelle en qualifiant de tertiaire toute activité qui n'était ni agricole ni industrielle. Cette formulation a ensuite été complétée par **J. Fourastié** (1907-1990), par une définition moins sommaire, dont l'objectif était de suggérer des critères d'homogénéité du secteur tertiaire. Parmi ceux-ci, trois ont souvent été avancés : une part croissante de l'emploi, une relative insensibilité aux crises économiques, et surtout un progrès technique faible. On admettait alors, selon cette définition, que la plupart des activités à faible progrès technique étaient des activités non industrielles et non agricoles.
J. Gadrey identifiait pour sa part « *quatre continents sur cette planète tertiaire en expansion* » (Gadrey, 2003) :
– le commerce (ou distribution) sous toutes ses formes (gros et détail) ;
– les transports et télécommunications ;

- les (autres) services marchands aux ménages (hôtels, cafés et restaurants, réparations de toutes sortes, cliniques et médecine libérale, services culturels et de loisirs, etc.) et aux entreprises (conseil, publicité, gardiennage...) ;
- les services non marchands (ceux des administrations publiques, des collectivités locales, incluant l'enseignement et la santé publique).

L'Insee définit aujourd'hui le secteur tertiaire comme « un vaste champ d'activités qui s'étend du commerce à l'administration, en passant par les transports, les activités financières et immobilières, les services aux entreprises et services aux particuliers, l'éducation, la santé et l'action sociale ».
Ce secteur comprend :

- le tertiaire principalement marchand : commerce, transports, activités financières, services rendus aux entreprises, services rendus aux particuliers, hébergement-restauration, immobilier, information-communication ;
- le tertiaire principalement non-marchand : administration publique, enseignement, santé humaine, action sociale.

Même si cette distinction reste d'actualité, les contours entre industrie et services sont aujourd'hui de plus en plus difficiles à cerner (France stratégie 2020), pour deux raisons principales :

- l'industrie vend de plus en plus de services (vente de services associés ou en complément des biens produits) qui sont de nature très diverse : « *installation et maintenance assurance, crédit à la consommation, application mobile, service avant et après-vente, etc. Ajouter une offre de service peut permettre aux industriels de diversifier leurs sources de revenus, de mieux répondre aux besoins de leurs clients et de les fidéliser, de se positionner sur des segments de la chaîne de valeur à plus forte valeur ajoutée, ou encore de se différencier de leurs concurrents* ».
- l'industrie utilise une part croissante de services pour produire : pour gagner en efficacité, « *les entreprises industrielles se sont progressivement recentrées sur leur cœur de métier* » et ont ainsi externalisé de nombreuses activités (restauration, gardiennage, informatique, comptabilité, etc.)

B. La croissance du secteur tertiaire

Alors qu'en 1901, le secteur primaire représentait 44 % de l'emploi, le secondaire 29 % et le tertiaire 26,5 %, ce dernier secteur a vu sa part dans l'emploi total progresser régulièrement. En 1975, ces parts étaient respectivement de 9,2 % pour le primaire, 38,5 % pour le secondaire et 52,3 % pour le tertiaire. En 2020, le secteur tertiaire regroupe 76,6 % des personnes en emploi avec une différence importante selon le sexe (88,1 % pour les femmes et de 65,7 % pour les hommes).
Selon l'Insee, au printemps 2021, le climat des affaires (v. chapitre *Entreprise et système productif*) se détériore et, mesuré aujourd'hui à l'indice 95,

il se situe en deçà de sa moyenne de longue période (100). Ce repli modéré résulte notamment de la détérioration des perspectives dans le tertiaire. Les études plus récentes privilégient désormais l'analyse de la structure de l'emploi par secteurs d'activités, la distinction primaire, secondaire et tertiaire devenant progressivement obsolète.

SECTEUR D'ACTIVITÉ DES PERSONNES EN EMPLOI EN 2020

	Effectifs (en milliers)	Ensemble	Sexe		Âge		
			Femmes	Hommes	15-24 ans	25-49 ans	50 ans ou +
Agriculture, sylviculture et pêche	626	2,3	1,4	3,2	2,6	1,8	3,2
Industrie	3 518	13,0	7,6	18,1	13,5	13,2	12,5
Construction	1 797	6,7	1,5	11,5	7,5	6,9	6,1
Tertiaire	20 682	76,6	88,1	65,7	73,8	76,8	77,0
Commerce	3 397	12,6	12,1	13,0	20,4	12,3	11,2
Transports	1 385	5,1	2,7	7,4	4,0	5,3	5,1
Hébergement et restauration	994	3,7	3,7	3,6	8,6	3,4	2,9
Information et communication	934	3,5	2,2	4,6	3,1	4,0	2,5
Finance, assurance, immobilier	1 285	4,8	5,5	4,1	3,5	4,9	4,9
Services principalement aux entreprises	2 697	10,0	9,8	10,1	7,9	10,9	8,8
Administration publique	2 520	9,3	10,3	8,4	5,5	9,0	11,0
Enseignement	2 109	7,8	11,0	4,8	4,4	7,6	9,0
Santé	2 022	7,5	11,5	3,7	5,1	7,9	7,3
Hébergement médico-social, action sociale	1 900	7,0	12,0	2,4	5,8	6,7	8,0
Services aux ménages	1 440	5,3	7,2	3,6	5,5	4,8	6,3
Activité indéterminée	372	1,4	1,3	1,5	2,6	1,3	1,2
Ensemble	**26 995**	**100,0**	**100,0**	**100,0**	**100,0**	**100,0**	**100,0**

Note : les intérimaires sont classés principalement dans le secteur utilisateur.
Champ : France hors Mayotte, personnes vivant en logement ordinaire, en emploi.
Lecture : en 2020, 13,0 % des personnes en emploi travaillent dans l'industrie.

Source : Insee, enquête Emploi 2020.

Source : Insee Références, Emploi, chômage, revenus du travail, édition 2021.

C. Les facteurs explicatifs de cette évolution : structure de la consommation et évolution de la productivité

Pour décrire la « **société tertiaire** », ou l'« **économie de service** », la plupart des auteurs se sont basés sur l'évolution de la consommation des ménages. Par rapport à la société industrielle dans laquelle le niveau de vie dépend de la quantité de biens acquis par les ménages, la société tertiaire se caractérise par une consommation accrue de services. Ainsi, à mesure que le revenu disponible des ménages progresse, la demande de services (éducation, santé, loisirs…) s'accroît. Cette évolution expliquerait l'explosion du secteur tertiaire.

Cette thèse est développée en particulier par **D. Bell** (*L'avènement de la société post-industrielle*, 1974). Pour cet auteur en effet, la progression des services dans l'emploi est inéluctable parce que deux « lois » aux effets durables convergent pour la susciter : d'une part, la croissance du pouvoir d'achat implique que la demande des ménages porte progressivement sur des biens qu'il qualifie de « supérieurs » qui sont essentiellement des services ; d'autre part, le rythme de croissance de la productivité du travail est en moyenne plus rapide dans l'industrie que dans les services.

Ce schéma est validé par le modèle de « **croissance déséquilibrée** » de **W. Baumol** en 1967. Pour **W. Baumol**, l'économie est divisée en deux secteurs : un secteur « progressif », où l'introduction de technologies permet l'obtention de gains de productivité du travail, et un secteur « non progressif » (ou stagnant) où le travail fourni étant en réalité lui-même le produit final (cas jugé représentatif de nombreux services), la productivité est stationnaire. **W. Baumol** illustre ce cas par l'exemple de la prestation en concert d'un quintette à vent, estimant que toute tentative pour réduire le temps de travail nécessaire à une telle prestation risque d'être peu appréciée.

Dans ce modèle dual, la particularité des activités de service est de bénéficier des gains de productivité du secteur progressif. Aussi, comme les salaires dans les deux secteurs augmentent au même rythme (les rémunérations telles que le Smic sont applicables sans distinction de secteur, la norme de croissance étant celle du secteur industriel), la production tertiaire s'effectue à prix et à coûts croissants. En conséquence, on assiste à un glissement inéluctable de la main-d'œuvre vers le secteur le moins dynamique en termes de gains de productivité (secteur des services) alors que le secteur progressif utilise des combinaisons de plus en plus capitalistiques. Ainsi, c'est la production la moins dynamique qui absorbe l'essentiel des revenus et de la main-d'œuvre et qui conduit à un déclin inévitable de la productivité.

La théorie de l'économie du self-service

• La théorie de **J. Gershuny** s'oppose radicalement à la théorie de la société post-industrielle, proposée par **D. Bell**. Pour **J. Gershuny**, le consommateur a le choix entre l'achat de biens et l'achat de services pour obtenir un type de satisfaction souhaité.
La critique fondamentale adressée par cet auteur à **D. Bell** est la suivante : le consommateur n'achète pas un bien ou un service pour lui-même, mais selon des besoins ressentis. Ainsi, s'il éprouve le besoin d'être transporté d'un point à un autre, cette fonction peut être remplie de deux façons :
– d'une part en achetant un service : dans ce cas, un prestataire prend en charge l'opération (services de transports, taxis...) ;
– d'autre part en achetant un bien (véhicule personnel).
• Cette théorie va à l'encontre de celle de **D. Bell** : selon lui, certaines consommations devraient s'accroître avec le niveau de vie (par exemple la consommation de services des ménages en matière de culture et en particulier de concerts, cinéma, spectacles) ; Or, elles ont tendance à stagner voire à diminuer. La même « fonction » (écouter de la musique, voir un bon film) n'est plus assurée en achetant un service (une place de concert ou de cinéma), mais en achetant des biens d'un type nouveau, des biens intangibles notamment (v. chapitre *Comptabilité nationale*).
La consommation de ces services risque de baisser en faveur de nouveaux biens de substitution lorsque le rapport des prix relatifs est favorable à ces derniers.

D. La tertiarisation, un phénomène ambigu et parfois contesté

Pour **M. Braibant** la classification en trois secteurs, primaire, secondaire, tertiaire, suggérée à une époque où leur poids était presque égal dans la population active et où le tertiaire était défini négativement, ne pouvait déjà plus être retenue au début des années 1980. La croissance rapide de ce secteur ne pouvait manquer d'être source de diversité et de complexité. Le tertiaire ne présente plus aucun des facteurs d'homogénéité que l'on croyait déceler autrefois.
Par ailleurs, il existe une imbrication forte entre l'industrie et les services qui se manifeste sous deux formes : les emplois de services liés au secteur manufacturier peuvent être situés soit à l'intérieur des entreprises, soit à l'extérieur dans des entreprises indépendantes du secteur tertiaire. Dans le premier cas, on parlera de services liés internes (phénomène de tertiarisation du secteur manufacturier), et dans le second cas de services liés externes (principalement des services aux entreprises, comme l'ingénierie, le *leasing*, les expertises comptables ou juridiques, la publicité, etc.).
Au cours du temps, l'emploi tertiaire s'est considérablement développé à l'intérieur du secteur manufacturier, et aujourd'hui, la part des emplois de services liés internes dans l'industrie dépasse 30 % dans la plupart des pays industriels.
Mais, pour des raisons de rentabilité, de souplesse et d'efficacité, il est parfois préférable pour une entreprise d'acheter certains services à des

entreprises spécialisées, juridiquement indépendantes, plutôt que de les produire elle-même.
Cette externalisation de plus en plus importante d'une partie des services liés aux entreprises industrielles conduit ainsi à une surestimation du secteur tertiaire : certains de ses services relèveraient du secteur secondaire s'ils étaient pris en charge par les entreprises industrielles elles-mêmes.
P. Veltz (2017), pour sa part, décrit une **société hyperindustrielle** dans laquelle le numérique et le capital jouent un rôle central. Il se pose alors la question de savoir, *dans ce nouveau monde, où va le travail ?*
Une des principales caractéristiques de cette société présente, est, justement, l'»*effacement de la frontière industrie-services*». Il donne l'exemple des data centers, qui pour stocker les données, donc rendre un service, utilisent des installations qui valent largement les équipements des industries lourdes.

E. Société de services et « ubérisation »

Finalement, la notion de tertiarisation ne doit pas être confondue avec celle de désindustrialisation.
De plus en plus souvent la marchandise vendue est à la fois un bien et un service ; l'automobile par exemple est un bien de plus en plus lié à des services financiers (*leasing*) et à des services après-vente. L'activité de location de voiture (y compris en libre-service sur le modèle inauguré avec les vélos Vélib') est en train de se développer.
Il peut exister également un lien entre possession de biens (ordinateurs) et accès à un service (messagerie électronique).
Par ailleurs, la « croissance tertiaire » laisse ouvert un certain nombre de choix de nature fondamentalement politique. Faut-il accepter une société duale où une minorité très qualifiée et très bien payée bénéficierait d'une « société de valets », selon la formule d'**A. Gorz** ? Faut-il au contraire, agir contre la polarisation des qualifications, améliorer la formation de tous, réduire la durée du travail ? Pour **J. Gadrey**, « *une société a les services qu'elle mérite. En eux-mêmes, les services ne sont ni vecteurs d'inégalités, ni réducteurs d'autonomie* » (Gadrey, 2003). En effet, le seul développement de l'emploi de services ne suffit pas à jeter les bases d'une société duale : d'une part, parce que l'industrie génère elle-même une précarisation de l'emploi ; et, d'autre part, parce que – même si on peut trouver dans le tertiaire des emplois de faibles qualifications – les emplois tertiaires sont également caractérisés par l'existence de professions qualifiées.
En fin de compte, la question centrale est celle de la reconnaissance des qualifications et plus largement celle de l'institutionnalisation du rapport salarial dans les nouvelles activités de service (service à la personne notamment).

Un phénomène récent vient par ailleurs impacter tous les secteurs de l'économie traditionnelle des services : celui de l'**ubérisation**, néologisme formé à partir d'Uber, entreprise technologique qui développe et exploite des applications mobiles de mise en contact d'utilisateurs avec des conducteurs réalisant des services de transport. L'ubérisation désigne ainsi la possibilité pour des particuliers, grâce au développement des nouvelles technologiques et du numérique, de proposer des services dans le cadre d'une **économie collaborative** fondée sur des services à la demande et l'utilisation temporaire de biens reposant sur des échanges conclus sur des plateformes en ligne. On parle également d'**économie de plateforme** (« *gig economy* » chez les anglo-saxons). On distingue généralement cinq grands secteurs dans cette économie collaborative : financement entre pairs, recrutement en ligne, location de logements entre particuliers, partage de voitures (co-voiturage), diffusion en continu de musique et de vidéo.

Pour certains économistes, comme **Ph. Moati**, l'ubérisation conduit à une dérégulation du salariat et à une certaine régression du travail. Selon lui, l'économie collaborative permet à des individus de travailler, mais sans pour autant les rémunérer à la hauteur du service rendu. En mars 2021, Uber, au Royaume-Uni, attaqué devant la Cour suprême, a ainsi dû octroyer à ses chauffeurs britanniques le statut de travailleurs salariés, avec salaire minimum et congés payés.

Pour autant, les consommateurs tirent également avantage du développement de ce type de services : on se dirige davantage vers une économie d'usage, centrée sur la fonctionnalité et non la quantité.

C. Dutertre (2013) évoque pour sa part le développement d'une « *économie servicielle* » qui désigne « *une économie dont la création de la valeur repose sur une activité de service, mobilise principalement des technologies relevant des NTIC et des ressources immatérielles* ». Les entreprises vendent ainsi, ou louent, un service de l'usage du bien ou du service, plutôt que le bien ou le service lui-même. La société Michelin illustre bien la dynamique servicielle : « *la société offre des solutions centrées sur la mobilité et s'engage sur un résultat de réduction de la consommation de carburant des flottes de ses clients transporteurs* » (ADEME, 2017).

Assiste-t-on à une troisième révolution industrielle ?

Selon **J. Rifkin** (né en 1945), une **troisième révolution industrielle** s'avère aujourd'hui nécessaire, du fait notamment de la situation économique mondiale (déclin de la productivité, stagnation des taux de chômage, accroissement des inégalités), de l'accélération du changement climatique lié aux gaz à effet de serre et à l'épuisement des ressources naturelles comme le pétrole. Selon lui, un grand paradigme économique a besoin de trois éléments : « *de nouveaux modes de communication pour gérer plus efficacement l'activité économique, de nouvelles sources d'énergie pour stimuler plus efficacement cette activité, et de nouveaux modes de transport pour que les déplacements soient plus efficaces* » (Rifkin, 2012).

Selon lui, « *cette révolution est déjà en cours dans la communication, la mobilité et la production énergétique, et elle va profondément transformer le capitalisme* » (2019), et on peut construire en quelques années une société fonctionnant à 100 % grâce aux énergies renouvelables. L'effondrement de la « société fossile » pourrait ainsi être atteint en 2028.

IV. La structure de la population active par professions et catégories socio-professionnelles (PCS)

A. Historique des nomenclatures de professions en France

Dès 1695, **S. Vauban** (1633-1707) classe la population afin de prélever un impôt. Au XVIIIe siècle, les physiocrates établissent des nomenclatures, afin de mettre en évidence la participation de chacun à la production de richesses.

Mais il faut attendre le recensement de 1851 pour que soit posée une question relative à la profession des individus interrogés.

À partir de 1896, les recensements permettent de classer la population active selon l'activité économique et la taille des établissements. Les situations individuelles sont appréciées par référence à des « situations dans la profession », ancêtres de catégories socio-professionnelles. Ce système de représentations, peu modifié pendant près d'un siècle, va être profondément transformé sous les effets conjugués de l'extension de la division du travail ouvrier et du taylorisme, à partir des années 1920, et de la généralisation des systèmes de conventions collectives à partir de 1936 et surtout 1945. La conscience du besoin de statistiques sur les professions apparaît alors brutalement dans cette période charnière de 1936 à 1945. En 1946, les « catégories Parodi » (du nom du ministre du Travail de l'époque), établissent une classification de l'ensemble des travailleurs des secteurs industriels. Dans les années 1950 vont apparaître les premières nomenclatures de catégories socio-professionnelles classant l'ensemble de la population, et en priorité la population active, en un certain nombre de grandes catégories présentant une certaine homogénéité sociale. Élaboré par l'Insee en 1950 et utilisé pour la première fois dans l'enquête-emploi de 1951 et lors de recensement de 1954, le code des catégories socio-professionnelles (CSP) a été remanié en 1982 et a donné naissance à la nomenclature des **professions et catégories socio-professionnelles** (PCS). Cette nomenclature a elle-même été rénovée par l'Insee en 2003, par regroupement, au sein d'une même catégorie socioprofessionnelle, de professions dont la distinction était devenue obsolète, et à l'inverse, par éclatement de professions afin de tenir compte de l'apparition de nouveaux métiers (dans l'environnement et les nouvelles technologies de l'information et de la communication par exemple), ainsi que de fonctions transversales aux différentes activités industrielles (méthodes, contrôle-qualité, logistique). La nomenclature comporte quatre niveaux d'agrégation emboîtés : au niveau le plus fin, un poste de la nomenclature PCS correspond à une profession, au niveau le plus agrégé se trouvent les groupes socioprofessionnels : 8 postes. Le niveau des professions comporte 486 postes d'actifs, et 11 postes supplémentaires pour les personnes sans activité professionnelle. Il existe une version de la nomenclature des professions plus détaillée à l'usage des entreprises, dite PCS-ESE.

B. Principes de construction de la nomenclature et structure de la population active par PCS

Pour L'Insee, « *la définition* [des CSP] *a pour objet de classer l'ensemble de la population en un nombre restreint de catégories présentant chacune une certaine homogénéité sociale* ».
La construction des catégories socio-professionnelles se fait à partir de sept critères :
- le statut : salarié ou non salarié. Pour les non-salariés, on distingue les indépendants sans salariés et les employeurs ;
- la profession individuelle ;
- la qualification (pour les salariés) ;
- la position hiérarchique ;
- l'importance de l'entreprise (pour les non-salariés) ;
- l'activité économique (agricole, artisanale, industrielle, tertiaire) ;
- la distinction fonction publique/entreprises.

CATÉGORIE SOCIOPROFESSIONNELLE DES PERSONNES EN EMPLOI EN 2020 (EN %)

	Effectifs (en milliers)	Ensemble	Sexe		Âge		
			Femmes	Hommes	15-24 ans	25-49 ans	50 ans ou +
Agriculteurs exploitants	368	1,4	0,7	2,0	0,4	1,0	2,3
Artisans, commerçants et chefs d'entreprise	1 836	6,8	4,2	9,2	1,5	6,1	9,5

►

	Effectifs (en milliers)	Ensemble	Sexe		Âge		
			Femmes	Hommes	15-24 ans	25-49 ans	50 ans ou +
Cadres et professions intellectuelles supérieures	5 499	20,4	17,9	22,7	7,2	21,6	21,5
Professions intermédiaires	7 025	26,0	29,0	23,3	24,5	28,2	22,4
Employés*	6 967	25,8	39,9	12,5	36,4	24,2	26,1
Employés qualifiés	3 647	13,5	20,8	6,7	16,8	14,0	11,8
Employés non qualifiés	3 320	12,3	19,1	5,8	19,5	10,3	14,3
Ouvriers	5 187	19,2	7,9	29,9	29,7	18,5	17,8
Ouvriers qualifiés	3 426	12,7	3,4	21,4	14,2	12,9	12,0
Ouvriers non qualifiés	1 761	6,5	4,4	8,5	15,5	5,6	5,9
Non renseigné	114	0,4	0,4	0,4	0,4	0,4	0,4
Ensemble	**26 995**	**100,0**	**100,0**	**100,0**	**100,0**	**100,0**	**100,0**

* La ventilation entre employés qualifiés et non qualifiés se fonde sur la nomenclature des professions et catégories socioprofessionnelles (PCS) à 4 chiffres.

Champ : France hors Mayotte, personnes vivant en logement ordinaire, en emploi.

Lecture : en 2020, 19,2 % des personnes en emploi sont ouvriers.

Source : Insee Références, Emploi, chômage, revenus du travail, édition 2021.

C. Vers une nomenclature européenne ?

La nomenclature des catégories sociales fait l'objet d'une démarche d'harmonisation au niveau européen à la demande d'Eurostat qui a commandé fin 1999 un rapport à l'institut national de statistique britannique. Ce rapport s'inspire de l'approche du sociologue **J. Goldthorpe** (né en 1935) : les individus seraient ainsi classés selon les caractéristiques de l'emploi qu'ils occupent. L'hypothèse sous-jacente est que les comportements sociaux s'expliquent en grande partie par leur position sur le marché du travail, notamment, par le type de relation de « subordination » qui lie le salarié à son employeur. Le critère fondamental de la classification est ainsi celui de la « relation d'emploi ».

Baptisée ESEC (**European Socio-economic Classification**), cette classification distingue 9 groupes sociaux :

– deux groupes d'indépendants : les exploitants agricoles d'un côté, les artisans, commerçants et chefs de petites entreprises de l'autre ;

- cinq groupes de salariés, depuis ceux qui exercent les tâches les plus routinières jusqu'aux plus qualifiés d'entre eux; un groupe est exclusivement composé de « superviseurs »;
- deux groupes mixtes composés de salariés qualifiés et de chefs d'entreprises.

Cette proposition ESEC a été retravaillée ensuite par un groupe de statisticiens de France, Hongrie, Italie et République Tchèque qui ont élaboré un nouvel outil « *qui s'inscrit dans l'harmonisation des statistiques sociales européennes et de leurs instruments de mesure* » (Insee, 2016). La **nomenclature European Socio-economic Groups** (ESeG), a ainsi pour but « *de mieux mesurer et comparer les phénomènes sociaux et leurs évolutions en Europe, à l'aide de catégories harmonisées de stratification de la société* ».

Cette nouvelle classification comprend neuf groupes : Cadres dirigeants; Professions intellectuelles et scientifiques; Professions intermédiaires salariées; Petits entrepreneurs (non-salariés); Employés qualifiés; Ouvriers qualifiés salariés; Professions salariées peu qualifiées; Retraités et personnes hors du marché du travail de 65 ans ou plus; Autres personnes sans emploi.

§ 2. Chômage et emploi : mesures et évolutions

Le **marché du travail** désigne le lieu de rencontre des **offres de travail** (demandes d'emploi émanant des actifs) et des **demandes de travail** (offres d'emploi émanant des entreprises).

Le concept de **marché du travail** est un objet théorique et ne désigne pas un lieu réel, mais un ensemble de mécanismes mettant en relation offreurs et demandeurs de travail. Ce concept contribue à la compréhension du niveau de l'emploi et du chômage, du niveau des salaires, etc. Il doit être articulé au concept d'institution afin de mieux rendre compte de la relation salariale.

Sur le marché du travail, lorsque la demande est inférieure à l'offre, cela se traduit par du **chômage**.

On en distingue traditionnellement plusieurs formes :

- Le **chômage frictionnel** : selon **R. Heilbroner** (1919-2005) et **L. Thurow** (né en 1938), c'est un chômage incompressible « qui apparaît quand des travailleurs quittent volontairement un emploi pour rechercher un emploi meilleur ».
- Le **chômage conjoncturel** : il est dû à un ralentissement de l'activité économique.

– Le **chômage structurel** : c'est un chômage chronique qui traduit un déséquilibre profond et durable du marché du travail, lié soit à une insuffisance de la production, soit à l'inadéquation des qualifications des offreurs de travail aux besoins qualitatifs des entreprises, soit encore à l'accélération du progrès technique (dans ce dernier cas, on parle également de **chômage technologique**).

I. Le chômage : origine du concept

A. « L'invention du chômage »

Le chômage, ainsi que le souligne **R. Salais**, n'est pas une catégorie immuable, mais un phénomène historique, daté, et qui évolue au gré des représentations du travail et du non-travail.

Au début du XIXe siècle, la notion de chômage renvoie à la cessation d'activité industrielle par suite de la mévente, sens proche de l'étymologie du mot : en latin, *caumare*, calme (on parle de « calme des affaires » ou du chômage des machines…). À la fin du XIXe siècle, on assiste à une modification sémantique puisque le terme de chômage va renvoyer à la situation des ouvriers privés de travail. On assiste par la suite, en 1876, à la formation du mot « chômeur » pour désigner ces ouvriers sans travail.

J. Freyssinet montre que le chômage ne peut naître que dans des formes spécifiques d'organisation sociale, caractérisées par la généralisation du salariat comme forme dominante de mise en œuvre du travail rémunéré.

L'apparition du chômage suppose ainsi réunies plusieurs conditions.

– Tout d'abord, le chômage implique une coupure entre temps de travail social, destiné à procurer un revenu, et temps de travail privé et domestique. En effet, chaque fois que l'activité économique s'organise dans le cadre de rapports de parenté (exploitation familiale agricole par exemple), les tâches sont réparties entre les membres du groupe sans que les fluctuations du niveau d'activité puissent conduire à la mise en chômage de certains d'entre eux.

– Ensuite, l'apparition du chômage suppose que le travail social soit l'objet d'un échange marchand, c'est-à-dire que le travailleur vende sa force de travail à un employeur. C'est le fait de ne pas trouver un acheteur pour sa force de travail qui définit le statut du chômeur.

Le chômage naît donc avec la généralisation du salariat ; dans ce cadre, le travailleur ne dispose pas d'autre possibilité de participation au travail social, et donc de source de revenu, que l'obtention d'un emploi salarié.

B. L'apparition d'une catégorie « statistique » de chômeur

L'identification du chômage en tant que « statut » social et institution statistiquement mesurable ne se réalise que progressivement. Elle suppose une double condition.

- La difficulté de repli sur des activités de type « pré capitaliste » ou sur des formes de travail domestique.
- L'apparition d'institutions spécialisées, bureaux de placement ou mécanismes d'assurance-chômage, qui créent un intérêt à se déclarer comme chômeur. En effet tant qu'il n'existe pas de mesure sociale en faveur des chômeurs, ceux-ci n'ont aucun intérêt à se déclarer comme tel.

Lors du recensement de 1896, on trouve pour la première fois une série de questions permettant d'isoler les chômeurs. Dans ce recensement, la mesure du chômage passe par la combinaison de deux critères, l'âge (65 ans maximum) et la durée de la suspension de travail.

II. L'évaluation du chômage en France

A. Deux approches différentes de la mesure du chômage

Il existe aujourd'hui deux sources pour suivre l'évolution du chômage : l'Enquête Emploi de l'Insee et les statistiques mensuelles du marché du travail. La première a été conçue conformément aux normes du Bureau international du travail (BIT), la seconde mesure les effectifs des demandeurs d'emploi inscrits auprès de Pôle emploi.

Pôle emploi est le service public de l'emploi qui résulte de la fusion en 2008 de l'**Agence nationale pour l'emploi** (ANPE) et du réseau des Assedic (Association pour l'emploi dans l'industrie et le commerce). Le nouveau service public de l'emploi gère à la fois l'accompagnement des chômeurs et leur indemnisation.

a. Les critères retenus par le BIT

Dès 1925, le BIT s'est préoccupé d'émettre des recommandations en matière de statistiques du chômage qui avaient deux fonctions fondamentales :

- offrir, d'une part, des principes directeurs pour l'élaboration des statistiques nationales ;
- favoriser les comparaisons internationales. De nombreux pays, et notamment la France dans ses Enquêtes-emploi à partir de 1975, ont mis en œuvre ces recommandations. Ce processus a rendu possible

l'établissement de comparaisons de niveaux d'activité et de chômage entre de nombreux pays.

Dans ces recommandations, la définition du chômage est fondée sur trois critères. Sont chômeurs les individus qui, au cours de la période de référence (généralement une semaine) sont : « sans travail », « disponibles pour travailler » et « à la recherche d'un travail », c'est-à-dire qui ont pris des dispositions spécifiques au cours d'une période récente spécifiée pour rechercher un emploi.

Pour éviter des divergences trop grandes, les pays de l'Union européenne se sont accordés depuis longtemps sur une interprétation commune de cette définition du BIT.

DÉFINITION ET INTERPRÉTATION EUROPÉENNE DU CHÔMAGE AU SENS DU BIT

Définition théorique	Interprétation européenne
Être sans travail	Non pourvu d'un emploi salarié ou non-salarié (pendant au moins une heure) pendant la semaine de référence
Être disponible pour travailler	Pouvoir commencer une activité sans un délai de deux semaines
Rechercher activement un travail	Avoir entrepris des démarches spécifiques en vue de trouver un emploi au cours des quatre dernières semaines

Source : d'après Économie et Statistique, n° 362, 2003.

Depuis 2007, l'Insee s'appuie uniquement sur les données de l'Enquête emploi pour évaluer le chômage en France et publier des données chaque trimestre.

b. L'information mensuelle sur l'évolution du chômage

Le ministère de l'Emploi et de la Solidarité fournit un indicateur de suivi conjoncturel du chômage à partir des demandes d'emploi enregistrées dans les fichiers de Pôle emploi. Les **demandes d'emploi en fin de mois** (DEFM) recensent ainsi les personnes inscrites à la fin d'un mois donné.

Pôle emploi distingue, depuis 2009, 5 catégories de demandeurs d'emploi qui sont regroupés en fonction du type d'emploi occupé :

- la catégorie A regroupe les demandeurs d'emploi sans emploi (hors activité réduite), tenus de faire des actes positifs de recherche d'emploi ;
- la catégorie B regroupe les demandeurs d'emploi ayant exercé une activité réduite courte (i.e. de 78 heures ou moins au cours du mois), tenus de faire des actes positifs de recherche d'emploi ;
- la catégorie C regroupe les demandeurs d'emploi ayant exercé une activité réduite longue (i.e. de plus de 78 heures au cours du mois), tenus de faire des actes positifs de recherche d'emploi ;

- la catégorie D regroupe les demandeurs d'emploi sans emploi, non tenus de faire des actes positifs de recherche d'emploi (en raison d'un stage, d'une formation, d'une maladie…) ;
- la catégorie E regroupe les demandeurs d'emploi en emploi (par exemple : bénéficiaires de contrats aidés), non tenus de faire des actes positifs de recherche d'emploi.

Ces catégories permettent un suivi précis des personnes inscrites à Pôle emploi, mais contrairement à des données d'enquêtes comme celles de l'Insee, il s'agit de données administratives, sur la base de critères d'inscription (et de radiation) élaborées par une administration. Ces données sont donc très sensibles à la politique de lutte contre le chômage, qui, en ciblant telle ou telle catégorie, contribue à « modifier » les contours des demandeurs d'emploi.

Depuis fin 2007, le ministère de l'Emploi publie divers indicateurs sur l'évolution des demandeurs d'emploi en fin de mois, selon les catégories retenues, mais il ne calcule plus de taux de chômage à partir des DEFM, pour éviter la confusion avec l'approche du chômage au sens du BIT, proposée par l'Insee. En mai 2021, le nombre de demandeurs d'emploi inscrits en fin de mois à Pôle emploi, catégories A, B et C, s'élevait ainsi à 5 569 240 en France métropolitaine.

B. L'effacement des frontières de l'emploi et du chômage

Tout individu peut, en principe, être classé comme actif ou inactif. Parmi les actifs, la distinction entre détenteurs d'un emploi et chômeurs répond à des critères apparemment simples, issus de la définition internationale du BIT (Bureau international du travail). Mais la dégradation progressive depuis une vingtaine d'années de la situation sur le marché du travail et les mesures de promotion de l'emploi et de lutte contre le chômage qui l'ont accompagnée, ont conduit à l'apparition de situations individuelles nouvelles proches des frontières entre inactivité, emploi et chômage, ainsi que le montrent les « cercles » de **J. Freyssinet**.

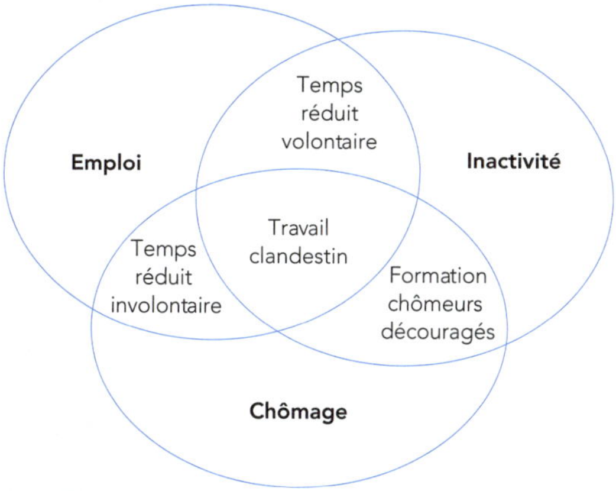

Le temps réduit involontaire désigne en particulier les personnes qui ont un emploi à temps partiel mais souhaiteraient travailler davantage ou à temps plein, situation qui frappe particulièrement les femmes peu qualifiées ; on parle alors de « **temps partiel subi** ».

On parle aujourd'hui de « **halo autour du chômage** », qui regroupe, selon l'Insee :

– les personnes sans emploi qui ont recherché un emploi, mais ne sont pas disponibles pour travailler,
– les personnes qui n'ont pas recherché d'emploi, mais souhaitent travailler et sont disponibles pour travailler,
– les personnes qui souhaitent travailler, mais n'ont pas recherché un emploi et ne sont pas disponibles pour travailler.

PERSONNES DANS LE HALO AUTOUR DU CHÔMAGE SELON LE SEXE EN 2020 (EN MILLIERS)

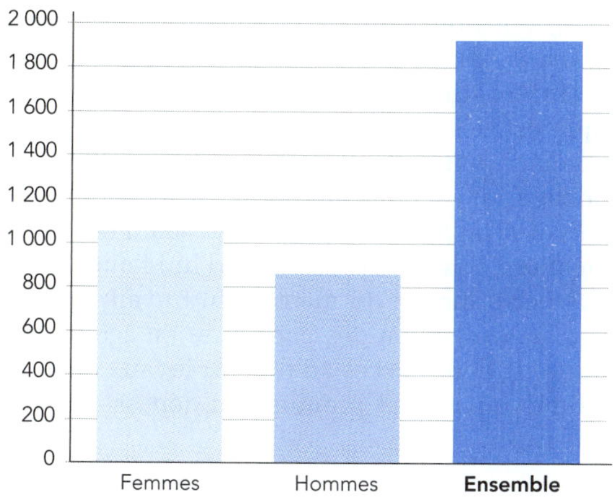

Lecture : en 2020, 1 060 000 femmes sont dans le halo autour du chômage.
Champ : France hors Mayotte, personnes vivant en logement ordinaire, de 15 ans ou plus.

PERSONNES DANS LE HALO AUTOUR DU CHÔMAGE SELON L'ÂGE EN 2020 (EN MILLIERS)

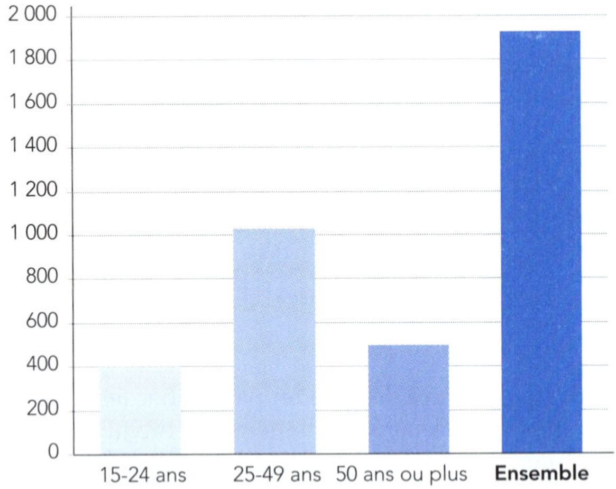

Lecture : en 2020, 399 000 personnes âgées de 15 à 25 ans sont dans le halo autour du chômage.
Champ : France hors Mayotte, personnes vivant en logement ordinaire, de 15 ans ou plus.
Source : Insee, Personnes dans le halo autour du chômage selon le sexe et l'âge, 2021.
https://www.insee.fr/fr/statistiques/2437842#figure1_radio2

C. Chômage et emploi aujourd'hui en France et dans le monde

D'après le rapport Emploi et questions sociales dans le monde, tendances 2020 (OIT, 2020), « les objectifs de plein emploi et d'augmentation du niveau de vie dans le monde sont plus essentiels que jamais ».

L'Organisation Internationale du travail indique également qu'une réflexion critique est nécessaire sur les méthodologies employées pour évaluer les tendances mondiales en matière sociale et d'emploi.

Elle met en évidence par exemple l'importance du phénomène de sous-utilisation des individus en âge de travailler, et, selon ce rapport, le taux de chômage ne constitue peut-être plus aujourd'hui l'outil de mesure le plus fiable de la sous-performance du marché du travail : « une mesure plus complète de la sous-utilisation des personnes en âge de travailler révèle des écarts importants dans l'accès au travail ; le taux de « sous-utilisation totale de la main-d'œuvre» est prononcé et dépasse largement celui du chômage ».

a. Comparaisons internationales de taux de chômage

	1976	1980	1985	1990	1997	2000	2002	2006	2007	2011	2014	2018	2020
États-Unis	7,6	7,0	7,1	5,6	4,9	4,0	5,8	4,6	4,6	8,5	6,1	3,9	8,09
Japon	2,0	2,0	2,6	2,1	3,4	4,7	5,4	4,1	3,9	4,7	3,6	2,35	2,78
Allemagne *	3,7	2,9	7,1	4,8	10,0	7,8	8,6	9,8	8,4	5,6	5,0	3,4	4,18
France	4,4	6,2	10,2	8,9	12,4	9,3	8,8	9,2	8,3	10,0	10,4	9,02	8,02
Italie	6,6	7,5	9,6	10,3	12,1	10,4	9,0	6,8	6,1	9,5	12,1	10,67	9,28
Royaume-Uni	5,6	6,4	11,2	6,9	7,0	5,4	5,1	5,3	5,3	8,2	5,9	4,08	4,48
Danemark			6,6	7,2	5,3	4,4	4,6	3,9	3,8	7,7	6,4	5,12	5,65

* Jusqu'en 1992, données se rapportant à la RFA.

Source : d'après les données du site de l'OCDE (www.oecd.org).

L'évolution du taux de chômage est très variable au sein des pays développés depuis les années 1970. Certains pays, comme le Japon, ont toujours connu un taux de chômage limité, même pendant leurs périodes de faible croissance. C'est en grande partie le produit des méthodes de mesure et des caractéristiques du marché du travail, qui conduisent les individus perdant un emploi salarié à passer au statut d'inactif. D'autres ont connu une aggravation durable et progressive du chômage jusqu'aux années 1990, comme la France et l'Italie. Les pays anglo-saxons et les pays d'Europe nordique se caractérisent par une baisse marquée du chômage à partir des années 1990, qui résultent de stratégies économiques très diverses (flexi-sécurité danoise, déréglementation du marché du travail au Royaume-Uni, etc.). La crise des *subprimes* en 2007 a conduit à une forte contraction de l'activité en 2008 et 2009, et au maintien d'une croissance faible dans de nombreux pays avancés, d'où une hausse significative des taux de chômage. En Espagne, durement frappée par l'éclatement de la bulle immobilière, le taux de chômage a atteint environ 25 %.

La décennie 2010 est cependant marquée, jusqu'en 2019, par une baisse du taux de chômage mondial.

La crise de la covid-19 a cependant eu de nombreuses conséquences sur les marchés du travail et notamment les taux de chômage. Les restrictions liées à la crise sanitaire ont entraîné la fermeture de nombreux lieux de travail et la perte de nombreuses heures de travail. L'OIT estime ainsi qu'en 2020, 8,8 % des heures de travail au niveau mondial ont été perdues par rapport au 4e trimestre 2019.

Pour autant, au-delà de l'impact conjoncturel de cette crise, l'OIT estime que les taux de chômage ne devraient plus baisser dans les années à venir du fait d'un « *ralentissement prolongé de l'économie mondiale qui accroît l'incertitude et réduit la confiance des consommateurs et des entreprises* » (OIT, 2020).

Les comparaisons des taux de chômage masquent par ailleurs l'hétérogénéité des marchés du travail, produit de l'histoire sociale et des différences institutionnelles entre les nations.

b. Comparaisons internationales de taux d'emploi

Le **taux d'emploi** est la proportion de personnes disposant d'un emploi dans la population totale, mais en général on le calcule plutôt en proportion des personnes en âge de travailler (15 à 64 ans). Le taux d'emploi reflète donc la capacité d'une économie à utiliser ses ressources en main-d'œuvre. Toutes choses égales par ailleurs, l'augmentation du taux d'emploi est favorable à une croissance potentielle plus forte (v. chapitre *La croissance économique*).

$$\frac{\text{Nombre de personnes en emploi (actifs occupés)}}{\text{Population totale en âge de travailler}}$$

Le taux d'emploi ne doit pas être confondu avec le **taux d'activité** qui mesure le rapport entre le nombre d'actifs d'une catégorie et l'ensemble de la population de cette même catégorie.

ÉVOLUTION DU TAUX D'EMPLOI DANS QUELQUES PAYS (% DE LA POPULATION EN ÂGE DE TRAVAILLER)

	1994	2001	2002	2003	2006	2007	2010	2014	2018	2020
États-Unis	72,0	73,1	71,9	71,2	71,9	71,8	66,7	68,2	70,73	67,67
Japon	69,3	68,8	68,2	68,4	69,9	70,7	70,1	72,8	76,89	77,35
Allemagne	64,5	65,8	65,3	64,6	67,5	69,4	71,2	74,0	75,9	76,05
France	58,4	62,0	62,2	62,5	63,8	64,6	64,0	63,6	65,3	65,3
Italie	51,5	54,9	55,6	56,2	58,4	58,7	56,9	55,7	58,52	58,08
Royaume-Uni	68,7	72,5	72,3	72,6	71,5	71,3	70,3	72,0	75,63	75,59
Danemark	72,4	75,9	76,4	75,1	77,4	77,1	73,4	73,1	74,13	74,42
Suède	71,5	75,2	74,9	74,3	73,1	74,2	72,7	75,1	77,38	75,50

Source : d'après la base de données de l'OCDE et celle d'Eurostat.

Les différences en matière de taux d'emploi parmi les pays développés sont spectaculaires : dans les pays d'Europe nordique près des trois quarts de la population en âge de travailler ont un emploi, alors que dans les pays d'Europe méditerranéenne le taux d'emploi avoisine seulement 60 %. Un faible taux d'emploi a de multiples conséquences, notamment il fait porter sur une proportion plus faible de la population le poids des cotisations sociales nécessaires au financement des retraites ou de la santé, et il freine le développement d'activités économiques nouvelles. Dans le cadre de la **stratégie de Lisbonne**, l'Europe a fait d'un taux d'emploi élevé un objectif essentiel de sa politique de croissance : viser un taux d'emploi supérieur à 70 % en Europe pour favoriser la croissance et le renouvellement du tissu économique (v. chapitre *Intégration économique européenne*).

Le taux d'emploi dépend de nombreux facteurs structurels et sociaux : durée des études, utilisation des pré-retraites, comportement d'activité des femmes, etc. La variable âge est particulièrement importante surtout pour les pays qui connaissent un vieillissement de la population et pour lesquels une hausse du taux d'emploi des seniors serait un moyen de faciliter le financement des retraites. Par ailleurs, les difficultés qu'ont les personnes de plus de 50 ans à conserver ou retrouver un emploi relèvent dans une large mesure d'attitudes discriminatoires des employeurs.

TAUX D'EMPLOI DES TRAVAILLEURS ÂGÉS DE 55 À 64 ANS DANS QUELQUES PAYS DE L'OCDE EN 2020

Allemagne	Espagne	France	Italie	Suède	Royaume-Uni	UE à 27	Japon	OCDE
71,63	54,67	53,83	54,23	77,60	67,13	58,7	76,76	60,36

Source : ocde.org.

c. Le sous-emploi : un phénomène mondial majeur

L'OIT, dans son rapport Emploi et questions sociales dans le monde, tendances 2020 (OIT, 2020) insiste sur l'importance de la prise en compte du **sous-emploi**. Pour comprendre l'ampleur de ce qu'elle appelle la « sous-utilisation totale de la main-d'œuvre », l'OIT prend en compte deux catégories supplémentaires en dehors du chômage : « les personnes en emploi qui souhaiteraient travailler davantage d'heures rémunérées ("sous-emploi lié au temps de travail") et les personnes sans emploi qui souhaiteraient travailler mais dont la situation personnelle ou d'autres facteurs les empêchent de rechercher activement un emploi et/ou d'être disponibles pour l'occuper ("la main-d'œuvre potentielle") ». Des études récentes montrent par exemple que des millions d'Américains sont sortis du marché du travail et pour certains économistes, cet empêchement au travail serait lié, entre autres, à une consommation excessives d'opioïdes provoquant des phénomènes d'addiction.

L'OIT attire notamment l'attention sur le fait que le risque de **sous-utilisation de la main-d'œuvre** est plus élevé chez les jeunes que chez les adultes. Or, la réduction de la proportion de jeunes ni en emploi ni en formation (NEET) est une des cibles du Programme de développement durable à l'horizon 2030.

APERÇU MONDIAL DE L'ACCÈS À L'EMPLOI ET DE LA SOUS-UTILISATION DE LA MAIN-D'ŒUVRE, 2019

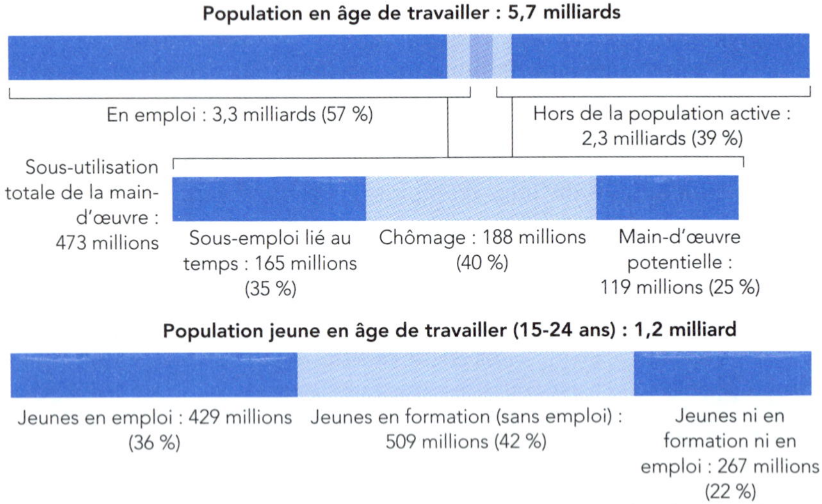

Note : Les personnes en sous-emploi lié au temps sont des personnes dont le temps de travail est insuffisant par rapport à la situation d'emploi qu'elles souhaitent et pour laquelle elles sont disponibles.
La main-d'œuvre potentielle est constituée de personnes qui cherchent activement un emploi, qui ne sont pas disponibles pour commencer à travailler durant la semaine de référence, mais qui le deviendraient dans un court délai (demandeurs d'emploi non disponibles), ou de personnes qui ne cherchent pas activement un emploi mais qui veulent travailler et sont disponibles durant la semaine de référence (demandeurs d'emploi potentiels disponibles). Les jeunes qui ont un emploi peuvent en même temps suivre des études ou être en formation.

Source : Ilostat, estimations modélisées du BIT, novembre 2019.
Source : *Emploi et questions sociales dans le Monde*, Rapport phare 2020, OIT, p. 19.

d. le chômage en France : phénomène socialement inégalitaire

Le taux de chômage global n'a pratiquement pas cessé d'augmenter du début des années 1970 à la fin des années 1990. Il est passé de 3,1 % en 1972 à 12,5 % en 1993, le taux le plus élevé depuis la crise des années 1970, soit environ 2,5 millions de chômeurs supplémentaires en 22 ans, et une moyenne de plus de 100 000 nouveaux chômeurs par an.
Le taux de chômage a ensuite décru entre 1997 (12,6 %) et 2001 (7,7 %). Selon **J.-P. Fitoussi**, 1997-2001 représente la période de son histoire où la France a créé le plus d'emplois. Il a connu une reprise après le ralentissement économique de 2002, et reste depuis au-dessus de 8 %. Avec la crise il dépasse les 9 % et atteint 10,6 % au troisième trimestre 2015. La crise économique de 2008-2009 a accru le chômage, et notamment celui des

hommes, qui travaillent davantage dans l'industrie, un des secteurs les plus touchés par cette crise. Selon l'Insee, alors qu'il était historiquement inférieur, le taux de chômage des hommes a dépassé celui des femmes à partir de 2012, avec un écart culminant à 0,9 point en 2015. La baisse du chômage amorcée en 2016 a cependant été plus marquée pour les hommes et les taux de chômage des deux sexes sont aujourd'hui très proches : 8,5 % (hommes) contre 8,4 % (femmes) en 2019.

TAUX DE CHÔMAGE AU SENS DU BIT SELON LE SEXE DE 1975 À 2020

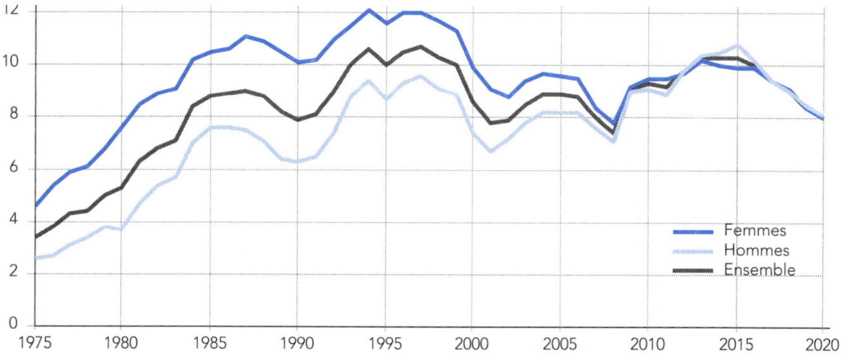

Champ : France hors Mayotte, personnes vivant en logement ordinaire, actives.
Lecture : en 2020, le taux de chômage est de 8,0 %.
Source : Insee, enquêtes Emploi, séries longues sur le marché du travail.
Source : Insee Références, Emploi, chômage, revenus du travail, 2021.

Par ailleurs, les jeunes sont la catégorie qui reste la plus touchée par le chômage aujourd'hui.

TAUX DE CHÔMAGE PAR TRANCHE D'ÂGE EN %

Femmes	1990	1995	2000	2005	2010	2014	2018	2020
Ensemble	**10,2**	**11,9**	**10,1**	**9,8**	**9,7**	**9,7**	**9,1**	**8,0**
15-24 ans	18,3	24,7	18,3	22,2	23,7	22,2	19,9	19,9
25-49 ans	9,4	11,3	10,0	9,5	8,9	9,2	8,9	7,5
50 ans et plus	6,8	6,9	6,9	6,2	6,6*	6,7*	6,4*	5,4
Hommes	**1990**	**1995**	**2000**	**2005**	**2010**	**2014**	**2018**	**2020**
Ensemble	**6,2**	**9,3**	**8,7**	**8,0**	**9,1**	**10,2**	**9,0**	**8,1**
15-24 ans	13,1	17,3	15,4	19,9	22,2	24,4	21,5	20,3
25-49 ans	5,2	7,8	6,6	7,2	7,9	9,4	8,1	7,4
50 ans et plus	4,7	6,4	5,7	5,4	6,2*	7,0*	6,7*	5,4

Note : * Ces taux de chômage concernent la tranche d'âge 50-64 ans.
Champ : France hors Mayotte, personnes vivant en logement ordinaire, actives
Source : Insee, enquêtes Emploi.

Enfin, le taux de chômage reste également inégal selon la catégorie socioprofessionnelle et le diplôme.

NOMBRE DE CHÔMEURS ET TAUX DE CHÔMAGE SELON LA CATÉGORIE SOCIOPROFESSIONNELLE ET LE DIPLÔME EN 2020

	Nombre de chômeurs (en milliers)	Taux de chômage (en %)		
		Ensemble	Femmes	Hommes
Catégorie socioprofessionnelle				
Agriculteurs exploitants	2	0,6	0,8	0,5
Artisans, commerçants et chefs d'entreprise	69	3,6	3,7	3,6
Cadres et professions intellectuelles supérieures	214	3,7	3,9	3,6
Professions intermédiaires	357	4,8	4,5	5,2
Employés*	663	8,7	8,4	9,5
Employés qualifiés	253	6,5	6,8	5,6
Employés non qualifiés	410	11,0	10,1	13,5
Ouvriers	667	11,4	14,1	10,7
Ouvriers qualifiés	333	8,9	11,3	8,5
Ouvriers non qualifiés	334	15,9	16,1	15,8
Ensemble des actifs ayant déjà travaillé	1 990	6,9	6,8	6,9
Diplôme				
Bac+2 ou plus	659	5,2	5,1	5,3
Baccalauréat	556	9,2	9,6	8,9
CAP, BEP ou équivalent	537	8,5	9,0	8,1
Aucun diplôme, brevet des collèges	589	13,9	14,1	13,7
Ensemble des actifs	2 351	8,0	8,0	8,1

* La ventilation entre employés qualifiés et non qualifiés se fonde sur la nomenclature des professions et catégories socioprofessionnelles (PCS) à 4 chiffres.
Note : la catégorie socioprofessionnelle des chômeurs est celle de leur dernier emploi. Dans de rares cas, la catégorie socioprofessionnelle et le diplôme ne sont pas renseignés.
Lecture : en 2020, on compte 2 351 000 chômeurs ; le taux de chômage est de 8,0 %. Champ : France hors Mayotte, personnes vivant en logement ordinaire, actives.

Source : Insee, enquête Emploi 2020.
Source : Insee Références, Édition 2021.

§ 3. Les théories du marché du travail et du chômage

Selon **B. Gazier** et **H. Petit** (2019), du point de vue des théories du marché du travail, deux constats majeurs peuvent être faits :

- la domination du courant néoclassique « *qui s'est imposé peu à peu lors de la seconde moitié du* XXe *siècle, d'abord aux États-Unis puis en Europe et en France* ».
- le ralentissement du rythme de production de nouvelles théories, alors même qu'on assiste à une multiplication des travaux empiriques.

Les auteurs indiquent que « *certains y lisent la mort des théories ou tout au moins un changement de paradigme* ». Ils citent cependant **R. Backhouse** et **B. Cherrier** (2017) qui nuancent ce diagnostic en indiquant que ce sont les travaux « strictement théoriques » qui voient leur volume baisser. Pour ces deux auteurs, « *ce mouvement de recul des publications purement théoriques ne fait que fermer une parenthèse exceptionnelle dans l'histoire de la science économique, parenthèse d'une trentaine d'années ouverte après la Seconde Guerre mondiale* » (Backhouse & Cherrier, cités par Gazier & Petit). **B. Gazier** et **H. Petit** ajoutent par ailleurs que ce « tournant » est également lié à « *l'arrivée aux limites (mathématiques) de la capacité hypothético-déductive du modèle néoclassique avec le théorème de Sonnenschein* » (v. chapitre *Analyses microéconomiques du consommateur et du producteur, et équilibre de marché*).

I. Approche microéconomique du marché du travail

A. Offre, demande et équilibre dans l'analyse néo-classique

Le travail est considéré par les économistes néo-classiques comme une marchandise au même titre que les autres biens ; il est, par hypothèse une ressource rare, qui est allouée en fonction des prix relatifs (v. chapitre *Analyses microéconomiques du consommateur et du producteur, et équilibre de marché*).

Dans le modèle néo-classique de base, en situation d'équilibre partiel, l'**offre de travail** est formulée par les travailleurs (salariés) et déterminée par l'**arbitrage travail-loisirs**, entre la satisfaction liée au temps disponible (le loisir) et la satisfaction tirée du revenu salarial qui permet l'accès à la consommation. L'offre de travail est généralement croissante avec le taux de salaire réel, même si ce n'est pas toujours vérifié.

La **demande de travail** est formulée par les entreprises, et elle dépend de la productivité marginale des travailleurs : pour maximiser leur profit, les entreprises ont intérêt à embaucher des travailleurs tant qu'ils rapportent plus qu'ils ne coûtent, autrement dit tant que leur productivité marginale est supérieure au coût d'une unité de travail (le **taux de salaire réel**). La demande de travail diminue donc en raison de la loi des rendements décroissants (la productivité marginale diminue, au moins au-delà d'un certain seuil). La demande de travail dépend également du degré de substitution entre travail et capital : plus elle est grande, plus une variation du prix du travail risque d'entraîner une variation de la demande.

a. Offre de travail et arbitrage travail/loisirs

La décision individuelle de travailler est le résultat, dans l'optique néo-classique, d'un arbitrage entre deux sources de satisfaction : le temps libre (alors que le temps de travail, son complément, diminue la satisfaction de l'agent), et la consommation de biens acquis grâce au revenu salarial ou à d'éventuels revenus non salariaux, provenant par exemple de l'assurance sociale ou du patrimoine de l'agent.

Le revenu salarial dépend du temps de travail T et du taux de salaire réel d'une unité de travail w/p. Le graphique ci-dessous présente les courbes d'indifférence de l'agent selon sa consommation de biens et de loisirs (v. chapitre *Analyses microéconomiques du consommateur et du producteur, et équilibre de marché*). Le temps arbitrable entre loisirs et travail est limité sur une journée : il ne peut consacrer plus de temps à ces deux activités que le maximum disponible, le reste est dédié au « temps physiologique » nécessaire pour répondre à ses besoins primordiaux, comme dormir ou se nourrir, et est non arbitrable. La droite de contrainte budgétaire indique les combinaisons loisirs/consommation qu'il peut atteindre, et sa pente dépend du taux de salaire réel : intuitivement, plus la rémunération du travail augmente, plus l'agent peut atteindre un niveau élevé de consommation. On observe que les différentes droites passent par le même point A pour lequel l'offre de travail est nulle, le loisir maximal et la consommation assurée uniquement par le revenu non salarial.

L'agent maximise sa satisfaction en déterminant le meilleur « arbitrage » possible entre son temps de travail et de loisir pour se situer sur la courbe d'indifférence la plus élevée possible, ce qui détermine son offre de travail T pour un taux de salaire donné. Sur le graphique, la courbe d'offre de travail relie toutes les valeurs de T en fonction des différents taux de salaire.

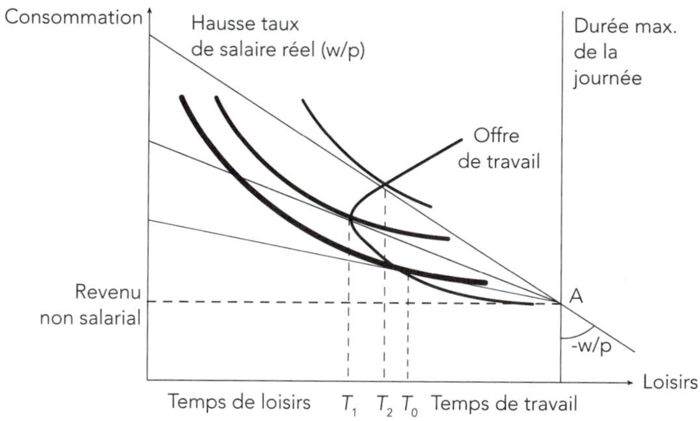

La présentation de l'arbitrage travail-loisirs permet de souligner trois caractéristiques de l'offre de travail :

- L'offre de travail peut être nulle si le taux de salaire se situe en dessous d'un certain seuil : l'individu préfère consacrer la totalité du temps disponible au loisir. Ce phénomène est renforcé quand les revenus non salariaux augmentent (par exemple, lorsque des revenus d'assistance désincitent à travailler). On appelle « **salaire de réservation** » le taux de salaire minimal pour lequel l'individu accepte d'offrir son travail.
- La hausse du taux de salaire n'implique pas nécessairement une hausse de l'offre de travail, comme le montre le graphique ci-dessus. Quand le taux de salaire augmente, l'offre de travail commence par augmenter (de T0 à T1) puis peut diminuer au-delà d'un certain seuil (ici de T1 à T2). Tout dépend de l'importance de l'effet de substitution entraîné par le gain salarial (le travail devient plus attractif) par rapport à son effet revenu (l'agent dispose d'un revenu plus élevé, qu'il peut utiliser soit pour consommer davantage, soit pour avoir plus de loisirs en travaillant moins).
- Quand on agrège les offres de travail individuel, on admet pour simplifier que l'offre de travail croît globalement avec son prix, car avec l'augmentation du taux de salaire, de nouveaux « entrants » sur le marché du travail vont se présenter en plus grand nombre, même si des personnes déjà présentes réduisent leur offre individuelle.

b. L'équilibre du marché du travail

L'intersection des courbes d'offre et de demande de travail détermine alors simultanément le **taux de salaire d'équilibre** et le niveau d'emploi d'équilibre, de la même façon qu'émerge un équilibre par confrontation de l'offre et de la demande sur tout marché, dans la théorie néo-classique (v.

chapitre *Analyses microéconomiques du consommateur et du producteur, et équilibre de marché*). Il s'agit d'un point d'équilibre puisqu'il égalise les quantités offertes et demandées, en excluant du marché tous les offreurs qui se seraient manifestés pour un niveau supérieur de salaire, et tous les demandeurs qui espéraient un niveau inférieur.

En concurrence parfaite, il n'y a pas de chômage à l'équilibre et l'économie se trouve donc en situation de plein-emploi : au taux de salaire d'équilibre, l'offre est égale à la demande de travail. Certains individus, ne souhaitent pas travailler « à ce prix-là », se retirent volontairement du marché du travail. On parle parfois abusivement de « **chômage volontaire** » pour les désigner, mais il ne s'agit en fait pas de chômeurs mais d'inactifs.

Un **chômage transitoire** est envisageable, le temps que l'ajustement se fasse sur le marché du travail.

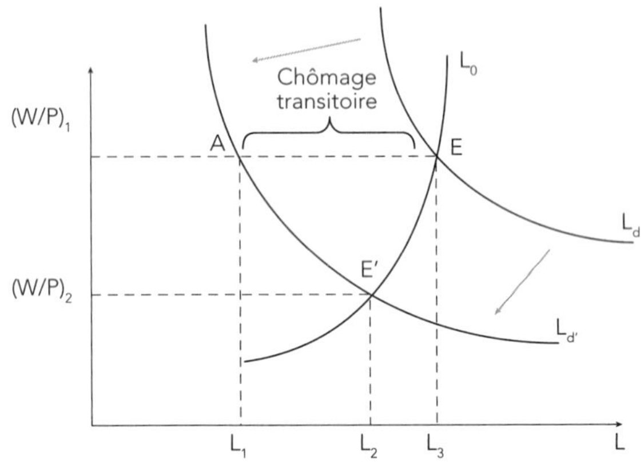

Par exemple, soit un choc exogène entraînant la faillite d'un certain nombre d'entreprises : pour tout niveau du taux de salaire exprimé sur le marché, la demande de travail diminue de L_d à $L_{d'}$.

Pour un taux de salaire de W/P_1, la nouvelle quantité demandée se détermine en A (du fait du déplacement de la courbe de demande), la quantité offerte restant en E. Un chômage transitoire apparaît, exprimé par la différence $L_3 - L_1$.

Il faut en effet un certain délai d'ajustement pour que la compétition entre les offreurs, et la baisse du prix entraînée par l'offre excédentaire sur la demande, conduise à une réduction du taux de salaire réel. Un nouvel équilibre se forme (E'), par déplacement le long des courbes d'offre et de demande : passage de A à E' pour la quantité demandée, de E à E' pour la quantité offerte. Ce nouvel équilibre s'établit à un taux de salaire (W/P_2) durablement inférieur au précédent (avec $W/P_2 < W/P_1$).

B. Chômage et rigidité du taux de salaire dans l'analyse néo-classique

Selon les néoclassiques, une réglementation fixant un salaire minimum ou des allocations chômage peut conduire à un chômage durable.

J. **Rueff** (1896-1978), dans une perspective voisine, écrit un article en 1931 intitulé « *L'assurance chômage : cause du chômage permanent* ». Il développe l'idée suivant laquelle l'instauration d'une allocation-chômage contribue à fausser le mécanisme de marché en établissant un salaire plancher. En effet, aucun individu n'acceptera de travailler à un taux de salaire inférieur au niveau de l'assurance chômage.

Comme on le voit sur ce graphique, les salariés n'accepteront pas de proposer une offre de travail à un taux de salaire inférieur au montant de l'allocation. Les salaires réels sont alors rigides à la baisse et le mécanisme automatique de convergence vers l'équilibre (taux de salaire W/P_1 et quantité L_1) ne peut se mettre en œuvre.

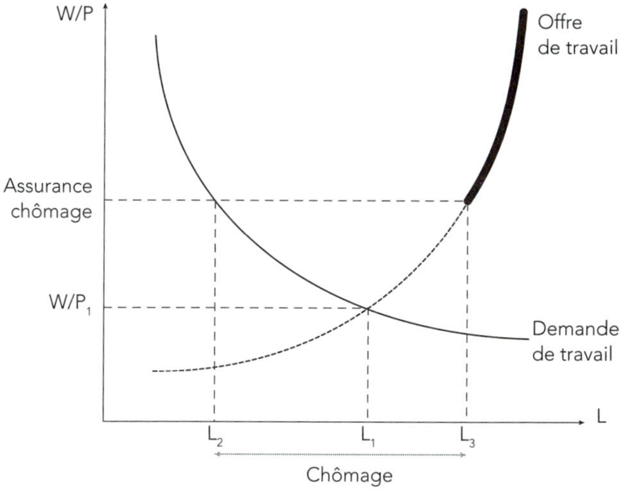

Apparaît alors un chômage représenté par la différence entre la quantité offerte (L_3) et la quantité demandée (L_2) pour un taux de salaire minimum correspondant au montant de l'allocation-chômage.

Selon J. **Rueff**, il y a également un deuxième effet pervers à la mise en place d'une assurance-chômage. Si on empêche le travail d'être rémunéré à la productivité marginale, alors le coût du facteur travail par rapport au facteur capital est trop élevé et l'entreprise aura intérêt à substituer du capital au travail, ce qui peut aggraver encore le chômage.

Deux théories viennent compléter l'analyse néo-classique du marché du travail dans les années 1960 : la théorie de la recherche d'emploi (ou théorie du *Job Search*), initiée par **G. Stigler** (1911-1992) au début des années 1960 explique l'existence d'un chômage frictionnel sur le marché du travail en introduisant dans l'analyse les conséquences de l'imperfection de l'information sur le marché du travail et la théorie de l'investissement en capital humain de **G. Becker** permet d'intégrer dans l'analyse les choix intertemporels entre formation et emploi.

C. Durée optimale de prospection, salaire de réservation et éducation

La **théorie de la recherche d'emploi** s'intéresse à la durée de prospection des chômeurs volontaires sur le marché du travail.
Les principales hypothèses sont les suivantes.
- L'information est imparfaite : les salariés ne connaissent jamais tous les emplois disponibles ni les salaires et autres éléments de rémunération qui les accompagnent. En raison de l'hétérogénéité des qualifications requises et des capacités des travailleurs, il est peu probable que le premier emploi offert à une personne qui entre sur le marché du travail soit celui qui lui convienne le mieux ; il est donc rationnel que les individus recherchent des informations sur le marché du travail.
- Plus le temps de prospection sur le marché est long, plus le salaire que le travailleur peut espérer obtenir est élevé.
- Les travailleurs sans emploi ont la possibilité de collecter une plus grande quantité d'informations et d'avoir plus de contacts avec les employeurs que ceux qui occupent déjà un emploi. Les périodes de recherche sont donc des périodes de chômage.
- La collecte d'information sur les salaires offerts et les emplois vacants est coûteuse. Ces coûts sont jugés acceptables en raison des avantages escomptés (meilleurs salaires ou conditions de travail qui rendent possible cette recherche).

En conséquence, plus le travailleur reste au chômage, plus le salaire qu'il pourra obtenir sera élevé. Mais le taux d'accroissement du niveau de la rémunération maximum est de moins en moins grand au fur et à mesure que la durée de prospection s'allonge. Étant donné que le coût de prospection de la collecte d'informations est constant ou croissant, il est possible de déterminer une durée optimale du chômage. Cette dernière est telle que le rendement marginal de la durée de prospection est égal au coût marginal d'information.

Dans le cadre de cette analyse, les principaux facteurs d'aggravation du chômage (par accroissement de la durée optimale de prospection) sont alors les suivants :
- l'amélioration des modalités d'indemnisation du chômage, qui diminue le coût de prospection et est à l'origine d'un allongement de la durée du chômage ;
- l'anticipation par les agents économiques d'une élévation du niveau général des salaires d'embauche.

L'hypothèse du chômage de prospection a été réinterprétée dans un cadre plus keynésien par **E. Phelps** (né en 1933), qui considère que les imperfections de l'information sur le marché du travail obligent les agents à consacrer du temps à la recherche d'emplois compatibles avec leur qualification. Les coûts d'information créent donc des rigidités sur le marché du travail.

On peut également faire l'hypothèse que la collecte d'information revêt une dimension séquentielle : chaque fois qu'il se trouve confronté à une offre de salaire, le demandeur d'emploi doit décider s'il accepte le salaire ou au contraire s'il le refuse et investir alors dans un temps de recherche supplémentaire afin d'obtenir un emploi mieux rémunéré.
Pour être accepté, le salaire offert doit être supérieur au niveau de rémunération qui égalise les flux de recettes nettes attendus d'un prolongement de la recherche d'emploi et la valeur nette escomptée du flux de revenus entraînés par l'emploi offert. Ce salaire de référence est le **salaire de réservation**.

D. La théorie du capital humain

Le **capital humain** désigne le stock de connaissances et de compétences économiquement valorisables. Quand un individu prolonge sa formation, il augmente son stock de capital humain, et peut de cette manière augmenter les salaires reçus par la suite au cours de son existence.
La **théorie du capital humain** de **G. Becker** (1930-2014, prix Nobel en 1992) permet de comprendre comment les individus arbitrent entre le prolongement d'études et l'entrée sur le marché du travail, en fonction des gains salariaux anticipés. Elle apporte également une explication des différences de salaires liées aux différences de qualification.
Pour l'employeur en effet, le facteur travail est profondément hétérogène par les qualifications, l'expérience professionnelle, l'effort, la qualité des relations, etc. Deux travailleurs, même occupés à un poste identique, ne sont pas équivalents du point de vue de l'employeur ; la productivité d'un travailleur est, pour une part non négligeable, spécifique à l'entreprise. Employeurs et salariés peuvent donc avoir intérêt à établir des relations de longue durée qui s'écartent de l'hypothèse néoclassique de rémunération à la productivité marginale.

Les salariés récemment embauchés et n'ayant pas encore acquis les qualifications spécifiques à l'entreprise ont un taux de salaire supérieur à la productivité marginale, car l'entreprise est obligée, pour les attirer, de leur payer le taux de salaire du marché avant qu'ils ne soient opérationnels. Elle investit donc dans leur formation. En revanche, plus les salariés ont acquis de l'expérience dans l'entreprise, plus leur productivité spécifique est élevée. Mais l'entreprise peut continuer à leur verser le taux de salaire du marché, ce qui lui permet de récupérer le rendement de son investissement.

Dans ce contexte, un ralentissement inattendu de l'activité n'incite pas les employeurs à réduire les salaires des travailleurs expérimentés tant que leur productivité reste supérieure à ce salaire. Si la récession est assez grave pour abaisser la productivité en deçà du taux de salaire, l'entreprise ne réagira toujours pas tant que le coût subi reste inférieur au rendement futur anticipé de son investissement en capital humain.

E. Les théories du filtre et du signal

Selon **K. Arrow** (né en 1921, prix Nobel en 1972) notamment, à l'origine de la **théorie du filtre**, l'éducation, et notamment le niveau de diplôme, est un indicateur de certaines qualités d'un individu (intelligence, capacités d'organisation, capacités de travail, etc.). La formation permet ainsi d'identifier les capacités des individus qui seront ensuite « filtrés » par le système productif en fonction des profils recherchés. Dans ce cadre, **K. Arrow** cherche à mesurer les coûts et les avantages pour la collectivité d'un tel filtrage.

La **théorie du signal** est un prolongement de cette théorie du filtre dans le domaine du marché du travail. Selon **M. Spence** (né en 1943, prix Nobel en 2001), la théorie du capital humain ne se vérifie pas systématiquement, car le niveau de diplôme joue surtout un rôle de sélection. Le niveau d'éducation se présente, pour l'employeur, comme un signal de la productivité des individus : les plus diplômés sont ainsi les futurs salariés potentiellement les plus productifs.

Il existe une asymétrie d'information vis-à-vis de demandeurs d'emploi, car, si les entreprises disposent de données objectives, comme le sexe ou l'âge, d'autres variables, comme le niveau de qualification, peuvent en revanche être modifiées par les individus à la recherche d'un emploi. C'est en cela que le diplôme joue le rôle d'un signal envoyé aux employeurs potentiels. Il s'agit alors, pour les individus en formation, de sélectionner l'école qui leur permettra d'envoyer le meilleur signal possible (comme les écoles les plus prestigieuses notamment, qui pratiquent une forte sélection à l'entrée).

II. L'approche microéconomique des imperfections du marché du travail

À partir des travaux précurseurs de **E. Phelps** (prix Nobel en 2006), un certain nombre de recherches explicitent les fondements microéconomiques des imperfections du marché du travail. Il ne faut donc pas identifier la théorie microéconomique au seul modèle de base néo-classique. Ces recherches font ressortir certains mécanismes sous-jacents aux intuitions fondamentales de la macroéconomie keynésienne (rigidité des ajustements, imperfections de l'information, nature involontaire du chômage), sur des bases microéconomiques rigoureuses reposant sur les décisions rationnelles des agents, dans un environnement imparfait. Ces travaux ont marqué une étape déterminante vers le renouvellement de la macro-économie keynésienne, et le rapprochement entre la microéconomie et la macroéconomie contemporaines.

A. Les contrats implicites

Comment expliquer que les salaires soient rigides, alors que la flexibilité des salaires permet en principe une allocation plus efficace des ressources ? D'après la **théorie des contrats implicites** (**C. Azariadis**, 1975 – **M.N. Baily**, 1974 – et **D.F. Gordon**, 1974), les salariés ont plus d'aversion pour le risque que les employeurs. Ils préfèrent le versement régulier d'une somme fixe à des fluctuations liées à un régime de salaires flexibles. Ils cherchent donc à se prémunir contre de trop importantes fluctuations de leur revenu.

La stabilisation des salaires peut être achetée en quelque sorte par les salariés, qui acceptent un niveau de salaire plus faible que celui auquel ils pourraient prétendre (correspondant à leur productivité marginale), la différence constituant une prime d'assurance perçue par l'employeur. La rigidité des salaires découle alors de la double nature du contrat passé entre employeur et salarié, contrat de travail et d'assurance. Dans ce cas de figure, c'est l'entreprise qui joue le rôle d'une « compagnie d'assurances » protégeant les salariés contre les risques de fluctuations excessives de leurs revenus.

On peut définir un « contrat optimal » dont les caractéristiques sont les suivantes.

– Le contrat optimal stipule des salaires fixes : les rémunérations ne dépendent plus de la conjoncture. La firme fournit une assurance complète à ses employés vis-à-vis des risques de fluctuations de leurs revenus. La valeur du salaire dépend des opportunités extérieures des salariés.

- L'emploi qui résulte de ces contrats ne réalise pas l'égalité entre productivité marginale du travail et taux de salaire réel, il est donc sous-optimal au regard du critère d'efficacité productive. Un travailleur qui accepte le contrat proposé (stabilité de ses rémunérations) accepte du même coup le risque de chômage correspondant.
- Il en résulte que l'objectif d'assurance vis-à-vis du risque et l'objectif d'efficacité productive entrent en conflit : c'est cette opposition qui explique la rigidité des salaires et le chômage involontaire.

B. Le salaire d'efficience

Comment expliquer que les entreprises puissent verser des salaires supérieurs au salaire d'équilibre ? Pour le saisir, l'idée sous-jacente aux **théories des salaires d'efficience** est celle d'une liaison positive entre niveau du salaire et effort productif du salarié. Cette théorie se développe notamment au milieu des années 1980, dans le cadre de la Nouvelle économie keynésienne (NEK), avec des auteurs comme **C. Shapiro** et **J. Stiglitz**, sur la base d'une notion initialement introduite par **H. Leibenstein** (1922-1994) dans ses travaux d'économie du développement.

Elle conduit donc à un résultat différent de la théorie néoclassique dans laquelle le taux de salaire est égal à la productivité marginale du travail.

Si les employeurs fixent les salaires, ils sont amenés à arbitrer entre l'efficacité du facteur travail et son coût. Le salaire optimal qui résulte de cet arbitrage, appelé salaire d'efficience, peut alors différer de celui qui assurerait la réalisation du plein-emploi, parce que les mécanismes à l'œuvre diffèrent des « lois du marché ».

Une première justification consiste à prendre en compte les coûts de rotation de la main-d'œuvre. En effet, les firmes peuvent trouver un intérêt à « retenir » leurs travailleurs parce qu'elles subissent des coûts d'embauche, de licenciement ou encore de formation de leur personnel. Le coût de rotation de la main-d'œuvre désigne ainsi le coût (fixe) lié au remplacement d'un travailleur qui quitte la firme par un autre. Selon l'ampleur de ses coûts de rotation, la firme aura donc intérêt à choisir un taux de salaire intermédiaire, supérieur au taux de salaire du marché.

Si un retournement de conjoncture se produit, la répercussion sur le comportement de la firme ne sera pas une révision à la baisse des taux de salaires, car cela conduirait à une baisse de la productivité moyenne des travailleurs ; le choix logique dans un tel cadre serait au contraire le licenciement d'une partie du personnel et le maintien du taux de salaire pour les autres. La fixation d'un taux de salaire supérieur au taux de salaire du

marché expliquerait alors l'existence d'un chômage involontaire lié aux comportements stratégiques des employeurs.
Un autre modèle de salaire d'efficience a été proposé par **G.A. Akerlof** (né en 1940, prix Nobel en 2001) en 1984 et repose sur l'idée que l'efficacité productive d'un salarié dépend en grande partie de son sentiment d'être « bien traité » par l'employeur.
Dans ces conditions, offrir un taux de salaire « équitable » supérieur au taux de salaire de marché constitue, de la part de l'employeur, une gratification susceptible d'inciter les travailleurs à fournir un niveau d'effort plus important.

C. L'opposition « *insiders/outsiders* »

Selon la **théorie des « *insiders/outsiders* »**, développée par **A. Lindbeck** et **D. Snower** au début des années 1980, les *insiders* sont les salariés de l'entreprise et les *outsiders* sont les chômeurs candidats à l'embauche. Leur intégration dans les entreprises, et par conséquent leur accès à l'emploi, peuvent être retardés voire empêchés par le comportement des *insiders*.
Le cœur de l'argumentation de la théorie des *Insiders/Outsiders* est la présence de coûts de rotation de la main-d'œuvre. Ils sont au fondement du pouvoir de négociation des « *insiders* », qui peuvent délibérément les accroître, en refusant de coopérer avec des travailleurs nouvellement recrutés, et adopter des tactiques de harcèlement à leur égard. Cela conduit à une baisse de la productivité des nouveaux arrivants, à retarder leur intégration, et donc à accroître les coûts de rotation supportés par l'entreprise. Les *insiders* peuvent alors exiger des hausses de salaires sans craindre d'être licenciés, en contrepartie de leur « collaboration » à l'intégration des outsiders. Le salaire maximal auquel peuvent prétendre les *insiders* est donc celui à partir duquel l'entreprise trouvera préférable d'embaucher des candidats extérieurs, quitte pour elle à payer le coût de leur intégration.
On retrouve alors le coût de rotation de la main-d'œuvre comme facteur explicatif d'une rigidité salariale : si les « *insiders* » sont coûteux à remplacer, l'entreprise est incitée à leur verser des salaires plus élevés que leur productivité marginale, et surtout elle ne prend pas en considération les propositions plus basses que pourraient lui faire les chômeurs. Il y a donc une déconnexion des salaires et des interactions concurrentielles d'offre et de demande, les salaires reflétant les coûts de rotation propres à chaque entreprise et la capacité des « *insiders* » à capter ce qui est une véritable rente de situation.

III. Macroéconomie du marché du travail

Les travaux de **J.M. Keynes** (1883-1946) sont à l'origine des débats macroéconomiques modernes, ils conduisent à faire du plein-emploi un objectif réalisable, en réduisant le chômage conjoncturel par les outils classiques de la politique économique budgétaire et monétaire. À la suite de la remise en cause du « consensus keynésien » au cours des années 1970, notamment par les monétaristes et les nouveaux classiques, les travaux macroéconomiques sur le marché du travail prennent une direction différente. Ils mettent en évidence les facteurs structurels du chômage, à l'origine du « chômage d'équilibre » qui peut affecter durablement une économie, sans que la politique conjoncturelle puisse avoir de prise sur lui.

A. L'analyse du chômage chez Keynes

Pour **J.M. Keynes** le chômage est avant tout un **chômage involontaire**.

À la différence des économistes néo-classiques, **J.M. Keynes** introduit *a priori* sur le marché du travail l'illusion monétaire des salariés : c'est parce qu'ils ne sont pas pleinement conscients des variations des prix et donc de leur pouvoir d'achat que les salariés refusent toute baisse de leurs salaires nominaux. Pour **J.M. Keynes**, le niveau de l'emploi dépend de la demande anticipée. Dans ce schéma, un processus de baisse des salaires réels découlant du chômage ne permet pas un ajustement de type néo-classique. Ce mécanisme de baisse des salaires peut apparaître lorsque le niveau général des prix s'élève : les salaires réels baissent donc. Mais cette baisse induit une contraction des débouchés des entreprises tels qu'ils sont prévus par les entrepreneurs, donc une baisse de la demande effective.

Il y a donc un processus non rééquilibrant, et la baisse des salaires entraîne une baisse de l'activité, donc davantage de chômage, voire une baisse ultérieure de salaires.

Certains économistes comme **A. Barrère** (1910-1995), défendent l'originalité radicale du projet keynésien, face à l'analyse classique. Pour lui, il n'existe pas de marché du travail à proprement parler dans l'approche de **J.M. Keynes**. Celui-ci est une simple fiction théorique, utilisée pour les nécessités de la construction d'une interprétation qui veut ramener toute l'explication économique à la théorie de l'échange et des marchés.

Dans cette perspective, la pensée de **J.M. Keynes** est profondément hétérodoxe, par rapport au courant néo-classique, mais ce point fait débat et d'autres keynésiens considèrent que la théorie keynésienne est compatible avec l'approche dominante. En particulier, la « nouvelle économie keynésienne » considère que l'approche microéconomique permet de comprendre les principales intuitions de **J.M. Keynes** sur le marché du travail, à condition de faire l'hypothèse que les agents sont dotés d'anticipations dans un univers d'informations imparfaites, où il existe des rigidités dans l'ajustement des marchés.

B. Une approche « hétérodoxe » du marché du travail : la théorie de la segmentation

Au début des années 1970 s'est développé un ensemble de travaux à l'initiative d'un groupe d'économistes de tradition « néo-institutionnaliste » (**M. Piore, P. Doeringer**), travaux qui ont été regroupés sous l'étiquette de « théorie de la segmentation du marché du travail ». Ils se focalisent sur l'étude du marché du travail, mais pour contester l'usage des concepts marginalistes et proposer d'autres analyses dans lesquelles les transactions marchandes ponctuelles ne représentent qu'une part minoritaire des processus d'allocation du travail dans une économie, l'autre part étant constituée par des décisions internes aux entreprises. Face aux théories orthodoxes, la théorie dualiste (en termes de segmentation du marché du travail) introduit une distinction entre un marché primaire (à l'alimentation et au fonctionnement spécifiques, dominé par les firmes qui entretiennent des pratiques d'attachement durable de leurs salariés) et un marché secondaire. Il y aurait donc une coupure radicale entre deux univers : le marché primaire et le marché secondaire ne correspondent ni aux mêmes emplois, ni aux mêmes agents économiques, ni aux mêmes mécanismes de fonctionnement.

- Les « emplois primaires » sont ainsi caractérisés par : un niveau de salaire plutôt élevé, des garanties de carrière et des perspectives de promotion, un niveau élevé des qualifications moyennes et une bonne qualité des conditions de travail.

On constate par ailleurs, pour les travailleurs qui peuvent prétendre à un emploi primaire : une certaine ancienneté de leur présence sur le marché du travail, un niveau moyen de formation élevé, un taux de syndicalisation important et une assez grande stabilité de leurs comportements et de leurs aspirations.

Il existe une bonne adéquation entre le type d'emplois offerts par le marché primaire et le type de travailleurs qui accède à ce marché; en effet, une main-d'œuvre ancienne et syndiquée bénéficie d'une bonne intégration sur le marché primaire, et la perspective de promotions et de meilleurs niveaux de salaires renforce la stabilité des projets professionnels.

– Le marché secondaire, par opposition au marché primaire, est un marché sur lequel les confrontations entre offre et demande sont permanentes, généralisées et concurrentielles.

Sur ce marché, les emplois ont des caractéristiques opposées à celles proposées sur le marché primaire (précarité, faibles salaires, mauvaises conditions de travail, etc.).

C. Chômage classique et chômage keynésien dans la théorie des équilibres à prix fixes

La **théorie des équilibres à prix fixes** (**E. Malinvaud**, 1923-2015, et **J.-P. Benassy**) cherche à expliquer pourquoi les politiques keynésiennes de lutte contre le chômage ne fonctionnent pas systématiquement : tout dépend de la nature du déséquilibre macroéconomique en cause. Pour cela, elle relie la situation de sous-emploi décrite par la théorie keynésienne et l'équilibre général walrassien de la théorie microéconomique traditionnelle. Dans cette approche, l'inertie des prix en courte période (et notamment leur rigidité à la baisse), est la principale cause de l'existence de rationnements sur le marché du travail.

Cette rigidité des prix à la baisse peut entraîner deux types de déséquilibres correspondant à deux régimes de chômage : le chômage keynésien et le chômage classique.

Marché du travail	Marché des biens	
	Acheteur	**Vendeur**
Acheteur	Chômage keynésien	Chômage classique
Vendeur		Inflation contenue

REMARQUE

Un marché est « acheteur » lorsqu'il comprend au moins un vendeur rationné.

Le **chômage classique** correspond au cas où les acheteurs (ménages) sont rationnés sur le marché des biens et les vendeurs (salariés) sur le marché du travail. Dans ce cas de figure, les prix étant trop bas, les entreprises ne jugent pas rentable de créer des emplois pour satisfaire toute la demande de biens qui leur est adressée. La demande de travail des entreprises est alors insuffisante et il y a chômage. Ce chômage est donc lié à une insuffisante rentabilité de l'appareil productif.

Le **chômage keynésien** correspond au cas où les offres sont rationnées sur les deux marchés (excès d'offre sur le marché du travail et le marché des biens), les entreprises ne produisent pas autant qu'elles le voudraient par insuffisance de la demande effective et il y a sous-emploi. Enfin, quand la demande excède l'offre sur tous les marchés, il y a une pression inflation-

niste. Mais l'inflation est en quelque sorte « contenue » du fait de la rigidité des prix en courte période.
La **théorie du déséquilibre** a moins d'influence aujourd'hui car elle correspond en fait à une situation particulière où les ajustements par les prix sont rigides à court terme.

D. Les déterminants du chômage d'équilibre

L'analyse keynésienne faisait reposer le chômage sur des facteurs conjoncturels liés à l'insuffisance de la demande globale, mais elle a été remise en cause à partir des années 1970 par différentes analyses, qui montrent comment l'anticipation de l'inflation par les ménages vient contrecarrer les politiques conjoncturelles de lutte contre le chômage (v. chapitre *Inflation, désinflation, déflation*). C'est le résultat auquel aboutissent simultanément, dans des cadres théoriques très différents, le monétariste **M. Friedman** (1912-2006) et le « nouveau keynésien » **E. Phelps**. Pour eux, les ménages ne peuvent pas durablement être victimes d'illusion monétaire et ils sont capables d'anticiper l'inflation. La persistance du chômage est donc liée à des facteurs plus structurels. Dans la continuité de ces travaux, on appelle **taux de chômage d'équilibre** le taux qui s'établit durablement, quand les agents anticipent correctement l'inflation et en l'absence de choc macroéconomique. Le chômage d'équilibre est donc déterminé par des facteurs structurels, en rapport avec le fonctionnement du marché du travail et ses spécificités propres à chaque économie nationale. Il est donc très différent d'une économie à l'autre, et son analyse éclaire les raisons pour lesquelles les taux de chômage au sein des pays développés se sont écartés durablement depuis les années 1970.
Le **modèle WS-PS** a été proposé en 1991 par **R. Layard**, **S. Nickell** et **R. Jackman** afin de rendre compte du taux de chômage d'équilibre. Ce modèle est construit autour de deux hypothèses sur les imperfections propres au marché du travail :

- le taux de salaire réel n'est pas parfaitement flexible, il résulte d'une négociation entre employeurs et syndicats de salariés qui porte à la fois sur le niveau des salaires nominaux, sur les anticipations d'inflation et sur le niveau d'emploi ;
- les marchés de biens ne sont pas parfaitement concurrentiels, et les prix sont donc fixés par les producteurs. Ils déterminent les prix en fixant une marge bénéficiaire qui s'ajoute à leurs coûts de production, que l'on identifie au salaire afin de simplifier le modèle. Selon les conditions du marché, les producteurs ont plus ou moins de facilité à imposer une marge élevée.

Dans ce modèle on confronte une droite représentant les conditions de détermination des salaires (WS pour *wage schedule* ou *wage setting*) et

une droite représentant les conditions de formation des prix (PS pour *price schedule* ou *price setting*).
La droite WS décrit une relation décroissante entre le taux de salaire réel et le taux de chômage : plus le taux de chômage est élevé, plus le taux de salaire réel va se fixer à un niveau faible car les salariés ne sont pas en position de force pour négocier leur rémunération.
La droite PS décrit une relation croissante entre le taux de chômage et le niveau de salaire réel. Quand le taux de chômage est élevé (et le niveau d'activité faible) les entreprises doivent accepter des niveaux de marge faibles, ce qui conduit à des prix moins élevés et donc à des taux de salaire réel plus favorables (accroissement du pouvoir d'achat des salariés).
Le taux de salaire réel d'équilibre et le taux de chômage d'équilibre correspondent à l'intersection des droites WS et PS.

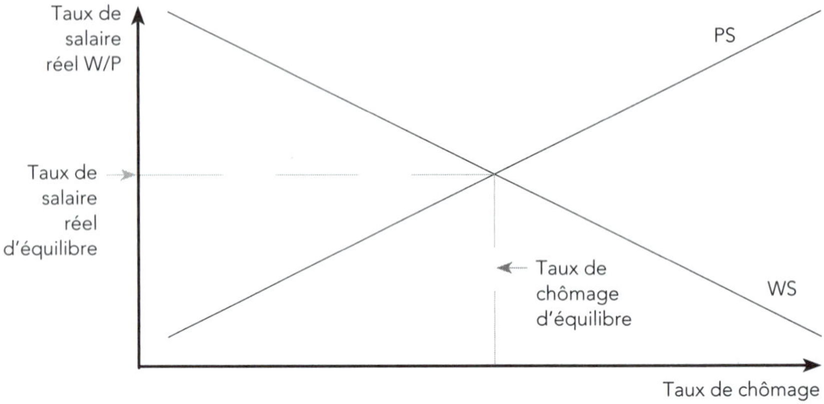

L'intérêt de ce modèle réside dans la prise en compte de la concurrence imparfaite. Il permet par exemple de montrer qu'une concurrence moins intense sur le marché des biens conduit à un taux de chômage plus élevé. En effet, les entreprises utilisent une partie du surcroît de marge qu'elles obtiennent du fait d'une moindre concurrence pour accroître le taux de salaire des actifs occupés ce qui conduit à un taux de chômage plus élevé.
Par ailleurs, dans ce modèle, la détermination des salaires prend en compte l'existence d'un salaire de réservation, la théorie du salaire d'efficience, le modèle *insiders/outsiders*, etc.
Ce modèle a fait l'objet de diverses critiques. Il lui est notamment reproché de donner des arguments en faveur d'une déréglementation du marché du travail.

Les débats récents sur les professions réglementées illustrent la portée d'analyse de ce modèle. **P. Cahuc** montre notamment qu'un rapport de l'Inspection générale des finances (IGF) sur ces professions se penche sur leur rentabilité en mettant en évidence le fait qu'une concurrence restreinte aboutit à des taux de marge supérieurs. Pour **P. Cahuc**, une réforme de ces professions permettrait sans doute de favoriser une baisse des prix grâce à l'ouverture à la concurrence, de même qu'une création d'emplois dans ces professions.

§ 4. Les politiques de l'emploi

I. La diversité des politiques de l'emploi

Selon **C. Erhel** (2020), « *les politiques de l'emploi constituent un objet complexe. Leur définition n'est pas claire, et leur légitimité même est souvent mise en cause. En effet, elles ne constituent pas une priorité dans une perspective keynésienne, où l'objectif de plein-emploi est principalement du ressort des politiques macroéconomiques et elles n'ont pas d'autre fonction que la correction des imperfections de marché dans la théorie néoclassique* ».
On définira donc la **politique de l'emploi**, au sens large, comme la combinaison des différentes mesures prises par un gouvernement pour atteindre le plein-emploi : elle intègre donc la politique conjoncturelle, la politique fiscale, la politique éducative, etc.
Face à l'aggravation du chômage, des mesures plus spécifiques au marché du travail ont émergé à partir des années 1970.
Le terme « **politiques de l'emploi** » désigne plus précisément aujourd'hui selon la DARES « *les dispositifs de soutien aux chômeurs et de stimulation de la création d'emplois* ».
L'Insee, pour sa part, utilise la notion de « **dépense pour l'emploi** » (DPE) qui est une mesure financière des efforts consentis par la nation dans la lutte pour l'emploi et contre le chômage : « *elle comprend l'indemnisation du chômage et les actions de politique d'emploi conduites par le ministère en charge de l'emploi, mais aussi par les autres administrations (agriculture, économie et finances, etc.). Pour ces dernières, n'entrent dans le champ que les actions qui reposent sur un critère explicite de création (ou de maintien) de l'emploi, ou encore de sortie du marché du travail* ».
D'après la typologie mise en place par l'OCDE, on a coutume de distinguer d'une part des mesures passives qui viennent soutenir les victimes du rationnement du marché du travail, de l'autre les mesures actives qui viennent agir sur l'offre de travail pour la stimuler. Les politiques passives comprennent l'indemnisation des chômeurs (les allocations chômage) et les subventions au retrait d'activité (préretraites, allocations parentales, etc.). Les politiques actives intègrent le placement et le suivi des chômeurs (type ANPE), la formation professionnelle, les emplois subventionnés (comme les allégements de charges sociales), les mesures d'insertion pour les jeunes et les mesures d'insertion des handicapés.

Les comparaisons internationales font apparaître deux tendances principales :

- Tous les pays pratiquent des politiques passives et actives, mais dans des proportions très variables. Certains pays comme la France se caractérisent par un recours plus important qu'ailleurs aux mesures passives. Dans les pays anglo-saxons, les mesures actives sont privilégiées, et dans les pays d'Europe nordique, l'activation est très développée, mais l'indemnisation des chômeurs également.
- On constate une évolution depuis les années 1990 en faveur des politiques actives, et au détriment des mesures passives. Les critiques des mesures passives portent sur leur coût élevé, alors qu'elles ne créent pas d'activités nouvelles et peuvent en revanche aggraver le chômage structurel : par exemple, les allocations parentales réduisent l'employabilité des femmes qu'elles ont éloignées du marché du travail. Les mesures actives favorisent au contraire la création d'activités nouvelles (par exemple la formation professionnelle permet de compenser la pénurie d'emplois dans certaines branches).

II. Le renouvellement des politiques de l'emploi

A. Stimuler l'offre de travail

D'après **Y. L'Horty**, les « nouvelles politiques de l'emploi » qui se répandent aujourd'hui parmi les pays développés reposent sur l'idée que le chômage n'est pas seulement la conséquence d'une demande insuffisante de travail de la part des entreprises (faute d'activité), mais d'une offre de travail inadaptée. Pour réduire le chômage, il faut donc s'attaquer aux facteurs structurels du chômage d'équilibre, qui limitent l'adaptation de l'offre de travail à la demande. Dans ce but, il met en avant trois mécanismes :

- Subventionner les employeurs pour baisser le coût du travail, de façon à augmenter l'emploi non qualifié. Ces politiques ont pris une part essentielle dans la politique pour l'emploi en France.
- La mise en place d'incitations monétaires à travailler : il s'agit de « faire en sorte que le travail rapporte » en augmentant en particulier l'écart entre les revenus sociaux touchés par les inactifs et le revenu perçu par un actif. De nombreux mécanismes peuvent être associés, souvent d'inspiration anglo-saxonne (par exemple, la prime pour l'emploi destinée aux ménages dont au moins un individu exerce une activité professionnelle, en dessous d'un certain seuil de revenu fiscal). Le RSA acti-

vité s'inscrit aussi dans cette logique qui vise à inciter les titulaires de bas revenus à retravailler (v. chapitre *Les revenus*).
- Le développement d'incitations non monétaires, dans la même logique d'augmentation de l'offre, en réduisant les freins non monétaires à l'emploi (simplification des contrats de travail par exemple).

Selon **B. Gazier** toutes les politiques d'activation ne se valent pas. Il faut distinguer « *l'activation vers le bas* » qui consiste à pousser les individus à accepter n'importe quelle offre d'emploi, y compris en dégradant leur situation, et « *l'activation vers le haut* » qui donne aux individus plus de possibilités de se réaliser, en les accompagnant le long d'un parcours professionnel dont ils restent maîtres.

B. Emploi, flexibilité et sécurité des parcours professionnels

Depuis quelques années, la réussite de certaines politiques de l'emploi pratiquées dans des pays d'Europe nordique a conduit à la fois les chercheurs et les gouvernements à s'inspirer de ces expériences, et en particulier du « modèle danois », qui semble concilier les avantages de la flexibilité en termes de compétitivité, avec les avantages sociaux d'un niveau élevé de protection sociale des travailleurs. Ce modèle vient de ce fait bouleverser la contradiction apparente entre des politiques libérales de flexibilisation et des politiques sociales de protection des travailleurs par des mesures rigidifiant le fonctionnement du marché du travail.

a. Chômage et flexibilité du travail

Dans les années 1970, le retour vers un marché du travail plus concurrentiel est présenté comme une stratégie de lutte contre le chômage. Les entreprises revendiquent plus de flexibilité du volume de la main-d'œuvre et des taux de salaire. Mais la notion de flexibilité se révèle en fait être un concept protéiforme et **R. Boyer** distingue cinq formes de flexibilité :
- la plus ou moins grande adaptabilité de l'organisation productive (« Atelier flexible ») ;
- l'aptitude des travailleurs à changer de poste de travail, au sein d'une organisation d'ensemble donnée ; la flexibilité correspondante fait appel au savoir-faire et à la compétence de la main-d'œuvre (« ouvrier Proudhonien ») ;
- la faiblesse des contraintes juridiques régissant le contrat de travail et en particulier les décisions de licenciement, *via* par exemple un contrat de travail dont les conditions sont révisables au jour le jour (« salariat intérimaire ») ;
- la sensibilité des salaires (nominaux et/ou réels) à la situation économique, propre à chaque firme, ou générale concernant le marché du

travail. La logique de cette flexibilité n'est autre qu'une forme de « salaire au rendement » ;
- la possibilité pour les entreprises de se soustraire à une partie des prélèvements sociaux et fiscaux et plus généralement de s'affranchir des réglementations publiques qui limitent leur liberté de gestion (« salariat à deux vitesses »).

Selon le sens de ce terme que l'on adopte, on envisagera différemment les relations pouvant s'établir entre la flexibilité et le fonctionnement du marché du travail. La flexibilité peut en effet être envisagée comme un moyen de retour aux mécanismes de marché ; mais pour certains auteurs la flexibilité offensive peut constituer un moyen de lutter contre le chômage sans déréglementer le marché du travail.

b. Le modèle danois

Les danois ont développé la « **flexisécurité** » symbolisant un nouveau modèle social qui a permis, de faire baisser le taux de chômage au Danemark de 12 % en 1994 à 4,9 % de la population active en 2019 (le taux de chômage de 2020, 5,65 %, n'est pas significatif, compte tenu de la crise sanitaire de la covid-19). Ce nouveau système combine une grande facilité de licenciement pour les entreprises à des indemnités longues et importantes pour les sans-emplois. De plus, l'administration accompagne les chômeurs dans leur parcours pour retrouver du travail par des politiques actives de l'emploi. De fait, l'originalité du modèle de la flexisécurité est de reposer sur un « **triangle d'or** » associant flexibilité, politiques actives de l'emploi et haut niveau d'indemnisation des chômeurs.

LE « TRIANGLE D'OR » DU MODÈLE DANOIS SELON R. BOYER

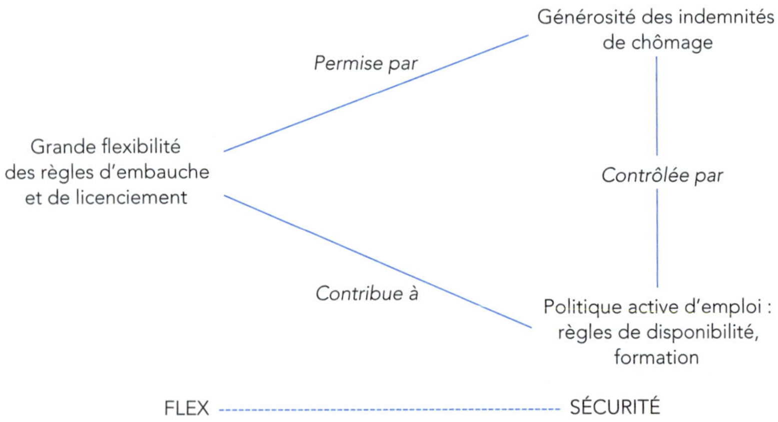

Source : Boyer R., *La flexicurité danoise, quels enseignements pour la France ?*, Éd. Rue d'Ulm, 2006.

Pour autant, le modèle danois présente également des limites, et, notamment, les contraintes sont très fortes pour les demandeurs d'emploi : les chômeurs doivent ainsi se rendre tous les mois dans leur agence pour l'emploi, se privent de vacances pour être disponibles et doivent justifier de l'envoi de courriers de candidatures toutes les semaines.

Les allocations semblent généreuses mais elles sont plafonnées et la moyenne est de 55 % du salaire et non 90 %.

c. Le marché du travail de plus en plus flexible en Europe

Sous la contrainte de l'Union européenne et du Fonds monétaire international (FMI), les pays d'Europe du Sud flexibilisent tour à tour leur marché du travail.

En Allemagne, une série de lois adoptées entre 2003 et 2005 (Hartz I à Hartz IV) ont déréglementé le marché du travail. D'une part l'assurance chômage a été réformée (durée de cotisation préalable plus élevée, indemnisation moins longue, sanction en cas de refus d'un emploi), d'autre part les « mini jobs » et l'entrepreneuriat individuels ont été favorisés à travers une réduction de leur coût et une simplification administrative. On assiste de ce fait à une dualisation accrue du marché du travail, avec des emplois relativement protégés dans l'industrie (mais avec de très faibles hausses de salaire depuis le milieu des années 2000) et des emplois précaires et mal payés dans les services domestiques, la distribution, etc. Cette déréglementation s'inscrit dans une logique de renforcement de la compétitivité coût et de dynamisme des exportations.

En Espagne, la réforme du marché du travail adoptée en 2012 facilite les licenciements des salariés bénéficiant d'un contrat à durée indéterminée (CDI). Par ailleurs, un CDI spécifique, pour lequel l'employeur bénéficie de déductions fiscales, a été créé pour les entrepreneurs et les PME de moins de 50 salariés.

Au Royaume-Uni, des contrats « zéro heure » (*zero hour contracts*) permettent aux employeurs de faire travailler leurs salariés à la demande, en fonction des besoins de leur entreprise. Les salariés sont censés être disponibles dès qu'on les sollicite, mais peuvent refuser de se présenter sur leur lieu de travail quand ils ne sont pas disponibles. En revanche, ils ne sont payés qu'en fonction des heures effectivement réalisées. Ils peuvent donc se retrouver sans aucune ressource à la fin du mois s'ils n'ont pas été sollicités par leur patron.

En Italie, le « *Jobs Act* » de **M. Renzi** entré en vigueur en mars 2015, crée un CDI nouveau à « protection croissante » avec une période d'essai de trois ans. Pour rompre ce CDI, l'employeur italien n'a pas réellement besoin d'une justification. La réforme a supprimé la possibilité de réintégration des salariés licenciés abusivement, sauf dans le cas de discrimination. Mais c'est à la personne licenciée d'apporter la « preuve matérielle » de cette discrimination. Sinon, il a droit à une indemnité de licenciement fixée selon son ancienneté qui va de 4 à 24 mois de salaire. Parallèlement, les décrets du ministre du travail **G. Poletti**, signés en 2014, ont facilité l'usage des CDD qui peuvent être enchaînés jusqu'à 5 fois de suite pendant 36 mois, désormais.

d. Les évolutions françaises : sécurisation des parcours professionnels et négociation collective

En 2012, le rapport Davy part du constat de l'instabilité croissante du marché du travail pour proposer la création d'un compte social universel visant la « sécurisation des parcours professionnels ». Il traduit la volonté d'un nouveau « pacte social » associant la flexibilité nécessaire à la création d'emploi et de nouveaux droits sociaux en proposant treize pistes, permettant de protéger les travailleurs tout au long de leur vie active en favorisant les transitions d'une activité à l'autre (formation professionnelle pour les jeunes sans qualification, congé individuel de formation, accompagnement individualisé en cas de suppression d'emploi, par exemple), plutôt que de protéger leurs emplois…

En 2015, le rapport Combrexelle s'interroge sur le rôle de la négociation collective dans la régulation économique et sociale alors que le code du travail est régulièrement dénoncé comme un obstacle à la compétitivité de l'économie.

En janvier 2016, **R. Badinter**, ancien garde des Sceaux, remet pour sa part au gouvernement un rapport établissant 61 principes essentiels du droit du travail, destinés à guider une réforme du code du travail.

En mars 2016, un projet de loi relative au travail, à la modernisation du dialogue social et à la sécurisation des parcours professionnels est présenté au Conseil des ministres, « *visant à instituer de nouvelles libertés et de nouvelles protections pour les entreprises et les actifs* ». Le texte comprend de nouveaux droits, comme le compte personnel d'activité (CPA), des moyens syndicaux accrus ou l'extension de la garantie jeunes. Il projette la mise en place d'un référendum en entreprise, fait évoluer les règles de la représentativité patronale, du licenciement économique ou de la médecine du travail. La partie du code du travail relative au temps de travail est révisée, donnant plus de place à l'accord d'entreprise.

Ce texte, très controversé, a fait l'objet de nombreuses réactions de la part d'économistes, partagés sur ses conséquences :

– pour certains, parmi lesquels notamment **J. Tirole** (prix Nobel 2014), **Ph. Aghion**, **A. Bénassy-Quéré**, **O. Blanchard**, **P. Cahuc**, **A. d'Autume**, **Y. L'Horty**, **C. Senik**, **A. Zylberberg**, « *Le projet de loi El Khomri repré-*

sente une avancée pour les plus fragiles » (collectif, 2016) et va dans le bon sens en proposant d'inverser la tendance massive du recours au contrat à durée déterminée et de la généralisation de la précarité. La réduction de l'incertitude qui entoure le CDI devrait ainsi pouvoir donner accès à un emploi durable à ces publics défavorisés. Les signataires de la tribune indiquent cependant que ce projet de loi doit être complété par une refondation de la formation professionnelle, une amélioration des garanties de revenus pour les chômeurs en formation, et un renforcement des avantages des contrats longs pour les entreprises;
- pour d'autres en revanche, parmi lesquels notamment **Th. Piketty**, **Ph. Askenasy**, **D. Cohen**, **C. Erhel**, **J. Gautier**, **E. Morin** ou **D. Méda**, « *la loi travail ne réduira pas le chômage* » (collectif, 2016). Pour les signataires de cette tribune il n'existe en effet pas de lien établi entre la protection de l'emploi et le chômage, pas de résultats empiriques prouvant qu'une baisse des coûts du licenciement permettrait de réduire le chômage en France. Selon eux, « *une politique effective de lutte contre le chômage durable* [...] *exige un travail de longue haleine, à base de politiques actives à mener en direction des personnes vulnérables, dans le domaine de la formation notamment, une politique du logement qui favorise la mobilité et évite les ghettos, une politique de l'emploi qui lutte véritablement contre les discriminations à l'embauche, et plus généralement une politique visant à promouvoir la cohésion sociale et la réduction des inégalités* » (collectif, 2016).

La loi, très controversée, a été votée grâce à l'article 49.3, et promulguée en août 2016.

En 2018, le président E. Macron en visite au Danemark cite en exemple le système danois, et voit la flexisécurité comme la solution contre le chômage de masse.

La Loi Travail, votée en juin 2017, à nouveau grâce à l'article 49.3, vise ainsi à augmenter la compétitivité des entreprises en leur donnant plus de souplesse. Elle prend la forme de cinq ordonnances, relatives, respectivement :
- au renforcement de la négociation collective;
- à la nouvelle organisation du dialogue social et économique dans l'entreprise et favorisant l'exercice et la valorisation des responsabilités syndicales;
- à la prévisibilité et à la sécurisation des relations de travail;
- au cadre de la négociation collective;
- à la prévention et à la prise en compte des effets de l'exposition à certains facteurs de risques professionnels et au compte professionnel de prévention.

RÉFÉRENCES DU CHAPITRE

ADME (2017), *L'économie de la fonctionnalité : de quoi parle-t-on ?* https://www.ademe.fr/sites/default/files/assets/documents/economie_fonctionnalite_definition_201705_note.pdf

Collectif (2016), « Le projet de loi El Khomri représente une avancée pour les plus fragiles », *Le Monde*, 4 mars 2016.

Collectif (2016), « La "loi travail" ne réduira pas le chômage », *Le Monde*, 8 mars 2016.

Du Tertre C. (2013). Économie servicielle et travail : contribution théorique au développement « d'une économie de la coopération ». Travailler, 29, 29-64.

France stratégie (2020), *Les politiques industrielles en France – Évolutions et comparaisons internationales.* https://www.strategie.gouv.fr/publications/politiques-industrielles-france-evolutions-comparaisons-internationales

Insee (2021), *Enquête emploi en continu.* https://www.insee.fr/fr/information/4230322

Gadrey J. (2003), *Socio-économie des services*, La Découverte, Coll. Repères.

Gambier D. & Vernières (1998), *L'emploi en France*, La Découverte.

Gazier B. & Petit H. (2019), *Économie du travail et de l'emploi.* La Découverte, Repères.

Organisation internationale du travail (2020), *Emploi et questions sociales dans le Monde*, Rapport phare 2020. https://www.ilo.org/wcmsp5/groups/public/---dgreports/---dcomm/---publ/documents/publication/wcms_757159.pdf

Rifkin J. (2012), *La troisième révolution industrielle*, Les liens qui libèrent.

Rifkin J. (2014), Jeremy Rifkin : « La troisième révolution industrielle a commencé », *Le Monde*, 23 septembre 2014, propos recueillis par M. Charrel et A. de Tricornot.

Rifkin J. (2019), « La survie de notre espèce dépend de la transformation de nos modes de production », *Le Monde*, 16 octobre 2019, propos recueillis par Marie Charrel : https://www.lemonde.fr/economie/article/2019/10/16/jeremy-rifkin-la-survie-de-notre-espece-depend-de-la-transformation-de-nos-modes-de-production_6015648_3234.html

Veltz P. (2019), Société hyperindustrielle : où va le travail ?, *Revue Projet*, 370, 19-25.

POUR EN SAVOIR PLUS

Initiation

Braquet L. (2014), *L'essentiel pour comprendre le marché du travail*, Gualino, Lextenso éditions.

Cahuc P. et Zylberberg A. (2015), *Les ennemis de l'emploi. Le chômage, fatalité ou nécessité ?* Flammarion, Coll. Champs.

Cahuc P. et Zylberberg A. (2003), *Microéconomie du marché du travail*, La Découverte, Coll. Repères.

Erhel C. (2020), *Les politiques de l'emploi*, PUF, Coll. Que sais-je ?, 3e éd.

Gautié J. (2015), *Le chômage*, La Découverte, Coll. Repères.

Maruani M. (2017), *Travail et emploi des femmes*, La Découverte, Coll. Repères, 5e éd.

Approfondissement

Marchand O. et Thélot C. (1997), *Le travail en France, 1800-2000*, Nathan, Coll. Essais et Recherches.

Rifkin J. (2019), Le New Deal Vert Mondial. Pourquoi la civilisation fossile va s'effondrer d'ici 2028. Le plan économique pour sauver la vie sur Terre, Éditions Les liens qui libèrent.

Rifkin J. (2014), *La nouvelle société du coût marginal zéro*, Les liens qui libèrent.

Salais R. et al. (1986), *L'invention du chômage*, PUF, Coll. Économie en liberté (rééd. Coll. Quadrige).

Villeval M.-C. (2016), *L'économie comportementale du marché du travail*, Les Presses de Science Po.

SUR LA TOILE

Insee références Emploi, chômage, revenus du travail, Édition 2021 : https://www.insee.fr/fr/statistiques/5391964?sommaire=5392045

Le numérique stimule l'innovation dans le secteur tertiaire (Insee, 2020) : https://www.insee.fr/fr/statistiques/4644935

CHAPITRE 13

La croissance économique

Selon **F. Perroux** (1903-1987), la **croissance économique** correspond à « *l'augmentation soutenue pendant une ou plusieurs périodes longues d'un indicateur de dimension, pour une nation, le produit global net en termes réels* » (Perroux, 1990).

Elle se différencie du développement, phénomène plus qualitatif qui recouvre aussi les transformations de l'environnement social nécessaires à la croissance (v. chapitre *Économie du développement*).

À travers notamment les recherches de **R. Solow**, la croissance est analysée en tant que phénomène tendanciel de long terme. Elle dépend de variables essentielles telles les ressources naturelles, la démographie ou l'influence du progrès technique. Cette perspective est à distinguer de celle adoptée pour analyser les fluctuations économiques.

La Révolution industrielle marque les débuts d'une croissance durable et soutenue dans les pays capitalistes. Les théories de la croissance n'ont cessé de vouloir expliquer un phénomène dont l'ampleur a dépassé les prévisions des économistes. Elles ont progressivement mis en lumière le rôle décisif du progrès technique, puis se sont interrogées sur les facteurs déterminant l'intensité de ce dernier. La perspective longue adoptée par les études sur la croissance est riche d'enseignement. Par exemple, on sait que la croissance des pays industrialisés a été exceptionnelle pendant la période 1945-1973 (4 % par an en moyenne aux États-Unis, 3 % au Royaume-Uni, 5 % en France, 5,6 % en Allemagne, 9 % au Japon). L'analyse longue montre aussi que la part relative des différents pays ou zones dans la production mondiale se modifie au cours du temps. La période 1870-1913 voit la montée en puissance des États-Unis (qui connaissent une croissance moyenne de 4 % par an). Après la Seconde Guerre mondiale, on assiste à une convergence entre les pays d'Europe et le Japon vers les États-Unis (les premiers connaissent une croissance de la production et de la productivité plus rapide que celle des États-Unis). Le début des années 1970 marque les premières interrogations quant à la conciliation entre croissance économique forte et préservation de l'environnement (v. chapitre *Économie et environnement*). Nous assistons dans les années 1990 à la montée en puissance des pays émergents. Après la crise de 2008, les pays développés connaissent de grandes difficultés à retrouver les rythmes de croissance d'avant-crise. Cette faiblesse de la reprise dans les économies des pays avancés, particulièrement en Europe, fait craindre une **stagnation séculaire**, crainte accentuée par les effets économiques de la crise sanitaire actuelle.

§ 1. Qu'est-ce que la croissance économique ?

I. Définition et mesure de la croissance

A. Le choix de l'indicateur de croissance

Dans le débat public, la croissance est généralement assimilée au taux de variation du Produit intérieur brut (PIB), exprimé en pourcentage et désormais calculé dans un système de comptabilité nationale harmonisé au niveau mondial et précisé au niveau de l'Union européenne. Le choix de cet indicateur pose cependant une série de problèmes, qui tiennent à son mode de construction (v. chapitre *Comptabilité nationale*) et à la représentation qu'il donne de la croissance économique.

L'augmentation du PIB ne signifie pas nécessairement que la population bénéficie de richesses disponibles plus nombreuses. Cela dépend de plusieurs facteurs.

- Si le PIB augmente moins vite que la population alors la richesse disponible par habitant diminue, ce qui s'avère incompatible avec l'idée que la croissance augmenterait le bien-être de la population. C'est pourquoi les économistes choisissent souvent de retenir le PIB/habitant comme indicateur de croissance.
- Le PIB ne mesure par définition que la valeur ajoutée produite par les agents résidents, et ne tient pas compte des transferts de ressources entre nations. Pour certains pays en développement, par exemple Haïti, ces transferts représentent une part très sensible de la richesse nationale, et il est alors plus pertinent d'utiliser d'autres agrégats, comme le Revenu national disponible brut.

- Le PIB est un agrégat qui fait l'objet d'une construction statistique reposant sur de nombreuses conventions, indispensables pour évaluer l'ensemble, hétérogène par nature, des biens et services produits par une économie. Par exemple, l'économie domestique n'est pas évaluée dans le PIB. Cela rend délicates les comparaisons internationales ou en longue période, si les activités non évaluées ont un poids important (v. chapitre *Comptabilité nationale*).
- Les indicateurs bruts comme le PIB incorporent par définition la **consommation de capital fixe** (CCF), c'est-à-dire l'amortissement économique nécessaire au remplacement du capital fixe. Un agrégat net serait préférable pour mesurer la richesse nationale, mais l'évaluation de l'amortissement est très complexe et reste approximative, ce qui explique le choix par défaut d'un indicateur brut. Le problème concerne notamment l'investissement net, qui seul participe à la croissance.

B. L'évaluation statistique de la croissance

La croissance étant un phénomène de long terme, le taux de croissance du PIB d'une année à l'autre doit être complété par une étude de l'évolution tendancielle. On peut utiliser soit le taux de croissance global (G) sur *n* années (le taux de variation de l'année 1 à l'année *n*) soit le **taux de croissance annuel moyen** (TCAM) :

$$\text{TCAM sur n années} = (1 + G)^{1/n} - 1$$

Le TCAM s'interprète comme la tendance ou ***trend*** de la croissance pour une période donnée : c'est le taux de variation annuelle qui, appliqué pendant *n* années, accroît le PIB de sa valeur de l'année 1 à sa valeur de l'année *n*.
Le taux de variation du PIB d'une année à l'autre donne l'augmentation nominale du PIB, ou encore en valeur. La croissance économique se mesure de préférence en termes réels ou en volume, en déduisant l'inflation qui vient diminuer le pouvoir d'achat durant l'année. Pour obtenir un taux de croissance en volume, il faut construire un indice synthétique des prix, qui intègre les prix d'un grand nombre de biens, puis corriger le PIB à partir de l'évolution de cet indice. En France, l'Insee utilise l'indice des prix à la consommation ou IPC (v. chapitre *Inflation, désinflation, déflation*). On peut alors corriger les indicateurs nominaux comme le PIB, en choisissant une année de référence pour les prix, appelée année de base :

$$\text{PIB réel}_{\text{année n}} = \frac{\text{PIB nominal}_{\text{année n}} \times \text{IPC}_{\text{année de base}}}{\text{IPC}_{\text{année n}}}$$

Depuis la mise en place du SEC 95 (v. chapitre *La comptabilité nationale*), les indicateurs en volume des séries longues ne sont plus calculés par rapport à une base unique : cela permet de ne pas fixer la structure de l'indice des prix, alors que la consommation évolue sans cesse (nouveaux biens, déclin d'autres consommations). L'Insee utilise désormais une autre méthode : la base change chaque année, et les indices des prix sont enchaînés de proche en proche. On parle d'indicateurs en prix de l'année précédente, chaînés, base 2005. Cette méthode donne de meilleurs résultats, mais selon l'Insee, cette meilleure représentation a un coût : la perte de l'additivité. Ainsi, l'équilibre ressources-emplois entre les différentes grandeurs corrigées n'est plus respecté (le PIB n'est plus égal à la somme de ses composants). Les agrégats sont désormais en **base 2010**.

Le système de comptabilité nationale utilisé actuellement (SEC 2010) est issu des travaux d'harmonisation au niveau international. Il est entré en vigueur le 1er septembre 2014. L'enjeu était de guider au mieux les choix de politiques économiques, notamment dans la perspective de la Stratégie Europe 2020 (v. chapitre *Intégration économique européenne*).

Les principales modifications sont :

- une définition élargie de la Formation Brute de Capital Fixe avec la prise en compte des dépenses de Recherche et Développement ;
- des modifications du compte des Administrations publiques, avec en particulier un nouveau traitement des crédits d'impôts (v. chapitre *Comptabilité nationale*).

C. PIB observé et PIB potentiel

L'un des objectifs essentiels des politiques économiques consiste à rapprocher le niveau réel de l'activité, autrement dit le **PIB observé** de celui que l'on pourrait atteindre en utilisant pleinement les facteurs de production disponibles, niveau appelé **PIB potentiel**. Ce dernier est le niveau de PIB, issu d'estimations, que peut atteindre une économie sans déséquilibrer le marché des produits ou du travail. Il se caractérise par une stabilité de l'inflation et de la croissance des salaires. Il est associé à un taux de chômage, dit taux de chômage d'équilibre. Si l'économie connaît un taux de chômage inférieur à ce taux de chômage d'équilibre, des tensions inflationnistes apparaissent du fait d'une surchauffe économique. La correction qu'elles impliquent, ramène alors le PIB à son niveau initial, sous l'effet de politiques conjoncturelles (v. chapitre *Politiques économiques*).

L'écart (appelé « ***output gap*** » par les économistes anglo-saxons) entre PIB observé et PIB « potentiel » permet de mesurer la distance qui sépare temporairement une économie de ce niveau de référence. Ce concept est aussi utilisé par **A. Okun** (1928-1980) pour désigner le seuil au-delà duquel la croissance permet de réduire le chômage dans le cadre de la loi d'Okun.

Les facteurs qui jouent sur le taux de croissance du PIB potentiel ou **croissance potentielle** sont de deux ordres :

– *À court et moyen terme*, les principaux facteurs d'augmentation de la croissance potentielle sont le taux d'investissement (part de l'investissement dans la valeur ajoutée), l'une des composantes de la demande globale, et le taux d'emploi (part de l'emploi dans la population en âge de travailler) : en effet, un accroissement de l'effort d'investissement ou une augmentation de la durée d'utilisation des équipements, une baisse du chômage d'équilibre ou une augmentation des taux d'activité permettent d'augmenter le niveau de la production nationale (v. chapitre *Marché du travail, emploi, chômage*).

P. Artus (né en 1951) souligne que la croissance potentielle de moyen terme est déterminée par la croissance effective car d'une part, elle réduit l'effort d'investissement et donc les gains de productivité, et, d'autre part, elle réduit la population active disponible, notamment à travers les mouvements migratoires (hausse de l'émigration ou baisse de l'immigration).

– *À long terme*, les évolutions technologiques et l'amélioration de la qualité des facteurs (par exemple la hausse du capital humain) sont les seules capables d'augmenter la croissance potentielle.

La croissance potentielle en Europe

On s'accorde généralement à considérer que l'Union européenne a une croissance potentielle trop faible, surtout comparée à celle des États-Unis qui ont connu de forts gains de productivité et une croissance plus forte dans les années 1990.
La croissance potentielle est essentiellement un problème d'offre. Relever le rythme de la croissance potentielle suppose d'inscrire dans la durée une politique visant à agir sur les caractéristiques structurelles de l'économie. Dans cette perspective, en 2010 a été lancée la stratégie Europe 2020 (v. chapitre *Intégration économique européenne*). Mais ces réformes structurelles ont été mises en œuvre en même temps que des ajustements budgétaires et en cycle bas (en réaction à la crise des dettes souveraines), d'où des résultats décevants. Les économistes ont également négligé leurs aspects redistributifs, ce qui a rendu ces réformes impopulaires. Alors que les réformes structurelles précédentes mettaient essentiellement l'accent sur la flexibilisation du marché du travail, les projets actuels de plans de relance de la croissance portent davantage sur la régulation du secteur du numérique, le capital humain, la mobilité sociale, le secteur public.

II. La croissance depuis la révolution industrielle

A. Les principales phases de la croissance mondiale

L'apparition d'une croissance durable et soutenue est un phénomène récent, qui émerge avec la Révolution industrielle au début du XIXe siècle. D'après les travaux économétriques qu'**A. Maddison** (1926-2010) a réalisé pour l'OCDE, la progression du revenu par habitant à l'époque moderne (1500-1820) serait trente fois inférieure à celle constatée entre 1820 et nos jours.

À partir de 1820 l'industrialisation entraîne un décollage économique dans plusieurs pays, et par la suite Maddison repère cinq phases dans son étude de la croissance mondiale de 1820 à 1898. Chaque phase désigne une période relativement longue où le trend de la croissance est régulier et les facteurs de croissance comparables.

- La phase 1820-1870 correspond à la mise en place du capitalisme libéral dans les pays développés. La croissance mondiale résulte pour les deux-tiers de la croissance européenne. Elle s'explique par la **révolution industrielle**, qui a commencé dès la fin du XVIIIe siècle en Angleterre : c'est le passage à des formes modernes de production, fondées sur le machinisme, le modèle de l'usine, la recherche de l'innovation et la relation salariale.
- L'accélération de la croissance mondiale durant la phase 1870-1913 s'explique par la deuxième révolution industrielle, autour d'innovations majeures comme le moteur à explosion ou l'électricité, et le rattrapage des pays à industrialisation tardive comme l'Allemagne dans un contexte marqué par une « première mondialisation » des échanges et des marchés de capitaux, selon l'expression de **S. Berger**.
- La phase 1913-1950 est marquée par un ralentissement relatif de la croissance, alors même que les gains de productivité sont élevés du fait de l'extension de la production de masse (taylorisation), en raison du contexte historique – deux guerres mondiales et la Grande dépression entamée en 1929.
- La phase 1950-1973 représente l'âge d'or de la croissance, la période avec le *trend* le plus élevé : ce sont les **Trente Glorieuses**, selon le titre du livre de **J. Fourastié** (1907-1990) paru en 1979. C'est une période exceptionnelle sur le plan mondial, par la durée et le haut niveau de la croissance.
- Par comparaison, la phase commencée en 1973 apparaît moins comme une période de crise qu'un retour à la normale, au *trend* observé depuis deux siècles. Ainsi le taux de croissance du PIB en Europe de 1820 à 1998 (+ 2,13 % par an) est quasiment identique au taux observé de 1973 à 1998 (+ 2,11 % par an).

B. La diversité des taux de croissance entre nations jusqu'en 2008

Depuis deux siècles, les différences de rythme de la croissance d'un pays à l'autre sont très sensibles. On parle de **convergence** lorsque le pays ayant initialement un PIB plus faible a un taux de croissance plus élevé, ce qui lui permet de rattraper le pays le plus développé. À l'inverse, la **divergence** signifie que les écarts de richesse ne cessent de se creuser, car les pays les moins développés ont également des taux de croissance plus faibles.

Au XIXe siècle, l'industrialisation des pays développés est très progressive, d'où les différences observées dans les rythmes de croissance. Selon **W. W. Rostow** (1916-2003), chaque pays passe par une série d'étapes similaires, et les écarts entre nations dépendent seulement du moment où s'effectue le décollage économique.

Rostow distingue cinq étapes de la croissance économique, selon le titre de son ouvrage publié en 1960 : la société traditionnelle, les conditions préalables au décollage économique, le **décollage** ou *take-off*, la maturité et l'ère de la consommation de masse. La croissance est quasiment absente de la première étape, elle apparaît lors de la deuxième quand des changements structurels interviennent, notamment dans l'agriculture où les gains de productivité s'élèvent. L'étape décisive est le ***take-off***, moment où la croissance économique devient un phénomène auto-entretenu. Le décollage est entraîné par la forte hausse du taux d'investissement (de l'ordre du doublement) ; par la mise en place d'institutions politiques et sociales favorables à l'expansion (par exemple, la remise en cause des corporations) ; enfin par le développement de **secteurs moteurs** dans l'industrie (tel le textile) qui ont un fort effet d'entraînement sur les branches en amont, et bénéficient d'une demande très dynamique. Durant les deux dernières étapes se développent la production puis la consommation de masse, et le taux de croissance continue de s'élever. Selon Rostow, le *take-off anglais* se situe entre 1783 et 1802, il intervient en France entre 1830 et 1860 et en Allemagne entre 1850 et 1873.

L'analyse de Rostow est contestée, car elle suppose l'existence d'un processus unique de croissance, valable dans tous les pays. L'historien **A. Gerschenkron** (1904-1978), spécialiste de la Russie, considère que plus un pays connaît un retard important par rapport au pays précurseur – l'Angleterre – plus les caractéristiques de son décollage économique s'éloignent du modèle britannique. Dans les pays d'**industrialisation tardive**, le taux de croissance observé est généralement plus important (comme aux États-Unis, en Allemagne ou au Japon à la fin du XIXe siècle) pour trois grandes raisons.

- Les États s'engagent dans une politique volontariste pour combler un retard politiquement coûteux sur les autres nations.
- Ils n'ont pas à adapter les infrastructures anciennes aux nouvelles perspectives qu'offre le progrès technique, mais juste à développer les technologies qui ont fait leurs preuves dans les pays précurseurs, c'est la thèse de « l'avance du retard ».
- Ils font preuve d'une politique commerciale agressive pour profiter du pouvoir d'achat plus élevé des pays précurseurs, à qui ils vendent leurs marchandises tout en protégeant leur marché intérieur.

Ainsi un *take-off* tardif peut constituer un avantage, car il permet la mise en place d'une industrie moderne et homogène, bénéficiant de la technologie la plus récente dans tous les secteurs.

Depuis la fin des Trente Glorieuses, le rattrapage des économies développées par les PED est longtemps resté limité. Entre 1970 et 1998, seuls sept pays, essentiellement asiatiques, sont engagés dans une **convergence** rapide selon le FMI, la grande majorité des PED étant sur un trend de croissance inférieur ou égal à celui des pays développés. Les explications de ce phénomène sont nombreuses (v. chapitre *Économie du développement*), et mettent en jeu la diversité des facteurs de la croissance. En revanche, depuis le début des années 2000, la majorité des régions du monde semblent s'engager dans le processus de convergence, grâce à une croissance du PIB/habitant dans les pays en retard supérieure à celle des pays développés.

QUELQUES EXEMPLES DE TAUX DE CROISSANCE ANNUEL MOYEN (1960-2009)

Canada	France	Japon	États-Unis	Brésil	Chine	Corée du Sud	Inde	Thaïlande
2,1 %	2,3 %	3,4 %	2,0 %	2,4 %	4,4 %	5,4 %	3,1 %	4,2 %

Croissance et inégalités des revenus

Les inégalités de revenus entretiennent des relations contradictoires avec la croissance. D'après l'étude comparative menée dans les années cinquante par **S. Kuznets** (1901-1985), la relation entre les inégalités de revenus et la croissance du PIB par habitant décrit une « courbe en U inversé », dite **courbe de Kuznets** : les inégalités ont tendance à s'accroître durant le processus de développement dans une première phase, puis elles ont tendance à décroître dans les sociétés développées.

Depuis la fin des Trente Glorieuses, on constate cependant que la courbe de Kuznets n'est plus vérifiée dans l'ensemble des pays développés, les liens entre croissance et inégalités étant très variables selon les pays. La relation observée par le statisticien américain n'a ainsi rien de mécanique, comme le suggère la thèse libérale du ruissellement, selon laquelle l'enrichissement des plus aisés finit par être bénéfique à tous, mais dépend en fait du contexte institutionnel et politique.

C'est ce que confirme **J.L. Gaffard** (2011). Il observe que la période de forte croissance après la Seconde Guerre mondiale s'est accompagnée d'une très forte réduction des inégalités, d'où son surnom de « *Grande compression* ». En revanche, dans la période récente, on assiste à un fort creusement des inégalités. S'agissant des États-Unis, « *les 1 % de ménages les plus riches ont capté 45 % de la croissance entre 1993 et 2000, 73 % entre 2000 et 2006* [...]. *Entre 1993 et 2006, ils ont capté 52 % de la croissance* » (Gaffard, 2011).

Plusieurs études du FMI de 2011 à 2015 convergent pour souligner que le niveau actuel des inégalités nuit à la croissance. **A. Berg** et **J. Ostry** montrent ainsi que les inégalités rendent la croissance plus instable et moins durable dans le temps.

De très fortes inégalités, en particulier les inégalités d'opportunités, ont des effets négatifs durables sur le niveau d'éducation des plus modestes, ce qui réduit la productivité du travail. En outre, plus le pays connaît de fortes inégalités de revenu, moins la mobilité sociale est élevée. **M. Corak** montre ainsi que le niveau de revenu des parents détermine alors une large part du revenu perçu par les enfants. Sur la base des travaux de ce dernier, **A. Krueger** a introduit la **courbe de Gatsby le Magnifique** pour montrer la corrélation entre les inégalités de revenus dans un pays et l'élasticité inter-générationnelle des revenus (v. chapitre *Les inégalités économiques*).

Enfin, elles ne constituent pas de « bonnes incitations » selon **J. Stiglitz**, car ces inégalités relèvent largement de situation de rentes.

C. La crainte d'une stagnation séculaire depuis la crise de 2008

TAUX DE CROISSANCE ANNUEL MOYEN (EN %)

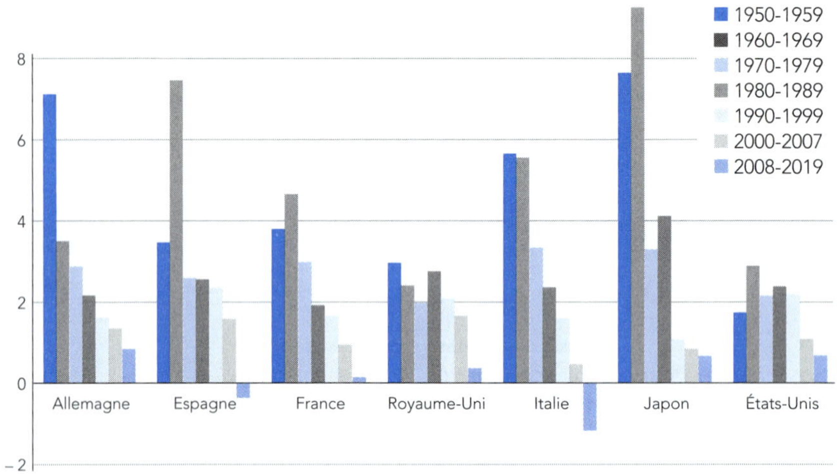

Lecture : Entre 1970 et 1979, le taux de croissance annuel moyen de l'Allemagne a été de 2.6 % et de 2 % entre 1980 et 1999.

Source : Cette et al., Long Term Productivity Database. http://longtermproductivity.com

Source : L'économie politique n° 82, 04/2019.

Après la crise de 2008, l'ensemble des pays avancés a connu une reprise économique particulièrement lente, et ce malgré des politiques monétaires très accommodantes. En 2013, l'économiste américain **L. Summers** (né en 1954) a évoqué le risque pour ces économies de connaître une **stagnation séculaire**. Cette expression caractérise un état persistant d'incapacité de l'économie à réaliser simultanément le plein-emploi, une inflation stable et le maintien de la stabilité financière. La panne de l'investissement constitue l'expression la plus singulière et la plus inquiétante de la stagnation séculaire dans la mesure où elle contribue largement à déprimer la croissance potentielle dans de nombreux pays avancés. Le FMI montre en 2015 que l'investissement productif agrégé des pays avancés était de 25 % en dessous de ce qu'il devrait être si les pays avaient effacé les effets de la crise et récupéré la tendance d'avant-crise. Cette panne était déjà au cœur des préoccupations de l'économiste **A. Hansen** (1887-1975) lorsqu'il forgea cette expression dans un article publié en 1939, après la rechute de l'économie américaine dans la récession. Plusieurs analyses se combinent pour expliquer le phénomène.

Du point de vue de l'offre, **R. Gordon** (né en 1947) insiste sur le rôle de l'innovation dans l'essoufflement de la croissance. En effet, les Nouvelles Technologies de l'Information et de la Communication (NTIC), après avoir permis une accélération de la croissance dans les années 1990, auraient terminé de produire leurs effets. Dans la grande vague de productivité précédente, conséquence de la seconde révolution industrielle, les inventions les plus décisives sont apparues en l'espace de trois mois en 1879 : Thomas Edison a inventé l'ampoule électrique, Karl Benz a mis au point un moteur à allumage électrique. Elles ont transformé profondément les économies des pays développés en diffusant de nouveaux modes de production et de consommation. La révolution informatique aura accéléré la croissance de la productivité durant à peine une décennie, une performance particulièrement décevante au regard des huit décennies de gains de productivité soutenus permis par la deuxième révolution industrielle. Les innovations de la troisième révolution industrielle ont eu des effets moindres et plus axées sur la communication et les loisirs : smartphones et tablettes changent nos modes de vie mais n'ont qu'un effet limité sur l'efficacité productive. Enfin, **P. Artus** et **M.P. Virard** soulignent le rôle joué par la désindustrialisation, dans la mesure où les gains de productivité sont plus forts dans ce secteur.

Ce pessimisme quant au potentiel de productivité des innovations est contesté. Pour **A. McAfee** et **E. Brynjolfsson**, les économies des pays avancées en sont à un « point d'inflexion ». De nombreuses recherches, telles la voiture autonome ou les robots intelligents, sont sur le point de changer radicalement la façon de produire et de consommer dans les domaines de la surveillance, de la santé, de la mobilité. De nombreux historiens soulignent les délais entre l'apparition d'une innovation et la constatation de ses effets sur la productivité, notamment en raison de la réorganisation du travail que ces innovations imposent. Les innovations actuelles n'échapperaient pas à cette règle.

De nombreux auteurs, tels **L. Summers**, **P. Krugman**, **M. Aglietta** ou **J. Stiglitz** soulignent le rôle de la demande dans l'analyse de la stagnation séculaire. L'augmentation des inégalités, dénoncée notamment par **J. Stiglitz**, et en particulier l'explosion des très hauts revenus, déprime la demande car les plus aisés ont une faible propension marginale à consommer (v. chapitre *Inégalités économiques*). Cette tendance est aggravée par le vieillissement démographique. Ainsi, le volume d'épargne mondial dépasse le volume d'investissement désiré, comme le suggère l'expression de « trop plein d'épargne » (*global saving glut*) de **B. Bernanke.** Une demande atone n'incite pas à investir, ce qui limite les gains de productivité.

M. Aglietta et **T. Brand** estiment que le fléchissement de l'investissement productif est dû pour 80 % au fléchissement de la demande. Ils soulignent qu'en 1938, déjà, **A. Hansen** (1887-1975) se montrait très sceptique quant au fait que le taux d'intérêt puisse, à lui seul, permettre la reprise de l'investissement. Il reprenait l'analyse de **K. Wicksell** (1851-1926), selon laquelle le taux de profits des nouveaux investissements, ou **taux d'intérêt naturel**, était déterminant. Ce dernier, non observable, est le taux, estimé par les économistes, égalisant l'épargne et l'investissement en situation de plein-emploi. L'une des conditions pour relancer l'investissement est alors que le taux d'intérêt réel de marché, qui est la base du coût du capital, soit inférieur au taux d'intérêt naturel (v. chapitre *Monnaie et financement de l'économie*). Mais cet impératif est contrarié par la désinflation, voire la déflation, qui du fait de la borne inférieure à zéro du taux d'intérêt nominal, contraint le taux d'intérêt réel de marché à demeurer à un niveau trop élevé (v. chapitre *Inflation, désinflation, déflation*). Il s'ensuit un cercle vicieux de la stagnation séculaire. **M. Aglietta** souligne que les pouvoirs publics doivent engager des réformes structurelles efficaces : favoriser la gouvernance partenariale (v. chapitre *Entreprise et système productif*) pour stimuler l'innovation, réformer le système financier pour encourager les investissements de long terme, en particulier ceux qui seraient nécessaires pour contrecarrer le dérèglement climatique (v. chapitre *Économie et l'environnement*). En outre, la relance de l'investissement public est essentielle. C'est la logique en Europe du plan Juncker rentré en vigueur en 2015, puis d'*InvestEU* pour la période 2021-2027. Mais sans être inutiles, ces mesures sont jugées insuffisantes par certains économistes. Les crises laissent en effet des traces profondes et ont des effets sur les cycles de croissance suivants, notamment à travers des **effets d'hystérèse** (v. chapitre *Fluctuations, cycles et crises*).

§ 2. Les facteurs de la croissance

La croissance économique nécessite d'utiliser davantage de facteurs de production, mais ce n'est pas une condition suffisante pour une croissance durable. À long terme la qualité des facteurs varie considérablement, ce qui se traduit par une perte d'efficacité (cas de l'épuisement des sols ou des ressources naturelles par exemple), ou au contraire par une amélioration de l'efficacité des facteurs, sous l'effet du progrès technique par exemple.

Croissance et rendements d'échelle

On distingue usuellement la croissance extensive de la croissance intensive, selon le type de **rendements d'échelle** observés (ou économies d'échelle).

• La croissance **extensive** repose sur une augmentation du PIB proportionnelle à la hausse de la quantité de facteurs utilisée : pour doubler la production, il faut par exemple doubler la quantité de terre et de travailleurs nécessaire. Les rendements d'échelle sont alors constants puisque l'échelle de la production n'a pas d'effet sur son efficacité. On a affaire à une fonction de production homogène de degré 1 (v. chapitre *Analyses microéconomiques du consommateur et du producteur, et équilibre de marché*).

• La croissance est **intensive** lorsque les facteurs de production sont utilisés de façon plus efficace : la production augmente plus rapidement que la quantité de facteurs. Les rendements d'échelle sont alors croissants, et la croissance économique repose principalement sur les gains de productivité.
Pour donner un exemple historique, l'exceptionnelle croissance américaine durant la deuxième moitié du XIXe siècle s'explique par la combinaison d'une croissance extensive à l'Ouest (conquête de nouvelles terres et afflux de migrants) et d'une croissance intensive au Nord-Est (industrialisation rapide et économies d'échelle dues à la concentration).

I. Croissance et facteurs de production

A. Le rôle du facteur travail

À long terme, la croissance économique s'accompagne d'une augmentation de la population active (v. chapitre *Marché du travail, emploi, chômage*). Les différences de rythme d'augmentation de la population active ne sont d'ailleurs pas sans lien avec les différents rythmes de croissance : ainsi la croissance française est plus lente avant les Trente Glorieuses que dans certains pays développés tels l'Angleterre ou les États-Unis, plus dynamiques démographiquement.
Cependant, l'augmentation de la population active n'est pas suffisante pour entraîner une hausse du volume de travail dans l'économie, car il dépend aussi de la durée du travail effectuée par chaque actif :

Quantité annuelle de travail =
Niveau de l'emploi × durée annuelle du travail

La durée annuelle du travail a très sensiblement diminué depuis la fin du XIXe siècle : en France, elle est passée de 3 000 à 1 680 heures par an entre 1896 et 2019. Le passage aux 35 heures a accentué cette tendance séculaire, ainsi que le développement du travail à temps partiel, qui réduit la durée annuelle moyenne du travail par salarié. La baisse de la durée du travail vient donc contrebalancer l'augmentation du nombre d'actifs en France depuis un siècle.
La croissance ne s'explique donc pas à long terme par une hausse de la quantité de travail, mais par sa plus grande efficacité : ainsi la productivité horaire du travail a été multipliée par 16 entre 1896 et 1996.
A. Smith (1723-1790) soulignait déjà au XVIIIe siècle le rôle essentiel de la division du travail dans la richesse des nations. L'organisation du travail, l'association avec un capital plus efficace, et la hausse du stock de capital humain des travailleurs sont également des facteurs déterminants.

B. Le rôle du capital et des ressources naturelles

L'investissement, c'est-à-dire l'augmentation du stock de capital, est indispensable pour assurer une croissance durable : non seulement il augmente le volume de facteur capital disponible pour la production, mais il permet aussi de moderniser le stock de capital existant (mécanisation, machines plus récentes, etc.). Ainsi l'efficacité du capital de génération récente est supérieure, grâce aux investissements qui incorporent davantage d'innovations.

La définition du capital peut être plus ou moins large (v. chapitre *Capital et investissement*), selon que l'on considère le **capital fixe**, c'est-à-dire le stock de biens durables nécessaires à la production, que l'on intègre ou non les consommations intermédiaires (matières premières par exemple), ou que l'on considère les ressources naturelles comme un facteur de production distinct du capital.

En longue période, le volume de capital par travailleur ou **intensité capitalistique** a fortement augmenté : la croissance économique nécessite toujours davantage de capital par tête, donc d'investissement, ce qui entraîne une substitution du capital au travail.

Parmi les facteurs de croissance, les **ressources naturelles** jouent un rôle particulier : si elles sont indispensables pour disposer de matières premières, elles sont souvent non renouvelables comme les énergies fossiles par exemple. D'où les analyses mettant l'accent sur les dangers que la croissance fait peser sur les ressources naturelles.

La réflexion sur le **développement durable**, à la suite du sommet de Rio en 1992 (v. chapitre *Économie et environnement*), conduit à envisager une limitation de la croissance en fonction de son impact à long terme sur l'environnement.

Les analyses récentes de la croissance mettent l'accent sur l'existence de 4 types de capital :

- Le **capital naturel**, constitué de l'ensemble des ressources naturelles (renouvelables ou non) et plus largement des caractéristiques de la nature (paysages, biodiversité, etc.).
- Le **capital physique produit**, qui correspond aux machines, aux outils, aux bâtiments (c'est le capital fixe tel qu'il est analysé de longue date par les économistes de la croissance).
- Le **capital social et institutionnel** qui correspond aux relations sociales et aux institutions servant de cadre à l'activité économique.
- Le **capital humain** qui correspond notamment aux savoirs et savoir-faire que détiennent les individus et qui résulte de la formation et de l'expérience. Cette dernière notion est introduite par **T.W. Schultz** (1902-1998, prix Nobel en 1979) dans ses travaux sur le développement économique, puis précisée par les travaux microéconomiques de **G. Becker** (1930-2014, prix Nobel en 1992). Le **capital humain** désigne

le stock de compétences valorisables économiquement, intégrées par les individus : connaissances acquises par l'éducation ou l'expérience, mais aussi les savoir-faire contribuant à améliorer la santé, et de façon générale l'efficacité productive.

Ces quatre types de capital sont partiellement substituables. Par exemple, on peut pallier, par le progrès technique (accumulation de capital physique produit), la réduction du stock de capital naturel (les fermes aquacoles peuvent fournir les poissons que la faune sauvage ne fournit plus). De même, le capital social peut contribuer à améliorer le capital naturel. La suppression de l'utilisation des chlorofluorocarbures (CFC) à la suite du protocole de Montréal entré en vigueur en 1979, a permis la reconstitution de la couche d'ozone.

Cependant, ces différents capitaux ne sont pas parfaitement substituables. On peut même considérer qu'il existe des éléments du patrimoine naturel (espèces naturelles, ressources en eaux, ressources minérales, etc.) dont la disparition produit des effets d'irréversibilité. Selon que l'on considère que les quatre espèces de capital sont plus ou moins substituables, on se montre plus ou moins optimiste quand à la soutenabilité de la croissance (v. chapitre *Économie et environnement*).

II. Croissance et progrès technique

A. La contribution du progrès technique à la croissance

Le progrès technique est une notion très large, car il s'applique à l'ensemble des innovations entraînant une amélioration qualitative des facteurs de production mais aussi des méthodes de production, de l'organisation du travail ou des marchés. Dans tous les cas, le progrès technique améliore la **productivité globale des facteurs (PGF)**, c'est-à-dire le rapport entre la production et le volume total de facteurs utilisé.

Pour les néo-classiques, le progrès technique désigne l'ensemble des éléments qui permettent d'augmenter la production à volume de travail et de capital inchangé. C'est un **résidu**, selon l'expression de **R. Solow,** c'est-à-dire la part inexpliquée (résiduelle) de la croissance, une fois que l'on a pris en compte l'augmentation quantitative des facteurs de production. On parle encore de **progrès technique autonome**, car il intervient comme un troisième facteur, distinct du capital et du travail, indépendamment des comportements économiques des agents. Dans cette approche, le progrès technique est par définition inexpliqué, puisqu'il n'est pas le fruit des choix des agents. Ce **progrès technique exogène** est, selon l'expression de

M. Abramovitz (1912-2000) « *la mesure de notre ignorance* » (Abramovitz, 1956).
À l'inverse, on parle de **progrès technique endogène** lorsque le modèle de croissance intègre des variables économiques expliquant l'évolution du progrès technique. Le progrès technique résulte alors d'investissements effectués par les agents motivés par la perspective d'un gain. Il est généré par l'activité économique elle-même.

Fonction Cobb-Douglas et mesure du résidu

• La méthodologie utilisée pour mesurer la contribution du progrès technique autonome à la croissance a été mise au point en 1957 par **R. Solow** (né en 1924, prix Nobel en 1987). Elle s'appuie sur la fonction de production de Cobb-Douglas, du nom des mathématiciens qui ont décrit ses propriétés en 1928 (v. chapitre *Analyses microéconomiques du consommateur et du producteur, et équilibre de marché*). Elle s'écrit :
$Y = L^{\alpha} \cdot K^{1-\alpha}$ avec $0 < \alpha < 1$, Y la production, L le travail et K le capital.
• Cette fonction a des propriétés remarquables pour les économistes :
– les rendements d'échelle sont constants : il n'y a pas de progrès technique ;
– si on admet les hypothèses néo-classiques, alors α représente la part des salaires dans le PIB, et $1 - \alpha$ la part des profits (le taux de marge).
Pour mesurer le résidu (ou le progrès technique autonome), il suffit de comparer la croissance observée, et celle qui serait obtenue en l'absence de progrès technique, donnée par la fonction de Cobb-Douglas. On obtient pour chaque époque une valeur H appelée résidu, et la fonction de production devient : $Y = L^{\alpha} \cdot K^{1-\alpha} \cdot H$

B. L'apport du progrès technique varie selon les époques

Historiquement, le progrès technique a joué un rôle important dans la croissance de la production au XIXe siècle, par des innovations de produits (le textile), des innovations de procédés (la machine à vapeur), ou une organisation du travail plus efficace (la naissance des usines modernes). Cependant, l'histoire économique insiste aujourd'hui sur la lenteur de ces transformations. Par exemple la concentration industrielle reste faible au début du XXe siècle, avec un patron pour 4,3 ouvriers en France.
La croissance repose davantage sur le progrès technique au XXe siècle, avec la diffusion de nouveaux modèles d'organisation de la production, comme le fordisme.
Durant les Trente Glorieuses, le progrès technique explique une large partie de la croissance. Une étude exemplaire est menée sur ce thème par **J.-J. Carré**, **P. Dubois** et **E. Malinvaud** (1923-2015) en 1972. Ils reprennent la méthodologie économétrique définie par **R. Solow** et montrent que si la croissance s'expliquait par la seule hausse du volume de facteurs, alors elle aurait été de 1 % et non de 5 % en moyenne. Ils intègrent par ailleurs d'autres variables, comme le niveau d'instruction, l'âge de la main-d'œuvre,

ou le rajeunissement du capital, mais il reste encore un résidu, c'est-à-dire une part de la croissance non expliquée par la hausse du volume de facteurs, de 2,5 points, soit la moitié de la croissance totale.

Dès la fin des Trente Glorieuses on constate un ralentissement de la productivité globale des facteurs, et une diminution de la **productivité du capital**. Selon l'école de la régulation, le ralentissement des gains de productivité serait à l'origine de l'affaiblissement de la croissance. À l'inverse, **P. Dubois** considère que le ralentissement de la croissance implique mécaniquement une diminution de la productivité du facteur capital, la baisse de la productivité du capital ne signifie pas qu'il devient moins efficace du point de vue technique, mais qu'il est moins utilisé en période de récession.

À partir de la fin des années 1980, la question de l'impact des innovations sur la croissance s'impose dans un contexte de progrès technologiques rapides dus à l'informatisation et au développement des réseaux de communication. Or il s'avère qu'un rythme rapide d'innovations n'entraîne pas toujours une hausse de la productivité des facteurs, et donc de la croissance. Selon le **paradoxe de R. Solow**, énoncé en 1987 « *les ordinateurs sont partout, sauf dans les statistiques de productivité* » (Solow, 1987). On attribue aujourd'hui ce paradoxe à la lenteur avec laquelle une nouvelle technologie produit des effets macro-économiques, car l'organisation du travail doit être modifiée en profondeur pour en bénéficier réellement. Selon une étude de la productivité américaine menée par **P. Askenazy**, les différences de productivité des branches de l'économie américaine, depuis les années 1980, dépendent de leur capacité à combiner innovations et changements organisationnels.

Les débats concernant l'impact des nouvelles technologies sur la croissance ont mis en avant le rôle stratégique des efforts d'investissement, publics ou privés, dans la production de technologie, la formation dans l'enseignement supérieur, la recherche et le développement. Or les efforts consentis par les États varient fortement et les écarts ont tendance à s'accentuer à partir des années 1990, ce qui peut expliquer les écarts de croissance observés. C'est l'une des explications de la **divergence** entre les États-Unis et l'Europe.

DÉPENSES INTÉRIEURES BRUTES EN RECHERCHE ET DÉVELOPPEMENT DE QUELQUES PAYS DE L'OCDE EN 2017 (EN % DU PIB)

Allemagne	Corée du Sud	Espagne	Suède	États-Unis	France	Finlande	Japon	OCDE
3,04	4,55	1,21	3,4	2,79	2,21	2,76	3,21	2,37

Source : OCDE, principaux indicateurs de la science et de la technologie, 2019.

§ 3. Les analyses de la croissance

I. Les théories traditionnelles de la croissance

A. Les théories classiques de la croissance

Schématiquement, deux visions, l'une optimiste, l'autre pessimiste, peuvent être distinguées.
A. Smith (1723-1790) fait à la fois figure de précurseur, et d'exception sur la question de la croissance. En effet, il ne sera pas suivi sur ce thème par les autres auteurs classiques, puisqu'il envisage la possibilité d'une croissance indéfinie. Son œuvre majeure, *Recherches sur la nature et les causes de la richesse des Nations* (1776) commence par une analyse des effets de la division du travail sur l'accroissement des richesses créées. La division du travail augmente les gains de productivité, et peut être une source de croissance durable. **A. Smith** évoque l'augmentation de la taille des marchés rendue possible par la baisse des coûts de production : un cercle vertueux peut s'engager, dans la mesure où l'extension des marchés incite les entreprises à investir et augmenter encore la division du travail pour y répondre. Contrairement aux autres classiques, **A. Smith** perçoit bien les gains apportés par le progrès technique, mais son analyse se limite au secteur manufacturier.

A. Young (1876-1929) étend l'analyse de Smith à la division du travail entre les branches d'activité. Le raisonnement repose sur l'apparition de nouvelles méthodes productives appelées *méthodes détournées de production*, qui divisent le processus productif en davantage d'étapes, par exemple en créant des marchés de sous-traitance. À chaque étape les coûts baissent, avec l'augmentation de la taille des marchés, source d'économies d'échelle. C'est un processus cumulatif favorable à la croissance : plus la division du travail augmente entre branches, plus apparaissent des opportunités de création de nouveaux marchés davantage spécialisés, donc plus efficaces. **A. Young** prolonge donc au niveau macroéconomique des relations inter-branches l'argument de Smith sur les avantages de la division du travail dans l'entreprise. Longtemps oublié, il passe aujourd'hui pour un précurseur des nouvelles théories de la croissance, car il a montré le rôle décisif des économies d'échelle.

En revanche, selon **D. Ricardo** (1772-1823) l'économie tend naturellement vers un **état stationnaire**, c'est-à-dire vers un niveau maximal de la production, au-delà duquel le taux de croissance est nul. L'analyse repose sur la **loi des rendements décroissants** : l'augmentation de la production, pour faire face à l'accroissement de la population, oblige à mettre en culture des terres moins fertiles, ce qui diminue les rendements de la terre. Cela génère une augmentation de la rente prélevée par les proprié-

taires fonciers, ainsi qu'une hausse des salaires, conformément à la théorie ricardienne de la rente différentielle (v. chapitre *Les revenus*). La hausse des salaires entraîne une répartition des revenus défavorable aux profits, et progressivement la baisse du taux de profit se traduit par une diminution de l'investissement, financé par les entrepreneurs. Cet épuisement de la croissance serait pour **J.S. Mill** (1806-1873) l'occasion de se tourner vers les plaisirs intellectuels.
À terme, la croissance économique doit tendre vers zéro, car les opportunités d'investissement deviennent de plus en plus rares avec la diminution du taux de profit. Pour **D. Ricardo**, le déclin de la croissance est donc inéluctable ; une politique libre-échangiste peut le retarder en diminuant le prix naturel du travail (v. chapitre *Commerce international, internationalisation de la production et gouvernance mondiale*).
D'autres auteurs ont une vision pessimiste de la croissance à long terme, comme **Th. R. Malthus** (1766-1834), qui prédit également une diminution tendancielle de la croissance jusqu'à l'état stationnaire, en raison de la loi de population (v. chapitre *Les grands courants de l'analyse économique*).

B. Le modèle néo-classique de R. Solow

R. Solow élabore en 1956 un modèle de croissance qui fait figure de référence dans les études économétriques, car il permet l'intégration du progrès technique dans un cadre néo-classique. Il reprend l'idée des économistes classiques d'une convergence vers l'état stationnaire en l'absence de progrès technique. Les principales hypothèses du modèle sont les suivantes :
- le produit national est donné par une fonction de production de Cobb-Douglas à facteurs substituables ;
- les prix des biens et des facteurs sont flexibles ;
- les rendements d'échelle sont constants ;
- la totalité de l'épargne est investie ;
- la productivité marginale du capital est décroissante, donc la production croît moins vite que le stock de capital ;
- le progrès technique est exogène, c'est un résidu.

Sous ces hypothèses, **R. Solow** montre que la croissance présente deux caractéristiques :
- La croissance est stable et équilibrée, en raison des hypothèses de flexibilité des prix et de substituabilité des facteurs : les mécanismes du marché ajustent les prix aux quantités de facteurs disponibles.
- Si le progrès technique est nul, la population stable et le taux d'épargne constant, alors la croissance économique tend vers zéro. En effet, la production augmente moins vite que le stock de capital, or celui-ci se déprécie (amortissement) ; il faut donc consacrer une part croissante de

l'investissement brut à amortir le capital, jusqu'à un seuil où la croissance est nulle car la totalité de l'investissement sert à l'amortissement. Les pays ayant un stock de capital plus faible (et donc peu de capital à remplacer) peuvent alors avoir un taux de croissance élevé car l'intégralité de l'investissement est net, ce qui leur permet de rattraper les pays les plus développés. Ce fut le cas de l'Allemagne, de la France et du Japon après 1945. D'où une certaine **convergence** entre pays, à des rythmes différents, vers un état stationnaire.

Une économie peut reculer provisoirement le passage à l'état stationnaire en augmentant sa population, et son taux d'épargne, sans modifier le mécanisme décrit. Seule une hausse continue du facteur résiduel, le progrès technique, mesuré par la **productivité globale des facteurs** (PGF), peut expliquer que la croissance se maintienne durablement. Paradoxalement, une croissance durable s'expliquerait dans ce modèle par un facteur dont on ne connaît pas la cause et sur lequel on ne peut agir : le **progrès technique exogène** apparaît donc comme une « manne tombée du ciel » dans l'approche de **R. Solow**. Il s'agit là d'une importante limite du modèle, que tenteront de dépasser les économistes du courant de la croissance endogène.

II. Les approches d'inspiration keynésienne de la croissance

J.M. Keynes (1883-1946) étudie principalement l'équilibre de sous-emploi à court terme. Il faut attendre la fin des années 1940 pour que les hypothèses de Keynes soient reprises dans un cadre dynamique afin d'étudier la croissance, grâce au travail de deux économistes keynésiens, **R. Harrod** (1900-1978) et **E. Domar** (1914-1997). Les économistes post-keynésiens vont renouveler leur approche.

A. La croissance dans le modèle Harrod Domar

Le modèle proposé par ces auteurs repose sur l'hypothèse d'une rigidité du coefficient de capital : il faut augmenter dans la même proportion la quantité de travail et de capital pour produire davantage, car les facteurs sont complémentaires. Cela traduit l'hypothèse keynésienne d'absence d'ajustement par les prix. Produire davantage nécessite une hausse de l'investissement, mais elle a deux effets indépendants :

- un effet-revenu sur la demande, selon le principe du multiplicateur keynésien (v. chapitre *Capital et investissement*), qui dépend de la propension à épargner (ou à consommer puisque les deux sont complémentaires) ;
- un effet de capacité, c'est-à-dire une augmentation de l'offre dans une proportion fixée par le coefficient de capital.

Rien ne garantit à l'avance que les augmentations de la demande et l'augmentation de l'offre se compensent, car le taux d'épargne et le coefficient de capital sont des variables indépendantes. On a donc toutes les chances d'observer une **croissance déséquilibrée**. Par ailleurs, le plein-emploi est aussi improbable car il dépend d'une troisième variable indépendante, l'augmentation de la population active.

Cette approche d'inspiration keynésienne de la croissance justifie donc l'intervention de l'État, indispensable pour maintenir l'économie au voisinage d'un sentier de croissance de plein-emploi.

Croissance stable et croissance équilibrée

Il ne faut pas confondre la stabilité et l'équilibre de la croissance. La **croissance** est **équilibrée** si l'augmentation de la production est compatible à long terme avec l'équilibre macroéconomique (égalité de l'épargne et de l'investissement), et avec le plein-emploi. Si on note g le taux de croissance de l'économie, n le taux de croissance de la population active, s le taux d'épargne et v le **coefficient de capital** (rapport entre le capital et la production) alors la condition d'équilibre s'écrit : $g = n = s/v$ selon **R. Harrod**.
La croissance est **stable** s'il existe des mécanismes de retour à l'équilibre lorsque l'économie s'en éloigne : une croissance déséquilibrée n'est donc pas nécessairement instable.

D'après le **modèle Harrod-Domar**, la croissance est instable, car les déséquilibres ont tendance à s'accentuer. Par exemple, une croissance supérieure aux prévisions d'équilibre incite les entrepreneurs à investir davantage pour répondre à la demande imprévue, ce qui augmente encore la demande en raison de l'effet multiplicateur, et donc le déséquilibre initial. Selon l'expression de **R. Harrod**, la croissance est donc « *sur le fil du rasoir* », car tout déséquilibre tend à s'accentuer irrémédiablement.

Le **modèle AK**, élaboré par **K. Arrow** et **M. Frankel**, est souvent présenté comme une version néo-classique du modèle Harrod-Domar. Le stock de capital agrège le capital physique, le capital humain et le capital intellectuel. C'est un modèle néo-classique sans rendements décroissants. L'analyse de **K. Arrow** repose sur « l'apprentissage par la pratique ». De ce fait, la fonction de production est du type $Y = AK$, où A est une constante qui correspond à la productivité marginale du capital.

Dans la version de **M. Frankel**, le modèle suppose une concurrence parfaite et une substituabilité des facteurs de production (comme dans Solow-Swan) et une croissance à long terme qui dépend du taux d'épargne comme dans le modèle Harrod-Domar. Dans ce modèle, la croissance est aussi liée aux externalités positives qui résultent des connaissances générées par les firmes à l'occasion de l'accumulation du capital. Si des externalités positives l'emportent sur les rendements décroissants propres à chaque facteur, on aboutit à une croissance explosive. Si les externalités positives sont inférieures à l'effet des rendements décroissants, le taux de croissance à long terme est nul, et on aboutit aux mêmes conclusions que le modèle de **R. Solow**. Si l'effet des externalités de connaissance est égal à l'effet des rendements décroissants on retrouve l'idée d'une croissance sur « le fil du rasoir ». À la différence du modèle Harrod-Domar, une hausse du taux d'épargne augmente le taux de croissance de façon permanente.

B. La croissance chez les post-keynésiens

D'après l'économiste post-keynésien **N. Kaldor** (1908-1986), la croissance peut être équilibrée et l'instabilité de la croissance doit être relativisée. Il prolonge l'analyse de **M. Kalecki** (1899-1970) selon laquelle la répartition des revenus agit sur la flexibilité de la propension à épargner. Pour **N. Kaldor**, le taux d'épargne global dépend non seulement du niveau de revenu mais aussi du partage entre salaires et profits, car les salariés ont un taux d'épargne inférieur à celui des détenteurs de capitaux. Une faible croissance entraîne le sous-emploi, et une répartition des revenus plus favorable aux profits ; cela augmente le taux d'épargne global, donc la croissance, ce qui ramène au plein-emploi. À l'inverse une croissance trop rapide et inflationniste réduit la part des profits et donc le taux d'épargne global. La croissance peut donc être équilibrée grâce à la répartition des revenus. Ce modèle explique bien la croissance des trente glorieuses, période où le partage des fruits de la croissance a été équilibré, ce qui a permis de combiner production et consommation de masse.

Le partage de la valeur ajoutée est redevenu un thème majeur de recherche en économie ces dernières années. En effet, on observe tant dans les pays avancés que dans les pays émergents une baisse de la part des revenus du travail, plus ou moins prononcée selon les pays, depuis les années 1980. Le progrès technique, le pouvoir de monopsone de certaines entreprises sur le marché du travail, la gouvernance actionnariale, et plus globalement la perte de pouvoir de négociation des travailleurs (chômage plus élevé, pression concurrentielle accrue au niveau mondial, DIPP et délocalisations) peuvent expliquer cette évolution. Ces mutations profondes expliquent la colère des classes moyennes et populaires pour **P. Artus** et **M.P. Virard** et la nécessité de réformer le capitalisme actionnarial.

III. La croissance, un phénomène cumulatif

Les théories contemporaines de la croissance ont un point commun : elles insistent sur le caractère cumulatif de la croissance. L'accumulation permise par la croissance passée conditionne la croissance future. Elles tentent donc d'intégrer un constat historique : la précocité de la croissance des pays développés constitue un avantage décisif, d'où la possibilité d'une **divergence** entre économies.

A. Les modèles de croissance endogène

Les modèles de « **croissance endogène** » expliquent la croissance par des variables économiques internes au modèle, et non par une variable exogène « inexpliquée » comme le progrès technique autonome. Ces théories sont apparues dans les années 1980, du fait de la remise en cause du modèle de **Solow** par **P. Romer** et **R. Lucas** (prix Nobel en 1995). Elles conservent généralement un cadre d'analyse microéconomique néo-classique, et les agents sont supposés avoir des anticipations rationnelles. Mais ces théories rejettent l'idée d'un épuisement naturel de la croissance, qui tendrait vers l'état stationnaire. En effet, la croissance peut se poursuivre indéfiniment en raison de l'existence de rendements croissants et d'externalités positives :

– Les facteurs de la croissance mis en avant par ces modèles, comme la technologie ou le capital humain, ne perdent pas leur efficacité au cours du temps, pas plus qu'ils ne « s'usent » contrairement au capital physique. Ils peuvent donc être accumulés, et ces facteurs gagnent en efficacité car ils ont des rendements croissants : il est plus facile d'acquérir de nouvelles connaissances si l'on possède déjà un stock élevé de connaissances. La croissance de pays au niveau technologique élevé et à la main-d'œuvre qualifiée sera donc supérieure à celle de pays moins développés, ce qui expliquerait la divergence de la croissance au Nord et au Sud aujourd'hui.

– Les **externalités** positives apparaissent dans la croissance quand les investissements d'un agent bénéficient à d'autres agents sans que cet effet donne lieu à une relation marchande. Ainsi, les investissements publics dans la recherche ou la santé ont des externalités positives, car ils améliorent le capital humain et les connaissances utilisées par les entreprises.

Il existe trois catégories de modèles de croissance endogène, qui reposent sur la technologie, le capital humain ou les dépenses publiques.

– Selon **P. Romer**, la croissance repose sur le caractère endogène du progrès technique, généré par les investissements dans la recherche-développement. En effet, les découvertes réalisées grâce à la recherche passée bénéficient à tous, donc ces investissements sont une source d'**externalités** positives.

– **R. Lucas** met en avant l'accumulation de capital humain au niveau de la nation dans l'explication de la croissance endogène. C'est un facteur dont l'efficacité est cumulative, source de rendements croissants. Un individu est d'autant plus productif qu'il est entouré d'individus ayant un capital humain élevé. Ce qui explique l'effet d'attraction qu'exerce l'économie américaine sur les migrants très qualifiés (*brain drain*). Les économistes portent une attention croissante à la qualité des systèmes de formation, estimée par les enquêtes organisées par l'OCDE (PISA pour estimer les compétences des élèves de 15 ans, PIAAC pour estimer les compétences des adultes), ainsi qu'aux compétences non cognitives (savoir coopérer pour résoudre un problème par exemple). Selon France Stratégie (2020), le capital humain contribue à hauteur des trois quarts des gains de productivité depuis les années 1970. C'est ainsi un levier essentiel de la croissance.

– Selon **R. Barro**, le niveau des investissements publics, en particulier dans les infrastructures est une source de croissance endogène, puisque les investissements publics entraînent des externalités positives, comme l'avait déjà remarqué **A. Smith** (v. chapitre *Les fonctions économiques de l'État*). Ainsi, une augmentation des dépenses publiques consacrées à l'investissement s'avère efficace pour améliorer la croissance, en fixant un niveau optimal tel que le budget soit durablement équilibré, et que les externalités positives engendrées par les dépenses publiques soient supérieures à l'impact négatif des prélèvements publics sur l'activité économique. En revanche, **R. Barro** considère que l'État est inefficace pour agir sur la conjoncture économique par le déficit public (v. chapitre *Politiques économiques*).

Paradoxalement, ces auteurs souvent issus du courant des nouveaux classiques sont conduits à réhabiliter le rôle de l'État. Si la politique conjoncturelle est inefficace car elle se heurte aux anticipations rationnelles des agents, en revanche les politiques structurelles d'investissement dans la formation, la santé, la recherche ou les infrastructures favorisent réellement la croissance.

B. Croissance et innovations

Les modèles de croissance mettent l'accent sur le rôle décisif de l'innovation au sens large.

Le modèle développé par **R. Barro** (1990) est centré sur la variété des biens. L'innovation provoque une croissance de la productivité en créant de nouvelles variétés de biens (inputs intermédiaires notamment) qui conduisent à une spécialisation accrue des travailleurs. Les nouvelles variétés proviennent des investissements en recherche-développement induits par le souci de s'approprier une rente de monopole. En effet, les innovations sont considérées comme non rivales (elles peuvent être utilisées par tous) mais excluables (l'innovateur perçoit une rente de monopole).

Le modèle développé par **Ph. Aghion** et **P. Howitt** (1992) est souvent qualifié de néo-schumpétérien, il est en effet centré sur le processus de **destruc-**

tion créatrice développé par J. Schumpeter (1883-1950) (v. chapitre *Fluctuations, cycles et crises*). Les innovations améliorent la qualité et rendent obsolètes les biens et les techniques de production antérieurs. Une croissance plus rapide implique généralement un taux de renouvellement des firmes plus élevé parce que le processus de destruction créatrice génère l'entrée de nouveaux innovateurs et la sortie des innovateurs précédents.

Le modèle prend en compte une diversité des secteurs et, dans chaque industrie, le bien est produit par l'innovateur le plus récent qui est un jour remplacé par un autre innovateur.

L'innovation a deux origines : les dépenses d'innovation de l'innovateur privé et le stock de connaissances publiquement disponibles qui résulte de l'action des innovateurs précédents.

Le modèle intègre l'effet Gerschenkron (v. chapitre *Économie du développement*) en prenant en compte le fait que les pays qui sont loin de la **frontière technologique** mondiale, entendue comme l'ensemble des techniques les plus modernes obtiennent un gain plus important, notamment en s'appuyant sur l'imitation.

Dans les modèles néo-schumpeteriens, la distance à la frontière technologique est un déterminant important des politiques économiques à mener (v. chapitre *Politiques économiques*). Ces modèles inspirent également les réactions des pouvoirs publics face à la crise de la covid-19 par rapport au risque de faillites des entreprises composant le tissu productif. Il s'agit de sauver les entreprises saines, tout en laissant disparaître les **entreprises-zombies**, structurellement en difficulté (âgées d'au moins 10 ans et en déficit depuis au moins 3 ans) et ainsi ne pas perturber le processus de **destruction créatrice**.

Ph. Aghion, **C. Antonin** et **S. Bunel** soulignent que la crise actuelle à la fois révèle les limites du capitalisme actuel et peut permettre de contribuer à faire émerger de nouvelles solutions par l'innovation : les confinements ont fait progresser le télétravail, l'enseignement à distance, les téléconsultations médicales. Il s'agit alors de « *mieux appréhender le pouvoir de destruction créatrice et de l'orienter vers la direction que l'on souhaite* » (Aghion, 2020). Les pouvoirs publics peuvent par l'innovation stimuler l'emploi, limiter les inégalités et favoriser la transition énergétique.

C. Les facteurs institutionnels de la croissance

Selon **J.-P. Touffut** : « *la notion d'**institution économique** recouvre l'ensemble des organisations formelles et informelles et des législations qui encadrent le fonctionnement des marchés. Le marché se présente lui-même comme une institution lorsque les transactions privées sont insérées dans un réseau de conventions et de règles* » (Touffut, 2001).

Si le progrès technique joue un rôle central dans la croissance, les nouvelles découvertes ne font pas toujours l'objet d'une utilisation productive : cela dépend de l'institutionnalisation de règles marchandes, propres à favoriser l'exploitation économique des retombées de ces innovations. L'historien **D. Landes** montre par exemple que la civilisation occidentale a connu, à partir du XVIe siècle, un contexte favorable à l'exploitation économique des inventions, alors que d'autres civilisations avaient développé auparavant des compétences techniques supérieures comme la Chine par exemple.

Dans une perspective complémentaire, **J. Mokyr** (né en 1946) explique la « grande divergence » entre la Chine et l'Europe par l'affirmation d'une culture européenne spécifique, facteur décisif des transformations économiques et sociales de la révolution industrielle. L'apparition de la « culture de la croissance » à la faveur de la fragmentation politique de l'Europe, autorise la création d'un « marché des idées », c'est-à-dire un lieu à la fois de circulation et de mise en concurrence par la critique des idées des « novateurs hétérodoxes », essentiels pour déclencher une phase d'innovation et de croissance économique. Sur ce point, la comparaison avec la Chine est très éclairante : en dépit d'un niveau intellectuel et technologique semblable à celui de l'Europe au début du XVIIIe siècle, les penseurs chinois sont restés sous le contrôle d'une élite dirigeante qui a empêché la diffusion du savoir pour satisfaire son unique profit (v. chapitre *Économie du développement*).

D. North (1920-2015, prix Nobel d'économie en 1993), note que le développement d'innovations est plus rentable si leur exploitation économique est protégée par des brevets. Si la connaissance est un **bien non-rival** (elle bénéficie à tous), l'innovation qui en découle est facilitée si elle devient un **bien rival**, dont l'utilisation est exclusivement réservée à son propriétaire. Le développement technologique, et donc la croissance, dépend de l'adoption d'une « organisation efficiente » de l'économie, qui repose sur des innovations institutionnelles, comme l'adoption de brevets, la création de droits de propriété sur le capital, d'une fiscalité favorable, etc.

D. North est l'un des fondateurs de la Nouvelle histoire économique, dont la méthode appelée **cliométrie** combine analyses quantitatives de la croissance et recherches sur ses facteurs institutionnels. Par exemple, le décollage économique de l'Angleterre s'expliquerait par son avance institutionnelle, et l'adoption précoce en 1623 de lois protégeant les droits de propriété contre 1791 pour la France.

Selon **D. Rodrik** et **A. Subramanian**, les travaux récents sur les institutions et la croissance économique insistent sur l'importance d'institutions qui protègent les droits de propriété et garantissent l'exécution des contrats, appelés institutions créatrices de marchés. Mais le développement économique à long terme exige également des institutions :

- de réglementation des marchés, qui s'occupent des effets externes, des économies d'échelle et des informations imparfaites (par exemple, les organismes de réglementation des services financiers) ;

- de stabilisation des marchés, qui garantissent une inflation faible, réduisent au minimum l'instabilité macroéconomique et évitent les crises financières (par exemple, les banques centrales) ;
- de légitimation des marchés, qui fournissent une protection (par exemple, les systèmes de retraite).

Les institutions sont, pour **D. Acemoglu** et **J. Robinson,** la principale explication des différences de richesses entre les Nations. Ils distinguent les institutions extractives et les institutions inclusives. Dans la préface de la traduction française de leur ouvrage *Why Nations fail* (2012) intitulé *Prospérité, puissance et pauvreté* (2015), **Ph. Aghion** souligne que « *les institutions inclusives préservent les droits de propriété, le respect des contrats et minimisent les restrictions à la liberté et à l'opportunité de créer et d'innover, ce qui stimule l'épargne, l'investissement et le progrès technique, donc la croissance à long terme du pays alors qu'à l'inverse, les institutions extractives freinent et inhibent l'innovation car elles ne garantissent pas les droits de propriété ou bien elles imposent des barrières à l'entrée qui protègent les intérêts acquis mais en même temps empêchent l'éclosion d'idées nouvelles et entravent le processus schumpétérien de destruction créatrice* » (Aghion, 2015).
Par ailleurs, on constate des écarts persistants de croissance entre des États qui ne se distinguaient pas par les variables envisagées précédemment. Les facteurs institutionnels apparaissent alors essentiels. Pour **R. Boyer** (2002) par exemple, deux modèles de capitalisme ont su rapidement tirer profit des nouvelles technologies de l'information et des communications : le capitalisme américain, grâce à la flexibilité de son marché du travail et au dynamisme de ses créations d'entreprise, et le capitalisme scandinave, grâce à un tout autre mécanisme, reposant sur une flexibilité davantage qualitative (reconversions négociées avec les partenaires sociaux, importance de la formation continue, etc.). Cela montre que les technologies n'imposent pas un mode d'organisation économique particulier. **B. Amable** insiste sur le rôle des complémentarités institutionnelles au sein de cinq capitalismes (v. chapitre *Fluctuations, cycles et crises*).
R. Boyer (2020) souligne que la crise de la covid-19 présente pour les capitalismes un trilemme inédit : prospérité économique, sécurité sanitaire et libertés publiques. L'inégale létalité de la pandémie selon les grandes zones de l'économie mondiale découle à la fois des choix passés, notamment dans les budgets consacrés à la santé, et des priorités de chaque zone face à ce trilemme. Le capitalisme anglo-saxon (États-Unis et Grande-Bretagne) a négligé la sécurité sanitaire et évité le confinement, il est très touché par la crise. Le capitalisme chinois qui combine technologies de surveillance et pouvoir fort semble connaître une reprise économique plus marquée. Les capitalismes européens sont très divisés, entre l'Europe du Nord, peu touchée par la crise, et l'Europe du Sud, privée des recettes du tourisme, très touchée. Le visage des capitalismes au sortir de la pandémie dépendra largement des choix effectués par les États.

RÉFÉRENCES DU CHAPITRE

Abramovitz M. (1956), « Resource and Output Trends in the U.S. since 1870 », *American Economic Review*, 46, May.

Acemoglu D. & Robinson J. (2015), *Prospérité, puissance et pauvreté*, préface de P. Aghion, Éditions Markus Haller.

Aghion Ph. & P. Howitt P. (2010), *L'économie de la croissance*, Economica.

Aghion Ph., Antonin C., Bunel S. (2020), *Le pouvoir de la destruction créatrice*, Odile Jacob.

Boyer R. (2002), *La croissance, début de siècle : de l'octet au gène*, Albin Michel.

Gaffard J.-L. (2011), *La croissance économique*, Armand Colin.

Perroux F. (1990), *Dictionnaire économique et social*, Hatier.

Solow R. (1987), « We'd Better Watch Out », *New York Times Review*, 12 juillet.

Touffut J.-P. (2001), in Solow R. (Ed.) *Institutions et croissance : les chances d'un modèle économique européen*, Albin Michel.

POUR EN SAVOIR PLUS

Initiation

Aghion Ph. (2016), *Repenser la croissance économique*, Fayard.

Artus P. et Virard M.P. (2018), *Et si les salariés se révoltaient*, Fayard.

Cette G. (2007), *Productivité et croissance en Europe et aux États-Unis*, La Découverte, Coll. Repères.

Gaffard J.-L. (2011), *La croissance économique*, A. Colin, Coll. Cursus.

Guellec D. & Ralle P. (2003), *Les nouvelles théories de la croissance*, La Découverte, Coll. Repères.

Guellec D. (2017), *Économie de l'innovation*, La Découverte, Coll. Repères.

Petit P. (2005), *Croissance et richesse des nations*, La Découverte, Coll. Repères.

Approfondissement

Abraham-Frois G. (2001), *Dynamique économique*, Dalloz.

Acemoglu D. & Robinson J. (2015), *Prospérité, puissance et pauvreté*, Éd. Markus Haller.

Aghion Ph. & Howitt P. (2010), *L'économie de la croissance*, Economica.

Boyer R. (2020) *Les capitalismes à l'épreuve de la pandémie*, La Découverte.

Blanchard O. & Cohen D. (2016), *Macroéconomie*, Pearson éducation.

Bosserelle E. (2010), *Dynamique économique*, Gualino.

Gordon R. (2016), *The Rise and Fall of American Growth*, Princeton University Press.

Maddison A. (2001), *L'économie mondiale, une perspective millénaire*, OCDE.

Mankiw G. (2019), *Macroéconomie*, De Boeck Université.

Mokyr J. (2020), *La culture de la croissance*, Gallimard, Coll. Bibliothèques des histoires.

SUR LA TOILE

Sur le site ted.com :

http://www.ted.com/talks/robert_gordon_the_death_of_innovation_the_end_of_growth

http://www.ted.com/talks/andrew_mcafee_are_droids_taking_our_jobs

Sur le site du Collège de France :

http://www.college-de-france.fr/site/philippe-aghion/inaugural-lecture-2015-2016.htm

http://www.college-de-france.fr/site/philippe-aghion/course-2015-10-06-15h00.htm

Sur le site du Fonds monétaire international :

https://www.imf.org/external/pubs/ft/fandd/fre/2003/06/pdf/rodrik.pdf

Sur le site de France stratégie :

https://www.strategie.gouv.fr/espace-presse/role-capital-humain-ralentissement-de-productivite-france

Sur le site de France Culture

https://www.franceculture.fr/emissions/college-de-france-40-lecons-inaugurales/philippe-aghion-repenser-la-croissance-economique

CHAPITRE 14

Fluctuations, cycles et crises

L'instabilité des économies capitalistes a longtemps été la règle, jusqu'à masquer, au XIXe siècle, l'ampleur de la croissance aux yeux de nombreux contemporains (v. chapitre *La croissance économique*).

Avant la crise de 1929, les débats économiques portent sur la possibilité d'une crise généralisée et sur l'interprétation de la régularité des crises, alors qu'on assiste à l'émergence des théories des cycles.

La période des Trente Glorieuses laisse espérer la maîtrise des fluctuations économiques, avec la mise en place de politiques de régulation conjoncturelle d'inspiration keynésienne.

La crise des années 1970 remet en cause cette vision optimiste, et le « **consensus keynésien** » : d'où la grande diversité des analyses contemporaines des fluctuations et des crises.

À partir des années 1980, on assiste, parallèlement à la **globalisation financière**, à un retour des crises financières, ainsi qu'à une expansion à la fin du siècle après une longue récession, qui contribuent au regain d'intérêt pour les théories des cycles. Face aux crises, renforcer la **gouvernance mondiale** est nécessaire.

Les grandes crises, telles celles de 1929, de 2008 ou de 2020, peuvent être envisagées comme constitutives de la dynamique du capitalisme.

§ 1. L'analyse économique des fluctuations

I. Définitions, mesure et mise en évidence des fluctuations économiques

A. Éléments de définitions

On appelle « **fluctuations** » les variations de l'activité économique au cours du temps. En pratique, les fluctuations se repèrent grâce à différents indicateurs, tels le niveau de richesse nationale, le niveau général des prix, les variations des stocks, ou le niveau de chômage.

Les travaux du National Bureau of Economic Reseach (NBER) aux États-Unis dans les années 1920 ont conduit à mettre en évidence les **cycles économiques**. Ces derniers désignent des fluctuations sur un intervalle de temps plus ou moins régulier. Dans un cycle, on distingue **l'expansion** ou la **récession** qui traduisent l'accélération ou le ralentissement de l'activité économique, et on parle de **dépression** si le niveau de l'activité économique baisse, ce qui se traduit par un taux de croissance négatif de la richesse nationale. Les cycles se caractérisent par leur durée, leur amplitude et la diffusion au sein de l'économie.

La **crise** est le moment de retournement de tendance de l'activité économique dans le cycle, qui met fin à l'expansion pour déboucher sur une récession ou une dépression. Le terme vient du grec *krisis*, utilisé en médecine, qui signifie « décider, faire un choix » : dans la médecine hippocratique, la crise désigne la phase de rémission ou de guérison. Dans cette perspective, certains économistes trouvent des vertus à la crise. Prise dans un sens strict, l'expression de crise recouvre un moment, assez bref. Il est alors impropre d'évoquer la crise des années 1970, on parle alors du ralentissement de la croissance à ce propos. Cependant, dans un sens large, la crise peut désigner un moment, qui peut durer, de récession ou de dépression.

B. La mesure des fluctuations

Les fluctuations ne sont pas repérables à partir des données statistiques brutes. Les fluctuations découlent d'observation mais n'en sont pas moins construites : elles ne sont pas observables sans un modèle d'analyse. Ce qui n'est pas sans poser des problèmes méthodologiques importants.

a. Les écarts entre croissance potentielle et croissance effective

On appelle **croissance potentielle** le rythme tendanciel d'augmentation des possibilités de production d'une économie sans tendance inflationniste. Cette dernière dépend du volume des facteurs de production dans une économie et de leur efficacité productive globale. Les fluctuations économiques peuvent être interprétées comme des écarts (ou ***output gap***) entre la croissance effective observée dans une économie et la croissance potentielle. À la suite d'un choc de demande négatif (baisse de l'investissement, de la consommation finale, ou des exportations), la croissance effective devient inférieure à la croissance potentielle, l'output gap est négatif. En revanche, la croissance effective peut être, un temps, supérieure à la croissance potentielle si les facteurs de production ne sont pas pleinement utilisés ou si le taux d'endettement des agents économiques augmente. Mais dans ce dernier cas, l'élévation de la croissance effective n'est que transitoire car une phase de désendettement lui succédera, faisant passer la croissance effective en dessous de la croissance potentielle.

b. Les fluctuations de la croissance potentielle

Les chocs d'offre expliquent pour certains économistes la plupart des fluctuations économiques. Dans cette perspective, la demande ne joue pas un rôle déterminant dans les fluctuations. Les producteurs peuvent en effet, soit être confrontés à de nouvelles contraintes ou bénéficier de nouvelles opportunités à travers notamment les innovations, ce qui affecte leur rentabilité. Ces chocs d'offre positifs ou négatifs expliquent les fluctuations économiques. Les fluctuations de la croissance effective peuvent avoir des effets sur le trend de croissance à long terme de l'économie. Par exemple, la faiblesse durable de l'investissement peut conduire à une obsolescence du capital productif qui nuit à la productivité du capital et donc à la rentabilité des activités productives. Par ailleurs, un chômage élevé et persistant peut conduire à une dégradation du capital humain, ce qui rend les actifs inoccupés plus difficilement employables. Ainsi, un choc tel que la pandémie mondiale de la covid-19 pourrait avoir selon le FMI des effets durables et nécessiter des ajustements économiques considérables.

c. Une revue critique de la typologie des cycles économiques

Les premières analyses des cycles apparaissent, pour l'essentiel, dans la deuxième moitié du XIXe siècle. Pour repérer la présence d'un cycle, il faut disposer de données quantitatives à dates régulières, c'est-à-dire d'une **série temporelle** de la variable utilisée pour représenter l'activité économique. Comme pour l'étude de la croissance, il est préférable de disposer d'un agrégat de production en volume, tel le PIB (v. chapitre *La croissance économique*). Mais avant 1945 et l'apparition de systèmes comptables fiables dans les pays développés, le PIB ne peut être estimé que de façon approximative et il faut alors trouver des séries temporelles alternatives. Les économistes vont retenir fréquemment l'évolution des prix de gros, car ils traduisent bien les tensions sur le marché des biens : on suppose que les prix augmentent en période d'expansion, et baissent en période de récession. Par ailleurs, il faut distinguer les fluctuations saisonnières, les cycles propres à certains marchés : marchés agricoles, cycle du bâtiment notamment, et les cycles généraux qui concernent l'ensemble de l'activité économique. À ce niveau, il est d'usage de distinguer trois grands types de cycles en fonction de leur durée.

Les **cycles longs** ou **cycles Kondratiev** (mis en évidence dans les années 1920) ont une durée de 40 à 60 ans, et se caractérisent par des « vagues longues » de hausse puis de baisse des prix.

Les fluctuations des prix et de la production

L'utilisation de séries de prix pour évaluer les fluctuations repose sur l'hypothèse d'une relation stable entre la hausse des prix et la production.

• Certains économistes contestent la stabilité ou le sens de cette relation.

– Selon **N. Kondratiev** (1892-1938), les mouvements de prix traduisent assez fidèlement les fluctuations de la production : les prix augmentent quand l'économie est en période d'expansion.

– **F. Simiand** (1873-1935) estime que la relation entre les prix et la production n'est pas toujours parallèle : l'évolution des prix peut se distinguer de celle de la production, car les prix sont déterminés non par les lois du marché, mais par les représentations économiques des agents.

• Certains économistes suggèrent que les deux évolutions peuvent être indépendantes : selon **G. Cassel** (1866-1945) la production croit régulièrement, au XIXe siècle, alors que les prix connaissent une évolution cyclique en raison des variations de la masse monétaire au rythme des découvertes d'or, conformément à la théorie quantitative de la monnaie.

Selon l'économiste soviétique **N. Kondratiev**, ces cycles sont liés à la nature même du capitalisme, fondé sur l'accumulation du capital. Les cycles longs dépendent donc des contraintes d'ordre technique pesant sur la production, qui évoluent selon le rythme du progrès technique et de la durée de vie du capital. La distinction entre les phases A d'expansion et de hausse des prix, et les phases B de récession et de baisse des prix est due à **F. Simiand**.

On peut prolonger les analyses de **N. Kondratiev** et **J.-A. Schumpeter** en repérant cinq cycles longs depuis le début de la révolution industrielle (alors que ces auteurs ne pouvaient repérer que les trois premiers cycles de leur vivant).

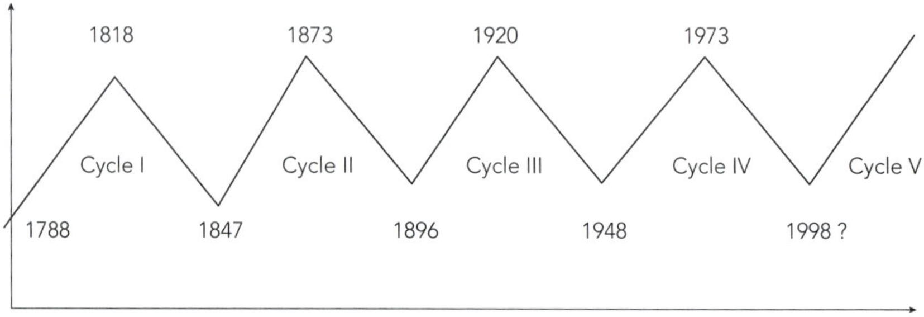

La datation est donnée à titre indicatif et varie d'un pays à l'autre.

Les **cycles majeurs** ou cycles Juglar, appelés également **cycle des affaires**, sont d'une durée comprise entre 6 et 12 ans, avec une périodicité moyenne de 8 ans selon **C. Juglar** (1819-1905), qui repère ces cycles en France, en Angleterre et aux États-Unis au XIXe siècle. Pour Juglar, les cycles proviennent d'un excès de confiance en l'avenir durant les périodes d'expansion. Ainsi, « *la crise naît de la prospérité* » (Juglar, 1862) : la spéculation augmente en période d'expansion, les banques accordent facilement des crédits, ce qui favorise la hausse des prix. Au moment de la crise, les agents ont besoin de nouveaux crédits pour se financer mais les banques ont pris conscience des risques spéculatifs et augmentent les taux. La crise survient lorsque les spéculateurs ne peuvent plus faire face à leurs engagements, et une nouvelle phase de récession s'engage accompagnée d'une déflation, jusqu'à ce que les banques et les autres agents retrouvent confiance en l'avenir. Pour Juglar, la crise est donc utile car elle a un rôle régulateur : elle élimine les agents dont les choix étaient les moins efficients (spéculateurs imprudents, etc.).

Les **cycles mineurs** ou **cycles Kitchin** ont une durée approximative de 40 mois, et sont d'une ampleur moindre que les cycles majeurs. Ils sont liés selon **J. Kitchin** à la gestion des stocks : les entreprises accumulent des stocks en période d'expansion pour répondre à la demande, puis doivent déstocker par la suite, d'où la baisse des prix et de la production.

On peut distinguer d'autres types de cycles affectant l'économie, par exemple le « cycle politique des affaires » étudié par **W. Nordhaus** dans la lignée de l'école du Public choice. Il est dû à la périodicité des élections qui affectent les dépenses publiques et donc l'activité économique à cause des promesses électorales.

Les économètres – dont l'objet est l'étude statistique des économies à l'aide de modèles – utilisent des méthodes statistiques (filtrage, moyennes mobiles) afin de distinguer l'évolution cyclique et le trend de croissance. Ce dernier est donné par l'ajustement linéaire des fluctuations observées, de façon à dégager une tendance continue comme le montre le graphique ci-dessous. Pour faire apparaître des cycles, on recherche des variations régulières à l'intérieur de la série temporelle étudiée.

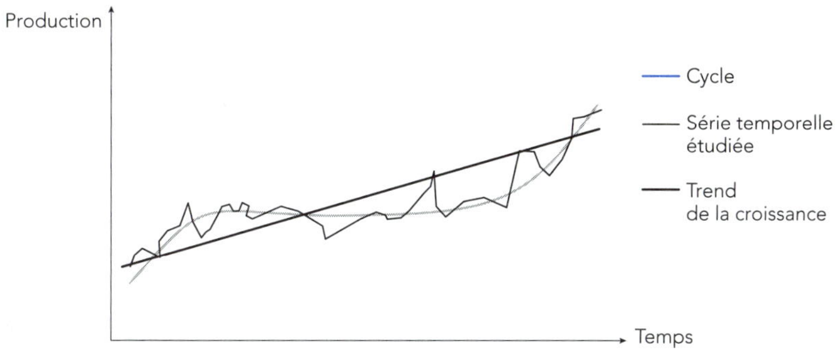

Il n'est cependant pas aisé de distinguer les fluctuations conjoncturelles d'une tendance de long terme, qui elle-même n'est pas stationnaire. La distinction cycle / tendance est alors délicate. Ainsi, les travaux de Kondratiev, qui s'appuie sur la méthode des moyennes mobiles pour mettre en évidence les cycles longs, font l'objet de critiques méthodologiques : **E. Slutsky** montre ainsi en 1927 qu'il est possible de déceler une périodicité cyclique à partir d'événements aléatoires. En calculant les moyennes mobiles des résultats d'une loterie, il obtient des fluctuations similaires à celles des prix de gros anglais entre 1855 et 1877. Les cycles seraient alors davantage des constructions statistiques que des réalités observées.

Les études économétriques plus actuelles visant à calculer l'écart entre croissance potentielle et effective sont soumises à des problèmes méthodologiques similaires. Un comité de datation des cycles existe aux États-Unis au sein du NBER, ainsi qu'en Europe pour affiner l'analyse des cycles, dater le retournement du cycle, ou déterminer la position de l'économie dans le cycle et mener ainsi les politiques économiques les plus appropriées possibles.

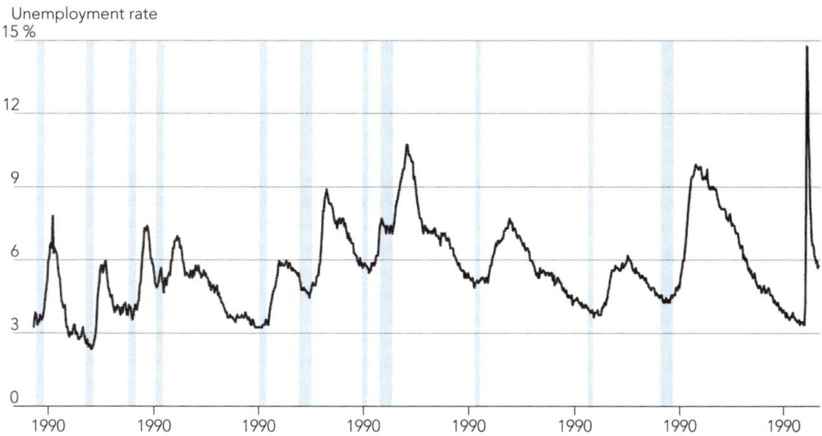

Source : NBER, Bureau of labor statistics, Federal Reserve of Saint Louis, 2020.

II. Les interprétations théoriques des fluctuations économiques

A. Cycles et innovations

a. Le rôle des innovations selon J.A. Schumpeter

Dans *Business Cycles* (1939), **J.A. Schumpeter** intègre les cycles longs, majeurs et mineurs, dans un seul schéma théorique, plutôt que d'attribuer à chacun une cause indépendante. Les différents cycles s'imbriquent avec en moyenne six cycles Juglar dans un cycle Kondratiev, et trois cycles Kitchin dans un Juglar. Cette régularité provient du fait qu'ils sont étudiés dans un cadre explicatif commun, basé sur la diffusion des innovations et le rôle du crédit.

Selon Schumpeter, l'économie capitaliste est caractérisée par la nécessité d'innover pour les entreprises, afin de dégager un profit temporaire lié au monopole d'exploitation de l'innovation. Il différencie l'invention, qui est le fruit d'une découverte scientifique, et l'**innovation**, qui en est l'application industrielle. Les innovations peuvent être de nature très variée, et Schumpeter en distingue cinq types : les innovations de procédé (dans la méthode de production), les innovations de produit, la découverte de nouveaux marchés pour un produit existant, l'utilisation de nouvelles formes d'organisation, ou de nouvelles sources d'énergie.

Économie dynamique, économie statique

- Selon **J.A. Schumpeter**, l'analyse néo-classique est de nature statique : elle s'intéresse à l'équilibre simultané, sur l'ensemble des marchés. La concurrence implique alors que les profits tendent vers zéro pour l'ensemble des entreprises, car aucune ne peut prendre avantage sur les autres en concurrence pure et parfaite. La fonction de l'entrepreneur est alors la recherche d'une allocation optimale des ressources, et conduit les entreprises à adopter les mêmes choix technologiques. De plus, la monnaie joue un rôle limité en raison de la **loi de Say** (tous les échanges ont lieu simultanément).
- Dans la *Théorie de l'évolution économique* (1911) **J.A. Schumpeter** montre au contraire que le capitalisme est de nature dynamique : il ne peut se concevoir qu'en mouvement, en raison de la recherche par les entreprises d'une innovation qui leur procure un avantage temporaire sur la concurrence. La fonction de l'entrepreneur est alors de rompre avec les méthodes de production routinières en innovant. Les banques de second rang et la création monétaire joue un rôle essentiel.

L'apparition d'une innovation réduit les possibilités de profit des entreprises routinières, qui vont progressivement disparaître à mesure que l'innovation se diffuse. Cela entraîne un processus permanent de **destruction créatrice**, c'est-à-dire la disparition des activités anciennes remplacées par les activités nées de l'innovation. De ce fait l'économie n'est jamais stationnaire.

Le processus de destruction créatrice est caractérisé par une certaine régularité, ce qui explique l'existence de cycles économiques. En effet, les innovations ne sont pas toutes de même importance : il existe des **innovations majeures**, qui bouleversent l'organisation économique et sont à l'origine des cycles longs ; elles donnent lieu ensuite à une série d'**innovations mineures** qui se diffusent progressivement, et sont le fait d'imitateurs, qui réalisent des modifications secondaires. Par exemple, la mise au point de la machine à vapeur en 1785 a donné lieu à de très nombreuses innovations mineures pour l'améliorer et l'appliquer à l'ensemble de l'économie. Ainsi, apparaissent des **grappes d'innovations** : c'est la raison pour laquelle le progrès technique et par suite l'activité économique sont de nature cyclique.

Le schéma explicatif de Schumpeter repose sur la diffusion de l'innovation, et la distinction entre les firmes innovantes et les firmes routinières : l'expansion s'achève quand la diffusion est complète et la production parvenue à maturité, ce qui provoque un niveau excédentaire de production face à une demande stagnante et une chute des prix, qui précipite la récession.

J.A. Schumpeter précise ensuite son schéma en distinguant quatre phases successives : la prospérité, la récession, la dépression puis la reprise. Si la diffusion de l'innovation est la cause principale des cycles, la succession de ces phases est liée au comportement des agents, qui en période d'expansion engagent des projets risqués, financés par le crédit, ce qui est indispensable à la réaffectation de capitaux dans les secteurs innovants, mais accentue la crise et conduit à la dépression lorsque les agents sont incapables de faire face à leurs engagements. **J.A. Schumpeter** insiste donc sur le rôle des banques et de la création monétaire dans l'explication des cycles. L'apparition des crises est considérée ici comme un phénomène normal, la conséquence du renouvellement des entreprises. C'est pour lui « *le moment pathologique d'un processus physiologique* » (Schumpeter, 1941).

b. Les débats sur les cycles longs

À la suite des travaux de **J.A. Schumpeter**, le débat s'est focalisé sur l'existence des cycles longs et le rôle des innovations majeures. Mais le contexte économique a changé après 1945 :

– D'une part les cycles longs ne peuvent plus être repérés par les mouvements de prix, en raison de la quasi-disparition des périodes de déflation depuis les Trente Glorieuses, au moins dans les pays développés. Au contraire, on assiste au développement de l'inflation en période de

crise, comme dans les années 1970, contrairement au schéma habituel des cycles qui relie récession et déflation.
- D'autre part, les innovations majeures ont tendance à se développer durant la phase de crise, comme le note l'économiste néo-schumpeterien **G. Mensch** (né en 1937). Selon lui, les « innovations fondamentales » apparaissent car les entrepreneurs n'ont plus d'autres solutions pour espérer un gain, il parle de ***depression-trigger***. Les innovations interviennent alors dans les périodes d'incertitude et de crise, et non dans les phases de croissance comme le supposait **J.A. Schumpeter**.

c. La théorie des cycles réels

Le traitement des chocs, la répercussion des perturbations sur le système économique est un problème envisagé par les économistes : en témoignent les expressions usuelles comme choc pétrolier de 1973 ou choc-dollar des années 1980 (suite à la hausse des taux d'intérêt américains initié par **P. Volcker**, le cours du dollar augmente fortement). L'analyse fondamentale est ancienne, elle est mise en avant par **R. Frisch** (1895-1973) en 1933 avec la métaphore du cheval à bascule empruntée à **K. Wicksell** (1851-1926) : « *Si vous frappez un cheval à bascule avec un bâton, le mouvement du cheval sera très différent de celui du bâton* » (Frisch, 1933). Il attirait par là l'attention sur la distinction qu'il convenait de faire entre l'impulsion, le choc, et sa propagation à l'ensemble de l'économie à l'origine de fluctuations amorties, mais répétées. La longueur du cycle et la tendance à l'amortissement des fluctuations dépendent selon lui de la structure de l'économie ; alors que l'intensité et l'amplitude des fluctuations dépendent de la force du choc. Un choc aléatoire peut ainsi produire des fluctuations récurrentes. En outre, une perturbation peut engendrer des fluctuations différentes selon la structure de chaque économie touchée. Cette idée sera reprise par de nombreux économistes.
L'existence de cycles réguliers est remise en cause : il est difficile d'appuyer empiriquement l'idée selon laquelle l'activité économique connaîtrait des cycles d'une périodicité suffisamment constante, sauf à donner à cette dernière une amplitude qui en réduit finalement toute pertinence. La macroéconomie moderne s'intéresse davantage à l'impact sur la conjoncture de chocs aléatoires, qui modifient pour une période donnée les arbitrages des agents et la tendance suivie par l'économie.
Dans les années 1980, le développement de la **Nouvelle économie classique** (NEC) a donné lieu à une réinterprétation des fluctuations économiques, fondée sur les conséquences de **chocs exogènes** aléatoires, par nature imprévisibles, sur les comportements d'agents optimisateurs et rationnels.
Selon **la théorie des cycles réels**, les agents ont des anticipations rationnelles, ils ne peuvent donc pas être trompés par la politique monétaire et

ils raisonnent toujours en termes réels. L'équilibre est alors toujours réalisé sur tous les marchés, il résulte des arbitrages intertemporels des agents entre travail et loisirs, consommation actuelle et future.

Selon les travaux de **E. Prescott** (né en 1940) et **F. Kydland** (né en 1943), (tous deux Prix Nobel 2004), les fluctuations proviennent de perturbations exogènes imprévisibles, causées par un **choc technologique**, c'est-à-dire une variation rapide de la technologie disponible, d'où un **choc de productivité**. Les agents modifient alors leurs arbitrages pour tenir compte des nouvelles conditions, ce qui entraîne une offre de travail différente, et un nouvel équilibre.

Plusieurs implications de cette analyse doivent être soulignées : d'une part, l'économie est fluctuante par nature, puisque les fluctuations viennent de l'adaptation rationnelle à des chocs extérieurs. D'autre part, plus un choc technologique est temporaire, plus les fluctuations qu'il entraîne sont importantes, car les agents doivent bouleverser leurs choix pour en tirer avantage (par exemple, une variation ponctuelle du prix du travail doit inciter un agent rationnel à modifier radicalement son offre de travail pour maximiser l'avantage qui en découle). Enfin, les cycles sont des cycles à l'équilibre ; les choix des agents sont, à tout moment du cycle, optimisateurs et ils assurent l'équilibre.

Ce modèle conduit les nouveaux classiques à souligner le caractère néfaste des politiques économiques contra-cycliques, qui viennent perturber des choix rationnels (par exemple une hausse temporaire du chômage volontaire) en faussant les signaux-prix, ce qui conduit à un équilibre sous-optimal. Dans ce cadre, l'augmentation du chômage conjoncturel serait le résultat d'une adaptation rationnelle aux chocs technologiques.

B. Les causes monétaires et financières des cycles

a. Cycles et création monétaire

La création monétaire dépend du niveau d'activité économique, puisque les crédits sont plus nombreux en période d'expansion. Par ailleurs, un niveau élevé de crédit peut fragiliser l'économie, et être à terme un facteur de récession. C'est la raison pour laquelle certains économistes attribuent à la création monétaire un rôle majeur dans l'explication des cycles.

Dans *Intérêts et prix* (1898) l'économiste suédois **K. Wicksell** (1851-1926) développe une analyse des fluctuations dans le cadre d'une « économie de crédit », où domine la monnaie scripturale d'origine bancaire. Le raisonnement de Wicksell repose sur la distinction entre le **taux d'intérêt monétaire** qui porte sur les capitaux prêtés, et le taux de profit anticipé (il l'appelle « **taux d'intérêt naturel** »). Quand le taux de profit est supérieur au taux d'intérêt, alors les entreprises sont incitées à investir grâce à des crédits : ce mécanisme est à l'origine de l'effet de levier (v. chapitre *Capital et investissement*). Un « processus cumulatif » de croissance s'amorce, qui s'accompagne d'une hausse des prix entraînée par les crédits. Les banques finissent par réagir à la diminution des taux d'intérêt réels qui affecte leur rentabilité en augmentant les taux d'intérêt nominaux, ce qui met fin à l'expansion et à la hausse des prix. Ainsi, les décisions des banques sont à l'origine des fluctuations économiques. En insistant sur les effets des variations des taux d'intérêt sur le comportement agents, **K. Wicksell** préfigure les analyses keynésiennes (v. chapitre *La croissance économique*).

b. La politique monétaire est à l'origine des fluctuations

En agissant sur la masse monétaire ou en fixant le niveau des taux d'intérêt, la politique monétaire peut être un moyen de réguler les fluctuations économiques : c'est l'objectif des **politiques contra-cycliques** d'inspiration keynésienne, qui préconisent une expansion monétaire en période de ralentissement, et une politique plus rigoureuse en période de croissance élevée.

Les monétaristes contestent l'efficacité à long terme de la politique monétaire d'inspiration keynésienne (v. chapitre *Politiques économiques*), ils considèrent en revanche qu'elle peut être à l'origine des fluctuations économiques, en raison des perturbations des anticipations qu'elle entraîne. Selon **M. Friedman** (1912-2006) (prix Nobel en 1976) les variations inopinées de la masse monétaire créent des fluctuations à court terme, et augmentent l'inflation à long terme. Les monétaristes ne défendent pas systématiquement une politique monétaire restrictive, mais une politique de croissance de la masse monétaire à taux constant (**règle de Friedman**). Ainsi, les politiques déflationnistes des années 1930 auraient aggravé la crise aux États-Unis selon M. Friedman.

F. Hayek (1899-1992) considère également que la politique monétaire est responsable des fluctuations économiques, mais en développant une analyse très différente qui s'appuie sur la notion de « **détour de production** » (v. chapitre *Capital et investissement*). Une politique monétaire expansionniste entraîne une baisse des taux d'intérêt qui facilite l'investissement; cela allonge le détour de production car le financement des biens de production est moins coûteux. La part des biens de production augmente, alors que la part des biens de consommation est réduite au-delà de ce que souhaitaient les ménages : ce qui provoque une épargne forcée des ménages (v. chapitre *Consommation, épargne, patrimoine*), et une **crise de**

surcapitalisation. La politique monétaire a donc allongé la structure productive au-delà de ce qui était souhaité spontanément par les agents, d'où une phase artificielle d'expansion, puis une récession : on parle alors à ce propos d'effet accordéon.

c. Marché du crédit, endettement et instabilité

Le financement de l'économie peut être à l'origine de fluctuations, de crises violentes. L'intégration de la sphère monétaire et réelle, l'instabilité de la finance, déjà présentes chez J. M. Keynes, sont au cœur des travaux d'**H. Minsky** et plus tard de la **nouvelle économie keynésienne.**

Dès les années 1960, l'économiste **H. Minsky** (1919-1996) souligne les sources endogènes d'instabilité financière et le rôle central des banques dans la montée des fragilités financières. Au début de la période de prospérité, la **finance prudente**, c'est-à-dire l'ensemble des financements dont les gains actualisés couvrent à toute période les engagements financiers, domine. L'espérance de valeur nette actualisée demeure positive même si les taux d'intérêt augmentent. Puis l'état de confiance s'étend, les taux d'intérêt demeurent inférieurs aux taux de profits espérés, les innovations financières se multiplient. Les agents cherchent à accroître la rentabilité de leurs placements et prennent plus de risques. La **finance spéculative**, qui ne couvre que ses intérêts par les gains attendus et finance le principal par l'emprunt, gagne du terrain. Le crédit alimente la croissance sans que les prêteurs puissent identifier parfaitement les risques. L'emballement du crédit alimente la spéculation, qui nourrit la hausse du prix des actifs qui servent de gage aux futurs crédits : la stabilité engendre paradoxalement l'instabilité financière. La hausse du prix des actifs génère ainsi un « effet de richesse ». Enfin, à la fin du cycle, la **finance Ponzi**, qui ne couvre ses engagements que par la liquidation de ses avoirs, devient dominante. Lorsque les investisseurs endettés doivent faire face à des engagements trop importants, ils sont prêts à liquider leurs actifs même à perte : c'est le « moment Minsky ». L'hypothèse d'instabilité financière explique que les périodes de croissance se transforment inéluctablement en boom spéculatif car les structures d'endettement recherchées par les agents économiques et proposées par les banques évoluent avec la prospérité économique vers une plus grande fragilité, donc plus d'instabilité. La régulation financière est ainsi nécessaire.

Depuis les années 1980, un certain nombre d'économistes ont cherché à répondre aux critiques libérales en précisant les fondements microéconomiques des intuitions macroéconomiques de **J. M. Keynes**. La **nouvelle économie keynésienne** se propose de montrer que l'existence de rigidités ou l'imperfection des marchés est la conséquence des décisions d'agents ayant une information imparfaite, en raison de l'incertitude propre aux faits économiques, ou de l'existence d'**asymétries d'informations**. Les cycles économiques sont, dans ce cadre, de nature endogène : ils résultent des changements de comportement des agents face à la modification de leur environnement économique.

Par exemple, **J. Stiglitz** (né en 1943, prix Nobel en 2001) et **A. Weiss** expliquent le cycle des affaires par les asymétries d'information qui pèsent sur les banques. En effet, les banques prêtent sans avoir une parfaite connaissance de l'état des firmes et du risque de faillites de leurs clients (asymétrie d'information). En période de croissance, il suffit que les banques anticipent une augmentation des risques de faillite pour qu'un phénomène cyclique apparaisse, car elles vont limiter leur offre de crédit (hausse des taux d'intérêt par exemple) : les firmes les plus solvables vont privilégier d'autres financements que le crédit, et seules les firmes les plus fragiles vont rester sur le marché du crédit, selon le phénomène de **sélection adverse** repéré par **G. Akerlof** (né en 1940, prix Nobel en 2001) (v. chapitre *Analyses microéconomiques du consommateur et du producteur, et équilibre de marché*). De fait, le nombre de faillites augmente effectivement, ce qui accentue le **rationnement du crédit** par les banques c'est-à-dire la fixation du volume de crédit offert à un niveau inférieur à la demande, jusqu'à ce qu'on assiste à un retournement des anticipations des banques, et à l'amorce d'une nouvelle phase d'expansion.

Pour la nouvelle économie keynésienne, l'activité économique est fondamentalement instable en raison de l'imperfection des marchés financiers : cela légitime l'intervention publique, soit pour réguler directement l'activité, soit pour imposer aux marchés financiers des **règles prudentielles**.

C. Fluctuations et investissement

a. Investissement et demande

Pour J.M. Keynes, les fluctuations économiques ont à la fois une dimension monétaire, financière et réelle. La monnaie est considérée comme active. Dans une **économie monétaire de production**, dans un contexte d'incertitude, les agents doivent formuler des anticipations. Ces dernières peuvent amplifier dans le temps les effets de variables économiques comme l'investissement, ce qui provoque des fluctuations.

Ainsi, **J.M. Keynes** explique les cycles des affaires par les variations de l'**efficacité marginale du capital**, selon le rendement actualisé des projets d'investissement attendu par les entrepreneurs. L'investissement n'est réalisé que si l'efficacité marginale du capital est supérieure au taux d'intérêt (v. chapitre *Capital et investissement*). Or le rendement attendu d'un projet d'investissement dépend avant tout de la confiance en l'avenir des entrepreneurs : élevée dans les périodes d'expansion, elle peut se retourner brusquement, ce qui précipite la crise. Si les anticipations sont durablement pessimistes, seule l'intervention de l'État permet de sortir de la crise (v. chapitre *Politiques économiques*).

Les modèles macroéconomiques utilisés pour expliquer les fluctuations par les variations de l'investissement peuvent combiner deux mécanismes, celui du multiplicateur et celui de l'accélérateur.

- Le **multiplicateur d'investissement** (v. chapitre *Capital et investissement*) décrit l'effet d'un investissement autonome sur le revenu global. Il a un effet stabilisateur car la hausse du revenu décroît dans le temps. Il s'exerce à condition que des capacités de production soient inutilisées de façon à pouvoir répondre à l'augmentation de la demande à court terme.
- L'**accélérateur** repose sur le mécanisme inverse : selon **J.M. Clark** (1884-1963) une augmentation de la demande génère des investissements induits, pour augmenter les capacités de production lorsque la totalité du capital existant est utilisé. Or les variations de l'investissement (I_t) sont supérieures aux variations de la demande (D_t), et cet effet d'accélération est d'autant plus grand que le coefficient de capital (v) est élevé : cela signifie que plusieurs unités de capital supplémentaires sont nécessaires pour produire une unité supplémentaire de bien. L'accélérateur s'écrit alors : $I_t = v\,(D_t - D_{t-1})$.

A. Aftalion (1874-1956) explique grâce à la métaphore du poêle à charbon l'effet d'accélération, à cause de la durée d'accumulation des biens d'équipement : pour augmenter rapidement la température, on tend à mettre un excès de charbon dans le poêle, il fait alors trop chaud et on ne l'alimente plus, ce qui relance les fluctuations de la température. Le même phénomène relie les fluctuations de l'investissement et de la production.

b. L'oscillateur

Les modèles à **oscillateur** initiés par **P. Samuelson** (1915-2009) (prix Nobel en 1970) reposent sur une combinaison des effets multiplicateur et accélérateur. La combinaison des deux effets génère des oscillations cycliques de la production, dans la mesure où les vagues d'investissements induits par l'effet accélérateur ont aussi un effet multiplicateur sur les revenus, qui a leur tour implique des besoins supplémentaires en équipements. Les oscillations peuvent être explosives si l'effet d'accélération domine, ou amorties dans le cas contraire.

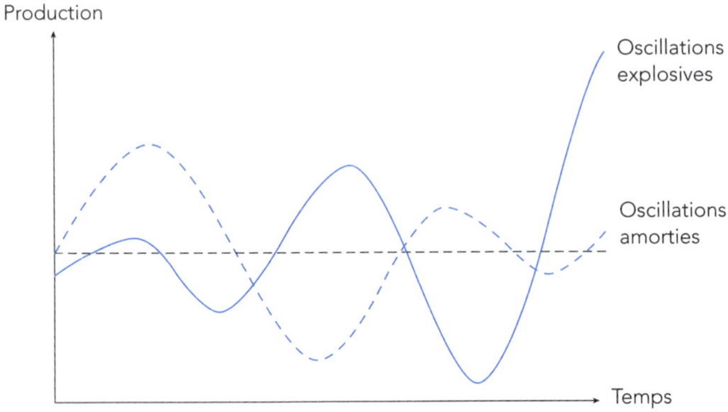

§ 2. Cycles, fluctuations et crises depuis la Révolution industrielle

I. L'évolution des crises au XIXe siècle

L'existence de crises économiques est bien antérieure à la révolution industrielle, cependant les crises ont changé de nature avec le développement du capitalisme.

Sous l'Ancien Régime, les **crises traditionnelles** ont un caractère aléatoire : elles sont déclenchées par une pénurie alimentaire due à des accidents climatiques ou historiques (guerres…), suivie par une forte hausse des prix agricoles due à la sous-production. Les revenus sont alors absorbés par les dépenses alimentaires, ce qui prolonge la crise dans les autres secteurs, où la demande s'effondre. On parle également de crises d'autosubsistance ou de crises frumentaires (de « froment », principale céréale alimentaire), comme par exemple celle qui touche la France en 1788-1789, et se double d'une crise des finances publiques du Royaume.

Selon l'historien **E. Labrousse** (1895-1988) ces crises proviennent de l'organisation économique propre à l'Ancien Régime, car « *les économies ont les crises de leurs structures* » (E. Labrousse, 1933). Elles s'expliquent par le poids élevé du secteur agricole, qui représente l'essentiel de la demande, et le cloisonnement des marchés (barrières douanières, faiblesse des transports) qui accentue les risques de pénurie.

Ces crises persistent jusqu'au milieu du XIXe siècle, à travers les **crises mixtes**, qui débutent dans l'agriculture comme des crises traditionnelles, et se prolongent dans l'industrie.

Les **crises modernes** ou industrielles deviennent fréquentes à partir du milieu du XIXe siècle, et présentent des caractéristiques différentes de celles des crises traditionnelles, puisqu'elles se traduisent par une surproduction industrielle qui entraîne une chute des prix.

Elles ont également une dimension financière. En effet, au XIXe siècle, sous le régime de l'étalon-or, les mouvements de capitaux étaient libres et des études du Fonds monétaire international (FMI) confirment que la corrélation entre taux d'épargne et taux d'investissement était faible. Selon **J. Bouvier** (1920-1987), la Grande-Bretagne exportait près de 40 % de son épargne nationale et la France environ 20 %. Les pays « jeunes » sur le plan démographique et économique (États-Unis, Canada, Australie) mobilisaient l'épargne des pays plus « vieux » pour financer leur démarrage économique. On parle d'une première mondialisation financière, en grande partie maîtrisée par la domination de la livre sterling et de la place financière de Londres : la City assurait, dans une certaine mesure, une régulation privée de la finance mondiale.

Les crises modernes débutent ainsi par une crise financière (faillites de banques, krach boursier), car les comportements spéculatifs accentuent les effets des variations de la conjoncture. Le terme **krach**, qui signifie en allemand « bruit » et de manière métaphorique « catastrophe » est né lors de la chute brutale de la Bourse de Vienne en 1873. Les mouvements internationaux de capitaux favorisent la diffusion internationale de la crise d'une place financière à l'autre.

Au début des années 1890, les découvertes d'or et une vague d'innovations (électricité, automobile, chimie) alimentent l'expansion économique. Les mouvements internationaux de capitaux financent les infrastructures à travers le monde (chemins de fer, électricité, télégraphe, téléphone, énergie). C'est la phase de croissance de la « Belle époque ».

II. Crises et fluctuations au cours du XXe siècle

Le XXe siècle est marqué par deux grandes crises économiques : la crise de 1929 et la crise de 1973. Elles sont souvent considérées comme des **crises structurelles**, en raison de leur durée, et de la nécessité d'une modification profonde des structures économiques pour sortir de la crise.

A. La crise de 1929

a. Les origines de la crise de 1929

La **crise de 1929** prend sa source dans les déséquilibres des années 1920.

L'après-guerre se caractérise par des difficultés monétaires et financières de plusieurs ordres :
- la question des réparations allemandes et des dettes interalliés. La France et l'Angleterre se sont endettées auprès des États-Unis pour financer la guerre et doivent rembourser cette dette dès sa fin à la demande des États-Unis. La France compte sur les réparations allemandes. Un montant trop élevé de ces réparations va entraîner la déstabilisation monétaire et financière de l'Allemagne ;
- une situation de grands déséquilibres entre pays créanciers et débiteurs dans un contexte nouveau : la convertibilité-or des monnaies a été interrompue par la guerre. Les difficultés de retour à l'ordre ancien alimentent les tensions inflationnistes dans certains pays (voire d'hyper-inflation comme en Allemagne en 1923) et à l'inverse de déflation en Angleterre, qui souhaite revenir à l'étalon-or.

Par ailleurs, la croissance économique des années 1920 se caractérise par plusieurs déséquilibres :
- des déséquilibres sectoriels, notamment une surproduction mondiale agricole ;
- une progression des salaires bien plus modeste que celle des profits des entreprises ;
- une forte spéculation boursière.

b. Le déroulement de la crise de 1929

La **crise de 1929** débute par un krach boursier, qui se mue ensuite en longue dépression.

Début 1929, la progression boursière est vertigineuse aux États-Unis, essentiellement dans une logique spéculative dans la mesure où la progression des cours est bien plus rapide que celle des dividendes. Cette hausse est favorisée par les transformations du capitalisme américain liées au mouvement de concentration et au recours important au financement externe direct : des entrées de capitaux étrangers attirés par la valorisation croissante des titres sur le marché boursier, et la possibilité d'acheter des titres à crédit par l'intermédiaire de brokers. Ces derniers, moyennant un taux d'intérêt, la marge versée en liquide, prêtent aux acheteurs qui remboursent une fois les actions vendues, s'ils réalisent une plus-value.

J.M. Keynes est sans doute l'économiste qui a donné l'analyse la plus éclairante de l'instabilité financière. Selon lui, le futur relève de l'incertitude radicale. Les bulles spéculatives peuvent être expliquées à partir de processus de contagion mimétique des anticipations. Les acteurs n'agissent pas au hasard mais en tenant compte des conventions du marché, d'autant plus qu'ils pensent ne pas avoir d'informations suffisantes. Par **rationalité mimétique**, chacun copie l'autre en croyant qu'il détient

l'information, alors qu'aucun agent n'est informé. On retrouve l'image du « **concours de beauté** » que Keynes prend comme métaphore pour expliquer le poids des conventions (voir encadré plus bas).
Après cette euphorie survient le krach et l'effondrement des cours boursiers. Il est là encore lié à la rationalité mimétique, la chute des cours provoquant des ventes massives accentuant le mouvement de baisse. La déroute a lieu le 24 octobre, "jeudi noir" où les cours s'effondrent. La baisse va se poursuivre pendant 3 ans. Le Dow Jones perd au total 90 % de sa valeur.
La crise boursière de 1929 ne se traduit pas immédiatement par une dépression brutale, l'indice de production industrielle baisse en novembre 1929, mais se stabilise ensuite. En revanche, les difficultés du secteur bancaire contribuent à aggraver la crise. En effet, les faillites bancaires se multiplient : de 1931 à 1933, 9000 banques disparurent, représentant 15 % des dépôts bancaires américains. Ces **faillites en chaîne** s'expliquent par un **effet « domino »** qui conduit une banque à faire faillite du seul fait de la chute d'autres banques, leurs débitrices, et par les mouvements de panique des déposants, les « runs », qui les conduisent à retirer massivement leurs dépôts, ce qui précipite les banques à la faillite.
La crise se propage à l'économie réelle à travers plusieurs mécanismes :
- Les ménages détenteurs d'actions voient leur patrimoine financier baisser, et cet **effet de richesse négatif** les conduit à réduire leurs dépenses ;
- Les entreprises, y compris les banques, qui avaient placé leurs liquidités en Bourse subissent aussi des pertes ;
- Face à ces difficultés, les entreprises licencient massivement, ce qui provoque une forte hausse du chômage. En 1932, un quart de la population active américaine est au chômage ;
- La hausse du chômage entraîne une baisse de la consommation et de la production ;
- Les pertes bancaires conduisent les banques à une **contraction des crédits** accordés ;
- La chute des cours diminue également la valeur des capitaux propres des entreprises, avec des conséquences manifestes sur l'investissement ;
- À la recherche de liquidités, les agents vendent leurs actifs, y compris à perte (**vente forcée**), ce qui alimente la **déflation**.

La crise va être aggravée par des réactions inappropriées des pouvoirs publics :
- Si la FED baisse les taux d'intérêt en 1929, ils remontent dès 1931 pour attirer les capitaux étrangers, alors que l'économie est au plus mal. De plus, la FED laisse la masse monétaire s'effondrer, ce qui alimente la déflation, la **contraction du crédit** et l'envol des taux d'intérêt réel.
- Les États-Unis vont décider de mesures protectionnistes à travers le Smoot-Hawley Act (1930), ce qui entraîne des mesures de représailles.

Il en résulte une contraction du commerce mondial des 2/3, précisément au moment où ce dernier aurait pu soutenir la croissance. La crise devient mondiale.
- Les mesures budgétaires ont été contraintes par la volonté de limiter les déficits.

c. Les conséquences de la crise de 1929

Les conséquences de la crise de 1929 vont marquer durablement l'esprit des réformes entreprises à la fois au niveau international et dans chaque pays. L'instauration du **Glass Steagall Act** en 1933 impose la séparation entre les banques de dépôts et d'investissement : une certaine spécialisation bancaire favorise la stabilité financière. Au sortir de la deuxième guerre mondiale, de nouvelles institutions internationales vont permettre une coopération internationale (ONU, FMI, GATT). À partir de la Conférence de Bretton Woods, la liberté du commerce et la stabilité des changes s'accompagnent d'une relative fermeture des marchés de capitaux. Beaucoup de pays instaurent des systèmes de contrôle des changes et, au sein des systèmes financiers nationaux, la réglementation est forte et les marchés sont cloisonnés.

B. Les fluctuations après 1945

a. La période des Trente glorieuses

À partir de 1945, les idées keynésiennes dominent. Les pouvoirs publics vont mener des politiques monétaires et budgétaires visant à lisser le trend de croissance (v. chapitre *Politiques économiques*). Les **politiques contra-cycliques** (ou conjoncturelles) relèvent de la fonction de stabilisation de l'État analysée par **R. Musgrave**. Durant cette période, la priorité est donnée à la croissance et au plein-emploi.
Du point de vue du **Triangle des incompatibilités**, (v. chapitre *Intégration économique européenne*) les Trente Glorieuses sont caractérisées par la stabilité des taux de change, une faible mobilité des capitaux et une assez grande autonomie des politiques économiques.

b. La rupture de croissance des années 1970

La **crise de 1973** survient lors du choc pétrolier d'octobre, où le prix du pétrole est multiplié par quatre en raison de la réaction de l'OPEP à la guerre du Kippour. Contrairement aux crises précédentes, on assiste à une forte progression de l'inflation jusqu'au début des années 1980, et à une succession de récessions plus qu'à une dépression durable. La progression du chômage est lente mais durable, particulièrement en France où elle est quasi continue de 1973 à 1997. Contrairement à 1929, le commerce mondial continue de progresser plus vite que la production mondiale. Enfin, la crise a une durée et une ampleur très variable selon les pays, les États-Unis retrouvent une croissance continue et durable à partir de 1992, tandis que l'Europe doit attendre la fin de la décennie.

c. Les interprétations libérales du ralentissement des années 1970

Les politiques conjoncturelles vont être considérées par les économistes libéraux comme responsables des difficultés économiques des pays industrialisés (v. chapitre *Politiques économiques*).

- Pour le courant monétariste, dont le chef de file est **M. Friedman**, les politiques monétaires discrétionnaires présentent des effets pervers. En vertu des **anticipations adaptatives** (les agents corrigent leurs anticipations en fonction de leurs erreurs passées), les variations de la masse monétaire sont inefficaces à long terme et inflationnistes. Les politiques de relance budgétaire sont également inefficaces : en effet, la consommation dépend du **revenu permanent** (v. chapitre *Consommation, épargne et patrimoine*) et non du revenu courant, et elles n'ont donc que peu d'effets sur la demande finale.
- Pour les nouveaux classiques, en s'appuyant sur l'hypothèse d'**anticipations rationnelles** (les erreurs d'anticipations sont nulles en moyenne), les politiques discrétionnaires sont totalement inefficaces. **R. Barro** montre en 1974 qu'une relance budgétaire n'a pas d'effet sur les dépenses des agents car ils en anticipent les conséquences soit en termes de hausse d'impôts ou de remboursement d'emprunts publics et épargnent pour y faire face. C'est le **théorème d'équivalence de Ricardo-Barro**. Par ailleurs, les politiques monétaires discrétionnaires ne sont pas efficaces, la monnaie est parfaitement neutre.

Il va alors s'agir de privilégier les politiques de règles, qui ancrent les anticipations des agents ; et le financement externe direct, considéré comme moins inflationniste.

III. Le retour des crises financières depuis les années 1980

A. Les effets attendus de la nouvelle période de globalisation financière

a. La thèse des marchés financiers efficients

Les marchés financiers sont un moyen de gérer les ajustements nécessaires au sein de l'économie mondiale, l'essor de la finance peut donc être considéré comme une réponse à la montée des risques et à l'ampleur des ajustements rendus nécessaires du fait des évolutions macroéconomiques depuis le milieu des années 1970. Pour que les marchés remplissent une telle fonction, il faut qu'ils soient efficients.

La **théorie des marchés efficients** a été développée par **E. Fama** (né en 1939, prix Nobel 2013) à partir de 1965. Pour cet auteur, un marché financier est dit efficient si et seulement si l'ensemble des informations disponibles concernant chaque actif financier coté sur ce marché est immédiatement intégré dans le prix de cet actif.

On distingue traditionnellement trois types d'efficience :

- l'**efficience allocationnelle** signifie que le marché est capable d'allouer les fonds vers les emplois les plus productifs. Le marché sélectionne les émetteurs de titres qui ont les projets d'investissements et les perspectives de développement les plus prometteurs. Les capitaux disponibles contribuent donc au mieux au financement de la croissance ;
- l'**efficience opérationnelle** qui signifie que le fonctionnement du marché permet aux offreurs et aux demandeurs de capitaux de se rencontrer au moindre coût ;
- l'**efficience informationnelle** qui signifie que toute l'information susceptible d'influencer le prix d'un actif financier est prise en compte par les opérateurs.

Ces trois types d'efficience sont liés entre eux et c'est l'efficience informationnelle qui joue le rôle essentiel car les deux autres types d'efficience en dépendent.

Pour que les marchés financiers soient efficients, il faut que plusieurs conditions soient réunies :

- les opérateurs sur ces marchés doivent être rationnels, c'est-à-dire qu'ils doivent réagir de façon cohérente aux informations qu'ils reçoivent et ils doivent chercher à maximiser leur espérance de gain en prenant en compte les risques associés aux différents placements ;
- l'information doit circuler librement, elle doit être disponible simultanément pour tous les opérateurs qui doivent pouvoir la traiter en temps réel ;

- l'information doit être gratuite;
- les agents sont capables d'identifier tous les états futurs possibles auxquels ils appliquent des probabilités;
- les coûts de transaction doivent être nuls, ce qui suppose notamment qu'il n'y a pas d'impôt de bourse;
- le marché doit être atomistique, c'est-à-dire qu'aucun opérateur ne doit être en mesure par ses seules décisions d'achat et de vente de faire varier le cours des actifs.

Sous ces conditions, le marché est efficient, ce qui signifie que le prix des actifs ne peut s'éloigner durablement de la valeur qui correspond aux déterminants fondamentaux (par exemple pour le taux de change : inflation, balance des paiements, taux d'intérêt, etc.). Aucune dynamique déstabilisante endogène n'est envisageable. Dans ce contexte, la spéculation est stabilisatrice : si le cours d'un actif s'éloigne de sa valeur fondamentale, certains opérateurs vont acheter (si l'actif est sous-évalué) ou vendre (si l'actif est surévalué) ce qui ramènera le cours vers sa valeur d'équilibre. Certains économistes considèrent les marchés financiers globalement efficients. Ils estiment que cette efficience peut être renforcée à la fois par des règles prudentielles qui assurent plus de transparence, et par l'ouverture des marchés qui permet une plus grande liquidité combinée à une plus grande atomicité des opérateurs.

b. La libéralisation financière doit permettre de répondre aux changements de l'économie mondiale

À partir des années 1970, on observe des changements de l'économie mondiale auxquels la **globalisation financière** semble pouvoir répondre :

- Le passage au flottement des monnaies en 1973 a accru la volatilité des taux de change et conduit à des **innovations financières** destinées à assurer une meilleure couverture des risques mais qui ont aussi ouvert de nouvelles possibilités à la spéculation.
- Les chocs pétroliers de 1974-1979 ont mis à la disposition des pays exportateurs de pétrole des ressources considérables. Il a donc fallu organiser le recyclage de ce que l'on a appelé les « pétrodollars ». Les banques internationales ont joué un rôle considérable dans ce processus en collectant des dépôts et en accordant des prêts à des pays du Tiers-monde dont les besoins de financement devenaient considérables. Entre 1974 et 1982, l'encours de la dette publique des pays en développement augmente de 216 % et l'encours de la dette privée augmente de 341 % (les ressources financières privées étant principalement levées sur les Euro-marchés).
- Le Japon et l'Allemagne qui ont des taux d'épargne élevés et des excédents extérieurs contribuent au financement de l'économie mondiale et

réalisent des placements importants, notamment aux États-Unis qui doivent emprunter sur les marchés mondiaux pour financer leur déficit.

- À partir de 1979-1980, les pays développés ont amplifié leur politique de **déréglementation**, de **décloisonnement** et de **désintermédiation** (la **« règle des trois D » d'H. Bourguinat**) Les marchés de capitaux ont été de plus en plus ouverts ce qui a favorisé l'intégration financière internationale. Peu à peu se constitue un marché mondial unifié des capitaux. Les investisseurs institutionnels (fonds de pension, compagnies d'assurance) cherchent à bénéficier de ces nouvelles opportunités de placement.
- À partir du début des années 1980, les pays développés optent pour des politiques de désinflation, mais connaissent aussi des déficits publics et extérieurs importants (En 1985, pour la première fois depuis 1918, les États-Unis deviennent débiteurs nets du reste du monde). Les mouvements de capitaux (et notamment les investissements directs) concernent essentiellement les pays riches. La crise de la dette du Mexique, de l'Argentine et du Brésil confirme de façon spectaculaire la fragilité du système financier international et provoque un mouvement de désengagement des banques que les secrétaires d'État au Trésor des États-Unis s'efforcent d'enrayer (**Plan Baker** puis **Plan Brady**).
- Dans les années 1980, on observe d'amples mouvements des cours du change, notamment du dollar. L'année 1989 est celle de la chute du mur de Berlin : la réunification de l'Allemagne va la conduire à emprunter sur les marchés de capitaux pour financer la transition au marché des Länders de l'Est. Dans le même temps, les investissements directs étrangers (IDE) progressent plus vite que les exportations mondiales. Le stock d'IDE rapporté au PIB mondial passe de 6,4 % à 13,1 % entre 1985 et 1997.
- Dans les années 1990 et 2000, on assiste à l'essor de marchés émergents. La crise de la dette a été résolue. On découvre des pays au fort potentiel de croissance qui offrent d'importantes opportunités de placement en même temps qu'ils libéralisent leurs économies et s'ouvrent au marché mondial. Une partie de l'épargne des pays émergents est désormais placée dans les pays riches. C'est ainsi que la Chine, notamment, contribue à satisfaire le besoin de financement de l'économie des États-Unis.
- À partir des années 1980, la **gouvernance actionnariale** se met en place (v. chapitre *Entreprise et système productif*). La recherche de la maximisation de la valeur actionnariale accroît l'attractivité du financement externe direct. Par ailleurs, l'essor de la nouvelle économie et des Nouvelles technologies de l'information et de la communication porte la croissance aux États-Unis et nécessite de forts investissements, que les marchés financiers semblent à même de permettre. La cotation électronique, mise en place avec la création du NASDAQ aux États-Unis en 1971, se généralise dans les années 1980.

B. Le retour d'une forte instabilité financière à partir des années 1980

Les **crises financières** sont un éternel recommencement, comme l'a démontré **C. Kindleberger** (1910-2003) dans *Histoire mondiale de la spéculation financière* (2005). La période récente s'inscrit pour partie dans la continuité de celle qui la précédait. À partir du début des années 1980, parallèlement à la déréglementation, les crises financières se multiplient.

a. Les crises des années 1980

Le krach boursier de 1987 :

À la suite de la décision des pays du G5 de stabiliser le cours du dollar lors de l'accord du Louvre (22 février 1987), on pouvait espérer que « l'atterrissage en douceur » de la monnaie américaine était un succès. Mais l'apparition d'un désaccord entre les autorités américaines et allemandes quant à la politique monétaire à mettre en œuvre déclenche, en octobre 1987, une spéculation à la baisse du dollar. Les opérateurs revendent tout ou partie de leur portefeuille de **valeurs mobilières** pour vendre des dollars et acheter des marks, ce qui provoque une chute très importante de la Bourse de New York. Le premier jour de la crise, le 19 octobre 1987, les cours de Wall Street chutent de 30 %. La crise se diffuse sur les autres grandes places financières. Elle n'est jugulée que par la décision de la Réserve fédérale des États-Unis (FED) de refinancer sans limitation le système bancaire afin d'éviter une crise d'illiquidité et de solvabilité. Cet épisode montre que les marchés ne peuvent être maîtrisés que si les différentes autorités monétaires des grands pays agissent de façon concertée et cohérente. Le krach de 1987 montre aussi le rôle décisif du prêteur en dernier ressort, ici exercé de fait par la FED, pour éviter le déclenchement d'une **crise systémique**.

La crise des caisses d'épargne aux États-Unis

L'**instabilité financière** ne concerne pas que l'endettement et les changes mais aussi le système bancaire. Pendant les années 1980, les États-Unis ont connu de nombreuses faillites de banques et de caisses d'épargne. La déréglementation permise à travers la loi Garn-St Germain (1982) élargit le type de prêts que les caisses d'épargne peuvent octroyer, notamment sur le marché de l'immobilier. Une situation nouvelle, qui conduit à de nombreuses faillites : le nombre de caisses d'épargne passe de 3234 à 1645, le sauvetage du secteur coûte 210 milliards de dollars aux contribuables américains et 50 milliards au secteur lui-même.

b. Une intensification de la succession des crises financières dans les années 1990

La crise japonaise des années 1990

Le Japon se caractérise dans les années quatre-vingt par la montée d'une bulle immobilière et boursière alimentée par la facilité de l'octroi de crédit. Suite à un resserrement monétaire, cette double bulle éclate. Entre 1990 et 1991, les cours boursiers chutent de 40 %, les prix du foncier perdent 30 %. Or, ces actifs constituent les capitaux des propres des banques, ce qui les contraints à limiter les crédits (**crédit crunch**). Les difficultés des entreprises s'en trouvent aggravées, et par là le volume de créances douteuses détenues par les banques. En 1997, trois banques d'affaires font faillite. Le Japon entre en récession en 1992 et 1993. Puis la croissance est de 1 % par an en moyenne, un rythme quatre fois moins rapide que dans les années 1980. La déflation s'installe, en partie parce que la BoJ (la banque centrale japonaise) tarde à en percevoir les risques. Pour **P. Krugman**, les années 1990 constituent une « décennie perdue » et un cas concret de « **trappe à liquidité** » : les liquidités sont stérilisées par les agents au lieu de les investir ou de les consommer.

La crise du SME de 1992-1993

En 1992 se déclenche une première vague de spéculation contre la livre sterling, la lire italienne, la peseta espagnole et l'escudo portugais. Ces pays rencontrent des difficultés en matière de compétitivité et les spéculateurs anticipent des dévaluations. De fait, la lire et la livre quittent le SME et flottent à la baisse tandis que la peseta et l'escudo sont dévalués. Les spéculateurs qui avaient vendu ces monnaies avant qu'elles ne soient dévaluées ou qu'elles ne se déprécient, et qui les rachètent ensuite, réalisent des gains de 10 à 20 % du montant total de leurs opérations.

En 1993 se déclenche une attaque contre le franc et la livre irlandaise que les fondamentaux de l'économie ne justifient pas. Pour les spéculateurs, la politique de convergence imposée par le Traité de Maastricht n'est pas politiquement et socialement soutenable. Ils craignent que les forces politiques qui, en France, sont favorables à une « autre politique » fondée sur la relance budgétaire et la dépréciation du franc ne soient en mesure de l'emporter. Les autorités européennes portent alors les marges de fluctuation du SME à plus ou moins 15 % (au lieu de plus ou moins 2,25 %), ce qui désarme la spéculation. Par la suite, les autorités françaises maintiendront le franc dans l'ancienne bande des plus ou moins 2,25 % afin de montrer leur volonté de le stabiliser par rapport au mark et de préparer le passage à la monnaie unique (v. chapitre *Intégration européenne*).

Cette double crise est révélatrice des problèmes posés par la libéralisation des mouvements de capitaux qui a été réalisée en Europe à partir de 1992 dans le cadre de l'achèvement du Marché unique européen.

En dépit de ces crises, la marche vers la monnaie unique s'est poursuivie. Si l'euro depuis sa création a eu quelques difficultés, il a mis l'Union européenne à l'abri des crises résultant d'évolutions divergentes des cours du change des monnaies.

La crise du Mexique de 1994-1995

Cette crise mexicaine résulte paradoxalement des conditions de la sortie de la crise de 1982. En 1982, la crise de la dette du Tiers-monde débute lorsque le Mexique annonce l'impossibilité de faire face à ses engagements. Lorsque, à la suite du retournement de la politique monétaire américaine de 1979, le cours du dollar et les taux d'intérêt s'envolent, certains débiteurs ne peuvent plus assurer la charge des remboursements. Il faudra l'intervention vigoureuse des autorités américaines, pour que cette crise de la dette soit progressivement résorbée. Dans un premier temps, pour éviter une crise majeure de liquidité, la BRI a accordé un crédit relais au Mexique. Puis des politiques d'ajustement structurel (v. chapitre *Économie du développement*) ont été mises en place sous l'égide du FMI afin de reconstituer la capacité de remboursement des pays endettés. Ces mesures se révélant insuffisantes, le Secrétaire d'État au Trésor des États-Unis, **J. Baker** lance en 1985 le plan qui porte son nom et qui vise à convaincre le FMI, la Banque mondiale, mais aussi les banques privées de faire de nouveaux apports de fonds aux pays en développement afin de favoriser la croissance. Cette politique est complétée en 1989 par le Plan Brady (du nom du successeur de Baker au poste de Secrétaire au Trésor) qui organisa la transformation d'une partie de la dette en actions d'entreprises privatisées et en obligations (**mobiliérisation**). Ces deux plans conduisent début 1990 à restaurer la confiance et permettent de nouveaux afflux de capitaux.

La politique mexicaine a alors été modifiée en profondeur : privatisations, déréglementation, et signature d'un accord de libre-échange avec les États-Unis et le Canada (mise en place de l'ALENA en 1993), ce qui donne confiance aux investisseurs internationaux. Les capitaux affluent donc à nouveau au Mexique à partir du début des années 1990, pour l'essentiel sous forme de titres. Entre 1990 et 1993, les réserves de change en dollars augmentent et le gouvernement mexicain met en place une politique de réduction du déficit budgétaire. L'élément central de ce contexte macroéconomique, c'est l'ancrage du peso par rapport au dollar qui conduit bien évidemment à une surévaluation de la monnaie mexicaine. Le déficit commercial se creuse en raison de la moindre compétitivité des produits mexicains et d'un emballement de la demande intérieure qui résulte de la baisse du taux d'épargne. À partir de janvier 1994, des événements politiques vont modifier le climat (révolte des indiens du Chiapas, assassinat d'un candidat aux élections présidentielles). En outre, l'évolution de la politique économique du Mexique suscite un mouvement de vente du peso contre dollar qui pousse le gouvernement mexicain à une dévaluation jugée insuffisante par les opérateurs : le peso flotte à la baisse et se déprécie de plus de 60 %. L'inflation grimpe à 50 % en rythme annuel. Cette crise du change débouche sur une crise boursière et sur une crise bancaire qui affecte l'économie réelle. En 1995 l'investissement se réduit de 25 % par rapport à 1994 et le PIB chute de 6,2 %. L'économie mexicaine perd 1,7 million d'emplois entre janvier 1995 et juin 1996.

En fin de compte, la crise sera résorbée par une opération de sauvetage international de grande envergure : sous l'égide du FMI et du Trésor américain, 50 milliards de dollars sont mis à la disposition du Mexique. Mi-1995, les investisseurs recommencent à effectuer des placements au Mexique.

La crise asiatique de 1997

Après la crise de la dette de 1982, les pays en développement ont versé plus d'intérêts et de dividendes qu'ils n'ont reçu de capitaux nouveaux. Mais à partir de 1991, ils redeviennent importateurs nets de capitaux. En 1996, les pays émergents ont reçu 140 milliards de dollars de capitaux privés étrangers dont la moitié au bénéfice de cinq pays : la Chine, le Brésil, le Mexique, la Thaïlande et l'Indonésie. Ces placements en provenance de l'étranger sont favorisés par le développement de marchés financiers émergents.

Ce contexte financier se révèle particulièrement porteur pour l'Asie de l'Est qui est, à partir des années 1980, le pôle le plus dynamique de l'économie mondiale. Après les « Quatre dragons » (Singapour, Hong Kong, Corée du Sud, Taïwan), la croissance concerne des pays beaucoup plus peuplés (Indonésie, Malaisie, Philippines, Thaïlande). On assiste à un phénomène de rattrapage économique qui repose notamment sur un taux d'épargne élevé, des situations macroéconomiques relativement équilibrées (faible inflation, soldes budgétaires maîtrisés), une industrialisation par remontée de filière. Ces pays ont été incités, notamment par le FMI, à ouvrir leurs marchés de capitaux dans un contexte de stabilité des changes (beaucoup de monnaies sont rattachées à un panier de devises où le dollar occupe une grande place).

On va assister progressivement à une montée des risques financiers sous l'effet de deux mécanismes :

– les institutions financières des pays développés souhaitent effectuer des placements rémunérateurs dans une zone de l'économie mondiale marquée par une forte croissance ;

– les banques et les entreprises des pays d'Asie de l'Est s'endettent au-delà du raisonnable en raison de l'euphorie ambiante et d'une offre abondante de capitaux.

La crise débute avec le creusement du déficit commercial de la Thaïlande à partir de 1996-1997. Un mouvement de défiance s'amorce, des faillites immobilières se produisent, les entrées de capitaux se ralentissent et cessent de compenser le déficit commercial. À partir de mai 1997, une spéculation à la baisse du bath se déclenche. Le 2 juillet 1997, le gouvernement laisse flotter le bath, les sorties de capitaux s'amplifient en dépit d'une hausse importante des taux d'intérêt. La Bourse s'effondre, les banques et les entreprises deviennent insolvables, l'économie entre en récession notamment sous l'effet d'une contraction brutale du crédit. La contagion régionale est très rapide. Les capitaux fuient les pays de la région qui présentent les mêmes risques que la Thaïlande (Malaisie, les Philippines et l'Indonésie) mais aussi la Corée du Sud. Le won coréen est attaqué en octobre 1997 et perd 50 % de sa valeur en deux mois.

Tous les pays de la région entrent en récession. Le FMI accorde des financements sans précédent. Ces prêts sont assortis de politiques d'ajustement qui amplifient la récession.

La situation commence à se rétablir au cours de l'année 1998 et la croissance reprend en 1999 et 2000.

c. La crise des *subprimes*

La crise financière déclenchée en août 2007 a été considérée comme la plus importante depuis 1929, au point qu'on parle parfois de « **grande récession** » (par référence à la « grande dépression » des années 1930). Elle a occasionné pour le système bancaire international des pertes considérables, largement prises en charge par les finances publiques de chaque pays. De très grandes banques ont été en difficultés (Northern Rock en Grande-Bretagne a été nationalisée, Bear Stearns aux États-Unis a été absorbée par J.-P. Morgan, Lehman Brothers aux États-Unis a disparu en septembre 2008). Mais la crise bancaire dure bien au-delà du choc initial, en particulier en Europe (démantèlement de la banque Dexia à l'automne 2011 par exemple). Le sauvetage du système bancaire a alimenté la crise des dettes souveraines en Europe à partir de 2010. Cette crise bancaire, qui est la conséquence d'une crise des dettes privées, a entraîné ensuite une crise financière, et a eu des effets importants sur l'économie réelle. On est donc en présence d'un **choc systémique**, puisqu'une crise sur un marché particulier (le crédit immobilier aux États-Unis) a finalement affecté l'ensemble de l'économie mondiale.

L'ÉCONOMIE MONDIALE 2006-2015 (VARIATIONS EN %)

	2006	2007	2008	2009	2010	2011	2012	2013	2014	2015
PIB mondial	5,4	5,0	3,0	– 0,7	5,1	3,9	3,5	3,2	3,4	3,1
dont pays avancés	*2,9*	*2,6*	*0,6*	*– 3,7*	*3,1*	*1,6*	*1,4*	*1,3*	*1,8*	*1,9*
dont pays émergents et pays en développement	*8,1*	*8,0*	*6,0*	*2,8*	*7,3*	*6,2*	*5,1*	*4,7*	*4,6*	*4*
Commerce mondial	9,2	7,2	3,0	– 10,7	12,8	5,8	2,8	3,1	3,4	2,6

Source : FMI, Rapport semestriel sur les perspectives de l'économie mondiale 2015 (pour l'année 2015, estimations FMI janvier 2016).

La crise a pris sa source sur le marché du crédit hypothécaire aux États-Unis. Le mouvement de dérèglementation, notamment bancaire sous la pression de leur lobbying intense, aux États-Unis, a conduit à abroger le Glass Steagall Act avec l'adoption du Gramm-Leach-Blilley Financial Services Modernization Act en 1999 sous la présidence de Bill Clinton. Les banques peuvent désormais être présentes dans tous les compartiments du secteur financier (valeur mobilières, fonds mutuels, assurances, activités immobilières).

Pendant le début des années 2000, dans un contexte de politique monétaire accommodante et de croissance soutenue de l'économie américaine, les banques ont accordé des crédits immobiliers à des ménages peu solvables. En suivant la logique d'**H. Minsky**, ce contexte est celui du **paradoxe de la tranquillité** : c'est dans une période où l'économie va bien que se préparent les crises. Ces crédits étaient à taux variables (faibles au début, puis fortement croissants ensuite) et ils étaient garantis par la valeur des biens immobiliers acquis, qui servent de collatéral au crédit (crédit hypothécaire). Par ailleurs, le paradoxe de la tranquillité se double pour **C. Borio** d'un **paradoxe de la crédibilité** propre à la crise de 2008. En effet, jusqu'en 2004, la croissance est forte aux États-Unis, sans tensions inflationnistes du fait de la crédibilité de la banque centrale. Les agents n'adoptent pas de comportements inflationnistes car ils anticipent que la FED atteindra sa cible d'inflation : les taux d'intérêt demeurent ainsi faibles en dépit des signes d'emballement, notamment sur le marché de l'immobilier. La FED a relevé ses taux à partir de 2004, ce qui entraîne le début de la hausse des défauts de paiement des crédits subprimes. Dans la première moitié de l'année 2007, le boom de l'immobilier américain s'est ainsi interrompu, des défauts de paiements de plus en plus nombreux sont intervenus et ces crédits à risque (« *crédits subprimes* ») sont devenus des pertes potentielles pour les banques. Or, ces crédits ont été titrisés, c'est-à-dire transformés en actifs financiers négociables et revendus à d'autres banques attirées par des rendements élevés. Si la **titrisation** permet en principe de répartir les risques (la banque qui a accordé les prêts en revend une partie à d'autres acteurs financiers) elle conduit aussi à les disséminer. Plus grave, de nombreux opérateurs avaient acheté ces titres représentatifs de crédits hypothécaires américains sans connaître exactement la nature des actifs achetés et sans mesurer exactement le risque pris (donc sans se couvrir). Le déclenchement de la crise a amplifié les pertes (maisons saisies et vendues alimentant alors la baisse du prix de l'immobilier et donc la baisse du prix du **collatéral du crédit**). La crise de confiance a conduit à un fléchissement des cours boursiers, à un **effet de richesse** négatif (comme en 1929), un pessimisme des ménages et des entrepreneurs, à une **contraction du crédit** des banques et à des faillites bancaires.

Cette crise a conduit à une remise en cause du **capitalisme financiarisé** depuis les années 1980 :

- Sur le plan macro-économique, un lien a été établi entre le creusement des inégalités qui marque les années 1990-2000 (à des degrés divers selon les pays) et la montée de l'endettement qui a conduit à une bulle de crédit. Aux États-Unis, la stagnation du revenu réel des ménages modestes les a conduits à s'endetter pour éviter le déclassement. Par ailleurs, les déséquilibres macroéconomiques (dus aux déficits publics, à l'accumulation de déficits extérieurs – notamment aux États-Unis –, aux excédents extérieurs – notamment en Chine –, et à l'accumulation de réserves de change par les pays émergents), ont créé les conditions de l'éclatement et de la contagion de la crise.
- Sur le plan micro-économique, la crise a mis en évidence une grave insuffisance de régulation du secteur financier. Les modes de rémunération dans le secteur financier ont été pointés du doigt. Les institutions financières ont mal contrôlé en interne les prises de risque. Des dirigeants de grandes banques ont été contraints à la démission, des licenciements d'ampleur sont intervenus dans certains groupes financiers. La **gouvernance actionnariale** et la culture d'entreprise de la finance ont été remises en cause, comme l'illustrent les multiples « affaires » (Madoff aux États-Unis ou Société Générale en France).

Si l'on compare la crise de 1929 et celle de 2008, elles sont au départ de même gravité : le déclin de la production industrielle est de même ampleur, la chute des bourses mondiales est pire qu'en 1929-1931. La principale différence réside dans la réaction des pouvoirs publics face à la crise. On peut ainsi parler d'un certain apprentissage des pouvoirs publics face aux crises. Il n'y a pas eu de crise générale de liquidité ou d'effondrement général du système bancaire comme en 1929, grâce à l'action concertée des banques centrales, des gouvernements et des institutions financières internationales, notamment dans le cadre du **G20** (qui réunit 19 pays et l'Union Européenne, représentant 90 % du PIB mondial, près de 80 % du commerce mondial en incluant le commerce intra-européen et les 2/3 de la population mondiale). La **gouvernance mondiale** est en effet nécessaire pour améliorer la coordination des politiques économiques.

Ainsi il y a bien eu des différences notables dans la gestion de la crise de 2007-2008 par rapport à celle de 1929 :

- Les banques centrales ont joué le rôle de prêteur en dernier ressort. La Fed abaisse son taux directeur entre 0 et 0.25 % dès 2008. Même la BCE a abaissé son taux à 1 % au plus fort de la crise. Par comparaison, lors de la crise des années 1930, le taux d'intérêt des banques centrales n'est pas descendu autant. Dans les années 1930, la masse monétaire s'est effondrée, alors qu'elle continue de croître après 2008. Les banques centrales ont réagi en pratiquant des politiques monétaires non conventionnelles comme l'assouplissement quantitatif qui a permis de fournir le marché monétaire en liquidité.
- Des plans de relance massifs ont été mis en œuvre, avec par exemple aux États-Unis un plan de relance de plus de 780 milliards de dollars, soit 7 % du PIB américain alors qu'au début des années 1930 les déficits publics sont restés en dessous des 4 % du PIB.
- Il n'y a pas eu de réactions protectionnistes : la chute du commerce mondial en 2009 ne tient pas à des mesures de restrictions des échanges, mais à la chute de la demande.

La question de la régulation de la globalisation financière pour assurer la stabilité financière est posée.

C. L'instabilité de la finance globalisée et la régulation financière

a. La finance est fondamentalement instable

Certains économistes insistent sur le caractère fondamentalement instable de la finance. Les marchés financiers et immobiliers ne sont pas des marchés comme les autres dans la mesure où la loi de l'offre et de la demande y est inopérante. En effet, la hausse de la valeur des titres ou des biens immobiliers alimente la hausse au lieu de limiter la demande : contrairement aux biens, ce sont des actifs qui peuvent servir de co-latéral (garantie) à des opérations de crédit. La hausse du prix de ces actifs alimente alors leur demande au lieu de la freiner : d'où une pro-cyclicité de la finance. Les prix s'envolent dans les périodes d'euphorie jusqu'au moment où les anticipations s'inversent et le marché bascule dans la panique. Point besoin de choc dans cette perspective, la crise se prépare quand l'économie va bien (les agents sont confiants et prennent plus de risques) et la stabilité alimente l'instabilité : c'est tout le sens du **paradoxe de la tranquillité** d'**H. Minsky**.

D'autres types de comportements affectent l'efficience des marchés. Par exemple, certains agents rationnels (en particulier les investisseurs institutionnels) ont tendance à adopter des **comportements mimétiques** : comme l'information n'est ni gratuite, ni parfaite, certains considèrent que l'on minimise les risques en adoptant le même comportement que les autres opérateurs. En particulier, les opérateurs des salles de marché, qui réalisent un très grand nombre d'opérations quotidiennes, ont un horizon temporel très court : l'évolution à quelques mois ou quelques années du cours d'un titre ou d'une devise est sans intérêt pour eux, ils réalisent des gains ou des pertes à court terme.

Il se forme alors des **bulles spéculatives**, situations dans lesquelles le cours d'un actif s'éloigne durablement et cumulativement de sa valeur d'équilibre. **R.J. Shiller** (né en 1946, prix Nobel en 2013) montre que la volatilité du marché boursier est trop grande pour s'expliquer de manière plausible par une vision rationnelle du futur. Avec **G. Akerlof** (né en 1940, prix Nobel en 2001), il montre que les motivations psychologiques, ce que **J.M. Keynes** (1883-1946) appelait les « esprits animaux », jouent un rôle essentiel.

Bulles spéculatives : l'exemple du concours de beauté

• La théorie des bulles spéculatives a pour fondement une analyse célèbre de **J. M. Keynes** à partir de l'exemple d'un concours de beauté. Les règles du concours sont les suivantes :
– on présente aux lecteurs d'un journal un certain nombre de photos en leur demandant de voter pour désigner le gagnant (ou la gagnante) de ce concours de beauté ;
– on accordera un prix à celui qui aura fait le même choix que la majorité des votants (par exemple le tiercé gagnant).

• Dans de telles conditions, le joueur qui veut gagner ne doit pas exprimer ses propres préférences subjectives, mais il doit s'efforcer de deviner quelles seront les préférences de la majorité. Cependant, comme tous les joueurs ont le même comportement on se trouve en présence d'une situation qualifiée de spéculaire où chaque agent s'efforce d'imiter les autres qui sont en train de l'imiter.

• Transférons au niveau des marchés financiers ce type d'analyse, il en ressort que le marché ne converge pas vers une valeur d'équilibre stable, mais que, sous l'effet des comportements mimétiques, le cours de l'actif peut s'éloigner durablement et cumulativement de sa valeur d'équilibre reflétant les déterminants fondamentaux. On parle du gonflement d'une bulle spéculative qui reflète certes le comportement des agents irrationnels (qui suivent le marché en raison de leur comportement moutonnier) mais aussi le comportement des agents rationnels. En effet, même si ces derniers pensent que le cours de l'actif est surévalué (par exemple) ils vont se porter acheteurs s'ils pensent que le cours va continuer à monter parce que les autres opérateurs pensent que le cours va continuer à monter (situation auto-référentielle). En effet, à court terme, l'agent rationnel ne peut espérer gagner contre le marché. En raison de ces comportements les marchés de capitaux (pris au sens large : marché des changes, marché monétaire, marché financier) sont donc fondamentalement instables.

Les marchés mondiaux de capitaux sont caractérisés par une dialectique paradoxale : chaque agent cherche à se protéger contre les risques et/ou à tirer profit de cette montée du risque en spéculant, mais il en résulte un risque systémique accru.

Pour **M. Aglietta**, le **risque de système** (ou **risque systémique**) « *est l'éventualité qu'apparaissent des états économiques dans lesquels les réponses rationnelles des agents individuels aux risques qu'ils perçoivent, loin de conduire à une meilleure répartition des risques par diversification, amènent à élever l'insécurité générale* » (Aglietta, 1991). La crise systémique est dans cette perspective « *la possibilité de crises qui détruisent l'organisation même des marchés, comme en 2008, où les Banques centrales ont remplacé les marchés de la liquidité, paralysés* » (Aglietta, 2020).

La dispersion des risques dans le portefeuille de chaque établissement n'exclut en rien le fait qu'ils soient tous, sans le savoir, exposés à des facteurs de risques communs ce qui accroît la fragilité du système financier dans son ensemble.

Ce qui caractérise le risque de système, c'est donc qu'il résulte de l'agrégation de comportements rationnels (même si les comportements irrationnels peuvent jouer un rôle dans le déclenchement de la réaction). Ces situations résultent notamment du jeu des **prophéties autoréalisatrices** : si des agents croient qu'une banque va se trouver en faillite, ils vont se ruer au guichet pour retirer leurs avoirs et vont provoquer la faillite de la banque, même si le déclenchement du mouvement n'avait pas de base objective.

Hedge Funds, Private Equity, Fonds souverains

– Les ***Hedge Funds*** sont des fonds de placement spéculatifs (ce qui est contradictoire avec la traduction littérale du terme anglais puisque « Hedge » signifie « couverture »). Ils font appel à l'épargne publique et utilisent les fonds ainsi collectés pour mettre en œuvre une gestion dite « alternative » (c'est-à-dire risquée). Les gestionnaires de ces fonds opèrent surtout sur les marchés dérivés (options) et ils visent à assurer aux clients qui leur font confiance un rendement élevé de leurs placements. Ces fonds ont été critiqués pour leur manque de transparence lors de la crise de 1998 (faillite du fonds LTCM aux États-Unis), mais depuis leur nombre n'a cessé de s'accroître et les montants qu'ils gèrent ont connu une forte augmentation (1 300 milliards de dollars en 2006 contre 400 milliards de dollars en 2000). En grande difficulté avec la crise de 2008, ils gèrent, fin 2019, 3 320 milliards de dollars avant la crise du coronavirus.

– Les ***Private Equity*** sont des fonds d'investissement qui ne font pas un appel public à l'épargne mais mobilisent des fonds placés par des institutionnels et des particuliers. Ces fonds sont utilisés pour acquérir des actions d'entreprise, souvent en utilisant la technique du LBO (Leverage Buy Out), c'est-à-dire en ayant recours au crédit. Il s'agit de prendre des participations minoritaires dans le capital d'entreprises non cotées (ou retirées de la côte). Cette prise de participation relève souvent de la logique de « capital investissement » (prise de participation dans des entreprises jeunes et à forte capacité de développement). Les Private Equity ont donc soit un comportement d'actionnaires activistes qui cherchent à accroître la rentabilité d'une entreprise, soit un comportement de restructuration d'entreprises (revente d'une partie des actifs de l'entreprise achetée).

– Les **Fonds souverains** sont des fonds d'investissement contrôlés par des États. Les premiers ont été créés dans les années 1960 par les pays pétroliers du Golfe afin de gérer leurs revenus et de préparer l'après-pétrole (création de Kuwait Investment Authority en 1960). La Norvège a créé son fonds souverain dans la même perspective. Les pays émergents d'Asie ont adopté la même technique pour gérer les réserves de change liées à leurs excédents commerciaux (création de Singapore Investment Corporation en 1981). Le Fonds d'investissement chinois (China Investment Corporation) créé en 2007 est intervenu à l'occasion de la crise financière en prenant des participations dans plusieurs groupes financiers américains en difficulté. La Chine est aussi intervenue en 2011 en apportant des capitaux au Fonds européen de stabilité financière. En 2020, on compte 146 fonds souverains, qui gèrent plus de 15300 milliards de dollars d'actifs.

b. Les progrès de la régulation financière face au risque de système

La mise en évidence de l'instabilité des marchés financiers, avec la récurrence des crises financières, a conduit au développement d'un débat sur la réforme du système monétaire international, voire, plus largement, sur la nécessaire mise en place d'une nouvelle architecture financière internationale. En effet, il est évident que toutes les conditions de l'efficience ne sont pas réunies sur les marchés tels qu'ils fonctionnent effectivement. La question posée est donc celle du degré d'efficience des marchés, de l'ampleur et de la durée des déviations des cours par rapport aux cours d'équilibre.
Deux approches peuvent être distinguées :

– Pour certains, les marchés financiers sont efficients : il faut améliorer la transparence des marchés financiers et surveiller étroitement chaque établissement bancaire. Ce diagnostic conduit à privilégier l'**approche micro-prudentielle** de la régulation financière. Pour que le système financier soit sain, il est nécessaire et suffisant que chaque établissement soit sain. Il s'agit alors de maintenir le libre jeu des marchés financiers et des marchés des changes et de renforcer les règles prudentielles (par exemple, règles relatives à l'information des épargnants, règles concernant le contrôle interne et externe des établissements financiers). Dans cette perspective, les États n'ont pas à se mêler du fonctionnement des marchés, il leur revient de donner aux marchés des informations claires et cohérentes sur l'orientation à moyen terme des politiques économiques. Par contre les autorités de régulation prennent une importance cruciale et sont amenées à se coordonner au niveau régional (Union européenne) et international. Cette approche restrictive de la régulation des marchés est nécessaire, mais l'idée qu'elle soit suffisante est en perte de vitesse depuis la crise des subprimes.

La crise de 2008 pose le problème de la qualité des règles prudentielles. Ces règles ont été mises en place par le **Comité de Bâle**, l'un des comités abrités par la **Banque des règlements internationaux**. En dépit du renforcement de ces règles (le premier ratio préconisé par le Comité de Bâle, appelé **ratio Cooke**, renforce la quantité de fonds propres des banques commerciales) depuis le krach de 1987 et du développement de l'activité des autorités de régulation, on a débouché sur une crise financière qui résulte de la mauvaise qualité de l'information et d'une grave insuffisance dans la gestion des risques au niveau de chaque banque ou institution financière comme du système financier dans son ensemble.

Les règles prudentielles ont été réformées par les **accords de Bâle III** (2010). Ils reposent sur quelques mesures principales : des fonds propres renforcés en quantité et en qualité (le ratio atteint 10,5 % de fonds propres en 2019, dont 7 % de fonds propres « durs », actions et réserves) ; un ratio de levier simple (non pondéré par les risques) de 3 % ; des ratios de couverture de liquidité de court et de long termes plus élevés. En outre, une dose de macro-prudentiel est introduite avec un **coussin contra-cyclique** (jusqu'à 2,5 %) qui s'ajoute aux exigences minimales en fonction de la position dans le cycle financier. Ce supplément de fonds propres s'ajuste dans le temps afin d'augmenter les exigences en fonds propres en période d'accélération du crédit et à les desserrer dans les phases de ralentissement afin d'atténuer la pro-cyclicité de la finance.

Cependant, leur application a été reportée d'un an (de 2023 à 2028 au lieu de 2022 à 2027) pour laisser aux banques des marges de manœuvre face à la crise du coronavirus, ce qui pour certains envoie un mauvais signal au secteur bancaire.

– Une autre approche, plus radicale, considère que les marchés financiers ne sont pas autorégulateurs. Dans la lignée de **J.M. Keynes**, il s'agit alors de promouvoir une régulation consciente du système monétaire et financier international et une **gouvernance financière mondiale** plus ambitieuse.

Le contrôle des mouvements internationaux de capitaux est discuté. La proposition de **J. Tobin** (1918-2002, prix Nobel 1981), de taxer les opérations de change afin de limiter les mouvements spéculatifs fait l'objet d'un regain d'intérêt. Des restrictions aux flux entrants de capitaux ont été introduites par plusieurs pays émergents (Brésil, Corée du Sud) pour atténuer les effets des politiques monétaires accommodantes des pays avancés après la crise de 2008. Le Fonds monétaire international souligne en 2019 que les contrôles des capitaux sont les instruments adéquats pour s'attaquer aux problèmes de surendettement causé par des conditions de financement étrangères très avantageuses. Mais d'un autre côté, le processus graduel de libéralisation du compte financier continue dans les émergents, en particulier en Chine et en Inde, qui lève certains de leurs contrôles de mouvements de capitaux.

De même, **J. Williamson** a proposé la mise en place d'un système de « zones cibles » permettant une stabilisation des cours du change dans le cadre d'une organisation multipolaire du SMI. Dans une perspective encore plus ambitieuse, certains économistes proposent de mettre en place un prêteur international en dernier ressort, c'est-à-dire une institution financière internationale garante de la stabilité et de la liquidité du système monétaire et financier international (v. chapitre *Relations monétaires internationales*).

Le renforcement des autorités de contrôles des banques, des assurances et des marchés financiers en Europe, s'inscrit dans une logique visant à limiter l'instabilité financière. La concentration du système bancaire et donc le risque d'**aléa moral** s'est accru : certaines banques sont, plus que par le passé, « trop grosses pour faire faillite » (*Too big to fail*). Depuis 2014, une liste des banques considérées comme systémiques au niveau international a été publiée. Ces banques font l'objet d'une surveillance accrue et d'exigences en fonds propres renforcée. Par ailleurs, en Europe, un « coussin pour le risque systémique » a été mis en place et peut être activé en cas de montée du risque (14 pays en Europe l'ont activé en 2019). Les mesures de séparation des activités bancaires, telles l'adoption du Dodd Frank Act en 2010 aux États-Unis (la **règle de Volcker** limite les investissements des banques dans les fonds de capital-investissement et les fonds spéculatifs -Hedge funds-), pourraient conduire à réduire leur taille. Il a cependant été assoupli en 2018 par D. Trump. Il faut enfin revoir les modes de rémunération des traders pour éviter une prise de risque excessive.

L'ensemble de ces mesures pourrait conduire à éliminer les opérations financières indésirables et ainsi diminuer la taille du secteur financier. Certains travaux montrent qu'au-delà d'un certain seuil, la finance ne sert plus la croissance (*too much finance*) : il existerait une taille optimale du secteur financier. Cependant, les progrès dans la régulation de la finance sont freinés par le lobbying bancaire et financier, notamment aux États-Unis. Certains économistes parlent à propos du « pouvoir de Wall Street », d'un « coup d'État feutré », *The quiet coup*.

D'autre part, la nécessité de renforcer la **gouvernance mondiale** en matière de régulation financière a donné naissance en 2009 lors du sommet du G20 à Londres au **Conseil de stabilité financière** (*Financial Stability Board*). Le G20 a renouvelé sa volonté de lutter contre l'opacité liée aux **paradis fiscaux**, des paradis réglementaires dans lesquels les opérateurs financiers logent leurs activités les plus risquées, parfois les opérations illicites et contribuent à alimenter les inégalités et l'instabilité financière. Le G20 vise également à réduire l'opacité du ***shadow banking system***, un système parallèle qui regroupe des entités peu régulées et concourt, par son opacité, à accroître l'instabilité financière. Le rapport du FSB (2019) préconise d'utiliser le terme d'**intermédiation financière non bancaire** (et non *shadow banking*) et souligne que si certaines activités non bancaires peuvent contribuer à fluidifier le fonctionnement des marchés, d'autres opérations contribuent à alimenter le risque systémique.

La prise en compte du risque systémique conduit aussi à compléter le volet micro-prudentiel par des **mesures macro-prudentielles**. Afin d'améliorer la supervision financière, l'Union européenne s'est dotée d'un **Conseil européen du risque systémique** (CERS), qui dépend étroitement de la BCE. Pour mieux intégrer l'objectif de stabilité financière, elle est désormais responsable de la supervision des grandes banques systémiques de la zone euro dans le cadre de l'Union bancaire (v. chapitres *Intégration économique européenne* et *Monnaie et financement de l'écono-*

mie). Les stress tests doivent en outre incorporer les risques financiers liés au climat (v. chapitre *Économie et environnement*).

Les Banques Centrales intègrent alors au moins implicitement la question de la stabilité financière. La question de la surveillance des évolutions du prix des actifs, et par là la prévention des bulles spéculatives, est posée. Ce sera un point crucial dans la gestion des conséquences financières de la crise sanitaire qui débute en 2020. En effet, bien que partant de l'économie réelle, les difficultés financières des entreprises non financières et des banques pourraient avoir un impact sur la stabilité financière mondiale. Le FMI souligne dans son Rapport sur la stabilité financière dans le monde de 2021 un décalage entre la hausse de la valorisation des actifs sur les marchés financiers et l'économie réelle.

Pour **C. Kindleberger**, la stabilité du système financier peut être envisagée comme un **bien collectif mondial**. En effet, ce type de biens soulève une difficulté supplémentaire par rapport aux biens collectifs nationaux, celle de la coordination entre États et montre l'intérêt d'une **gouvernance mondiale** du système financier. En effet, on ne peut compter sur les seules forces du marché pour assurer la stabilité financière, mais on ne peut pas non plus, en l'absence de gouvernement mondial, se tourner vers une autorité politique pour pallier les défaillances de marché. Se pose alors le problème de passager clandestin que seule une gouvernance mondiale appropriée et la construction d'une coopération inter-étatique appropriée peuvent limiter. Depuis le krach boursier de 1987, la Banque centrale américaine tient de facto ce rôle en raison de la place dominante de l'économie américaine et du dollar dans l'économie mondiale. Mais la Banque centrale américaine ne peut assurer de jure cette fonction dans la mesure où son action est essentiellement guidée par des considérations propres à son économie. La question d'un prêteur international en dernier ressort demeure donc entière mais pose de nombreuses difficultés :

- la première difficulté est de nature politique. Au sein des États-nations, la fonction de prêteur en dernier ressort est, au moins indirectement lorsque la Banque centrale est indépendante, un attribut de souveraineté. La mise en place d'un prêteur en dernier ressort au niveau international suppose un transfert de souveraineté ;
- la seconde difficulté réside dans le choix de l'institution à laquelle serait confiée cette fonction. Parmi les candidats potentiels, le **Fonds monétaire international** et la **Banque des règlements internationaux** sont les plus cités. Le Fonds monétaire international, de par ses règles de fonctionnement et ses missions actuelles, est considéré comme lent dans ses interventions (v. chapitre *Relations monétaires internationales*). De plus, les conditions d'utilisation des liquidités d'urgence accordées par le FMI sont conditionnelles et restrictives. Elles ne permettent pas de dissiper le doute des marchés, mais au contraire, d'entretenir la

panique des opérateurs. La Banque des règlements internationaux a comme objectif de promouvoir la coopération internationale dans la prévention des crises financières et leur résolution mais ne peut être le prêteur de la crise dans la mesure où elle ne dispose pas, en propre, des liquidités nécessaires pour restaurer l'équilibre. Mais de par sa qualité de gestionnaire de la crise, elle pourrait coordonner une action des banques centrales nationales pour atteindre cet objectif.

Une voie alternative pourrait être de confier la mission de prêteur international en dernier ressort à un consortium d'institutions regroupant le FMI, la BRI, la Banque mondiale et les grandes Banques centrales.

- la troisième difficulté concerne la question de l'**aléa moral** : désormais couverts par un filet de sécurité garantissant les risques, les opérateurs financiers pourraient être encouragés à prendre plus de risque, ce qui accroîtrait, et non réduirait, le risque de crise financière.

§ 3. Crises et dynamique du capitalisme

I. La possibilité d'une crise générale de surproduction

Avant la crise des années 1930, et la démonstration par **J. M. Keynes** de la possibilité d'une crise durable de sous-emploi, la plupart des économistes approuvaient l'analyse des classiques concernant l'impossibilité de crises générales dues à la surproduction. Cette analyse repose sur la **loi des débouchés** de **J.-B. Say** (1767-1832) : la production de biens génère les revenus nécessaires à leur achat, et assure donc les débouchés dont les produits ont besoin (v. chapitre *Les grands courants de l'analyse économique*). Par conséquent, la demande est toujours suffisante pour écouler la production, et seules des crises sectorielles sont possibles, en raison de mauvais ajustements dans l'allocation des capitaux entre secteurs. La loi des débouchés est défendue par les économistes classiques et néo-classiques. Cependant, certains économistes envisagent dès le XIXe siècle la possibilité de crises générales dues à une faiblesse de la demande, et préfigurent ainsi l'œuvre de **J. M. Keynes**.

A. Malthus et les crises de sous-consommation

Parmi les économistes classiques, **Th. R. Malthus** (1766-1834) fait figure d'exception, car il soutient que des crises générales dues à la surproduction sont possibles. Les crises résultent d'un excès d'épargne, qui entraîne une sous-consommation. L'analyse de **Th. R. Malthus** repose sur la distinction entre les biens de consommation courante et les biens de luxe. En raison de la faiblesse des salaires, les ouvriers ne peuvent acheter tous les biens de consommation, et surtout pas les biens de luxe qu'ils produisent. Alors, si les catégories aisées utilisent leurs revenus pour épargner plutôt qu'acheter des biens de luxe, cela conduit à accumuler les capitaux et à augmenter la surproduction, alors même que les biens de luxe sont produits en excès. L'excès d'épargne entraîne donc une sous-consommation des catégories aisées, à l'origine de la crise.

B. Sismondi et le décalage entre production et consommation

Selon **S. de Sismondi** (1773-1842), la **loi de Say** n'est pas vérifiée en raison d'un décalage temporel entre production et revenu : les revenus tirés en t de la production sont dépensés en t + 1 pour acheter la production de la période suivante. De ce fait, une crise générale est possible en cas de forte hausse de la production, car le revenu de la période précédente sera insuffisant pour l'écouler.

S. de Sismondi propose des mécanismes sociaux de soutien des revenus comme la garantie de l'emploi, afin de stabiliser la consommation à un niveau suffisant pour éviter la crise. Si son œuvre est resté longtemps ignorée, le soutien des bas revenus qu'il préconisait est devenu une cause importante de l'atténuation des fluctuations économiques au XXe siècle (v. chapitres *Les grands courants de l'analyse économique* et *Les fonctions économiques de l'État*).

II. Crises et contradictions du capitalisme selon Marx

Pour **K. Marx** (1818-1883) les crises sont à la fois inévitables car elles résultent des contradictions du capitalisme, et régulatrices car elles retardent momentanément les conditions qui conduisent le capitalisme à sa disparition.

Dans leur principe, les crises sont la conséquence inéluctable de la baisse tendancielle du taux de profit et de la paupérisation ouvrière (v. chapitre

Les grands courants de l'analyse économique). Pour freiner la diminution du taux de profit, les capitalistes tentent d'augmenter la plus-value en allongeant la journée de travail (**plus-value absolue**) et surtout en augmentant son intensité (**plus-value relative**) c'est-à-dire son efficacité, grâce à l'augmentation du capital utilisé par travailleur. Cela s'accompagne d'une dégradation des conditions de vie du prolétariat, ainsi que d'une concentration accrue des entreprises. Le capitalisme se développe donc en utilisant relativement plus de capital que de travail, ce qui entraîne selon **K. Marx** une « **surpopulation relative** » (et non absolue comme chez **Th. R. Malthus**, car sa cause n'est pas la croissance de la population totale). C'est la constitution d'une « **armée industrielle de réserve** » des prolétaires non employés, qui créé sur le marché du travail une pression permanente à la baisse des salaires. La crise provient de la tendance à la surproduction, conséquence de la suraccumulation du capital, alors que simultanément la consommation tend à stagner, conséquence de la paupérisation ouvrière.

Par ailleurs, les crises qui affectent périodiquement le capitalisme ont un rôle régulateur, même s'il demeure temporaire. En effet, les crises industrielles au XIXe siècle entraînent une forte baisse des prix et de nombreuses faillites, qui augmentent la surpopulation relative. Cela se traduit par l'élimination des entreprises peu rentables et par la diminution des salaires, et les deux phénomènes se conjuguent pour rétablir temporairement le taux de profit. La tendance à la suraccumulation du capital conduit alors à une nouvelle phase d'expansion, jusqu'à ce que la surpopulation relative diminue, ce qui entraîne la hausse des salaires et prépare les conditions d'une nouvelle crise, du fait de la baisse du taux de profit. Ainsi, **K. Marx** considère que « *les crises ne sont jamais que des solutions momentanées et violentes des contradictions existantes, qui rétablissent pour un moment l'équilibre troublé* » (Marx, 1867).

Les deux rôles de crises ne sont pas contradictoires : avec la suraccumulation du capital et ses conséquences (concentration, paupérisation), les crises récurrentes devraient s'aggraver, jusqu'au point où la prise de conscience par les prolétaires de leur exploitation les conduira à renverser le capitalisme.

III. Crises et théorie de la régulation

A. Les origines de la théorie de la régulation

La **théorie de la régulation** s'est développée en France à partir des années 1970, autour des travaux de **M. Aglietta**, **R. Boyer**, **J. Mistral**. La théorie de la régulation emprunte des éléments à la fois à la macroéconomie keynésienne, à la théorie schumpetérienne des crises et de l'innovation, ainsi qu'à la théorie marxiste de la dynamique capitaliste. Par ailleurs, elle insiste sur la dimension historique et sur les caractéristiques institutionnelles des systèmes économiques.

Selon l'école de la régulation, le capitalisme est caractérisé durant des périodes assez longues par son **mode de régulation**, qui désigne les mécanismes et les règles assurant la reproduction du système économique. Il combine un **régime d'accumulation** (en référence à la notion marxiste de rythme d'accumulation du capital, qui conditionne le rythme de la croissance), et des **formes institutionnelles** qui définissent les règles codifiant les rapports économiques et sociaux. On distingue cinq formes institutionnelles pour le capitalisme : le rapport salarial, les formes de concurrence, le rôle de l'État, celui de la monnaie et le mode d'insertion dans les échanges internationaux.

Les crises économiques naissent des difficultés progressives à réguler l'économie dans le cadre de formes institutionnelles données, comme le suggère le schéma suivant. La crise est une notion complémentaire à celle de régulation.

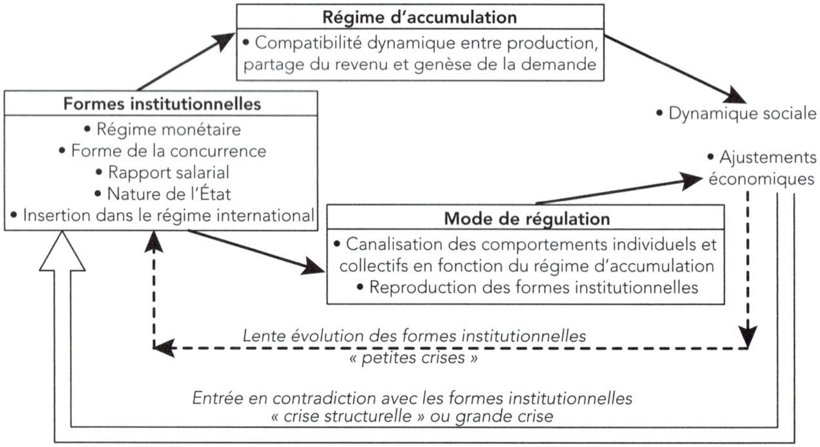

Source : Boyer R., *Théorie de la régulation*, 1. *Les fondamentaux*, La Découverte, Coll. Repères, 2004.

B. L'évolution de la régulation du capitalisme

a. Les crises entraînent des changements de mode de régulation du capitalisme

Dans l'histoire du capitalisme, deux modes de régulation principaux avant la crise des années 1970 peuvent être repérés.

- Le **mode de régulation concurrentiel**, défini par une accumulation extensive du capital et donc de faibles gains de productivité, ainsi que par des formes institutionnelles libérales. Il émerge avec la révolution industrielle et subsiste jusqu'à la crise des années 1930.
- Le **mode de régulation monopoliste** (ou « fordiste ») défini par un régime d'accumulation intensive source d'une forte croissance, et par des formes institutionnelles caractérisées par l'interventionnisme et la recherche de la stabilité sociale grâce aux négociations collectives. Il entre dans une crise durable au cours des années 1970.

Au sein de chaque mode de régulation, il existe des crises de nature très différente.

- Les « crises dans la régulation » sont de « petites crises » qui se succèdent à l'intérieur d'un mode de régulation donné, sans en remettre en cause ses règles de fonctionnement. Ce sont par exemple les crises industrielles au XIXe siècle.
- Il existe aussi des « crises structurelles » plus profondes et plus durables, appelées « crises de la régulation », car elles remettent précisément en cause la manière dont le capitalisme gère ordinairement ses contradictions internes. Ces crises surviennent lorsque des transformations structurelles des régulations économiques sont devenues nécessaires, et peuvent durer aussi longtemps que de nouvelles règles ne se sont pas imposées. L'école de la régulation analyse sur ce modèle l'ampleur des crises de 1929 et de 1973.

b. Crises, modes de régulation et variété des capitalismes

La théorie de la régulation ne constitue pas, aujourd'hui, un ensemble d'hypothèses et de méthodes unifiées. On peut retenir deux types de travaux, portant sur l'évolution de la régulation du capitalisme depuis les années 1970, dans un contexte marqué par l'accélération de la mondialisation des échanges et la globalisation financière.

- Certains auteurs considèrent qu'une nouvelle régulation se met progressivement en place depuis les années 1990. Pour **M. Aglietta** (né en 1938), on assiste à l'émergence d'un « **capitalisme patrimonial** » caractérisé par le primat du point de vue de l'actionnaire dans la gouvernance des entreprises (v. chapitre *Entreprise et système productif*), l'imposition de normes de gestion et de résultats à court terme privilégiant la logique financière, une transformation profonde de l'organisation de la production (responsabilisation, flexibilité, externalisation, etc.) et enfin de nouvelles relations salariales (individualisation de la relation de travail et recul de la négociation collective). D'autres expressions, telles « **capitalisme actionnarial** » ou « nouveau capitalisme » sont parfois utilisées dans un sens très similaire. Le capitalisme patrimonial est d'inspiration anglo-saxonne, et tendrait à imposer sa logique, en raison de la globalisation financière, dans l'ensemble des pays, tout en rendant l'économie mondiale plus instable et propice aux crises, en raison de l'affaiblissement des contrôles collectifs (négociation sociale, pouvoir étatique, etc.), et en raison des risques entraînés par la logique spéculative et « court termiste » de ce mode de gouvernance. Selon lui, « *il faudrait recourir à des révisions déchirantes sur la gouvernance du capitalisme des trente dernières années. Le cœur de la question est l'augmentation des salaires réels pour rétablir une certaine concordance avec les progrès de productivité. Parce que les rapports de force sur le marché du travail s'y opposent, il faudrait une réforme fiscale suffisamment ambitieuse pour dissuader les pratiques de la valeur actionnariale. Enfin et surtout il faudrait engager la vague d'innovations environnementales par des investissements publics financés par l'épargne institutionnelle grâce à une intermédiation financière associant les secteurs publics et privés* » (Aglietta, 2013).

- D'autres auteurs insistent sur la diversité des régulations capitalistes aujourd'hui, ce qui laisse ouverte la question des choix politiques au sein de chaque société, afin de favoriser une forme de régulation plutôt qu'une autre. **R. Boyer** insiste par exemple sur la diversité des régulations capitalistes actuelles, selon la manière dont les institutions économiques propres à chaque pays se sont adaptées aux transformations liées à la mondialisation. Il propose de distinguer le capitalisme anglo-saxon du modèle scandinave (persistance d'un fort partenariat entre l'État, les entreprises et les syndicats), mais aussi du modèle étatiste qui domine dans l'Europe du Sud (France, Italie), et du modèle « congloméral » du Japon ou de l'Allemagne (poids important des grands groupes dans la vie économique). Cette diversité croissante des capitalismes est également alimentée par l'essor en Chine d'un capitalisme original.

C'est à partir de la contribution séminale de M. **Albert**, *Capitalisme contre capitalisme* (1991), que la thèse de la diversité des capitalismes devient populaire, alors que, jusqu'en 1989, c'est l'analyse de l'opposition entre deux modèles considérés comme homogènes – capitalisme et socialisme – qui prévalait.

Les travaux de **B. Amable** enrichissent cette approche en insistant, dans « *Les cinq capitalismes* » (2005), sur la complémentarité institutionnelle au sein de chaque capitalisme.

Ainsi, les crises économiques doivent être étudiées en accordant toute leur place aux dimensions institutionnelles propres à chaque forme de capitalisme.

L'École de la variété des capitalismes (VOC) prend aussi le capitalisme comme thèse d'étude. L'ouvrage fondateur de ce courant est celui de **P. A. Hall** et **D. Soskice** paru en

2001 : *Varieties of Capitalism : The Institutional Fundation of Comparative Advantage.* Cependant, pour **R. Boyer**, les deux approches doivent être distinguées à trois niveaux essentiels :
– les méthodologies mises en œuvre sont différentes. La VOC met l'accent sur l'importance de l'entreprise, alors que la théorie de la régulation insiste sur la cohérence systémique et macroéconomique ;
– la VOC met en exergue l'opposition entre capitalisme de marché libéral et capitalisme de marché coordonné, alors que la théorie de la régulation distingue au moins quatre formes de capitalisme : à dominante de marché financier, méso-corporatiste, social-démocrate et enfin à forte impulsion étatique ;
– alors que la VOC donne l'impression de systèmes invariants, la théorie de la régulation cherche à détecter les seuils qui séparent une simple récession de l'entrée dans une crise structurelle.

c. La crise de 2020 au prisme de l'école de la régulation

R. Boyer, en 2020, souligne que, dans un contexte d'incertitude radicale, la pandémie a mis à mal les arrangements institutionnels et les règles de coordination des agents : la sécurité sanitaire, la confiance dans les autorités publiques, les temps sociaux (travail, école par ex.). La crise de la covid-19 a présenté un trilemme inédit : prospérité économique, sécurité sanitaire et libertés publiques.
Les issues des crises dépendent des interventions des pouvoirs publics. Cette crise n'échappe pas à la règle. Le capitalisme libéral anglo-saxon a négligé la sécurité sanitaire, il est très touché par la crise. Le capitalisme asiatique (Chine, Corée du Sud par ex.) qui combine technologies de surveillance et pouvoir fort semble connaître une moindre mortalité et une reprise économique plus marquée. Les capitalismes européens, sont divisés entre l'Europe du Nord, peu touchée par la crise, et l'Europe du Sud, privée des recettes du tourisme, très touchée économiquement. Le visage des capitalismes au sortir de la pandémie dépendra des choix effectués par les États. La pandémie se révèle ainsi à la fois un analyseur et un catalyseur des transformations des capitalismes.

RÉFÉRENCES DU CHAPITRE

Aglietta M. (2013), « Réviser la gouvernance du capitalisme pour relancer la croissance des pays occidentaux », Blog du CEPII.

Frisch R. (1933), *Propagation Problems and Impulse Problems in Dynamic Economics*, Allen and Unwin.

Juglar C. (1862), *Des crises commerciales et de leur retour périodique*, Guillaumin.

Labrousse E. (1933), *Esquisse du mouvement des prix et du revenu en France au XVIIIe siècle*, Dalloz.

Marx K. (1867), *Le capital*, Éditions sociales Paris.

Schumpeter J.A. (1941), « An Economic Interpretation of Our Time : The Lowell lectures », In Swedberg R. (1991), Joseph A. Schumpeter, *The Economics and Sociology of Capitalism*, Princeton University Press.

Aglietta M. (1991), « Le risque de système », *Revue d'Économie Financière*, vol. 18, n° 3.
Aglietta M. (2020), « Persistance de fragilités financières », dans l'*Économie mondiale* 2020.

POUR EN SAVOIR PLUS

Initiation

Barou V., Ting B. (2015), *Fluctuations et crises économiques* B. (2011), Armand Colin, Coll. Cursus.
Gazier B. (2016), *La crise de 1929*, PUF, Coll. Que Sais-je ?
Hautcoeur P.-C. (2009), *La crise de 1929*, La Découverte, Coll. Repères.
Krugman P. (2012), *Pourquoi les crises reviennent toujours ?*, Le Seuil, Coll. Points.
Marcel B., Taieb J. (2014), *Les grandes crises 1873, 1929, 1973, 2008*, A. Colin, Coll. Cursus.
Mistral J. (2011), *Le G20 et la nouvelle gouvernance économique mondiale*, PUF.
Orlean A. (2009), *De l'euphorie à la panique : penser la crise financière*, Éditions Rue d'Ulm.
Plihon D. (2016), *Le nouveau capitalisme*, La Découverte, Coll. Repères.
Rosier B. (2003), *Les théories des crises économiques*, La Découverte, Coll. Repères.
Zucman G. (2017), *La richesse cachée des nations. Enquête sur les paradis fiscaux*, Le Seuil, Coll. La république des idées.
Zucman G., Saez E. (2019), *Le triomphe de l'injustice. Richesse, évasion fiscale, et démocratie*, Le Seuil.

Approfondissement

Aglietta M. (2017), Macroéconomie financière, La Découverte, Coll. Grands repères.
Boyer R. (2015), *Économie politique des capitalismes*, La Découverte, Coll. Repères.
Boyer R. (2020), *Les capitalismes à l'épreuve de la pandémie*, La Découverte, Coll. Repères.
Bosserelle E. (2010), *Dynamique économique. Croissance, crises, cycles*, Gualino.
Brender A. (2020), Capitalisme et progrès social, La Découverte, Coll. Repères.
Chavagneux C., Palan R. (2017), *Les paradis fiscaux*, La Découverte, Coll. Repères.
Chavance B. (2009), *Marx et le capitalisme*, A. Colin, Coll. Cursus.
Dejammet A. (2012), *L'archipel de la gouvernance mondiale. ONU, G7, G8, G20*, Dalloz.
Dostaler G. (2001), *Le libéralisme de Hayek*, La Découverte, Coll. Repères.
Galbraith J.K. (2011), *La crise économique de 1929, anatomie d'une catastrophe financière*, Payot.
Gilles P. (2009), *Histoire des crises et des cycles économiques : des crises industrielles du* XIXe *siècle aux crises financières actuelles*, A. Colin, Coll. U.
Marteau D. (2016), *Les marchés de capitaux*, A.Colin, Coll. Cursus.
Monarcha G., Teiletche J., *Les hedge funds*, La Découverte, Coll. Repères.
Musolino M. (2011), *Fluctuations et crises économiques*, Ellipses.
Quiles J.-J. (1998), *Schumpeter et l'évolution économique*, Nathan, Coll. Circa.
Shiller R.J. et Akerlof G. (2009), *Les esprits animaux : comment les forces psychologiques mènent la finance et l'économie*, Pearson.

SUR LA TOILE

Site de La vie des idées :

Un article sur la diversité des capitalismes
http://www.laviedesidees.fr/Mondialisation-et-diversite-des.html

Un entretien avec Eugène White historien spécialiste de la finance aux États-Unis : http://www.laviedesidees.fr/Crises-financieres-et-regulation.html

Une analyse de l'ouvrage d'A. Admati et M. Hellwig sur la timidité des réformes bancaires : http://www.laviedesidees.fr/Comment-rhabiller-la-banque.html

Une analyse de l'ouvrage de S. Johnson et J. Kwak sur le pouvoir de Wall Street et le « coup d'État feutré » du monde de la finance : http://www.laviedesidees.fr/Le-pouvoir-de-Wall-Street.html

Site CEPII :

http://www.cepii.fr/BLOG/bi/post.asp?IDcommunique=444

Site du Conseil d'Analyse Économique :

https://www.cae-eco.fr/La-crise-des-subprimes

CHAPITRE 15

Les inégalités économiques

Les **inégalités** correspondent à des différences d'accès à des ressources sociales rares et valorisées. Les **inégalités économiques** correspondent aux inégalités de revenus et de patrimoine, on peut y inclure aussi les inégalités face à la consommation (v. chapitre *Consommation, épargne, patrimoine*). Les inégalités économiques, après avoir baissé de manière significative jusqu'au milieu des années 1980 et connu une certaine stabilité jusqu'à la fin des années 1990 en France, connaissent depuis une forte progression. Ce creusement des inégalités se retrouve dans la plupart des économies avancées, pour certaines dès les années 1970 (notamment les pays anglo-saxons). Quelle a été l'évolution des inégalités économiques ? Comment les expliquer ? La question de l'existence des inégalités économiques renvoie aussi à la question de la justice sociale et de la redistribution : Comment agir sur les inégalités économiques ?

§ 1. Mesure et évolutions des inégalités économiques

I. La mesure des inégalités économiques

La mesure des inégalités économiques, de revenus et de patrimoine, est délicate. Il convient tout d'abord de choisir la population étudiée : individus ou ménages par exemple. Il faut ensuite choisir un indicateur : salaire, revenu avant impôt, revenu brut disponible, séparer les salaires des revenus de la propriété, s'intéresser au patrimoine qui contrairement au revenu est un stock (v. chapitres *Consommation, épargne, patrimoine* et *Les revenus*). Lorsqu'on utilise les revenus, faut-il s'en tenir au revenu monétaire ou prendre en compte les revenus en nature et la production domestique des ménages ? Il faut enfin choisir la technique statistique et les indicateurs utilisés : par exemple faut-il faire une étude en termes de **dispersion** ou en termes de **disparité** ? Dans le premier cas, on étudiera la concentration d'un indicateur entre des individus (personnes physiques ou ménages), avec la courbe de Lorenz ou le coefficient de Gini. Dans le second cas, on comparera des indicateurs de tendance centrale (revenu moyen ou revenu médian des différentes PCS par exemple).

En plus du coefficient de Gini, on utilise pour distinguer les différents groupes de revenu et les comparer entre eux la notion de **décile**, de **quartile**, de **centile**, etc. Le premier centile regroupe les 1 % les plus pauvres et ainsi de suite jusqu'au 99e centile. En faisant des rapports interdéciles ou intercentiles on peut mesurer les écarts entre les groupes et leurs évolutions (v. chapitre *Les revenus*). Le rapport interdécile est le plus utilisé, cependant il compare deux niveaux de revenu à deux points précis de la distribution mais il ne donne pas d'informations sur ce qui se passe à l'intérieur d'un décile. Par exemple lorsqu'on compare les 10 % les plus riches (D9) aux 10 % les plus pauvres (D1), le rapport peut rester identique lorsque le 1 % le plus riche voit son revenu progresser. En effet, dans le calcul on ne s'intéresse qu'à la valeur supérieure du décile D9 (« 90 % gagnent moins que » ou « 10 % gagnent plus que »). Ainsi D9/D1 est le rapport de la valeur supérieure du neuvième décile à celle du premier décile. On peut aussi calculer un rapport entre des revenus moyens : S90/S10 est le ratio entre la moyenne des revenus des 10 % les plus riches et la moyenne des revenus des 10 % de la population les plus pauvres. Ces rapports qui calculent des écarts moyens sont toujours plus élevés, puisque le S90 mesure le revenu moyen des 10 % les plus riches.

On peut aussi mesurer les inégalités de manière plus dynamique à travers **la courbe de Gatsby le Magnifique** mise en avant par **A. Krueger** lors d'un discours en 2012. **M. Corak** (2013) montre qu'il existe une corrélation entre le revenu des parents et celui des enfants. Il met en évidence cette corrélation par l'**élasticité intergénérationnelle des revenus** qui mesure la force de la relation entre les revenus des parents et les revenus (futurs) des enfants. S'il y a égalité des chances le revenu des enfants est indépendant du revenu des parents (l'élasticité est nulle). Plus l'inégalité est forte plus le revenu des enfants dépend du revenu des parents, l'élasticité se rapproche de 1. Dans ce cas la reproduction de la position sociale est forte et avoir des parents avec de hauts revenus joue sur la position future des enfants dans le haut de l'échelle de la distribution.

LA COURBE DE GATSBY

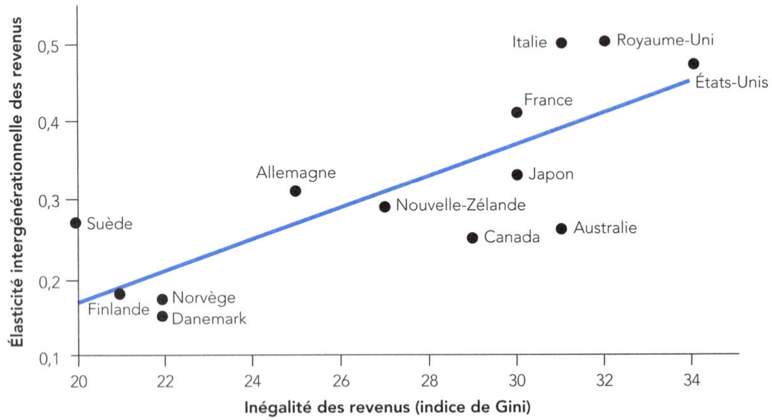

Lecture : plus l'indice de Gini est élevé, plus l'inégalité est forte.
Plus l'élasticité intergénérationnelle des revenus est forte, plus le lien entre revenu des parents et revenu des enfants est fort.

Source : Corak, 2013.
Source : Parienty Arnaud, *Précis d'économie*, 2017.

De plus, lorsqu'on compare les revenus des ménages, il faut tenir compte de la taille des ménages. À revenu égal un ménage constitué d'un couple sans enfant n'aura pas le même niveau de vie qu'un ménage composé d'un couple et de quatre enfants. Une solution pourrait consister à diviser le revenu du ménage par le nombre des personnes qui le compose. Mais cette solution est généralement considérée comme peu satisfaisante, en effet pour obtenir un niveau de vie identique, il n'est pas nécessaire à un couple d'avoir un revenu double de celui d'un célibataire (il existe des « économies d'échelle » en matière de consommation). On utilise donc une **échelle d'équivalence** en mesurant la taille en **unités de consommation** et non en individu. L'échelle utilisée en France est celle de l'OCDE : on compte pour 1 le premier adulte du ménage, puis pour 0,5 chaque individu de plus de 14 ans et pour 0,3 chaque enfant de moins de 14 ans. Un couple avec deux enfants de moins de 14 ans correspond donc à 2,1 unités de consommations. Le revenu du ménage est ajusté en fonction de la taille de ce dernier. Au niveau international pour pouvoir comparer les pays entre eux, la mesure des revenus s'effectue en dollars sur la base des parités de pouvoir d'achat (PPA).
L'Insee parle ainsi de **niveau de vie** pour désigner le revenu disponible d'un ménage par **unité de consommation** (v. chapitre *Les revenus*).

LA MESURE DU PATRIMOINE : COURBE DE LORENZ ET INDICE DE GINI

• Une **courbe de Lorenz** est une représentation graphique de la concentration d'une variable à l'intérieur d'une population, par exemple le revenu au sein de la population française. En abscisse, on indique les effectifs cumulés de la population en pourcentage, et en ordonnée la part du total de la variable pour chaque effectif cumulé.

COURBES DE LORENZ DU PATRIMOINE ET DU REVENU EN 2010

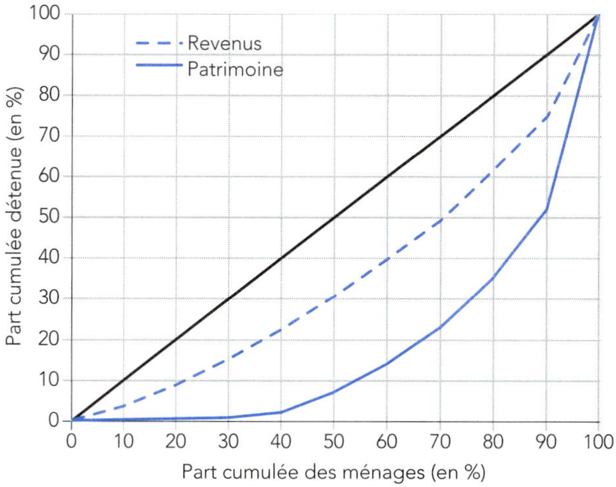

Source : Insee, 2010.

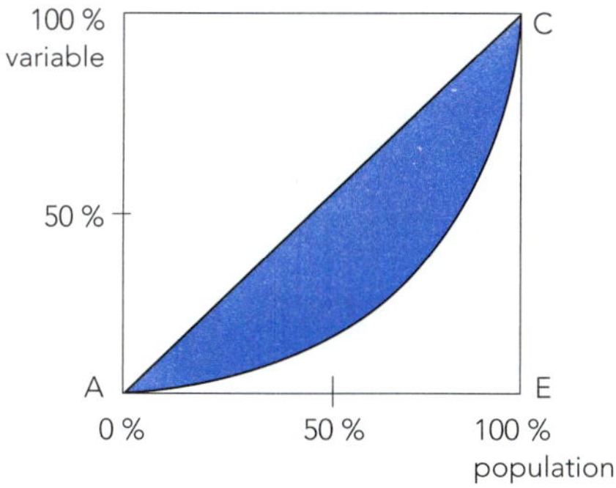

Tout au long de la diagonale AC, la variable considérée et la part de la population ont par construction la même valeur : par exemple 40 % de la population détient 40 % des revenus distribués. En conséquence, plus la courbe de Lorenz est proche de la diagonale, plus cela indique une répartition proportionnelle de la variable au sein de la population. À l'inverse, plus la courbe se creuse, et plus elle indique une répartition inégale de la variable. À l'extrême, la courbe se confond avec les côtés AB et BC, dans le cas où un seul individu détient 100 % de la variable considérée.

• Le **coefficient de Gini** complète la courbe de Lorenz : c'est le rapport entre la surface délimitée par la courbe et la diagonale AC d'une part (surface rosée sur le graphique), et la surface du triangle ABC d'autre part. Par construction, il varie entre 0 (distribution parfaitement proportionnelle de la variable) et 1 (concentration maximale de la variable auprès d'un seul individu).

On peut aussi s'intéresser à la répartition entre le capital et le travail. Une partie de la production nationale résulte de quantité de capital et une autre partie de quantité de travail. Quels sont les déterminants des revenus de chaque facteur ? Doit-on modifier cette répartition ? Il s'agit ici d'étudier la répartition de la valeur ajoutée (v. chapitre *Les revenus*). Étudier l'inégalité entre le capital et le travail revient à s'intéresser à la reproduction de celle-ci dans le temps. Le capital prélève toujours une part plus importante du revenu national mais surtout cette part revient le plus souvent aux mêmes, les plus favorisés. On prive alors certains individus ayant du talent, peu doté en capital à la naissance, de pouvoir en obtenir, ce qui est considéré comme une inégalité.

La difficulté de mesurer les inégalités économiques au niveau international

Pour la mesure du patrimoine, on peut utiliser les données du Crédit Suisse le *Global Wealth databook*. La mesure du patrimoine correspond à la somme des biens financiers et non financiers détenus par les adultes là où ils résident moins leurs dettes, s'ils en ont (v. chapitre *Consommation, épargne, patrimoine*). Mais chaque pays ne comptabilise pas le patrimoine de la même façon et les données ne sont pas toujours annuelles. De plus les données sur le patrimoine sont souvent réduites, le Crédit Suisse réalise des estimations et la mesure du patrimoine peut être difficile avec l'existence des paradis fiscaux. Les données sont quasi-inexistantes dans les pays pauvres et parfois l'absence de cadastre ne permet pas de définir la propriété.

Il existe aussi le LWS, *The Luxembourg Wealth Study*. C'est une banque de données mise en œuvre par le Luxembourg Income Study (LIS). Le LWS met en place des données qui concernent les revenus dont le patrimoine mais aussi l'emploi et la démographie. L'objectif est d'acquérir et d'harmoniser ces données pour plusieurs pays du monde afin de se pencher sur les questions liées à la pauvreté, les inégalités de revenus et les politiques qui leur sont liées.

Enfin on peut aussi trouver des données sur le *World Top Income Database (WTID)*. Ce site est une base de données importante sur les inégalités des hauts revenus. Il est géré par **F. Alvaredo**, **Th. Piketty** et **E. Saez**. L'ouvrage de Piketty « *Le Capital au* XXIe *siècle* » s'appuie sur des données de WTID. Les données portent sur une trentaine de pays et d'autres devraient s'y ajouter.

Il ne faut pas confondre la question des inégalités, qui est une question de fait, et la question de la justice sociale, qui est une question de norme. Par exemple, la mesure des inégalités de salaires entre cadres et ouvriers pose de nombreux problèmes techniques. Ces problèmes résolus, on mesurera un certain niveau d'inégalité, la question de savoir si cette inégalité est juste ou injuste suppose la formulation d'une norme de justice.

II. Les inégalités de revenus

Analyser l'évolution des inégalités de revenus revient à inclure les revenus primaires, les **revenus de transferts**, dans un même ensemble, souvent nets des prélèvements sociaux, c'est-à-dire le revenu disponible brut (v. chapitre *Les revenus*). On pourra aussi étudier les inégalités de salaires et les différencier de l'évolution des inégalités de revenus du patrimoine (ou revenus de la propriété).

A. L'évolution des inégalités de revenus en France

a. Évolution de la répartition des revenus

En dépit des difficultés techniques dans la mesure des inégalités, il est possible d'indiquer à grands traits les principales caractéristiques de l'évolution de la répartition des revenus en France à partir de données de l'Insee.

La France a connu une réduction de ses inégalités de revenus depuis les quarante dernières années. Les écarts de niveaux de vie se sont réduits, mais, depuis les années 2000, les inégalités repartent à la hausse avec deux mouvements : une envolée des niveaux de vie des très hauts revenus mais aussi une diminution des niveaux de vie des plus pauvres.

Le tableau ci-dessous présente l'évolution du rapport interdécile entre le niveau des 10 % les plus riches et celui des 10 % les plus pauvres après impôts directs et prestations sociales pour une seule personne. On voit bien apparaître une diminution nette des inégalités de revenus et une stabilité à partir de la fin des années 1990 et une remontée des inégalités depuis 2008.

INDICATEURS DE NIVEAUX DE VIE ENTRE 1996 ET 2018

	1996	1999	2002	2005	2008	2011	2014	2017	2018
Niveau de vie (en euros 2018)									
Moyenne	20 230	21 380	22 940	23 060	24 490	24 720	23 970	24 350	24 650
1er décile (D1)	9 380	10 060	10 930	10 940	11 550	11 170	11 160	11 390	11 210
Médiane	17 820	18 500	19 800	19 990	21 050	21 030	20 830	21 190	21 250
9e décile (D9)	32 800	34 530	36 930	36 480	38 860	39 840	38 140	38 900	39 130
Rapport Interdécile D9/D1	**3,50**	**3,43**	**3,38**	**3,33**	**3,36**	**3,57**	**3,42**	**3,42**	**3,49**

►

	1996	1999	2002	2005	2008	2011	2014	2017	2018
Masses de niveau de vie détenues (en %)									
Part des 20 % les plus modestes (S20)	8,9	9,0	9,2	8,9	8,9	8,5	8,8	8,8	8,7
Part des 40 % les plus modestes (S40)	22,7	22,6	22,9	22,7	22,7	21,9	22,6	22,5	22,2
Part des 50 % les plus modestes (S50)	31,0	30,8	31,0	30,9	30,8	29,9	30,8	30,8	30,3
Part des 20 % les plus aisés (100-S80)	37,2	37,9	37,9	38,1	38,5	39,4	38,0	38,0	38,7
Part des 10 % les plus aisés (100-S90)	22,9	23,7	23,8	24,2	24,7	25,3	23,9	23,9	24,8
Ratio									
(100-S80)/S20	4,18	4,21	4,12	4,28	4,33	4,64	4,32	4,32	4,45
(100-S90)/S40 (indice de Palma)	1,01	1,05	1,04	1,07	1,09	1,16	1,06	1,06	1,12
(100-590)/S50	0,74	0,77	0,77	0,78	0,80	0,85	0,78	0,78	0,82
Indice de Gini	**0,282**	**0,286**	**0,284**	**0,289**	**0,292**	**0,305**	**0,289**	**0,289**	**0,298**

Note : pour permettre une comparaison temporelle, les indicateurs de niveau de vie et d'inégalités ont été rétropolés et chaînés de 1996 à 2011.

Lecture : en 2018, les 20 % les plus pauvres disposent de 8,7 % des niveaux de vie (S20) et les 20 % les plus aisés de 38,7 % (complément à 100 de S80), soit 4,45 fois plus.

Champ : France métropolitaine, personnes vivant dans un ménage dont le revenu déclaré est positif ou nul et dont la personne de référence n'est pas étudiante.

Sources : Insee-DGI, enquêtes Revenus fiscaux et sociaux rétropolées 1996-2004 ; Insee-DGFIP-Cnaf-Cnav-CCMSA, enquêtes Revenus fiscaux et sociaux 2005-2018.

Si les inégalités ont effectivement baissé en France entre 1970 et le milieu des année 1990, elles remontent depuis, malgré une baisse entre 2011 et 2013 et une stabilisation entre 2013 et 2017. Au total, l'Insee, dans son étude sur les revenus et patrimoines de 2021, montre une augmentation des inégalités entre 2008 et 2018. Pour mesurer plus finement la concentration des revenus, l'Insee mesure la part des niveaux de vie détenue par certaines parties de la population, ce qui permet de constater la hausse des inégalités. Ainsi en 2018, les 20 % des individus les plus modestes détiennent 8,7 % des niveaux de vie, contre 8,9 % en 1996 et les 20 % des individus les plus aisés en détiennent 38,7 % (37,2 % en 1996). On voit aussi une augmentation de l'indice de Gini entre 1996 et 2018 avant redis-

tribution (il passe de 0,36 à 0,383) mais aussi après redistribution (0,282 en 1996 et 0,298 en 2018).
Ainsi depuis 2008 les inégalités avant redistribution ont progressé, et cette augmentation s'explique par deux phénomènes :
La baisse des revenus avant distribution des individus les plus modestes : Le niveau de vie du premier décile a baissé de 11 % entre 2008 et 2018, celui du deuxième décile de 3 % alors que le niveau de vie des autres déciles a augmenté. Cette baisse est aussi due à la dégradation de la conjoncture du marché du travail qui a impacté la structure dans le bas de la distribution. On constate parmi les 20 % les plus modestes une augmentation du nombre de chômeurs, une baisse des retraités, une augmentation des inactifs (étudiants et personnes au foyer), un plus grand nombre de personnes à temps de travail partiel et d'indépendants.
Une forte augmentation du niveau de vie des hauts revenus. Le neuvième décile voit son niveau augmenter de 5,4 % entre 2008 et 2018 mais surtout la part de niveau de vie détenue par les 0,1 % des individus les plus aisés passe de 1,6 % à 2,3 % (fort dynamisme des revenus du patrimoine).
Par ailleurs, même si les niveaux de vie pour 2019 et 2020 ne sont pas encore connus, l'Insee a établi les premières estimations des effets de la covid-19 sur les ménages. En 2020, le pouvoir d'achat par unité de consommation a baissé de 0,4 %. La forte hausse des prestations sociales en espèces et la baisse des prélèvements obligatoires ont fortement limité les effets de la crise sanitaire. Néanmoins, on constate une augmentation du nombre d'allocataires du Revenu de solidarité active (RSA) (v. chapitre *Les revenus*) : + 8,7 % par rapport à septembre 2019. Cette hausse s'explique en partie par le faible nombre de sorties du RSA et par l'importance d'entrées d'allocataires l'ayant déjà été par le passé. Il n'y a pas eu d'entrée massive de nouveaux allocataires. De plus, on constate pour 2020 une augmentation des bénéficiaires d'allocations logement, de l'aide de solidarité spécifique et de l'aide spécifique du CROUS. Cette dernière montre une dégradation de la situation des étudiants. Enfin Eurostat (2020) montre que les revenus du travail avant la mise en place du chômage partiel et d'autres mesures auraient davantage baissé chez les plus modestes que chez les plus aisés en France et en général dans les pays européens. La covid-19 a bien renforcé les inégalités économiques.

b. L'évolution des inégalités de salaires en France

On peut étudier de façon plus précise l'inégalité des salaires et différencier son évolution de celle des revenus du capital.

- Si l'on analyse la situation des salariés à temps complet du secteur privé et semi-public, on constate que l'inégalité des salaires (mesurée par le rapport interdécile D9/D1) au milieu des années 2000 est plus faible qu'au début des années 1960. L'inégalité des salaires a fortement diminué dans les années 1960 et 1970, elle s'est ensuite stabilisée. Les hausses du Smic ont joué un rôle important dans cette diminution de l'inégalité des salaires ainsi que les politiques de redistribution. Cette situation de la France (et plus généralement des pays d'Europe continentale) contraste avec la situation des États-Unis et de la Grande-Bretagne où les inégalités de salaires se sont creusées.

- On assiste par contre à une augmentation de la proportion de salariés titulaires de bas salaires en raison de la montée du temps partiel et plus généralement de l'emploi précaire. On parle alors de « **travailleurs pauvres** » ou encore de **pauvreté laborieuse**.
- Si l'on analyse les revenus (revenus d'activité et revenus de remplacement) des ménages de salariés (actifs occupés ou chômeurs) on constate dans les années 1980 et surtout 1990 un creusement de l'inégalité entre les ménages pauvres et les ménages des catégories moyennes ou à revenu élevé. Cela résulte principalement de la montée du chômage, du durcissement des conditions d'indemnisation des chômeurs et de la montée du temps partiel.
- Selon l'Insee, en 2019 le salaire mensuel net médian s'élève à 1940 euros en équivalent temps plein (EQTP : cela permet d'intégrer les personnes à temps partiel dans les données puisqu'on transforme un salaire à temps partiel en salaire à temps plein) hors fonction publique. Les 10 % des salariés les mieux rémunérés gagnent plus de 3 844 euros de salaires nets. 1 % des salariés gagnent plus de 9 103 euros de salaires nets mensuels. 8 salariés sur 10 ont un salaire net mensuel compris entre le Smic et 3 200 euros. Le salaire net mensuel moyen en équivalent temps plein (EQTP) hors fonction publique est en 2019 de 2 424 euros.
- Les très hauts salaires continuent leur progression et les salaires perçus par les 1 % des salariés les mieux rémunérés ont augmenté plus rapidement que ceux des autres salariés. Les inégalités de salaires augmentent. Leur part dans la masse salariale totale (secteur privé et entreprises publiques) est passée de 5,5 % en 1996 à 8,1 % % en 2018. Néanmoins, en 2019 les écarts entre le haut et le bas de la distribution ont légèrement diminué.

Cependant les analyses sur le très long terme montrent une stabilité dans les hiérarchies salariales (**Piketty**, **Saez**, **Landais**).

INÉGALITÉS DES REVENUS ET DE SALAIRES EN FRANCE DE 1910 À 2010

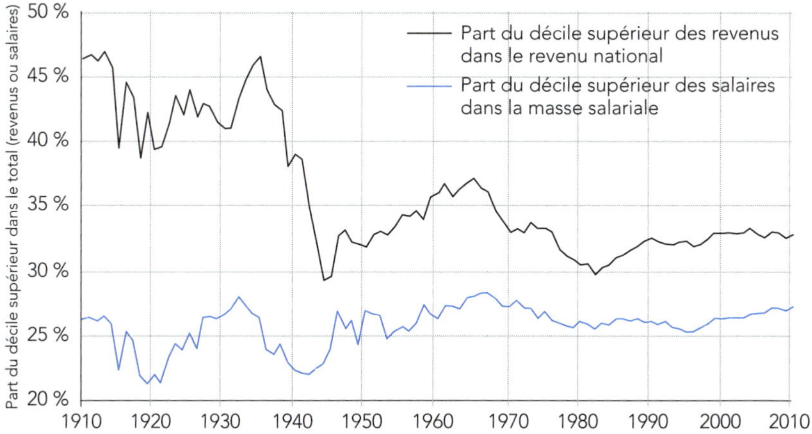

Lecture : l'inégalité du revenu total (capital et travail) a baissé en France au XXe siècle, alors que l'inégalité des salaires est restée la même. Source : Th. Piketty, *Le Capital au XXIe siècle*.

Ce graphique montre que la réduction des inégalités de revenus s'explique par la forte baisse des hauts revenus du capital. Cette période qui va des années 1930 à la Seconde Guerre mondiale est appelée « **Grande compression** » par **C. Goldin** et **R. Margo** et reprise par **P. Krugman** (né en 1953, Prix Nobel 2008), pour montrer la forte réduction du capital dans les revenus et la baisse des inégalités. La « stabilité » de la répartition des salaires sur le long terme qui se profile à partir des années 1950 s'explique notamment par les conséquences des deux guerres mondiales (baisse des patrimoines) par la mise en place de l'impôt progressif sur les successions (1901) et de l'impôt progressif sur les revenus (1914). De plus, les bénéficiaires de hauts revenus sont aujourd'hui majoritairement constitués de cadres vivant des revenus de leur travail et de rentiers vivant des revenus de leur capital accumulé dans le passé. Enfin, la part des revenus du capital (profit et loyers nets) est passée de 15 % du revenu national (revenus du travail et du capital) en 1982 à 27 % en 2010, presque au même niveau qu'en 1900 (30 % du revenu national).
L'une des dernières analyses de l'Insee (2020) confirme l'importance des revenus du capital et montre que le niveau de vie des individus les plus aisés augmente du fait de la progression des revenus du patrimoine. En effet, La progression des revenus d'activité a été un peu plus importante dans le haut de la distribution mais les ménages les plus aisés ont davantage « *bénéficié de l'augmentation des revenus du patrimoine, portée par une forte hausse des dividendes reçus par les ménages, dans un contexte de fiscalité plus incitative avec la mise en place du prélèvement forfaitaire*

unique. Cette mesure, en privilégiant la distribution des revenus du patrimoine plutôt que leur capitalisation, a pu avoir un effet sur le niveau de vie car celui-ci tient compte des dividendes perçus, mais pas des plus ou moins-values réalisées et capitalisées » (Insee, 2020).

Dans la description et l'explication des inégalités, il faut prendre garde aux effets de structure. Si on compare par exemple le salaire moyen des salariés de nationalité étrangère et le salaire moyen des salariés de nationalité française, on va trouver une inégalité qui ne s'explique pas uniquement par la nationalité mais aussi par le fait qu'en moyenne les étrangers occupent des emplois moins qualifiés. Pour mettre en évidence l'effet spécifique de la nationalité il faut comparer les salaires d'individus de nationalités différentes qui occupent la même position dans la hiérarchie des postes de travail. Cet exemple permet de souligner le caractère multidimensionnel des inégalités.

B. Évolution des inégalités de revenus dans l'espace

Les inégalités de revenus ont augmenté presque partout dans le monde mais à des rythmes différents selon les pays. La Banque mondiale, dans son rapport sur les inégalités (2018), met en avant que c'est en Europe que l'inégalité de revenus est la plus faible et au Moyen-Orient qu'elle est la plus forte.

En 2016, la part du revenu national allant aux 10 % des individus aux plus hauts revenus était de 37 % en Europe, 41 % en Chine, 47 % aux États-Unis et 61 % au Moyen-Orient. Les premières estimations de la répartition de la croissance du revenu mondial depuis 1980, montrent que les 1 % d'individus recevant les plus hauts revenus dans le monde ont profité deux fois plus de cette croissance que les 50 % d'individus les plus pauvres. Et ces 50 % des individus les plus pauvres ont eux-mêmes bénéficié de forts taux de croissance alors que la classe moyenne mondiale (qui comprend les 90 % d'individus les plus pauvres en Europe et aux États-Unis) a vu la croissance de son revenu comprimée. On peut voir cette situation à travers la **Courbe de l'éléphant** mise en avant par **B. Milanovic**. Cette courbe montre la « démoyennisation » dans les pays développés et la moyennisation du monde en développement.

LA COURBE DE L'ÉLÉPHANT 1980-2016

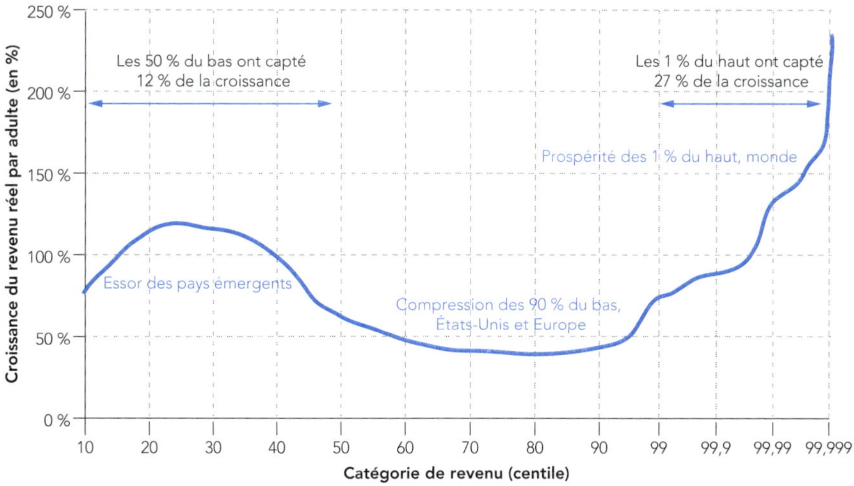

Source : Banque Mondiale, Rapport sur les inégalités mondiales, 2018.

Explications de lecture : Sur l'axe des abscisses, la population mondiale est divisée en cent groupes de taille égale et classés de gauche à droite par ordre croissant de revenus. Le centile supérieur a été divisé en dix groupes, le plus riche d'entre eux a à son tour été divisé en dix groupes, et de nouveau pour le fractile supérieur. L'axe des ordonnées indique la croissance totale du revenu d'un individu appartenant à chaque groupe entre 1980 et 2016. Pour le millime 99-99,1 (les 10 % les plus pauvres parmi les 1 % les plus riches de la planète), la croissance a été de 74 %. Collectivement, les 1 % des plus hauts revenus dans le monde ont capté 27 % de la croissance totale. Les estimations de revenus tiennent compte des différences de coût de la vie entre les pays. Les valeurs sont nettes d'inflation.

La classe moyenne dans les pays développés serait en perte de vitesse. L'OCDE en 2019 écrit : « *L'influence économique de la classe moyenne et son rôle de « centre de gravité économique» se sont également affaiblis. Le revenu global de l'ensemble des ménages à revenu moyen était quatre fois supérieur au revenu global des ménages à revenu élevé il y a trois décennies; aujourd'hui ce ratio est inférieur à trois* ». Les revenus médians ont connu une faible croissance relativement aux 10 % les plus riches et dans le même temps le coût des éléments de vie propre aux classes moyennes des pays riches a augmenté plus vite que l'inflation : le coût du logement a augmenté trois plus vite que le revenu médian lors des dernières décennies.

L'OCDE dans son « *Panorama de la société 2019. Les indicateurs sociaux de l'OCDE* », montre que le revenu médian progresse donc plus vite que le revenu au bas de l'échelle et plus lentement qu'en haut de l'échelle depuis les années 1980.

En trente ans le fossé entre riches et pauvres s'est creusé dans la plupart des pays de l'OCDE, mais les inégalités de revenus restent plus prononcées dans les économies émergentes. L'OCDE montre « *qu'il faudrait quatre ou cinq générations aux membres d'une famille appartenant au décile inférieur pour s'élever jusqu'au niveau de revenu moyen.* »

III. Les inégalités de patrimoine

Le patrimoine et sa mesure présentent d'énormes difficultés du fait de sa très forte concentration au niveau de la tranche la plus riche de la population. En effet, les biais statistiques sont importants du fait du nombre réduit de ménages à seuil de revenu élevé. Il faut donc faire des études plus spécifiques. Ces difficultés n'empêchent pas de faire quelques constats à propos des inégalités de patrimoine.

A. Évolution dans le temps

Les inégalités de patrimoine ou de capital sont plus importantes que les inégalités de revenus et elles sont de plus en plus marquées (v. chapitre *Consommation, épargne, patrimoine*). De plus, le patrimoine se transmet de générations en générations (héritages ou donations), ce qui entretient la reproduction des inégalités dans le temps. Enfin les fortes hausses des prix de l'immobilier de ces dernières années ont agi sur le creusement des inégalités de patrimoine puisque les prix des logements anciens ont augmenté de 3,3 % par an entre 1990 et 2010, ceux des logements neufs de 6 % par an, alors que les salaires nets s'accroissaient dans le même temps de seulement 0,5 %. Ce creusement se poursuit même si la progression des prix du logement est moins forte : Entre le 1er trimestre 2001 et le 2e trimestre 2020, les prix dans l'ancien ont été multipliés par 2,3 en métropole et par 2,6 en Île-de-France, contre 1,3 à 1,4 pour l'indice des prix à la consommation, les loyers ou le revenu disponible brut par ménage. De plus au deuxième trimestre 2020 le prix des logements neufs a augmenté de 14,5 % par rapport à la moyenne de 2015.
On peut aussi étudier ces inégalités lorsqu'on décompose la distribution par produits du patrimoine. Ces analyses sont possibles à l'aide de la banque de données LWS (*The Luxembourg Wealth Study*). Les actifs financiers sont plus inégalement répartis que les actifs non financiers (si on considère prioritairement la résidence principale), et, du point de vue de la dynamique intergénérationnelle, la distribution des richesses transmises est plus inégalitaire que celles des richesses.
Sur le long terme, les analyses menées par **Th. Piketty** montrent que la part du travail dans le revenu national (revenus du capital et revenus du travail) n'a pas progressé de façon significative. La part du capital (ou patrimoine) reste donc très importante dans le revenu national.

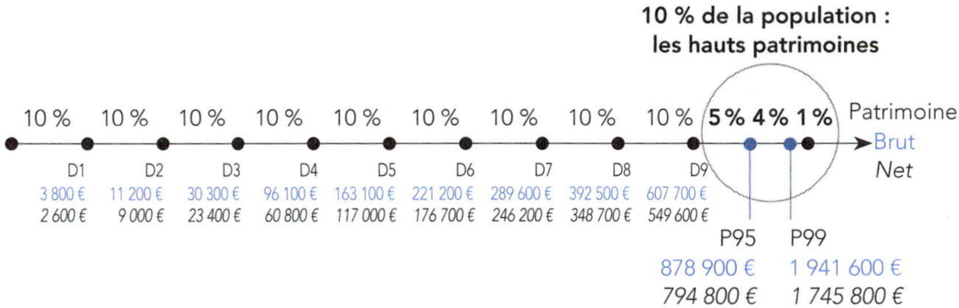

Lecture : début 2018, 10 % des ménages ont un patrimoine brut supérieur à 607 700 euros (D9).
Par ailleurs, 10 % ont un patrimoine net supérieur à 549 600 euros, une fois déduits les éventuels emprunts privés ou professionnels encore en cours.
Champ : ménages résidant en France hors Mayotte.
Source : Insee, enquête Histoire de vie et Patrimoine, 2017-2018.

Le patrimoine brut est très inégalement réparti dans la population. Cela s'explique par les écarts de revenu disponible qui jouent sur la capacité d'épargne des ménages et donc sur le stock de patrimoine. En 2018, selon l'Insee, 10 % des ménages les moins dotés détiennent 3 800 euros ou moins de patrimoine et les 10 % des ménages les plus dotés 607 700 euros ou plus, soit 160 fois plus. 92 % du patrimoine brut est détenu par la moitié des ménages.

Le patrimoine brut est composé à 61 % par des biens immobiliers, 20 % des actifs financiers, 11 % du patrimoine professionnel et le reste est le patrimoine résiduel (voiture, équipement du logement, bijoux, œuvres d'art).

L'âge reste aussi un facteur explicatif de la détention de patrimoine : les moins de 30 ans ont un patrimoine moyen de 38 500 euros alors que les sexagénaires ont un patrimoine moyen de 315 200 euros.

Le patrimoine financier est beaucoup plus concentré que le patrimoine immobilier puisque les 5 % des ménages les mieux dotés en patrimoine financier en détiennent plus de la moitié et 1 % des ménages en possèdent 31 % à eux seuls. Entre 1998 et 2018 les inégalités de patrimoine ont augmenté : le patrimoine brut des 10 % les moins dotés a baissé de 48 % et celui des 10 % les mieux dotés a progressé de 119 %.

B. Évolution des inégalités de patrimoine dans l'espace

Cette concentration des patrimoines se retrouve dans tous les pays et à toutes les époques pour lesquelles des données sont disponibles.

L'INÉGALITÉ DANS LE TEMPS ET DANS L'ESPACE DE LA PROPRIÉTÉ DU CAPITAL : ORDRE DE GRANDEURS

Part des différents groupes dans le total des patrimoines	**Inégalité faible** (jamais observée : société idéale ?)	**Inégalité moyenne** (= Pays scandinaves, années 1970-80)	**Inégalité moyenne-forte** (= Europe, 2010)	**Inégalité forte** (= États-Unis, 2010)	**Inégalité très forte** (= Europe, 1910)
Les 10 % les plus riches « Classes supérieures »	30 %	50 %	60 %	70 %	90 %
Dont les 1 % les plus riches (« Classes dominantes »)	*10 %*	*20 %*	*25 %*	*35 %*	*50 %*
Dont les 9 % suivants (« Classes aisées »)	*20 %*	*30 %*	*35 %*	*35 %*	*40 %*
Les 40 % du milieu « Classes moyennes »	45 %	40 %	35 %	25 %	5 %
Les 50 % les plus pauvres « Classes populaires »	25 %	10 %	5 %	5 %	5 %
Coefficient de Gini correspondant (indicateur synthétique d'inégalité)	0,33	0,58	0,67	0,73	0,85

Lecture : dans les sociétés caractérisées par une inégalité « moyenne » de la propriété du capital (comme dans les pays scandinaves dans les années 1970-1980), les 10 % les plus riches en patrimoine détiennent environ 50 % des patrimoines, les 50 % les moins riches environ 10 %, et les 40 % du milieu environ 40 %. Le coefficient de Gini correspondant est de 0,58.

Source : Th. Piketty, *Le Capital au* XXIe *siècle.*

Les inégalités de patrimoine se sont creusées partout dans le monde mais il y a des différences selon les pays. Le patrimoine privé est passé d'un intervalle (selon les pays) compris entre 200 à 350 % du revenu national dans la plupart des pays riches en 1970 à un intervalle de 400 à 700 % du revenu national aujourd'hui. La part du patrimoine mondial aux mains des 1 % les plus riches de la planète est passée de 28 % à 33 % entre 1980 et 2016 alors que la part des 75 % les plus pauvres tournait autour de 10 % sur la même période. Aux États-Unis la part des 1 % des plus gros détenteurs est passée de 22 % en 1980 à 39 % en 2014. Cela a été plus modéré en France car l'augmentation de la valeur du patrimoine immobilier pour les classes moyennes a joué un rôle d'amortisseur. En Chine et en Russie la part du centile supérieur a doublé entre 1995 et 2015, passant de 15 % à 30 % en Chine et de 22 % à 43 % en Russie.

Un autre phénomène constaté par la Banque mondiale est le transfert depuis 1980 de patrimoine public à la sphère privée et cela dans tous les pays. La richesse nationale a fortement augmenté mais la richesse publique est très faible aujourd'hui. Les États s'appauvrissent, ce qui limite leur capacité d'action contre le développement des inégalités.

En zone euro, en 2018, le patrimoine net moyen des ménages varie très fortement d'un pays à l'autre : 42 000 euros en Lettonie et 899 000 euros au Luxembourg. Le patrimoine net des 10 % des ménages les moins dotés est proche de zéro et les 10 % les mieux dotés de la zone euro possèdent un patrimoine net supérieur à 519 000 euros. L'indice de Gini du patrimoine net est de 0,692 pour l'ensemble de la zone euro. La France restant dans une position intermédiaire.

IV. Les inégalités économiques : quelles conséquences ?

A. La pauvreté en France

La **pauvreté** est la situation d'une personne ou d'un groupe dont les ressources sont insuffisantes. Cette définition très générale doit donc être précisée. On distingue la **pauvreté monétaire**, qui est définie à partir d'un seuil de revenu par individu jugé indispensable, et la pauvreté non monétaire, qui est définie par les conditions concrètes d'existence d'un individu. L'Insee l'évalue à partir d'un indicateur de **pauvreté en conditions de vie**, qui est basé sur une enquête interrogeant les ménages sur 27 critères qualitatifs de privation, comme l'absence de salle de bains dans le logement ou le fait d'avoir eu un découvert bancaire récemment. Les pauvres en conditions de vie ont rempli au moins 8 de ces critères. Il existe deux conceptions de la pauvreté monétaire :

- la **pauvreté absolue** est définie par le fait que les individus pauvres ont un revenu qui ne leur permet pas de se procurer un panier de biens correspondant à un minimum vital. C'est cette conception de la pauvreté qui est utilisée pour fixer le seuil de pauvreté aux États-Unis ;
- la **pauvreté relative** est définie par le fait que les individus pauvres ont un revenu inférieur à une fraction (40, 50 ou 60 %) du revenu moyen ou médian de l'ensemble de la population. La pauvreté relative est donc liée à l'inégalité des revenus (dispersion).

Le **seuil de pauvreté** a donc un caractère conventionnel. Il est calculé par rapport à la médiane de la distribution des niveaux de vie. En France le seuil de pauvreté (60 % du revenu disponible médian par unité de consommation) en 2018 s'élevait à 1 063 euros pour une personne seule, à 1 594 euros pour un couple sans enfant et 2 231 euros pour les couples avec deux enfants de moins de 14 ans. Selon cette définition, il y avait en France en 1970, près de 8,6 millions de personnes pauvres soit un taux de 17,9 %, 8 035 millions en 2007 (13,4 %) et 9 327 millions en 2018

(14,8 %). Le **taux de pauvreté** (proportion des pauvres dans la population totale, calculé sur la base de 60 % du revenu médian) a diminué jusqu'en 2005, il remonte très légèrement depuis. Cependant ce seuil de pauvreté est à comparer avec le niveau de vie mensuel médian des personnes pauvres, qui est en 2018 de 855 euros. Ainsi l'évolution de la pauvreté monétaire doit être complétée avec l'indicateur d'**intensité de la pauvreté**. Il permet d'analyser la distribution des revenus à l'intérieur de la catégorie des individus considérés comme pauvre. Pour l'Insee l'intensité de la pauvreté ou *poverty gap* « *permet d'apprécier à quel point le niveau de vie de la population pauvre est éloigné du seuil de pauvreté* ». Cet indicateur se mesure comme l'écart relatif entre le niveau de vie médian de la population pauvre et le seuil de pauvreté. Plus l'indicateur est élevé, plus le niveau de vie des populations les plus pauvres est loin du seuil de pauvreté et la pauvreté est plus intense. Après avoir baissé entre 1996 et 2003 (passant de 18,3 % à 16,3 %), l'intensité de la pauvreté s'accentue. Elle retrouve en 2005 son niveau de 1996 et elle est de 20,5 % en 2012 contre 19,1 % en 2011 et elle remonte à 19,6 % en 2018. Il y a une dégradation du niveau de vie pour les personnes les plus pauvres.

Définir la pauvreté est toujours une question de conventions, une construction statistique. L'écart entre les seuils de 50 et 60 % le montre bien : en 2018 on compte en France 5,265 millions de pauvres sur la base d'un seuil de pauvreté à 50 % du revenu médian et 9,327 millions de pauvres pour un seuil à 60 %. Dans le premier cas le taux de pauvreté est de 8,3 %, dans le second cas il est de 14,8 %.

On assiste depuis 2003 à la progression en France du nombre de **travailleurs pauvres**. Ce sont les personnes qui, tout en travaillant une partie de l'année, sont considérées comme pauvres. Ils vivent dans un ménage dont l'ensemble des revenus ne suffit pas à offrir à ses membres un niveau de vie supérieur au seuil de pauvreté. Des différences existent dans les données entre l'Europe et la France, car le nombre de mois d'emploi retenu dans la définition, diffère. Au niveau de l'Union européenne, est considérée comme **travailleur pauvre** toute personne ayant été en emploi pendant au moins 7 mois sur les douze mois de la période de référence. Selon l'Insee, il faut avoir été actif pendant au moins 6 mois sur les douze mois de la période de référence, dont au moins un en emploi. Dans le cas de la France on y inclut une partie des chômeurs, dans le cas de l'Union européenne la condition d'emploi est stricte.

En 2018, 2,2 millions de personnes ayant un emploi vivent en dessous du seuil de pauvreté. Le taux de pauvreté des actifs en emploi est de 8,4 %, celui des retraités de 8,7 % et celui des autres inactifs (dont les étudiants) de 32,7 %. La pauvreté est aussi différente selon la catégorie socioprofessionnelle : le taux de pauvreté est élevé chez les agriculteurs exploitants, artisans, commerçants et chefs d'entreprises (22,4 %), il est de 15,2 % chez les ouvriers et de 3,5 % chez les cadres et professions intellectuelles supérieures. La part de familles monoparentales pauvres est elle aussi haute : 35,3 %. Lorsque la mère est active le taux de pauvreté reste élevé à 29,8 %. Chez les couples d'actifs avec ou sans enfants le taux de pauvreté est de 6,1 %, dans les couples avec ou sans enfants où seule la femme est active le taux est de 16,3 % et dans les couples, avec ou sans enfants, où seul l'homme est actif le taux de pauvreté est de 28,9 %.

B. La pauvreté monétaire : comparaisons internationales

Au niveau de l'Union européenne, le seuil de pauvreté, calculé pour chaque pays de l'Union, est fixé à 60 % du revenu disponible médian par unité de consommation. En 2018, La pauvreté monétaire en Union européenne touche 16,8 % de personnes, environ 86 millions de personnes. Le taux de pauvreté le plus bas est pour la République tchèque (10,1 %). Le plus élevé est pour la Roumanie, 23,8 %. Le taux de pauvreté est supérieur à 20 % en Italie et en Espagne. Il reste globalement élevé en Europe du Sud : Grèce (17,9 %), Croatie (18,3 %). Il est inférieur à la moyenne en Europe du Nord : Finlande, Danemark, Irlande et Pays-Bas. L'intensité de la pauvreté est de 24,2 % en moyenne dans l'Union européenne.
Selon l'OCDE (*Panorama de la société*, 2019), le taux de pauvreté moyen dans les pays de l'OCDE est de 11,7 % en 2016. C'est un **taux de pauvreté relative** c'est-à-dire la part d'individus dont le revenu annuel est inférieur à la moitié du revenu disponible médian national. Ce taux est de 18 % aux États-Unis et de 5 % au Danemark. Le taux de pauvreté varie aussi selon la tranche d'âge. En moyenne, au sein des pays de l'OCDE, il y a moins de pauvreté dans la population adulte que parmi les enfants (respectivement 10 % et 13 %). La pauvreté infantile est faible dans les pays nordiques mais très importante au Chili, en Espagne ou encore aux États-Unis.

La pauvreté est abordée ici sous l'angle économique et plus précisément monétaire. Mais il s'agit d'un phénomène plus vaste qui concerne aussi l'accès aux services collectifs et l'ensemble de la vie sociale (santé, éducation, logement, emploi), et on parle alors de pauvreté non monétaire (v. chapitre *Consommation, épargne, patrimoine*). Il existe également de nombreux travaux sociologiques sur la pauvreté.

Suffit-il de réduire la pauvreté pour réduire les inégalités économiques ? La lutte contre la pauvreté est l'une des priorités des gouvernements depuis les années 1960 dans la plupart des pays avancés. Cependant les chiffres actuels montrent que la réduction de la pauvreté s'est stabilisée dans certains pays, mais qu'elle est en progression dans d'autres. Dans le même temps la part des hauts revenus a fortement progressé. **A. B. Atkinson** s'est proposé de vérifier s'il était possible d'avoir un faible taux de pauvreté avec une part des très hauts revenus élevée.

PAUVRETÉ ET PART DES TRÈS HAUTS REVENUS DANS DIVERS PAYS, VERS 2010

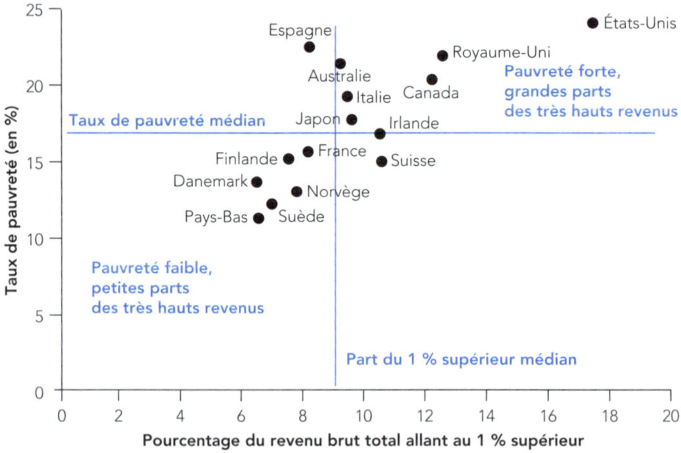

Lecture : En France en 2010, le taux de pauvreté relative (Seuil 60 % du revenu médian) était d'environ 15 % et la part du revenu brut total allant au 1 % supérieur d'environ 8 %.

Source : A. B. Atkinson, *Inégalités*, 2015.

Ce graphique montre que les pays où la part des très hauts revenus est élevée la pauvreté est forte, et inversement dans les pays où la part des très hauts revenus est petite, la pauvreté est faible. Donc l'accroissement des très hauts revenus accroît la pauvreté. Les forts taux de pauvreté sont corrélés aux parts les plus élevées des très hauts revenus. Seule la Suisse est dans une situation d'exception.

Selon la Banque mondiale, la pandémie de covid-19 fera basculer entre 88 et 115 millions de personnes dans l'extrême pauvreté, faisant perdre environ trois ans aux efforts de réduction de la pauvreté.

Pour mesurer la gravité de cette crise sanitaire, la Banque mondiale a opéré une comparaison avec la dernière crise économique ayant fait augmenter la pauvreté dans le monde, la crise financière asiatique de 1997-1998. « *Tandis que la crise financière en Asie a accru le taux de pauvreté de 1,3 % en 1998 par rapport à 1997 (de 29,6 à 30 %), la pandémie de covid-19 devrait faire bondir le nombre de pauvres de 8,1 % en 2020 par rapport à 2019 (de 8,4 à 9,1 %)* » (Banque mondiale, 2020).

§ 2. Les explications des inégalités économiques

I. La théorie du capital humain et la mondialisation

La **théorie du capital humain** mise en avant par **G. Becker** (1930-2014, Prix Nobel 1992) explique les inégalités de salaires par des dotations en capital humain inégales qui créent des différences de productivités et donc de rémunérations (v. chapitre *Marché du travail, emploi, chômage*). D'un point de vue général et sur le long terme cette théorie a une portée euristique assez forte. Dans le temps et dans l'espace, dans les pays avancés, les inégalités de salaires peuvent s'expliquer par la croissance des qualifications des individus, depuis le XIXe siècle et donc par l'augmentation de la productivité du travail. À l'échelle d'un pays donné, cette théorie peut expliquer l'évolution des écarts de salaires entre individus qualifiés et non qualifiés. Plus le niveau d'éducation s'élève, plus il y a d'individus qualifiés et ainsi les écarts de salaires se réduisent. Pour la théorie du capital humain, la remontée des inégalités qui commence dans les années 1970 provient d'un manque de qualification d'une partie de la population mais aussi par un **progrès technique biaisé** (*skill-biased technological change*) qui favoriserait les plus qualifiés, les caractéristiques individuelles, le talent ou encore le choix de l'université, ou de l'école dans laquelle le diplôme est obtenu, au-delà des qualifications professionnelles. Cette analyse expliquerait alors la croissance des inégalités de salaires entre individus ayant les mêmes caractéristiques en termes de capital humain. **E.M. Mouhoud** met en avant que les effets du progrès technique s'expliquent par la mondialisation elle-même. À travers les firmes multinationales, le commerce international incite au progrès technique en raison de la concurrence intense sur les marchés, et les évolutions technologiques se traduisent alors par une demande plus forte de travailleurs qualifiés et accroissent les inégalités entre les travailleurs qualifiés et non qualifiés.

Une autre explication des inégalités salariales proviendrait des effets de la mondialisation. En effet, l'ouverture internationale entre les pays avancés et les PED aurait mis en concurrence les salariés peu qualifiés du Nord avec ceux du Sud. Cependant, cela n'est pas empiriquement démontré notamment parce que le flux des importations en provenance des pays à bas salaires n'est pas suffisant pour expliquer l'ampleur du phénomène. D'ailleurs les analyses de **A. Emmanuel** (1911-2001) ou encore **R. Luxem-**

bourg (1871-1919) ont plutôt montré que la spécialisation internationale n'avait pas bénéficié aux PED et que les inégalités entre Nord /Sud avaient progressé entre 1970 et 1990 (v. chapitre *Économie du développement*). B. Milanovic (2019) résume ce débat sur la croissance des inégalités par l'acronyme TOP (Technologie, Ouverture internationale, choix Politiques). **F. Bourguignon** constate entre 1950 et 1980, une réduction des inégalités dans les pays avancés mais une augmentation des inégalités entre pays riches et pays pauvres et le phénomène inverse depuis les années 1980 avec une baisse des inégalités entre les pays riches et pauvres (du fait notamment du rattrapage de la Chine et de l'Inde) mais un accroissement des inégalités dans les pays avancés. Néanmoins, l'inégalité globale au niveau international est plus grande sous l'effet de l'augmentation des inégalités au sein des pays riches et chez les plus peuplés des émergents. **P.-N. Giraud** va plus loin en montrant dans, *L'inégalité du monde* (1996), que le progrès technique biaisé n'explique pas la remontée des inégalités dont la globalisation commerciale et financière est pour lui responsable. Il montre dans *La mondialisation. Émergences et fragmentations* (2008), le lien entre inégalités et mondialisation à travers sa grille d'analyse en termes d'emplois nomades et sédentaires. Les **emplois nomades** sont les emplois soumis à la compétition globale, leur maintien dépend de leur compétitivité au niveau international (OS de l'automobile, trader, ingénieur aéronautique, employé de *call center* mais aussi dans les services : finance, publicité, conception-design), ils peuvent disparaître dans un pays et être développés ailleurs. Les **emplois sédentaires** eux ne sont pas soumis à la compétition internationale et sont peu délocalisables (professeur de droit constitutionnel français, ouvrier du bâtiment, boulanger, femme de ménage). Il montre qu'un territoire est d'autant plus riche et égalitaire que la part des emplois nomades est importante. Plus il y a d'emplois nomades plus les chances de voir les biens et services relatifs produits par les emplois sédentaires sont fortes. Ce sont les « nomades » qui vont consommer leurs produits. Plus cette consommation est forte plus les « sédentaires » ont de chances de voir leur rémunération progresser. En revanche plus les sédentaires d'un pays sont pauvres plus les nomades sont compétitifs dans l'arène internationale, la globalisation des firmes réduit donc les solidarités au sein des territoires. Pour **P.-N. Giraud** l'une des conséquences de la globalisation est l'apparition des **hommes inutiles**. *Un « homme inutile est d'abord inutile économiquement aux "autres" au sens suivant : les autres pourraient s'en passer sans perte de revenus et de "bien-être"* » (P.-N. Giraud, 2015). On peut faire référence ici aux chômeurs de longue durée, à ceux qui vivent de l'assistanat, aux « travailleurs pauvres », aux précaires. Mais c'est aussi un homme inutile à lui-même « *dans l'incapacité d'évoluer et de s'arracher des "soutes" de la société dans lesquelles ils sont piégés* » (P.-N. Giraud, 2015). Ils sont dans l'incapacité d'améliorer leur sort.

II. Le retour des inégalités depuis les années 1970 : les super-salaires

Pendant longtemps les économistes ont expliqué les inégalités par les effets du progrès technique biaisé (effet de l'éducation et des technologies). Mais des pays ayant des caractéristiques similaires en terme éducatif et technologique ont connu ou connaissent des évolutions très différentes en matière d'inégalités. Un certain nombre de travaux renouvellent l'analyse des inégalités, notamment par la dynamique des hauts salaires. La fixation des hauts salaires ne correspond pas à une fixation de type néoclassique, en relation avec la productivité marginale du travail. **Th. Piketty** montre que, pour les hauts salaires, leur niveau dépend des normes sociales et du niveau de tolérance envers les inégalités dans la société. Pour **J. Stiglitz** cela provient du phénomène de recherche de rente : l'enrichissement des plus riches n'est pas lié au partage des richesses mais à l'appropriation d'une partie de la richesse créée par l'ensemble de la société. Il relie cela aux politiques publiques et aux phénomènes de « **capture du régulateur** » : le 1 % le plus riche aurait asservi le système politique pour que les politiques publiques soient au service de ses intérêts. Ainsi, pour **J. Stiglitz**, les prises de décisions politiques auraient accru les inégalités. **I. Dew-Becker** et **R.J. Gordon** évoquent, au milieu des années 2000, « *l'économie des superstars* », ou « *the winner takes all* » pour caractériser ce constat selon lequel la redistribution des revenus a surtout profité aux riches et très riches. L'effet superstar, c'est-à-dire le fait que quelques individus (chanteurs, acteurs, etc.) ont de très hauts revenus et que les autres peinent à vivre de leur travail, provient de la structure de la demande (plutôt grégaire : les consommateurs ont tendance à calquer leur comportement sur celui des autres), de la technologie (coût marginal de la diffusion faible) et de l'environnement. De plus, les « stars » sont dans une position qui leur permet de capter les rentes construites collectivement.

X. Gabaix et **C. Landais** expliquent, à la fin des années 2000, la dynamique des hauts salaires par la taille de l'entreprise dans le cadre de la **gouvernance actionnariale** : plus l'entreprise est importante, plus le cadre aura un salaire important chaque fois qu'il fera accroître la valeur de l'entreprise même d'un petit pourcentage, notamment sous l'effet des mécanismes de rémunération prévus pour inciter les cadres dirigeants à créer de la valeur pour les propriétaires du capital (actionnaires). De plus, le salaire des cadres dirigeants est aujourd'hui fixé au niveau mondial où la concurrence est très vive, ce qui justifie des salaires très hauts pour les meilleurs.

La finance joue aussi un rôle dans la progression des super-salaires. Avec la financiarisation croissance des économies, les salaires augmentent en proportion de l'augmentation de la valeur des actifs qui est elle-même déconnectée de la sphère réelle. La dynamique des salaires dans la finance s'est modifiée aux États-Unis : alors que jusqu'en 1990 les salaires de la finance n'étaient pas plus élevés que dans les autres secteurs de l'économie, en 2006 ils sont en moyenne supérieurs de 50 % et de 80 % pour le décile supérieur, et, si on ne s'intéresse qu'aux dirigeants du secteur financier, les salaires sont supérieurs de 250 %. Pour **Th. Philippon** et **A. Reshef** cela contribue à l'augmentation des inégalités entre 15 et 25 % depuis les années 1970 aux États-Unis.

Enfin, ces changements peuvent aussi s'expliquer par une libéralisation qui n'est pas que financière. Il y a eu aussi plus globalement un mouvement de déréglementation du marché des biens et du marché du travail. La flexibilité du travail et la modération salariale ont réduit le pouvoir de négociation des salariés avec en parallèle une explosion des salaires dans la finance, ce qui se traduit par une augmentation des inégalités.

III. Croissance et inégalités : quelles relations ?

A. La courbe de Kuznets et ses limites

S. Kuznets (1901-1985), dans son célèbre article « *Economic growth and income inequality* » (1955), montre qu'il existe une relation en cloche entre le niveau de développement et la dispersion des revenus individuels (**courbe de Kuznets**). Selon ses analyses, les inégalités seraient faibles dans les pays pauvres et dans les pays riches mais élevées dans les situations intermédiaires. Cette courbe en U inversé des inégalités s'expliquerait par les réallocations de la main-d'œuvre dans les phases de transition industrielle (v. chapitre *Croissance économique*). Au début du processus d'industrialisation, les inégalités augmentent mais se réduisent lorsque le secteur agricole devient minoritaire. Cette courbe est contestée empiriquement. Les analyses plus contemporaines mettent en avant l'innovation comme porteur d'inégalités à travers le processus de « destruction créatrice ».

Pour **Th. Piketty**, la répartition des richesses est une histoire politique et non le résultat d'un processus économique « naturel ». Il n'y a pas de loi historique de la réduction des inégalités. La réduction des inégalités est pour lui due aux guerres et aux différentes politiques publiques mises en œuvre au cours du XXe. De la même façon, le creusement des inégalités qui s'opère aux États-Unis dès les années 1970 et à partir des années 1980-

1990 dans les autres économies avancées provient d'un changement dans les politiques fiscales et redistributive. Ces choix sont fonction des rapports de force entre les groupes sociaux, de la perception de la justice sociale et du niveau de tolérance aux inégalités qui prévalent dans une société (v. chapitre *La croissance économique*).

Les deux lois fondamentales du capitalisme selon Th. Piketty

Dans son ouvrage « *Le capital au* XXIe *siècle* », **Th. Piketty** montre un retour des inégalités dans la plupart des pays avancés. Pour le montrer, il se fonde sur les deux lois fondamentales du capitalisme. La première loi fondamentale du capitalisme est que :

$\alpha = r \cdot \beta$

Avec α la part des revenus du capital dans le revenu national, r le taux de rendement du capital et β la valeur du patrimoine net rapportée au revenu national. La deuxième loi fondamentale du capitalisme est que :

$\beta = s/g$

La valeur du patrimoine net dans le revenu national est fonction de s, le taux d'épargne rapporté à g le taux de croissance. Plus g est faible plus β est important.

Pour **Piketty** aujourd'hui la part du patrimoine dans le revenu national β serait de l'ordre de 600 %, r de 5 % et donc α de 30 %. Cette répartition serait proche de celle de la Belle époque où les inégalités étaient très importantes. Ainsi Piketty met en avant une contradiction du capitalisme qui est que « *dès lors que le taux de rendement du capital dépasse durablement le taux de croissance de la production et du revenu, ce qui était le cas jusqu'au* XIXe *siècle et risque fort de redevenir la norme au* XXIe, *le capitalisme produit mécaniquement des inégalités insoutenables, arbitraires, remettant radicalement en cause les valeurs méritocratiques sur lesquelles se fondent nos sociétés démocratiques.* » (Piketty, 2013). Lorsque durablement $r > g$ il est plus intéressant de privilégier le capital et les rentes ce qui tend à « *dominer de plus en plus fortement ceux qui ne possèdent que leur travail* » (Piketty 2013).

Pour **B. Milanovic** (né en 1953) l'analyse de Th. Piketty ne permet pas d'expliquer les inégalités avant le XXe siècle et celle de Kuznets est incomplète car elle n'explique pas le retour des inégalités après les années 1980. Selon lui, il n'y a pas une seule courbe mais plutôt des « vagues de Kuznets » ou des « cycles de Kuznets ». Par une analyse historique et empirique approfondie sur différents pays, Royaume-Uni, États-Unis, pays d'Europe, Amérique Latine, Japon, il constate que les hausses et baisses d'inégalités se font par vagues.

Chaque vague connaît :

- Un pic d'inégalité très important où l'indice de Gini peut aller jusqu'à 0,61 (tout dépend des pays mais l'indice est très élevé) ;
- Puis une phase descendante des inégalités où l'indice de Gini baisse jusqu'à environ 0,27 (plus ou moins selon les pays), une augmentation du PIB/habitant et une forte hausse du PIB.
- Enfin le début d'une nouvelle phase ascendante où l'indice de Gini remonte ainsi que les inégalités.

Ainsi nous serions après la première vague de Kuznets dans la phase de forte hausse des inégalités. Ces vagues s'expliquent par des forces économiques, politiques et sociales qui font augmenter ou baisser les inégalités. Ces forces peuvent être néfastes (les guerres, les guerres civiles, les conflits sociaux, les épidémies) ou bénéfiques (la pression politique, des syndicats, l'éducation, le poids de l'État, des changements techniques favorables aux travailleurs peu qualifiés). Il explique la remontée des inégalités par la perte du poids des syndicats, la grande influence des riches sur le processus politique. Selon **B. Milanovic**, si les inégalités deviennent trop élevées les forces néfastes peuvent faire réduire les inégalités (les conflits sociaux, une guerre ou encore des épidémies). Il voit cinq forces bénéfiques qui pourraient aujourd'hui entraîner une phase descendante des inégalités : un changement de système politico-fiscal (plus progressif), une augmentation du niveau d'éducation et de compétences, la disparition des rentes accumulées au début de la révolution technologique, la convergence des revenus au niveau mondial (pour mettre fin à l'affaiblissement des classes moyennes des pays riches) et enfin un progrès technique favorisant les travailleurs peu qualifiés. Selon lui, si les inégalités continuent d'augmenter sans forces bénéfiques alors la baisse des inégalités pourraient se faire par des forces néfastes.

B. La montée des inégalités limite-t-elle la reprise économique ?

Selon **F. Hayek**, dans « *La route de la servitude* » (1944), les individus ont des niveaux de productivité différents qui sont porteurs d'inégalités économiques mais aussi d'efficacité et de richesses. Ainsi vouloir réduire ces inégalités serait contre-productif : en effet, il n'y aurait plus d'incitations à être efficace. Les inégalités sont donc porteuses d'efficacité et cela profite à toute l'économie. Les inégalités expliquent la prospérité économique.

A. Okun dans son ouvrage de 1975, *Equality and Efficiency : The Big Trade off*, défend l'idée selon laquelle la redistribution empêche l'efficacité productive. Il existerait un arbitrage entre l'efficacité et l'égalité : parvenir à l'égalité nécessiterait d'accepter un sacrifice en termes d'efficacité économique.

Enfin, les inégalités permettent des **effets de ruissellement** (*Trickle down effect*) : une redistribution des plus défavorisés vers les plus riches permettra à ces derniers de consommer plus, ce qui, par le biais du circuit économique, améliorera, *in fine*, la situation des plus pauvres. L'idée est que cette faveur aux plus riches permettra la création d'emplois et l'augmentation des salaires. Ainsi l'épargne des riches alimentent l'investissement productif.

Aujourd'hui ces idées sont néanmoins remises en cause. Une efficacité économique plus grande exigerait davantage d'équité redistributive : les sociétés dans lesquelles les ménages les plus pauvres n'ont pas accès à l'éducation et pas de possibilité économique (pas d'accès au crédit) ont une croissance anémique. De plus, les pays où il y a des politiques, égalitaires et de redistribution, développées, comme les pays scandinaves, ne connaissent pas de ralentissement de la croissance économique. Et la théorie du ruissellement n'a pas montré son efficacité.

La croissance des inégalités économiques est par ailleurs responsable pour certains du surendettement des ménages et de la crise financière. Pour **R. Rajan** la progression des inégalités de revenus a contraint les ménages les moins aisés à s'endetter pour maintenir leur niveau de consommation. **T. Van Treeck** (2014) a mis en avant plusieurs arguments pour corroborer cette thèse sur la période 1980-2010 aux États-Unis. Mais la causalité inégalités-endettement-crise financière reste difficile à établir. Cependant l'augmentation des inégalités par la dynamique des salaires peut entraîner des effets de cascades qui peuvent jouer sur le niveau du crédit et l'instabilité financière. La hausse des rémunérations a deux effets :

- une augmentation des hauts revenus qui permet une hausse de l'offre de crédit ;
- une stagnation ou une baisse relative des bas revenus qui entraîne une hausse de la demande de crédit (pour maintenir leur niveau de revenu) et cette demande peut être facilement satisfaite car il y a une offre de crédit importante.

Ces deux effets cumulés créent une liquidité plus importante qui nécessite de trouver de nouveaux emprunteurs. On retrouve l'explication des crises au sens de **Minsky**, où il montre le rôle de l'endettement privé excessif dans le déclenchement des crises financières.

France stratégie dans sa note de mars 2016 souligne qu'un niveau élevé et un accroissement des inégalités « *réduisent le niveau et la soutenabilité de la croissance du PIB dans les économies avancées* » et que le niveau actuel des inégalités dans les économies avancées induit un coût pour la croissance de l'ordre de 0,2 à 0,3 % par an.

Pour B. Milanovic les inégalités sont porteuses de risques politiques : la classe moyenne se réduit, ce qui risque de remettre en cause la démocratie avec une dictature de la classe possédante.

En revanche, la réduction des inégalités est porteuse à court terme d'effets stimulants sur l'activité économique, notamment quand la croissance est au ralenti (politiques keynésiennes) mais aussi d'effets à long terme. En outre, en améliorant la santé des personnes et leurs compétences, elle permet une meilleure allocation des ressources et améliore la productivité. Et pour finir la lutte contre les rentes inégalitaires améliore l'efficacité de l'économie.

§ 3. La réduction des inégalités économiques : quelles solutions ?

I. La question de la justice sociale

A. Les conceptions de la justice sociale

Une société organisée conformément à la **justice sociale** se caractérise par l'égalité de ses membres. Cette conception est conforme à celle de **J.-J. Rousseau** (1712-1778), pour qui « *Tous veulent que les conditions soient égales pour tous et la justice n'est que cette égalité* » (Rousseau, 1762). Encore faut-il préciser sur quoi porte l'égalité et par rapport à qui on la mesure.

À la suite d'**Aristote**, on distingue trois conceptions de la justice :

- La **justice commutative** correspond à l'égalité arithmétique. Par exemple, les biens échangés sur un marché sont de valeur égale.
- La **justice distributive** correspond à une égalité proportionnelle (par exemple, le fait de rémunérer des individus en fonction de leurs efforts ou de leurs mérites est juste au sens de la justice distributive).
- La **justice corrective** consiste à agir sur la répartition existante au nom d'une norme morale ou politique. Par exemple, dans la doctrine catholique inspirée de **Thomas d'Aquin**, les riches ont l'obligation morale de se départir du « superflu » afin de le donner aux pauvres. La mise en place du RMI relève aussi de la justice corrective.

Égalité contre équité : un faux débat

On oppose parfois l'**égalité** et l'**équité**. La recherche de l'égalité (certains parlent de façon péjorative d'égalitarisme) conduirait en fait à des situations injustes. Les politiques publiques devraient donc rechercher l'équité plutôt que l'égalité. Ce débat n'est guère pertinent. D'après **A. Lalande**, l'équité est le : « *sentiment sûr et spontané du juste et de l'injuste ; en tant surtout qu'il se manifeste dans l'appréciation d'un cas concret et particulier* » (Alande, 1926). Il n'est donc pas possible d'opposer égalité et équité puisque l'équité est une norme qui permet de se prononcer sur le degré d'égalité ou d'inégalité. On pourra par exemple considérer comme équitable (c'est-à-dire juste) le fait de payer davantage, à qualification égale, un individu qui travaille 8 heures qu'un individu qui travaille 4 heures On trouvera aussi équitable de venir en aide aux travailleurs pauvres qui subissent le temps partiel et disposent de ce fait d'un niveau de vie jugé insuffisant. On pourra aussi trouver équitable le fait de payer davantage un individu qualifié qu'un individu non qualifié. Dans ce dernier cas on pourra juger que l'écart de rémunération est équitable ou qu'il ne l'est pas, etc.

Lorsqu'on s'interroge sur le caractère juste ou injuste des inégalités, il est donc important de préciser à quelle conception de la justice on se réfère. On peut distinguer quatre approches de la justice sociale.

• La première approche s'inscrit dans une perspective **utilitariste**, héritée de **J. Bentham** (1748-1832). La justice correspond alors au plus grand bonheur du plus grand nombre. Cette conception pose plusieurs problèmes. Tout d'abord, une telle définition de la justice suppose que l'on puisse comparer les satisfactions des différents individus (approche cardinale de l'utilité). Or, la plupart des économistes ont renoncé à rechercher les moyens de se livrer à des comparaisons interpersonnelles d'utilité. Par ailleurs, l'approche utilitariste est compatible avec la violation des droits individuels. Pour maximiser la satisfaction du plus grand nombre on peut violer les libertés ou les droits d'une minorité. Enfin, la conception utilitariste peut conduire à accroître (et non à réduire) les inégalités. En effet, pour maximiser l'utilité du plus grand nombre, on peut être conduit à donner plus à ceux qui ont déjà plus. Pour **V. Pareto**, la justice sociale repose plutôt sur une conception ordinale de l'utilité et une règle d'unanimité, elle conduit à considérer qu'une opération de redistribution ne doit pas être mise en œuvre dès lors qu'elle est refusée par au moins un individu. Les droits individuels sont ici respectés ; mais c'est au détriment de toute perspective crédible de réduction des inégalités. Les inégalités de situations sont donc acceptables.

• La deuxième approche, celle de l'égalitarisme libéral, qui a sans doute fait l'objet du plus grand nombre de commentaires, a été formulée par **J. Rawls** (1921-2002) dans la *Théorie de la Justice Sociale* en 1971. L'approche de Rawls vise à rendre compatible le respect des droits individuels et la réduction des inégalités sur la base d'une philosophie politique contractualiste. Les deux principes qui permettent de définir la « *justice comme équité* » selon Rawls sont les suivants :
- 1. le **principe de liberté** : « *Chaque personne doit avoir droit à la plus grande liberté fondamentale compatible avec une même liberté pour tous.* » (Droit de vote et d'éligibilité, liberté d'opinion, d'expression, de réunion, de vote, droit de propriété privée…) ;
- 2. le **principe de différence** : « *Les inégalités sociales et économiques doivent être aménagées de telle sorte qu'elles soient a) assurées, en dernière analyse, pour le plus grand profit des plus défavorisés ; b) attachées à des emplois et à des postes accessibles à tous dans des conditions d'égalité équitable des chances.* »

Pour **J. Rawls**, le premier principe prime sur le second : il n'est pas acceptable de porter atteinte aux libertés pour atteindre une plus grande égalité. L'exigence de justice conduit **J. Rawls** à définir des **biens premiers**, c'est-à-dire « *des biens utiles quel que soit le projet de vie rationnel* », qui sont :
- Les biens premiers naturels (santé ou « talents » – facteurs naturels), non soumis au contrôle des institutions ;
- les biens premiers sociaux (libertés et droits fondamentaux, positions sociales ou respect de soi) ;

– les avantages socio-économiques liés à ces positions qui aident les individus à poursuivre librement leurs objectifs.

L'approche de **Rawls** a servi de base à de nombreuses réflexions sur la conduite des politiques économiques et sociales. Elle tente de concilier égalité des chances et égalité des situations.

- La troisième approche est celle du libertarisme. Dans cette conception de la justice sociale, on ne peut restreindre les libertés individuelles pour réduire les inégalités. Un individu n'a pas à supporter un coût dont bénéficieront d'autres individus. La justice sociale porte atteinte aux libertés individuelles et aux droits de propriété. Dans cette perspective, l'égalité des chances empêche l'égalité devant la loi. Mais l'égalité des chances est garantie par les libertés individuelles. Pour **L. von Mises** (1881-1973) : « *L'inégalité des revenus et des fortunes est un caractère inhérent de l'économie de marché. Son élimination détruirait complètement l'économie de marché* » (Mises, 1949). Pour ces auteurs, l'égalité des situations n'est donc pas acceptable. Seule l'égalité devant la loi l'est car « *elle sert au mieux les intérêts de tous* » (Mises, 1949).

Selon **F. Hayek** (1899-1992) la justice sociale est un « *mirage* » l'idée même de justice sociale est dépourvue de sens. On ne pourrait parler de répartition juste ou injuste que dans un système où cette répartition serait le résultat d'une volonté consciente. Or le système de marché n'a pas cette caractéristique. Seules existent les décisions des individus, et la répartition des revenus qui résulte de ces actions humaines au sein d'un ordre spontané n'a été voulue par personne. Par contre, vouloir imposer la justice sociale par l'action de l'État ne peut qu'engager la société sur « *la route de la servitude* ».

- Selon la dernière approche, celle de l'égalitarisme strict, les inégalités sont fondamentalement injustes. Il semble peu acceptable de considérer que des individus vivant des conditions sociales et matérielles opposées soient égaux. L'égalitarisme strict vise une réduction des inégalités comme telle donc s'intéresse aux niveaux relatifs (une comparaison) et non en absolus. La justice sociale est alors nécessaire pour réduire les inégalités, c'est son objectif principal.

Égalité des capabilités

Selon **A. Sen** (prix Nobel 1998), la théorie de **J. Rawls** a le mérite d'avoir renouvelé le débat sur l'égalité en introduisant le principe de l'égalité des chances. Cependant, selon Sen, la théorie de Rawls présente l'inconvénient d'écarter les différences existantes entre les individus (spécificités physiques, sexe, âge, aptitudes mentales voire contexte climatique). Dans ces conditions, répartir les « biens premiers » de manière égalitaire n'aura pas nécessairement pour effet d'égaliser les libertés dont jouiront concrètement les personnes, « *puisqu'il peut exister d'importantes variations dans la conversion des ressources et des biens premiers en liberté* » (Sen, 2000). **A. Sen** donne l'exemple des personnes handicapées ou d'une personne pauvre, dont la liberté d'échapper à la malnutrition ne dépend pas seulement des

ressources auxquelles on lui donne accès, mais aussi de « *ses taux métaboliques, de son sexe, éventuellement de sa grossesse, du climat qui l'environne, de son exposition aux maladies parasitaires, etc.* ». Les individus n'ont pas tous la même capacité à transformer les ressources obtenues par la redistribution en une vie satisfaisante.
Tous ces exemples illustrent le concept de *capability* (traduit par le néologisme capabilité) soit « *les possibilités, les chances, qu'a l'individu de réaliser ses objectifs* » ou encore de « *choisir entre des modes de vie possibles* ». Cette approche en termes de **capabilités** met ainsi l'accent sur les possibilités qu'ont les êtres humains de décider et de choisir effectivement : « *dans l'évaluation de la justice fondée sur la capabilité, les revendications des individus ne doivent pas être jugées en fonction des ressources ou des biens premiers qu'ils détiennent respectivement, mais de la liberté dont ils jouissent réellement de choisir la vie qu'ils ont des raisons de valoriser.* »

B. Justice sociale et fondements de l'action publique

a. Quelle conception de l'égalité ?

La mise en œuvre de politiques publiques au service de la justice sociale est un élément essentiel des politiques économiques et la finalité principale de l'État providence (v. chapitre *Les fonctions économiques de l'État*). L'État peut fonder son action, sur des conceptions très différentes de l'égalité.

En effet le mot **égalité** a trois significations distinctes :

- Il existe, en premier lieu, une **égalité devant la loi.** Cela signifie que les mêmes droits et les mêmes contraintes juridiques s'imposent à tous. Dans l'Ancien Régime cette égalité n'était pas assurée puisque nobles et roturiers ne relevaient pas des mêmes tribunaux et que les premiers étaient dispensés du paiement de l'impôt. C'est en ce sens que **A. de Tocqueville** (1805-1859) parle de l'égalité des conditions.
- En un second sens, le mot « égalité » renvoie à l'**égalité des chances**. La société comportant des positions sociales hiérarchisées, tous les individus doivent disposer de chances égales d'accéder aux différentes positions. L'idée d'égalité des chances signifie que l'on doit compenser les inégalités initiales. Il faut donner plus à ceux qui ont moins pour leur assurer une égalité des chances. L'impôt sur le patrimoine (et notamment sur les successions), contribue à l'égalité des chances, de même que les politiques qui cherchent à assurer la réussite scolaire des enfants les plus défavorisés. L'égalité des chances est évidemment compatible avec une grande inégalité des situations.
- Dans un troisième sens enfin, l'égalité peut signifier **égalité des situations**, par exemple une égalité des revenus. Cette égalité apparaît plutôt comme une perspective, le débat porte, en général, sur le caractère excessif de l'inégalité des situations. L'objectif est alors de réduire l'iné-

galité des revenus et non de la supprimer. C'est la position défendue par **J.M. Keynes** à la fin de la *Théorie générale de l'emploi de l'intérêt et de la monnaie*. Les politiques de redistribution des revenus, de lutte contre la pauvreté s'inscrivent dans cette perspective.

Il ne s'agit pas de choisir entre égalité et inégalité, mais de savoir quelle égalité (ou quel degré d'égalité) on cherche à promouvoir et par conséquent quelles inégalités on accepte, voire quelles inégalités on crée parce qu'il s'agit d'inégalités justes. Pour **A. B. Atkinson**, il ne suffit pas de rechercher l'égalité des chances, il faut aussi se préoccuper de l'inégalité des résultats. Les récompenses qui sont données aux meilleurs (les salaires par exemple) sont le résultat d'un construit social qui peut être inégalitaire. Cette répartition inégalitaire va avoir un impact sur le devenir des générations suivantes et alimenter l'inégalité des chances « *L'après d'aujourd'hui détermine l'avant de demain* » (Atkinson, 2015).

b. Formes d'égalité et justice sociale

Les différentes conceptions de la justice sociale ne cherchent pas toujours à atteindre les trois formes d'égalité.
Ainsi pour les libertariens, la seule égalité à rechercher est celle devant la loi, qui par son existence garantira le mérite et donc l'égalité des chances. En revanche, la recherche de l'égalité des situations n'est pas souhaitable, elle réduit l'efficacité de l'économie. À l'opposé, les défenseurs d'une justice sociale reposant sur l'égalitarisme strict, recherchent les trois formes d'égalité où l'égalité des chances est garantie par l'égalité des situations, principal objectif à atteindre. Chez les utilitaristes et chez J. Rawls, l'égalité des situations n'est pas un objectif central de la justice sociale.

II. La mise en œuvre de politiques de redistribution et leur efficacité

Si une société décide de réduire les inégalités, notamment économiques, elle doit choisir des modalités de redistribution et cela va dépendre de son histoire, de ses traditions, de sa culture (v. chapitre *Les fonctions économiques de l'État*). Il s'agit de modifier la répartition des revenus primaires, cela passe par le choix du système socio-fiscal afin de redistribuer. La question porte sur l'arbitrage entre efficacité et justice sociale (v. chapitre *Politiques économiques*).
Pour **Ph. Aghion** il y a un lien entre « inégalités au top » (inégalités au niveau des très hauts revenus, les 1 % les plus riches) et innovation. Les innovations permettent à l'innovateur de réduire ses coûts, notamment salariaux, à travers les gains de productivité issus de l'innovation. Cela accroît les revenus de l'innovateur. Il montre donc que les inégalités des hauts revenus sont liées à la croissance par l'innovation et non à son ralen-

tissement. Cependant ce phénomène n'est que temporaire. L'innovation est aussi facteur, par le processus de destruction créatrice, de mobilité sociale : là où l'innovation est la plus importante « l'inégalité au top » progresse, mais la mobilité sociale s'améliore également. Cependant une augmentation des inégalités provenant des barrières à l'entrée mise en place par les firmes ne permettrait de croissance ni de mobilité sociale. C'est le cas de Carlos Slim, homme d'affaires mexicain qui a construit sa fortune sur la privatisation du système de télécommunication, devenu un monopole privé. Il faut donc tenir compte de l'origine des inégalités dans la mise en œuvre de la redistribution (v. chapitre *Les revenus*). Une fiscalité qui nuirait à l'innovation réduirait la croissance et la mobilité sociale selon **Ph. Aghion**.

En France et dans certains pays de l'OCDE, le système de redistribution conserve une efficacité certaine dans la mesure où l'inégalité après redistribution est significativement plus faible qu'avant redistribution (v. chapitre *Les revenus*).

Pour réduire les inégalités il faut choisir l'instrument le plus efficace, qui va dépendre de la substitution capital/travail. Par exemple, pour réduire les inégalités de salaires liées aux différences de dotations en capital humain, on peut imposer aux entreprises d'augmenter les rémunérations des salariés peu qualifiés, on peut instaurer un salaire minimum élevé ou plafonner les hauts salaires. Cependant, si **l'élasticité de substitution** capital / travail est forte cette redistribution directe est inefficace. Il est plus pertinent dans ce cadre d'utiliser la fiscalité en jouant sur l'imposition des revenus des entreprises (v. chapitre *Politiques économiques*). La remontée des inégalités des quinze dernières années s'expliquerait par des modifications dans les choix de ces politiques redistributives. La régulation que propose **Th. Piketty** est de créer une forme d'impôt mondial progressif sur les patrimoines avec un système de registre mondial afin de lutter contre les paradis fiscaux et instaurer plus de transparence. Il faut accroître la collaboration fiscale au niveau mondial. Trouver une base commune pour l'impôt sur les sociétés. Selon lui cet impôt permettrait de récolter des recettes de l'ordre de 2 % du PIB à l'échelle européenne avec une taxation de 0 % au-dessous de 1 million d'euros de patrimoine net, 1 % entre 1 et 5 millions et 2 % au-dessus de 5 millions.

A. B. Atkinson (1944-2017) fait plusieurs propositions pour une baisse des inégalités :

- un retour à la progressivité de l'impôt avec un taux d'imposition marginal pouvant aller jusqu'à 65 % ;
- fixation, par les banques centrales, d'un objectif de réduction du chômage (élargissement de leur mandat) ;
- mise en place d'une politique de rémunération éthique qui interviendrait dans la détermination des salaires sur le marché ;
- création d'une « prestation enfant » universelle mais imposable.

L'instauration d'un revenu universel revient dans le débat et peut-être un moyen efficace de réduire les inégalités. La complexité du système de protection sociale entraîne des effets pervers et notamment des comportements de non-recours (certains ménages éligibles aux aides sociales ne font pas les démarches pour en bénéficier), des effets désincitatifs mais aussi une fragilisation du consentement à l'impôt. Pour répondre à ses difficultés il a été proposé de fondre toutes les aides sociales en un seul revenu de base universel versé de manière automatique.

RÉFÉRENCES DU CHAPITRE

Atkinson A. B. (2015), *Inégalités*, Économie Humaine, Le Seuil.

Delmas F. et Guillneuf J., En 2018, *les inégalités de niveau de vie augmentent*, Insee Première n° 1813, 2020.

Giraud P. N., (2015), *L'Homme inutile, du bon usage de l'économie*, Odile Jacob.

Insee Références, *Revenus et patrimoines des ménages*, 2021.

Insee Références, *Inégalités salariales*, 2021.

Cazena-Lacrouts M. C., Guillas D., Lebrault G. et Mordier B. (2019), *10 % des ménages détiennent près de la moitié du patrimoine total*, Insee Focus n° 176.

Lalande A. (1926/2010), *Vocabulaire technique et critique de la philosophie*, PUF, Coll. Quadrige.

Piketty Th. (2010), *L'économie des inégalités*, La Découverte, Coll. Repères.

Piketty Th. (2013), *Le Capital au* XXIe *siècle*, Le Seuil.

Rawls J. (1971), *La Théorie de la Justice Sociale*, Le Seuil.

Rousseau J.-J. (1762/2011), *Du contrat social*, Flammarion.

Sen A. (2000), *Repenser l'inégalité*, Le Seuil.

Von Mises L. (1949/1985), *L'action humaine*, PUF.

POUR EN SAVOIR PLUS

Initiation

Rawls J. (1971), *Théorie de la justice sociale*, Le Seuil.

Sen A. (1973), *On Economic Inequality*, Oxford, Clarendon Press.

Arnsperger C. et Van Parijs Ph. (2003), *Éthique économique et sociale*, La Découverte, Coll. Repères.

Bourguignon F. (2012), *La mondialisation de l'inégalité*, Seuil, Coll. La République des idées.

Fitoussi J.-P. et Rosanvallon P. (1998), *Le nouvel âge des inégalités*, Le Seuil.

Munoz-Dardé V. (2000), *La justice sociale*, Nathan, Coll. 128.

Piketty Th. (2015), *L'économie des inégalités*, La Découverte, Coll. Repères.

Approfondissement

Atkinson A. B. (2015), *Inégalités*, Économie Humaine, Le Seuil.

Aghion P., Akcigit U., Bergeaud A., Blundell R. & Hemous D. (2015), *Innovation and Top Income Inequality, NBER Working Paper* n° 21247.

Piketty Th., (2013), *Le capital au* XXIe *siècle*, Le Seuil.

Pouchain D. et al. (2020), *Économie des inégalités*, Atlande, Clef concours.

Stiglitz (2012), *Le prix de l'inégalité*, Les liens qui libèrent.

Pickett K. et Wilkinson R. (2013), *Pourquoi l'égalité est meilleure pour tous*, Institut Veblen, Les petits matins.

Collectif (2008), *Pour en finir avec la pauvreté*, Regards croisés sur l'économie, n° 4, La Découverte.

Fleurbaey M. (1999), *Théories économiques de la justice*, Economica.

Frazer N. (2005), *Qu'est-ce que la justice sociale ? Reconnaissance et redistribution*, La Découverte.

Gamel C. (1992), *Économie de la justice sociale*, Cujas.

Kymlicka W. (2003), *Les théories de la justice*, La Découverte.

Milanovic B. (2016), *Inégalités mondiales. Le destin des classes moyennes, les ultra-riches et l'égalité des chances*, Hachette.

Milanovic B. (2019), *Le capitalisme sans rival. L'avenir du système qui domine le monde*, La Découverte.

Parienty A. (2017), *Économie des inégalités*, Précis d'économie.

Piketty Th. (2014), *Les hauts revenus en France au XXe siècle. Inégalités et redistribution 1901-1998*, Grasset.

Sen A. (2000), *Repenser l'inégalité*, Le Seuil.

SUR LA TOILE

L'observatoire des inégalités :
http://www.inegalites.fr/

Site de la Banque mondiale :
https://www.banquemondiale.org/fr/research/brief/poverty-and-shared-prosperity-2020-reversals-of-fortune-frequently-asked-questions

OCDE panorama de la société 2019 :
https://www.oecd-ilibrary.org/docserver/e9e2e91e-fr.pdf?expires=1625415931&id=id&accname=guest&checksum=CC91ABBA029AB0EDEA9944AC8C6FE348

CHAPITRE 16

Économie et démographie

C'est un médecin hygiéniste français, **A. Guillard** (1799-1876), qui est l'origine du terme démographie en 1855, par la réunion de deux termes grecs : *demos* (population) et *graphein* (décrire). La démographie ne s'autonomise institutionnellement qu'à partir de la seconde moitié du XXe siècle lorsque l'ONU se dote d'une division population. En France, l'Institut National d'Études Démographiques (INED) est créé en 1945 sous l'impulsion d'**A. Sauvy** (1898-1990).

Le dictionnaire démographique des Nations Unies définit la **démographie** comme « *une science ayant pour objet l'étude des populations humaines, et traitant de leur dimension, de leur structure, de leur évolution et de leurs caractères généraux envisagés principalement d'un point de vue quantitatif.* »

La démographie utilise principalement deux méthodes :

- une **méthode diachronique** ou longitudinale, qui étudie une génération ou un ensemble de personnes ayant vécu le même événement la même année, par exemple une cohorte de mariages tout au long de la période considérée ;
- une **méthode synchronique** ou transversale, qui étudie une population fictive à laquelle on applique les comportements à divers âges d'une année donnée. Les indicateurs les plus utilisés sont l'indicateur conjoncturel de fécondité et l'espérance de vie à la naissance.

À partir du XVIIIe siècle, la Grande-Bretagne, puis l'ensemble des pays connaissent une série de bouleversements démographiques et économiques qui conduisent à une croissance démographique jamais démentie depuis sur le plan mondial. Les démographes modélisent ces bouleversements par le concept de **transition démographique**. La population mondiale a ainsi été multipliée par sept en deux siècles. Démographes et économistes s'attachent alors à analyser les causes et les conséquences des évolutions des populations sur le plan économique et plus globalement sur le fonctionnement des sociétés. En effet, les liens entre dynamique démographique et développement économique sont l'objet de controverses récurrentes, dont le précurseur le plus connu est **Th. R. Malthus** (1766-1834). Les analyses démographiques ont contribué à la prise de conscience des grandes évolutions des populations, telles que la croissance démographique, l'importance des migrations internationales ou le vieillissement démographique, ce qui amène les pouvoirs publics à mettre en œuvre des **politiques démographiques** c'est-à-dire un ensemble de mesures visant à infléchir la situation démographique dans un sens jugé souhaitable. La relation entre le nombre des hommes et leurs moyens de subsistance est complexe et dépend non seulement de l'état des techniques, mais aussi de choix politiques, économiques et sociaux.

§ 1. L'analyse des évolutions démographiques

I. L'étude démographique d'une population

Une population est constituée par l'ensemble des personnes à laquelle on peut associer certaines caractéristiques telles que l'état matrimonial, l'âge ou le sexe. **H. Le Bras** (né en 1943), chercheur à l'Ined, souligne que l'invention du terme population suppose l'idée d'égalité entre les hommes afin d'envisager de les compter. Impensable avant le XVIIIe siècle tant les inégalités étaient fortes, cette idée prend forme avec **D. Hume** en 1752.

A. L'étude de l'état d'une population

a. Dénombrer les individus

La **population totale** est l'effectif de la population à un moment donné. La **population moyenne** est égale aux effectifs pondérés par leur durée de présence au cours de l'année.

On distingue habituellement la **population de fait**, physiquement présente lors de l'observation, et la **population légale** c'est-à-dire les individus ayant leur résidence habituelle sur le lieu d'observation.

Le **recensement** de la population est l'opération statistique permettant de dénombrer les habitants d'un pays et d'en dresser le profil démographique, économique et social. Les Nations Unies recommandent que chaque pays en effectue un au moins tous les dix ans. Traditionnellement, ce recensement dénombre la population sur le terrain et recueille des informations individuelles sur un formulaire.

Mais au regard notamment de son coût, les organismes chargés de le conduire ont imaginé d'autres dispositifs. En France, par exemple, le recensement est tournant depuis 2004. Les municipalités de moins de 10 000 habitants sont réparties en cinq groupes et un recensement complet est conduit chaque année dans un des groupes. Dans les municipalités plus grandes, un échantillon couvrant 8 % des logements est enquêté chaque année. Au terme de cinq années consécutives, la population des petites communes a été entièrement recensée, ainsi que 40 % de la population des grandes communes, soit au total environ 70 % de la population française. La méthode vise à améliorer la fréquence de publication des résultats et à étaler dans le temps le coût du recensement.

Au 1er janvier 2021, la France comptait 67.42 millions d'habitants selon l'Insee.

b. Classer la population

1. La définition de l'âge

Si on peut définir à tout instant l'âge exact d'un individu en année, mois et jours écoulés, il faut abandonner cette perspective lorsqu'on souhaite classer les individus en prenant l'année comme intervalle. Dans cette définition approchée de l'âge on distingue l'âge en années révolues (entendu comme l'âge atteint au dernier anniversaire) et l'âge atteint dans l'année qui regroupe tous les individus nés la même année, c'est-à-dire appartenant à la même génération.

2. Le classement par âge et par sexe

On définit le **rapport de masculinité** (ou sex ratio), dans une population ou un groupe d'âge, comme le rapport des effectifs masculins aux effectifs féminins. Il est exprimé en nombre d'hommes pour 100 femmes. En France, à la naissance, le rapport de masculinité est de 104,5 hommes pour 100 femmes en 2019. Il décline à partir de 20 ans du fait de la surmortalité masculine.

Le cas de la Chine

A. Sen, dans un article paru en 1992 au titre choc « Plus de 100 millions de femmes manquantes » soulignait le rapport de masculinité anormalement élevé en Asie. **I. Attané**, démographe à l'INED, a également étudié le problème du déficit de filles en Chine : « *Dans la société chinoise, où la préférence pour les fils est le produit d'un système patriarcal et confucéen qui veut que l'homme soit supérieur à la femme, les filles et les femmes continuent d'occuper une position marginale. Les fils offrent de nombreux avantages : perpétuation de la lignée, prise en charge des parents dans leur vieillesse, soutien économique...* » (Attané, 2006).

La politique de l'enfant unique a accentué cette tendance. Les pouvoirs publics chinois, très conscients de la gravité de la situation, ont pris un ensemble de mesures pour y remédier. Par exemple, le diagnostic pré-natal est interdit. Depuis janvier 2016, tous les couples mariés ont été autorisés à avoir 2 enfants, puis 3 enfants en 2021. Mais ces mesures ne semblent pas enrayer la tendance : avortements sélectifs, négligences des soins apportées aux filles sont encore fréquents. En Chine, en 2019, Le rapport de masculinité à la naissance est de 120 hommes pour 100 femmes.

L'analyse de la structure par âge de la population permet de mettre à jour les tendances au rajeunissement ou au vieillissement de la population.

3. La pyramide des âges

E. Cheysson (1836-1910) est à l'origine, en 1883, de la première pyramide des âges. Il a représenté séparément la population masculine à gauche et la féminine à droite, comme un escalier dont la largeur des marches successives est proportionnelle aux effectifs de chaque classe, en commençant à la base de la pyramide par les plus jeunes. Il a ainsi imposé le terme pyramide avec une visée normative : les pyramides sont d'autant plus stables que leur base est large, donc que les effectifs des jeunes sont plus élevés que ceux des adultes et des personnes âgées, et cela se produit d'autant plus que la population s'accroît rapidement. Une pyramide « équilibrée » est, dans cette perspective, celle d'une population qui augmente rapidement.

Cette représentation permet notamment de comparer des populations en rivalité réelle ou supposée : France et Angleterre pour **E. Cheysson** en 1883, France et Allemagne pour **J. Bertillon** (1851-1922) en 1911, pays développés et en développement pour les Nations unies à de nombreuses reprises.

PYRAMIDE DES ÂGES DE LA FRANCE AU 1ER JANVIER 2020

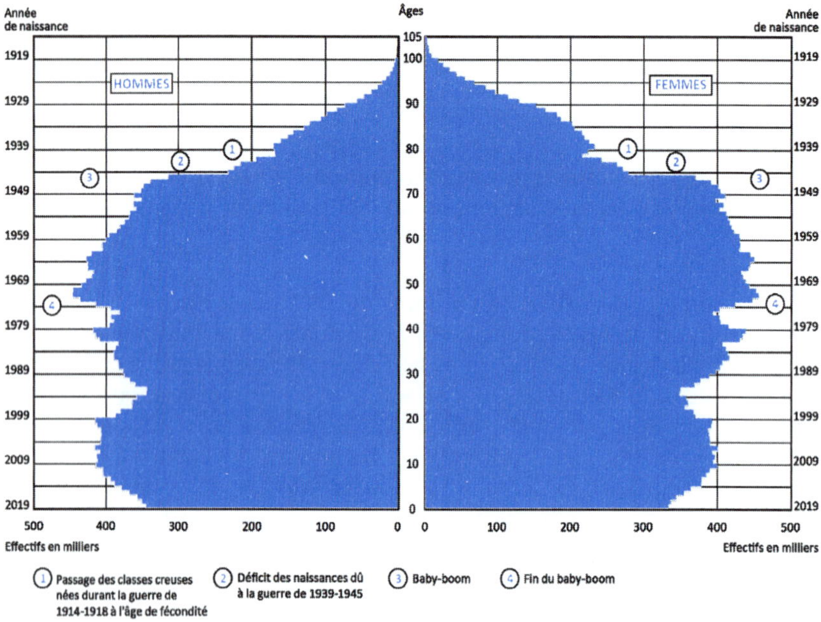

Source : G. Pison, *Population et sociétés* n° 575, mars 2020.

La pyramide des âges retrace l'évolution d'une population à travers les temps, notamment les évolutions de la fécondité, de la mortalité, des migrations, mais aussi des accidents historiques qui l'ont marquée.

B. L'étude de l'évolution de la population

Sur le plan dynamique, une population peut évoluer en fonction des mouvements naturels et du mouvement migratoire. Ils permettent de mettre à jour l'accroissement d'une population.

a. Le mouvement naturel de la population

1. Natalité et fécondité

En 2019, la France (y compris Mayotte) a compté 714 029 naissances vivantes contre 807 400 en 2000, 916 370 en 1971 et 858 124 en 1950. En rapportant ce nombre à la population en milieu de période, on obtient le **taux de natalité**, exprimé pour 1 000 habitants. Il était de 11,1‰ en 2019, 13,3 ‰ en 2000, 17,1 ‰ en 1971 et 20,5 ‰ en 1950.

Le **taux de fécondité** rapporte le nombre de naissances vivantes à l'effectif des femmes en âge de procréer (15 à 49 ans), en milieu de période. Cependant, la fécondité est très variable à l'intérieur de cette tranche d'âge. En 1911, certains chercheurs, notamment **A. Lokta** (1880-1949), décident pour la première fois de mesurer la fécondité en ne tenant compte que de l'âge de la femme à la naissance de l'enfant. En rapportant les naissances vivantes provenant de mères d'un âge donné au nombre total de femmes du même âge dans la population, on définit ainsi un **taux de fécondité par âge**, mesure utilisée depuis lors pour la fécondité.
L'indicateur conjoncturel de fécondité (ICF) ou **indicateur synthétique de fécondité**, exprimé en nombre d'enfants par femme, s'obtient par la somme des taux de fécondité par âge. Il exprime le nombre d'enfants qu'une génération fictive de femmes mettrait au monde si elle connaissait pendant toute sa vie féconde les taux de fécondité par âge de la période considérée. C'est une mesure transversale de la fécondité qui gomme l'effet de la structure par âge de la population. Tout se passe comme si la population était composée d'une seule femme à chaque âge. Il est de ce fait très sensible à l'effet de calendrier. L'ICF en France était de 1,84 enfant par femme en 2019, contre 2,94 en 1950.

ICF DE QUELQUES PAYS EN 2018

France	Allemagne	Espagne	Italie	Suède	États-Unis	Nouvelle-Zélande	Irlande	Chine	Niger	Japon
1,88	1,57	1,26	1,29	1,76	1,73	1,90	1,75	1,6	7	1,37

Source : INED.

La **descendance finale** est un indicateur longitudinal de la fécondité qui mesure le nombre moyen d'enfants qu'une génération a effectivement mis au monde. Il est calculé à la fin de la période féconde d'une génération et n'est pas affecté par l'effet de calendrier. Ainsi, l'indicateur conjoncturel de fécondité peut différer de la descendance finale si l'âge moyen à la maternité évolue. Si cet âge baisse, l'ICF est au-dessus de la descendance finale, et inversement s'il augmente. C'est le cas en France à partir du milieu des années 1970. Cette perspective conduit **H. Le Bras** (né en 1943) à contester la thèse du déclin démographique de la France. Le recul de l'âge de la maternité depuis le milieu des années 1970 joue un rôle important sur l'Indicateur Conjoncturel de Fécondité. L'ICF augmente depuis 1994 puis baisse à partir de 2010 en France, baisse qui s'accélère en 2020 sous l'effet de la crise de la covid-19.

L'analyse micro-économique de la famille

La fin des années 1950 est marquée par une multiplication des travaux visant à élaborer une théorie économique de la fécondité. Les travaux de **G. Becker** (1930-2014, Prix Nobel 1992), dans le cadre de la nouvelle économie de la famille de l'École de Chicago, analysent la

décision de se marier ou d'avoir des enfants comme le fruit d'un calcul coût-avantage. Dans les sociétés traditionnelles, un enfant est considéré comme un investissement dans la mesure où il travaille jeune et contribue à l'augmentation du revenu familial. La demande d'enfants, dans le cadre d'une famille considérée comme une entreprise, est alors forte. En revanche, dans les sociétés modernes, l'enfant est considéré comme un « bien de consommation durable ». Il engendre des coûts dans la mesure où il ne travaille pas. En outre, **G. Becker** tient compte de la « qualité » des enfants : plus l'exigence de qualité augmente, plus les dépenses d'éducation s'élèvent, et moins la demande d'enfants est forte.
Les développements ultérieurs soulignent le rôle des contraintes en termes de temps et de coût d'opportunité des naissances. Dans les pays développés, l'élévation des salaires à partir des années 1950 accroît le coût d'opportunité des enfants. Chaque heure de travail domestique aurait plus rapporté si elle était consacrée au travail.

2. Mortalité et espérance de vie

Le **taux brut de mortalité** est le rapport, exprimé pour mille individus, entre le nombre de décès de l'année (par ex. 613 243 en 2019) et la population moyenne de l'année. Il était de 9,1 ‰ en 2019 en France. En 2020, 658 000 personnes sont décédées en France, soit 7,3 % de plus qu'en 2019. La pandémie de la covid-19 a particulièrement affecté les décès au printemps et en fin d'année. Le taux de mortalité a été en 2020 de 9,8 ‰.

Les **taux de mortalité par âge** résultent du rapport entre le nombre de décès à un âge donné au cours d'une année et la population moyenne de cet âge. Le **taux de mortalité infantile** est le rapport entre le nombre de décès d'enfants de moins de un an et le nombre de naissances vivantes correspondantes. Il est sensible à la situation sanitaire et au niveau moyen d'éducation d'un pays. Il est de 59 ‰ au Niger en 2018, contre 3,8 ‰ en France. En Europe, la Finlande et la Suède ont un taux inférieur à 3 ‰. Selon la Banque mondiale, des progrès sont constatés : le taux de mortalité infantile au niveau mondial est passé de 93‰ en 1990 à 37,7‰ en 2019.

L'**espérance de vie** est le nombre moyen d'années qu'auraient à vivre des individus d'une génération donnée si le nombre total d'années qu'ils ont à vivre était également réparti entre eux. On peut calculer l'espérance de vie à la naissance ou à un âge donné, par exemple à 35 ans. L'espérance de vie à la naissance s'établit en 2020 à 85,2 ans pour les femmes et 79,2 ans pour les hommes, en nette baisse par rapport à 2019. La pandémie a en effet fait perdre 0,4 an d'espérance de vie aux femmes par rapport à 2019, et 0,5 an pour les hommes.

Le sida en Afrique

L'Afrique est durement touchée par la pandémie du sida. Cette gravité s'explique par un modèle de diffusion différent de celui touchant les pays développés, avec un poids de la contamination mère-enfant plus important. La maladie affecte en particulier les jeunes adultes, laisse de nombreux orphelins et désorganise tous les aspects de la vie. Elle obère les capacités de développement des pays les plus durement touchés (Bostwana, Lesotho, Swaziland) : elle réduit la production agricole, pèse sur le budget des ménages, affecte la productivité. Inclure la lutte contre le VIH-Sida, le paludisme et d'autres maladies telle que la tuberculose dans les **Objectifs du Millénaire pour le Développement** (OMD) a permis certains succès, mais la mobilisation internationale est encore insuffisante. Selon **J. Sachs** (né en 1954), le monde est suffisamment riche pour financer la lutte contre le sida et l'ensemble des systèmes de soins primaires. 25.7 millions de personnes vivent avec le VIH-Sida en Afrique en 2018.

L'**espérance de vie sans incapacité** désigne le nombre d'années sans incapacité qu'il resterait à vivre en moyenne aux individus d'une population, si les conditions de vie et de santé du moment continuaient à s'appliquer dans le futur. En 2019, une femme de 65 ans peut espérer vivre sans incapacité 11,5 ans; un homme 10,4 ans selon la Direction de la recherche, des études, de l'évaluation, et des statistiques (DREES).
Les indicateurs d'espérance de vie révèlent la **mortalité différentielle** entre les groupes sociaux. Alors qu'avant la révolution industrielle, la mort frappait uniformément les populations, par exemple lors des grandes épidémies, le développement économique s'est accompagné d'une forte progression de l'inégalité des différents groupes sociaux face à la mort. Ainsi, la mortalité infantile était bien plus forte chez les ouvriers que dans les milieux bourgeois. Après la deuxième guerre mondiale, et malgré la généralisation de la protection sociale, l'espérance de vie entre les groupes sociaux demeure inégale. L'Insee estime qu'en France, les différences d'espérance de vie selon le niveau de revenu (les 5 % des individus ayant les revenus les plus élevés contre les 5 % ayant les revenus les plus faibles) en 2018 étaient de 13 ans pour les hommes et de 8.7 ans pour les femmes. Parmi les hommes, un ouvrier sur deux n'atteindrait pas 80 ans, contre un cadre sur trois. En outre, les ouvriers subissent une « double peine » : plus d'années d'incapacité au sein d'une vie plus courte. Les différences de pénibilité du travail entre les catégories sociales expliquent en partie ces écarts. En effet, les cadres ont moins d'accidents, de maladies ou d'expositions professionnels que les ouvriers. Par ailleurs, les cadres appartiennent à un groupe social dont les modes de vie sont favorables à une bonne santé : les comportements à risque (tabagisme ou alcool), le moindre recours aux soins préventifs, ou l'obésité sont plus fréquents chez les ouvriers que chez les cadres. En outre, le développement des emplois précaires et les évolutions de la couverture sociale expliquent un taux de renonciation aux soins en hausse chez les plus modestes.

La baisse de l'espérance de vie des hommes blancs non diplômes aux États-Unis

A. Deaton (prix Nobel 2015) et **A. Case** (2021) montrent que les hommes blancs non diplômés de 45 à 54 ans ont vu leur espérance de vie baisser entre 1999 et 2013, contrairement à l'ensemble de la population américaine. Frappés par le cumul de handicap (instabilité de l'emploi, chômage, fragilisation du lien social), on assiste à « une vague de morts par désespérance » causée par l'alcool, l'opium ou le suicide. Cette mortalité prématurée frappe en

priorité ceux qui n'ont pas fait d'études supérieures. Les Blancs non diplômés ont beau gagner 36 % de plus que les Noirs non diplômés, cela ne les protège pas : le taux de mortalité des Afro-Américains continue, lui, de baisser. Il y a donc un problème spécifique à la population blanche non diplômée. Ce problème n'est pas sans lien avec la baisse de leur taux d'emploi (Rapport entre le nombre de personnes en emploi et le nombre total de personnes) et la disparition des emplois industriels qualifiés aux États-Unis qui font d'eux les déclassés de la classe ouvrière.
Les auteurs soulignent trois causes majeures :
- le système de santé, le coût des assurances devenu prohibitif, le lobbying des entreprises pharmaceutiques sur les opioïdes, des anti-douleurs délivrés trop facilement aux États-Unis;
- le coût croissant des études supérieures;
- les effets non maîtrisés de la mondialisation, de la financiarisation de l'économie et de la robotisation qui laissent les perdants sur le bord de la route de la croissance.

Il faut alors réorienter le capitalisme afin de le rendre plus juste et redonner de l'estime sociale à tous les emplois.

3. Le mouvement migratoire

Il est d'usage de distinguer les migrations internes, telles les migrations pendulaires ou l'exode rural, et les migrations internationales.
Dans ce domaine, il faut distinguer les analyses en termes de flux, on parle alors d'immigrants et d'émigrants, et de stocks (immigrés et émigrés). Selon l'INED, un **immigrant** est un étranger qui reçoit pour la première fois un titre de séjour d'une durée égale ou supérieure à un an. En termes de stocks, sont **immigrés** tous les individus résidant sur le territoire français, nés à l'étranger avec une nationalité étrangère. Les Français par acquisition qui sont nés à l'étranger sont comptabilisés parmi les immigrés. Il faut cependant noter que la mesure des flux migratoires est difficile. En 2019, la part des immigrés dans la population totale est de 9,9 %. La France n'est donc pas un pays d'immigration massive. Parmi les pays d'Europe, elle est celle dont l'accroissement de la population dépend le moins de l'immigration, contrairement au Royaume-Uni par exemple. En France, les femmes sont désormais majoritaires parmi les immigrés.

POPULATION ET SOLDES NATUREL ET MIGRATOIRE DEPUIS 1995

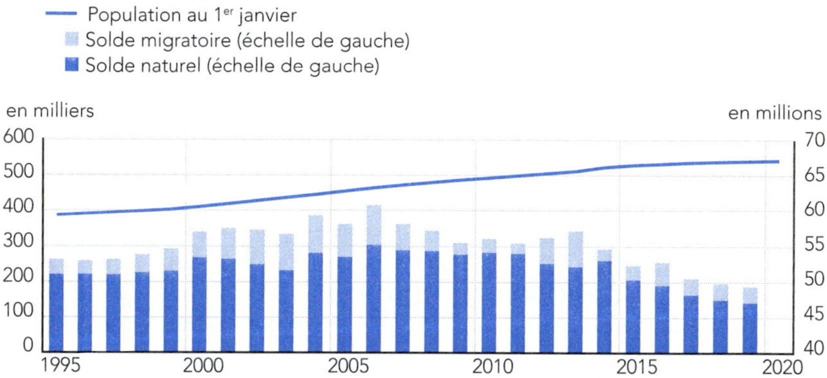

Note : les données de populations sont provisoires pour les années 2018, 2019 et 2020.
Le solde naturel est provisoire en 2019. Le solde migratoire est provisoire pour les années 2017, 2018 et 2019.
Champ : France, y compris Mayotte à partir de 2014.
Source : Insee, Estimations de population et statistiques de l'état civil.
Source : Insee, Portrait social, 2020.

4. L'accroissement d'une population

La population est un ensemble d'êtres humains qui se renouvelle par des mécanismes d'entrée (naissance - N -, immigration - I -) et de sortie (décès - D -, émigration - E -). L'équation fondamentale de la démographie est la suivante :

$$P_1 = P_0 + (N\text{-}D) + (I\text{-}E)$$

La population de fin de période dépend de la population en début de période, du solde des naissances et de décès, ou **solde naturel**, et du solde des immigrants et des émigrants, ou **solde migratoire**. Lorsque le nombre de naissances est supérieur à celui des décès, on parle d'**accroissement naturel.**
En 2019, en France, selon l'Insee, le solde naturel a été de 141 000 individus, le solde migratoire de 46 000 personnes.

II. La transition démographique

Le régime démographique primitif est un régime particulièrement cruel où l'accroissement de la population est limité. Les crises alimentaires conduisent à des épisodes de sous-alimentation, propices au développement des épidémies. Il en découle des périodes de forte mortalité, en particulier infantile. La fécondité est élevée. Le processus de passage du régime démographique primitif au régime démographique moderne est qualifié par **A. Landry** (1874-1956) de **révolution démographique**. Finalement, les démographes ont préféré le terme de transition démographique pour souligner un processus englobant les évolutions de la population.

A. Le modèle de la transition démographique

La **transition démographique** désigne pour **F. Chesnais** le passage d'un régime démographique ancien de « quasi-équilibre » haut, à forte natalité et forte mortalité, à un régime démographique moderne de « quasi-équilibre » bas, à faible natalité et faible mortalité. Dans une première phase (D1), la mortalité commence par baisser, provoquant un excédent naturel croissant jusqu'à un pic (D2). Puis, la prise de conscience de la baisse de la mortalité conduit les couples à ajuster la natalité et l'accroissement naturel se poursuit mais à taux décroissant (D3). À la fin de la transition, natalité et mortalité sont très proches, avec un léger excédent naturel.
La première phase de la transition débute en Grande-Bretagne en 1750. La baisse de la mortalité s'amorce sous l'effet des progrès alimentaires qui conduisent à un recul des famines et à une meilleure résistance aux épidémies. Les progrès de l'hygiène tant individuelle que collective sont également décisifs. Cependant, la baisse de la mortalité connaît un palier entre 1830 et 1880 du fait de conditions de travail trop difficiles et du travail des enfants. La baisse de la mortalité diminue à nouveau lors de la généralisation de la vaccination à la fin du XIXe siècle.

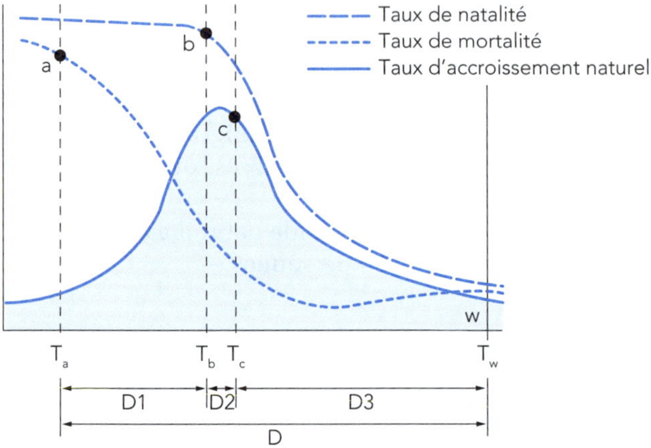

Source : Jean-Claude Chesnais, *La Transition démographique*, La Découverte, 2010.

Alors que la mortalité diminue et que la natalité est encore forte, l'excédent naturel croît à taux croissant. En Grande-Bretagne, l'émigration, notamment vers le « nouveau monde », a joué le rôle de soupape de sécurité.

La baisse de la natalité et de la fécondité débute vers 1880. Comme la natalité baisse plus rapidement que la mortalité, l'accroissement naturel ralentit.
Si le modèle de la transition démographique correspond particulièrement bien à la situation anglaise, il faut souligner la diversité des transitions démographiques au niveau mondial.

B. La diversité des transitions démographiques

La France, pays le plus peuplé d'Europe au XVIIIe siècle, connaît une baisse précoce de la fécondité qui suit de très près celle de la mortalité. Les couples parviennent à espacer les naissances et faire moins d'enfants, et ce sans recourir aux techniques modernes de contraception : c'est la première révolution contraceptive pour **H. Leridon** (né en 1942). L'accroissement naturel est donc faible, parfois les décès l'emportent sur les naissances (1891-1895).
La France est, depuis le XIXe siècle, un pays d'immigration dans un continent d'émigration. Dès 1830, la France accueille des exilés politiques européens (Polonais, Italiens, Espagnols, Allemands), puis une vague d'immigrés liée aux besoins de l'économie. L'immigration en France est donc un phénomène ancien, présenté par **F. Héran** (né en 1953) comme une « infusion durable » par opposition à une « intrusion massive ».
La transition démographique des pays en développement se déroule dans un contexte différent. Si les étapes sont les mêmes, les modalités de son déroulement sont singulières : la baisse de la mortalité est plus rapide, car les techniques de lutte contre la mort ont prouvé leur efficacité dans les pays développés. Ainsi, **J.C. Chesnais** souligne que le **multiplicateur transitionnel**, qui désigne le coefficient par lequel la population de début de transition est multipliée pour obtenir la population en fin de transition, est particulièrement élevé. « *Plus que la durée de la transition, c'est sa hauteur qui détermine le volume de la population à la fin de la période* » (Chesnais, 1979). Il a été de 2 en France, de près de 10 au Mexique, proche de 15 au Kenya.
Tous les PED entrent dans la transition démographique entre les années 1960 et les années 1980. On parle alors d'**explosion démographique** pour désigner un accroissement sans précédent de la population mondiale. Elle passe de 1 milliard au début du XIXe siècle à 3 milliards en 1960 et atteint 6 milliards en 1999 et 7 milliards en octobre 2011.
Les PED entament pour la grande majorité la deuxième phase de la transition. Seuls quelques pays, comme le Niger ou le Mali par exemple, ont encore un Indice Synthétique de Fécondité supérieur à 6. La croissance démographique mondiale ralentit donc. On parle alors de **dividende démographique**, pour décrire cette période, par définition transitoire, où

le nombre de jeunes adultes est important, et le nombre de jeunes et de plus âgés est faible.
La population mondiale atteint 7,7 milliards de personnes en 2020. Les projections démographiques des Nations-Unies estiment qu'elle atteindra 9,7 milliards en 2050. Plus de la moitié de la croissance démographique mondiale aura lieu d'ici 2050 en Afrique. À l'inverse, la population de près de 55 pays devrait baisser dans le même temps. La Commission Européenne estime dans le rapport intitulé *Impacts des changements démographiques* (2020) que la part de l'Europe dans la population mondiale ne sera plus que de 4 % en 2070.

§ 2. Les enjeux économiques des évolutions démographiques

I. Croissance économique et croissance démographique

A. La croissance démographique, un frein à la croissance ?

Dans son *Essai sur le principe de population* (1798), **Th. R. Malthus** (1766-1834) montre les effets néfastes de la surpopulation absolue. Son principe de population est envisagé comme une loi de la nature. Selon la **loi de population**, ou **loi de Malthus**, la population tend à s'accroître selon une progression géométrique alors que les subsistances augmentent selon une progression arithmétique, donc moins rapidement que la population. Les rendements agricoles sont décroissants et la surface cultivable est limitée. Ce qui conduit à des famines ou épidémies qui ramènent la population à un niveau compatible avec celui des subsistances.
Pour Malthus, « *Un homme qui né dans un monde déjà occupé, s'il ne lui est pas possible d'obtenir de ses parents les subsistances qu'il peut justement leur demander, et si la société n'a nul besoin de son travail, n'a aucun droit de réclamer la moindre part de nourriture et, en réalité, il est de trop. Au grand banquet de la nature, il n'y a point de couvert disponible pour lui. Elle lui ordonne de s'en aller* » (Malthus, 1798).
Le raisonnement malthusien perdure encore aujourd'hui et on parle de « néo malthusianisme ». La forte proportion de jeunes implique des investissements lourds sur le plan scolaire et sanitaire que les pays en dévelop-

pement ont bien du mal à financer. L'explosion démographique conduit à une urbanisation sauvage, sans progrès réels comme en témoignent les bidonvilles et n'est pas compatible au niveau mondial avec la préservation de l'environnement.

Cependant, la surpopulation absolue est contestée. **K. Marx** (1818-1883) souligne que la surpopulation n'a rien de naturel, mais est relative au mode de production capitaliste. Dans les faits, la croissance démographique qu'observe **Th. R. Malthus** est avant tout liée au progrès que constitue le recul de la mortalité et non à la fécondité exubérante des plus modestes. La révolution agricole anglaise atteste de la capacité des populations à contrecarrer les rendements décroissants agricoles par le progrès technique.

B. La croissance démographique peut être facteur de croissance

Le courant populationniste s'oppose au pessimisme malthusien. Le mercantiliste **J. Bodin** (1530-1596) le souligne à travers la formule « *Il n'est de richesse, ni de force, que d'hommes* » (Bodin, 1576).

A. Sauvy insiste sur les bienfaits de la croissance démographique. Une forte densité de population permet de rentabiliser des investissements lourds que seules les Nations très peuplées peuvent entreprendre. La *railroadization* américaine ne débute que lorsque le coût par habitant des routes et des chemins de fer le permet. En outre, la croissance démographique induit une population jeune, moins réfractaire au changement et aux idées nouvelles, ce qui est source d'innovations et donc facteur de croissance.

Enfin, la croissance démographique est pour **E. Boserup** (1910-1999) à l'origine de la **pression créatrice**. La forte densité démographique conduit les populations à trouver des solutions innovantes pour accroître les rendements agricoles, comme l'attestent les rendements de l'agriculture hollandaise ou japonaise.

Les États peuvent prendre un ensemble de mesures explicites ou implicites pour tenter d'exercer une influence sur les effectifs, la croissance, la composition ou la répartition de la population. On parle alors, selon l'Ined, de **politiques de population**. Ces politiques peuvent, par exemple, favoriser la natalité ou l'immigration (politique de la famille, politique migratoire…). Si ces politiques peuvent être utiles, elles risquent de ne pas suffire si elles ne s'insèrent pas dans un ensemble plus global de politiques économiques, sociales, culturelles, favorables aux changements de comportements individuels.

II. Les effets économiques et sociaux du vieillissement

La transition démographique implique un **vieillissement démographique**, c'est-à-dire une hausse de la part des plus âgés (plus de 65 ans) dans la population totale. On distingue le vieillissement par le haut, issu du recul de la mortalité et la hausse de l'espérance de vie qui en découle, et le vieillissement par le bas, lié à la baisse de la fécondité.
Le poids démographique du vieillissement influence le **ratio de dépendance démographique**, défini au niveau international comme le rapport entre le nombre de personnes généralement inactives (enfants de moins de 15 ans et personnes en âge d'être à la retraite) ainsi que le nombre de personnes en âge de travailler et le nombre de personnes d'âge actif. Pour **C. Goodhart** et **M. Pradhan** (2020), le « *grand renversement* » renvoie à l'idée selon laquelle, pour la première fois dans l'histoire, ce ne sont pas les jeunes mais les plus âgés qui font augmenter le ratio de dépendance démographique dans les pays. Ce qui aura, selon les auteurs, des implications économiques majeures (salaires, productivité, inflation notamment). Pour la seule zone euro, ce taux passerait de 25 % en 2000 à plus de 50 % en 2050. Des différences notables existent entre les pays : il pourrait atteindre 70 % en Espagne mais demeure proche de 40 % pour les États-Unis. Le vieillissement démographique est considéré comme l'un des « vents contraires » à la croissance économique, et accentue ainsi le risque de stagnation séculaire (v. chapitre *La croissance économique*).
Dans les pays avancés, l'arrivée à l'âge de la retraite des générations nombreuses issues du baby-boom accélère encore ce phénomène. Le vieillissement démographique est plus rapide au Sud qu'au Nord.

A. Les effets économiques du vieillissement sur la population active

Les évolutions démographiques exercent une influence sur le volume de la population active et l'âge moyen des actifs. Selon **D. Blanchet**, l'idée selon laquelle le vieillissement de la population totale devrait s'accompagner du vieillissement parallèle de la population active doit être nuancée : les deux processus sont décalés, et n'ont ni la même durée, ni la même ampleur.
En France, par exemple, ce n'est qu'après 2006 que l'avancée en âge des baby boomers amorce une longue phase d'augmentation de la part des plus de 60 ans dans la population alors que l'augmentation de l'âge moyen des actifs est amorcée depuis longtemps. Certains pays, comme le Japon,

connaissent une baisse de leur population active, ce qui explique pour certains économistes ses mauvaises performances économiques depuis les années 1990. Au niveau européen, la population active devrait diminuer de 1 à 1 million et demi de personnes par an au cours des trente prochaines années. D'ici à 2070, la part des plus de 65 ans en Europe devrait passer de 20,3 % en 2019 à 30,3 %. Cette tendance justifie la voie de l'Europe vers le « vieillissement actif ». En France, les projections de l'Insee réactualisées depuis 2007, montrent que la population active doit continuer à augmenter dans les prochaines décennies à un rythme annuel de 45 000 actifs en plus jusqu'en 2070.

Le vieillissement a également des effets sur le rapport coût du travail/productivité. L'âge moyen des actifs progresse, ce qui affecte la productivité par tête. Généralement, l'évolution de la productivité d'un travailleur en fonction de son âge est en forme de cloche :

- la productivité croît avec l'âge du fait de l'accumulation des connaissances et du fait d'une meilleure connaissance de ses aptitudes par l'employeur ;
- mais par la suite, l'expérience accumulée ne compense plus l'obsolescence des qualifications d'un travailleur âgé et sa moindre aptitude à suivre les innovations technologiques, ce qui conduit à une diminution de sa productivité.

Or, à long terme, la croissance dépend surtout des gains de productivité. Leur évolution pourrait alors dépendre de la capacité à contrecarrer l'obsolescence du capital humain par des politiques ambitieuses de formation tout au long de la vie et de la nécessité d'augmenter la productivité du secteur des services à la personne, dont l'importance doit augmenter avec le vieillissement.

Enfin, les dispositifs de rémunération à l'ancienneté peuvent conduire à une pression à la hausse des coûts salariaux. Il peut également représenter un frein à l'augmentation des taux d'activité aux âges élevés.

B. Les effets économiques du vieillissement sur le système des retraites

Le vieillissement constitue un défi pour le financement des **systèmes de retraite**. En France, le **système par répartition** a fait ses preuves, en concernant l'ensemble de la population et en permettant de réduire la pauvreté chez les plus âgés.

Les évolutions démographiques rendent la réforme des retraites impératives (v. chapitre *Les fonctions économiques de l'État*). En effet, le **ratio démographique du système de retraite** se calcule en faisant le rapport entre le nombre de cotisants et le nombre de retraités. Or, ce rapport se dégrade. Il y avait 4 cotisants pour 1 retraité en 1960, 2 cotisants pour 1 retraité en 1988, 1,4 cotisants pour 1 retraité en 2018.

Trois leviers paramétriques peuvent être utilisés pour assurer la soutenabilité du système des retraites :

- une baisse du niveau des pensions ;
- une augmentation des ressources, soit par la hausse des taux de cotisation, soit par des ressources fiscales ;
- le report de l'âge de la retraite (par la hausse de la durée requise de cotisations ou la hausse de l'âge ouvrant le droit à la retraite).

Les **réformes** adoptées de 1993 à 2014 sont essentiellement **paramétriques** et visent à rétablir l'équilibre financier du système. En 1993, la réforme Balladur ne concerne que le secteur privé. Elle diminue le montant des pensions en les calculant non sur les dix meilleures années mais sur les vingt-cinq meilleures années et augmente la durée des cotisations nécessaires pour bénéficier d'une retraite à taux plein de 37,5 ans à 40 ans. La réforme Fillon de 2003 aligne la durée de cotisations des fonctionnaires sur celle des salariés du privé.

Mais la crise a brutalement dégradé la situation financière du système de retraites. Sur la base du rapport du Conseil d'Orientation des Retraites de 2010, l'âge ouvrant le droit à la retraite passe progressivement (au rythme de 4 mois par an de 2011 à 2018) de 60 à 62 ans ; l'âge qui permet la retraite à taux plein passe de 65 ans à 67 ans. Cependant, le contexte économique de la réforme est difficile : le taux de chômage est élevé, la situation de l'emploi des seniors est mauvaise. Allonger les carrières alors que l'âge moyen de cessation d'activité est inférieur de près de 2 ans à l'âge minimum qui ouvre droit à la retraite induit une baisse du montant des pensions versées. Le taux d'emploi des plus de 60 ans (23,3 % en 2013), bien qu'en hausse en France, est encore bien plus faible que celui de la moyenne des pays de l'OCDE. Les différences d'espérance de vie entre catégories sociales ne sont pas prises en compte.

La loi Touraine de 2014 joue sur le paramètre de la durée de contribution pour en accélérer les effets. Elle a porté progressivement à 43 ans cette durée conduisant à un âge de départ moyen autour de 64 ans en 2037. Elle a créé, en outre, avec le compte pénibilité, un instrument de prévention de l'usure au travail.

Le sociologue **R. Rochefort**, ancien directeur du Centre de recherche pour l'étude et l'observation des conditions de vie CREDOC, souligne que des mesures essentielles sont absentes de cette réforme : la prise en compte du risque dépendance est nécessaire car, selon lui, la crainte essentielle des retraités n'est pas le niveau de pensions du moment mais la crainte de dépenses liées à la perte d'autonomie. En outre, l'allongement des carrières ne peut se faire sans un changement profond des méthodes de management qui épuisent les salariés. Il rejoint en cela **P. Askenazy** qui, dans le cadre de ce qu'il nomme un « nouveau productivisme », souligne qu'il est impératif au regard du vieillissement de la population active de « *reposer le travail* » (Askenazy, 2004) pour le préserver à long terme. La vraie question n'est donc pas celle des retraites mais celle de la place du travail dans des sociétés vieillissantes.

Face aux limites des **réformes paramétriques**, le projet de **réforme systémique** formulé en 2017 par le candidat E. Macron visait à faire converger la quarantaine de systèmes existants en un système universel où un euro de cotisation ouvrirait les mêmes droits pour tous. Le principe de répartition est conservé et la réforme devait se faire à coût constant, soit 14 % du PIB.

Mais le texte adopté sans vote en 2020 s'est éloigné de sa philosophie originelle. La logique comptable est devenue prioritaire dans la mesure où la réforme n'est plus engagée à coût constant mais avec un objectif de réduction de l'effort national qui passerait à 12,9 % du PIB. Selon les perspectives du Conseil d'orientation des retraites (2019), ces mesures risquent d'accentuer la paupérisation des retraités, dont le revenu passerait de 105 % du revenu moyen en 2015 à moins de 89 % en 2070. Par ailleurs, le système serait mis en œuvre après une très longue transition, ce qui, au lieu de rassurer la population, a accentué ses craintes. D'autre part, instaurer un « âge d'équilibre », appelé aussi âge pivot, glissant en fonction des progrès d'espérance de vie, conduit à transformer le droit d'exercer son activité plus longtemps en impératif.

Enfin, le système universel est plus inégalitaire pour plusieurs raisons :

- Il est injuste pour certaines professions, en particulier les ouvriers qui ont travaillé plus tôt et ont une espérance de vie plus courte.
- Le report de la réforme systémique à 2037 fait des jeunes les perdants de la réforme. Ils devront travailler plus longtemps pour des retraites minorées, sans compensation notamment en matière de prévention de l'usure au travail.
- Ce régime universel implique une individualisation des retraites en fonction de la trajectoire socio-professionnelle, ce qui accroît la subordination des travailleurs aux conditions du marché du travail (précarité, périodes de chômage, de temps partiel).

En conclusion, augmenter l'activité féminine ainsi que celle des seniors, faciliter la conciliation entre vie professionnelle et vie familiale pour soutenir la fécondité sont des pistes assez consensuelles pour soulager les effets économiques du vieillissement sur le système des retraites. Favoriser l'immigration est une piste envisagée, notamment dans certains pays où la population active diminue : l'Allemagne par exemple. Enfin, favoriser l'épargne retraite volontaire est une piste, soulignée notamment par le FMI. L'ampleur du défi est considérable si l'on considère qu'à l'échelle mondiale, 31 % des adultes n'ont pas de compte bancaire.

C. Les effets économiques du vieillissement sur les dépenses de santé

Le vieillissement de la population est considéré comme l'un des facteurs de la hausse des dépenses de santé. Si ces dépenses augmentent effectivement avec l'âge des individus, d'autres causes semblent être déterminantes pour expliquer cette tendance.

Selon la Commission européenne (2020), les membres de l'Union européenne consacrent environ chaque année 8 % de leur revenu national au financement des dépenses de santé de leur population et les inquiétudes quant à la maîtrise de ces dépenses se ravivent : le quasi-doublement de la part des plus de 60 ans dans la population totale d'ici à 2060 n'est pas propice à la stabilisation des dépenses de santé. En 2018 en France, 11,3 % du PIB ont été consacrés aux financements de soins de santé contre 5,4 % en 1970.

Vieillissement de la population et hausse des dépenses de santé sont donc corrélés. Cependant, les dépenses de santé augmentent annuellement de 4 %, beaucoup plus rapidement que le nombre de personnes âgées de plus de 60 ans, qui croît au rythme de 0,04 % par an. Le vieillissement n'explique donc pas, à lui seul, la hausse des dépenses de santé. Selon **B. Dormont**, l'amélioration de la capacité à reconnaître et dépister les pathologies, les techniques mises en œuvre, plus couteuses, jouent également un rôle essentiel. L'effet de l'âge sur les dépenses de santé est difficile à isoler, mais les dernières études montrent que l'effet du vieillissement sur les dépenses de santé n'est plus négligeable.

Les effets financiers de ces progrès dépendent donc avant tout des politiques publiques menées : prévention (permettant le *healthy ageing* ou vieillissement en bonne santé), politique industrielle relative aux brevets, formation et rémunération du personnel médical, sont autant de mesures à privilégier.

D. La question de la dépendance

Le vieillissement de la population française entraîne une augmentation du nombre de personnes âgées dépendantes. Ainsi, en supposant une stabilité de la durée de vie moyenne en dépendance, le nombre de personnes dépendantes augmenterait de 50 % entre 2000 et 2040 pour atteindre environ 1 200 000 personnes. La **dépendance** est définie comme le besoin d'aide des personnes de 60 ans ou plus pour accomplir certains actes essentiels de la vie quotidienne. Elle est liée non seulement à l'état de santé de l'individu, mais aussi à son environnement matériel. Aujourd'hui, 4,3 millions de personnes aident en France un proche dépen-

dant. Ces aidants sont face à de nombreuses difficultés que les politiques sociales peinent à prendre en compte.
La loi relative à l'adaptation de la société au vieillissement est entrée en vigueur le 1er janvier 2016. Ce texte créé de nouveaux droits sociaux en réformant l'APA (Allocation personnalisée d'autonomie) et en créant un droit au répit pour les aidants. On parle parfois d'un cinquième risque social.
Améliorer la situation des personnes en perte d'autonomie peut être source d'amélioration pour toute la société. Réinventer certaines règles d'urbanisme, repenser l'habitat plutôt que de l'adapter à chaque type de handicap peut être bénéfique pour tous (une rampe d'accès aplanie facilite la vie des personnes agées, des femmes avec poussette, des handicapés par exemple).
Une véritable filière industrielle, la ***silver economie***, doit permettre de répondre à de nouveaux besoins. Ce terme fait allusion à la couleur argenté des cheveux des seniors d'une part, et à l'ensemble des activités, des marchés, des secteurs et des acteurs liés au vieillissement démographique. Les emplois d'infirmier, d'aide-soignant, d'aide à domicile se développent. Les pouvoirs publics doivent rendre plus attractifs ces métiers peu valorisés et faiblement rémunérés. En France, la filière *silver economie* s'est récemment structurée. À l'horizon 2040, elle pourrait représenter 2,4 % du PIB.

E. Vieillissement et épargne

Pour réfléchir à la façon dont le vieillissement affecte les comportements de consommation et d'épargne, les économistes utilisent le modèle de la théorie du cycle de vie de **F. Modigliani** (1918-2003) (v. chapitre *Consommation, épargne, patrimoine*). L'épargne est une consommation différée dans le temps et les flux d'endettement et d'épargne servent à obtenir un profil de consommation stable à partir d'un profil de revenu fluctuant; l'épargne reporte une partie de la consommation vers les périodes où les revenus escomptés sont plus faibles, notamment la retraite.
Les pays ne vieillissant pas au même rythme, les flux internationaux de capitaux peuvent contribuer à financer certaines conséquences du vieillissement. Les pays riches, qui vieillissent en premier, peuvent financer l'investissement productif des pays émergents avant que, dans un second temps, ces derniers contribuent au financement des retraites du monde industrialisé. La réalité ne correspond pas à la situation envisagée par ce modèle. Ce sont les pays du Sud qui placent leur épargne dans les titres publics des pays du Nord.
La question de l'épargne des seniors a longtemps été négligée en France. Aucun produit spécifique n'est adapté aux besoins des seniors, plus

averse au risque. Certains proposent un livret argenté, déblocable en fonction des risques des plus âgés, notamment la dépendance.

III. Les migrations

A. L'évolution des flux migratoires mondiaux

On peut distinguer deux grandes phases dans les flux migratoires internationaux. La première, du XIXe siècle à l'entre-deux-guerres, est essentiellement caractérisée par une migration de peuplement, Nord-Nord, largement dominée par l'émigration en provenance de l'Europe, en pleine croissance démographique. La deuxième phase est davantage dominée par les migrations de travail et est géographiquement plus diversifiée.

L'idée, couramment développée, selon laquelle les migrations ont augmenté doit être nuancée. En effet, si le nombre de migrants a augmenté depuis les années 1960, (ils sont passés de 90 à 250 millions en 2015), cette hausse s'effectue au même rythme que la population mondiale si bien que la part des migrants dans la population est stable, autour de 3 %.

E.M. Mouhoud souligne que les migrations internes sont trois à quatre fois plus élevées que les migrations internationales en raison du coût très élevé de ces dernières. Ces coûts économiques et psychologiques sont soulignés par le Programme des Nations-Unies pour le développement dans un rapport intitulé *Lever les barrières : mobilité et développement humains*. Or, « *le développement humain a beaucoup à gagner d'une levée des obstacles aux déplacements et d'une amélioration du traitement des migrants* » (Rapport sur le développement humain, 2009).

La véritable nouveauté réside dans l'explosion du nombre de réfugiés et le développement de courants Sud-Sud. Le nombre de réfugiés recensés par le Haut Commissariat pour les Réfugiés est en forte augmentation et la majorité des nouveaux migrants et des réfugiés se dirige aujourd'hui vers d'autres pays du Sud – voisins ou de la même région – et non vers les pays du Nord. Ainsi, l'immense majorité des réfugiés afghans sont au Pakistan. Les conflits, les persécutions, la crise économique mondiale alimentent ces flux de réfugiés, souvent soudains et massifs, contrairement aux migrations de travail plus diffuses et étalées dans le temps. Enfin, les **déplacés climatiques** résultent d'une vulnérabilité environnementale accrue en particulier dans les zones équatoriales, plus touchées par les événements climatiques extrêmes : Afrique subsaharienne, Asie du Sud et Amérique Latine. La Banque mondiale, dans le rapport intitulé *Groundswell : Se préparer aux migrations climatiques internes* (2018) estime que d'ici à 2050, 140 millions de personnes pourraient être contraintes de se déplacer.

Le fait est souvent méconnu : 40 % de ces mouvements seraient aujourd'hui des mouvements Sud-Sud (de pays moins avancés vers des pays à revenus intermédiaires), alors que dans les années 1960 il s'agissait à 80 % de mouvements Nord-Nord et Sud-Nord. Les besoins en main-d'œuvre des nouveaux pays « émergents » ont bouleversé, en destination et en origine, les mouvements de personnes dans le monde. Par exemple, les étrangers représentent près de 90 % de la population active dans les Émirats Arabes Unis, notamment indiens et pakistanais.
Les flux migratoires vers les pays de l'OCDE sont en hausse, les demandes d'asile ont augmenté de 46 % en 2014. La tendance s'amplifie en 2015 : un million de personnes fuyant les zones de conflits ont rejoint l'Europe. Les tensions sont vives entre les pays européens pour répartir l'accueil des migrants. Selon Eurostat, 2,4 millions de ressortissants de pays tiers ont immigré dans l'UE en 2018. En France, le solde migratoire estimé est de 103 000 personnes par an depuis 2018.

B. Migrations et développement

a. Le rôle des écarts de développement

Dans une perspective néo-classique, développée par **A. Lewis** en 1954 puis en 1970 par **J.R. Harris** et **M. Todaro**, les migrations résultent de facteurs de répulsion et d'attraction (*pull/push* en anglais). Les travailleurs tendraient ainsi à quitter les pays et les régions où la main-d'œuvre est abondante et les salaires bas, pour ceux où la main-d'œuvre est rare, les salaires élevés et la protection sociale plus développée. À l'issue d'un calcul individuel rationnel, les individus émigrent là où le rendement net escompté de la migration est le plus élevé compte tenu de leur horizon temporel.
Ces flux migratoires s'expliquent aussi par des raisons historiques ou institutionnelles. Les **modèles historico-structurels** qui s'appuient sur une vision inspirée du marxisme, soulignent le rôle de la coexistence d'une main-d'œuvre surnuméraire provoquée par la marchandisation de l'agriculture dans les pays de la périphérie et le besoin en main-d'œuvre dans les pays du centre. Les flux migratoires sont soutenus entre les colonisateurs et leurs anciennes colonies : Angleterre et pays du Commonwealth, Portugal et Angola et Mozambique, France et pays du Maghreb.
La **nouvelle économie des migrations** se développe au milieu des années 1980. Elle montre que dans un contexte d'incertitude et d'imperfections des marchés, la décision de migrer n'est pas individuelle mais résulte de stratégies collectives, notamment familiale. Pour les populations rurales des pays en développement, les marchés d'assurance sont peu ou pas

développés, notamment en cas de chute des prix agricoles. Le migrant est alors considéré comme capable de percevoir un revenu qui constitue une assurance contre certains risques. Dans cette perspective, les différences de niveau de revenu entre le pays d'origine et le pays d'accueil ne sont plus une condition nécessaire à la décision de migrer.

b. Les effets des migrations sur les pays de départ

L'impact négatif des migrations sur les pays de départ a été mis en avant, et notamment la fuite des cerveaux (*brain drain*) au bénéfice du Nord. Un effet d'autant plus défavorable au pays d'origine que ces départs concernent des secteurs essentiels au développement, comme la santé. On compte ainsi plus de médecins ghanéens à Londres qu'au Ghana. Cette tendance au *brain drain* est accentuée par certains dispositifs tels que permis à points (Canada, Nouvelle Zélande) ou la carte bleue en Europe qui facilite d'autant plus l'immigration que le migrant est qualifié. Finalement, les migrations et leurs effets négatifs ne sont qu'un aspect de la relation inégale entre pays riches et pays pauvres : elles contribuaient à perpétuer, voire à aggraver cette inégalité.

Cependant, les migrations ont aussi des effets bénéfiques sur les pays de départ. Les gains des migrants sont souvent partagés avec la famille et la communauté d'origine, sous forme de transferts de fonds. Ils sont l'une des principales sources de ressources extérieures pour les pays en développement, environ quatre fois l'aide au développement selon le Rapport mondial sur le développement humain (2019). La Banque mondiale estime que, pour de nombreux pays en développement, les envois de fonds sont une importante source de devises : leur montant excède les recettes tirées des principales exportations et couvre une grande partie du coût des importations. En Inde, les envois de fonds s'élèvent à 69 milliards de dollars en 2017, soit plus que les exportations de services logiciels, le secteur phare du pays. Au-delà de ces transferts de fonds, les familles de migrants tirent également d'autres avantages immatériels tels que la diffusion de normes sanitaires favorables à la hausse de l'espérance de vie, de normes démocratiques, l'augmentation du taux de scolarisation et l'autonomisation des femmes.

Les diasporas entretiennent des réseaux commerciaux qui réduisent les coûts de transaction et par là augmentent les échanges.

c. Les effets des migrations sur les pays d'accueil

Les effets sur le marché du travail des pays d'accueil ont fait l'objet de nombreuses études. Par exemple, **D. Card** montre ainsi que l'exode de Mariel en 1980, qui conduisit près de 125 000 Cubains à Miami, n'a eu aucun impact négatif sur le marché du travail de cette ville à long terme

(v. chapitre *Épistémologie économique*). Dans la perspective de la théorie du dualisme du marché du travail, **M. Piore** fait jouer un rôle essentiel à la demande de travail des entreprises du pays d'accueil. Il met en avant un besoin chronique et inévitable de travailleurs étrangers, moins exigeants en termes de rémunération et de qualité des emplois. En effet, les migrants sont des *target earners*, des travailleurs qui visent un objectif précis (accumuler suffisamment d'argent pour construire une maison), ils acceptent ainsi les emplois délaissés par les nationaux. L'effet de concurrence entre migrants et nationaux est donc limité. Les effets des migrations sur les salaires sont minimes, mais contrastés selon les secteurs d'activité. Enfin, loin de constituer un fardeau qui pèse sur notre protection sociale, les migrants, du fait de la surreprésentation parmi eux des personnes d'âge actif, contribuent à son financement.

Finalement, beaucoup d'auteurs soulignent que le principal enjeu des politiques migratoires pour les pays développés n'est pas tant le contrôle du nombre d'immigrants que la réussite de leur intégration grâce à des politiques économiques et sociales adaptées.

Si les migrations font des gagnants et des perdants parmi les pays, les bonnes politiques devraient dédommager les perdants, ce que soulignait déjà **J. Bhagwati** dans les années 1970 en proposant de taxer les revenus des migrants. Mais selon **E.M. Mouhoud**, il faudrait taxer les pays d'accueil et les migrants eux-mêmes. En effet, le capital humain a un effet positif pour la collectivité du pays d'accueil (et non pour le seul migrant) et un effet négatif pour le pays d'origine.

RÉFÉRENCES DU CHAPITRE

Askenazy P. (2004), *Les désordres du travail*, Le Seuil.

Attané I. (2006), « En Chine, le problème des filles manquantes », *Outre-Terre*, 2006/02, n° 15.

Banque mondiale (2018), *Groundswell : se préparer aux migrations climatiques internes*.

Bodin J. (1576), *Six livres de la République*, Bibliothèque d'histoire de la Renaissance.

Chesnais J.-C. (1979), « L'effet multiplicatif de la transition démographique », *Population*, volume 34, n° 6.

Deaton A., Case A. (2021), *Morts de désespoir. L'avenir du capitalisme*, PUF.

POUR EN SAVOIR PLUS

Initiation

Chesnais J.C. (2010), *La démographie*, PUF, Collection Que sais-je ?.

INED (2011), *Dictionnaire de la démographie et des sciences de la population*, Armand Colin.

Lavigne A. (2013), *Économie des retraites*, La Découverte, Coll. Repères.

Mouhoud E.M. (2018), *L'immigration en France*, Fayard.

Pison G. (2019), *Atlas de la population mondiale*, Coll. Autrement.

Rollet C. (2011), *Introduction à la démographie*, Nathan, Coll. 128.

Vallin J. (2002), *La démographie*, La Découverte, Coll. Repères.

Véron J. (2013), *Démographie et écologie*, La Découverte, Coll. Repères.

Pour approfondir

Attané I. (2016), *La Chine à bout de souffle*, Fayard.

Dormont B. (2009), *Les dépenses de santé. Une augmentation salutaire ?*, Opuscule du Cepremap, Éditions Rue d'Ulm.

Googhart C. et Pradhan M. (2020), *The Great Demographic Reversal : Ageing Societies, Waning Inequality, and an Inflation Revival*, Palgrave MacMillan.

Guillemard A.M. (2020), *La réforme universelle des retraites : sa place dans les évolutions de la protection sociale, son ambition systémique et son retour à une logique comptable, revue d'histoire de la protection sociale*, n° 13.

Héran F. (2007), *Le temps des immigrés*, La République des idées.

Héran F. (2017), *Avec l'immigration. Mesurer, débattre, agir, la découverte*, Coll. SH / L'envers des faits.

Le Bras H. (2007), *Les quatre mystères de la population française*, Odile Jacob.

Ozden C. (2015), « Un long chemin vers l'emploi », *Finances et développement*, mars.

SUR LA TOILE

Programme des Nations-Unies pour le développement :

http://hdr.undp.org/sites/default/files/hdr_2009_fr_complete.pdf

https://www.undp.org/content/undp/fr/home/librarypage/democratic-governance/Human-Mobility-Shared-Opportunities-A-Review-of-the-2009-Human-Development-Report-and-the-Way-Ahead.html

Sur le site du Fonds monétaire international :

Le numéro de mars 2016 consacré à la démographie mondiale, un article sur David Card :

http://www.imf.org/external/Pubs/ft/fandd/fre/2016/03/pdf/fd0316f.pdf

Le numéro de mars 2020 consacré à la démographie :

https://www.imf.org/external/pubs/ft/fandd/fre/2020/03/pdf/evolution-demographique-et-croissance-economique-bloom.pdf

Sur le site de l'Ined :

http://www.ined.fr/fr/tout-savoir-population/videos/crise-migrants/

http://www.ined.fr/fr/tout-savoir-population/videos/sante-mortalite-vieillissement-enjeux-actuels/

Sur le site du collège de France :

https://www.college-de-france.fr/site/francois-heran/inaugural-lecture-2018-04-05-18h00.htm

Sur le site de la Commission européenne :

https://ec.europa.eu/info/files/report-impact-demographic-change-reader-friendly-version-0_en

CHAPITRE 17

Économie et environnement

Avant la Révolution industrielle, l'homme est largement soumis aux lois de la nature : les énergies proviennent de la force humaine ou animale, parfois des rivières et du vent ; les métaux restent réservés à des usages nobles, les régimes alimentaires constitués des grandes céréales de civilisation (blé, riz, maïs) ; l'autarcie est la règle générale : on produit là où l'on consomme. Une première rupture apparaît au XVIIIe siècle, avec une croissance d'un type nouveau (système énergétique basé sur le charbon de terre) qui bouleverse la relation entre l'homme et la nature. L'accélération de la croissance à partir de 1945 combine une croissance sans précédent des richesses et des effets néfastes de l'activité humaine sur l'environnement, en termes de prélèvements sur les ressources et de rejets. Or, ces dégâts environnementaux sont négligés jusqu'aux années 1970. C'est précisément au moment où la croissance ralentit que des voix s'élèvent pour souligner les limites écologiques de cette dernière.

Il est d'usage de distinguer l'**économie des ressources naturelles** qui établit les règles d'utilisation optimale des ressources prélevées dans l'environnement naturel et l'**économie de l'environnement** qui se préoccupe de la capacité de la nature à recycler les déchets et à supporter les rejets des activités humaines. L'analyse économique est utile pour répondre à l'ensemble des enjeux liés à la protection de l'environnement.

Les réflexions sur le **développement soutenable** émergent dans les années 1980. Le rapport **Brundtland** le définit en 1987 comme « *un mode de développement qui permet de répondre aux besoins du présent sans compromettre la capacité des générations futures à répondre aux leurs* ». Mais le développement durable fait l'objet de multiples interprétations. La nécessité d'une gouvernance environnementale mondiale est avérée mais sa mise en œuvre se révèle délicate et implique de mettre le système financier mondialisé au service du climat.

§ 1. La place de la nature dans la pensée économique

Selon **J. Le Cacheux** et **E. Laurent**, dans *Économie de l'environnement et économie écologique* (2012), économie et écologie sont étroitement liées comme le suggère leur racine commune (Oïkos, le foyer, l'habitat). On peut distinguer trois périodes.

I. L'avarice de la nature contraint la croissance

Jusqu'au XVIIIe siècle, l'homme est contraint par la rareté. Les régimes alimentaires sont essentiellement constitués de céréales et les mauvaises récoltes sont à l'origine d'importantes crises frumentaires. Les épidémies deviennent endémiques du fait de la sous-alimentation. Ainsi, au XIVe siècle, la population d'Europe occidentale passe de 73 millions à 45 millions à la suite d'une grave épidémie de peste. La conscience de l'avarice de la nature est centrale chez **Th. R. Malthus** (1766-1834) et **D. Ricardo** (1772-1834).

La domination de l'homme par la Nature s'exprime chez **Th. R. Malthus** à travers la loi de population. La population humaine tend à s'accroître suivant une progression géométrique tandis que les ressources vivrières ne progressent qu'à un rythme arithmétique. La régulation démographique doit alors intervenir. Un frein répressif abrège la durée naturelle de la vie par les épidémies, la misère, les guerres. Un frein préventif peut s'exercer par la contrainte morale (mariage tardif, abstinence…). Mais il ne croit guère en ce dernier. Le progrès humain, entendu comme la hausse du produit par tête, est alors condamné : c'est le piège malthusien.

D. Ricardo en 1817 souligne quant à lui le rôle des rendements agricoles décroissants. Il compare la terre à une série de machines à produire du blé. Il les envisage comme inaltérables, signifiant par là une nature éternelle et inépuisable. Cependant, ces machines diffèrent par leur niveau de productivité. On peut ainsi les classer des plus productives au moins productives. Avec l'augmentation de la population et la hausse des besoins qui en découle, l'homme est amené à mettre en culture des terres de moins en moins fertiles. Ainsi, la fertilité des terres demeure intacte, mais les rendements agricoles sont décroissants. Ici réside la finitude de la dynamique économique, la hausse de la rente foncière conduit à la baisse du taux de profit, et mène à l'état stationnaire (v. chapitre *La crois-*

sance économique). L'activité humaine est ainsi pensée en fonction de la nature ; ce qui est conforme aux sociétés du début du XIXe siècle, essentiellement agricoles, où dominent les énergies froides (énergie éolienne ou hydraulique). **J.S. Mill** (1806-1873) souligne les bienfaits, notamment environnementaux, de l'état stationnaire.

II. L'homme semble dominer la nature

La Révolution Industrielle constitue la première véritable rupture entre l'économie humaine et l'économie naturelle. Cette révolution ne se résume pas aux innovations technologiques, telles l'utilisation du charbon de terre ou la machine à vapeur. De nombreuses innovations institutionnelles (mouvement des enclosures, invention des brevets en 1624, création de Bank of England en 1694, notamment) permettent le développement économique de l'Angleterre, puis d'autres pays européens, des États-Unis et du Japon. Les rendements agricoles augmentent fortement sous l'effet d'innovations telles les rotations culturales. Partout, les famines et les épidémies reculent : l'homme s'affranchit de l'avarice de la nature. Le système énergétique est bouleversé par le développement des énergies chaudes (vapeur). **J. Grinevald** (traducteur de l'œuvre de **N. Georgescu-Roegen**) parle de révolution carnotienne, du nom de **Sadi Carnot** (1796-1832), physicien et ingénieur. Sur le plan des idées économiques, la révolution marginaliste et l'utilitarisme conduisent à ancrer dans la théorie économique la coupure entre les activités économiques et la nature (v. chapitre *Les grands courants de l'analyse économique*). Cette dernière n'est pas considérée comme un bien économique, mais comme un bien libre, disponible en quantité illimitée. Les modèles de croissance développés dans les années 1950 négligent le rôle du capital naturel. La question de l'utilisation optimale des ressources naturelles n'est pas alors au centre des préoccupations des économistes.

III. La rupture des années 1970

A. Une certaine prise de conscience des contraintes environnementales

Plusieurs changements majeurs vont conduire à une prise de conscience des dégâts environnementaux de la croissance. Tout d'abord, la croissance démographique s'accélère au niveau mondial, notamment du fait de l'entrée dans la première phase de la transition démographique des pays en développement. Cela induit une hausse des besoins alimentaires, et de nombreux effets pervers d'une urbanisation non maîtrisée. La croissance économique s'accélère dans les Pays développés à économie de marché (PDEM), impliquant une utilisation plus intense des ressources naturelles et des rejets croissants. L'urbanisation croissante induit des déplacements quotidiens. Ainsi, la consommation mondiale de pétrole passe de 424 millions de tonnes en 1950 à 3 124 millions de tonnes en 1979. De nouveaux modes de consommation se généralisent, conformément à la dernière étape de la croissance de **W. Rostow** (1916-2003) : la consommation de masse est l'une des caractéristiques de la croissance fordiste. Dans le domaine agricole, un nouveau modèle alimentaire naît aux États-Unis et se diffuse en Europe, caractérisé par l'augmentation massive de la consommation de viandes et de produits laitiers. Le bétail est nourri par le couple céréales-soja. La consommation indirecte de céréales est désormais supérieure à la consommation directe dans les pays riches. Le productivisme et le consumérisme triomphants génèrent des dégâts environnementaux et racontent « Une autre histoire des Trente Glorieuses ».

Face à tous ces changements, les inquiétudes autour de l'épuisement des ressources naturelles disponibles apparaissent. À la fin des années 1960 et au début des années 1970, sous l'impulsion d'une institution privée de réflexion sur les transformations de l'économie et de la société, le **Club de Rome**, les économistes du Massachussetts Institute of Technology (MIT), dirigés par **D. Meadows** (né en 1942) explorent les méthodes de la dynamique des systèmes élaborées par **J. Forrester** (né en 1918) qui mettent en évidence les tensions sur les ressources naturelles disponibles.

Le premier compte rendu, publié en France en 1972 sous le titre provocateur, *Halte à la croissance ?*, annonçait l'épuisement à un rythme élevé des ressources naturelles.

Le deuxième rapport du Club de Rome, *Stratégie pour demain* (1974), présente des moyens d'action appropriés à chacune des dix grandes régions du monde (de nombreux rapports ont suivi et ce club existe toujours).

Les publications du Club de Rome montraient que les ressources naturelles connues et disponibles à l'époque ne permettraient pas durablement de soutenir le rythme élevé de croissance des années d'après guerre. Les deux chocs pétroliers et le ralentissement sensible de la croissance qui caractérisent les années 1980 et 1990 ont fait passer cette inquiétude au second plan, mais le discours a été repris par tous ceux qui, de près ou de loin, font de l'écologie une question politique.

B. Une situation particulièrement préoccupante

Les débats initiés par le Club de Rome ont conduit les gouvernements des pays développés à chercher des solutions permettant de construire un **développement durable** c'est-à-dire un mode de développement conservant les possibilités du développement futur, en particulier en préservant les ressources naturelles. Dans les années qui suivent, de nombreux événements catastrophiques vont alerter l'opinion mondiale : marée noire de l'Amoco Cadiz en 1978 au large de la Bretagne, explosion d'une usine chimique à Bhopal en Inde en 1984, explosion d'un réacteur de la centrale nucléaire de Tchernobyl en Ukraine en 1986. La domination de l'homme sur la nature justifie aux yeux des scientifiques une requalification des étapes géologiques. Pour **P. Crutzen** et **E. Stoermer**, nous sommes entrés dans l'**anthropocène** : l'homme est la force géologique dominante sur la planète. Cette nouvelle ère géologique débute symboliquement en 1784, date du dépôt du brevet de perfectionnement de la machine à vapeur par **J. Watt**.

Il faut souligner le rôle du Groupe intergouvernemental d'experts sur l'évolution du climat (GIEC), fondé en 1988 en vue de fournir des évaluations détaillées de l'état des connaissances scientifiques, techniques et socio-économiques sur les changements climatiques, leurs causes, leurs répercussions potentielles et les stratégies de parade. Trois dossiers sont au centre des préoccupations : la destruction de la biodiversité (30 % depuis 1970), la dégradation des écosystèmes (75 % des environnements terrestres et 40 % des environnements marins sont profondément altérés en 2019) et le réchauffement (ou dérèglement) climatique (2 à 6° d'ici à 2 100). Depuis 1988, six rapports du GIEC confirment l'urgence climatique. Le dernier rapport du GIEC, publié en avril 2021, entérine une élévation des températures moyennes de + 1,1 °C depuis la période 1850-1900.

Le rapport rédigé par **N. Stern** en 2006 (économiste britannique, ancien vice-président de la Banque mondiale) évalue le coût de l'inaction contre le changement climatique de 5 % à 20 % du Produit intérieur brut (PIB) mondial. Il souligne que « *Le changement climatique menace les éléments de base de la vie pour des pans entiers de populations autour du globe à savoir, l'accès à l'eau, la production de vivres, la santé et l'utilisation des sols ainsi que l'environnement* » et que « *toute inaction (business-as-usual) face aux émissions entraînerait des risques croissants d'effets graves et irréversibles dus au changement climatique* » (Stern, 2006).

§ 2. L'économie de l'environnement et des ressources naturelles

I. L'économie des ressources naturelles

P.N. Giraud et **T. Ollivier** soulignent que toute activité productive est alimentée par des ressources naturelles (rayonnement solaire, air, eau sous toutes ses formes, sols et biomasses végétale et animale, les substances minérales et organiques des sous-sols – tels le pétrole ou le gaz) et finit par rejeter des déchets dans la nature. L'ensemble de ces ressources sont traditionnellement classées en deux types différents :

- les **ressources naturelles épuisables**, constituées de gisements, de substances minérales et de carbone fossile. Ces gisements sont le produit d'une activité géologique permanente. Ils sont donc renouvelables à l'échelle des temps géologiques, très longue, mais ne le sont pas à l'échelle humaine ;
- les **ressources naturelles renouvelables**, constituées d'écosystèmes vivants ou de cycles naturels d'énergie et de matière sur lesquels l'activité humaine prélève un flux de substances utiles ou d'énergie. Elles sont renouvelables à l'échelle humaine. C'est le cas de l'énergie éolienne ou marémotrice. Quant aux ressources naturelles vivantes, telles le gibier, le poisson, les forêts, elles ne sont renouvelables que si le taux de régénération est supérieur ou égal au taux d'exploitation.

A. Les ressources naturelles épuisables

L'analyse économique de l'exploitation des ressources naturelles épuisables est basée sur la résolution d'un problème d'allocation inter-temporelle des ressources dont les fondements furent posés par **H. Hotelling** (1895-1973) en 1931.

a. La règle de Hotelling

Les biens stockables mais non renouvelables à l'échelle humaine (charbon, gaz ou pétrole par exemple) sont considérés comme épuisables. On suppose connus dans ce modèle les stocks et la demande future, si bien que la date d'épuisement de la ressource est certaine. Le taux d'extraction détermine le volume des recettes de l'entreprise. Cette dernière arbitre alors entre accélérer l'extraction, c'est-à-dire substituer des ventes présentes à des ventes futures, ou ralentir l'extraction, autrement dit substituer des ventes futures à des ventes présentes. Elle effectue alors un arbitrage inter-temporel entre l'extraction et la vente d'une unité aujourd'hui qui implique de renoncer à une vente demain.

La ressource est considérée comme un capital, qui doit être rémunéré comme les autres formes de capitaux, en particulier les actifs financiers. La **règle de Hotelling** stipule que le prix de la ressource naturelle, et donc de la rente qui lui est associée, doit augmenter à un taux égal au taux d'intérêt des actifs financiers de même risque (taux d'actualisation). Ainsi, la valeur actuelle du prix net est une fonction croissante du taux d'intérêt.

b. Les difficultés de la mise en œuvre de la règle de Hotelling

Plusieurs obstacles se dressent contre la vérification de cette règle. Tout d'abord, les stocks de ressources évoluent. Le progrès technique rend exploitable techniquement et économiquement des gisements qui ne l'étaient pas auparavant, tels les gaz et pétroles de schiste. Enfin, la demande peut connaître des accélérations ou des infléchissements marqués, notamment lorsque les économies des pays émergents ralentissent. Ce fut bien sûr le cas lors de la crise sanitaire de la covid-19 en 2020. D'où des prix erratiques.

B. Les ressources naturelles renouvelables

Les ressources naturelles renouvelables sont généralement en accès libre. Certaines d'entre elles peuvent être considérées comme des **biens collectifs**, c'est-à-dire **non rivaux** (l'utilisation par un agent ne réduit pas la quantité disponible pour les autres agents) et **non excluables** (on ne peut exclure un agent de leur utilisation). C'est le cas du vent ou de l'énergie marémotrice. Mais d'autres ressources sont des **biens collectifs impurs** : une fois le flux de ressources prélevé, il appartient à son détenteur. Ces ressources sont alors **rivales** et **non excluables**, on parle de **biens communs**. Ce qui pose de redoutables problèmes de gestion de la ressource.

a. La surexploitation des ressources communes

Aristote soulignait que « *ce qui appartient à tout un chacun est le plus négligé, car tout individu prend le plus grand soin de ce qui lui appartient en propre, quitte à négliger ce qu'il possède en commun avec autrui* » (Aristote, IVe siècle av. J.C.). Le prélèvement d'unités de ressources communes

par un utilisateur réduit le nombre total d'unités disponibles pour les autres, mais il est difficile d'empêcher un utilisateur de prélever des unités d'une ressource, et ce même si elle est menacée. Cette surexploitation de la ressource est analysée du point de vue économique par **S. Gordon** en 1954 à partir de l'exemple d'une pêcherie. Si pêcher dans une zone est rentable, de nouveaux entrants sur le marché augmentent alors l'exploitation de la ressource en négligeant les effets défavorables de la surpêche à long terme. La pêche est vouée à cesser du fait de la disparition des ressources car la ponction est supérieure à son renouvellement naturel.
L'expression **tragédie des biens communs** a été popularisée par un article de **G. Hardin** (1915-2003) paru en 1968, intitulé *The Tragedy of the Commons*. Il désigne par là les situations économiques apparentées à un jeu à somme nulle similaire au dilemme du prisonnier (v. chapitre *Marchés, concurrence imparfaite et nouvelle microéconomie*). Une compétition pour l'utilisation d'une ressource limitée en accès libre, mène à un conflit entre intérêt individuel de court terme et intérêt général de long terme. La conséquence logique est un résultat perdant-perdant, par surexploitation de la ressource. Il en est ainsi pour **G. Hardin** d'un champ de fourrage commun à tout un village, dans lequel chaque éleveur vient faire paître son propre troupeau. Rapidement, chaque éleveur emmène autant d'animaux que possible à paître dans le champ commun, ce qui réduit la fertilité de ce dernier à néant.

b. Les solutions envisageables

Trois solutions peuvent être principalement envisagées :

- La **nationalisation** des ressources communes : l'État ou la communauté internationale (exemple de l'Antarctique) peut devenir propriétaire de la ressource. Il peut alors en réglementer l'accès, en limiter les périodes d'exploitation (comme c'est le cas pour la chasse) ou l'exploiter lui-même. Il confie alors généralement le monopole d'exploitation à une **entreprise publique**.

Si la nationalisation, par exemple à travers la création de parcs nationaux, a parfois permis la préservation de ressources uniques, les résultats sont globalement décevants lorsque les moyens administratifs ou politiques mis en œuvre pour faire respecter les règles sont déficients. Ce fut le cas dans de nombreux pays en développement. Ainsi, au Népal, la nationalisation des forêts en 1957 a aggravé le déboisement.

- La **privatisation** des ressources repose sur l'idée que les propriétaires doivent être incités à les gérer rationnellement. Cette mesure implique une intervention de l'État afin de créer des droits de propriété sur la ressource. Ce principe est appliqué avec succès à la pêche. Des quotas « personnels » sont déjà appliqués dans quelques pays, notamment en Australie et en Nouvelle-Zélande, ils sont distribués individuellement à un pêcheur ou à une coopérative, ce qui revient à lui garantir un revenu pour l'année. Le titulaire a alors tout intérêt à ne pas la dépasser pour préserver la ressource. Cette solution nécessite aussi des institutions efficaces, sous peine de corruption.

– **La gestion par les acteurs locaux** permet de gérer de manière optimale des ressources communes dans une perspective de long terme grâce à des institutions appropriées. Cette solution a particulièrement été étudiée par **E. Oström** (1933-2012, Prix Nobel 2009). Elle cite par exemple les systèmes d'irrigation de nombreuses régions du monde, comme le Népal ou la région de Valence en Espagne, qui sont gérés par la communauté des utilisateurs. Pour réussir, une telle gestion repose sur des règles formelles et informelles, une délimitation claire des usages par les membres de la communauté, un système de surveillance mutuelle, une reconnaissance étatique, des sanctions pour ceux qui surexploitent la ressource, des systèmes d'arbitrages des conflits peu onéreux.

C. Ressources naturelles et développement

Une gestion efficace des ressources naturelles peut être considérée à la fois comme cause et conséquence du développement.

a. Réévaluation du rôle du secteur primaire dans le développement

Le schéma de développement d'un pays a longtemps été analysé comme le passage d'une société traditionnelle agricole, dépendante de la nature, à une civilisation industrielle puis tertiaire, où l'homme s'affranchit progressivement des contraintes naturelles (les étapes de la croissance de **W. Rostow**, 1960) (v. chapitre *La croissance économique*).

Dans une autre perspective, **A. Lewis** (1915-1991, Prix Nobel 1979) analyse, dans le cadre d'un modèle dual, le passage de la main-d'œuvre d'un secteur agricole à faible productivité vers le secteur secondaire. Le secteur primaire a ainsi longtemps été pensé comme un secteur primitif, moteur lors des premières étapes du développement, mais qui tend à devenir inéluctablement marginal au fur et à mesure du développement d'un pays.

Or, de plus en plus, ce rôle est réévalué, car il apparaît que le secteur primaire est essentiel dans toutes les phases du développement. Le rapport de la Banque Mondiale de 2008 s'avère révélateur de ce constat : le secteur agricole est un secteur qui a souvent des gains de productivité plus élevés que l'industrie dans de nombreux pays en développement. C'est en outre un secteur innovant. Enfin, au-delà de sa contribution à la croissance, il est un levier essentiel pour réduire la pauvreté (v. chapitre *Éco-*

nomie du développement). Mais il faut également minimiser les effets de la hausse des rendements agricoles sur l'environnement, lorsque ce surcroît d'efficacité est lié à un sur-emploi d'engrais, de pesticides ou d'eau.

b. Abondance des ressources et institutions

L'abondance de ressources naturelles devrait constituer un atout pour les pays. Or, cette richesse ne se traduit pas toujours par une croissance économique soutenue. Plusieurs raisons expliquent ce **paradoxe de l'abondance** :

- Une première explication est que la présence de richesses naturelles, inégalement réparties sur le territoire, suscite des convoitises et entraîne de la corruption voire des conflits armés comme la guerre des diamants en Sierra Leone. **D. Acemoglu** et **J. Robinson** (*Why nations fail*, 2012) évoquent le rôle des **institutions extractives**, c'est-à-dire des organisations dont les politiques et les pratiques visent à accaparer la richesse et les ressources d'une société pour le compte d'une élite restreinte mais politiquement puissante. Des inégalités extrêmes apparaissent alors.
- Une deuxième explication est que l'abondance en ressources naturelles non renouvelables, telles que le pétrole, n'incite pas à faire les réformes nécessaires. Autrement dit, la rente extractive est dilapidée, au lieu d'être consacrée aux investissements productifs qui permettraient au pays de maintenir sa richesse et de fonder sa croissance future.
- Une troisième cause possible relève de ce que l'on nomme le « syndrome hollandais », en référence au déclin du secteur manufacturier des Pays-Bas après la découverte d'une importante réserve de gaz naturel dans les années 1960. En effet, la découverte et l'exploitation d'une ressource naturelle tendent à créer de l'inflation et dégradent ainsi la compétitivité du secteur manufacturier soumis à la concurrence internationale. Ce fut aussi le cas dans les années 1960 des pays tels que l'Algérie, le Nigéria, le Mexique.

Cependant, cette malédiction n'est pas une fatalité. Des institutions adaptées peuvent la contrecarrer, ce que montrent les réussites du Botswana ou de la Norvège. Ces gouvernements ont réussi à transformer des revenus volatils et épuisables en dépenses assurant l'équité intergénérationnelle. La mise en place de fonds souverains permet de placer les revenus de ces rentes en actions ou obligations dans une perspective de rentabilité de long terme. Ces fonds peuvent accélérer la diversification du tissu productif comme dans certains pays du Golfe. Ainsi, les politiques adéquates devraient viser une croissance durable en favorisant la diversification de l'économie, en assurant le développement du secteur rural, des secteurs urbains formels et informels.

Mais la mise en place de ces politiques dans des États rentiers (Algérie par exemple) demeure difficile, les cas de réussites sont difficilement transposables.

II. L'économie de l'environnement

A. C. Pigou (1877-1959) est l'un des premiers économistes à avoir analysé dès les années 1920 la question des externalités négatives liées à la pollution. Il est l'un des précurseurs de l'économie de l'environnement. Une **externalité** apparaît lorsque l'activité d'un agent a des effets sur le bien-être d'autres agents sans que ces derniers reçoivent une compensation monétaire. L'équilibre décentralisé obtenu par les seuls mécanismes de marché est sous-optimal. Il convient alors de corriger cette sous-optimalité.

A. Les instruments mobilisables face aux externalités négatives environnementales

Selon **E. Laurent** et **J. Le Cacheux**, les instruments mobilisés par les autorités publiques au niveau local, national ou supranational, sont de nature et de portée diverses. Ils s'inscrivent tous dans la logique de réduction des effets externes négatifs que provoquent les nuisances environnementales ou d'encouragement au développement économique. Ils doivent être utilisés de manière complémentaire.

- Orienter les préférences des agents, notamment par l'information et l'éducation. On peut ici souligner le rôle du Groupe d'experts intergouvernemental sur l'évolution du climat (GIEC). L'ancien vice-président américain **A. Gore**, à travers le film *Une vérité qui dérange* (2006) a aussi œuvré dans ce sens. L'information du consommateur passe par un affichage environnemental des produits, facilement identifiable et interprétable. Par ailleurs, de nouvelles méthodes permettent de favoriser des comportements vertueux en matière environnementale. Elles consistent en des « coups de pouce », d'où leur nom de *nudges verts*, mis en avant notamment par **R. Thaler** (né en 1945, Prix Nobel 2017) en faveur de comportements éco-vertueux sans recourir à la contrainte. Par exemple, proposer par défaut la démarche la plus écologique (c'est le cas des démarches administratives numériques dans les banques ou pour les impôts). Ces mesures, bien qu'utiles, ne sauraient suffire.
- La réglementation est un instrument souvent utilisé car relativement simple. Elle est parfois efficace, comme le démontre l'interdiction du bisphénol A. La réglementation peut faire naître de nouvelles innovations, plus respectueuses de l'environnement. La question du « trou de la couche d'ozone » a été très largement résolue grâce à l'interdiction des CFC (Chloro-fluoro-carbones) qui étaient notamment utilisés dans les appareils frigorifiques. Toutefois, sur le plan économique, la régle-

mentation présente l'inconvénient de l'uniformité, toutes les entreprises doivent s'y conformer, quelle que soit leur taille par exemple. En outre, un effet pervers peut découler d'une norme limitant la pollution par unité produite ou consommée. En effet, elle peut conduire à un **effet-rebond**, analysé par **S. Jevons** dès 1865. La baisse du coût d'utilisation par unité conduit à accroître l'utilisation du bien et à augmenter la pollution. Par exemple, la réglementation européenne limite les émissions des nouvelles voitures à 130 g de CO_2 par kilomètre en 2015. Les producteurs limitent alors la consommation en carburant par kilomètre des véhicules pour s'y conformer. Mais les automobilistes sont alors incités à plus emprunter ce mode de transport puisque son coût relatif diminue. De ce fait, la pollution globale augmente.

- Les taxes sont des instruments inspirés des travaux d'**A.C. Pigou**. On parle donc souvent de « taxe pigouvienne » pour désigner les taxes qui visent à internaliser les effets externes négatifs. Il s'agit dans ce cas de rétablir l'optimalité en comblant l'écart entre le coût privé et le coût social provoqué par les effets externes environnementaux : c'est le principe « pollueur-payeur ». On peut étendre le raisonnement aux subventions si certains comportements vertueux des agents ont un rendement social supérieur à leur rendement privé. Les taxes peuvent en outre être à l'origine d'un **double dividende** : réduire la pollution et alléger d'autres prélèvements obligatoires, notamment le coût du travail. À ce double dividende statique s'ajoute un double dividende dynamique car la fiscalité écologique incite à l'innovation. Cependant, la fiscalité écologique souffre de certaines faiblesses : elle est difficile à calibrer car les pouvoirs publics ne connaissent qu'imparfaitement son niveau optimal. D'autre part, elle nécessite une coopération internationale pour éviter les distorsions de compétitivité, difficile à mettre en œuvre. Enfin, la taxe doit être considérée comme juste, et non pas être juste une taxe de plus, dont les contribuables contestent le bien-fondé (Bureau, Henriet & Schubert, 2019). La taxe n'a pris son essor que dans des pays où la confiance dans les institutions est grande, et où un long travail préalable a été effectué pour l'expliquer, tels la Suède.

- **Les marchés de quotas d'émission** sont des solutions inspirées directement des travaux de **R. Coase** (1910-2012). Il s'agit de modifier les droits de propriété privée pour introduire les sources des émissions polluantes. Les pouvoirs publics créent des quotas d'émissions répartis selon une procédure établie. Ces quotas sont ensuite transférables entre les agents responsables de la pollution que l'on souhaite limiter. Chaque émetteur effectue alors son propre calcul coût-bénéfice pour décider des efforts de dépollution les plus avantageux. Les firmes les moins polluantes peuvent revendre les quotas inutilisés aux firmes les moins capables de comportements vertueux. Par le jeu de la concurrence, ces dernières doivent disparaître à terme, au profit des firmes les moins polluantes. Ce type de marché a été mis en œuvre aux États-Unis à partir du Clean Air Act en 1990, avec un mécanisme d'échanges de quotas d'émissions de dioxyde de souffre (SO_2) et d'oxydes d'azotes (NOx), deux facteurs majeurs des « pluies acides ». En décembre 2010, l'Agence américaine de protection de l'environnement (EPA) publiait un bilan, très satisfaisant pour les émissions de SO_2 liées aux centrales électriques utilisant des énergies fossiles, surtout le charbon, avec une diminution de 67 % en 2009 par rapport à 1980. En Europe, ce type de marché a été créé en 2005 pour les émissions de dioxyde de carbone (CO_2), dans le cadre du protocole de Kyoto, nommé le **Système communautaire d'échange de quotas d'émission**. Il limite les gaz à émettre (cap) et crée un marché du carbone, permettant à chaque entreprise d'acheter ou de vendre les quotas obtenus (trade). Les entreprises qui font des efforts sont en principe récompensées et les autres, qui ont dépassé leurs plafonds d'émissions et doivent acheter des quotas d'émissions auprès d'entreprises plus vertueuses sur le plan environnemental, sont pénalisées. Mais ce système a connu de profonds dysfonctionnements, avec une multiplication des cas de fraudes et des périodes de spéculations qui éloignent le prix du carbone de sa valeur fondamentale. En outre, le prix est très sensible aux fluctuations de l'activité et au niveau initial des quotas alloués. Or, les quotas se révèlent trop élevés, notamment pour préserver la compétitivité des entreprises européennes. Le prix du carbone s'est effondré lors de la récession de 2008 et le signal prix envoyé par le marché est alors contre-productif. Un prix dérisoire est une véritable prime à la pollution, ce qui n'est pas l'effet recherché. Le Parlement européen a décidé d'une réforme du marché des quotas en 2018, applicable à partir de 2020, basée sur la réduction du plafond d'émissions carbone. Le prix de la tonne de CO_2 s'est redressé pour atteindre 34 euros en janvier 2021.

Ainsi, selon le rapport annuel de la banque mondiale (2020), établir un prix du carbone est essentiel pour lutter contre le dérèglement climatique. Fin 2019, 25 taxes carbone et 26 marchés de quotas fonctionnaient à travers le monde, couvrant 22 % des émissions mondiales de GES. Plus des 3/4 des émissions couvertes le sont par une tarification inférieure à 30 euros la tonne de CO_2, niveau bien insuffisant pour les limiter drastiquement.

B. La prise en compte des biens environnementaux

La valorisation économique des ressources naturelles, de la biodiversité et des éco-systèmes apparaît essentielle. Cependant, elle est contestée à la fois sur le principe et sur la qualité des méthodes d'évaluation. Au-delà de ces critiques, les économistes tentent d'évaluer les services rendus par la nature (les aménités environnementales) car l'illusion de leur gratuité pourrait être responsable de leur surexploitation qui conduit à leur destruction. Ce qui n'a pas de prix serait dépourvu de valeur.

a. La valorisation économique des ressources naturelles

La valeur économique des ressources naturelles comprend plusieurs facettes :
- une valeur d'usage directe : alimentation, contemplation d'un paysage ;
- une valeur d'usage indirecte : pollinisation, régulation climatique ;
- une valeur d'option ou quasi-option (la possibilité d'utiliser une ressource connue ou inconnue dans l'avenir) ;
- une valeur de leg (transmettre la ressource à autrui) ;
- une valeur d'existence.

Les méthodes d'évaluation utilisées par les économistes sont nombreuses. Pour évaluer une nuisance ou un service environnemental, l'économiste peut utiliser les différences de valeurs foncières ou immobilières de biens identiques situés à des endroits différents. Dans le cas des biens collectifs locaux environnementaux tels que les parcs naturels, l'économiste peut utiliser l'évaluation contingente : elle consiste à interroger un échantillon représentatif de la population afin d'évaluer leur disposition à payer pour bénéficier des services environnementaux.

b. Le rôle de l'actualisation

Les politiques environnementales visent à choisir les projets les plus rentables sur la base d'un calcul coût-avantage sur le plan global. Comme cette comparaison couvre des périodes différentes, il faut procéder à une actualisation, c'est-à-dire calculer la valeur actuelle de dommages ou de bénéfices futurs (v. chapitre *Capital et investissement*). De vifs débats entourent la fixation d'un taux d'actualisation dans le cadre de l'économie de l'environnement, car ce taux permet la comparaison entre le bien-être des générations présentes et celui des générations futures. Certains préconisent un taux d'actualisation négatif pour signifier que la dégradation de certaines ressources jugées essentielles, telle la qualité de l'eau, appauvrit les générations futures. D'autres économistes, comme **W. Nordhaus**, préconisent un taux d'actualisation positif, mais élevé, de 4,5 %, car les générations futures, si la tendance séculaire se poursuit, seront plus riches que les générations passées et donc plus à même de financer les dépenses liées à la protection de l'environnement. Enfin, **N. Stern** préconise un taux d'actualisation de 1,4 %, traduisant une faible préférence pour le présent, ce qui avantage les générations futures. À ce taux, de nombreux projets non rentables dans le schéma d'actualisation de **W. Nordhaus** peuvent voir le jour.

§ 3. La soutenabilité du développement

En 1987, le rapport de la commission des Nations Unies présidée par **Gro Harlem Brundtland** est rendu public, et propose une définition du **développement durable** (traduction française de *Sustainable Development*) qui comprend trois dimensions : une dimension écologique, une dimension sociale qui insiste à la fois sur l'équité intergénérationnelle, et sur l'équité intragénérationnelle et une dimension économique. La croissance est une composante du développement durable puisqu'elle doit permettre aux pays pauvres de sortir du sous-développement, de réduire les inégalités et de favoriser un progrès technique contribuant à réduire « l'empreinte écologique » de l'activité économique. **S. Treillet** souligne cependant que, dans l'analyse du développement durable aujourd'hui, la question environnementale est privilégiée (v. chapitre *Économie du développement*) ; et ce alors que, selon le Rapport sur le développement humain (2020), les inégalités d'émissions carbone sont criantes : les 1 % les plus riches de la planète émettent 100 fois plus de dioxyde de carbone que les 50 % les plus pauvres.

I. Quelle soutenabilité pour le développement ?

A. Quelques indicateurs de la soutenabilité du développement

En 1992, le sommet de Rio sous l'égide des Nations Unies, affirme la nécessité de disposer d'une information quantitative pour mesurer les progrès vers la voie de la durabilité. L'agenda 21 invite les États à élaborer de tels indicateurs nécessaires à la prise de décision. Parallèlement, d'autres organisations (dont des Organisations Non Gouvernementales) construisent d'autres indicateurs.

- Le **PIB vert** vise à prendre en compte les effets de la croissance économique sur l'environnement. Il s'agit de retrancher du PIB les dépenses, qualifiées de défensives, engagées pour corriger les impacts négatifs des activités humaines : épuisement des actifs naturels, usage du sol et du paysage, utilisation de l'environnement pour l'élimination des déchets. Il n'existe que des évaluations locales, par exemple celle de la ville de Pékin depuis 2005.

- **L'épargne nette ajustée** est un indicateur de flux construit par la Banque mondiale. Cet indicateur, dans une logique de substituabilité entre les différents types de capitaux, correspond à la somme :

Épargne nette nationale + Dépenses en éducation
– Épuisement en énergie, en minéraux et en ressources forestières
– Dommages causés par le dioxyde de carbone et les émissions de particules

Il a cependant été critiqué. Par exemple, les dépenses d'éducation d'un pays ne peuvent être assimilées à l'investissement net en capital humain car ce dernier subit des dépréciations.

ÉPARGNE NETTE AJUSTÉE (EN % DU RNB) DE QUELQUES PAYS D'APRÈS LES DONNÉES DE LA BANQUE MONDIALE

	Chine	États-Unis	France	Norvège	Nigeria	Russie
2005	27,9	5,6	11,1	15,9	– 8,8	5,3
2018	21	5,6	8,9	18,2	0,1	8,2

- L'Inclusive Wealth Index (**Indicateur de Richesse Inclusive**), IWI, est un indicateur de stock élaboré par les Nations Unies et dont le principal auteur est **P. Dasgupta** (né en 1942). Présenté lors du Sommet de Rio+20 en 2012, il vise à estimer dans quelle mesure les sociétés humaines accroissent ou détruisent la somme des capitaux (manufacturé, humain, naturel) qui sous-tendent leur bien-être actuel et futur. L'*Inclusive Wealth Report* (2018) souligne que, après ajustement par les dommages dus aux émissions carbone, les gains liés à la valorisation des ressources pétrolières, et à la productivité totale des facteurs, l'IWI ajusté est croissant dans seulement 58 pays sur 140. Alors que l'IWI par tête de la Chine est croissant, son IWI ajusté est décroissant. Le capital naturel a baissé dans 127 pays.

- L'**indice de développement humain ajusté aux pressions exercées sur la planète (IDHP)**, introduit dans le Rapport sur le développement humain (2020) affecte l'Indicateur de développement humain (IDH) d'un coefficient d'ajustement correspondant à la moyenne arithmétique des indices et de mesure des émissions carbone par habitant et de l'empreinte matière. L'IDHP baisse par rapport à l'IDH au fur et à mesure que la pression sur la planète augmente. Inférieur à l'IDH au niveau mondial, l'IDHP progresse également moins vite que l'IDH.

L'INDICE DE DÉVELOPPEMENT HUMAIN AJUSTÉ AU PRESSIONS EXERCÉES SUR LA PLANÈTE

						ODD 9.4		ODD 8.4, 12.2	
	Indice de développement humain (IDH)	IDH ajusté aux pressions exercées sur la planète (IDHP)			Coefficient d'ajustement aux pressions exercées sur la planète	Émissions de dioxyde de carbone par habitant (production)	Indice d'émissions de dioxyde de carbone (production)	Empreinte matières par habitant	Indice d'empreinte matières
	Valeur	Valeur	Différence par rapport à la valeur de l'IDH (%)	Différence par rapport au rang de l'IDH	Valeur	(tonnes)	Valeur	(tonnes)	Valeur
Classement selon l'IDH	2019	2019	2019	2019	2019	2018	2018	2017	2017
Développement humain très élevé									
1 Norvège	0,957	0,781	18,4	–15	0,816	8,3	0,881	37,9	0,752
2 Irlande	0,955	0,833	12,8	1	0,872	8,1	0,884	21,5	0,859
2 Suisse	0,955	0,825	13,6	0	0,864	4,3	0,938	32,1	0,790
4 Hong Kong, Chine (RAS)	0,949	..	..	..	..	5,9	0,916	..	..
4 Islande	0,949	0,768	19,1	–26	0,809	10,8	0,846	34,8	0,772
6 Allemagne	0,947	0,814	14,0	–1	0,859	9,1	0,869	23,0	0,849
7 Suède	0,945	0,817	13,5	1	0,865	4,1	0,941	32,2	0,789
8 Australie	0,944	0,696	26,3	–72	0,737	16,9	0,758	43,4	0,716
8 Pays-Bas	0,944	0,794	15,9	–6	0,842	9,5	0,864	27,7	0,819
10 Danemark	0,940	0,824	12,3	5	0,876	6,1	0,913	24,6	0,839
11 Finlande	0,938	0,770	17,9	–19	0,821	8,5	0,878	36,1	0,763
11 Singapour	0,938	0,656	30,1	–92	0,700	7,1	0,898	76,1	0,501
13 Royaume-Uni	0,932	0,825	11,5	10	0,885	5,6	0,919	22,7	0,851
14 Belgique	0,931	0,800	14,1	4	0,859	8,7	0,876	24,1	0,842
14 Nouvelle-Zélande	0,931	0,808	13,2	6	0,867	7,3	0,895	24,5	0,840
16 Canada	0,929	0,721	22,4	–40	0,776	15,3	0,781	34,9	0,771
17 États-Unis	0,926	0,718	22,5	–45	0,775	16,6	0,763	32,5	0,787
18 Autriche	0,922	0,771	16,4	–11	0,837	7,7	0,889	32,9	0,784
19 Israël	0,919	0,797	13,3	7	0,867	7,7	0,890	23,9	0,843
19 Japon	0,919	0,781	15,0	2	0,850	9,1	0,869	25,9	0,830
19 Liechtenstein	0,919	..	..	..	..	4,0	0,942	..	..
22 Slovénie	0,917	0,800	12,8	11	0,873	6,9	0,901	23,7	0,845
23 Corée (République de)	0,916	0,746	18,6	–19	0,814	12,9	0,816	28,6	0,813
23 Luxembourg	0,916	0,495	46,0	–131	0,541	15,9	0,773	105,6	0,308
25 Espagne	0,904	0,795	12,1	11	0,880	5,7	0,918	24,1	0,842
26 France	0,901	0,801	11,1	16	0,889	5,2	0,926	22,5	0,853
27 Tchéquie	0,900	0,768	14,7	–5	0,853	9,9	0,858	23,0	0,849
28 Malte	0,895	0,794	11,3	13	0,887	3,6	0,948	26,5	0,826
29 Estonie	0,892	0,711	20,3	–40	0,797	14,8	0,788	29,6	0,806
29 Italie	0,892	0,792	11,2	12	0,888	5,6	0,920	21,9	0,857
31 Émirats arabes unis	0,890	0,609	31,6	–87	0,685	21,3	0,694	49,6	0,675

Lecture : La France a un IDH de 0,901 et un IDHP de 0,801, son IDHP est donc inférieur de 11 % à son IDH.

Source : Rapport sur le développement humain, 2020.

- **Les indicateurs de découplage**. L'intérêt pour le concept de découplage est né de l'intuition de la courbe environnementale de Kuznets. Selon l'OCDE, le **découplage** désigne au sens large le fait de briser le lien entre les maux environnementaux et les biens économiques. On parle de **découplage absolu** si la pression sur l'environnement (par exemple le volume des émissions de CO_2) demeure stable ou décroît tandis que la variable mesurant la force motrice augmente (par exemple le PIB réel en volume). Il y a **découplage relatif** lorsque la pression sur l'environnement augmente mais à un taux de croissance moindre que celui de la force motrice (taux de croissance du PIB > taux de croissance des émissions). Ainsi, pour l'Europe, on constate un découplage absolu. Cependant, ce découplage n'est pas observé dans les pays en développement où, dans les années 2000, les émissions de CO_2 ont augmenté de 6,5 % par an et le PIB réel de 6,6 % par an en moyenne.

- L'**empreinte écologique** est un indicateur élaboré notamment par World Wide Fund for nature (WWF). Il mesure la pression qu'exerce l'homme sur la nature. C'est un outil qui évalue la surface productive nécessaire à une population pour répondre à sa consommation de ressources et à ses besoins d'absorption de déchets. Cet indicateur révèle de fortes inégalités entre pays. Par exemple, l'empreinte écologique d'un habitant des États-Unis est de 8 hectares contre 0,9 pour un somalien en 2017. Cet indicateur permet aussi d'estimer le « **jour du dépassement** » (overshoot day) : le moment de l'année où la planète dépasse sa biocapacité, qui vise à éveiller les consciences et frapper l'opinion publique.

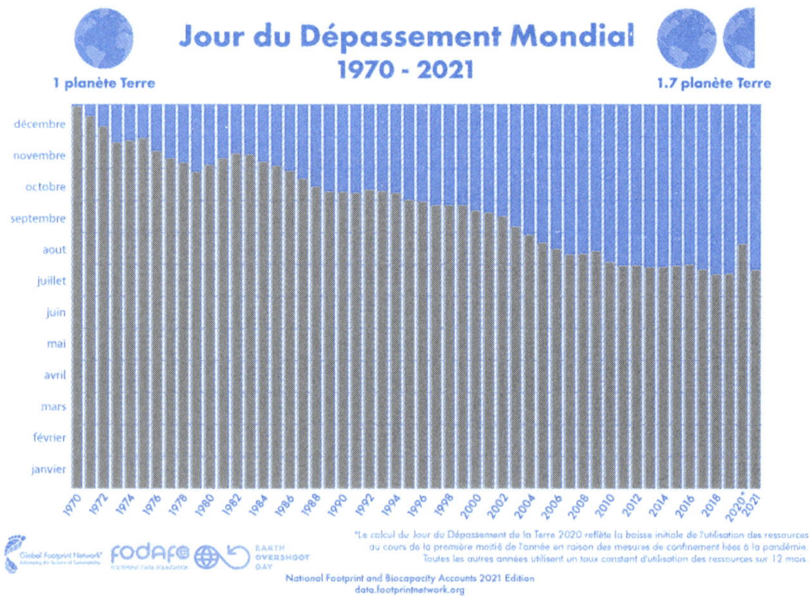

Légende :
- La demande en ressources écologiques dépasse la biocapacité de la Terre.
- La biocapacité de la Terre supporte la demande en ressources écologiques.

Source : www.overshootday.org

B. Soutenabilité forte ou soutenabilité faible

On distingue deux conceptions de la **soutenabilité** :

- La **soutenabilité faible**, privilégiée dans la théorie néo-classique, considère qu'il existe plusieurs types de capitaux : le capital naturel, le capital social, le capital humain et le capital physique, substituables entre eux. Les mécanismes de marché fondés sur les prix relatifs, les phénomènes de rente liés à l'épuisement des ressources naturelles, ainsi qu'une politique environnementale adaptée doivent permettre d'assurer la soutenabilité de la croissance en maintenant constant le stock global de capital. Une diminution du stock d'un type de capital peut être compensée par un investissement accru dans d'autres types de capitaux (v. chapitre *La croissance économique*). C'est la logique de l'IWI.

La règle de Hartwick

Les néo-classiques ont tenté ainsi d'introduire le capital naturel dans le cadre du modèle général walrasien. Cette intégration débute avec la règle de Hotelling en 1931 et trouve son aboutissement dans la **règle de Hartwick**, qui stipule que les rentes tirées de l'exploitation d'une ressource naturelle, égales à la différence entre le prix et coût marginal, doivent être intégralement investies dans d'autres formes de capitaux substituts.

Cette conception repose sur la capacité du progrès technologique à répondre aux défis écologiques. On peut évoquer dans cette perspective la « **courbe environnementale de Kuznets** » en référence à la courbe de même allure reliant croissance et inégalités. **G. Grossman** et **A. Krueger** « *Economic growth and the environment* » (1994) montrent que, pour certains polluants, l'effet d'échelle (la pollution augmente proportionnellement à la production à technologie identique) est, à terme, compensé par l'effet de composition (la tertiarisation conduit vers une structure productive moins polluante) et l'effet technique (le progrès technique réduit la pollution). Orienter le progrès technique vers les solutions les moins polluantes nécessite l'action des pouvoirs publics. Selon **Ph. Aghion** (*Le pouvoir de la destruction créatrice*, 2020), l'inventivité doit être canalisée vers des technologies vertes par des politiques associant une action par les prix (taxe carbone) et des subventions à la recherche et développement.

- La **soutenabilité forte** met l'accent sur la spécificité du capital naturel et conteste la substituabilité des quatre types de capitaux. Cette approche insiste sur la nécessité de conserver en l'état le capital naturel : on parle à ce titre d'**approche conservationniste**. Par exemple, il faut limiter le prélèvement des ressources naturelles à leur capacité de régénération, l'émission de produits polluants à la capacité d'absorption de la nature et le prélèvement des ressources non renouvelables en fonction de la possibilité de les remplacer par des ressources renouvelables. Cette seconde approche se montre sceptique à l'égard du recours aux mécanismes de marché comme moyen de gestion du capital naturel, la marchandisation risquant de conduire à une utilisation excessive des ressources naturelles.

Certains courants de l'opinion contestent l'idée même de développement durable et se prononcent en faveur d'une « **décroissance soutenable** » en se réclamant notamment des travaux de **N. Georgescu-Roegen** (1906-1994). Dans cette perspective, il faut mettre en cause de façon radicale nos modes de production et de consommation, en finir avec le productivisme et mettre l'accent sur la qualité de la vie, plutôt que sur la quantité de biens et services que l'on peut acquérir. Ces positions sont cependant minoritaires parmi les économistes qui soulignent qu'une part importante de la population mondiale est privée de l'accès au logement, à la santé, à l'éducation et qu'une croissance négative ne serait sans doute pas le bon moyen d'apporter une réponse à ces exigences.

II. La gouvernance environnementale

A. Une gouvernance environnementale globale nécessaire, mais difficile

À partir des années 1970, les responsables des États et des organisations internationales prennent en compte les questions posées jusque-là par des organisations non gouvernementales. Les problèmes principaux portent sur les risques éventuels de la surpopulation, les conséquences des choix technologiques, la pollution, la déforestation, les risques de pénurie d'eau, la production des gaz à effet de serre, le phénomène des pluies acides, la réduction de la couche d'ozone, etc.
Ces problèmes, et notamment le dérèglement climatique lié principalement aux émissions de gaz à effet de serre se posent directement à l'échelle planétaire. L'action isolée d'un ou de quelques États est sans effet marquant. L'accent est donc mis sur le fait que la planète et son équilibre écologique constituent un bien commun de l'humanité pour lequel il s'agit d'agir collectivement.
Les **accords multilatéraux sur l'environnement** (AME) jouent un rôle essentiel. Ils visent à protéger et à restaurer l'environnement mondial dans des domaines tels que l'air, le vivant, les milieux marins, les déchets dangereux, etc. et à contribuer au développement durable. On peut citer à titre d'exemple la convention sur le commerce international des espèces de faune et de flore sauvages menacées d'extinction (Washington, 1973).
L'un de ces accords, la Convention cadre sur le changement climatique (1992) comprend des textes importants tels que :
- la déclaration sur l'environnement et le développement ;
- la déclaration sur les forêts ;
- la convention sur le changement climatique ;
- la convention sur la biodiversité.

En 1997, dans le prolongement du Sommet de la Terre, la conférence de Kyoto adopte un accord en vue de réduire les émissions de CO_2. Sous la pression de l'Europe, les États-Unis acceptent le principe de limitations quantitatives à travers le marché de quotas d'émission. Il est admis à cette occasion qu'il appartient aux pays industrialisés de faire l'effort principal de réduction de leurs émissions. Mais cet accord est remis en cause après la victoire de G. Bush aux élections présidentielles de 2000 aux États-Unis.

De nombreuses difficultés handicapent la construction d'une gouvernance environnementale globale. Le système de gouvernance mondiale de l'environnement est fragmenté. Les accords multilatéraux sur l'environnement se multiplient, on en compte plus de 500 actuellement, pas toujours en cohérence les uns avec les autres. Il est nécessaire également de mieux articuler régulations commerciales (OMC) et environnementales. À ce titre, la proposition de **W. Norhaus** est de mettre en place un droit de douane uniforme, d'un montant limité, imposé par un club de pays s'engageant sur un objectif contraignant et ambitieux, sur des produits en provenance de pays ne participant pas à l'accord. Un organisme de supervision serait utile. Certains plaident pour une Organisation Mondiale de l'Environnement.

D'autre part, certaines mesures seraient particulièrement efficaces si elles étaient appliquées sur le plan mondial, notamment une taxe carbone mondiale défendue par **W. Nordhaus**. Donner une valeur sociale au carbone permettrait plus de lisibilité pour les investissements des entreprises et des pouvoirs publics, augmenterait les financements nécessaires à la transition énergétique. Elle pourrait, selon **M. Aglietta** être croissante avec le temps. Mais elle nécessite une coopération sans faille entre les États.

Or, plusieurs obstacles se dressent contre cette coopération. Les émergents jugent les pays avancés responsables du stock de CO_2 émis depuis la Révolution industrielle. Ils sont en revanche les premiers émetteurs de CO_2 actuellement. Il y a alors reconnaissance d'une responsabilité commune, mais différenciée qui impose aux pays avancés de montrer la voie vers une croissance plus respectueuse de l'environnement. Le cadre onusien est ainsi pour certains économistes de moins en moins adapté aux négociations climatiques car il implique trop de parties prenantes aux intérêts divergents. On est face à un **dilemme du prisonnier des politiques environnementales** : tous ont intérêt à prendre des mesures en faveur de l'environnement, mais chacun a intérêt à ce que les efforts soient essentiellement faits par les autres pays.

Une clef de lecture de l'engagement différencié des pays dans la lutte contre le dérèglement climatique réside dans la prise en compte de leurs intérêts définis selon leur vulnérabilité environnementale d'une part et les coûts économiques qu'une action engendre d'autre part. Il est possible d'obtenir une classification des comportements des États suivant ces deux paramètres. Ainsi, un État très vulnérable à la dégradation environnementale et capable de mettre en œuvre des mesures à bas coût sera un État leader dans la promotion de l'action publique. Au contraire, un État peu vulnérable et pour lequel une action en faveur de l'environnement sera très coûteuse sera obstructionniste. Par exemple, l'Alliance des petits États insulaires (AOSIS), très vulnérables à la montée des eaux, est très active en matière environnementale. Au contraire, l'Arabie saoudite qui retire de forts revenus de l'exploitation des énergies fossiles, comme le pétrole, est très obstructionniste. Cependant, ce modèle ne correspond pas toujours à la réalité, les pouvoirs publics, guidés par leurs valeurs peuvent agir en décidant de donner des droits à la nature : Équateur et Bolivie ont intégré dans leur constitution les droits de la « terre mère », la Pachamana. Les communautés locales sont chargées de faire respecter ces droits.

Pour faciliter les négociations et l'obtention de résultats en matière de lutte contre le dérèglement climatique, **W. Nordhaus** propose un cadre plus restreint aux négociations, réunissant des parties prenantes aux intérêts très proches, donc moins tentées par des stratégies de passager clandestin du fait de co-bénéfices majeurs. Il s'agirait alors de constituer des « **clubs climatiques** ». Une autre proposition formulée par la Commission de haut niveau sur le prix du carbone, co-présidée par **N. Stern** et **J. Stiglitz** est un **corridor du prix du carbone**, dont les valeurs limites sont liées au degré de développement : entre 40 (pour les pays en développement – PED) et 80 dollars (pour les pays avancés) la tonne en 2020 et entre 50 et 100 dollars en 2030.

Croissance, environnement et développement durable, repères chronologiques

1972 : La notion d'**écodéveloppement** apparaît lors de la conférence sur le développement, organisée par l'ONU à Stockholm. Création du Programme des Nations-Unies pour l'environnement (PNUE).
1972 : Rapport Meadows pour le Club de Rome (Halte à la croissance).
1979 : Première conférence de l'ONU sur le climat (Genève).
1987 : Rapport Brundtland popularise le concept de développement durable utilisé par l'ONU depuis le début des années 1980.
1989 : Deuxième conférence de l'ONU sur le climat (La Haye).
1992 : Sommet de la Terre : Conférence de Rio (organisée par la CNUCED).
1995 : Conférence sur le développement social (Copenhague).
1995 : Conférence sur les changements climatiques (Berlin).
1995 : Conférence sur la protection de la couche d'ozone (Vienne).
1997 : Second Sommet de la Terre (New York).
1997 : **Protocole de Kyoto** (objectif de réduction de 5,2 % des émissions de GES en 2008-2012 par rapport au niveau de 1990).
2001 : Remise en cause par les États-Unis du protocole de Kyoto.
2005 : Sommet du G8 de Gleneagles (Écosse). Adoption d'une déclaration de tous les participants sauf les États-Unis en faveur de l'application du protocole de Kyoto.
2005 (16 février) : Entrée en vigueur du protocole de Kyoto après un long processus de ratification.
2006 : Publication du rapport Stern montrant qu'un investissement de 1 % du PIB mondial par an dans la réduction des émissions de gaz à effet de serre permettrait d'éviter une perte économique comprise entre 5 % et 20 % du PIB mondial chaque année.

2007 (septembre) : Signature de l'accord de Montréal sur l'élimination des substances chimiques appauvrissant la couche d'ozone.
2008 (12 décembre) : Adoption du « Paquet énergie climat » par le Conseil européen.
2009 (7-18 décembre) : Sommet de Copenhague sur le climat (15e conférence des parties signataires de la convention-cadre des Nations unies sur le climat). La conférence avait pour but d'organiser « l'après-Kyoto ». Le texte adopté réaffirme l'objectif de limitation du réchauffement climatique à 2 °C par rapport à l'époque pré-industrielle mais ne fixe aucun dispositif contraignant.
2010 (décembre) : Conférence de Cancun (16e conférence des parties à la CCNUC).
2011 (28 novembre-12 décembre) : Conférence de Durban (17e conférence des Nations unies sur le changement climatique).
2012 (juin) : Conférence Rio + 20. Pas de résultat significatif sur la question du climat.
2015 : Procès environnemental *Urgenda vs gouvernement des Pays-Bas* pour non-respect de ses engagements en matière de changement climatique. Il s'agit du premier succès d'un tel procès, ce qui peut conduire à placer les États face à leurs responsabilités, même si les procédures sont longues et mènent souvent à de simples rappels des engagements que les États doivent honorer.
2015 : Adoption des ODD (Objectifs pour le Développement Durable, v. chapitre *Économie du développement*), 17 objectifs mondiaux pour mettre fin à la pauvreté, permettre la lutte contre les inégalités et l'injustice, et faire face au changement climatique d'ici à 2030.
2015 (décembre) : COP21 de Paris aboutit à un accord visant à contenir le réchauffement climatique sous la barre des 2°, reconnaissant la différenciation des responsabilités entre États déjà développés et pays émergents, confirmant la constitution d'un fonds vert de 100 milliards de dollars, destiné à soutenir le développement durable des pays émergents et les aider à face aux catastrophes climatiques, mettant en place un mécanisme de révision des engagements tous les cinq ans. Mais cet accord n'est pas contraignant. La question du financement de la transition vers une économie bas carbone est mise en avant dans l'article 2.
2017 : Création du Réseau des banques centrales et des superviseurs pour le verdissement de la finance (**NGFS**).
2018 : COP 24 à Katowice (Pologne), se déroule dans un contexte particulier (mouvement des gilets jaunes en France face à la taxe carbone, hostilités des gouvernements Bolsonaro ou Trump). Le discours de G. Thumberg contraste avec le peu d'avancée obtenue.
2019 : **M. Carney** est nommé envoyé spécial des Nations Unies en faveur de l'action pour le climat pour préparer la COP 26 de Glasgow.
2020 : « Green deal » européen, un plan d'action pour atteindre la neutralité carbone en 2050.

B. Mettre le système financier mondial au service du climat

Le financement de la transition vers une économie bas carbone se heurte à des obstacles qui empêchent l'épargne de s'orienter vers les investissements de long terme. Des mesures sont alors nécessaires.

Le paradoxe actuel du système financier mondial est qu'il existe une épargne abondante, alors que les investissements de long terme sont trop faibles. M. Carney, ancien gouverneur de la Banque d'Angleterre, dans un discours en 2015, l'explique par « **la tragédie de l'horizon** ». L'horizon du coût de l'inaction climatique va bien au-delà de celui des décideurs politiques, borné par leur mandat, ou des décideurs économiques, dans le cadre d'une gouvernance court-termiste actionnariale.

Il identifie trois types de risques :

- Le risque physique est lié aux effets financiers du dérèglement climatique, notamment la multiplication des événements extrêmes comme les ouragans (baisse des rendements agricoles, dégâts immobiliers) ;
- Le risque de responsabilité pèse sur les émetteurs de carbone ou leurs assureurs, contraints juridiquement d'assumer les conséquences financières par les parties victimes de dégâts ;
- Le risque de transition désigne les risques financiers liés au passage à une économie bas carbone. Des modifications de la législation ou des percées technologiques rendent certains actifs non performants.

La question du dérèglement climatique est ainsi essentielle pour la stabilité financière.

Selon le rapport du **Programme des Nations Unies pour l'Environnement** (PNUE), *Le système financier dont nous avons besoin* (2015), il faut intégrer des facteurs de durabilité dans la prise de décision financière. Plusieurs évolutions sont nécessaires :

- la transparence sur les risques financiers liés au changement climatique doit être assurée. Le G20 et le Financial Stability Board (Conseil de stabilité Financière) ont à cet effet créé un groupe de travail sur la transparence financière climatique, « *Task Force on Climate-related Financial Disclosure* » (TFCD). Début 2017, ce groupe a présenté un cadre cohérent d'informations nécessaires (par exemple l'empreinte carbone des projets d'investissements) permettant aux entreprises de présenter aux investisseurs leur stratégie face au risque climatique à travers un reporting non financier, généralement dans le rapport de responsabilité sociale des entreprises (RSE). Cette plus grande transparence permettra aux acteurs financiers (fonds d'investissement et de pension, banques, assureurs) de prendre des décisions éclairées et de rendre compte de leurs choix d'investissements face au risque climatique. Le reporting extra-financier climatique est en passe de devenir obligatoire pour le secteur financier en Nouvelle-Zélande à partir de 2023.
- Les **obligations vertes** (« green bonds ») doivent se développer. Il s'agit d'emprunts obligataires émis sur les marchés financiers, par une entreprise ou une entité publique pour financer des projets contribuant à la transition écologique. La première émission française d'obligations vertes a été effectuée en 2017, pour 7 milliards d'euros. Les « climate bonds », un type de « green bonds », désignent le financement de projets ayant un impact sur les émissions de carbone. Ce qui n'est pas le cas de tous les projets « green » qui peuvent porter sur la gestion des ressources rares. Les Pays-Bas ont ainsi émis des « water bonds » pour financer l'adaptation à l'élévation du niveau des eaux.

Les Banques centrales doivent intégrer le risque climatique dans leur action. Emboîtant le pas de la Réserve fédérale américaine, la Banque centrale européenne (BCE) a lancé en 2020 une vaste revue de sa stratégie de politique monétaire dans laquelle la lutte contre le changement climatique devrait être prise en compte. Début 2021, la BCE a créé un centre du changement climatique, qui doit travailler sur la prise en compte du risque climatique notamment sur la stabilité financière et les règles prudentielles ainsi que sur les opérations financières. En outre, les banques centrales, à travers le **Network for Greening the Financial System (NGFS)**, se sont engagées à définir des méthodes d'évaluation du risque climatique au bilan des institutions financières et élaborer des méthodes de *stress test* pour déceler le risque systémique potentiel.

RÉFÉRENCES DU CHAPITRE

Aristote (IV av. JC/1990), Les Politiques : Traduction inédite, introduction, bibliographie, notes et index, Traduit par P. Pellegrin, Flammarion, 1990.

Stern N. (2006), Economics of Climate Change, Stern Review, Cambridge University Press.

POUR EN SAVOIR PLUS

Initiation

Abdelmalki L. & Mundler P. (2010), *Économie de l'environnement et du développement durable*, De Boeck.

Bontems P. & Rotillon G. (2013), *Économie de l'environnement*, La Découverte, Coll. Repères.

Bourg D. & Papaux A. (2015), *Dictionnaire de la pensée écologique*, PUF.

Gadrey J. & Jany-Catrice F. (2012), *Les nouveaux indicateurs de richesse*, La Découverte, Coll. Repères.

Gollier C. (2019), *Le climat après la fin du mois*, PUF.

Jackson T. (2010), *Prospérité sans croissance, la transition vers une économie durable*, De Boeck.

Laurent E. (2019), *Sortir de la croissance, mode d'emploi*, Les liens qui libèrent.

Laurent E., Le Cacheux J. (2015), *Économie de l'environnement et économie écologique*, A. Colin, Coll. Cursus.

De Perthuis C., Jouzel J. (2019), *Le tic-tac de l'horloge climatique*, Coll. DeBoeck supérieur.

Rotillon G. (2010), *Économie des ressources naturelles*, La Découverte, Coll. Repères.

Treillet S. (2015), *Économie du développement*, Cursus, A. Colin.

Valle A. (2010), *Économie de l'environnement*, Le Seuil, Coll. Points.

Approfondissement

Acemoglu D. & Robinson J. (2015), *Prospérité, puissance et pauvreté*, Éditions Markus Haller.

Aghion Ph, Antonin C., Bunel S. (2020), *Le pouvoir de la destruction créatrice*, Odile Jacob.

De Perthuis C. & Jouvet P.A. (2013), *Le capital vert : de nouvelles sources de croissance*, Odile Jacob.

Georgescu-Roegen N. (1995), *La Décroissance. Entropie, écologie, économie*, Sang de la terre.

Giraud P. N. & Ollivier T. (2015), *Économie des matières premières*, La Découverte, Coll. Repères.

Guesnerie R. (2010), *Pour une politique climatique globale*, Cepremap Éditions Rue d'Ulm.

Guesnerie R. Stern N. (2012), *Deux économistes face aux enjeux climatiques*, Le Pommier, Coll. Savoirs et débats économiques.

Laurent E. & Pochet P. (2015), *Pour une transition sociale-écologique*, Les petits matins.

Ostrom E. (2010), *Gouvernance des biens communs, Pour une nouvelle approche des ressources naturelles*, De Boeck.

SUR LA TOILE

Site du PNUE (UNEP) :

http://unepinquiry.org/wp-content/uploads/2015/11/The_Financial_System_We_Need_Policy_Summary_FR.pdf

Site du CEPII :

http://www.cepii.fr/blog/bi/post.asp?IDcommunique=398

Site de France Stratégie :

http://www.strategie.gouv.fr/publications/une-proposition-financer-linvestissement-bas-carbone-europe

https://www.cae-eco.fr/Pour-le-climat-une-taxe-juste-pas-juste-une-taxe

Site de la Banque de France :

https://abc-economie.banque-france.fr/la-finance-verte

Site de l'Institut Veblen :

https://www.veblen-institute.org/Pour-un-Whatever-it-takes-climatique.html

Sur le site de la Banque mondiale :

https://openknowledge.worldbank.org/bitstream/handle/10986/33809/9781464815867.pdf?sequence=4&isAllowed=y

Sur le site du PNUD, le rapport sur le développement humain :

http://hdr.undp.org/sites/default/files/hdr2020_fr.pdf

Sur le site du CNRS :

https://lejournal.cnrs.fr/articles/letat-de-tous-les-ecosystemes-a-empire

CHAPITRE 18

Les fonctions économiques de l'État

Il existe deux types de définitions du concept d'**État** :
- une définition restreinte selon laquelle l'État se limite aux administrations publiques centrales ;
- une définition large selon laquelle l'État regroupe non seulement les administrations publiques centrales mais également les administrations locales et la sécurité sociale.

La relation entre État et économie nourrit un certain nombre de débats en science économique, qui opposent les partisans du libre jeu du marché aux partisans de l'intervention économique et sociale de l'État. Dès la fin du XIXe siècle, **A. Wagner** (1835-1917), l'un des théoriciens de l'école historique allemande, avait montré que les dépenses et les interventions publiques augmentent plus rapidement que la production (**Loi de Wagner**) en raison d'une amélioration du niveau de vie qui entraîne un accroissement des dépenses d'éducation, du développement économique qui implique des dépenses publiques supplémentaires en matière de recherches et d'infrastructures, et d'une augmentation des dépenses d'administration générale liée à la nécessaire adaptation de la réglementation à l'industrialisation et à l'urbanisation. L'histoire des économies de marché est ainsi marquée, à partir de la fin du XIXe siècle, et au-delà des expériences singulières des nations, par une montée en puissance des interventions économiques et plus encore des interventions sociales de l'État.

À partir de la fin de la Seconde Guerre mondiale et durant les Trente Glorieuses (1945-1973), sous l'effet de la généralisation de politiques keynésiennes et de l'extension de la protection sociale, se sont constitués des États-providence (***Welfare State***) dont l'organisation s'est déployée selon les traditions et les cultures nationales.

Si les années 1980 ont été marquées par une remise en cause de l'intervention de l'État, ce dernier demeure toujours un acteur incontournable sur le plan économique en matière d'allocation des ressources, de répartition des richesses et de régulation du cycle économique. Depuis le milieu des années 1990, on assiste d'ailleurs à une réhabilitation de certaines interventions des pouvoirs publics en période de crise : ce mouvement de « retour de l'État » dans le cadre de sa souveraineté et de ses frontières, a été amplifié par la crise des *subprimes* de 2007, puis par la pandémie mondiale de la covid-19.

§ 1. Les théories économiques de l'État

I. Les conceptions classiques et néoclassiques de l'État

A. L'économie politique classique

L'économie politique classique débouche sur une conception de l'État en tant qu'**État gendarme**, limité à ses fonctions régaliennes : défense nationale, affaires étrangères, police, justice et administration. En effet, les mécanismes du marché permettent la conciliation entre intérêts privés et intérêt général (« **main invisible** » d'Adam Smith) ; l'intervention économique de l'État est donc en principe inutile.
Toutefois, **A. Smith** (1723-1790), reconnaît la légitimité d'une intervention économique de l'État en matière d'infrastructures publiques (routes, ponts, ports…), et d'éducation. L'un des « devoirs du souverain » « […] *consiste à ériger et maintenir des travaux publics qui, bien que du plus haut intérêt pour la société, sont d'une nature telle que le profit ne peut jamais couvrir la dépense d'un individu ou d'un petit nombre d'individus ; on ne doit donc pas s'attendre en conséquence à ce qu'ils les entreprennent ou les maintiennent* » (Smith, 1776).
Cette orientation d'**A. Smith** ne sera guère suivie par les économistes libéraux français, comme **F. Bastiat** (1801-1850), anti-étatiste, pour qui « *L'État ne peut sortir d'un cercle déterminé sans se transformer en instrument d'injustice, sans bouleverser la naturelle division du travail* » (Bastiat, 1850).

B. L'approche néo-classique

Pour les néo-classiques, les interventions économiques de l'État sont légitimes si elles permettent d'améliorer le bien-être collectif. On peut distinguer deux cas de figure : soit l'économie est proche d'une situation concurrentielle, qui assure une utilisation optimale des ressources, et le rôle de l'État est alors de faire tendre l'économie vers cette situation, en instaurant par exemple des lois anti-trust ou en imposant des réglementations visant à garantir une information libre et gratuite. Soit il existe des **défaillances du marché**, c'est-à-dire des situations dans lesquelles les décisions privées sur les marchés ne conduisent pas à une situation optimale du point de vue collectif. Quatre cas de figure peuvent être distingués :

– L'existence d'**économies d'échelle** importantes, aboutissant à la constitution d'un **monopole naturel**, un seul producteur étant plus efficace que plusieurs. L'État peut alors procéder à la nationalisation de l'entreprise en question, qui permet de fixer le prix à un niveau socialement efficace. L'État peut contraindre l'entreprise nationalisée à vendre par exemple au coût marginal (v. chapitre *Marchés, concurrence imparfaite et nouvelle microéconomie*). Pour **L. Walras** (1834-1910), « *L'État peut et doit intervenir dans les industries de chemin de fer et à un double titre : 1) parce que le service des chemins de fer, en ce qui concerne le transport des services ou des produits d'intérêt public, est lui-même un service public ; 2) parce que le service des chemins de fer, en ce qui concerne le transport des services ou produits d'intérêt privé, est un monopole naturel et nécessaire qui, par conséquent, doit être érigé en monopole d'État économique* » (Walras, 1875).

– L'existence de **biens collectifs purs** marqués par deux caractéristiques : la non excluabilité (impossibilité d'écarter quiconque de sa consommation) et la non-rivalité (un bien peut être consommé simultanément par plusieurs agents sans que la quantité consommée par l'un diminue les quantités disponibles pour les autres). Dans ce cas, le mécanisme d'exclusion par les prix ne peut jouer dans la mesure où aucun individu n'acceptera de payer un bien dont il peut jouir gratuitement si un autre individu a accepté de le payer. Par ailleurs, le coût marginal étant nul – le fait que la défense nationale protège un habitant supplémentaire n'entraîne aucune augmentation du coût de production – le prix d'équilibre est donc nul (égalité du coût marginal et du prix d'équilibre). L'État doit intervenir et financer la production des biens et services collectifs par des prélèvements obligatoires.

Biens	Non excluable	Excluable
Non rival	Biens collectifs (phare, défense nationale…)	Biens de clubs (programme de télévision cripté)
Rival	Biens en communs (banc de poissons)	Biens privés (pomme, paire de chaussures)

Source : d'après Lévêque F., *Économie de la réglementation*, éd. La Découverte, Coll. Repères, p. 86, 2004.

– L'existence d'**effets externes** : ceux-ci sont les conséquences positives ou négatives de l'activité d'un agent économique sur d'autres agents économiques, non prises en compte par les mécanismes du marché. Il y a effet externe positif lorsque, par exemple, les abeilles d'un apiculteur butinent les fleurs d'un jardin appartenant à un autre agent économique. Il y a effet externe négatif lorsqu'une entreprise pollue en toute gratuité. Dans ce dernier cas, les néo-classiques considèrent que l'État doit « internaliser » l'effet externe au moyen d'une taxe (principe pollueur-payeur) ou d'une réglementation plus drastique en matière d'environnement.

A. C. Pigou (1877-1959) est l'un des premiers économistes à avoir analysé ces questions, on parle donc souvent de « taxe pigouvienne » pour désigner les taxes qui visent à internaliser les effets externes négatifs (v. chapitre *Économie et environnement*).

– L'existence d'**asymétries d'information** importantes, à l'origine notamment des processus d'antisélection : les mécanismes du marché conduisent alors au retrait des produits de bonne qualité, voire à la disparition pure et simple du marché si les agents estiment que les produits présents sur le marché ont une qualité insuffisante. Une politique publique est alors nécessaire pour rendre le marché plus efficace, notamment par le biais de certifications de la qualité des produits pour améliorer l'information du consommateur.

Le théorème de Coase

En 1960, dans son article « The Problem of Social Cost », **R. H. Coase** (1910-2013, Prix Nobel 1991) énonce un théorème selon lequel, dans un monde où les droits de propriété sont nettement définis et les coûts de transaction nuls, le libre jeu du marché aboutit à un optimum. Il en résulte des réflexions sur les missions que l'État doit assumer en prenant en compte l'existence de coûts de transaction, et d'effets externes négatifs : « *Ce que j'ai montré dans "Le problème du coût collectif", c'est qu'en l'absence de coût de transaction* [...], *les institutions qui façonnent le système économique n'ont ni substance, ni objet* ». Or, selon lui, « *il est nécessaire d'introduire explicitement des coûts de transaction positifs dans l'analyse économique pour étudier le monde tel qu'il est* » (Coase, 2005).
Dans cette perspective, il défend une approche de l'intervention publique reposant sur deux principes :
– l'État doit attribuer les droits de propriété de façon à minimiser la somme des coûts de transaction et de production;
– l'État doit favoriser la baisse des **coûts de transaction** en assurant « *une distribution des droits telle que les coûts de leur transfert soient faibles grâce à la clarté de la loi et en rendant moins onéreuses des exigences légales associées à ces transferts* » (Coase).
Cette approche constitue la justification théorique du principe pollueur-payeur et de la mise en place des marchés de droits à polluer (mis en place notamment dans le cadre du protocole de Kyoto, v. chapitre *Économie de l'environnement*).

II. L'analyse keynésienne du rôle de l'État

Contrairement à la théorie néo-classique, **J.M. Keynes** (1883-1946) considère que « *l'expérience ne démontre nullement que les individus, une fois réunis en une unité sociale, sont toujours moins clairvoyants que lorsqu'ils agissent isolément* » (Keynes, 1926). Par ailleurs, le marché n'étant pas autorégulateur, l'intervention économique de l'État est nécessaire. Une économie peut connaître un **équilibre de sous-emploi**, caractérisé par une égalité de l'épargne et de l'investissement et par un niveau de production qui ne permet pas l'utilisation de toute la main-d'œuvre disponible. Dans cette situation, l'État doit accroître le niveau de la demande globale (consommation et investissement anticipés par les entrepreneurs) pour élever le niveau de la production et pour aboutir à une situation de plein-emploi (v. chapitre *Les politiques économiques*).
À cet effet, **J.M. Keynes** considère « *qu'une large socialisation de l'investissement s'avérera le seul moyen d'assurer approximativement le plein-emploi* » (Keynes, 1936). L'État peut intervenir par un accroissement des dépenses publiques financées par un déficit budgétaire (**investissement autonome**), qui aura un **effet multiplicateur** sur les revenus et par conséquent sur le niveau de la demande globale (v. chapitre *Capital et Investissement*).
L'État peut également intervenir pour accroître le niveau de la consommation, au moyen d'une politique de redistribution des revenus en faveur des ménages ayant la propension marginale à consommer la plus élevée, c'est-à-dire les ménages les plus pauvres (v. chapitre *Les politiques économiques*).
Enfin, la Banque centrale peut agir sur le niveau des taux d'intérêt, au moyen d'une politique monétaire expansionniste par l'accroissement de l'offre de monnaie.

Malgré ses positions en faveur d'une intervention économique et sociale de l'État, **J.M. Keynes** n'est pas favorable à une étatisation de l'économie. Il considérait que, lorsque le taux de prélèvements obligatoires sur la richesse nationale dépassera 25 %, on aura franchi le seuil au-delà duquel il y aurait remise en cause fondamentale du régime capitaliste.

III. Théories marxistes de l'État

A. Marx et l'État

Pour **K. Marx** (1818-1883), l'État dans le système capitaliste, est un « *comité qui gère les affaires communes de toute la classe bourgeoise* », il n'est que « *la forme par laquelle les individus d'une classe dominante font* *valoir leurs intérêts communs* » (Marx 1875). Il critique donc les défenseurs de l'interventionnisme économique de l'État comme **F. Lassale** (1825-1864) ou **F. List** (1789-1946), considérant qu'aucun progrès social réel n'est possible dans le cadre du système capitaliste. Afin d'instaurer le **communisme**, en tant que société sans classes et par conséquent sans État, une phase de transition est nécessaire, durant laquelle l'État de capitaliste devient prolétarien, « *celui des producteurs associés* ».

La remise en cause du capitalisme est inéluctable du fait de ses contradictions :

- la paupérisation du prolétariat conduit à des crises de surproduction (v. chapitre *Fluctuations, cycles et crises économiques*) ;
- la baisse tendancielle du taux de profit génère des crises d'accumulation (v. chapitre *Épistémologie économique*).

B. Les controverses au sein du courant marxiste

Le courant marxiste a été traversé par de nombreux débats relatifs à la place de l'État dans la transition entre système capitaliste et système communiste.

Un premier débat oppose les partisans de la réforme aux partisans de la révolution. Ainsi, **K. Kautsky** (1854-1938), envisage une transition graduelle et démocratique du capitalisme vers le socialisme par extension du rôle de l'État. À l'opposé, **R. Luxembourg** (1871-1919) considère que l'enjeu est d'instaurer le communisme sans phase de transition.

Un second débat oppose les partisans d'une révolution qui associe immédiatement les masses à l'exercice du pouvoir dans le cadre du développement des conseils ouvriers et paysans à ceux qui considèrent qu'il existe nécessairement une phase de transition caractérisée par le renforcement du rôle de l'État (**dictature du prolétariat**). **R. Luxembourg** considère que la révolution sera l'œuvre des masses et non le produit d'une « avant-garde éclairée », qui ne peut que se transformer en une dictature, « *celle d'une poignée de politiciens, non celle du prolétariat* » (Luxembourg, 1918). Pour **V.I. Lénine** (1870-1924) et surtout pour ses successeurs, la transition vers une société communiste nécessite dans un pays où le capitalisme est faiblement développé, une dictature du prolétariat, une utilisation de l'État contre les adversaires du prolétariat.

C. Du capitalisme monopoliste d'État aux nouvelles formes du capitalisme

À la fin des années 1960 et durant les années 1970, émerge au sein du courant marxiste une nouvelle théorie, la théorie du **Capitalisme Mono-**

poliste d'État (CME), visant à prendre en compte les nouvelles formes du capitalisme : poids croissant des firmes multinationales, État interventionniste.
Selon cette théorie, l'État joue un rôle de « béquille du capital » (**A. Le Pors**), l'accroissement de ses interventions économiques et sociales a pour objectif de limiter la baisse tendancielle des taux de profit.
À partir des années 1980, cette théorie a été abandonnée du fait de la réorientation des politiques économiques dans l'ensemble des pays industrialisés. Pour **G. Duménil** et **D. Lévy** (2003), les deux dernières décennies du XXe siècle sont marquées par un changement majeur dans l'histoire du capitalisme : l'essor du néolibéralisme adossé à une croissance de la taille des institutions financières.
Pour ces auteurs, cet essor du **néolibéralisme** est caractérisé par l'importance accrue de la finance et donc du rapport capitaliste de propriété. Ce néolibéralisme remet en cause le compromis keynésien (ou « compromis cadriste ») qui était marqué par l'importance du groupe social des cadres.

IV. La contestation libérale de l'intervention de l'État

A. Théorie économique de la bureaucratie

La théorie économique de la bureaucratie a pour objectif d'expliquer l'interventionnisme croissant de l'État non plus seulement en raison de l'existence d'effets externes, de biens collectifs indivisibles ou de monopoles naturels, mais du fait de la nature même de l'État, de son caractère bureaucratique. Il revient à **W.A. Niskanen** (1933-2011) d'avoir souligné que les managers publics ont pour objectif central de développer la production des services publics, conduisant par conséquent à une inefficacité allocative. Il souligne par ailleurs, que les services publics drainent les ressources du secteur privé vers eux, en raison de leur inefficacité productive, inefficacité qui résulte d'une absence de sanctions en cas de moindres performances économiques.
Pour éviter un accroissement des interventions économiques et sociales de l'État, il convient, selon cet auteur, d'introduire la concurrence au sein des services publics et de promouvoir une gestion des ressources humaines qui valorise les comportements productifs et sanctionne l'inefficacité productive des agents et des managers publics.

B. Théorie du marché politique : l'École du « *public choice* »

Pour l'**école du « *public choice* » ou École de virginie** (**École de Virginie**), l'État, « *tout comme le marché* [...] *est conçu comme un mécanisme au travers duquel les hommes tentent de réaliser leurs objectifs* » (Tullock, 1962). Mais le système majoritaire de prise de décision conduit au marchandage politique (**log-rolling** ou marchandage parlementaire) face aux lobbies les plus bruyants, marchandage qui est à l'origine de l'accroissement de l'interventionnisme étatique.

Pour **J. Buchanan** (1919-2013, prix Nobel 1986), l'enjeu est donc d'instaurer une **démocratie tempérée**, à distance des groupes de pression, pour assurer « les conditions de l'efficacité sociale ». Pour **G. Tullock** (1922-2014), la nature même du fonctionnement des systèmes démocratiques contemporains conduit à un interventionnisme croissant de l'État. Les hommes politiques comme les managers publics se comportent comme des acteurs rationnels, leur objectif est d'être réélus ou maintenus à leur poste, à cet effet, ils cherchent à satisfaire les attentes des différents groupes constitutifs de la société, sans se préoccuper véritablement de l'intérêt général.

C. Le primat de l'individu et du marché

a. F.A. Hayek et l'ordre spontané

Pour **F.A. Hayek** (1899-1992, prix Nobel 1974) les sociétés fondées sur la liberté individuelle sont moralement supérieures et économiquement plus efficaces que toutes autres sociétés. Elles doivent leur cohérence à un « ordre spontané », produit de l'existence de « *structures de relations globales et durables qui, bien que n'ayant été conçues par personne, profitent à tous sans que cela n'entre jamais dans le dessein de quiconque* ». Pour lui, seul le marché peut garantir la liberté et la justice. L'intervention de l'État en vue de réduire les inégalités risque de conduire au totalitarisme : « *Une fois le libre jeu du marché entravé, le dirigeant du plan sera amené à étendre son contrôle jusqu'à ce qu'il embrasse tout* » (Hayek, 1944).

b. R. Nozick et l'État minimal

Selon **R. Nozick** (1938-2002) (*Anarchie, État et utopie*, 1974) toute forme de fiscalité redistributive est injuste et constitue une violation du droit des personnes. Pour lui, la justice sociale se confond avec la nécessaire sauvegarde de la liberté des échanges. Toute distribution qui est le produit de libres transferts à partir d'une situation juste est elle-même juste. La seule intervention légitime de l'État consiste en une taxation qui permet l'instauration et le maintien d'institutions garantes du libre fonctionnement du marché (police, justice).

Défaillances du marché et défaillances de l'État

L'une des questions centrales étudiées par l'analyse économique est celle de la **coordination** : comment rendre compatibles entre elles les décisions prises indépendamment les unes des autres par les agents économiques. La première réponse apportée à cette question réside dans la coordination par le marché (la « **main invisible** » d'**A. Smith**), cependant, les analyses de la nouvelle microéconomie ont conduit à mettre en évidence des **défaillances du marché** : externalités, rendements croissants, asymétries d'information, indivisibilités, etc. Il y a de ce fait un échec partiel de la régulation marchande. Ces défaillances du marché justifient l'intervention de l'État (réglementation, production de biens publics, etc.), mais les économistes libéraux mettent en évidence à leur tour des **défaillances de l'État** : dépenses bureaucratiques, effets pervers conduisant à réduire l'efficience des marchés, etc. Ces critiques ont justifié un retour au marché (privatisations, déréglementations, etc.). Aujourd'hui les politiques publiques cherchent à définir des modalités de l'action publique qui minimisent à la fois les défaillances du marché et les défaillances de l'État.

§ 2. Les fonctions économiques traditionnelles de l'État

L'influence de l'État sur l'activité économique est considérable. Les trois fonctions traditionnelles de l'État ont été identifiées par l'économiste américain **R. Musgrave** (1910-2007) dans son livre *The Theory of Public Finance*, paru en 1959. L'intervention publique est justifiée dans les trois domaines de l'allocation, de la stabilisation (ou « *régulation* ») et de la redistribution (ou « *répartition* »).

I. La fonction d'allocation des ressources

Dans son rôle d'allocation, l'État intervient à la fois sur le fonctionnement et la structure des marchés, mais aussi pour pallier les défaillances du marché. L'**allocation des ressources** (c'est-à-dire leur affectation entre différents usages possibles) signifie que les pouvoirs publics cherchent à affecter la quantité ou la qualité des facteurs de production disponibles dans l'économie, ou à modifier leur répartition entre les secteurs de l'économie ou entre les différentes régions. Les motifs d'intervention publique les plus fréquents sont la présence de monopoles (entorses à la concurrence pure et parfaite et à l'atomicité des marchés), l'existence d'**externalités** (à chaque fois que les décisions et actions d'un agent économique ont des effets non prévus ou non désirés sur d'autres agents), et les asymétries d'information entre les agents économiques.

L'action publique consiste également à assurer la préservation des institutions du marché (respect des contrats, protection des droits de propriété), ou encore à ajuster l'horizon temporel des agents économiques, parfois trop court, ce qui apporte une justification aux politiques d'éducation (capital humain) et de recherche et développement (R&D), de manière à élever la croissance potentielle à long terme. L'État peut aussi assurer la pérennité du processus concurrentiel, dans le cadre de la politique antitrust ou de déréglementation par exemple.

Au titre de la **fonction d'allocation**, l'État peut se faire producteur et consacrer des ressources prélevées par voie d'autorité à réaliser des activités qui, soit n'existeraient pas, soit seraient laissées au marché sur des critères de rentabilité. L'État prend donc en charge la production de biens et de services, au titre de l'intérêt général et des **services publics** (production de services collectifs non marchands par les administrations publiques financées par les prélèvements obligatoires). De surcroît, les **entreprises publiques**, sous le contrôle partiel ou total de l'État et sous différentes formes juridiques (régie, sociétés d'économie mixte, société anonyme, etc.) offrent des biens et des services à des prix de marché.

II. La fonction de répartition des richesses

L'État intervient également pour corriger les inégalités : l'altruisme des individus peut être insuffisant, puisque chacun tentera de faire supporter à l'autre la charge de la solidarité. Il apparaît donc légitime pour l'État de se substituer aux individus dans la définition des préférences collectives en imposant la redistribution des revenus entre les agents, et l'assistance vis-à-vis des catégories les plus défavorisées de la population.

L'État cherche en général à corriger la répartition initiale des revenus primaires afin de réduire les inégalités : cet objectif peut être atteint en réduisant le niveau des revenus supérieurs ou en augmentant le revenu des plus défavorisés. Cette redistribution suppose alors des politiques de taxation progressive des revenus primaires et le versement de transferts sociaux. Le système public de redistribution peut conduire à arbitrer en faveur de l'équité et au détriment de l'efficacité, par exemple en taxant de

manière progressive les revenus des entrepreneurs au prix d'une moins grande incitation à innover et à investir.
Mais il faut rappeler que certaines politiques de redistribution améliorent l'efficacité économique : par exemple, ces interventions publiques visant à favoriser l'accès de tous à l'éducation et à la santé se justifient à la fois au nom de l'efficacité (en permettant d'élever la productivité dans l'économie) et au nom de la justice sociale (en contrôlant le niveau des inégalités pour favoriser la cohésion sociale) (v. chapitre *Les inégalités économiques*).

III. La fonction de régulation du cycle économique

L'État se donne pour objectif d'assurer une **croissance économique équilibrée**, c'est-à-dire de faire en sorte d'assurer le plein-emploi sans accélération de l'inflation et sans déficit extérieur. L'agrégation des comportements individuels peut entraîner une instabilité des marchés, tandis que le rôle des anticipations peut conduire à des excès d'optimisme, suivis d'excès de pessimisme qui conduisent à une forte variabilité de la croissance économique : l'État a alors une fonction importante de régulation (ou de « *stabilisation* »), car la **politique conjoncturelle** peut atténuer les effets du cycle économique. De plus, la régulation macroéconomique doit permettre de faire face à des chocs qui éloignent l'économie de l'équilibre : il s'agit ainsi de réduire les écarts par rapport à cet équilibre en agissant sur la demande globale (consommation, investissement), par les politiques monétaire et budgétaire (v. chapitre *Les politiques économiques*).
La distinction entre la **fonction d'allocation** et la **fonction de régulation** renvoie à la distinction entre la tendance de l'activité économique à long terme et les fluctuations de court terme autour de cette tendance (v. chapitre *Fluctuations, cycles et crises économiques*) : les politiques conjoncturelles de régulation visent à minimiser l'écart de la production par rapport à son niveau potentiel, tandis que les politiques d'allocation tentent d'optimiser la production potentielle elle-même.
La **fonction de répartition** se place sur un plan différent, puisqu'elle s'intéresse à la décomposition du revenu entre les membres de la société, au nom d'un principe de justice et d'équité, et nécessite la mise en œuvre de services collectifs et d'interventions sociales de l'État.
Il faut toutefois noter que ces trois fonctions interagissent fréquemment dans les choix de politique économique, et l'on ne peut donc pas les concevoir de manière totalement séparée : ainsi, par exemple, la fonction

de régulation de l'activité peut s'appuyer en période de crise sur une modification de la répartition des richesses grâce aux transferts sociaux pour stimuler les bas revenus qui ont la plus forte propension à consommer. Ce type de politique vise à stimuler la demande globale afin de rapprocher la croissance du PIB effectif de son niveau potentiel.

§ 3. Les services publics

Depuis le début des années 1980, le rapport État/société connaît une modification sensible : on glisse selon **P. Rosanvallon**, d'un « *État modernisateur à un État à moderniser* » (Rosanvallon, 1992). Les services publics sont invités à se réformer dans le cadre de nouvelles politiques publiques. Ces dernières mettent en avant la nécessité de rechercher une efficience plus grande des services publics et une modification de la frontière entre les activités relevant de la sphère publique et celles relevant de la sphère privée mais qui peuvent exercer des missions de service public.

I. Le développement des services publics

À la fin du XIXe siècle, le Conseil d'État, par sa jurisprudence, fonde une **doctrine du service public** qui repose sur un certain nombre de principes de gestion : égal accès ; égalité de traitement ; continuité du service public ; adaptabilité ; obligation de fourniture…

Cette approche est résumée par **L. Duguit** (1859-1928) (Traité de droit constitutionnel, 1928) qui définit le service public comme « *toute activité dont l'accomplissement doit être assuré, réglé et contrôlé par les gouvernants parce que l'accomplissement de cette activité est indispensable à la réalisation et l'accomplissement de l'interdépendance sociale et qu'elle est de telle nature qu'elle ne peut être réalisée que par l'intervention de la force gouvernante* » (Duguit, 1928).

Les **services publics** désignent donc un ensemble d'activités placées sous le contrôle de l'État, au nom de l'intérêt général et de l'égalité d'accès à tous. Un service public peut être assuré par des institutions très diverses : une administration centrale ou locale, une entreprise publique ou encore il peut être délégué à un opérateur privé, appelé délégataire, qui se voit confier une **délégation de service public** pour une durée donnée, et selon un cahier des charges fixant le prix et les conditions d'accès. En France, un modèle original des services publics s'est ainsi développé depuis le XIXe siècle, en s'appuyant à la fois sur des institutions publiques et privées.

Il ne faut donc pas confondre service public et la nature publique ou privée d'un opérateur. Le service public de l'eau est par exemple confié dans la majorité des cas en France à des délégataires privés. À l'inverse, une entreprise publique, détenue par l'État, n'a pas toujours de mission de service public, quand elle opère dans le domaine industriel et commercial en particulier, et réalise une production marchande. Cependant, la plupart des entreprises publiques de ce secteur ont été privatisées au cours des 30 dernières années (v. chapitre *Entreprise et système productif*).

Historiquement, les « services publics à la française » se sont développés rapidement après-guerre. Les forces politiques dominantes à la sortie de la Seconde Guerre mondiale s'appuient sur les défaillances du marché (rendements croissants, effets externes, biens collectifs) et sur la nécessité de répondre à des besoins sociaux (biens tutélaires) pour développer le secteur public. Ainsi, le préambule de la Constitution de 1946 stipule que « *Tout bien, toute entreprise dont l'exploitation a ou acquiert les caractères d'un service public national ou d'un monopole de fait, doit devenir la propriété de la collectivité* ».
Deux types de critères sont donc mobilisés pour définir les domaines d'intervention de la puissance publique :
- des critères économiques qui mettent l'accent sur l'existence de monopoles naturels et d'externalités positives et négatives (service public de l'électricité et du gaz, de la poste, du téléphone, du transport ferroviaire, etc.) ;
- des critères sociaux et éthiques qui conduisent, au nom de la justice sociale, à fournir gratuitement ou à un prix très inférieur à celui du marché, des services qui favorisent l'intérêt général (éducation, santé, culture, etc.).

Les services publics apparaissent comme un moyen de limiter l'impact de la logique marchande, leur extension correspond à la mise en place d'une économie mixte dans laquelle l'État est supposé à la fois bienveillant (il est au service de l'intérêt collectif), omniscient (il sait ce qu'est l'intérêt général) et efficient (il utilise au mieux les moyens dont il dispose et qui résultent du paiement des impôts et des cotisations sociales).
Les services publics fournissent un certain nombre de biens non rivaux ou non excluables, car ils ne sont pas fournis en quantité adéquate par le marché. Par exemple, un service public de lutte contre les incendies est nécessaire pour offrir à tous les citoyens une bonne protection contre le risque de propagation des incendies. Cette protection est par définition non excluable : on ne peut pas sélectionner les maisons que l'on protège de la propagation d'un feu selon qu'elles auraient payé ou non pour la couverture contre ce risque.
Cependant, certains services publics concernent également des biens privatifs, qui pourraient être délivrés par le marché, mais dont la production

est jugée trop essentielle pour être laissée au seul marché, soit en raison des externalités qu'ils génèrent, soit pour des considérations de justice sociale (libre accès à tous par exemple). Un **bien tutélaire** est un bien privatif produit sous tutelle des autorités publiques, qui estiment nécessaires d'en contrôler strictement la production. C'est le cas par exemple du service d'éducation, qui est excluable et rival (les places sont limitées dans une classe) mais qui est pris en charge par l'État dans de nombreux cas, parce qu'il génère d'importantes externalités positives pour l'économie, et que l'accès gratuit de tous est jugé indispensable.
Les frontières des services publics sont l'objet d'un débat à l'intérieur de chaque société, car elles ne sont pas « naturelles » mais dépendent des préférences collectives et de l'évolution de l'organisation économique.

II. Renouvellement et remise en cause des services publics

Les services publics sont désormais au cœur de nombreux débats. D'une part, l'influence croissante des analyses économiques libérales conduit à remettre en cause le rôle de l'État et à discuter de ses modalités d'intervention. D'autre part, l'intégration dans l'Union européenne étant une intégration par le marché, la logique d'ouverture à la concurrence et la régulation par le marché sont privilégiées.

A. Une nouvelle définition du champ de l'intervention publique

À partir des années 1980, une remise en cause du champ d'intervention de l'État se développe. Il est considéré comme un ensemble de services et d'institutions qui ne sont pas nécessairement cohérents entre eux, et sur une critique des **défaillances de l'État** : rien ne garantit qu'il soit au service de l'intérêt général, qu'il soit bien informé et qu'il soit efficient. Rien ne garantit non plus que l'État soit mieux à même que le marché et les acteurs privés d'accomplir certaines missions. L'action publique est dès lors envisagée de façon radicalement différente. D'une part certaines activités sont privatisées et/ou ouvertes à la concurrence. C'est ainsi que dans de nombreux cas, l'État se comporte désormais en « donneur d'ordre » qui fait appel à la concurrence pour faire exercer certaines missions par des acteurs privés (par exemple dans le domaine de la restauration scolaire ou hospitalière).
En ce qui concerne les **services publics en réseau**, on distingue ce qui relève des infrastructures (Réseau ferré de France, Réseau de transport

d'électricité) et ce qui relève du service rendu (la distribution d'électricité ou la circulation des trains). Si les infrastructures constituent un monopole naturel, les services rendus peuvent relever de la concurrence. Par exemple les nouveaux opérateurs de téléphonie fixe versent une redevance à « l'opérateur historique » (France Télécom, Orange) pour utiliser ses lignes et ses centraux téléphoniques et l'usager a désormais le choix entre plusieurs prestataires de services.

Cette logique de privatisation et d'ouverture à la concurrence fait l'objet de nombreuses controverses. Les salariés des entreprises privatisées craignent pour leurs emplois, les usagers s'inquiètent d'une dégradation de la qualité du service (ce fut le cas, par exemple, pour le secteur ferroviaire en Grande-Bretagne), d'une augmentation des prix et d'un traitement inégal des usagers en fonction de leur lieu de résidence (crainte pour les services publics en zone rurale) et en fonction de leur statut socio-économique (tarification différenciée des transports ferroviaires ou des services bancaires par exemple).

B. Service d'intérêt général et service universel

Dès la signature du **Traité de Rome** (1957) apparaît le concept de « **service d'intérêt économique général** ». Le traité reconnaît aux États membres le droit de développer des activités de ce type, de même qu'il reconnaît l'existence d'entreprises publiques, mais il précise que l'existence de tels services d'intérêt économique général ne doit pas mettre en cause les principes de la concurrence. Il existe donc, dès ce moment, une tension entre une conception assez extensive du service public à la française et une conception plus restrictive au sein des institutions européennes. Même si le **Traité de Lisbonne** (2007) affirme le lien entre l'existence de ces services d'intérêt général et les valeurs de l'Union européenne, l'évolution des débats économiques et politiques a conduit, depuis le milieu des années 1980, à favoriser l'ouverture à la concurrence, y compris pour les services publics en réseau (transports ferroviaires, électricité, télécommunication, etc.).

Dans le cadre de la réflexion sur les services d'intérêt général, la Commission européenne a proposé d'introduire une distinction entre ceux qui relèvent de la concurrence (et qui peuvent donc faire l'objet d'une régulation marchande) et les services d'intérêt général non-marchands pour lesquels l'intervention tutélaire de la puissance publique est légitime.

Dans la gestion des services d'intérêt général, la Commission européenne met l'accent :

- sur le **principe de subsidiarité** et donc sur la possibilité pour les autorités locales, régionales et nationales de définir et de financer des services d'intérêt général ;

– sur la mise en place nécessaire d'autorités de régulation et leur éventuelle coordination à l'échelle européenne ;
– sur la nécessité de favoriser à la fois la qualité des services d'intérêt général et le respect des règles de la concurrence.

Par ailleurs, l'ouverture à la concurrence a conduit à s'interroger sur le risque pour certains usagers, qui ne bénéficient plus du principe d'égalité d'accès, d'être privés d'un service essentiel (courrier, téléphone, énergie, banque, etc.). C'est pour résoudre ce problème qu'a été forgé le concept de **service universel** qui est défini par les institutions européennes comme « *un service de base offert à tous, à des conditions tarifaires abordables et avec un niveau de qualité standard* ». Le service universel impose donc aux opérateurs de ne pas délaisser les segments non rentables de leurs activités.

C. Le développement d'autorités administratives indépendantes porteuses d'une nouvelle forme de régulation

Les **Autorités administratives indépendantes** (AAI) et **Autorités publiques indépendantes** (API) désignent certaines institutions créées par la loi, dotées d'une autonomie par rapport aux structures administratives classiques et chargées d'une mission spécifique de régulation dans un domaine économique ou social sensible. À partir du milieu des années 1970, les AAI en France se sont multipliées (Autorité de la concurrence, Défenseur des droits, Autorité de sûreté nucléaire, Autorité de régulation des jeux en ligne, etc.). La loi du 20 janvier 2017 a restreint le nombre des AAI (en passant d'une quarantaine à 26) et créé, au sein de cette catégorie, des autorités publiques indépendantes (API), comme l'Agence de lutte contre le dopage, l'Autorité des marchés financiers, la Haute autorité de santé, etc.

Selon le Conseil d'État, on peut classer ces AAI en fonction des missions qu'elles sont amenées à remplir :
– une mission de médiation (médiateur de la République) ;
– une mission de protection des grandes libertés publiques (Commission nationale de l'informatique et des libertés, Commission d'accès aux documents administratifs, Défenseur des droits, etc.) ;
– une mission d'évaluation pluridisciplinaire et d'expertise (Agence d'évaluation de la recherche et de l'enseignement supérieur, etc.) ;
– une mission de garantie de l'impartialité de la puissance publique (Commission des infractions fiscales, Commission des sondages, etc.) ;
– une mission de régulation (Autorité des marchés financiers, Conseil supérieur de l'audiovisuel, Commission de régulation de l'énergie,

Autorité de régulation des communications électroniques et des postes, etc.).

L'existence et le développement de ces Autorités Administratives Indépendantes (AAI) répondent à deux finalités principales :

- D'une part, il s'agit de garantir aux citoyens l'impartialité de l'intervention de l'administration. Les membres des AAI bénéficient de garanties d'indépendance (leur mandat ne peut pas être renouvelé ou prolongé, ils sont nommés pour une durée assez longue par les plus hautes autorités de l'État, ils ne sont pas soumis au pouvoir hiérarchique de l'administration, etc.). Certaines de ces autorités offrent aux citoyens une possibilité de recours contre les décisions de l'administration, ces autorités publient souvent des rapports publics sur les conditions de fonctionnement des domaines où elles exercent leur responsabilité.
- D'autre part, les autorités de régulation sont la contrepartie nécessaire de l'ouverture à la concurrence et du développement des marchés. En effet, plus les marchés se développent plus il est nécessaire de les encadrer par des normes assurant leur bon fonctionnement. Par exemple, la financiarisation de l'économie a conduit à la création et à l'accroissement des pouvoirs des autorités de contrôle des marchés et des institutions financières (v. chapitre *Monnaie et financement de l'économie*). De même, les AAI doivent veiller au fonctionnement de la concurrence dès lors que celle-ci s'exerce désormais dans des domaines qui étaient jadis gérés par l'État ou par des monopoles publics (cas de l'énergie, des télécommunications, de l'audiovisuel, etc.) (v. chapitre *Marchés, concurrence imparfaite et nouvelle microéconomie*).

§ 4. Construction et crise de l'État-providence

I. La place de l'intervention de l'État

Depuis la fin du XIXe siècle, les interventions de l'État ne cessent de progresser dans l'ensemble des pays industrialisés, notamment sous l'effet de l'augmentation des dépenses sociales. Au XXe siècle, les pays développés comme la France vont édifier un ensemble de dispositifs de protection sociale que l'on désigne par le terme d'**État-providence**. Selon **F.-X. Merrien** les **États-providence** présentent trois caractéristiques : « *1/ une intervention réglementaire de l'État afin d'assurer une certaine sécurité économique aux citoyens par le biais de systèmes de sécurité sociale; 2/ une* *volonté de redistribution qui passe par des transferts monétaires verticaux ou horizontaux; 3/ la volonté de l'État de fournir à la population une série de services et d'équipements collectifs à des coûts très inférieurs à ceux du marché* » (Merrien, 2003).

En France on a assisté, depuis les années 1950, à une hausse puis une stabilisation du taux des prélèvements obligatoires. Il était de 26 % en 1950, et s'élève à 44,5 % du PIB en 2020 selon l'Insee. Plus de la moitié du total des prélèvements obligatoires bénéficie aux organismes de sécurité sociale.

Les différences de taux de prélèvements obligatoires doivent être interprétées avec prudence. Le niveau de ce taux dans un pays dépend en effet largement de deux choix politiques :

- l'ampleur de la redistribution des revenus;
- le degré de prise en charge collective de certaines dépenses (santé, éducation, etc.).

Aux États-Unis et au Japon par exemple, les ménages doivent financer l'éducation et avoir recours à des assurances privées beaucoup plus largement qu'en Europe.

L'intervention croissante de l'État, de la fin de la Seconde Guerre mondiale jusqu'au début des années 1970, est, dans une large mesure, le résultat du développement des politiques de protection sociale. La différence des niveaux de prélèvements obligatoires entre pays développés est très largement liée au degré de socialisation des dépenses de protection sociale (v. chapitre *Politiques économiques*).

DÉPENSES DES ADMINISTRATIONS PUBLIQUES DANS L'UNION EUROPÉENNE EN 2020

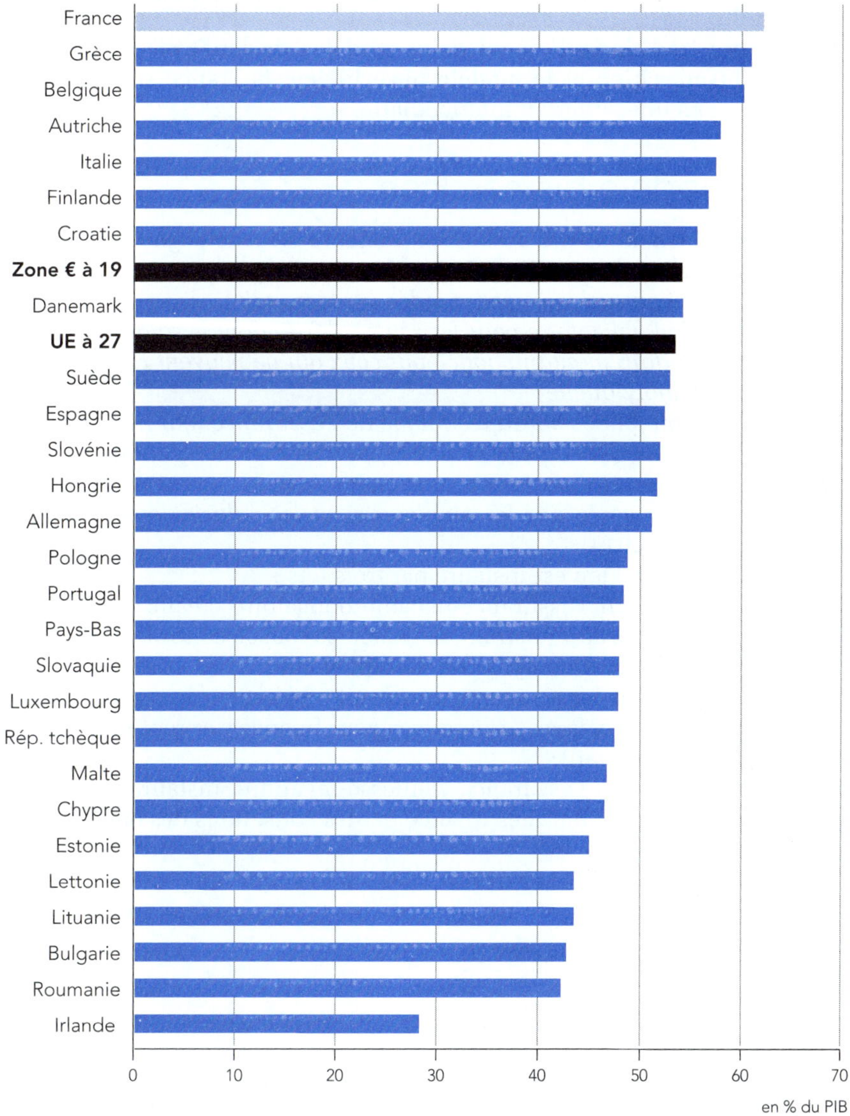

Note : y compris dépenses imputées (cotisations sociales de l'État-employeur).
Lecture : en 2020, les dépenses des administrations publiques représentent 62,1 % du PIB en France, contre 53,4 % dans l'ensemble de l'Union européenne à 27 pays.
Source : Eurostat (extraction du 12 mai 2021).

II. La naissance de l'État-providence

On oppose traditionnellement deux modèles de l'État-providence, le **modèle bismarckien** et le **modèle beveridgien**, la France se situant, à l'origine, dans une situation intermédiaire.

A. Le modèle bismarckien

Le système bismarckien d'assurance, instauré en Allemagne repose sur quatre principes selon **M. Th. Join-Lambert** :
- « *Une protection exclusivement fondée sur le travail* [...]*;*
- *une protection obligatoire pour les seuls salariés dont le salaire est inférieur à un certain montant, donc pour ceux qui ne peuvent recourir à la prévoyance individuelle*;
- *une protection fondée sur la technique de l'assurance, qui instaure une proportionnalité des cotisations par rapport aux salaires, et une proportionnalité des prestations aux cotisations*;
- *une protection gérée par les employeurs et les salariés eux-mêmes* » (Join-Lambert, 2014).

Le modèle bismarckien est instauré par trois lois :
- la Loi de 1883 sur l'assurance-maladie obligatoire créant des institutions autonomes s'administrant elles-mêmes sous le contrôle de l'État et des cotisations des employés et des employeurs;
- la Loi de 1884 sur les accidents du travail (obligation de cotisation des employeurs à des caisses corporatives pour financer les rentes résultant d'accidents du travail);
- la Loi de 1889 sur l'assurance-vieillesse-invalidité instaurant un système obligatoire de retraites financé par les cotisations des employeurs et des employés.

La politique sociale de Bismarck, fondée sur la solidarité professionnelle, s'explique par une volonté de contrecarrer le mouvement socialiste en Allemagne.

B. Les principes du plan Beveridge

En 1942, en Grande-Bretagne, se constitue une commission interministérielle, présidée par **W.H. Beveridge** (1879-1963), chargée d'élaborer un plan de sécurité sociale pour les années d'après-guerre, en vue « *d'abolir la misère* », « *de libérer l'homme du besoin* » et de lutter également contre « *la maladie, l'ignorance, la sordidité et l'oisiveté* ».

À cet effet, le plan prévoit trois principes :
- un principe d'universalité instaurant une protection étendue à tous les individus et non plus limitée aux seuls salariés;

- un principe d'unité impliquant d'une part, une uniformisation des cotisations et des prestations, ces dernières devant répondre à une logique de satisfaction des besoins au moins élémentaires et ne devant, par conséquent, plus être liées au niveau de salaire ; et d'autre part, une unicité de cotisation et de système d'assurance (service public unique), à l'exception de la gestion des accidents du travail et des allocations familiales ;
- un principe d'intégration supposant la coordination des politiques d'aides à la famille, d'améliorations de la santé publique et d'organisation de l'emploi (politique de plein-emploi).

Dans l'esprit de **Lord Beveridge**, il s'agit donc de mettre en place une politique de protection globale, reposant sur la solidarité nationale, permettant de garantir un droit au travail, à la santé et au revenu.

C. La naissance de la sécurité sociale en France

La création de la sécurité sociale en France est le résultat d'un compromis entre le modèle bismarckien et le modèle Beveridge. En octobre 1944, le gouvernement provisoire confie à **P. Laroque** (1907-1997), le soin de réaliser un plan complet de sécurité sociale, conforme aux engagements pris par le Conseil National de la Résistance. Le 4 octobre 1945, une ordonnance crée le régime général de sécurité sociale.

Mais dès cette date, le principe beveridgien d'unité n'est pas respecté, les professions indépendantes et certains corps de métiers refusent de se fondre dans le régime général, et l'unification des prestations et des taux de cotisation d'un régime à l'autre ne sera pas non plus réalisée. Par ailleurs, la reconnaissance de « droits-créances » sur la société, conformes au modèle beveridgien (droits à la santé, à l'éducation, à la retraite, à l'emploi), s'est heurtée au maintien d'une logique d'assurance sociale propre au modèle bismarckien (les droits de l'individu existent par son travail et ses cotisations).

B. Palier caractérise l'évolution de l'État-providence en France comme « un long adieu à Bismarck » car la part relative des assurances sociales (même si elle reste majoritaire) a tendance à se réduire en faveur des mesures d'assistance financées par l'impôt.

D. Les analyses de G. Esping Andersen : une typologie des États-providence

Selon **G. Esping-Andersen**, il existe trois types idéaux d'État-providence : l'État-providence libéral, l'État-providence conservateur-corporatiste et l'État-providence social-démocrate.

– Le régime libéral est, selon lui, en œuvre aux États-Unis, au Canada et en Australie. Il se caractérise par une grande place laissée aux mécanismes de marché, considérés comme le principe central d'organisation de la société.
– Le régime conservateur-corporatiste, en œuvre en Allemagne, en Italie, en Belgique, en France ou encore au Japon, s'oppose au libéralisme absolu, à la dépendance totale des individus vis-à-vis du marché. Sur fond de paternalisme social, les interventions de l'État se posent comme substitut à la dépendance du marché en s'adossant au travail salarié (maintien des statuts) et en s'appuyant sur la famille.
– Le régime social-démocrate ou socialiste, en œuvre en Suède ou en Norvège, repose sur des interventions fortes de l'État, pour assurer une protection sociale élevée et une redistribution des revenus. Ce modèle est fondé sur une logique de « **dé-marchandisation** » (« *décommodification* »), c'est-à-dire sur la reconnaissance de droits non associés à la production mais à la citoyenneté. La dé-marchandisation « [...] *survient lorsqu'un service est obtenu comme un dû et lorsqu'une personne peut conserver ses moyens d'existence sans dépendre du marché* » (Esping-Andersen, 2006).

Pour **G. Esping-Andersen**, l'existence de ces modèles s'explique par des différences de types d'économies et de régime politique, des situations variées en termes d'héritage historique et en termes de nature des alliances de classes et de coalition au sein de la classe politique.

Pour lui, l'émergence de l'édifice social-démocrate de l'État-providence est dépendante de la formation d'une coalition de classes entre ouvriers et paysans, la pérennité de cet édifice dépend par la suite de la constitution d'intérêts communs entre la classe ouvrière et la classe moyenne.

Certains chercheurs considèrent qu'il faut ajouter un quatrième type d'État-providence, un modèle propre au Sud de l'Europe fondé sur un fort dualisme du marché du travail, qui donne peu de protection aux travailleurs non insérés, et une place centrale en revanche pour la famille dans la solidarité sociale.

Cette typologie de **G. Esping-Andersen** fait aujourd'hui l'objet de nombreuses critiques, notamment sur la question de savoir si le modèle français peut être rangé aisément au sein du type conservateur-corporatiste en raison :
– de l'existence d'un certain nombre de prestations qui s'inscrivent dans une logique de droits universels (allocations familiales, RSA, etc.). Le modèle français se rapproche ainsi des traits du modèle social-démocrate ;
– du rôle grandissant des assurances, des mutuelles et des gestionnaires d'actifs qui rapprochent le modèle français du régime libéral.

E. Les composantes de l'État-providence en France

Le système de protection sociale en France couvre principalement quatre grands risques : la santé, (l'assurance-maladie), la vieillesse (les retraites), le chômage, la famille.

a. L'assurance vieillesse

Le système de retraites créé en France en 1945 est un **système par répartition** : les cotisations sociales des actifs financent les pensions de retraite. Il se distingue d'un **système par capitalisation** qui implique la constitution par chaque individu d'un capital retraite.
En dépit de sa complexité (régime de base, régime complémentaire, régime supplémentaire) ce système de retraite, complété par la création du minimum vieillesse en 1956, a permis une réduction de la pauvreté des personnes âgées. Cette réduction est le résultat :
- d'une longue période de forte croissance économique;
- d'une croissance du nombre de cotisants alors que les bénéficiaires d'une pension de retraite à taux plein étaient peu nombreux jusqu'au milieu des années 1980.

Cependant, sous l'effet du vieillissement de la population et de la montée du chômage, la question du financement des retraites a fait l'objet d'importants débats et d'une série de réformes qui ont conduit notamment à augmenter la durée de cotisation pour bénéficier d'une retraite à taux plein et de ce fait à un recul de l'âge de départ à la retraite par rapport à l'âge légal de 60 ans instauré en France en 1982 (v. chapitre *Économie et démographie*).

b. L'assurance-maladie

Dans le cadre du régime général de la sécurité sociale, une assurance-maladie est créée en France en 1945, pour les salariés du secteur privé de l'industrie et du commerce. Elle devient en 1967 la Caisse nationale d'assurance-maladie des travailleurs salariés (CNAMTS). Certaines catégories – les agriculteurs, les professions libérales, les indépendants – disposent de leur propre système d'assurance-maladie.
Grâce à la sécurité sociale, une large partie de la population a pu bénéficier des progrès de la médecine, se traduisant notamment par une nette augmentation de l'espérance de vie à la naissance et une très forte baisse du taux de mortalité infantile passant de 52 ‰ en 1950 à 3,8 ‰ en 2019.
Le système français d'assurance-maladie est financé par des cotisations sociales assises principalement sur les salaires. Il garantit le statut d'une

médecine libérale, le libre choix du médecin et repose sur une offre de soins en partie publique (cas de nombre d'hôpitaux) et en partie privée (certains hôpitaux ou cliniques, les soins ambulatoires).

III. La crise de l'État-providence

A. La « triple crise » de l'État-providence

Selon **P. Rosanvallon** (*La crise de l'État-providence*, 1981), l'État-providence connaît une triple crise : une crise de financement, une crise d'efficacité et une crise de légitimité.

a. Une crise de financement

La rupture de croissance, à partir des années 1970, n'empêche pas les dépenses publiques de continuer à croître au rythme antérieur, voire à un rythme plus rapide (sous l'effet d'une croissance « molle », c'est-à-dire durablement située autour de 1-1,5 % du PIB, et d'un chômage de masse persistant).

1. Le financement des retraites

Les perspectives de financement des retraites font l'objet d'un débat en France depuis la fin des années 1980 :
- Certains mettent l'accent sur le **vieillissement démographique** et l'accroissement du nombre de retraités par rapport au nombre de cotisants. Pour répondre aux besoins de financement prévisible des régimes de retraite, ils proposent d'accroître les taux de cotisation et/ou d'allonger la durée de cotisation nécessaire pour bénéficier d'une retraite à taux plein et/ou de diminuer le niveau des pensions. C'est ainsi qu'en 1993 le gouvernement d'Édouard Balladur a porté de 37,5 à 40 ans la durée de cotisation du secteur privé et que le gouvernement de Jean-Pierre Raffarin a étendu cette mesure aux fonctionnaires en 2003 (Réforme Fillon). En 2007, les régimes spéciaux (cheminots, EDF, etc.) ont été réformés et ont vu leur durée de cotisation portée elle aussi à 40 ans. La réforme de 2010 prévoit une augmentation progressive de l'âge légal de départ à la retraite à 62 ans en 2018 et l'augmentation progressive à 41 ans et 1 trimestre de la durée de cotisation nécessaire pour obtenir une retraite à taux plein. Le changement de majorité politique en France en juin 2012 s'accompagne d'un retour partiel à la retraite à 60 ans notamment au bénéfice des salariés qui ont commencé à travailler très jeunes (« carrières longues »).
- Pour d'autres, la question démographique constitue un alibi. Ils soulignent que le problème de financement des retraites pourrait être résolu

par une modification du partage de la valeur ajoutée en faveur des salariés, par une baisse du taux de chômage et une hausse des taux d'emploi et par une croissance économique plus soutenue. Dans cette perspective, l'enjeu véritable n'est pas démographique mais politique : il porte sur le maintien d'un système de solidarité entre les groupes sociaux et entre les générations, surtout sur la période 2006-2030, puisque l'effet du « papy-boom » devrait progressivement s'atténuer au-delà (v. chapitre *Économie et démographie).*

- Élu en 2017, le président de la République Emmanuel Macron s'était engagé durant sa campagne à réformer le régime de retraite français par répartition pour simplifier et homogénéiser un modèle réputé dispersé et complexe, composé de 41 caisses de retraite présentant chacune leurs propres règles. Le régime universel prévu par cette nouvelle réforme des retraites repose sur un système par points plutôt que par annuités, où un euro cotisé doit donner les mêmes droits pour tous. Le montant de la pension ne dépend plus de la durée de cotisation mais des points accumulés grâce au capital constitué par l'assuré sur son compte. Mais cette réforme donne lieu à de nombreuses contestations et inquiétudes. Certaines critiques font valoir que le montant de la pension, fonction des points acquis dont le nombre est proportionnel à la cotisation versée (qui dépend du salaire), risque de pâtir du travail à temps partiel, des périodes de chômage ou encore d'invalidité. Par ailleurs, d'autres analyses craignent que la fixation de la valeur du point échappe aux partenaires sociaux et ne serve de variable d'ajustement le cas échéant, en fonction de la conjoncture ou des évolutions démographiques, au détriment du niveau des pensions. Enfin, le régime universel fondé sur l'accumulation de points pourrait rapprocher à terme le modèle français d'un régime par capitalisation, où chaque assuré se constitue un capital pour financer sa retraite le moment venu, et pourrait fragiliser la solidarité au cœur du système de retraite par répartition, et ouvrir davantage le système aux assureurs privés.

2. Le déficit de l'assurance-maladie

En 1950, les dépenses de santé représentaient 2,5 % du PIB, et 11,3 % en 2019. Cette croissance des dépenses de santé, liée pour l'essentiel à l'augmentation du niveau de vie, pose le problème de leur financement. En France les pouvoirs publics ont utilisé principalement deux types de mesure : une hausse des cotisations sociales et/ou une diminution du taux de prise en charge par la Sécurité sociale.

La première des solutions a été privilégiée jusqu'au milieu des années 1980 ; depuis cette date, on assiste plutôt à une volonté d'assurer le déremboursement de certains soins et bien médicaux. On entre donc dans une logique de régulation de la santé publique par les prix qui conduit à une intervention plus importante des organismes de couverture complémentaire du risque maladie et plus particulièrement des assurances privées. Cette évolution conduit à l'émergence de deux dangers principaux :

- le renforcement d'un système de santé à deux vitesses qui oppose ceux qui ont les moyens de dégager des ressources pour accéder à une qualité supérieure de soins par des cotisations plus élevées et ceux qui n'en ont pas les moyens ;
- une remise en cause du principe de solidarité, tel qu'il a été conçu à la fin du XIXe siècle, reposant sur l'idée que les risques qu'encourent les individus sont essentiellement collectifs, et par conséquent, susceptibles d'être pris en charge par la collectivité. Selon **B. Palier** « *Le financement public des dépenses de santé repose sur l'idée que chacun finance à hauteur de ses revenus et non pas de son profil de risque* » (Palier, 2015). Or l'entrée des assurances privées dans la couverture du risque maladie risque de conduire à une sélection des individus assurés en fonction de leur état de santé ou de leur patrimoine génétique.

Le financement des dépenses d'assurance-maladie pose des questions sur la nature du modèle français qui allie offre médicale mixte (public et privé) et financement mixte (social et individuel). Dans un tel système, il est difficile de réguler l'offre de soins : en effet les professionnels de santé sont très attachés à la liberté de prescription et à la rémunération à l'acte et s'opposent à une « régulation comptable » de leur activité. Du côté de la demande de soin des patients, la régulation par les prix est peu efficace (et injuste) dans la mesure où ce sont les professionnels de santé qui prescrivent les consommations médicales.

b. Une crise d'efficacité

Ce ne sont pas seulement les coûts et la mauvaise gestion de l'État-providence qui sont mis en cause, on critique aussi son manque d'efficacité. Certes, la situation des personnes âgées s'est améliorée, mais celle des jeunes se dégrade (augmentation du taux de pauvreté chez les jeunes).
En ce qui concerne les dépenses d'assurance-maladie, on souligne souvent qu'il n'existe pas de lien évident, au sein des pays riches, entre le montant des dépenses médicales et l'état de santé de la population. De plus, la couverture maladie est loin d'assurer l'égalité dans l'accès aux soins. En dépit de l'augmentation de ces dépenses, l'inégalité devant la mort selon les catégories sociales et les régions ne s'est pas réduite de façon significative.
Par ailleurs, la protection sociale n'a pas empêché la montée de la nouvelle pauvreté et de l'exclusion. Pire encore, ce sont les dispositifs de protection sociale qui provoqueraient l'apparition de « **trappes à pauvreté** ». Le RSA ou le système d'assurance chômage, par exemple, aurait conduit un nombre croissant d'individus à préférer la situation d'assisté à celle de salarié. Aux États-Unis, on a dénoncé des systèmes d'aide sociale trop généreux en faveur des mères célibataires qui encourageraient l'irresponsabilité et seraient défavorables à la constitution de couples stables

(v. chapitre *Les revenus*). En France, selon l'Insee, le taux de pauvreté monétaire (avec un seuil fixé à 60 % du revenu médian) se situait en 2018 à 14,8 % de la population totale, et devrait augmenter sous l'effet de l'impact économique de la pandémie de la covid-19 en 2020. Ce taux reste toutefois relativement stable depuis de longues années, il était déjà de 13,5 % en 1984 et de 13,6 % en 2000. L'objectif de Beveridge de « *libérer l'homme du besoin et du risque* » grâce au système d'État Providence semble néanmoins loin d'être atteint. Par ailleurs, sous l'effet notamment de la progression du temps partiel, se développe le phénomène des *working poors* (les travailleurs pauvres) (v. chapitres *Les Revenus* et *Les inégalités économiques*).

c. Une crise de légitimité

Au lendemain de la Seconde Guerre mondiale, la légitimité d'une intervention sociale de l'État reposait sur un projet politique fort, issu de la Résistance (programme du Conseil National de la Résistance). Par la suite, l'institutionnalisation de la protection sociale a affaibli le soutien populaire dont elle disposait. Pour **P. Rosanvallon** la crise de légitimité de l'État-providence proviendrait du fait que la montée en puissance de la protection sociale se serait réalisée en l'absence de mouvements sociaux ; elle résulterait d'effets mécaniques. Il souligne que, depuis la fin des années 1970, il n'a pas existé en France de réels mouvements sociaux revendiquant de nouveaux droits, que l'extension de la protection sociale s'est faite à distance des processus démocratiques. Par ailleurs, il relève que le « **voile d'ignorance** » s'est déchiré et que le consentement à la réduction des inégalités s'est réduit. L'État-providence reposait sur l'idée que chaque individu était soumis à des risques de l'existence (maladie, accidents du travail, chômage…). Chaque individu ignorant dans quelle mesure il était exposé à ce risque avait intérêt à consentir au système d'État-providence. Mais le progrès des connaissances et leur diffusion conduisent aujourd'hui les individus à mieux estimer les risques auxquels ils sont exposés et donc à refuser de payer pour assurer une protection à autrui.

B. Quelles réponses à la crise de l'État-providence ?

a. Quelle évolution des systèmes de retraites ?

Depuis 2002, les pouvoirs publics français cherchent à conjuguer **système par répartition** et **système par capitalisation** (fonds de pension), sans volonté de substitution de l'un par l'autre.

Les arguments essentiels en faveur des fonds de pension sont les suivants :
- le fait de mettre en œuvre des dispositifs d'épargne retraite volontaire permettrait de résoudre le problème démographique ;
- la constitution de fonds de pension favoriserait la formation d'un réservoir national d'épargne longue.

Face à ces arguments, un certain nombre d'économistes soulignent :
- Que ceux-ci ne constituent en aucun cas une réponse au problème du vieillissement démographique dans la mesure où, quel que soit le système choisi (système par répartition ou système par capitalisation), les richesses que les retraités consommeront demain avec leurs pensions seront, dans tous les cas, prélevées sur la production qui sera réellement disponible.
- Que le système par capitalisation ne constitue en rien une garantie en matière de maintien du pouvoir d'achat pour les retraités, dans la mesure où, les placements sur les marchés financiers sont frappés d'une grande incertitude (v. chapitre *Économie et démographie*).

b. RMI, RSA et CMU : une logique d'insertion et d'assistance

Du fait de l'existence de « trous dans le filet de la protection sociale » (population sans emploi en fin d'allocation-chômage, population qui échappe à la protection contre le risque maladie), de nouvelles mesures ont été prises par les pouvoirs publics.

Face à l'émergence de l'exclusion et de la pauvreté en France, les politiques d'assistance qui devaient peu à peu disparaître au profit du développement de la sécurité sociale et de sa logique d'assurance, ont connu un renouveau, sous la forme du **Revenu minimum d'insertion** (RMI) qui crée en 1988 un droit à un revenu minimum, mais également un devoir d'insertion sur la base d'un engagement contractuel entre l'individu et la société. En 2006, il y a plus d'un million d'allocataires du RMI, avec leurs ayants droit, cela concerne environ deux millions d'individus. Ce dispositif connaît deux faiblesses :
- D'une part, le montant de l'allocation est en deçà du seuil de pauvreté.
- D'autre part, le volet insertion fonctionne mal puisqu'à peine la moitié des allocataires finissent par exercer une activité rémunérée, et encore dans le cadre de contrats précaires. Différents types de contrats d'insertion ont été créés pour tenter d'améliorer ce dispositif, sans réussir pleinement.

Par ailleurs, face à l'existence de populations tenues à l'écart du système de protection sociale, une **Couverture maladie universelle** (CMU) a été mise en œuvre, en France, en 1999, pour financer l'accès aux soins des

exclus de la couverture maladie. En 2019, plus de 5 millions de personnes ont bénéficié de ce dispositif, preuve des carences du système actuel.
La loi du 21 août 2007 a conduit à la mise en place du **revenu de solidarité active** (RSA), d'abord expérimenté de 2007 à 2009. Trois ans après, les premières évaluations de ce dispositif ne sont pas très favorables : de nombreux ayants droit n'ont pas demandé à en bénéficier, ce taux élevé de non-recours étant lié notamment à la complexité du dispositif, et l'effet incitatif attendu à une reprise du travail pour les bas salaires n'a été que très modeste. En janvier 2016, la « prime d'activité », censée favoriser la reprise d'emploi et l'amélioration du pouvoir d'achat des travailleurs aux revenus modestes, est entrée en vigueur et remplace le RSA « activité » et la **Prime pour l'emploi** (PPE). Cette prime d'activité est destinée aux personnes exerçant une activité professionnelle et dont les revenus ne dépassent pas certains plafonds (elle peut être donc versée aux salariés, mais aussi aux travailleurs indépendants sous certaines conditions) (v. chapitre *Les revenus*). La création de cette nouvelle prestation est inscrite dans la loi relative au dialogue social et à l'emploi. Cette prime est censée permettre de soutenir l'activité et le pouvoir d'achat des travailleurs, gagnant moins de 1 500 euros par mois (pour un célibataire). Les étudiants et les apprentis peuvent également y avoir droit s'ils justifient, dans le trimestre concerné, de revenus d'activité suffisants. Plus de 5,6 millions d'actifs, dont 1 million de jeunes, sont éligibles à la prime d'activité. Le but de la prime d'activité est d'inciter à la reprise d'activité et de valoriser le retour à l'emploi par un gain monétaire.

c. Le débat sur l'instauration d'un revenu universel

L'idée d'un revenu universel, ou revenu de base, est apparue dans le débat public. Ce revenu serait un revenu versé inconditionnellement, en tant que « socle » qui serait garanti à toute personne, quel que soit son niveau de revenu. Ce revenu universel bénéficierait à chaque individu, indépendamment de sa situation familiale, et au moins en principe, serait identique pour chacun.
Pourtant, l'idée de l'instauration d'un revenu universel reste controversée. Les partisans du revenu universel en font à la fois un instrument efficace de lutte contre la pauvreté (qui demeure élevée), et un bouclier face aux mutations du travail, parmi lesquelles le risque d'une substitution accrue du capital au travail avec la révolution numérique et une précarisation de l'emploi (« ubérisation »). Les détracteurs du revenu universel mettent en avant son coût élevé pour les finances publiques et ses effets pervers en termes de désincitation au travail.

C. Quel avenir pour l'État-providence ?

a. L'État-providence face à de nouveaux défis

L'État-providence (ou État social) tel qu'il a été conçu entre la fin du XIXe siècle et la Seconde Guerre mondiale est en crise. Selon **P. Savidan**, pour le sauvegarder, il convient de négocier quatre nouveaux compromis :

- Un compromis destiné à répondre à l'insécurité sociale. Il existe des catégories sociales relativement protégées et d'autres dont la précarité (au regard de l'emploi notamment) se dégrade.
- Un compromis entre les générations pour faire face à la fois à la dégradation de la situation des générations les plus jeunes et au financement du vieillissement.
- Un compromis sur l'articulation entre vie familiale et vie professionnelle afin de réaliser le « deuxième âge de l'émancipation » des femmes (**H. Périvier** et **D. Méda**).
- Un compromis portant sur l'accès à la formation initiale et à la qualification.

Face à l'acuité des crises écologiques, l'État providence et la lutte contre les inégalités économiques peuvent constituer le socle d'un modèle de développement fondé sur la « *sociale-écologie* » : cette thèse d'un « *État social-écologique* » est notamment défendue par l'économiste **E. Laurent**. Ce dernier recense cinq mécanismes qui montrent que le creusement des inégalités menace le développement humain :

- l'inégalité accroît inutilement un besoin de croissance économique nuisible à l'environnement ;
- l'inégalité accroît l'irresponsabilité écologique des plus riches (en accroissant le séparatisme social sur le territoire) ;
- l'inégalité entrave les capacités d'action collective susceptibles de préserver les ressources naturelles ;
- l'inégalité affaiblit la résilience des sociétés (en menaçant le lien social) ;
- enfin, l'inégalité réduit la sensibilité des plus modestes aux enjeux environnementaux (confrontés à la pauvreté absolue) et la possibilité de compenser les effets régressifs des politiques environnementales.

Face à cette aggravation des inégalités qui menace les équilibres sociaux et environnementaux de nos sociétés, l'État-Providence serait donc un ensemble de dispositifs précieux à court comme à plus long terme. Par ailleurs, la protection des populations contre les événements climatiques (inondations, ouragans, typhons, tornades, canicules), qui va devenir un enjeu majeur au XXIe siècle, dépendra, selon les tenants de la « *sociale-écologie* », de notre capacité à agir collectivement (construction d'abris, de logements aux normes de sécurité, assistance aux personnes âgées), et légitimera le renforcement de l'État providence.

b. Vers un nouveau modèle social ?

Dans une approche convergente, **G. Esping-Andersen** (2008) considère que l'État-providence sera confronté au XXIe siècle à trois défis :

- Il devra s'adapter à la « révolution du rôle des femmes » (favoriser leur travail et leur autonomie ainsi que la transformation des rapports de genre en ce qui concerne la prise en charge des tâches domestiques).
- Il devra garantir une véritable égalité des chances aux enfants, en intervenant fortement dès la petite enfance, car les inégalités se constituent très tôt, et sont beaucoup plus coûteuses à corriger qu'à prévenir. Il plaide donc pour un « État investisseur » plutôt que pour un État intervenant après coup, dans une logique réparatrice.
- Il devra assurer l'équité intergénérationnelle et intra-générationnelle, en favorisant la mobilité professionnelle pour éviter que les périodes d'inactivité ou de chômage pèsent lourdement sur les parcours des plus fragiles.

Selon **B. Palier**, le sens global des réformes de la protection sociale entreprises depuis les années 1990 est à comprendre en référence aux évolutions des politiques économiques. Le paradigme keynésien s'est effacé selon lui au profit d'un paradigme néoclassique tourné vers l'offre, et les réformes viseraient désormais à constituer un nouveau paradigme des politiques sociales adapté au nouveau paradigme de politique économique. Longtemps, les politiques sociales sont restées sur la dynamique de l'État Providence de l'après-guerre, pour limiter les dégâts sociaux liés aux mutations économiques. Il s'agirait désormais de caler la protection sociale sur la nouvelle convention de politique économique : l'État-providence doit être mis au service de l'impératif de compétitivité et d'amélioration des performances du marché du travail. Se met alors progressivement en place un nouveau système de protection sociale, fondé sur un socle fondamental nouveau, qui cible la protection sociale sur ceux qui en ont le plus besoin, au détriment des politiques sociales universelles. Il s'agit enfin de faire appel à tous les acteurs de la protection sociale : État, mais aussi marché, famille, secteur associatif pour promouvoir une protection sociale qui serait plus efficace et proche des individus que celle délivrée par des administrations publiques. La protection sociale est davantage conçue comme un levier en faveur de l'efficacité économique : dans la **théorie des incitations**, la fonction de la protection sociale devient de modifier les comportements, et non plus prioritairement de protéger les individus contre des risques sociaux. Cette nouvelle conception de la protection sociale est alors centrée sur l'activation des dépenses sociales, et la mise en œuvre de politiques de l'emploi cherchant à favoriser le retour des individus sur le marché du travail plutôt que de leur verser un revenu de remplacement, hors-marché.

À l'heure où certaines analyses perçoivent la protection sociale comme un coût qui grève la compétitivité des pays avancés, les grands pays émergents ont connu au cours des dernières années un développement rapide de leur protection sociale, certes chacun selon une voie spécifique (systèmes d'assurance en Chine, système d'assistance très développé en Afrique du Sud avec des minima sociaux couvrant une large part de la population, système de transferts de revenus conditionnels au Brésil), mais qui autorise la création d'un « socle de protection sociale », comme recommandé notamment par l'Organisation internationale du Travail (OIT). Il s'agit d'un défi majeur au XXIe siècle qui pourrait favoriser, grâce à la coopération internationale, une certaine convergence entre les nations, et une croissance inclusive dans les économies émergentes qui se recentreraient davantage sur leur demande intérieure avec une réduction de l'épargne de précaution des ménages, et une meilleure couverture des risques sociaux.

On voit donc que l'organisation du système de protection sociale est non seulement inséparable des choix collectifs de répartition des richesses et de tolérance aux inégalités en vigueur dans le cadre des différents modèles sociaux nationaux, mais que son déploiement et sa réforme sont étroitement dépendants des arbitrages de politique économique sous contraintes de l'économie globalisée.

RÉFÉRENCES DU CHAPITRE

Bastiat F. (1850/2015), *Harmonies économiques*, Institut Coppet.

Duménil G. & Lévy D. (2003), *Économie marxiste du capitalisme*, La Découverte, Coll. Repères.

Keynes J. M. (1926), *La fin du laisser-faire* : http://delong.typepad.com/egregious_moderation/2009/01/john-maynard-keynes-the-end-of-laissez-faire-1926.html

Laurent E. (2014), *Le bel avenir de l'État-Providence*, Les liens qui libèrent.

Majnoni d'Intignano B. et Ulmann P. (2001), *Économie de la santé*, PUF.

Musgrave R. (1959), *The Theory of Public Finance*, New York, McGraw-Hill.

Palier B. (2005), *Gouverner la sécurité sociale : les réformes du système français de protection sociale depuis 1945*, PUF, Coll. Quadrige.

Smith A. (1776/1999), *Recherches sur la nature et les causes de la richesse des nations*, Éd. Flammarion.

Walras L. (1875), *L'État et les chemins de fer* : http://www.sapili.org/livros/fr/mc000296.pdf

POUR EN SAVOIR PLUS

Initiation

Barbier J.-C., Théret B. (2009), *Le nouveau système français de protection sociale*, La Découverte, Coll. Repères.

Bozio A. et Grent J. (2017), *Économie des politiques publiques*, La Découverte, Coll. Repères.

Cahiers français (2010), *La protection sociale : quels débats ? Quelles réformes ?* La Documentation française, n° 358.

Castel R. (2003), *L'insécurité sociale*, Seuil.

Daniel J. M. (2017), *La politique économique*, PUF, Coll. Que sais-je ?

Duménil G. et Lévy D. (2003), *Économie marxiste du capitalisme*, La Découverte, Coll. Repères.

Chevallier J.-J. (2018), *Le service public*, PUF, Coll. Que sais-je ?

Lévêque F. (2004), *Économie de la réglementation*, La Découverte, Coll. Repères.

Esping-Andersen G. (2008), *Trois leçons sur l'État-providence*, Seuil, Coll. La République des idées.

Merrien F.-X. (2007), *L'État-providence*, PUF, Coll. Que sais-je ?

Peroz J.-D. (2018), *Les politiques sociales en France*, Dunod.

Rosanvallon P. (1981, 2015), *La crise de l'État-providence*, Le Seuil (rééd. Coll. Points).

Approfondissement

Bouvier M. et al. (2020), *Finances publiques*, LGDJ.

Bozio A. et Grenet J. (2017), *Économie des politiques publiques*, La Découverte.

Castel R. (1995), *Les métamorphoses de la question sociale*, Fayard.

Deiss J. et Gugler Ph. (2020), *Politique économique et sociale*, EPLF Press.

Elbaum M. (2011), *Économie politique de la protection sociale*, PUF, Coll. Quadrige.

Esping-Andersen G. (1999), *Les trois mondes de l'État-providence. Essai sur le capitalisme moderne*, PUF, Coll. Le lien social.

Fontanel M., Grivel N., Saintoyant V. (2007), *Le modèle social français*, Odile Jacob.

Huart F. (2016), *Économie des finances publiques*, Dunod.

Lefebvre A. et Meda D. (2006), *Faut-il brûler le modèle social français ?* Seuil.

Merrien F.-X., Parchet R., Kernen A. (2005), *L'État social. Une perspective internationale*, A. Colin.

Mueller D., et al. (2015), *Choix publics : analyse économique des décisions publiques*, De Boeck.

Palier B. (2017), *La réforme des systèmes de santé*, PUF.

Palier B. (2014), *La réforme des retraites*, PUF.

Palier B., Gazier B., Périvier H., (2014), *Refonder le système de protection sociale, Presses de Sciences Po.*

Penaud P. (dir.) (2016), *Politiques sociales*, Dalloz/Presses de sciences po.

Perret B. (2014), *L'évaluation des politiques publiques*, La Découverte, Coll. Repères.

Quilès J.-J. (2003), *Économie du choix social*, Bréal.

Ronquoy Ph. (dir.) (2010), *La protection sociale : quels débats ? Quelles réformes ?*, Les Cahiers français, n° 358.

Supiot A. (2013), *Grandeur et misère de l'État social*, Collège de France, Fayard.

SUR LA TOILE

Le budget de l'État / Forum de la performance publique :
http://www.performance-publique.budget.gouv.fr/budget-comptes-etat/budget-etat#.VvlbJNwRmQs

CHAPITRE 19

Politiques économiques

Les **politiques économiques** regroupent un ensemble d'objectifs et d'instruments par lesquels les pouvoirs publics cherchent à agir sur les variables économiques.

On distingue généralement les **politiques conjoncturelles** et les **politiques structurelles**.

Les politiques conjoncturelles sont des politiques ayant pour but de faire face à l'ensemble des variations à court terme de l'activité économique. Elles peuvent se fixer différents objectifs qui peuvent être complémentaires ou contradictoires : une croissance élevée du PIB, le plein-emploi, la stabilité des prix et l'équilibre extérieur.

Les politiques structurelles sont des politiques qui portent sur l'évolution à long terme de l'économie et de ses structures (politiques sociales, politiques industrielles, politique d'aménagement du territoire, politique fiscale). Dans ce cadre il y a aussi la politique de la concurrence (v. chapitre *Marchés, concurrence imparfaite et nouvelle microéconomie*).

Les politiques économiques peuvent être conduites au niveau local (communes, départements, régions), au niveau de l'État-Nation ou au niveau supranational (Union européenne, mesures relevant de la gouvernance mondiale).

La crise économique de 2007-2008, la crise des dettes souveraines, la difficulté à retrouver un rythme de croissance soutenu et enfin la pandémie, posent un nouveau regard sur les politiques économiques. La crise des *subprimes* avait remis en avant les principes de la relance keynésienne mais l'accroissement de l'endettement public et le maintien du Pacte de Stabilité et de Croissance ont de nouveau incité à la rigueur. Cependant la crise de la covid-19 semble montrer l'importance des politiques contra-cycliques. Enfin, le processus de désindustrialisation dans les pays développés fait réfléchir à une politique industrielle repensée. Aujourd'hui, d'importants débats se déroulent à propos de la politique économique à mettre en œuvre au sein de la zone euro pour sortir de la crise actuelle, faire face au chômage et réduire les inégalités (v. chapitre *Intégration économique européenne*).

§ 1. Les politiques conjoncturelles : la politique budgétaire et la politique monétaire

Les politiques monétaire et budgétaire sont des politiques contra-cycliques, on parle aussi de politiques conjoncturelles.

Pour représenter les différents objectifs que peuvent poursuivre les politiques conjoncturelles, on a coutume d'utiliser une représentation simplifiée, le « **carré magique** » de l'économiste post-keynésien **N. Kaldor** (1908-1986), qui associe les quatre objectifs suivants :

- augmenter la croissance économique, mesurée par le taux de croissance du PIB ;
- équilibrer les échanges extérieurs, évalués par l'intermédiaire du solde de la balance commerciale rapporté au PIB ;
- assurer le plein-emploi, évalué grâce au taux de chômage ;
- maîtriser l'inflation, mesurée par l'indice de variation annuelle du niveau général des prix.

LE CARRÉ MAGIQUE DE LA FRANCE EN 1973 ET EN 2019

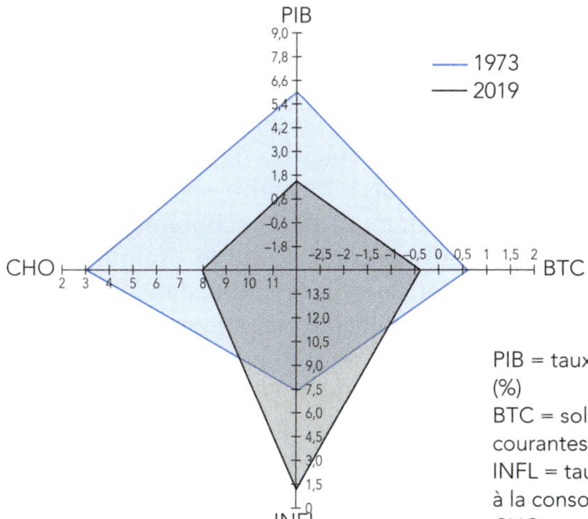

PIB = taux de variation du PIB en volume (%)
BTC = solde de la balance des transactions courantes en % du PIB
INFL = taux de variation de l'indice des prix à la consommation (%)
CHO = taux de chômage (%)

Chacun des quatre axes du carré magique part du centre et est gradué de façon telle que la situation « la pire » soit au centre (par exemple 0 % de croissance) et la situation la plus favorable à l'extérieur du carré (+ 10 % de croissance par exemple).
Le graphique permet d'identifier les faiblesses de l'économie française en 1973 (une inflation élevée) et en 2019 (faible croissance, chômage élevé et balance des transactions courantes déficitaire). On note que les quatre objectifs des politiques conjoncturelles, sont interdépendants deux à deux :

- la recherche d'une croissance économique soutenue et le plein-emploi ;
- la recherche d'un équilibre de la balance des paiements et d'une inflation maîtrisée.

En revanche, la réalisation simultanée de ces deux paires d'objectifs se heurte à des difficultés. Ainsi, l'expansion économique en situation de plein-emploi suscite des tensions inflationnistes et stimule les importations, au risque d'une dégradation du **solde commercial**.

I. La politique budgétaire

A. Définition, instruments et objectifs de la politique budgétaire

La **politique budgétaire**, à travers les finances publiques, peut remplir en partie chacune des trois fonctions de l'État (allocation, stabilisation, répartition). Avec les travaux de **J.M. Keynes**, elle a pris une dimension plus importante dans la fonction de stabilisation afin de lisser le cycle dans le temps. La politique budgétaire est une politique macroéconomique contra-cyclique dont l'objectif est d'orienter la demande agrégée et plus généralement l'économie vers son niveau de croissance potentielle. Pour cela, les autorités budgétaires utilisent le budget (les dépenses publiques et la fiscalité), pour intervenir. La politique budgétaire peut être utilisée de deux manières différentes : en tant que politique économique discrétionnaire ou comme stabilisateur automatique. Dans le premier cas il s'agit d'agir sur l'économie par les dépenses et la fiscalité, dans le second, elle permet, à travers le budget, de s'adapter automatiquement aux mouvements de la conjoncture (les recettes augmentent en situation de croissance et diminuent en situation de ralentissement économique).
Les effets de la politique budgétaire sur l'activité économique se mesurent par les multiplicateurs de dépenses publiques et par l'**espace budgétaire** qui représente la capacité d'un État à pouvoir s'endetter et se financer afin d'orienter la politique budgétaire.

En effet, selon **J.M. Keynes** (1883-1946), l'accroissement des dépenses publiques, par le biais du multiplicateur, génère un accroissement plus que proportionnel de la production et à l'inverse une baisse des dépenses publiques génère un effet plus que proportionnel négatif sur le niveau de la production (v. chapitre *Capital et investissement*).
L'action budgétaire de l'État peut avoir différents effets multiplicateurs :
- le **multiplicateur fiscal** qui est négatif, car une hausse des prélèvements obligatoires provoque une diminution du revenu disponible et donc de la demande, il est égal à $-\frac{c}{1-c}$;
- le **multiplicateur de dépenses publiques** qui mesure les effets d'une hausse des achats publics sur le revenu, le multiplicateur de dépenses étant égal à $\frac{1}{1-c}$ d'après un modèle keynésien simplifié.

Le **théorème d'Haavelmö** précise que si l'on augmente le volume des dépenses publiques en même temps et dans la même mesure que l'on augmente la fiscalité, la demande globale s'accroît d'un montant égal aux dépenses publiques additionnelles. Le multiplicateur est donc égal à 1, correspondant à la somme du multiplicateur de dépenses publiques et du multiplicateur fiscal : $\frac{1}{1-c}+\frac{-c}{1-c}=\frac{1-c}{1-c}=1$. La variation de la production est égale à la variation des achats publics, elle-même égale à la variation des impôts. Ce théorème va à l'encontre de l'idée d'une neutralité de l'équilibre budgétaire et justifie une extension des interventions de l'État.
- le **multiplicateur de transferts** qui exerce un effet initial non sur le produit mais sur le revenu disponible, ce qui explique son moindre effet par rapport au multiplicateur d'achats publics, le multiplicateur étant égal à $\frac{c}{1-c}$.

Dans l'approche keynésienne, la relance par le budget a des effets positifs sur la demande agrégée.
À court terme, face aux incertitudes, la demande peut être insuffisante. Les agents économiques ne peuvent pas toujours accroître leur niveau d'endettement et dans une situation récessive ils peuvent avoir tendance à augmenter l'épargne de précaution (ce qui accroît l'effet récessif). Ainsi l'État, par son intervention, peut compenser l'excès d'épargne et restaurer la confiance, réduisant ainsi l'incertitude. De plus, la politique budgétaire, en lissant le cycle, réduit les effets nocifs des fluctuations économiques sur la croissance de long terme en limitant la perte en capital humain et la baisse de l'investissement privé. Enfin les dépenses publiques liées à la relance peuvent améliorer les services publics et les infrastructures, favorisant la croissance potentielle.

B. Une politique budgétaire portée par les idées keynésiennes pendant la période des Trente Glorieuses

Durant les Trente Glorieuses, l'ensemble des pays industrialisés a adopté des **politiques keynésiennes** pour faire face soit à des situations de ralentissement de la croissance, soit à des situations de surchauffe de l'économie (tension inflationniste), une alternance de politiques de relance et d'austérité.

Pendant les « Trente Glorieuses », la politique monétaire et la politique budgétaire étaient combinées dans le cadre de **politiques mixtes** (***policy mix***) visant à maintenir l'économie sur un sentier de croissance de plein-emploi compatible avec la stabilité des prix et l'équilibre extérieur. Les États ont assuré une régulation macroéconomique conjoncturelle, freinant l'activité économique en cas de surchauffe inflationniste et/ou déficit extérieur et relançant l'économie en cas de croissance trop lente et de montée du chômage : ce sont des politiques contracycliques, dites **politiques de « *stop and go* »**. Une politique keynésienne ne consiste donc pas à recourir systématiquement au déficit, ni à accroître tendanciellement le poids des dépenses publiques (v. chapitre *Les fonctions économiques de l'État*), mais à utiliser la relance par le déficit budgétaire dans les situations appropriées, ce qui suppose de rétablir les finances publiques dans les périodes fastes pour retrouver des marges de manœuvre budgétaires en cas de nouvelle récession. Ainsi les politiques budgétaires menées par certains gouvernements libéraux dans les pays anglo-saxons, au cours des années 1980, qui ont massivement réduit la fiscalité et creusé de ce fait les déficits publics, ne sont pas des politiques d'inspiration keynésienne.

Durant cette période, la politique budgétaire interagit avec la politique monétaire à travers le modèle IS / LM (v. chapitre *Les grands courants de l'analyse économique*).

Historique des politiques de « *stop and go* » en France

- 1973 : premier choc pétrolier
- 1974 : plan de « refroidissement » (dégradation de l'emploi)
- 1975 : plan de relance (dégradation des comptes)
- 1976-1981 : politique de désinflation compétitive (chômage et restructuration)
- 1981-1982 : plan de relance socialiste (dégradation des comptes)
- 1983-1986 : politique de désinflation compétitive n° 2
- 1987-1992 : politique du franc fort
- 1992-1997 : politique du franc fort n° 2 (choc de l'unification allemande, croissance faible, chômage, dégradation des comptes)
- 1997-2001 (reprise de la croissance, emplois jeunes, 35 heures)

On ne parle plus aujourd'hui de politique de « Stop and Go ». Les mesures de ce type relèvent plus globalement des politiques conjoncturelles.

C. Une politique budgétaire sous contrainte à partir des années 1970 : Les règles budgétaires

a. Les limites des politiques budgétaires conjoncturelles

La critique libérale des politiques keynésiennes porte principalement sur la question du financement du déficit budgétaire mais également sur l'efficacité d'une politique budgétaire active :

- Les économistes libéraux soulignent que le financement du déficit budgétaire par l'emprunt risque de générer une hausse des taux d'intérêt, entraînant la baisse des dépenses privées. Ils soulignent également l'existence d'un « **effet d'éviction financière** » : les emprunts publics deviennent plus attractifs que les obligations privées.
- Ils soulignent, par ailleurs, que les déficits budgétaires conduisent à un accroissement de l'endettement des administrations publiques qui peut générer un « **effet boule de neige** » : le poids de la dette publique augmente du fait que le taux d'intérêt réel est supérieur au taux de croissance du PIB en volume. Quant aux solutions de financement monétaire du déficit budgétaire, elles sont considérées comme inflationnistes par les monétaristes.
- Du point de vue de l'efficacité d'une politique budgétaire active, **M. Friedman** (1912-2006, prix Nobel 1976) considère que les effets du mécanisme multiplicateur sont limités, à moyen et long terme. Selon lui, les consommateurs ne sont pas sensibles à la variation de leurs revenus courants mais à leur **revenu permanent**, en tant que revenu moyen anticipé sur toute leur vie. Ainsi, une augmentation des prestations sociales les conduit à épargner au lieu de consommer, car ils considèrent qu'à terme, la variation de leur revenu courant sera rattrapée par une croissance des prélèvements obligatoires (**Théorème d'équivalence Ricardo-Barro**). Dès lors, la politique budgétaire est efficace seulement si les consommateurs sont partiellement informés et s'ils se trouvent dans l'incapacité d'anticiper les charges futures résultant des mesures prises par les pouvoirs publics. Ainsi, pour Friedman, la politique budgétaire peut avoir des effets positifs à court terme, mais à long terme, son efficacité s'étiole au fur et à mesure que l'illusion monétaire se dissipe.

Pour les théoriciens des **anticipations rationnelles**, **J. Muth** (1930-2005), **R. Lucas** (né en 1937) et **R. Barro** (né en 1944) (Nouvelle École Classique), une relance budgétaire ou une politique monétaire expansive se heurtent nécessairement aux anticipations rationnelles des agents, à leur compréhension du risque de report des charges dans l'avenir, les conduisant à augmenter leur niveau d'épargne et réduisant par conséquent l'effet du multiplicateur. La politique monétaire n'est efficace ni à court terme, ni à moyen ou long terme (v. chapitre *Les grands courants de l'analyse économique*).

b. La question du poids de la dette publique et des risques d'un déficit public excessif

• En matière d'équilibre budgétaire, deux conceptions s'opposent :
– une conception keynésienne qui considère que l'objectif d'équilibre entre les dépenses et les recettes des administrations publiques importe moins à court terme que la recherche d'un équilibre macroéconomique ;
– une conception libérale pour laquelle l'équilibre budgétaire doit être assuré quel que soit le niveau de la conjoncture.

• Il reste que l'existence d'un **déficit budgétaire** ne résulte pas nécessairement d'un choix de politique économique. En effet, le budget de l'État exerce spontanément un effet de stabilisation de l'activité économique (existence de **stabilisateurs automatiques**). Une période de récession et de croissance du chômage implique une diminution des recettes publiques particulièrement pour les recettes issues de la TVA et de l'impôt sur le revenu, parallèlement, les dépenses d'aides aux entreprises et aux chômeurs augmentent, permettant le relatif maintien du revenu disponible global, et par conséquent une relative stabilisation de l'activité économique.

• L'existence d'un déficit budgétaire soulève la question de son financement, et celui-ci peut s'effectuer :
– par une création monétaire directe : le gouvernement demande à la Banque centrale de créer de la monnaie afin de créditer le Trésor public (ce qui est aujourd'hui impossible dans la zone euro) ;
– par une création monétaire indirecte : le gouvernement décide de l'émission de bons du Trésor (titres d'emprunt) qui peuvent ensuite être utilisés par les banques de second rang comme collatéral afin d'obtenir des liquidités auprès de la banque centrale ;
– par des emprunts à long terme faisant appel à l'épargne publique sur le marché financier ;
– par l'accroissement des prélèvements obligatoires.

DETTE PUBLIQUE PAR RAPPORT AU PIB (%)

Année / Pays	1986-1990	1991-1995	1996-2000	2007	2010	2013	2020 *2019
États-Unis	58,9	68,3	62,4	60,3	94,2	104,3	161
Royaume-Uni	35,0	32,9	46,5	43,6	79,9	87,2	144

Pays \ Année	1986-1990	1991-1995	1996-2000	2007	2010	2013	2020 *2019
Japon	71,4	79,5	120,2	185,0	200	224,6	238*
Allemagne	41,4	45,7	58,9	66,5	83,2	76,9	69,8*
France	32,5	44,2	57,9	63,9	82,3	92,2	115,7

Source : d'après *Alternatives économiques*, HS n° 74, 4e trimestre 2007.
Insee pour 2010, 2013 et 2020, OCDE pour 2019 et 2020.

Comme on le voit, la croissance de l'endettement public concerne la plupart des pays avancés depuis les années 1980 et l'augmentation de la dette publique a été très forte du fait de la crise des *subprimes* (2007), puis en Europe du fait de la crise des dettes souveraines (2011) et enfin avec la crise de la covid-19. Face à la chute de l'activité économique, les stabilisateurs automatiques ont joué : baisse des recettes fiscales et sociales, maintien ou hausse des dépenses, ce qui a creusé le déficit et donc la dette. Mais de plus lors de ces différentes crises, de nombreux gouvernements ont adopté dans un premier temps des mesures discrétionnaires de relance des dépenses publiques, d'où l'aggravation des déficits. En France, le creusement du déficit lié à la pandémie s'explique par différentes mesures : maintien de l'emploi (dispositif de chômage partiel), faire face au besoin de financement des entreprises, mise en place de délais de paiement pour les échéances fiscales et sociales des entreprises, soutien aux entreprises exportatrices. Selon la Cour des comptes, la crise sanitaire a coûté, en 2020, 92,7 milliards d'euros. En 2020, le déficit public de la France s'établit à 9,2 % du PIB.

Certains auteurs comme **P. Krugman** (né en 1953, Prix Nobel 2008), **A. Sen** (né en 1933, Prix Nobel 1998) ou encore **J.-P. Fitoussi**, critiquent le ratio dette publique sur PIB dans la mesure où le numérateur est un stock alors que le dénominateur est un flux. Pour eux cela a peu de sens économique. Ainsi si la dette ne bouge pas mais que le PIB se réduit, le poids de la dette s'accroît.

Cependant, on constate dans certains pays, une tendance de longue période au maintien des déficits publics. En France, par exemple, les dépenses publiques ont toujours été supérieures aux recettes publiques depuis 1973. La maîtrise des déficits publics est un objectif dans la plupart des pays, mais sa mise en œuvre se heurte aux exigences de la politique économique contra-cyclique.

- Doit-on s'inquiéter d'une dette publique trop élevée ? Une dette publique trop élevée peut déboucher sur un défaut de paiement et la simple perspective de ce défaut peut entraîner de la méfiance de la part des marchés financiers. Le rôle des agences de notation (les plus connues : Moody's, Standard and Poor's, Fitch) va dans ce sens. Elles surveillent et informent de la **soutenabilité des politiques budgétaires** (la capacité des États à financer l'endettement d'aujourd'hui par les excédents budgétaires de demain). Une contrainte de crédibilité pèse sur la politique économique. Cela entraîne une augmentation des taux d'intérêt sur les obligations d'État et certains pays sont obligés de se financer sur leurs propres ressources ce qui accroît donc la pression fiscale. Néanmoins, malgré l'instauration de règles budgétaires dans beaucoup de pays, dont la zone euro, il est difficile de trouver une limite objective à partir de laquelle le niveau de la dette devient dangereux. La Grèce fait un défaut partiel en 2012 avec une dette de 157,2 % du PIB alors que le Japon, qui est le pays le plus endetté au monde avec une dette supérieure à 200 % du PIB en 2014, n'est pas inquiété. En 2010, **C. Reinhart** et **K. Rogoff** estiment un seuil d'endettement de 90 % au-delà duquel les perspectives de croissance économique à moyen terme sont gravement compromises. Cependant leurs calculs se sont avérés erronés et ce seuil n'existe pas. Enfin, une analyse de plus long terme menée par **U. Panizza**, **A.F. Presbitero** et **R. Pollin**, montre qu'il n'y a pas de point d'inflexion particulier, car ces derniers pensent que c'est le faible niveau de la croissance qui aggrave l'endettement. Il n'y a pas de seuil de dette mais des niveaux élevés sont porteurs de risques, notamment en réduisant la capacité d'un pays à faire face aux chocs économiques. Enfin plusieurs analyses montrent que réduire la dette en période de crise n'est pas opportun. Le choix de la consolidation budgétaire doit dépendre de la position d'un pays dans le cycle économique. Ainsi une politique budgétaire expansionniste est plus efficace pendant la crise.

c. La question de la contrainte extérieure

Depuis le milieu des années 1970, les pays industrialisés connaissent une montée en puissance de la **contrainte extérieure** : l'ouverture des marchés de capitaux et la concurrence internationale accrue réduisent l'efficacité d'une politique de relance. La demande, lors d'une politique expansionniste, peut se porter sur les produits importés et non sur la production nationale.

Depuis les années 1980, le degré d'ouverture des économies aux échanges extérieurs de marchandises, de services et de capitaux s'est accru (v. chapitres *Commerce international, internationalisation de la production et gouvernance mondiale* et *Fluctuations, cycles et crises économiques*). De ce fait, la contrainte extérieure qui pèse sur les politiques économiques est plus forte. Dans les années 1980, cette contrainte était surtout liée aux échanges de marchandises : le creusement du déficit de la balance commerciale constituait un symptôme d'une politique économique trop expansionniste. Depuis les années 1990, ce sont surtout les mouvements de capitaux qui sont la manifestation de la contrainte extérieure. En cas de perte de confiance à l'égard de la politique économique d'un pays (croissance trop lente, déficits publics excessifs, etc.) on assiste à une sortie de capitaux et, si le pays doit emprunter sur le marché mondial des capitaux, il le fait à des taux plus élevés. Les différences de taux d'intérêt entre pays (**Spread**) sont devenues un indicateur très important. La dépendance des économies nationales aux comportements des investisseurs internationaux, à leur aversion au risque et au retournement des anticipations est plus importante. De même, le développement des firmes multinationales joue sur la contrainte extérieure à travers le commerce intra-firme, les échanges entre la maison-mère et les filiales qui peuvent favoriser la propagation des chocs, notamment par les flux de capitaux entre elles (v. chapitre *Commerce international internationalisation de la production et gouvernance mondiale*).

Cette montée de la **contrainte extérieure** a réduit l'efficacité des politiques de réglage de la conjoncture. En particulier, les politiques de relance se heurtent au creusement du déficit commercial et à des effets d'éviction par les taux de change : une volonté de financer les déficits publics par la venue de capitaux étrangers peut conduire à une appréciation du taux de change et par conséquent à des effets négatifs sur la compétitivité-prix des exportations. Ainsi, en 1981-1982, en France, les pouvoirs publics décident de relancer la croissance notamment par une augmentation sensible des salaires et des prestations sociales. Mais cette hausse des revenus va profiter davantage aux importations qu'à la production nationale. L'effet du multiplicateur se trouve réduit en économie ouverte : alors qu'il est de 5 en économie fermée, en économie ouverte, pour un pays important 20 % des biens consommés, il est de 2,5. En économie ouverte le multiplicateur devient $\frac{1}{1 - c + m}$. La relance a donc un effet plus faible. Plus l'économie est ouverte plus l'effet de la relance le sera aussi : la politique économique aura alors peu d'impact sur l'économie nationale.

Ce phénomène accentue même la désindustrialisation : la politique de relance, en favorisant les produits importés, accroît le déficit extérieur. Ainsi les importations remplacent la production intérieure, qui elle diminue, ce qui va encore augmenter le déficit extérieur et réduire de nouveau la production, il y alors désindustrialisation. **J.M. Keynes** avait mis en avant ce phénomène et proposait un protectionnisme en faveur de l'industrie automobile, de l'acier et du fer. Sans politiques coordonnées, le risque de désindustrialisation est important.

En France, face à la dégradation de la balance commerciale, les pouvoirs publics vont devoir changer radicalement de politique économique. Une politique de rigueur est mise en place dès juin 1982 qui a pour objectif de restaurer les principaux équilibres. Au total, sous l'effet de cette politique le déficit du commerce extérieur se résorbe progressivement entre 1984 et 1992, puis le commerce extérieur devient excédentaire entre 1993 et 2005 sous l'effet d'une amélioration de la compétitivité de l'économie française. Depuis cette date, le **solde commercial** n'a cessé de se dégrader.

Le régime de change agit aussi sur la politique budgétaire. Dans le cadre d'un régime de changes flottants avec une mobilité des capitaux, la politique de relance budgétaire sera peu efficace. La politique budgétaire, en augmentant les dépenses publiques, accroît le revenu et les taux d'intérêt ce qui augmente l'entrée des capitaux étrangers et fait s'apprécier la monnaie. L'appréciation pénalise les exportations et l'investissement privé (l'accroissement des taux d'intérêt augmente le coût de l'investissement). En changes fixes, la situation est inversée puisque les autorités monétaires se sont engagées à ne pas laisser la monnaie s'apprécier lorsque le flux de capitaux entrants augmente. Les exportations ne sont pas pénalisées, les taux d'intérêt n'augmentent pas : l'investissement privé ne se réduit pas. La politique budgétaire de relance est efficace et d'autant plus si les capitaux sont mobiles.

Le **modèle Mundell-Fleming** est la version du modèle IS-LM (v. chapitre *Les grands courants de l'analyse économique*) en économie ouverte. Modèle keynésien à prix fixes mis en avant par **H. M. Fleming** (1911-1976) et **R. Mundell** (né en 1932, prix Nobel en 1999). C'est un modèle où la mobilité des capitaux est parfaite dans une petite économie ouverte. Ce modèle montre que le régime de change choisit a un impact sur l'économie. Le modèle montre que les effets des politiques économiques conjoncturelles sont dépendants du régime de change (fixes ou flottants). Pour eux, la politique monétaire n'est efficace qu'en taux de change flottants et, en changes fixes, seule la politique budgétaire peut agir sur le revenu.

La contrainte extérieure conduit aussi à subir les effets des politiques économiques des autres pays. On appelle cela les **effets de report** ou « *spillover reports* ». Par exemple, la politique monétaire expansionniste aux États-Unis lors de la crise des *subprimes* a entraîné des mouvements de capitaux vers les pays émergents et la remontée des taux de la Fed à la fin de l'année 2015 a entraîné un reflux des capitaux ainsi qu'un accroissement de la charge de la dette en dollars de ces émergents. Ces effets mettent en avant la nécessaire coordination internationale (v. chapitres *Relations monétaires internationales*).

Cette coordination est nécessaire notamment dans la zone euro où une relance budgétaire si elle n'est pas coordonnée ne permet pas de compenser les fuites d'importations par une augmentation des exportations des pays voisins qui appliqueraient des mesures similaires.

d. La Monnaie unique et les règles budgétaires

Les politiques budgétaires ont été soumises au **Pacte de Stabilité et de Croissance** (PSC) adopté en 1997 (Traité d'Amsterdam). Ce pacte a pour but d'éviter l'existence de déficits excessifs qui impliqueraient une création monétaire, une inflation et des taux d'intérêt à la hausse, affectant l'ensemble de la zone. Dans ce cas le laxisme budgétaire d'un État entraînerait finalement des répercussions négatives pour tous les autres pays de la zone. Les conséquences de sa politique seraient mutualisées, il s'agirait, au fond, d'une forme de stratégie du « passager clandestin » au sein de l'Union. C'est pourquoi le PSC plafonne le déficit des administrations publiques à 3 % du PIB et la dette publique à 60 % du PIB.

Il est cependant apparu que certains pays membres ne parvenaient pas à respecter les règles du PSC. En 2005 un aménagement du Pacte est décidé, il autorise les « dépassements limités et temporaires » de la limite des 3 % du PIB pour le déficit public, mais il maintient l'objectif d'équilibre budgétaire à moyen terme et il insiste sur la limitation de la dette publique à 60 % du PIB (v. chapitre *Intégration économique européenne*).

D. La politique budgétaire depuis la crise de 2008 : Le retour des idées keynésiennes ?

Face à la crise des *subprimes* de 2007-2008, la plupart des États ont mené des politiques de relance plus ou moins vigoureuses qui associent stimulation budgétaire d'une part, politique de faible taux d'intérêt et de liquidité abondante d'autre part. Cependant, compte tenu de la hausse des déficits publics puis des dettes publiques qui en résulte, certains gouvernements (notamment au sein de la zone euro) ont donné la priorité au rétablissement des comptes publics en privilégiant des politiques restrictives qui nuisent à la croissance et à l'emploi. Malgré le risque de **récession à double creux** (*double dip recession*) à craindre (deux périodes de récession interrompues par une courte période de reprise) les ajustements budgétaires ont commencé dès 2011. On note que les efforts ont été, cependant, différents selon les pays : plus importants pour des pays comme la Grèce ou encore l'Espagne. Les États-Unis ont différé leur consolidation budgétaire jusqu'à la fin 2012 afin de soutenir plus longtemps l'activité économique.

Les effets de ces ajustements budgétaires sont différents selon les pays. En effet, les États-Unis ont mis en place une politique budgétaire récessive une fois sortis de la crise avec un niveau de croissance soutenue alors qu'en zone euro, l'effet récessif a été important car beaucoup de pays ont mis en place leurs ajustements budgétaires en même temps. Il y a eu un double effet récessif : un effet direct lié à une baisse de la demande intérieure et un effet indirect lié à une baisse de la demande extérieure émanant des autres pays de la zone. Plus généralement, cela a généré un décrochage de la France et des pays du sud de la Zone euro par rapport à l'Allemagne et aux États-Unis. La rigueur a formaté la politique économique, elle est devenue restrictive. La croissance européenne mais aussi mondiale a été pénalisée. La volonté de respecter le PSC oblige à des politiques de consolidations budgétaires qui pénalisent la croissance européenne, maintiennent le chômage à un niveau élevé et augmentent le risque d'une spirale déflationniste.

Les ajustements structurels restent importants jusqu'à la crise de la covid-19. La question de la soutenabilité de la dette est aujourd'hui un objectif de la politique budgétaire. Mais en zone euro la consolidation budgétaire doit être coordonnée. Des ajustements simultanés ont des effets récessifs importants et incitent à des comportements non coopératifs : il faut commencer sa consolidation avant les autres afin de bénéficier d'une demande extérieure soutenue. Cette coordination doit permettre aux pays les plus endettés et déficitaires de commencer leur consolidation avant les autres.

De plus, depuis 2016 la Commission européenne recommande aux pays en excédent budgétaire (notamment l'Allemagne) de soutenir l'activité économique en zone euro. L'utilisation de leur **espace budgétaire** pourrait avoir des effets de court terme (taux d'intérêts bas et effet des multiplicateurs élevés) mais aussi des effets de long terme à travers des plans d'investissements importants (v. chapitre *L'intégration économique européenne*).

La crise de la covid-19 remet en question la consolidation budgétaire et finalement renforce l'idée d'une coordination des politiques budgétaires au niveau européen.

Pour faire face à la crise la plupart des pays européens ont mis en place des plans d'urgence et des politiques de relance budgétaire et le PSC a été suspendu jusqu'en 2022. Pour la France, selon l'OFCE, le plan de relance améliorerait le PIB à hauteur de 1,1 % en 2021 et les mesures pour 2022 auraient un effet de 0,9 point de PIB sur l'activité. Le plan d'urgence (activité partielle, dispositifs d'aide aux PME-TPE en difficulté à travers le fonds de solidarité, les aides aux indépendants et les exonérations de cotisations sociales) a empêché une baisse de 3,4 points de PIB. De plus les pays européens vont bénéficier du plan de relance européen *Next Generation EU.* Ce plan, adopté en décembre 2020, de 750 milliards d'euros servira à aider les États à faire face aux conséquences de la pandémie. Il s'agit d'un changement dans la gouvernance européenne qui va vers une plus grande solidarité (v. chapitre *L'intégration économique européenne*).

On peut alors se demander si les politiques budgétaires de types keynésiennes ne font pas leur retour. En effet ces crises successives et la difficulté d'en sortir sans des politiques de relance coordonnées montrent l'existence de rigidités nominales, de multiplicateur budgétaire élevé mais aussi que l'accroissement de la masse monétaire n'entraîne pas d'inflation, en revanche on constate une instabilité sur le marché des actifs financiers. De plus les objectifs des Banques centrales se modifient : la Fed cherche un taux de chômage bas pour réduire les inégalités et la BCE essaie de faciliter la transition énergétique. Enfin la hausse de l'endettement public ne remet pas en cause à chaque fois la solvabilité budgétaire (actuellement cela s'explique par le fait que les taux d'intérêt de long terme sont inférieurs à la croissance nominale de l'économie) et une baisse des taux d'intérêt ne stimule pas systématiquement l'investissement, la contrainte de la trappe à liquidité étant présente. Ainsi la pensée keynésienne semble bien faire son retour.

II. La politique monétaire

A. Définition, objectifs et instruments de la politique monétaire

a. Définition

La **politique monétaire** est une politique macroéconomique contra cyclique. La politique monétaire est « *L'ensemble des moyens mis en œuvre par un État ou une autorité monétaire pour agir sur l'activité économique par la régulation de sa monnaie* » (Banque de France). Elle vise la régulation conjoncturelle du cycle économique mais peut avoir des aspects structurels, notamment dans la gestion de l'allocation du crédit ou de la stabilité financière.

La régulation conjoncturelle s'effectue, en haut du cycle, par une atténuation des tensions inflationnistes et en bas du cycle par un soutien à l'activité économique.

La politique monétaire se justifie, selon **J.M. Keynes** par l'existence de rigidités nominales. Dans une économie en situation d'équilibre de sous-emploi, lorsque la quantité de monnaie en circulation augmente, les prix et les salaires nominaux ne s'ajustent pas immédiatement, il n'y a pas d'inflation et cela fait baisser le taux d'intérêt et augmenter la consommation. Cette viscosité des salaires et des prix a été mise en avant par **E. Phelps** et **R. Taylor** en 1977. En outre les salaires sont fixés sur une période donnée et renégociés de façon échelonnée. Pour les prix les firmes ne les font varier que périodiquement à cause des coûts de menus et de catalogues. Cette viscosité des prix et des salaires explique pour les keynésiens l'efficacité de la politique monétaire.

Aujourd'hui, la politique monétaire est menée par des banques centrales indépendantes des États (à des degrés divers), elles sont guidées par différents objectifs et disposent d'instruments conventionnels et non conventionnels pour les atteindre.

b. Les objectifs

Les objectifs finals

Depuis le début des années 1980, on a assisté à un recentrage de l'objectif de la politique monétaire sur l'objectif de stabilité des prix. Sous l'influence du **monétarisme**, on considère en effet que l'inflation résulte d'une création excessive de monnaie et qu'il appartient à la Banque centrale de se consacrer à la maîtrise de la croissance des agrégats monétaires. Au sein de la zone euro, la BCE a comme objectif la stabilité des prix, que le Conseil de gouverneurs de la BCE avait définit il y a 18 ans comme un taux d'inflation « *inférieur mais proche de 2 %* ». En juillet 2021 la BCE modifie sa cible et passe à « *une d'inflation à 2 % à moyen terme* ».

Les objectifs intermédiaires

Pour atteindre l'objectif final de stabilité des prix, la Banque centrale détermine des **objectifs intermédiaires** qui portent sur la croissance d'un agrégat monétaire et/ou sur le niveau du taux d'intérêt. Il s'agit donc d'une variable monétaire qui sert de cible. Dans ce cadre, la BCE utilise les taux d'intérêt directeurs et/ou les agrégats monétaires pour adresser des signaux aux marchés (augmentation des taux d'intérêt pour lutter contre le risque inflationniste, baisse des taux d'intérêt pour accompagner la croissance).

Les objectifs opérationnels

Pour atteindre les objectifs intermédiaires, la BCE fixe des **objectifs opérationnels**. Ces objectifs opérationnels déterminent la façon dont seront mis en œuvre les instruments de la politique monétaire. L'objectif opérationnel essentiel est le **taux d'intérêt du marché interbancaire**, c'est-à-dire le coût que doivent supporter les banques pour se refinancer. Il s'agit du **taux EONIA** (*Euro Over Night Index Average*), le taux du marché monétaire au jour le jour, le « *taux de référence pour les opérations de prêt interbancaires au jour le jour pratiqué dans la zone euro* ». Depuis 2019 il n'est plus la cible opérationnelle. Il a été remplacé par le **taux ESTER** (*Euro Short-Term Rate*) : le « *taux à court terme en euros qui reflète les coûts d'emprunt au jour le jour en euros non garantis pour les banques de la zone euro* ».

c. Les instruments

Les instruments conventionnels

L'action par la liquidité bancaire

Les banques de second rang ont besoin de détenir une certaine quantité de monnaie banque centrale en fonction de leur activité sur le marché du crédit. En rendant la monnaie banque centrale plus abondante, on incite les banques (toutes choses égales par ailleurs) à octroyer plus de crédits et à créer plus de monnaie. Réciproquement, en rendant les banques moins « liquides » (c'est-à-dire en rendant la monnaie centrale moins abondante) on les incite à octroyer moins de crédits.

Pour agir sur la liquidité bancaire, les banques centrales (et en particulier la BCE) disposent de deux types d'instruments :

- elles peuvent alimenter plus ou moins les banques dans le cadre du refinancement bancaire (interventions sur le marché interbancaire notamment) ;
- elles peuvent jouer sur le **taux de réserves obligatoires**. Ce taux détermine en effet le pourcentage de leurs dépôts, et des titres de créances négociables dont l'échéance initiale est inférieure à 2 ans, que les banques doivent détenir sous forme de monnaie centrale. En augmentant le taux on rend les banques moins liquides et réciproquement.

Depuis la création de l'euro et de la BCE, le taux de réserves obligatoires est resté constant (égal à 2 %), mais en janvier 2012, dans un contexte où la BCE cherche à rendre les banques plus liquides, ce taux a été abaissé à 1 %.

L'action par les taux

Lorsque les banques de second rang empruntent des liquidités pour se refinancer, elles doivent s'acquitter d'un taux d'intérêt (le taux du marché interbancaire le plus souvent). Lorsque le coût du refinancement augmente, les banques répercutent cette hausse sur leurs clients qui sont incités (toutes choses égales par ailleurs) à réduire leur recours à un crédit devenu plus coûteux. Les autorités monétaires, en agissant sur les taux d'intérêt peuvent donc encourager ou freiner le crédit et la création monétaire. Pour agir sur les taux d'intérêt du marché, les banques centrales utilisent des taux directeurs.

Le SEBC dispose de trois taux directeurs :

- Le taux de la **facilité de prêt marginal**, qui constitue, en temps normal, le taux plafond du marché interbancaire. C'est le taux débiteur qui est appliqué aux banques qui se refinancent directement auprès du SEBC.
- Le taux de la **facilité de dépôt**, qui constitue, en temps normal, le taux plancher du marché interbancaire. C'est le taux créditeur dont bénéficient les banques qui déposent leurs liquidités excédentaires auprès du

SEBC. En temps normal, le taux du marché interbancaire fluctue entre des limites constituées par le taux de la facilité de prêt marginal et le taux de la facilité de dépôt.

Les taux de facilités permanentes délimitent le corridor de fluctuation du loyer de l'argent au jour le jour.

- Le taux des **opérations d'*open market***, en particulier des **opérations principales de refinancement**. Ce sont les taux pratiqués par le SEBC lorsqu'il alimente le marché en liquidités par des procédures régulières (hebdomadaires en général). C'est le taux auquel une banque centrale de l'Eurosystème prend en pension un certain volume de titres éligibles (le collatéral).

L'**encadrement du crédit** est une technique de contrôle administratif de la création monétaire qui est aujourd'hui abandonnée au sein de la zone euro et dans l'ensemble des pays industrialisés. L'encadrement du crédit consistait à fixer aux banques un taux maximum d'accroissement de leurs encours de crédit par rapport aux crédits accordés l'année précédente. Le SEBC, comme les autres banques centrales, privilégie l'action par des mécanismes de marché depuis le début des années 1980.

La **règle de Taylor** présentée en 1993 par l'économiste **J. B. Taylor**, et mise en avant par Goldman Sachs en 1996, établit une ligne de conduite aux autorités monétaires. Elle propose un taux d'intérêt de court terme optimal compatible avec l'objectif d'inflation et aussi avec l'***output gap*** (écart PIB effectif et PIB potentiel). La règle de Taylor donnerait plus de crédibilité à la politique monétaire.

Les instruments non conventionnels

À l'occasion de la crise des *subprimes* et de ses conséquences financières et réelles, les banques centrales (notamment la BCE et la Réserve fédérale des États-Unis) ont mis en œuvre des politiques monétaires non conventionnelles (PMNC). Ce type de politique avait déjà été mis en œuvre dans les années 1990 par la Banque du Japon. En effet, lorsque le taux directeur des banques centrales est égal à zéro (ou très proche), la banque centrale ne dispose plus de son outil conventionnel de relance, la baisse des taux. On appelle alors **politique monétaire non conventionnelle** les mesures qui visent à agir sur l'économie par d'autres moyens que les instruments habituels du taux directeur et des interventions sur le marché monétaire. Il s'agit donc de mesures exceptionnelles et temporaires.

L'usage non conventionnel des instruments conventionnels

Un premier type de mesures consiste à endosser le rôle de **prêteur en dernier ressort**. Il s'agit de fournir des liquidités à taux fixe en répondant favorablement à toutes les demandes des banques pour éviter qu'elles souffrent d'un défaut de liquidités du fait de la pénurie des offres sur le marché monétaire. Les banques centrales ont aussi eu recours à des financements à plus long terme afin de favoriser la baisse des taux d'intérêt longs. Par exemple, la BCE a prêté aux banques plus de 1 000 milliards d'euros à 3 ans et à un taux d'intérêt de 1 % à la fin de l'année 2011 et au début de l'année 2012. La réserve fédérale américaine (FED) a aussi mis en place un programme d'achats de titres sur le marché monétaire.

Un autre type de mesures consiste à permettre à davantage d'établissements financiers un accès aux réserves et à élargir la liste des titres qui peuvent servir de contrepartie lors des opérations de mise en pension permettant à la Banque centrale de fournir des liquidités aux banques. La FED a donné accès aux réserves à plus de 7 000 banques contre une vingtaine seulement auparavant et a favorisé l'**intermédiation financière non bancaire** (activités de type bancaire qui s'effectuent en dehors du secteur bancaire, le « secteur bancaire parallèle ») en octobre 2009 en permettant d'acheter des titres issus d'opérations de titrisation. Dans ce cas, deux objectifs sont atteints : la fourniture de liquidités, et le transfert de créances de moins bonne qualité du bilan des banques de second rang au bilan de la banque centrale. La qualité moyenne de l'actif des banques de second rang s'améliore donc.

Les banques centrales peuvent aussi accorder des crédits en devises aux banques de second rang pour éviter une crise de liquidité à celles qui sont engagées en devises et peinent à s'en procurer sur le marché des changes. La BCE a ainsi échangé des euros contre des dollars avec la FED (opération de Swap) pour prêter ensuite ces dollars aux banques qui en avaient besoin.

Enfin, les banques centrales peuvent intervenir sur le marché secondaire de la dette publique afin de faire baisser le taux d'intérêt sur ce type d'actif.

L'utilisation d'instruments novateurs

- **Le guidage des anticipations** (*forward guidance*) : l'objectif est de faire baisser les taux d'intérêt à long terme. Ceux-ci dépendent des anticipations de taux d'intérêt à court terme. La banque centrale doit convaincre que les taux d'intérêt vont rester bas pendant longtemps afin de faire aussi baisser les taux longs. Cela passe par la communication et par la mise en œuvre d'un dispositif de crédibilité, comme l'adoption de règles, un refinancement à taux 0 % ou encore par l'achat de titres. Le *forward guidance* est utilisé par le Japon depuis la fin des années 1990 et a été utilisé par la Fed à plusieurs reprises au cours de la crise des subprimes (2008, 2012). Mais l'exemple le plus significatif est le discours en 2012 de M. Draghi, récent Président de la BCE, qui sauve la zone euro en pleine crise par une phrase devenu célèbre « *Dans le cadre* *de notre mandat, la BCE est prête à faire tout ce qu'il faudra pour préserver l'Euro. Et croyez-moi ce sera suffisant* ».

- **L'achat massif de titres**, (LASP, Large Scale Asset Purchase) ou encore ***Quantitative easing*** (QE) pour les actifs publics et ***Crédit easing*** (CE) pour les actifs privés. Par cet assouplissement quantitatif, la banque centrale espère abaisser les primes de risque sur les titres de la dette publique et faire remonter les cours des titres risqués (actions, immobilier). Le LASP est un QE élargi. L'objectif est ainsi de créer des effets de richesses et d'alléger le coût de financement des entreprises et des ménages. Cela doit permettre d'accroître l'offre de crédit des banques.
- **Le NIRP (*Negative Interest Rate Policy*) :** mis en œuvre par la BCE en 2013, il s'agit d'une politique de taux d'intérêt négatif. Ainsi le taux de facilité de dépôt est négatif (-0,40 %) afin de réduire l'intérêt des banques de second rang à laisser la monnaie centrale sur leurs comptes banque centrale. Le taux de facilité de dépôt est à –0,5 % en 2021.

B. Une politique monétaire portée par les idées keynésiennes pendant la période des Trente Glorieuses

Pendant la période des Trente Glorieuses, la politique monétaire s'appuie sur les idées keynésiennes et relève d'un policy-mix. Ainsi elle vise à soutenir l'activité économique à court terme et les déséquilibres, s'expliquant par des rigidités nominales, rendent cette politique discrétionnaire efficace. Ainsi dans le cadre d'une insuffisance de la demande globale, une hausse de la masse monétaire, en l'absence d'ajustement par les prix, permettra de baisser les taux d'intérêt ce qui stimulera la consommation et l'investissement. Et dans une situation de surchauffe inflationniste, la remontée des taux d'intérêt réduit la demande de monnaie et ralentit le niveau de l'investissement et de la consommation. Les arbitrages de la politique monétaire s'effectuent autour de la relation décroissante entre le taux de chômage et la variation des salaires nominaux, la **courbe de Phillips**. La corrélation entre inflation forte et chômage faible explique le choix de la politique monétaire (v. *chapitre Inflation, désinflation, déflation*).
En économie ouverte, le modèle de **R. Mundell** et **M. Fleming**, montre que la politique monétaire est un instrument central de la politique conjoncturelle. En effet une augmentation de la masse monétaire en baissant les taux d'intérêt fait augmenter la demande de fonds prêtables et elle agit aussi au niveau externe. En effet, cette baisse des taux d'intérêt réduit le gain des capitaux investis, fait fuir les capitaux mais déprécie le taux de change qui permet alors de gagner en compétitivité.

L'efficacité de la politique monétaire en économie ouverte est plus ambiguë : d'autres facteurs agissent en effet sur les flux de capitaux, comme l'appréciation des risques : dette excessive, inflation trop élevée ou déficit extérieur. Les flux de capitaux ne dépendent pas que des différences de rendements entre les actifs financiers.

La politique monétaire est efficace dans la mesure où les pays ne souhaitent pas contrôler les variations du change. Or, l'instabilité du taux de change a des effets sur le bien-être des agents économiques, une dépréciation a des effets inflationnistes (augmentation du prix des importations) qui réduisent le pouvoir d'achat interne (v. chapitres *Fluctuations, cycles et crises* et *commerce international, internationalisation de la production et gouvernance mondiale*). Il faut donc limiter ces variations mais pour cela il faut perdre l'autonomie de la politique monétaire ou limiter les mouvements de capitaux (une contrainte représentée dans le **triangle des incompatibilités**) (v. chapitre *Intégration économique européenne*).

Les politiques économiques keynésiennes ont montré leurs limites et à partir des années 1970 des changements en termes de politique monétaire s'opèrent.

C. À partir des années 1970 : la lutte contre l'inflation, une priorité

a. La politique de désinflation compétitive

À partir des années 1970, la courbe de Phillips est remise en cause. En effet, on parle de « ***stagflation*** » où une inflation forte se combine avec un chômage élevé (v. chapitre *Inflation, désinflation, déflation*). M. Friedman explique cette situation par les anticipations adaptatives. Selon lui, il y a à chaque expansion monétaire des effets d'apprentissage de la part des agents économiques. Les salariés anticipent les hausses de l'inflation et il faut donc des politiques monétaires de plus en plus expansives pour surprendre les agents économiques. L'inflation devenant de plus en plus importante, les politiques monétaires discrétionnaires deviennent inefficaces.

Pour la nouvelle école classique des anticipations rationnelles, les agents économiques anticipent même à court terme la hausse de l'inflation : ainsi une politique monétaire expansionniste n'a pas d'effet sur le niveau du chômage, même à court terme. Ces limites amènent à un tournant dans les objectifs de la politique monétaire. L'objectif central va devenir la stabilité monétaire. Cela va passer dans un premier temps par la mise en place d'une politique de désinflation compétitive puis le développement de l'indépendance des banques centrales et l'instauration de règles monétaires.

Les objectifs des politiques de désinflation compétitive portaient essentiellement sur la recherche d'une stabilité des prix, de l'équilibre de la balance des paiements, d'une monnaie « forte » ou stable et d'un redressement des profits et des investissements. À cet effet, une politique de rigueur monétaire, budgétaire et salariale a été menée. Ce type de politique s'est généralisé dans quasiment l'ensemble des pays industrialisés à partir du début des années 1980 et devait conduire à :

- un freinage de la croissance de la demande intérieure afin de dégager un surplus exportable (freinage des importations et stimulation des exportations) ;
- la stabilisation de l'inflation, source d'une amélioration de la compétitivité-prix, qui contribue au rééquilibrage du commerce extérieur ;
- une modification du partage de la valeur ajoutée en faveur des profits et au détriment des salaires, source d'amélioration de la compétitivité-prix et de stimulation de l'investissement des entreprises.

Les politiques de désinflation compétitive considèrent qu'une élévation de l'inflation nuit à la compétitivité extérieure, et donc finit par produire une augmentation du chômage : il faut donc réduire l'inflation pour améliorer l'emploi à plus long terme.

b. L'indépendance des Banques centrales et les règles monétaires

L'hypothèse de neutralité de la monnaie à long terme qui se met en place à partir des années 1980 donne la priorité à la lutte contre l'inflation et à l'indépendance des Banques centrales. Si la monnaie est neutre, alors les politiques discrétionnaires sont inefficaces et il faut mettre en place des règles. Ainsi, par l'indépendance des Banques centrales, les risques d'incohérence inter-temporelle seront limités et leurs actions plus crédibles. La politique monétaire devient alors une politique qui cible un niveau d'inflation (un consensus des économistes se fait autour d'une cible d'inflation modérée entre 2 % et 4 % pour les pays développés). Et les Banques centrales mettent en place des règles pour guider leur action : règle de Taylor, objectifs intermédiaires et objectifs opérationnels.

Depuis le 1er janvier 1999, la France appartient à la zone euro au sein de laquelle est mise en œuvre une politique monétaire unique. En vertu du **Traité de Maastricht** (1992) qui institue l'Union européenne, la **Banque centrale européenne** (BCE) et les **Banques centrales nationales** (BCN) sont indépendantes du pouvoir politique. Ce choix de l'indépendance des autorités monétaires, qui soustrait, au moins partiellement, la monnaie à la souveraineté politique, fait l'objet de nombreux débats. Certains se demandent en effet quel est le fondement de la légitimité des banquiers centraux. Il est vrai que le Traité attribue à la BCE la tâche essentielle de défendre la stabilité des prix et qu'il interdit à ses dirigeants d'accepter des instructions de quiconque. Les dirigeants européens semblent donc perdre le pouvoir monétaire. Il faut noter cependant que la politique du change est de la responsabilité des autorités politiques et que la Banque centrale, à condition de ne pas compromettre la stabilité des prix, doit concourir aux objectifs généraux de l'Union européenne, en particulier la croissance et le plein-emploi.

La politique monétaire qui se met en place va apporter une stabilité monétaire, en outre entre 1999 et 2007 l'inflation moyenne des pays de l'OCDE est de 2,7 % sur cette période. **Stock et Watson** en 2012, qualifieront cette période de « grande modération » : faible inflation, variabilité faible de l'inflation, faible cyclicité des économies. Mais la faiblesse de l'inflation sur la période s'explique aussi par des facteurs plus structurels : le vieillissement démographique, le ralentissement de la productivité globale des facteurs ou encore la mondialisation.

c. Les réussites et les limites de la lutte contre l'inflation

La mise en œuvre de politiques de désinflation compétitive a permis de juguler l'inflation dans l'ensemble des pays de l'OCDE. En France, dès 1986, l'inflation est maîtrisée, par ailleurs, le solde de la balance commerciale est positif, ainsi que celui de la balance des paiements (v. chapitre *Commerce international, internationalisation de la production et gouvernance mondiale*).

En revanche, les politiques de désinflation compétitive ont tendance à brider la croissance. On mesure le coût en production et en emploi d'une baisse de l'inflation par le **ratio de sacrifice**. Si les politiques désinflationnistes n'ont pas de coût réel à long terme, ce n'est pas le cas à court terme. Ainsi les analyses montrent qu'une désinflation rapide en réduit son coût, l'effet crédibilité de la Banque centrale prime et qu'un niveau initial élevé d'inflation réduit aussi le coût de la désinflation (les producteurs adaptent beaucoup plus vite leur production aux variations de prix que dans une situation de taux d'inflation bas).

Paradoxalement, le succès de ces politiques a été à la source de difficultés ultérieures. En effet, la victoire des banques centrales dans la lutte contre l'inflation a conduit à une confiance élevée et à une situation de « **paradoxe de la crédibilité** » : les agents anticipant un maintien des taux d'inflation faible, on a assisté à une baisse des primes de risque et donc des taux d'intérêt, ce qui a conduit à une hausse des taux d'endettement. Cela a contribué à une situation de « **paradoxe de la tranquillité** » : croissance soutenue (notamment aux États-Unis), anticipations optimistes des ménages et des entreprises, hausse des taux d'endettement (v. chapitre

Fluctuations cycles et crises économiques). La « Grande modération » a alimenté la constitution de bulles spéculatives et le développement de l'instabilité financière.

Par ailleurs, le creusement des inégalités lié à la modification du partage de la valeur ajoutée, à l'envol des hautes rémunérations et à l'augmentation de la concentration des revenus du capital a conduit à un recours accru à l'endettement des catégories moyennes et populaires. Ce contexte global d'endettement, dans le cadre de la politique monétaire accommodante de la Réserve fédérale des États-Unis sous la direction d'**Alan Greenspan**, a créé les conditions de l'éclatement de la crise des *subprimes* en 2007.

D. La politique monétaire depuis la crise de 2008

a. Les banques centrales face à la crise de 2008

La crise des crédits « *subprimes* » déclenchée au printemps 2007 prend un tour aigu au cours de l'été et de l'automne 2008. Les banques centrales des grands pays industrialisés, séparément ou de façon concertée, sont intervenues dans une double direction à l'aide des instruments conventionnels (action sur la liquidité et action sur les taux) :

- D'une part, elles ont alimenté le marché interbancaire en liquidités et baissé leurs taux d'intérêt. Il s'agit d'éviter une **crise de liquidité**. En effet les banques, devant la montée des risques, sont réticentes à se prêter mutuellement. Certaines banques, même si elles sont solvables, risquent de ne pouvoir faire face à leurs échéances de court terme. Les banques centrales, en alimentant le marché en liquidités, évitent donc une contagion de l'illiquidité. Elles contribuent ce faisant à éviter le déclenchement d'une panique bancaire qui conduirait les déposants à se ruer vers les guichets pour retirer leurs avoirs. Cette politique a été un succès qui a eu pour corollaire une augmentation très importante de la base monétaire mondiale (fort accroissement du montant des bilans des banques centrales). Compte tenu de la faible croissance des pays développés et du niveau élevé du chômage, cela ne s'est pas traduit par un dérapage inflationniste. Mais à terme la question se pose de savoir comment les banques centrales vont pouvoir réduire la liquidité mondiale manifestement excessive en évitant à la fois la déflation et l'inflation.
- D'autre part, les banques centrales et les États ont fait face à des risques d'insolvabilité de certaines banques ou compagnies d'assurance. Le bilan de celles-ci est marqué par la dépréciation d'une partie de leurs

actifs, alors que leur passif reste aussi important. Il s'agit dans ce cas de recapitaliser les banques par l'apport de capitaux publics (nationalisation totale ou partielle). Si certaines banques ont fait faillite (notamment la banque américaine Lehman Brothers), de nombreuses banques ont été sauvées par l'intervention des pouvoirs publics (Royal bank of Scotland, Dexia, etc.) ce qui comporte un risque d'aléa moral : les banques quasi certaines d'être sauvées par les pouvoirs publics risquent d'adopter un comportement plus risqué. La question du renforcement des règles prudentielles et d'un contrôle accru des marchés est donc posée.

Pour autant, les politiques monétaires conventionnelles ont été un échec. Malgré des taux d'intérêt proches de zéro (*zero lower bound*) les tendances récessives et déflationnistes n'ont pas disparu. Dès 2008 les États-Unis mettent en place une politique monétaire non conventionnelle afin de fournir en liquidité les banques qui n'arrivent pas à se refinancer.

b. La BCE face à la crise de défiance de 2011

À l'été 2011, la zone euro fait face à une crise de méfiance sur le marché interbancaire mais aussi sur le marché des dettes souveraines. Cela entraîne des écarts de taux d'intérêt importants entre le taux d'intérêt Euribor et le taux d'intérêt sans risque mais aussi des **spreads** (les écarts de taux d'intérêt) très élevés entre les États qui renforcent les risques de liquidité et la soutenabilité des dettes pour certains pays (Espagne, Grèce, Irlande, Italie, Portugal). Les conditions de financement se durcissent pour le secteur public et le secteur privé. En conséquence, la BCE décide en 2012 et en 2013 d'assouplir sa politique : baisse des taux d'intérêt directeurs et lancement des premières mesures non conventionnelles (décembre 2011), les VLTRO (*Very Long Term Refinancing Operations*). Dans un discours de 2012, le Président de la Banque centrale européenne, **M. Draghi** garantit que la BCE fera tout pour sauver l'euro et lance le programme d'achat des dettes souveraines. Cette déclaration de M. Draghi est une illustration de l'efficacité du guidage prospectif (ou *forward guidance*). En 2013 la BCE lance une politique de taux d'intérêt négatif avec le NIRP.

Ces nouvelles mesures, permettent une baisse des taux adressés aux sociétés non financières et réduisent les tensions sur les titres de dettes souveraines. Cependant, cela entraîne une demande de garanties supplémentaires des banques auprès de leurs clients (En France les Sociétés non financière et surtout les PME sont dépendantes du crédit bancaire) et les effets sur les taux d'intérêt réels sont minimes du fait du contexte déflationniste.

c. Du lancement du *Quantitative Easing* (QE) en Europe à la crise de la covid-19

Face aux difficultés persistantes, la BCE amplifie son action et lance un programme d'achat de dette publique le Quantitative Easing (QE). L'objectif du QE est d'écarter le risque de déflation et de maintenir la faiblesse des taux d'intérêt. Il est censé :

- générer des effets de richesses par l'augmentation du cours des actifs plus risqués et donc soutenir la demande ;
- déprécier le taux de change et créer une inflation importée ;
- modifier les anticipations inflationnistes et inciter à des augmentations de salaires.

Il est mis en œuvre en mars 2015 et consiste à racheter dans un premier temps chaque mois 60 milliards d'euros d'actifs jusqu'en septembre 2016. Puis 80 milliards d'euros, (avr. 2016-janv. 2017), pour revenir à 60 milliards d'euros. Il y a un recalibrage à 30 milliards d'euros de rachats de dette publique et privée en janvier 2018. Enfin 15 milliards d'euros au dernier trimestre 2018. Le QE s'est arrêté en décembre 2018 mais il n'y pas de **normalisation** mise en place (retrouver une utilisation conventionnelle des instruments), notamment caractérisée par un processus de remontée des taux. La crise sanitaire remet en cause le retour à la normale, en effet depuis le mois de mars 2020 la BCE a relancé son programme de QE pour faire face aux effets économiques de la crise.

Face à la covid-19 les banques centrales ont réagi rapidement. Elles ont fortement assoupli leur politique monétaire en prenant des mesures expansionnistes. La BCE est intervenue dès mars 2020 pour limiter les effets sur les PIB dans l'Union européenne. Les taux d'intérêt étant déjà à zéro, elle a alors renouvelé et amplifié les mesures non conventionnelles, notamment par la reprise et l'extension des programmes d'achats d'actifs.

L'objectif est de faire face au risque d'incertitude et à la baisse et l'activité et de l'inflation. Néanmoins, la politique monétaire dans cette situation, n'est pas l'outil le plus approprié, la politique budgétaire étant alors plus efficace. Ainsi l'enjeu pour la politique monétaire est d'accompagner le financement des dépenses publiques au plus bas taux possible. La BCE s'est positionnée comme prêteur en dernier ressort ce qui a évité la fragmentation de la zone euro et une nouvelle crise des dettes souveraines.

Le bilan des PMNC reste mitigé. Même si elles ont permis d'éviter la déflation et de limiter les pertes de richesses, la BCE n'a pas réussi à atteindre sa cible d'inflation. Plusieurs explications à cet échec :

- Les anticipations des agents économiques sur les conditions macroéconomiques futures restent négatives ils sont donc insensibles à la baisse des taux ;

– Le ralentissement des salaires, **P. Artus** met en avant le phénomène de déflation salariale qui aurait un impact sur le niveau de croissance ;
– Les effets de richesses sont faibles et concernent surtout les catégories favorisées dont la propension à consommer est la plus faible. Le seul effet est l'inflation importée qui est porteuse d'appauvrissement du revenu ;
– Pour **C. Borio** et **A. Zabai** dans leur article « *Unconventional monetary policies : a re-appraisal* » (2016) il y a un risque important d'instabilité financière à poursuivre les Politiques Monétaires Non Conventionnelles. Elles sont porteuses des mêmes mécanismes qui se sont développés en 2008 : elles créent un excès de liquidités sans effet inflationniste ce qui entraîne des prises de risques importantes et génère des bulles financières ;
– Enfin la crise de la covid-19 a des effets déflationnistes sur l'économie.

d. La coordination des politiques monétaire et budgétaire : vers un nouveau rôle des Banques centrale et un nouveau Policy-mix ?

La politique monétaire mise en œuvre par la BCE fait l'objet de nombreuses controverses. L'indépendance de la BCE soulève la question du contrôle démocratique de cette composante essentielle de la politique économique. Certains économistes ou responsables politiques préconisent la mise en place d'un « gouvernement économique de la zone euro », d'autres souhaitent un rôle accru du Parlement européen.

Plus généralement, **J.-P. Fitoussi** déplore que l'on donne la priorité à l'application de « règles » alors qu'il serait préférable d'exprimer de véritables choix politiques. Cette situation résulte notamment du fait qu'il existe une seule politique monétaire et autant de politiques budgétaires : d'où l'impossibilité de mettre en œuvre une *policy mix* à l'échelle européenne. Ce qui est préjudiciable à la sortie de crise, dans la mesure où la politique monétaire est moins efficace quand les taux d'intérêt sont proches de zéro où le risque de se retrouver dans une trappe à liquidité est fort.

La politique monétaire de la BCE correspond à une situation moyenne dans la zone euro, elle est donc efficace dans le cas d'un choc symétrique mais elle sera moins performante, car moins ciblée, dans le cas d'un choc asymétrique. Dans ce cas il faut que la politique budgétaire puisse prendre le relais car elle devient l'instrument le plus efficace. **P. Krugman** est favorable à un policy-mix avec un rééquilibrage par la demande par les pays en excédents, c'est-à-dire ceux avec des marges de manœuvre. Par exemple, un pays comme l'Allemagne qui augmenterait ses salaires et son investissement public.

Ainsi, le choix d'un *policy-mix* européen plus orienté vers la croissance et l'inflation semble nécessaire comme l'on fait les États-Unis.

Par ailleurs, la préoccupation exclusive de la BCE pour la lutte contre l'inflation conduit à se demander si une politique monétaire trop restrictive ne nuit pas à la croissance et à l'emploi.

Par exemple, **P. Artus** propose :

- d'inclure un objectif d'évolution raisonnable du taux d'endettement des agents non financiers dans les objectifs des banques centrales ;
- que les banques centrales interviennent sur les marchés d'actifs financiers lorsque ceux-ci se montrent manifestement incapables d'évaluer correctement les primes de risque ;
- enfin, de refonder la politique monétaire en cessant de se centrer uniquement sur l'objectif de crédibilité des banques centrales en matière de lutte contre l'inflation. Cet objectif central, élaboré dans les années 1980, n'est plus adapté après la crise de 2007-2011 alors qu'existent des risques déflationnistes.

Les banques centrales doivent se préoccuper de la stabilité financière (elle est dans le mandat de la FED mais pas dans celui de la BCE), de la valorisation correcte des actifs et des risques de déflation tout autant que des risques d'inflation. Depuis 2008, la **politique macroprudentielle** (qui vise à maîtriser les risques au sein du système financier) s'est développée dans l'Union européenne (v. chapitre *L'intégration européenne*). L'objectif est de maîtriser les fluctuations du cycle financier.

§ 2. La politique fiscale au confluent des fonctions économiques de l'État

I. La politique fiscale et ses contraintes

A. Les objectifs de la politique fiscale et son optimalité

La **politique fiscale** traduit en termes financiers les choix opérés par les pouvoirs publics. Elle est une composante des politiques budgétaires. Elle se développe à travers les prélèvements obligatoires. La politique fiscale recoupe les trois fonctions de l'État (allocation, répartition, stabilisation) développées par **R. Musgrave** (v. chapitre *Les fonctions économiques de l'État*). Les prélèvements obligatoires sont divers (impôts, taxes, cotisations sociales), ils permettent de trouver les ressources nécessaires à la production de certains biens et services, de modifier la répartition des revenus par la redistribution (v. chapitre *Les inégalités économiques*) ou de rechercher une meilleure efficacité économique quand il y a défaillance du marché (encourager les activités ayant des externalités positives et décourager celles qui produisent des externalités négatives). La politique fiscale peut modifier le comportement des agents par des incitations fiscales ou des prélèvements spécifiques, remplacer la réglementation par exemple la fiscalité environnementale (v. chapitre *Économie et environnement*). On peut mesurer la progressivité de l'impôt à travers à deux indicateurs :

- Le **taux moyen d'imposition** qui représente l'effort fiscal global du contribuable, il est le rapport entre les prélèvements payés et le revenu du contribuable ;
- Le **taux marginal d'imposition** qui mesure le supplément d'imposition qu'entraîne une augmentation marginale du revenu imposable.

L'économie publique distingue trois critères d'optimalité pour un système fiscal :

- l'équité, qui met en avant les choix des populations qui seront touchées ou bénéficieront de la fiscalité ;
- l'efficacité qui concerne les instruments qui permettront de réduire les pertes de bien-être (**incidence fiscale** et réduction des distorsions) ;
- l'efficience qui correspond au fait que certains individus réussissent à ne pas payer l'impôt (fraude, optimisation fiscale). Il s'agit ici de trouver les instruments qui permettent le paiement de l'impôt.

La première forme de règle de fiscalité optimale est la **règle de Ramsey** (1927) : pour minimiser la perte sèche (accroître l'efficacité) il faut taxer là où les offres et les demandes sont les moins sensibles aux prix. Ici l'objectif est de créer le moins de distorsions possibles. Cependant la taxation peut être injuste car il faut taxer davantage ceux qui sont peu réactifs aux taxes : le travail plus que le capital, les dépenses de santé, les produits de consommation courante.

Ce que montrent les analyses, c'est que plus l'**assiette** ou la **base fiscale** (la valeur de l'objet sur laquelle on applique le taux d'imposition) de l'impôt est large et le taux peu élevé moins il y a de distorsions économiques. Un système fiscal composé de plusieurs taxes peu élevées est plus efficace qu'un système basé sur peu de taxes avec un taux élevé.

Une autre règle de fiscalité optimale est celle des théoriciens de l'offre, comme **A. Laffer**, qui résument leur logique par la formule « trop d'impôt tue l'impôt ». L'augmentation du taux de prélèvements obligatoires jusqu'à un certain seuil génère une augmentation des recettes, passé ce seuil, les recettes fiscales décroissent car les actifs vont préférer le loisir au travail. L'offre de travail et de capital décroît avec la hausse du taux marginal d'imposition. Il en résulte qu'il faut alléger les dépenses publiques et réduire le taux de prélèvements obligatoires.

Un certain nombre de critiques ont été formulées à l'encontre de la **courbe de Laffer**. En premier lieu, aucune précision n'est fournie sur le niveau de taux d'imposition qu'il convient de ne pas dépasser. Par conséquent l'optimum fiscal se situe peut-être au-dessus et non en dessous du seuil d'imposition actuel. En second lieu, ces analyses présentent un caractère trop général, elles ne tiennent pas compte des spécificités fiscales nationales et des divergences d'appréciations des systèmes fiscaux par les populations nationales.

Dès le début des années 1980, un certain nombre de pays, dont la Grande-Bretagne et les États-Unis, se sont inspirés des théoriciens de l'**économie de l'offre** (***supply side economics***) et de cette « courbe en cloche », pour considérer qu'il fallait une réduction des interventions de l'État et un retour général aux mécanismes marchands.
Dans cette perspective un vaste programme de réduction des dépenses publiques et des impôts, de privatisation des services publics et des entreprises, et enfin de déréglementation fut mis en œuvre.
Cependant, ces systèmes ne permettent pas de prendre en compte l'équité. La fiscalité optimale se situe dans un arbitrage entre efficacité et équité. Les travaux de **J. Mirrlees** (né en 1936, Prix Nobel 1996) sur la fiscalité optimale sont axés sur l'impôt sur le revenu qui est le plus redistributif. L'objectif de redistribution conduit à taxer les individus ayant la productivité marginale la plus élevée. Cela incite les individus à forte productivité à réduire l'offre de travail et entraîne une baisse des recettes fiscales. L'effet de la redistribution sur le bien-être social doit alors être comparé à l'effet sur l'offre de travail des individus à forte productivité et sur les recettes fiscales perdues. Ces arbitrages permettent de trouver un **taux optimal d'imposition**.

Ces travaux connaissent un certain nombre de limites : ils ne donnent pas de profil précis de taux marginaux, l'élasticité de l'offre de travail est difficile à mesurer, ils ne tiennent pas compte de tous les choix fiscaux possibles (la différence entre un ménage et un individu) et font l'impasse sur les coûts administratifs de l'impôt (fraude, coûts de surveillance) qui peuvent entraîner des taux marginaux choisis par les pouvoirs publics différents des taux optimaux.

B. Les contraintes de la politique fiscale

La politique fiscale, tout en permettant à l'État de financer ses projets, connaît des contraintes et génère des coûts économiques :
- un coût lié au recouvrement économique de l'impôt et à son contrôle ;
- un coût lié à la **perte sèche** (ou **perte sociale**) de l'impôt : mis en avant par **J. Dupuit** (1804-1866) dès 1844 et formalisé par **A. Harberger** (1971),

ce coût exprime le fait que la fiscalité crée des distorsions qui réduisent le bien-être des agents même lorsque le produit des taxes leur revient intégralement. Par exemple, une taxe sur le prix d'un bien va certainement entraîner une augmentation de son prix et certains consommateurs vont renoncer à l'achat de ce bien. Même si le produit de la taxe est reversé aux consommateurs acheteurs, seuls ceux qui ont finalement décidé d'acheter ce bien seront indemnisés. Il y a une perte sèche qui est la différence entre ceux qui souhaitaient acheter et ont renoncé et ceux qui ont effectué l'achat ;

- une **incidence fiscale** : qui paie l'impôt ? Ce n'est pas toujours celui qui supporte l'impôt qui en est le payeur. Évaluer l'impact d'un prélèvement est complexe, et va dépendre des formes des courbes de demande et d'offre c'est-à-dire de leur élasticité-prix (v. chapitre *Analyses microéconomiques du consommateur et du producteur, et équilibre de marché*). Par exemple, lors de l'instauration d'une taxe sur la production, si la demande est peu élastique, les entreprises vont reporter la taxe sur leur prix de vente (c'est le consommateur qui supporte la taxe) alors qu'à l'inverse, si la demande est élastique, les producteurs sont contraints de supporter le coût de la taxe s'ils ne veulent pas perdre leur clientèle ;
- des effets désincitatifs (de la fiscalité). Elle modifie les comportements des individus, du point de vue du travail, de l'épargne ou des placements financiers. Dans le cadre de l'impôt sur le revenu, en France, on mesure l'effet désincitatif par le **taux marginal d'imposition.** Il mesure le montant prélevé sur le dernier euro déclaré. En France cet impôt est progressif donc le taux marginal augmente avec le revenu : à mesure que le revenu augmente, le travail est de moins en moins lucratif. Donc l'impôt progressif aurait tendance à limiter la croissance de l'offre de travail (effet substitution). Cependant quand le travail global rapporte moins, il peut aussi inciter les individus à travailler davantage pour maintenir le même revenu (effet revenu). Donc l'effet de la fiscalité sur l'offre de travail est ambigu : les deux effets (revenu et substitution) peuvent se compenser. En revanche, la fiscalité sur les revenus a un impact sur la décision de participer ou non au marché du travail, notamment pour les femmes ;
- la contrainte de l'endettement public, en devenant plus lourde, peut modifier les objectifs de la politique fiscale, la réduisant avant tout à une question de rendement de l'impôt ;
- enfin, une nouvelle contrainte s'impose, plus macroéconomique, du fait de la mondialisation et des nouvelles technologies. La concurrence fiscale est plus forte et il devient facile et rapide de déplacer les bases d'imposition. La tendance est donc à réduire la fiscalité sur les **bases mobiles**. La concurrence des États pour attirer les IDE les conduit à

transférer les charges fiscales vers les bases les moins mobiles comme la consommation et les ménages. Les politiques fiscales sont de moins en moins indépendantes, les changements dans la fiscalité d'un pays ont un impact au niveau mondial quand à l'attractivité des territoires. Les transferts de bénéfices peuvent alors être importants, notamment pour les Firmes multinationales.

II. La politique fiscale en France et dans les pays de l'OCDE

A. La politique fiscale en France

Les prélèvements obligatoires ont connu une augmentation régulière depuis la Seconde Guerre mondiale avec une période de stabilité voire de baisse dans certains pays (États-Unis, Suède) à partir des années 1990. En France, le taux de prélèvements obligatoires a ainsi augmenté régulièrement depuis 1960, passant de 30 % à près de 44,6 % du PIB en 2015 (une légère baisse de ce taux s'est amorcée depuis 2013). Il est, en 2020, selon l'Insee, de 44,5 %. Les prélèvements obligatoires représentent en 2020, 1 024 milliards d'euros.
La France a une pression fiscale élevée au-dessus de la moyenne des pays de l'OCDE mais plus faible que celui des pays nordiques. La structure du **système fiscal** français (l'ensemble des dispositifs qui structure la fiscalité c'est-à-dire l'**assiette fiscale** et la structure des taux de prélèvements obligatoires), montre le poids important des cotisations sociales (34,1 % des prélèvements obligatoires), par rapport à l'impôt direct sur les revenus (25,6 % des PO). Depuis les années 1990 des réformes sur la fiscalité sont engagées mais la plupart sont des échecs. Par exemple l'échec de la taxe générale sur les activités polluantes en 2000, puis celle de la taxe carbone en 2009, toutes les deux censurées par le Conseil constitutionnel. De même le développement des niches fiscales et sociales va à l'encontre de la volonté d'accroître la justice fiscale depuis 2008. Les travaux sur l'état du système fiscal français montrent que le système est trop faiblement redistributif et pèse trop lourdement sur le travail. En 2012 et 2014 deux plans successifs ont permis des allégements sur les prélèvements. Il s'agit du Crédit d'Impôt pour la Compétitivité et l'Emploi (CICE) et du Pacte de Responsabilité et de Solidarité (PRS). Cependant toutes ses réformes débouchent sur des mécanismes de compensation par le budget de l'État, c'est-à-dire par d'autres prélèvements.
En 2019, le CICE a été transformé en baisse de charges car il a été peu efficace en termes d'emplois.

IMPÔTS ET COTISATIONS SOCIALES EFFECTIVES APRÈS TRANSFERTS (EN % DES PRÉLÈVEMENTS OBLIGATOIRES)

	2013	2015	2019
Administrations publiques centrales	33,2	32,1	30,4
Administrations publiques locales	13,1	13,6	14,6
Administrations de Sécurités sociales	53,4	54,0	54,6
Dont cotisations sociales	*36,3*	*36,6*	*32,9 (et 34,1 en 2020)*
Institutions européennes	0,22	0,32	0,44

Source : Insee, Comptes nationaux, base 2014.

Ce tableau montre le poids de la sécurité sociale dans les prélèvements obligatoires (PO). Cependant, le niveau élevé des PO doit être mis en lien avec les prestations sociales fournies par le secteur public et leur efficacité. Les dépenses sociales sont mutualisées ce qui n'est pas le cas dans tous les pays. Par exemple aux États-Unis le poids des PO en lien avec la protection sociale est beaucoup plus faible qu'en France mais la différence est financée individuellement, ce qui, au total revient au même. En 2020, les dépenses sociales publiques en France représentent 31 % du PIB et aux États-Unis 18,5 % du PIB. Les dépenses sociales privées (assurance-maladie et retraites) représentent 12,5 % du PIB américain. Ainsi, comme le montre l'OCDE les dépenses totales sociales nettes représentent 31,7 % du PIB en France et 30 % aux États-Unis. Et les dépenses sociales en France sont plus efficaces : le taux de mortalité infantile est plus faible, l'espérance de vie plus grande, la part des adultes obèses avoisine les 40 % aux États-Unis contre un peu plus de 10 % en France.

B. La politique fiscale dans les pays de l'OCDE

Le poids des prélèvements obligatoires dans les pays de l'OCDE les plus développés n'est pas identique, il y a un groupe de pays qui dépasse 40 % du PIB (Danemark, France, Suède, Italie, Pays-Bas) et des pays avec des recettes fiscales à moins de 30 % du PIB (Mexique, États-Unis, Corée, Irlande). On note aussi des différences dans la structure de la fiscalité. En 2019, selon les modalités de calculs de l'OCDE, au Danemark les cotisations de sécurité sociale représentaient 0 % du PIB mais l'impôt sur le revenu 24,3 % du PIB, aux États-Unis respectivement 6,1 % et 10,1 %, en France 14,9 % et 9,6 %, en Slovénie 15,8 % et 5,4 %. Ainsi l'harmonisation des politiques fiscales est complexe puisque le financement de l'intervention des pouvoirs publics ne dépend pas, dans tous les pays, des mêmes assiettes et des mêmes bases. Donc en France, en Finlande ou encore en Italie, les prestations sociales sont financées par des cotisations assises sur les salaires ce qui n'est pas le cas au Danemark, en Suède.

STRUCTURE DES PRÉLÈVEMENTS OBLIGATOIRES EN 2018
EN POURCENTAGE DES PRÉLÈVEMENTS OBLIGATOIRES

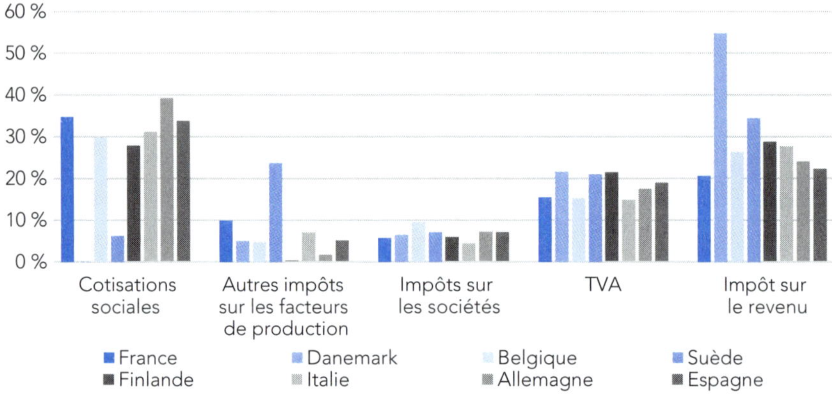

Note : la catégorie « cotisations sociales » ne prend pas en compte les cotisations imputées ; la catégorie « impôt sur le revenu » inclut la CSG, la CRDS, etc. ; la catégorie « autres impôts sur les facteurs de production » comprend une partie de la fiscalité des ménages et le secteur non marchand, notamment sur le foncier.

Source : Eurostat, calculs France Stratégie.

Par rapport aux autres pays, la fiscalité de la France présente trois caractéristiques : La TVA a un poids relativement plus faible que dans les autres pays, le poids de l'impôt sur le revenu est lui aussi relativement faible. Cela s'explique par la forte progressivité de l'impôt, les 10 % des ménages les plus aisés contribuent aux deux tiers de l'impôt sur le revenu et par les nombreuses niches fiscales. Enfin, le poids de l'impôt sur les sociétés est inférieur à la moyenne européenne. Toutefois le taux de prélèvements obligatoires de la France reste l'un des plus élevé des pays de l'OCDE du fait de l'importance des dépenses publiques.
De plus en France les prélèvements obligatoires sur les facteurs de production sont plus élevés que dans les autres pays européens : les cotisations sociales patronales, les impôts sur les salaires et l'imposition foncière y sont plus élevés.

III. Rendre la politique fiscale plus efficace

Les difficultés que connait la politique fiscale résulte de deux mouvements complémentaires : la baisse de la progressivité de l'impôt (sur le revenu et sur les sociétés) et le développement d'un marché de l'optimisation fiscale corrélé au développement des paradis fiscaux. De plus, les

questions fiscales deviennent internationales : la lutte contre les paradis fiscaux, la création d'une taxe carbone, d'une taxe Tobin, etc. (v. chapitres *Économie et environnement* et *Fluctuations, cycles et crises économiques*). Même si la souveraineté fiscale reste nationale elle doit s'inclure dans le cadre de l'Union européenne et dans le cadre d'accords multinationaux.
Un rapport parlementaire de 2015 montre que la perte en termes de recettes fiscales liée à la concurrence et l'évasion fiscale est de l'ordre de 2 à 3 % des PIB nationaux. Ces pratiques abusives au sein de l'Union européenne et dans le monde (avec le développement des paradis fiscaux et du marché de l'optimisation fiscale) ont eu des conséquences sur les fiscalités des pays :
- Une baisse de la fiscalité directe des ménages et des entreprises ;
- Une hausse de la fiscalité de la consommation ;
- Le développement de mesures favorisant des grands groupes de PME ;
- Un transfert de fiscalité en faveur des entreprises et en défaveur des ménages ;
- Une fiscalité moins progressive et moins redistributive ;
- Le développement des inégalités.

A. Quelles réformes pour une fiscalité plus efficace ?

Le niveau de la fiscalité, en France, est important, de moins en moins redistributif et progressif et les tentatives de réformes ont été peu efficaces. Néanmoins des propositions existent pour réformer la politique fiscale française :
- Réformer l'imposition sur le revenu, le rendre plus progressif (une augmentation du taux marginal d'imposition), taxer le travail et le capital au même niveau ;
- Une fiscalité mieux adaptée à l'environnement économique, en lien avec les autres pays (harmonisation fiscale) ;
- Lutter contre l'évasion fiscale et la concurrence fiscale qui est nécessaire pour taxer davantage les plus riches.

On ne peut pas réformer la fiscalité sans tenir compte de l'appartenance de la France à l'Union européenne mais aussi en mettant en place une coopération internationale.

B. Lutter contre l'évasion fiscale et la concurrence fiscale

Les **paradis fiscaux** sont, selon l'OCDE, un territoire où la fiscalité est très basse par rapport aux niveaux d'imposition dans les pays développés.

Selon **G. Zucman** (2017), l'évasion fiscale internationale prive les États du monde entier d'environ 155 milliards d'euros chaque année de recettes fiscales. En 2017, les fortunes étrangères en Suisse s'élèvent à 2 100 milliards d'euros et environ 7 900 milliards d'euros sont détenus sur des comptes dans les paradis fiscaux en 2016.
Le développement des paradis fiscaux et de la concurrence fiscale déloyale réduit les bases fiscales des États.
La France, face à la concurrence fiscale et à l'évasion fiscale, a mené des réformes pour réduire la fiscalité sur les entreprises et donc tendre vers le taux moyen d'impôt mondial sur les sociétés de 25 % :
La circulaire Cazeneuve, en 2013 crée un cadre pour les déclarations fiscales rectificatives, pour les ménages qui voudraient corriger leurs déclarations fiscales ;
Le crédit d'impôt recherche (CIR) réduit le poids des prélèvements des entreprises qui investissent en recherche et développement ;
La suppression de la taxe professionnelle, remplacée en 2010 par la contribution économique territoriale (CET) ;
La création du Crédit d'impôt pour la compétitivité et l'emploi (CICE) : il s'agit d'un crédit d'impôt sur l'impôt sur les sociétés.
La loi des finances des dépenses publiques 2021 prévoit :
Une réduction des impôts de production de 10 milliards d'euros. Ces impôts pesant fortement sur la compétitivité de l'industrie française ;
La poursuite de la réduction de l'IS afin d'atteindre 25 % en 2022 ;
Au sein de l'Union européenne les États restent souverains de leur politique fiscale, néanmoins des règles communes existent.
La TVA a été harmonisée. Elle est encadrée par deux directives qui délimitent l'assiette, les exonérations, le nombre de taux réduits par rapport au taux normal. Le taux normal minimal est établi à 15 %.
La fiscalité des revenus du capital est elle aussi encadrée. Et pour l'impôt sur les sociétés un code de conduite a été adopté pour limiter les pratiques préjudiciables. Pour ce dernier, l'Union européenne avait avancé sur un projet d'harmonisation fiscale, l'ACCIS (Assiette Commune Consolidée de l'Impôt sur les Sociétés). L'idée était de réduire les coûts liés aux différences administratives et juridiques auxquels font face les entreprises lorsqu'elles souhaitent s'installer dans l'un des pays de l'UE. Il s'agissait de créer une sorte du guichet unique. Mais aussi de limiter l'évasion fiscale et l'optimisation fiscale à travers l'instauration d'une définition commune du bénéfice et une seule déclaration de revenus. Ce projet, touchant à la politique fiscale, nécessite l'unanimité pour être adopté, ce qui n'est pas le cas.
Un autre projet a vu le jour en 2018, la taxe sur les services numériques (TSN). Mettre en place une taxe de 3 %, dans tous les pays membres de l'UE, sur le chiffre d'affaires généré par certaines activités numériques, mais là aussi, les 28 n'ont pas trouvé de compromis. Cependant la crise de

la covid-19 a relancé le projet d'une taxe sur les géants du numérique, avec l'idée d'une redevance numérique d'ici à 2023 mais qui résulterait de négociations au niveau de l'OCDE.
L'évasion fiscale et l'optimisation fiscale expliquent aussi la croissance des inégalités. En effet, depuis les années 1970, aux États-Unis la concentration des revenus s'est accrue. En 2019, les 1 % les plus riches captent 20 % du revenu national. **G. Zucman** et **E. Saez** (2020) montrent l'importance de l'**injustice fiscale**, c'est-à-dire le déclin de la progressivité de l'impôt dans un contexte d'accroissement des hautes rémunérations et d'explosion des grandes fortunes. Leur analyse s'attache à la situation américaine mais l'injustice fiscale est un phénomène mondial où la non régulation économique de l'impôt a entraîné une course au moins disant fiscal. Aux États-Unis en 1970 les américains les plus riches payaient, tous prélèvements compris, plus de 50 % de leurs revenus en impôts, soit deux fois plus que les contribuables modestes. En 2018, les milliardaires ont été moins taxés que les classes moyennes et populaires, avec un taux d'imposition de 23 %. L'impôt est régressif pour les plus riches, le système fiscal américain s'apparente à une « *flat tax* » avec un traitement de faveur pour les plus riches. Le manque de progressivité de la fiscalité pose trois difficultés : il entraîne d'importantes pertes de recettes fiscales, ce que les riches ne paient pas, d'autres doivent le payer pour eux et enfin cela alimente une spirale inégalitaire.
Ainsi **G. Zucman** et **E. Saez** proposent que les pays collectent les taxes que les paradis fiscaux décident de ne pas prélever. Ils doivent jouer le rôle de « *percepteur fiscal de dernier ressort* ». La solution résulte d'un choix politique qui nécessite la coordination des politiques fiscales au niveau international, chaque pays doit devenir le gendarme de ses multinationales par l'application (commune) d'un taux plancher de 25 %. Il semble que cette idée a fait son chemin puisqu'en juillet 2021, le G20 s'est réuni et a trouvé un accord qui consiste en la mise en place d'un impôt minimum de 15 % pour les 100 plus grandes multinationales.
La coopération et la coordination internationale semblent être les moyens les plus pertinents pour passer du moins-disant fiscal au mieux disant.

§ 3. Les politiques structurelles

I. L'aménagement du territoire national

En France, à partir de la fin de la Seconde Guerre mondiale, de grands programmes d'aménagement du territoire sont lancés en liaison avec l'urgence de la Reconstruction (équipement hydro-électrique de la vallée du Rhône, équipement ferroviaire, etc.). Mais ces programmes restent marqués par une forte centralisation administrative et politique (tradition jacobine ou colbertiste) qui contribue à la pérennité et au renforcement des inégalités régionales.

Dès les années 1960, face au constat d'une inégalité de développement entre régions (« *Paris et le désert français* »), d'une structuration géographique de l'espace (réseau routier, SNCF, télécommunications...) en toile d'araignée à partir du centre parisien et d'une inégale répartition de la population sur le territoire national, il existe une volonté de « déménagement du territoire » (politiques de désenclavement de la Bretagne et du Massif Central, développement de projets industriels dans le Sud : complexe pétrochimique de Fos, chantiers navals de la Ciotat, etc.). Cependant cette volonté continue de s'inscrire dans des politiques d'aménagement du territoire qui, jusqu'au début des années 1980, laissent peu de place aux acteurs locaux, aux collectivités locales (régions, départements, communes).

Il faut donc attendre les lois de décentralisation de 1982, pour qu'une autre approche de l'aménagement du territoire s'impose. À partir de cette date, une planification régionale est mise en œuvre, reposant sur des initiatives en partie locales, coordonnées par la Délégation à l'Aménagement du Territoire et à l'Action Régionale (DATAR), donnant naissance aux contrats de Plan État/régions.

À ces nouveaux dispositifs, s'ajoutent également ceux de l'Union européenne qui favorisent les régions en retard de développement (régions en retard dans tous les secteurs, régions affectées par le déclin industriel et régions agricoles en perte de vitesse). Ces régions bénéficient de fonds d'aide au rattrapage (**fonds structurels européens**).

Cependant, malgré cette nouvelle orientation des politiques publiques, les inégalités de développement entre régions et la sous-occupation du territoire persistent, et ne sont pas sans poser des problèmes concernant le maintien d'un niveau minimum de services collectifs. Face à cela, deux stratégies en matière d'aménagement du territoire semblent possibles :

- un retour à une intervention de l'État central pour corriger les déséquilibres territoriaux ;
- une activation des acteurs locaux, principalement les régions, afin qu'ils prennent en compte des impératifs nationaux de cohésion territoriale et de solidarité nationale.

Il existe aujourd'hui un ministère dédié à l'aménagement du territoire : le ministère de la cohésion des territoires et des relations avec les collectivités territoriales. Ce ministère se définit comme celui qui élabore et « *met en œuvre la politique du gouvernement en matière de décentralisation, de développement et d'aménagement équilibrés de l'ensemble du territoire national et de solidarité entre les territoires.* »

Ces politiques se préoccupent de l'accès au numérique pour tous, du développement des villes durables, aménagement et préservation du littoral, ou encore la lutte contre l'étalement urbain. Cela inclut le rôle des régions qui mettent en place des politiques d'aménagement du territoire à travers les transports en commun, le logement, l'action sociale ou encore le tourisme.
Au niveau européen, l'amplification des politiques visant à un développement équilibré des territoires apparaît comme un enjeu majeur au vu de la crise des dettes souveraines.

II. Les politiques industrielles

Les imperfections du marché comme les activités polluantes, les rendements croissants, les problèmes de la propriété intellectuelle ont justifié l'émergence des politiques industrielles, même si ces imperfections ne sont pas propres au secteur industriel et touchent toutes les activités économiques. Ainsi, pendant les trente dernières années, on a pu constater un recul des politiques industrielles, l'État se limitant à créer un environnement général favorable à l'ensemble des activités économiques (fiscalité stable, protection de la propriété intellectuelle, fourniture de biens publics, etc..). Mais aujourd'hui, face à la désindustrialisation croissante des économies avancées, qui génère des déficits extérieurs importants, une baisse de la R&D et a des conséquences sur le niveau des emplois qualifiés et de leur rémunération, la politique industrielle revient à l'ordre du jour mais sous une forme repensée.

A. La notion de politique industrielle

Au regard de l'histoire, la politique industrielle a toujours été omniprésente, surtout dans les processus de rattrapage économique. Dès le XIXe siècle et début du XXe siècle les politiques industrielles ont permis le rattrapage de la France, l'Allemagne et des États-Unis sur la Grande-Bretagne alors pays dominant. C'est le cas aussi du Japon après la Seconde Guerre Mondiale avec le MITI ou encore la France qui au cours de cette même période rattrape les États-Unis avec la politique des grands champions nationaux et la planification indicative instaurée par le Général de Gaulle. Enfin à partir des années 1980 ce sont les émergents qui usent des politiques industrielles pour leur processus de rattrapage. La politique industrielle semble donc adaptée aux pays éloignés de la **frontière technologique**. Cependant aujourd'hui pour les pays à la frontière technologique la politique industrielle doit être repensée.

Une **politique industrielle** peut se définir comme étant l'ensemble des actions conduites par les pouvoirs publics en vue d'assurer le développement et la compétitivité des entreprises, et ce, généralement, sans considération de leur appartenance à tel ou tel secteur d'activités (primaire, secondaire, tertiaire). Deux types de politiques industrielles existent.
L'un s'appuie sur des instruments directs d'intervention :
- nationalisations ou privatisations ;
- aide aux secteurs moteurs ou en déclin (subventions, abaissement des charges fiscales et sociales…).

L'autre, d'inspiration plus libérale, touche à l'amélioration des conditions générales d'exercice de l'activité productive :
- réglementation ou déréglementation des activités économiques par rapport à des domaines comme l'emploi ou l'environnement ; législation sur la concurrence, marchés publics ;
- politique en matière de taxation du capital et du travail, politique en matière d'aménagement du territoire – dépenses d'infrastructures, politiques de recherche –, politique commerciale – droits de douane –, politique de change) ;
- politique en matière d'innovation, de protection de la propriété intellectuelle.

B. Une politique industrielle française volontariste depuis 1945

a. La planification : de sa mise en place à sa remise en cause

À la fin de la Seconde Guerre mondiale, sous l'influence notamment de **J. Monnet** (1888–1979), un plan de modernisation et d'équipement de l'économie française est mis en œuvre. En 1946, est créé le Commissariat général au plan (CGP) et en 1947, le Ier Plan (1947-1952) voit le jour. Ses objectifs concernent l'orientation de l'effort de reconstruction, la coordination de l'activité du secteur public et la distribution de la contrepartie de l'aide Marshall. Jusqu'à la fin des années 1950, les différents plans sont orientés essentiellement vers l'objectif de la reconstruction.
À partir du IVe Plan (1962-1965), une nouvelle orientation est donnée à la planification. Le Plan devient « une ardente obligation », un instrument essentiel de « **l'économie concertée** » en tant que « troisième voie » entre le collectivisme et le libéralisme. À cette époque, **P. Massé** (1898–1987), commissaire au Plan, assigne à la planification trois fonctions :
- le Plan « symbolise la conscience du développement » ;
- il assure la cohérence des interventions de l'État ;

– il est un « réducteur d'incertitude » dans la mesure où il s'agit de suppléer aux défaillances du marché en matière d'informations et de prévisions.

Le Plan définit les grands programmes publics, et pour le secteur privé, il est indicatif : il présente une évolution des possibles pour que cela déclenche des initiatives privées en vue de leur réalisation.

Durant les années 1960, on peut parler d'« *âge d'or de la planification française* », période durant laquelle « *un impératif industriel* » s'impose manifestement (réalisation de grands projets industriels : plan calcul, programmes aéronautiques, programme nucléaire, etc.), en tant que moyen d'affirmer la puissance et la grandeur de la France et le plus souvent à l'initiative des grands commis de l'État ; ce qui fera dire à **E. Cohen**, que le capitalisme français prend les formes d'un « *colbertisme high tech* ». Mais à partir du VIe Plan (1971-1975), il y a un changement d'orientation manifeste, il s'agit désormais d'adapter le tissu économique aux nouvelles exigences de la concurrence internationale, il tend à se confondre au mieux avec une « *stratégie industrielle* », dans le cadre d'un abandon des politiques d'interventions directes de l'État, au pire à se confondre avec une simple « *étude de marché généralisée* ». Cette dernière fonction est également remise en cause, en effet, le Xe Plan (1989-1992) souligne les difficultés de la prévision à moyen terme. Il ne s'agit donc plus de fixer des objectifs chiffrés mais de déterminer des priorités en matière d'éducation et de formation, de recherche et d'innovation, de solidarité, d'aménagement du territoire et de modernisation des services et du secteur publics, au risque, selon **P. Massé** de « *priver le pouvoir d'une de ses armes contre la dictature de l'instant* ». Le XIe Plan (1993-1997) n'est pas présenté.

En France, le Commissariat au Plan est supprimé en octobre 2005 et remplacé en 2006 par le **Centre d'Analyse Stratégique** (CAS). Le CAS a développé une activité importante depuis 2006 en organisant des colloques et des publications sur des questions importantes (la cohésion sociale par exemple). Il s'est engagé dans un exercice de prospective afin de tracer des perspectives d'évolution pour la France à l'horizon 2025. Il alimente le débat public par des publications sur les enjeux climatiques, technologiques, sociaux, etc. Le **commissariat général à la stratégie et à la prospective-France Stratégie** (CGSP-France Stratégie), encore appelé **France stratégie**, a succédé au CAS en 2013. Le CGSP est un organe de consultation et d'échanges qui peut aider le gouvernement dans les décisions qui concernent les orientations pour l'avenir en matière de développement économique, social, culturel et environnemental et dans la préparation des réformes décidées par les pouvoirs publics. Le 1er septembre 2020, par décret, a été institué le Haut-commissariat au plan dont l'objectif et d'animer et de coordonner « *les travaux de planification et de réflexion prospective conduits pour le compte de l'État et d'éclairer les choix des pouvoirs publics* » face aux enjeux d'avenir économiques, sociaux, environnementaux, démographiques, sanitaires, technologiques et culturels.

b. Stratégie de créneaux et stratégie de filière

À partir de 1972-1973, face à la croissance du taux d'ouverture de l'économie, les pouvoirs publics, en France, cherchent à promouvoir les secteurs d'avenir, les **créneaux** porteurs (spécialisation serrée, adaptation à l'évolution de la demande mondiale), plutôt que de disperser leurs efforts dans un soutien général de tous les secteurs. Par ailleurs, de grands projets industriels sont mis en œuvre (le Concorde, le TGV, le programme électronucléaire).

Le changement de majorité politique en 1981 vient quelque peu modifier cette politique.

Une **stratégie de filière** dans le cadre d'un objectif de reconquête du marché intérieur vient se substituer à celle des créneaux porteurs considérée comme ayant sacrifié les secteurs du cuir, du textile et de l'habillement, des meubles, des jouets, etc. Une **filière** est une chaîne d'activités, de la matière première au produit fini, de relations de fournisseurs à clients entre des entreprises complémentaires. Cette stratégie de filière passait en premier lieu par la reconquête du marché des biens d'équipement (plan machines-outils) et de l'électronique mais elle se heurta à la contrainte extérieure. Dès 1983, les pouvoirs publics abandonnent l'idée d'interventions directes au profit d'une action sur leur environnement, ainsi les stratégies de filières vont être, un temps, négligées. Si l'aide aux industries en reconversion se poursuit durant un temps (acier, charbon, construction navale, chimie de base, automobile et textile), l'essentiel des interventions des pouvoirs publics va consister :

- à réduire la taxation du capital, le coût du travail (désindexation des salaires et des prix) ;
- à accentuer l'effort en matière de recherche dans les industries et technologies de pointe ;
- à encourager l'épargne par la réforme des marchés financiers.

En 1988, une étude de l'OCDE souligne que les interventions publiques directes n'ont eu que peu d'efficacité en matière d'adaptation de l'industrie à l'évolution de la demande mondiale. Elle souligne que les aides aux secteurs en difficulté (sidérurgie, textile, construction navale...) n'ont pas permis d'éviter l'effondrement de l'emploi et que, les grands programmes visant à promouvoir des secteurs nouveaux, auraient généré des effets d'éviction (détournement de moyens financiers et humains de recherche pour des retombées faibles dans l'ensemble de l'industrie).

Les politiques d'aides directes à l'industrie sont aujourd'hui très critiquées (au nom du libre jeu de la concurrence) car elles sont génératrices d'un accroissement de la rente des oligopoles au détriment des consommateurs (v. chapitre *Marchés, concurrence imparfaite et nouvelle microéconomie*).

c. Nationalisations et privatisations

En France, dès le XVIIe siècle, l'intervention directe de l'État se manifeste sous la forme du colbertisme qui se traduit par la création de manufactures royales en vue de concurrencer et de remplacer les importations en provenance des Pays-Bas. Mais c'est surtout en 1936, 1945 et 1982 à la suite de vastes programmes de nationalisations, que le secteur public va prendre un poids conséquent dans l'économie française.

En 1936, le gouvernement du « Front populaire » nationalise entre autres les compagnies privées de chemins de fer ; en 1945, conformément au programme du Conseil National de la Résistance, un certain nombre d'entreprises sont nationalisées notamment avec la création d'EDF-GDF.

En 1981-1982, les pouvoirs publics souhaitent, par les nationalisations, réaliser une série d'objectifs, notamment la modernisation de l'appareil productif en vue de faire des entreprises nationales le « fer de lance » de l'industrie vis-à-vis de la concurrence étrangère ; 1/3 du chiffre d'affaires et 50 % de l'investissement de l'industrie proviennent désormais des entreprises publiques. Il s'agit aussi de transformer les rapports sociaux de production. À partir de 1986, à la suite d'un changement de majorité politique, un vaste programme de privatisations est mis en œuvre.

Depuis, les pouvoirs publics se comportent de plus en plus comme un état-major d'un grand groupe industriel : restructuration, cessation des actifs les moins stratégiques, concentration des ressources sur les métiers jugés prioritaires, stratégies d'alliances devant favoriser l'acquisition de nouvelles compétences, entretien de programmes de Recherche – Développement de plus en plus coûteux. Cela conduit à la poursuite de la privatisation des entreprises publiques, y compris par des gouvernements sociaux-démocrates, à la fois dans le but de trouver des capitaux et pour poursuivre le mouvement d'internationalisation des grands groupes publics (France-Télécom, EDF-GDF…).

La privatisation n'est pas sans créer un certain nombre de problèmes parmi lesquels on trouve :

- un inégal service des usagers, les gros consommateurs (d'électricité, de télécommunications…) bénéficient généralement de tarifs préférentiels ;
- une situation de concurrence renforcée qui conduit les services publics à abandonner leurs activités les moins rentables alors qu'ils se doivent de remplir des missions d'intérêt général (fermeture de lignes ferroviaires secondaires ou de bureaux de postes non rentables).

Ces politiques de privatisations ne sont pas le simple produit d'une vision libérale ; elles trouvent également leur source dans l'évolution des technologies et des produits qui remettent en cause l'existence même de monopoles naturels, notamment dans les industries de réseaux (v. chapitre *Les fonctions économiques de l'État*).

d. Depuis le milieu des années 1980 : des mesures verticales de politiques industrielles à des mesures horizontales

Les politiques industrielles étaient jusque-là du fait des pouvoirs publics et vers un secteur donné : des politiques industrielles verticales. À partir des années 1980, les pouvoirs publics changent de stratégie en intervenant moins et en permettant davantage de créer des conditions économiques et réglementaires pour toutes les entreprises. Les actions sont beaucoup moins ciblées, les politiques industrielles sont alors dites horizontales. Il s'agit de laisser plus de place au marché en réduisant la réglementation.

La déréglementation est une politique menée en vue de supprimer les règles contraignantes pour laisser le marché et la concurrence jouer librement un rôle régulateur. C'est aux États-Unis que cette politique a vu le jour au cours des années 1970 dans le secteur des transports, des postes et télécommunications, de la télédiffusion ou dans le secteur financier. Ces secteurs étaient fortement réglementés dans la mesure où leurs caractéristiques favorisent la formation de monopoles naturels. Ainsi, le secteur du transport aérien a été déréglementé en 1977 (administration de **J. Carter**). Au sein de l'Union européenne une politique de la concurrence est mise en œuvre (v. chapitre *Intégration économique européenne et Marchés, concurrence imparfaite et nouvelle microéconomie*).

Réglementation, déréglementation et régulation

Selon **F. Lévêque**, il faut distinguer les termes de réglementation et de **régulation**. « *Le second a une portée très générale puisqu'il désigne le phénomène d'ensemble qui concourt à la bonne marche d'un organisme ou d'une économie ; plusieurs forces, souvent contraires, sont à l'œuvre. En économie, la réglementation n'est que l'une d'entre elles. Même là où elle s'exerce puissamment, la technologie, les préférences des consommateurs ou la rivalité entre agents restent des forces actives. C'est donner trop d'importance à la réglementation que de l'assimiler à la régulation* » (Lévêque, 2004). Le terme de **déréglementation** est alors contestable, en raison du fait que les processus en œuvre dans les services publics (comme la privatisation, la séparation entre gestion des infrastructures et gestion des services) donnent lieu en réalité à une nouvelle réglementation : « [...] *déréglementation ne signifie pas suppression de la réglementation* [...], *l'ouverture à la concurrence des industries de réseau conduit à de nouvelles réglementations. Ce qu'il est convenu d'appeler déréglementation est en fait une réforme de la réglementation* » (Lévêque, 2004).

C. Un regain d'intérêt pour la politique industrielle à partir des années 2000

a. la désindustrialisation et les échecs des politiques industrielles

La **désindustrialisation** entendue comme une diminution de la part de l'emploi industriel dans l'emploi total, est effective en France et dans beaucoup de pays avancés. Pour la France, entre 1974 et 2018, la part de l'industrie dans la valeur ajoutée totale (en valeur) a perdu 14,4 points. La part de l'emploi industriel dans l'emploi total est passée de 24,7 % en 1974 à 10,3 % en 2018 et la part de l'industrie (au sens traditionnel) dans la valeur ajoutée était de 13,4 %. Entre 1974 et 2018 les branches industrielles ont perdu la moitié de leurs effectifs. La désindustrialisation s'explique par les délocalisations et par les gains de productivités mais aussi par une externalisation d'une partie des emplois de l'industrie vers les services.

Cependant le périmètre de l'industrie semble aujourd'hui se redessiner et limiter le poids de l'industrie aux secteurs habituels pose débat. En effet, l'imbrication entre industrie et services rend nécessaire de comptabiliser dans le secteur industriel les activités externalisées. En effet, « *d'une part, les entreprises industrielles achètent, produisent et vendent une part croissante de services. D'autre part, les dernières décennies ont marqué l'essor d'activités de services (informatique, télécommunications, services d'information, etc.) qui partagent des caractéristiques similaires à celles des activités industrielles. Le constat d'une interpénétration croissante de l'industrie et des services invite à réexaminer le périmètre statistique de l'industrie et, partant, celui du champ d'application de la politique industrielle* » (France Stratégie, 2020). Néanmoins, même en modifiant le périmètre de l'industrie, la désindustrialisation est présente. De plus ce phénomène touche tous les pays avancés à des degrés différents, la France étant l'un des pays les plus touchés. On peut mettre en avant différentes explications à cette désindustrialisation :

- La crise de 2008 a affecté la production industrielle, l'industrie étant un secteur fortement touché par les fluctuations du commerce mondial ;
- L'industrie française est aussi affectée par un décrochage vis-à-vis de ses concurrents dans le monde depuis les années 2000. Elle perd des parts de marché et voit son déficit commercial se creuser. L'industrie française manque de compétitivité du fait de sa fiscalité, de l'organisation de son marché du travail, de ses spécialisations sectorielles insuffisantes et d'un manque d'investissement. Une perte aussi face aux concurrents européens notamment l'Allemagne. Par ses réformes du marché du travail au début des années 2000, elle a gagné en compétitivité-prix mais aussi en compétitivité structurelle par ses efforts industriels sur les emplois stratégiques forts en savoir-faire et technicité (la R&D, le design, etc.) ;
- Le comportement d'optimisation fiscale de certaines entreprises : la valeur ajoutée de leur production étant portée dans des pays à faible taux d'imposition ;
- Selon France Stratégie, dans un rapport d'avril 2021, les coûts de production sont plus élevés que les concurrents pour deux raisons : un impôt sur la production supérieur aux autres pays européens comme l'Allemagne ou l'Italie et une variation des salaires, dans les services, supérieure à leur productivité qui impacte le secteur industriel (le coût du travail augmente donc). Cela écrase les marges des entreprises qui alors investissent moins et réduisent la montée en gamme.

– De plus, comme le souligne **E. Combe**, la France se situe dans une production de milieu de gamme qui est un piège, avec la crise, les consommateurs polarisent leur demande sur le low cost ou le haut de gamme (v. chapitre *Commerce international, internationalisation de la production et gouvernance mondiale*).

Une désindustrialisation trop prononcée, par la forte réduction des emplois industriels, freine les gains de productivité et réduit la croissance potentielle (la majorité des investissements en R&D sont portés par l'industrie). Enfin le déclin industriel joue sur les filières de formation et fait disparaître des compétences. Il faut donc renouveler les politiques industrielles.

b. La mise en œuvre de nouvelles politiques industrielles et d'innovation : lutter contre le déclin industriel

Il ne s'agit plus de choisir entre politiques verticales ou horizontales mais plutôt de faire une économie politique (un *modus operandi*) de la mise en œuvre de la politique industrielle. Cela passe par l'identification des problèmes de coordination. Ainsi la plupart des propositions récentes visent à lutter contre les imperfections du marché.

- Développer des pôles de compétitivités par des politiques de clusters : **L. Fontagné** et **J.-H. Lorenzi** proposent de cibler les fonds publics sur quelques grands pôles de compétitivité bien choisis. C'est l'enjeu, depuis 2005, de la mise en œuvre des **pôles de compétitivité** qui rassemblent sur un territoire identifié, dans un objectif de soutien à l'innovation, des entreprises (de tailles diversifiées), des laboratoires de recherche, et des établissements de formation (universités, écoles d'ingénieurs). Cette concentration territoriale permet des externalités positives : partage des infrastructures, externalités de connaissances entre les entreprises, etc. Par ailleurs, l'action de l'État en faveur d'une consolidation des stratégies de filière se développe, au niveau national, au sein du **Conseil National de l'Industrie** (CNI), qui a mis en place des instances opérationnelles, telles que les **Comités Stratégiques de Filière** (CSF), qui ont pour mission d'identifier les enjeux clés de chacune des filières dans des contrats de filière.

De nombreux pays se sont engagés dans cette voie. L'Italie avec les districts italiens, l'Allemagne, l'Espagne, où la Catalogne se classe parmi les leaders de la microélectronique et des télécommunications.

- Soutenir les PME : elles apparaissent souvent enfermées dans un rôle de sous-traitant avec de grands groupes où la relation est asymétrique. Elles sont aussi freinées dans leur croissance du fait de la difficulté à

trouver du financement. Pour cela, l'État pourrait, selon **Ph. Aghion** et **A. Roulet** utiliser trois leviers essentiels :
- un *Small Business Act*, où l'État réserverait une part constante des commandes publiques. Revoir le droit des faillites qui accorde systématiquement la priorité à l'État sur les autres créanciers, ce qui inhibe les banques dans leur métier de prêteur;
- un « *crédit impôt recherche* », qui exonère d'impôt une partie des dépenses consacrées à la recherche et au développement;
- une Banque publique de développement dont l'objectif serait d'aider les entreprises et leurs partenaires financiers à prendre des risques : garantie des financements bancaires, financements directs de certains investissements. C'est l'un des objectifs de la **Banque publique d'investissement** (BPI). On a notamment pu mesurer son soutien depuis le début de la pandémie. Elle a injecté plus de 20 milliards d'euros dans le financement des entreprises, elle a distribué 4 milliards d'euros de crédit de soutien à la trésorerie. Elle intervient aussi dans le cadre du plan France relance en soutenant les sociétés innovantes.

Pour les auteurs, ces trois leviers doivent s'accompagner d'une fiscalité qui ne décourage pas l'investissement innovant.

- Aider davantage les nouvelles entreprises, qui sont celles qui innovent le plus à la **frontière technologique**. Une économie innovante est une économie où l'entrée et la croissance de nouvelles firmes jouent un rôle moteur.

Aujourd'hui, l'enjeu de la politique industrielle se situe donc dans la capacité d'attirer les entreprises par la qualité de l'environnement offert. Un consensus se dégage pour combiner politique horizontale favorisant un environnement propice à la compétitivité (fiscalité, politique de la concurrence), et politique verticale de soutien sectoriel ciblé.

Pour **P. Aghion** et **A. Roulet**, il faut une politique industrielle conçue de façon adéquate et bien gouvernée. Ils proposent de cibler les aides de l'État vers les secteurs où la concurrence et l'innovation jouent un rôle clé. Les aides ciblées portent sur un secteur et non une entreprise, ce qui limite le risque de choisir le « mauvais » champion. En effet, l'État peut cibler des entreprises précises (**politiques *top-down***), notamment celles qui nécessitent d'importants coûts fixes mais sans réduire la concurrence. Par ailleurs, il faut permettre l'innovation et donc élargir le champ des possibilités par un financement plus large avec des **politiques *bottom-up***, non ciblées. Les études montrent que les aides sectorielles sont d'autant plus favorables à la croissance qu'elles interviennent dans des secteurs fortement compétitifs. Et les aides ont d'autant plus d'impact sur la croissance qu'elles sont ciblées sur des secteurs qui misent davantage sur la qualification des travailleurs.

c. La nécessité d'une politique industrielle repensée et coordonnée au niveau européen ?

Depuis la « Grande Récession » les politiques industrielles sont plus volontaristes dans les pays développés. Elles portent sur la question de la souveraineté économique, sur la transition écologique, la préservation de la compétitivité face à la Chine et aux crises économiques. Pour autant, les pays ne mettent pas en place les mêmes mesures pour faire face à ces défis. Certaines politiques sont volontaristes et ciblées, ce qui n'est pas le cas de tous les pays.

En France, pendant longtemps la politique industrielle était consacrée au soutien des grands champions nationaux mais depuis 2010 il y a mise en concurrence entre les acteurs et des appels d'offres. Cependant il y a un manque de continuité et de moyens, notamment vers les start-up (problème de renouvellement). Aux États-Unis, la politique industrielle a toujours été plus discrète avec néanmoins un système d'innovations important. Depuis 2008 des changements se sont opérés, avec la création de la DARPA (*Defense Advanced Research Projects Agency*), qui cible davantage et développe un dispositif protectionniste avec le « *Buy America* ». Le Royaume-Uni a une politique industrielle proche de celle des États-Unis. Une forte base scientifique et technologique avec des universités performantes. Une tradition libérale avec des mesures horizontales (soutien fiscal aux start-up et au capital-risque) sans pour autant miser sur le patriotisme économique. En effet, depuis 2000, 30 % des IDE chinois sont captés par le Royaume-Uni. Mais on constate un retour vers des politiques plus actives et plus ciblées et une intervention plus importante depuis le vote du Brexit et la covid-19. Enfin, en Allemagne la politique industrielle est plus libérale et discrète. Avec néanmoins, de manière implicite une politique au niveau des Landers : coopération, PME ciblées, système de clusters. Cependant depuis 15 ans un accent plus fort est mis sur la dimension verticale, notamment pour faire évoluer la spécialisation du pays (stratégie 2030) vers les technologies de l'environnement (depuis 2013).

La pandémie a mis en avant les vulnérabilités de la chaîne de valeurs mondiales et a montré que des chocs externes (sanitaire, protectionniste, environnemental, climatique, informatique) pouvaient impacter les approvisionnements. Cela amène à des solutions au niveau national mais aussi au niveau européen (v. chapitre *Commerce international, internationalisation de la production et gouvernance mondiale*).

RÉFÉRENCES DU CHAPITRE

Donzelot J. et Estèbe Ph. (1994), *L'État animateur : essai sur la politique de la ville*, Esprit.

Levêque F. (2004), *Économie de la réglementation*, La Découverte, Coll. Repères.

Bruneau I. et Laffineur M. (2015), *Rapport parlementaire sur l'union européenne et la lutte contre l'optimisation fiscale.*

Zucman G. (2017), *La richesse cachée des nations. Enquête sur les paradis fiscaux*, La République des idées, Le Seuil.

Saez E. et Zucman G. (2020), Le triomphe de l'injustice. Richesse, évasion fiscale et démocratie, Le Seuil.

OCDE (1996), *Concurrence fiscale dommageable.*

POUR EN SAVOIR PLUS

Initiation

Aghion P. et Roulet A. (2011), *Repenser l'État – Pour une social-démocratie de l'innovation*, Le Seuil, Coll. La république des idées.

Artus A. et Gravet I. (2012), *La crise de l'euro*, A. Colin.

Artus P. (2013), *Les apprentis sorciers, quarante ans d'échecs de la politique économique française.*

Bassino J.-P., Leroux J.-Y., Michelena P. (2006), *Les politiques économiques*, Foucher.

Brender A., Pisani F., Gagna E. (2012), *La crise des dettes souveraines*, La Découverte, Coll. Repères.

Daniel J.-M. (2012), *La politique économique*, PUF, Coll. Que sais-je ?

Fitoussi J.-P. (2002), *La règle et le choix*, Le Seuil, Coll. La République des idées.

Giraud P.-N. et Weil T. (2013), *L'industrie française décroche-t-elle ?*, La Documentation française, Coll. Doc' en poche place au débat.

Approfondissement

Artus P. et Virard, (2014), *Croissance zéro.*

Aghion P., Cohen E., Pisanni-Ferry J. et al. (2006), *Politique économique et croissance en Europe, Rapport du Conseil d'analyse économique*, La Documentation française.

Barthe M.-A. (2017), *Économie de l'Union européenne*, Economica.

Benassy-Quéré A., Coeuré B., Jacquet P., Pisani-Ferry J. (2021), *Politique économique*, De Boeck, Coll. Ouvertures économiques.

Bouthevillain C., Dufrénot G., Frouté Ph., Paul L. (2013), *Les politiques budgétaires dans la crise. Comprendre les enjeux actuels et les défis futurs*, Deboeck.

CEPII (2020), *L'économie mondiale 2021*, Coll. Repères, La Découverte.

Fontagné L. et Gaulier G. (2009), *Performances à l'exportation de la France et de l'Allemagne*, Rapport du CAE.

Levêque (2021), *Les entreprises hyperpuissantes.*

Lorenzi J.-H. et Fontagné (2005), *désindustrialisation et délocalisations*, Rapport du CAE.

Montel-Dumont O. (dir.) (2011), *La politique économique et ses instruments*, La Documentation française, Coll. Les notices.

Notes du CAE (2015), *Faire prospérer les PME*, n° 25 octobre, CAE.

OCDE (2012), *Quels sont les meilleurs instruments de la consolidation budgétaire ?*, Note de politique économique n° 12 du Département des affaires Économiques.

OFCE (2021), *L'économie européenne 2021*, Coll. Repères, La Découverte.

Prager J.-C., Villeroy De Galhau F. (2006), *18 leçons sur la politique économique. À la recherche de la régulation*, Le Seuil.

Rapport Gallois, 2012, *Rapport pour la compétitivité de l'industrie française.*

SUR LA TOILE

Trésor-éco n° 248, « *Spécialisation productive et compétitivité de l'économie française* », novembre 2019 https://www.tresor.economie.gouv.fr/articles/2019/11/05/tresor-eco-n-248-specialisation-productive-et-competitivite-de-l-economie-francaise

Trésor-éco n° 274, « *Vulnérabilité des approvisionnements français et européens* », décembre 2020
https://www.tresor.economie.gouv.fr/Articles/2020/12/17/vulnerabilite-des-approvisionnements-francais-et-europeens

Jean-Luc Gaffard dans une note de l'OFCE de mars 2017, « *L'industrie française entre déclin et renouveau* »
https://www.ofce.sciences-po.fr/pdf/pbrief/2017/pbrief13.pdf

« *Les politiques industrielles en France. Évolutions et comparaisons internationales* » (avril 2021), France Stratégie
https://www.strategie.gouv.fr/publications/politiques-industrielles-france-evolutions-comparaisons-internationales

CHAPITRE 20

Commerce international, internationalisation de la production et gouvernance mondiale

Le **commerce international** regroupe l'ensemble des échanges de biens et de services entre agents résidents sur des territoires économiques différents. Depuis la fin de la Seconde Guerre mondiale, le commerce international croît plus vite que la production mondiale, et le degré d'ouverture des économies progresse.

À partir de 1947, l'économie mondiale est caractérisée par une tendance au libre-échange, ce dernier reste cependant contesté, notamment en liaison avec le problème des inégalités de développement (v. chapitre *Économie du développement*). Avec la création de l'OMC en 1995, la question d'une régulation du commerce mondial est de nouveau posée, dans un contexte de domination de la Triade (Union européenne, Amérique du Nord, Japon) qui assure 4/5e du commerce international et d'une accélération de la croissance des échanges internationaux. Cependant, la montée en puissance rapide des pays émergents (et notamment de la Chine qui intègre l'OMC en 2001) et des firmes multinationales suscite de nouveaux débats et renouvelle les réflexions sur la régulation et la **gouvernance de la mondialisation**. En parallèle, depuis la crise de 2008, le ralentissement durable du commerce international annonce un changement de tendance, exacerbé par les perturbations des **chaînes de valeur mondiales** avec la crise sanitaire de 2020.

§ 1. Histoire du commerce international

I. Les échanges internationaux au XIXe siècle

A. Puissances économiques et développement des échanges au XIXe siècle

Vers 1800, les échanges internationaux sont, pour l'essentiel, le fait de trois nations dominantes, les Pays-Bas, la Grande-Bretagne et la France. Les deux premières développent un capitalisme marchand et financier, la France s'appuie sur un capitalisme manufacturier. De 1800 à 1860, la Grande-Bretagne s'impose dans les échanges internationaux et assure, par exemple en 1860, 40 % de la production industrielle mondiale. La fin du XIXe siècle est marquée par le développement industriel de l'Europe continentale – l'Allemagne en particulier – et des États-Unis, qui rattrapent peu à peu leur retard. De 1830 à 1914, l'écart entre les nations les plus riches et les plus pauvres s'accentue du fait de l'expansion coloniale. La **division internationale du travail** a pris l'allure d'une opposition entre pays producteurs de biens manufacturés et pays producteurs de biens primaires.

Les échanges internationaux par tête, de 1800 à 1913 sont multipliés par 25, alors que la production par tête ne l'est que par 2,2. En 1913, la part des échanges internationaux de marchandises dans la production est de 33 %. De 1830 à 1913, les **taux d'exportations** (exportations / PIB en volume) des pays européens ne cessent de progresser.

B. Libre-échange et protectionnisme au XIXe siècle

Quatre périodes peuvent être distinguées entre 1815 et 1913 :

- 1815-1846 : extension progressive du libre-échange au Royaume-Uni (l'agriculture reste protégée par le vote de la « *corn law* » en 1815, mais en 1842, les droits de douane sur les produits manufacturés sont fortement réduits), protectionnisme dans le reste du monde.
- 1846-1860 : Libre-échangisme du Royaume-Uni (abolition de la « *corn law* » en 1846, démantèlement des barrières douanières en 1860), protectionnisme du reste du monde.

- 1860-1880 : extension du libre-échange entre les économies européennes (Traité de commerce franco-anglais en 1860), protectionnisme renforcé aux États-Unis à la suite de la Guerre de Sécession.
- 1880-1913 : retour et renforcement du protectionnisme en Europe Continentale (Loi Méline en France en 1892), libre-échange du Royaume-Uni, et renforcement du protectionnisme aux États-Unis (taux moyen des droits de douane est porté à 57 % en 1897).

Les effets de ces différentes politiques commerciales sont paradoxaux, la période d'extension des politiques de libre-échange (1860-1880) est marquée par une croissance économique et une expansion industrielle plus faible que durant la période de protectionnisme accrue (1895-1913). Les inégalités de développement se réduisent plus fortement durant les phases protectionnistes que durant les phases de libre-échange. Ce constat ne doit cependant pas conduire à des conclusions hâtives, du fait des multiples causes de l'évolution des échanges internationaux. Ainsi, à la fin du XIXe siècle, la croissance des échanges internationaux s'explique en partie par l'abaissement du coût du transport maritime (diffusion de la machine à vapeur).

II. L'entre-deux-guerres : les « égoïsmes sacrés »

A. Les puissances économiques et les échanges internationaux dans l'entre-deux-guerres

Après la Première Guerre mondiale, la hiérarchie entre grandes puissances économiques est bouleversée, les nations qui ont participé aux quatre années de conflit se retrouvent largement dominées par les États-Unis, entrés tardivement en guerre et désormais premier créancier du monde. La division internationale du travail reste marquée par une inégalité de développement entre nations productrices de biens manufacturés et nations productrices de biens primaires. Ces inégalités ont tendance à s'accroître sous l'effet de la détérioration des **termes de l'échange** (indice de variation des prix des exportations/indice de variation des prix des importations) des produits primaires résultant de la crise de 1929.

De 1913 à 1937, le taux de croissance des échanges internationaux est inférieur à celui de la production. Il en résulte que les taux d'exportations déclinent pendant cette période, faiblement de 1918 à 1929, très fortement par la suite.

Dans ce contexte, les économies européennes connaissent un repli plus marqué que les États-Unis dans les échanges internationaux. À la veille de la Seconde Guerre mondiale, 29 % des échanges internationaux de marchandises étaient le fait d'échanges intra-européens (incluant Europe centrale et orientale), contre 40 % en 1914. Durant toute cette période, la nature des produits échangés entre pays industrialisés est bouleversée et explique en partie la montée en puissance de l'économie américaine au détriment du Royaume-Uni : par exemple le textile cède peu à peu la place aux biens d'équipement.

B. L'essor du protectionnisme dans l'entre-deux-guerres

L'entre-deux-guerres est marqué par le renouveau des politiques protectionnistes, plus particulièrement à partir de la crise de 1929.
Le Royaume-Uni, surtout à partir de 1921 se convertit au protectionnisme, les États-Unis, de leur côté, renforcent leur protection vis-à-vis des pays producteurs de produits primaires et des pays européens. La Conférence économique mondiale de 1927, à l'initiative de la Ligue des Nations, et le Traité de commerce franco-allemand ne changeront rien à cette tendance. En juin 1930, les États-Unis adoptent le « *Smoot-Hawley Act* » qui renforce les protections tarifaires et qui va susciter en retour le même type de politique dans les pays européens par représailles. Dès lors, le commerce international n'est plus marqué par le multilatéralisme et dès 1932, se multiplient accords bilatéraux (accord anglo-germain de 1934), accords de cartel sur les biens primaires (sucre, thé, blé, etc.) et accords régionaux (accords d'Ottawa en 1932 instaurant des préférences commerciales au sein du Commonwealth).

Pour certains économistes tels **P. Bairoch** (1930-1999), **J.-M. Jeanneney**, **A. Lewis** ou **Ch. Kindleberger** (1910-2003), l'impact négatif du protectionnisme sur la croissance mondiale est à nuancer. Les politiques protectionnistes seraient venues en réaction à l'affaiblissement de la croissance et ne seraient donc pas une cause à ce ralentissement.

III. 1945-1980 : Le commerce international entre expansion au Nord et stabilité au Sud

Depuis la fin de la Seconde Guerre mondiale jusqu'au milieu des années 1970, le commerce mondial a progressé à un rythme plus rapide que celui de la production mondiale dans un contexte :
- de domination d'une vingtaine de pays riches dont les coûts de production sont comparables ;

– d'ouverture internationale encore limitée ;
– de stabilité des taux de change dans le cadre des accords de Bretton Woods ;
– et de croissance économique soutenue.

La division internationale du travail conduit à distinguer les pays industriels, spécialisés dans la production et l'échange de produits manufacturés, des pays en voie de développement, spécialisés dans la production et l'échange de produits primaires (matières premières, énergie). La part des PED dans le commerce mondial reste stable sur la période 1945-1975 et représente moins de 30 %.

Dans ce contexte, les pays du Tiers-monde dénoncent la domination dont ils sont victimes et réclament l'établissement d'un nouvel ordre économique international (v. chapitre *Économie du développement*).

Les années 1980 constituent un palier intermédiaire avant une nouvelle accélération des échanges internationaux.

IV. La nouvelle division internationale du travail

A. Le commerce international entre 1990 et 2009

La période 1990-2009 est marquée par une croissance des échanges internationaux sensiblement supérieure à celle du PIB mondial et une diminution des coûts de transport et d'information. Selon le CEPII (2020), entre 1990 et 2007-2008, les exportations mondiales de marchandises passent de 18 % du PIB en 1993 à 30 % en 2008. L'économiste américain D. Rodrik (2011) qualifie cette période d'**hypermondialisation** ayant les caractéristiques suivantes :

– La montée en puissance des économies émergentes caractérisée par de faibles coûts de main-d'œuvre et une productivité en hausse. La Chine est le premier exportateur mondial de biens et services en 2009 devant l'Allemagne et les États-Unis. La hiérarchie du commerce mondial connaît un profond bouleversement : l'Union européenne, qui représentait 46 % des exportations mondiales en 1967, est passée à 37 % en 2009. Au cours de la même période, l'Amérique du Nord passe de 20 % à 12 % des exportations mondiales. L'Asie de l'Est et du Sud Est passe en revanche de 4 % à 21 % des exportations mondiales. D'où un essor remarquable du commerce dans l'Océan Pacifique malgré le déclin relatif du Japon. En difficulté économique depuis les années 1990, le Japon représentait 10 % des exportations mondiales en 1991, mais 5 % en 2009, retrouvant ainsi son niveau de 1967.

- L'importance des **échanges « intra-branches »** de biens similaires différenciés entre pays présentant souvent des niveaux de développement proches ;
- L'importance du **commerce « intra-firme »** organisé par les firmes multinationales entre des filiales localisées dans les pays différents ;
- La structure par produit du commerce mondial a évolué. Entre 1967 et 2009, le commerce mondial des produits primaires (mesuré à prix courants) a connu une croissance annuelle moyenne de 9,4 %. Sur la même période, le commerce mondial des produits industriels a connu une croissance de 10,5 % par an en moyenne et les services de 10,7 % en moyenne. En 2009, les produits primaires représentent 14 % du commerce mondial, les produits manufacturés 64 % et les services 22 %.
- La structure mondiale des échanges de services s'est beaucoup transformée. Les services de transports ont vu leur part décliner (21 % du total des échanges internationaux de services en 2009 contre plus de 40 % en 1967). En revanche, le poste « autres services » est désormais largement majoritaire (59 % des échanges internationaux de service en 2009 contre moins de 30 % en 1967). Avec notamment la part la plus importante pour les services aux entreprises, les services liés à l'informatique, à la finance, aux brevets. Cet essor des services explique la recherche d'une plus grande libéralisation des marchés des services dans le cadre des négociations au sein de l'OMC, notamment l'**accord AGCS** (Accord général sur le commerce des services).
- La volatilité des taux de change et surtout le maintien durable de taux de change qui ne correspondent pas à la parité des pouvoirs d'achats affectent le commerce mondial. En particulier la sous-évaluation du yuan chinois et du dollar et la surévaluation de l'euro (qui s'est atténuée à l'occasion de la crise des *subprimes*) ont des effets distorsifs sur la concurrence mondiale.

B. Le poids du commerce régional

Il est d'usage de distinguer la **régionalisation** des échanges du **régionalisme**.

L'essor des échanges internationaux est avant tout le résultat de progrès de la **régionalisation** du commerce. Ce terme désigne la tendance des pays à commercer avec d'autres pays qui appartiennent à la même zone géographique (que cette zone soit organisée en union régionale ou non). Il existe donc une tendance à la concentration géographique des flux commerciaux du fait de la proximité géographique, culturelle ou historique entre États. On assiste ainsi à la fois à un amoindrissement de l'**effet frontière** en tant qu'obstacle aux échanges (baisse des droits de douane ou des coûts de transport), et à une accentuation de l'**effet distance** (de combien le commerce se réduit lorsqu'un pays échange avec un partenaire plus éloigné qu'un autre).

L'analyse économique montre que le commerce international entre deux pays est proportionnel aux montants de leur PIB respectif (effet lié à la taille des économies) et inversement proportionnel à la distance géographique entre ces pays. Par référence à la loi de Newton en physique on parle d'un **modèle de gravité**. Ce modèle simple est très solidement corroboré sur le plan empirique. Des études ont montré par exemple que les échanges étaient plus intenses entre régions voisines d'un même pays (par exemple les États des États-Unis situés le long de la frontière canadienne) qu'entre régions situées de part et d'autre d'une frontière. À distance égale, un État des États-Unis commerce davantage avec un autre État des États-Unis qu'avec une province canadienne.

Le **régionalisme commercial** repose sur la coopération – en matière économique et commerciale – entre États appartenant à une même aire d'échanges (v. chapitre *L'intégration économique européenne*).

À la différence de la régionalisation (qui est liée à la proximité géographique) le régionalisme suppose une volonté politique et la mise en place d'institutions qui favorisent le commerce entre pays plus ou moins éloignés. Ce mouvement est ancien, initié par la signature du Traité Cobden-Chevalier entre la France et l'Angleterre en 1860. Il s'est accentué fortement à partir des années 1990. On constate la multiplication d'**accords commerciaux régionaux** (ACR) : si près de 120 accords ont été notifiés à l'OMC (ils constituent une exception à la clause de nation la plus favorisée et doivent à ce titre être notifié à l'OMC) entre 1948 et 1994, plus de 550 ont été notifiés depuis le milieu des années 1990.

Pour **P. Jacquet**, le régionalisme commercial peut répondre à des objectifs et des motivations divers :

- « être l'expression plus ou moins forte d'une communauté d'intérêts politico-économiques ;
- relever d'une manœuvre plus diplomatique, visant à garantir l'implantation régionale d'une puissance grande ou moyenne ;
- ancrer de façon irréversible les choix de politique économique nationale par la contrainte institutionnelle de l'intégration régionale ;
- ou plus simplement, exploiter les économies d'échelle et les gains liés à la spécialisation au niveau régional » (Jacquet, 1994).

Pour cet auteur, l'ALENA répond au second des objectifs, les États-Unis cherchant à affirmer plus une « *stratégie de puissance* » qu'à réaliser une véritable « *communauté d'intérêts* » (Jacquet, 1994). La participation active de la Chine à l'APEC semble répondre davantage au quatrième objectif. Quant à l'Union européenne, sa création répond surtout au premier objectif.

La volonté d'intégrer un accord régional peut aussi relever d'un **effet domino** (**R. Baldwin**, né en 1958) : plus de pays sont signataires d'accords régionaux, plus les pays non-signataires peuvent perdre à ne pas rejoindre un accord. C'est l'une des explications aux élargissements successifs de l'Union Européenne. Cette dynamique peut aussi relever d'une stratégie de **libéralisation compétitive** (**F. Bergsten**, né en 1941) : un moyen de surveiller les avancées de ses compétiteurs-partenaires tout en les attirant par la perspective d'ouverture des marchés.

Par ailleurs, des accords « méga-régionaux » voient le jour. Ainsi, l'Union Européenne s'est associée avec le Canada en concluant en octobre 2016 l'Accord économique et commercial global (*Comprehensive Economic and Trade Agreement* – CETA) et avec le Japon par la signature, en juillet 2018, de l'Accord de libre-échange entre le Japon et l'Union européenne (*Japan-UE Free Trade Agreement* – JEFTA). Le partenariat transpacifique global et progressiste (CPTPP) a comme objectif d'améliorer l'intégration commerciale des régions Asie-Pacifique et Amérique. Cependant, les États-Unis se sont désengagés de l'accord en 2017.

L'expression **nouveau régionalisme** est parfois utilisée pour signifier que certains accords régionaux de « nouvelle génération » témoignent d'une volonté d'intégration plus prononcée dans la mesure où ils comprennent de nouveaux sujets tels l'environnement, la politique de la concurrence, les normes de travail ou des mesures anti-corruption. De façon générale, le mouvement d'intégration régionale accompagne l'ouverture au commerce et la volonté des pays membres de chaque union de peser sur l'organisation de l'économie mondiale en faisant davantage entendre leurs voix dans les négociations internationales. Alors que ces accords couvraient 25 % du commerce mondial en 1970, ils couvrent plus de 50 % de la valeur des échanges internationaux en 2018 selon le CEPII.

J.-M. Siroën considère que ces accords préférentiels servent de relais à l'ouverture des échanges, facilitent l'adoption de normes communes entre un nombre restreint de pays. Ils prennent ainsi la forme d'un « minilatéralisme ». Ils sont en revanche parfois perçus comme une remise en question du multilatéralisme. Leurs effets sur le commerce global dépendent de l'ampleur des **détournements de trafic** (les importations en provenance des pays de la zone peuvent remplacer des importations de pays tiers, initialement plus efficaces), dans la perspective de **J. Viner**, par rapport aux créations de trafic dans la zone.

C. Une rupture de tendance se dessine depuis 2009

La crise de 2008 a eu un fort impact sur le commerce international. Le G20 s'est employé, en tirant les leçons de la crise de 1929, à défendre le libre-échange, si bien que la chute des échanges internationaux a été avant tout liée à la chute de la demande. Cependant, entre 2008 et 2019, le commerce mondial et le PIB mondial ont augmenté au même rythme, soit 28 % selon l'OMC. Le commerce mondial n'est ainsi jamais revenu sur sa tendance antérieure, du fait de plusieurs évolutions :

- les mutations de l'économie chinoise, notamment son recentrage sur la demande intérieure, participent au ralentissement du commerce mondial du fait de son poids dans les échanges. Entre 2007 et 2018, d'après la Banque Mondiale, la part des exportations dans le PIB de la Chine est passé de 30 % à 19.7 % ; celle de ses importations de 28.4 % à 18 % ;
- un certain renouveau des tensions protectionnistes, notamment entre la Chine et les États-Unis ;
- un ralentissement de la dynamique liée au fractionnement international des chaînes de valeur. L'**indicateur de chaînes de valeurs mondiales** (GVC) mesure la part de la valeur ajoutée étrangère dans la production domestique d'un pays donné et donc dans ses exportations. En nette hausse des années 1990 à 2008, il enregistre un certain essoufflement à partir de 2008 ; d'une part, car les arbitrages les plus avantageux ont été effectués, d'autre part car des fragilités des chaînes de valeur mondiales dans l'approvisionnement des économies nationales apparaissent (tremblement de terre de 2011 au Japon et les inondations en Thaïlande ont sensiblement perturbé l'économie mondiale). Ces fragilités vont être manifestes lors de la crise sanitaire de 2020.

Ces évolutions tendent vers ce que certains économistes, comme **J. Sapir** appelaient de leurs vœux : la **démondialisation**. Dans *La démondialisation* (2011), il estime que la plupart de nos maux économiques est liée à une mondialisation excessive et justifie ainsi un certain recours au protectionnisme. Si certaines forces poussent à amplifier la mondialisation (diffusion des technologies de l'information et de la communication, volonté des pays pauvres de s'intégrer dans le marché mondial, investisseurs financiers à la recherche des meilleurs rendements), d'autres forces s'exercent en sens inverse : les mutations du commerce extérieur chinois, le recul des relations internationales entre banques, la lutte contre les paradis fiscaux, pourraient concourir à la fin de la tendance à l'**hypermondialisation** constatée dans les années 1990-2000. Mais ce recul du commerce international peut aussi ne pas être interprété comme le signe d'une démondialisation mais d'un retour à la tendance séculaire après une période de croissance des échanges exceptionnelle.

D. Les effets de la crise sanitaire sur le commerce mondial et les chaînes de valeur mondiale

Début 2020, le choc économique provoqué par la crise sanitaire conduit à prévoir une baisse de près de 20 % des échanges de marchandises en 2021. Cette tendance est étroitement liée à la baisse de la production industrielle sur cette période, avec des nuances selon les régions en fonction de la diffusion de la crise sanitaire et des différentes mesures prises par les pays, ainsi qu'aux perturbations des chaînes de valeur mondiale.

Le commerce peut être affecté dans les secteurs caractérisés par des chaînes de valeur complexes, notamment ceux de l'électronique et des produits automobiles. En effet, si l'insertion dans les chaînes de valeur mondiale est synonyme de gains d'efficacité, elle signifie également une interdépendance internationale de la production à la fois amont (biens intermédiaires nécessaires à l'assemblage d'un produit final) et aval (circuit de distribution par exemple). La dépendance amont est mesurée par le ratio entre la valeur des importations en biens intermédiaires et le PIB. La dépendance aval est mesurée par la rémunération des facteurs de production nationaux dans le processus de production réalisé à l'étranger. Ces ratios mettent en évidence une dépendance plus importante vis-à-vis des importations chinoises dans certains secteurs : textile, matériels informatiques notamment.

Selon les travaux du CEPII (2021), les effets de la crise sanitaire sur les chaînes de valeur ont montré qu'une certaine reconfiguration est à envisager pour améliorer la résilience du tissu productif aux perturbations :

- Constituer des stocks de certains produits stratégiques est nécessaire, (masques, réactifs, respirateurs) ;
- Réimplantation et/ou relocalisation la production de certaines industries stratégiques (santé, agroalimentaire, électronique, industries d'assemblage) ;
- Diversifier les fournisseurs (6 % des importations françaises portent sur des produits pour lesquels un seul pays représente plus de 50 % des exportations mondiales, dans les 2/3 des cas la Chine) ;

Importer massivement un produit ne rend pas un pays forcément dépendant. La **dépendance économique** est avant tout liée à la diversité des approvisionnements : avoir plusieurs fournisseurs et pouvoir en changer assez rapidement est essentiel selon **I. Mejean** ou **E. Combe**.

§ 2. Les théories du commerce international

I. Le mercantilisme

Le **mercantilisme** considère que l'échange international est un « jeu à somme nulle » entre les nations : ce que les unes gagnent, les autres le perdent. Favorable aux marchands, ils ne sont néanmoins pas partisans du libre-échange. Au XVIe et XVIIe siècle en Espagne, les mercantilistes considèrent que la puissance économique se mesure au stock d'or et d'argent que détient un pays, l'accroissement de ce stock exige un développement des exportations et une limitation des importations. De son côté, la Grande-Bretagne impose l'usage de ses navires pour ses échanges avec l'Asie, l'Afrique et l'Amérique. En France, l'adoption de politique mercantiliste conduira l'État à intervenir pour le développement de l'industrie, notamment sous l'impulsion de **J.-B. Colbert** (1619-1683) (v. chapitre *Les grands courants de l'analyse économique*).

II. L'approche classique

A. A. Smith et la théorie de l'avantage absolu

A. Smith (1723-1790), critique les conceptions mercantilistes considérées comme favorisant les monopoles du commerce (« **commerce exclusif** ») et le protectionnisme. Pour Smith, la spécialisation et l'échange commercial entre États font du commerce international un jeu à somme positive et, parallèlement, un instrument de pacification des rapports internationaux. Chaque État a intérêt à se spécialiser dans la production et l'exportation de produits pour lesquels il dispose d'**avantages absolus**, c'est-à-dire de coûts de production plus faibles qu'à l'étranger.

B. D. Ricardo et l'avantage comparatif

D. Ricardo (1772-1823), comme **A. Smith**, considère que le commerce international est un jeu à somme positive. Selon lui, le libre-échange et la spécialisation permettent de retarder l'évolution de l'économie vers un état stationnaire. L'importation de biens de subsistance moins coûteux fait baisser le taux de salaire, et donc favorise les profits et la croissance (v. chapitres *Les revenus*, *La croissance économique*, et *Fluctuations, cycles et crises*).
Pour **D. Ricardo**, la spécialisation s'explique, non pas par l'avantage absolu mais par l'**avantage relatif**. Il montre que le commerce international s'explique, non par des différences de coûts absolus, mais par les coûts relatifs, mesurés en temps de travail (raisonnement en termes de valeur travail évaluée en homme/année) au sein d'un pays, déterminés par des différences de dotations technologiques.
Considérons, à titre d'exemple, qu'il faut au Portugal 90 hommes et en Angleterre 100 hommes pour fabriquer x quantités de draps, et que, parallèlement, il faut au Portugal 80 hommes et en Angleterre 120 hommes

pour produire y quantité de vin. Dans une telle situation, selon la théorie de l'avantage absolu d'**A. Smith**, il n'y aurait aucun intérêt à pratiquer le commerce international, le Portugal disposant d'un avantage absolu dans la production des deux biens. Or, Ricardo montre qu'il peut exister un avantage mutuel à se spécialiser dans le produit pour lequel on dispose d'un **avantage relatif** (ou **avantage comparatif**). Dans l'exemple donné, l'Angleterre devrait se spécialiser dans la fabrication de drap et le Portugal dans la production de vin. De cette spécialisation, il résultera un accroissement total de la production de vin et de drap et un avantage mutuel pour les deux partenaires.
En effet, le Portugal retirera 90 hommes de l'activité textile, lui permettant de produire 1,125 unité supplémentaire de vin (90/80) ; de même, l'Angleterre disposera, par son désengagement du secteur vinicole, de 1,2 unité de drap supplémentaire.

Le raisonnement de D. Ricardo repose sur les hypothèses suivantes :
– les coûts de transport sont nuls ou négligeables ;
– les facteurs sont immobiles au plan international et parfaitement mobiles à l'intérieur des pays ;
– les coûts relatifs sont différents (90/80 au Portugal ; 120/100 en Angleterre) à l'intérieur de chaque pays avant ouverture ;
– il y a parfaite mobilité internationale des biens produits.
La théorie de l'avantage comparatif ne concerne pas seulement le commerce international. Elle montre, de façon générale, qu'un échange volontaire (entre individus, comme entre Nations) conduit à un **gain à l'échange** mesuré par la somme du surplus du consommateur et du producteur. Mais rien dans cette théorie n'indique comment le gain à l'échange est partagé entre co-échangistes.

III. Le protectionnisme éducateur

La création en 1834 du « **Zollverein** », union douanière entre les provinces allemandes et sa renégociation en 1841 sera marquée par des débats sur la nécessité de se protéger des échanges extérieurs et ce, notamment par l'instauration d'un tarif douanier commun. Dans ces débats, **F. List** (1789-1846) s'oppose à l'École anglaise libre-échangiste. Pour lui, il faut, dans un contexte de développement économique, protéger les industries naissantes en raison notamment :
- d'économies d'échelle insuffisantes ;
- de l'inexistence d'une main-d'œuvre qualifiée ;
- de l'inexistence d'habitudes prises par le consommateur vis-à-vis des nouveaux produits nationaux.

F. List est favorable au libre-échange. Les mesures protectionnistes ne sont que « *des béquilles pour apprendre à marcher* » dans le cadre d'un objectif « *d'éducation industrielle de la nation* » (List, 1841). On lui attribue notamment la formule célèbre « *Le protectionnisme est notre voie, le libre-échange est notre but* ».

IV. L'approche néo-classique

A. Le modèle HOS et ses prolongements

Les analyses de **E. Heckscher** (1879-1952) et **B. Ohlin** (1899-1979, prix Nobel 1977), s'intéressent principalement aux fondements de l'échange en reformulant la théorie ricardienne, sans référence à la valeur travail. L'intégration des pays dans les échanges internationaux s'opère suivant le **théorème de l'avantage comparatif**, (Heckscher-Ohlin). Selon ce théorème, les différences de rareté relative des facteurs de production déterminent des différences de prix relatif. Les prix de produits nécessitant l'utilisation intensive d'un facteur de production abondant seront relativement moins élevés que celui d'un produit nécessitant la mise en œuvre d'un facteur de production rare. Ainsi un pays aura intérêt à exporter des produits intensifs en facteur de production relativement abondant et à importer ceux qui sont intensifs en facteur de production relativement rare. Les différences de dotations factorielles sont alors essentielles pour expliquer la spécialisation des pays.

Par la suite, **P. Samuelson** (1915-2009, prix Nobel 1970) apporte une contribution supplémentaire : le libre-échange conduit à une égalisation internationale des prix des facteurs de production (**théorème HOS** – Heckscher-Ohlin-Samuelson).

Le modèle HOS repose sur les hypothèses suivantes :

- existence d'une économie réduite à deux biens (non substituables, pas de différenciation des produits) et à deux facteurs de production (travail et capital, divisibles et substituables mais non mobiles entre pays) ;
- existence de fonctions de production à rendements d'échelle constants ; fonction de production identique dans les deux pays pour chaque produit ;
- absence de coûts de transport ou de droits de douane ;
- existence d'un plein-emploi des facteurs de production ;
- existence d'une concurrence pure et parfaite sur le marché des biens et des facteurs de production.

T. Rybczynski (1923-1998) souligne le rôle de l'évolution des dotations factorielles dans la dynamique de la spécialisation. Lorsque la dotation factorielle d'un pays évolue, avec la croissance démographique ou l'accumulation du capital, la spécialisation du pays se tourne en direction des biens utilisant intensément le facteur qui augmente. Le pays peut connaître alors un glissement de son avantage comparatif.

W. Stolper (1912-2002) et **P. Samuelson** (1915-2009) ont également montré l'effet de la spécialisation des pays sur la répartition des revenus des facteurs. Avec l'ouverture internationale, le prix du bien qui bénéficie d'un avantage comparatif augmente, ce qui augmente plus que proportionnellement les revenus des détenteurs du facteur relativement abondant. Le développement du libre-échange fait donc des gagnants et des perdants tout en améliorant la situation économique globale des pays. Mettre en place des politiques de redistribution est alors approprié.

B. Le paradoxe de Léontiev

W. Léontiev (1906-1999) a cherché une vérification empirique du modèle HOS à partir de l'analyse des échanges commerciaux des États-Unis. Partant de l'hypothèse que les États-Unis disposent d'une abondance de facteur capital et d'une relative rareté du facteur travail, les exportations américaines devraient être relativement plus intensives en facteur capital qu'en facteur travail. Or, **W. Léontiev** montre que les exportations des États-Unis utilisent davantage de facteur travail que de facteur capital, ce qui semble contradictoire avec le théorème de l'avantage comparatif (**paradoxe de Léontiev**). **W. Léontiev** ne réfute pour autant pas le modèle HOS, au contraire, il considère que la mesure en dotation de facteur de production est à affiner. À cet effet, il finit par considérer que la productivité du travail aux États-Unis, à intensité capitalistique identique, est beaucoup plus élevée que dans le reste du monde. Il en résulte que le facteur réellement abondant est le travail et non le capital.

V. Les théories fondées sur les différences internationales de technologies

A. L'écart technologique

Le courant néo-technologique s'intéresse au coût et à la facilité d'accès à la technologie dans le cadre de marchés oligopolistiques. Les **dotations technologiques** des pays se construisent et déterminent l'avantage compétitif des pays.
À la fin des années 1950, **M. Porter** souligne qu'une économie nationale dotée d'un taux d'investissement élevé, est en mesure de mettre en œuvre de nouveaux procédés de fabrication qui conduisent à des situations de

monopole. Ces écarts technologiques constituent de véritables barrières à l'entrée pour les concurrents.
L'analyse néo-technologique peut justifier une intervention des pouvoirs publics en faveur de la Recherche/Développement car les firmes disposent ainsi, pour une durée limitée d'un avantage absolu, ce qui influence les échanges mondiaux.

P. Krugman (né en 1953, Prix Nobel 2008) relève que « *dans beaucoup d'industries, l'avantage compétitif ne semble être déterminé ni par les caractéristiques nationales ni par les avantages statiques de production sur grande échelle, mais plutôt par les connaissances engendrées par les firmes au travers de la Recherche/Développement et l'expérience* » (Krugman, 1986).

B. Le cycle de vie du produit

L'analyse du « cycle de vie du produit » proposée par **R. Vernon** (1913-1999) en 1966 met l'accent sur la Recherche et Développement dans un cadre dynamique en se centrant sur le rôle des firmes. Il distingue quatre phases : l'introduction du nouveau produit, la croissance, la maturité et enfin la sénescence. Il applique ce schéma aux firmes américaines des années 1945 à 1960 en ajoutant la dimension internationale. Dans la phase de nouveauté, les produits sont vendus sur le marché national. Ensuite, les firmes américaines les exportent. Dans la phase de maturité, elles implantent des filiales sur les lieux de consommation, ce qui réduit les exportations américaines. Dans le même temps, le marché américain est approvisionné par les filiales à l'étranger. Puis le produit est abandonné. Ce principe peut être repris et étendu à d'autres pays en gardant les innovations comme explication des échanges internationaux. Ce schéma est vérifié pour les industries innovantes, telles la chimie, l'électromécanique, où les dépenses en R&D sont importantes. Cependant, tous les échanges ne peuvent être analysés en termes d'innovations.

VI. Les nouvelles théories du commerce international

Les nouvelles théories du commerce international visent à rendre compte des grandes tendances du commerce international que la théorie traditionnelle ne peut expliquer :
- le commerce international se développe entre pays développés, ayant des dotations factorielles proches;
- la part du commerce intra-branche dans le commerce international est significative et croissante des années 1970 jusqu'en 2000 (23 % du com-

merce mondial en 1981 contre 39 % en 2000 à leur apogée). L'émergence de la Chine a ralenti le phénomène entre 2000 et 2012 avec le retour d'un commerce interbranches, pour de nouveau s'accroître au niveau mondial depuis, où plus de 60 % des échanges intra-branches proviennent de l'intérieur des différentes zones et pour 40 % de l'Union européenne ;
- la place des firmes multinationales est centrale dans les échanges internationaux à travers notamment du commerce intra-firme, les échanges entre filiales implantées dans des pays différents représentent un tiers du commerce mondial dans les années 1980.

De nouveaux outils, tels les rendements croissants ou la différenciation des produits vont alors être mobilisés pour les expliquer. Le cadre est celui de la concurrence imparfaite.

A. Commerce international et rendements d'échelle

La nouvelle théorie du commerce international prend en compte l'existence d'**économies d'échelles**. Le rôle des rendements d'échelle croissants externes à la firme, mais internes à un secteur d'activité, sont abordés par **A. Marshall** dès les années 1920. L'entreprise, à taille constante, bénéficie d'avantages liés à la proximité géographique d'autres firmes du même secteur d'activité. Ces arguments vont être repris par la **nouvelle économie géographique**, en particulier **P. Krugman**. Il souligne le rôle des « accidents historiques » de localisation des activités. Une fois la première firme implantée, d'autres firmes choisissent la même stratégie, ce qui produit des effets permanents sur la hiérarchie des régions du monde et des firmes par les **effets d'agglomération** qu'ils provoquent. On peut illustrer par la Silicon Valley aux États-Unis pour l'industrie informatique.

B. Commerce international et différenciation des produits

La **nouvelle théorie du commerce international** prend en compte les stratégies de **différenciation des produits** dans l'analyse des échanges internationaux grâce aux apports de l'économie industrielle et à *La théorie de la concurrence monopolistique* d'**E. H. Chamberlin** (1899-1967). L'échange intra-branche s'explique par l'existence d'une **différenciation verticale** de produits en termes de qualité (des voitures aux puissances différentes justifiant des écarts de prix).

Un autre traitement de la question a été proposé quatre ans plus tôt par **H. Hotelling** (1895-1973). Elle repose sur une **différenciation horizontale**.

La différenciation analysée porte sur les spécifications des produits, en termes de variété : par exemple, on ne demande pas un produit alimentaire en tant que tel, mais deux caractéristiques : des calories et des lipides. Plusieurs produits peuvent combiner différemment ces caractéristiques. Le modèle néo-Hotelling est alors développé par **K. Lancaster** (1924-1999). Le consommateur ne demande pas des biens, mais des caractéristiques présentes à des degrés divers dans les biens. Le commerce international conduit notamment à un élargissement de la gamme des produits proposés aux consommateurs du fait des importations possibles.

Des années 1970 jusqu'en 2000, les études statistiques soulignent l'importance croissante des **échanges « intra-branche »**, c'est-à-dire l'échange croisé de produits similaires. Cette croissance s'explique par l'existence d'un certain nombre de marchés de type oligopolistique (automobile, aviation…), qui nécessitent de forts investissements de départ. La rentabilisation de la production passe alors par des effets d'apprentissage et des économies d'échelle, en d'autres termes par un accroissement des quantités produites. Cela explique l'intérêt de l'échange croisé de produits similaires dans le cadre d'une concurrence axée sur la différenciation des produits plutôt que sur la compétitivité-prix. Les échanges intra-branches représentent ainsi les 2/3 du commerce entre les pays de l'Union européenne. Il s'agit essentiellement de biens présentant une différenciation verticale, la différenciation horizontale ne représentant que 20 % des échanges intra-européens.

Pour **J.-L. Mucchielli**, les nouvelles théories du commerce international mettent en évidence de nouvelles sources de **gains à l'échange** par l'apparition de quatre effets :

- un **effet pro-compétitif** : concurrence accrue restreignant le pouvoir de marché des producteurs ;
- un **effet d'économie d'échelle** : les rendements croissants conduisent à une baisse des coûts de production ;
- un **effet de rationalisation** : remplacement de certaines firmes au profit de firmes plus efficaces ;
- un **effet de variété** : accroissement de la variété des produits disponibles pour les consommateurs.

§ 3. La mesure des échanges internationaux

En France, la **balance des paiements** est élaborée par la Banque de France en collaboration avec la direction du Trésor du ministère de l'Économie et

des Finances. Depuis 2014, les statistiques françaises de balance des paiements et de position extérieure suivent les nouvelles normes internationales du sixième *Manuel de la balance des paiements* du Fonds monétaire international. La balance des paiements d'un pays est un état statistique, dressé à intervalles de temps réguliers, dont l'objet est de retracer sous une forme comptable l'ensemble des flux d'actifs réels, financiers et monétaires entre les résidents d'une économie et les non-résidents au cours d'une période donnée.
Sont résidentes :
- les personnes physiques qui ont leur domicile principal en France (France métropolitaine, DOM, TOM et Principauté de Monaco);
- les fonctionnaires civils et militaires en poste à l'étranger ou mis à disposition d'une organisation internationale;
- les personnes morales telles que les entreprises qui sont prises en compte pour leurs seuls établissements situés en France (Usine Toyota en France).

Sont non-résidentes :
- les personnes physiques françaises ou étrangères qui ont leur domicile principal à l'étranger;
- les fonctionnaires civils ou militaires étrangers en poste en France;
- les personnes morales pour ce qui concerne leurs établissements situés à l'étranger (Usine Renault au Brésil) à l'exception des fonctionnaires civils et militaires étrangers en poste en France.

I. Structures de la balance des paiements

A. Méthode comptable et enregistrement des opérations

La balance des paiements obéit aux règles de la comptabilité générale, toute opération fait donc l'objet d'un double enregistrement en crédit et en débit et la balance des paiements est, par construction, équilibrée. Toute transaction courante ou en capital qui entraîne une recette en provenance d'un non-résident est un crédit compté positivement (exportation de marchandises, prise de contrôle d'une entreprise résidente par des capitaux non-résidents). Inversement, une opération qui se traduit par un paiement à un non-résident est un débit compté négativement (importation de marchandises, acquisition d'actifs financiers à l'étranger).
L'élaboration de la balance des paiements s'opère à partir de données hétérogènes. Cette élaboration répond à une méthode qui consiste, dans

un premier temps, à recenser les règlements avec le reste du monde, puis à prendre en compte le décalage existant entre les transactions et les règlements afin d'aboutir à une balance des paiements en termes de transactions. L'étude des relations économiques (**opération** « **autonome** ») est donc ici privilégiée plutôt que les mouvements monétaires que sont les règlements (**opération** « **induite** »). Par convention, la date d'enregistrement d'une opération est celle de la date de transaction, même si le règlement s'effectue plus tard.

La comptabilisation des importations et des exportations

Pendant longtemps, les services de douane ont enregistré :
– les importations de biens et de services à leur entrée sur le territoire national et donc sous **CAF** (Coût, Assurances, Fret compris) ;
– les exportations de biens et de service avant leur départ pour l'étranger et donc sous **FAB** (Franco À Bord, non prise en compte des frais d'assurance et du fret).
Il en résultait une majoration des importations qui fait que l'on pouvait considérer qu'il y avait équilibre des importations et des exportations si le rapport, en France, exportations FAB / Importations CAF (taux de couverture) se situait entre 95 et 97 %. Depuis 1995, suite à une harmonisation des normes comptables internationales, les exportations et les importations sont mesurées en FAB, les frais de transport étant comptabilisés à part. Cependant, les notions de prix CAF/FAB sont toujours utilisées afin de favoriser la comparaison.

B. Les comptes de la balance des paiements

a. Le compte des transactions courantes

Ce compte regroupe les opérations portant :
– sur les marchandises (importations et exportations de produits matériels) ;
– sur les services (services liés au commerce extérieur : assurance, transport ; services de communication ; services aux entreprises ; voyages : recettes touristiques ; négoce international : revenus tirés des opérations de vente et d'achat de biens réalisées par des firmes françaises hors du territoire national) ;
– sur les revenus primaires (rémunération des salariés et revenus des investissements) ;
– sur les revenus secondaires (dons, aides publiques ou privées, transferts financiers à destination d'organisations internationales).

b. Le compte de capital

Ce compte regroupe les transferts en capital (remises de dettes des administrations publiques et des autres secteurs), les acquisitions d'actifs non financiers (brevets, droits d'auteur, marques).

c. Le compte financier

Ce compte regroupe les opérations relatives aux investissements directs, aux investissements de portefeuille, aux autres investissements (crédits commerciaux, prêts notamment) et enfin les mouvements relatifs aux avoirs de réserve (or, devises, droits de tirage spéciaux, créances sur le FMI et la BCE).

Investissement direct et investissement de portefeuille

- Les **Investissements directs à l'étranger** (IDE) sont ceux qui conduisent à une prise de contrôle d'activités économiques (création d'unités de production à l'étranger, investissements immobiliers, acquisition d'au moins 10 % du capital d'entreprises étrangères cotées sur les marchés financiers), les bénéfices réinvestis et les prêts et crédits à long terme sont pris en compte dans les IDE.
- Les **investissements de portefeuille** recensent les acquisitions ou les ventes d'actions, d'obligations, de bons de toutes sortes, de produits dérivés. L'acquisition d'actions ne doit pas déboucher sur la prise de contrôle des entreprises concernées (< 10 % du capital).

C. Les soldes de la balance des paiements

Le **solde de la balance commerciale** est la différence entre la valeur des exportations et des importations de marchandises. Lorsque la valeur des exportations est supérieure à la valeur des importations, on parle d'excédent commercial et de déficit commercial dans le cas contraire. Le **solde de la balance des transactions courantes** résulte à la fois de la prise en compte des opérations sur les marchandises (balance commerciale) et de celles sur les services, les revenus primaires et secondaires.

Le solde global de la balance des paiements regroupe les transactions courantes, le compte de capital et le compte financier. La somme du solde des transactions courantes et du solde des transferts en capital permet de mesurer la valeur du besoin ou de la capacité de financement de l'économie nationale. De même, la somme du solde des transactions courantes, du solde des transferts en capital et du solde des mouvements de capitaux, à l'exclusion des mouvements imputables au secteur bancaire et au secteur officiel, permet d'évaluer la création monétaire imputable aux relations avec l'extérieur. On appelle avoirs de réserve le solde global de la balance des paiements, qui correspond à la variation des devises détenues par la banque centrale, c'est la contrepartie des soldes de capitaux et de transferts courants. S'il est positif, cela signifie que la banque centrale a cédé des devises contre de la monnaie nationale.

Il ne faut pas confondre équilibre comptable et équilibre économique (v. chapitre *La comptabilité nationale*). Une balance des paiements est toujours équilibrée sur le plan comptable, en raison de la méthode d'enregistrement, même si les relations économiques avec le reste du monde sont déséquilibrées. Afin d'analyser les relations économiques avec le reste du monde, on utilise des soldes ou balances intermédiaires.

II. Les balances commerciales et des paiements en France et dans l'OCDE

A. L'évolution de la balance commerciale en France depuis 1980

Du début des années 1980 jusqu'au début des années 1990, le solde du commerce extérieur français connaît des déficits répétés. Ils s'expliquent essentiellement par une incapacité à dégager des excédents avec les pays les plus industrialisés, y compris ceux qui connaissent des coûts de main-d'œuvre élevés (Japon, États-Unis, Norvège, Allemagne, Suède, Finlande), alors que la dynamique commerciale mondiale profite au commerce Nord-Nord plus qu'au commerce Nord-Sud. Contrairement aux idées reçues, pendant cette période, la France dégage des excédents commerciaux essentiellement dans ses échanges avec les Nouveaux pays industrialisés et les pays en développement.

À ces facteurs structurels, peuvent s'ajouter des variables conjoncturelles. Ainsi le déficit record de 1982 s'explique par la stimulation des importations résultant de la politique de relance menée alors par les pouvoirs publics (v. chapitre *Politiques économiques*).

À partir de 1990, le solde de la balance commerciale devient excédentaire. Cette situation s'explique :

- par des raisons conjoncturelles : la faiblesse de la croissance intérieure (1990-1997) a contribué au ralentissement des importations et à la stimulation des exportations ;
- par des raisons structurelles : amélioration durable de la compétitivité-prix (effet de la désinflation) et stratégie industrielle efficace (Airbus par exemple).

À partir de 2003, un retournement s'amorce, la balance commerciale redevient déficitaire en 2004, et le reste jusqu'en 2019, où ce déficit atteint 58.9 milliards d'euros.

Ces mauvais résultats ne s'expliquent pas uniquement par des facteurs conjoncturels tels un « euro fort » ou une hausse de la facture pétrolière. L'économie française, dans ses exportations, est trop orientée :
- sur des secteurs à faible élasticité-revenu (biens de consommation finale, agro-alimentaires) contrairement aux exportations allemandes centrées sur des secteurs à forte élasticité (biens d'investissement) ;
- sur des zones géographiques en déclin relatif ou en « croissance molle », deux tiers des exportations françaises sont à destination de l'Union européenne, la moitié vers la zone euro.

Par ailleurs, le tissu productif français ne compte pas assez d'Établissements de Taille Intermédiaire (v. chapitre *Entreprises et système productif*), contrairement au tissu productif allemand, composé d'un plus grand nombre de PME innovantes et de taille suffisante pour se risquer à l'international.

Principaux partenaires de la France à l'exportation en 2019	En milliards d'euros
Allemagne	69,8
États-Unis	42,1
Italie	37,5
Espagne	37,2
Belgique	34,2
Royaume-Uni	33,6
Chine (1)	20,9
Suisse	17,8

Principaux partenaires de la France à l'importation en 2019	En milliards d'euros
Allemagne	84,9
Chine (1)	52,5
Italie	43,3
États-Unis	38.1
Belgique	38,1
Espagne	37
Pays-Bas	25,3
Royaume-Uni	21,1

(1) Non compris Hong-Kong. Source : Direction générale des Douanes et Droits indirects.

TAUX DE COUVERTURE DE L'ENSEMBLE DES BIENS ET SERVICES

2000	104
2004	102,5
2008	94
2012	93
2020	93.2

Champ : France ; prix courants. Source : Insee, Comptes nationaux, base 2010.

Le **taux de couverture** est le rapport entre la valeur des exportations et la valeur des importations. On constate ainsi que, à partir de 2005, la valeur des exportations est inférieure à celle des importations en France.

B. La balance des paiements en France

BALANCE DES PAIEMENTS (EN MILLIARDS D'EUROS)

	2007 (r)	2008 (r)	2009 (r)	2011	2014	2019
Compte de transactions courantes (r)	**– 18,9**	**– 33,7**	**– 28,4**	**– 43,1**	**– 19,7**	**-16.2**
Biens	– 41,1	– 59,4	– 43,1	– 73,5	– 34,6	-46.4
Services (r)	14,4	16,5	10,2	16,9	17,8	22
Revenus primaires	31,2	33,4	31,6	40,9	44,5	55
Revenus secondaires	– 23,4	– 24,2	– 27,1	– 27,4	– 47,4	-46.8
Compte de capital	**1,9**	**0,7**	**0,3**	**0,1**	**2,2**	**1.9**
Compte financier	**30,3**	**18,3**	**41,1**	**67,8**	**– 10,9**	**-55**
Investissements directs	– 49,7	– 62,0	– 49,6	– 43,2	20,9	-12.3
Investissements de portefeuille	– 121,2	25,0	251,1	268,3	– 7,3	-77.9
Produits financiers dérivés	41,9	– 16,4	– 16,9	3,3	– 23,9	3.8
Autres investissements	159,8	63,1	– 147,4	– 166,1	– 1,2	28.5
Avoirs de réserve	– 0,5	8,5	3,9	5,5	0,7	2.8
Erreurs et omissions nettes (r)	**– 13,2**	**14,8**	**– 13,0**	**– 24,9**	**6,6**	**40.7**

r : données révisées.
Champ : France (territoire statistique de la Balance des paiements).

Source : Banque de France.

C. L'évolution de la balance des paiements dans les principaux pays de l'OCDE

BALANCE DES PAIEMENTS COURANTS POUR LES PRINCIPAUX PAYS DE L'OCDE (EN % DU PIB)

Pays \ Année	1961-1970	1971-1980	1981-1990	1991-1995	1996-2000	2007	2011	2014	2019
États-Unis	0,6	0,2	– 1,9	– 1,1	– 2,6	– 6,1	– 3,1	– 2,3	– 2,2
Japon	0,2	0,6	2,4	2,6	2,4	4,8	2,1	2,2	3,7
Allemagne	0,7	0,7	2,6	– 1,2	– 1,0	– 6,7	5,7	7,7	7,1
France	0,2	0,3	– 0,5	0,4	2,2	– 1,0	– 2,2	– 0,2	– 0,7
Royaume-Uni	– 0,1	– 0,6	– 1,2	– 1,6	– 1,4	– 3,2	– 1,9	– 6	– 3,1

Sources : d'après *FMI & Alternatives économiques*, n° 215, juin 2003 et n° 7466, Hors série, 4e trim. 2007. Site OCDE pour 2011 et 2014. Banque Mondiale pour 2019.

L'analyse de l'évolution des balances des paiements des principaux pays de l'OCDE conduit à distinguer trois grandes périodes.

- Durant les années 1960-1970, sauf la Grande-Bretagne, les principaux pays industrialisés ont un excédent de leur balance des paiements.
- Durant les années 1980, en raison du ralentissement de la croissance, de la concurrence de nouveaux pays, les États-Unis, la France, l'Italie et le Royaume-Uni enregistrent des déficits de leur balance des paiements courants. Seuls l'Allemagne (RFA) et le Japon, connaissent de forts excédents de leurs échanges extérieurs. Toutefois, dès le début des années 1990, en raison du choc de la réunification, l'Allemagne (RFA + RDA) enregistre un déficit de sa balance des paiements.
- Des années 1990 à 2001, le Japon et la France dégagent des excédents. L'Allemagne et l'Italie oscillent entre équilibre et déficit dans des fourchettes raisonnables. En revanche, depuis 1999, la Grande-Bretagne, mais surtout les États-Unis, enregistrent des déficits records de leur balance des paiements.
- À partir de 2001, on constate un déficit important de la balance des paiements courants des États-Unis, le maintien de soldes positifs élevés au Japon et en Allemagne, une dégradation de la situation de la France. La tendance se prolonge après la crise de 2008.

III. La mesure des échanges en valeur ajoutée

A. L'essor des chaînes de valeur mondiales

Le volume du commerce des biens intermédiaires (matières premières et produits transformés) a très fortement augmenté au cours des dernières décennies. Le morcellement des processus de production et la dispersion internationale des tâches et des activités, synthétisées par l'expression **Division internationale du processus productif** (DIPP) au sein de ces processus ont conduit à l'apparition de systèmes de production sans frontières, d'envergure mondiale ou régionale, appelés **chaînes de valeur mondiales** (CVM), analysées notamment par **R. Baldwin**. Ainsi, les intrants intermédiaires représentent 50 % du commerce de biens et 70 % de celui des services. Autrement dit, les entreprises exportatrices importent des biens et des services intermédiaires qu'elles réexportent en produits intermédiaires ou produits finaux. La notion de pays d'origine pour les produits manufacturés devient obsolète : les produits sont « made in monde », selon l'expression de **S. Berger**.

Les chaînes de valeurs mondiales aboutissent à un double comptage important en matière de commerce, car les biens intermédiaires sont comptabilisés plusieurs fois dans les exportations mondiales, alors qu'ils ne devraient l'être qu'une fois en tant que « valeur ajoutée dans le commerce ». Par exemple, si des parfums français sont envoyés en Chine pour être décorés d'un motif écossais à partir d'un pigment produit au Japon, la mesure traditionnelle des échanges internationaux comptabilise les pigments en importation pour la Chine alors qu'ils sont en réalité importés par la France.
Pour mieux prendre en compte le phénomène de la fragmentation des chaînes de valeur tant entre pays de niveaux de développement différents qu'entre pays de niveaux de développement proches et permettre de retracer les circuits régionaux ou mondiaux des échanges internationaux, l'OCDE et l'OMC ont constitué une base de données, appelée TiVA (*Trade in Value Added*). Il s'agit de rendre compte de la composition des échanges en valeur ajoutée.

B. L'analyse des échanges en valeur ajoutée

Il apparaît avec ces nouvelles mesures des échanges que :
- l'excédent commercial bilatéral de la Chine avec les États-Unis est inférieur de 25 % lorsqu'il est calculé en valeur ajoutée, écart qui s'explique par le contenu local élevé des exportations chinoises ;
- un tiers de la valeur totale des véhicules automobiles exportés d'Allemagne vient en fait d'autres pays, et le contenu étranger représente près de 40 % de la valeur totale des exportations de produits électroniques chinois ;
- les services représentent moins d'un quart de l'ensemble des échanges d'après les données commerciales classiques, mais l'estimation sur la base de la valeur ajoutée fait passer cette part à 50 % des exportations des pays de l'OCDE, et à un niveau bien supérieur aux États-Unis, au Royaume-Uni, en France, en Allemagne et en Italie. Les services apportent une importante valeur ajoutée aux biens manufacturés ;
- les grands exportateurs de produits de base (Australie, Brésil, Canada) présentent avec leurs partenaires commerciaux des excédents commerciaux bilatéraux moins importants en valeur ajoutée, car leurs matières premières sont transformées par ces partenaires commerciaux avant d'être réexportées.

Les activités en amont (R&D, composants clés), et aval (marketing, services aux clients) concentrent une part croissante de la création de valeur. Cette inégale répartition de la création de valeur entre les activités d'une chaîne de valeur est représentée par la « **courbe du sourire** », terme forgé par **S. Shih**, le fondateur de la firme Acer, qui souligne les problèmes auxquels se confrontent certains fabricants pris dans les activités intermédiaires situées dans le creux de la courbe.

C. Les implications de la mesure des échanges en valeur ajoutée

Les implications en termes d'analyse et de politiques économiques sont nombreuses.
Sur le plan de l'analyse économique :
- la mesure de la compétitivité à travers le coût salarial unitaire est partielle car elle ne donne qu'une idée approximative de la compétitivité-coût d'un pays. Cette dernière dépend aussi du coût des produits importés et réutilisés dans les exportations ;
- l'imbrication des processus productifs est source d'une forte interdépendance des cycles ;
- les services (juridiques, informatiques, centres d'appel, transport) sont indispensables pour assurer l'insertion des entreprises dans les chaînes de valeur mondiales.

En termes de politiques économiques, « la capacité des pays à vendre dans le monde dépend de leur aptitude et de leur détermination à acheter au reste du monde » a déclaré le Secrétaire général de l'OCDE **A. Gurria**. Il s'ensuit que :
- les politiques commerciales protectionnistes ont toutes les chances de se retourner contre les entreprises et les pays qu'elles étaient censées protéger. En effet, en renchérissant les importations, elles défavorisent les exportations en augmentant le coût des intrants ou en limitant leur variété ;
- libéraliser les services est essentiel ;
- la stabilité des taux de change est à rechercher afin d'éviter la déstabilisation des chaînes de valeurs ;
- les politiques de développement menées doivent favoriser la capacité à acheter au reste du monde. Il faut investir dans les infrastructures de transport, moderniser les douanes pour s'insérer dans les chaînes de valeur mondiales.

Le Rapport sur le développement dans le monde *Le commerce au service du développement à l'ère de la mondialisation des chaînes de valeur* (2020) souligne que les chaînes de valeur mondiales peuvent continuer de stimuler la croissance, de créer des emplois de meilleure qualité et de réduire la pauvreté, à condition que les pays en développement entreprennent des réformes profondes et que les pays industrialisés mettent en œuvre des politiques ouvertes et prévisibles. Une augmentation de 10 % du niveau de participation d'un pays aux chaînes de valeur mondiales, mesurée par la proportion des importations dans les exportations, augmenterait de 1.6 % la productivité moyenne d'une économie, et de 11 à 14 % le revenu par habitant ; soit bien plus que les 2 % de gains de revenu résultant d'une augmentation comparable du commerce international de produits. Avec les succès économiques des stratégies chinoises, de certains pays d'Europe de l'Est ou d'Asie du Sud-Est, l'amélioration des conditions d'importations fait désormais partie intégrante des stratégies de développements industriels.

§ 4. Multinationales et mondialisation

Une **Firme multinationale (FMN)** ou **société transnationale (STN)** est une entreprise qui possède au moins une filiale à l'étranger.

Face à la diversité des FMN, nombre d'économistes préfèrent alors raisonner en termes de **multinationalisation**. La multinationalisation d'une entreprise désigne alors un processus selon lequel :

- son activité se développe dans au moins un autre pays que son pays d'origine ;
- sa stratégie n'est plus centrée sur ce dernier.

Saisir le caractère multinational d'une entreprise nécessite une prise en compte de son degré de multinationalisation. Ainsi, la Conférence des Nations Unies pour le Commerce et le Développement (CNUCED) mesure celui-ci par l'**indice XNAL** (en %) ou **indice de transnationalité** qui représente la moyenne des trois indicateurs suivants, qui sert de base au classement mondial des FTN :

- ratio des actifs possédés à l'étranger sur les actifs totaux (hors investissements de portefeuille) ;
- ratio de l'emploi à l'étranger sur l'emploi total ;
- ratio des ventes réalisées à l'étranger sur les ventes totales de la firme.

Par ailleurs, la CNUCED calcule un indicateur de l'étendue géographique du réseau de chaque multinationale en pourcentage (Network Spread Index, NSI) qui mesure le nombre de pays où l'entreprise possède des filiales, rapporté au nombre de pays ouverts à l'investissement international.

La multinationalisation des firmes s'opère notamment par le biais des investissements directs à l'étranger (IDE). Il y avait au début des années 1970 environ 7 000 firmes multinationales dans le monde, 37 000 au début des années 1990 et environ 83 000 en 2017 possédant 800 000 filiales dont les ventes représentent 30 milliards de dollars, d'après E. M. Mouhoud.

I. L'essor des firmes multinationales

A. Les firmes multinationales : répartition géographique et par secteur d'activité

L'internationalisation du système productif a véritablement débuté à la fin du XIXe siècle. Jusqu'en 1914, les Investissements directs étrangers (IDE) ont principalement pour origine le Royaume-Uni suivi par les États-Unis. Les grandes firmes multinationales relèvent essentiellement de l'industrie lourde et cherchent à maîtriser leur approvisionnement en matières premières, ce qui explique que les IDE se concentrent sur le secteur primaire (matières premières, énergie) et vers les zones géographiques qui correspondent aux pays en voie de développement de l'après Seconde Guerre mondiale.

Entre 1914 et 1939, dans un contexte difficile pour les échanges internationaux, le stock d'IDE double et les multinationales américaines tendent de plus en plus à s'imposer, tandis que la part du Royaume-Uni dans le stock d'IDE passe de 45 % à 40 %.

De 1945 jusqu'au début des années 1970, les FMN originaires des États-Unis prennent une place dominante dans les relations économiques internationales.

À partir de la fin des années 1970, les pays européens ainsi que le Japon tendent à s'affirmer de plus en plus en matière d'internationalisation du système productif.

Globalement, et en dépit de la « Grande récession » consécutive à la crise des *subprimes*, la place des multinationales dans l'activité économique mondiale ne cesse d'augmenter. Selon le Rapport sur l'investissement dans le monde 2015 de la CNUCED, la valeur ajoutée totale des sociétés transnationales représente un quart environ du PIB mondial.

Les sociétés transnationales publiques sont de véritables poids lourds des IDE selon la CNUCED. Présentes partout dans le monde, elles ne représentent que moins de 1 % du total des STN, mais leurs flux d'IDE représentent environ 11 % des flux mondiaux d'IDE.

Les multinationales restent majoritairement originaires des pays avancés : en 2010, 90 % des multinationales en sont originaires. Cependant, depuis les années 2000 on assiste à une augmentation du nombre de multinationales originaires des Pays en développement, telles China National Petroleum Corporation ou Lenovo (Chine), ainsi qu'ArcelorMittal ou Tata (Inde). Une part essentielle de la production et de l'emploi des multinationales est réalisée par les 100 FMN les plus importantes.

La CNUCED souligne l'essor des multinationales spécialisées dans les TIC. De 2010 à 2015, leur nombre dans les 100 plus grandes FTN au monde est passé de 4 à 10 (Alphabet -Google- Hon Haï, Apple, HP, IBM, Microsoft, Oracle, Sony, IBM), leurs actifs ont augmenté de 65 % et leur nombre d'employés de 30 %.

On assiste à une multinationalisation croissante des services en liaison avec la mise en œuvre de politiques de déréglementation et de libéralisation des secteurs comme le transport aérien ou les télécommunications, mais surtout en raison de la baisse très importante du coût des communications en lien avec les mutations technologiques (internet, téléphonie mobile, etc.). Les services représentent ainsi la part la plus importante des IDE en termes de flux comme en termes de stocks (près de 65 % en 2020).

LES 10 PREMIÈRES FIRMES MULTINATIONALES DU SECTEUR NON FINANCIER EN 2020 (CLASSÉES EN FONCTION DE LEURS ACTIFS À L'ÉTRANGER EN MILLIONS DE DOLLARS)

Entreprises	Nationalités d'origine	Secteurs	Actifs à l'étranger	Actifs totaux
Royal Dutch/Schell	Royaume-Uni	Pétrole	376 417	402 681
Toyota	Japon	Automobile	307 538	485 422
British Petroleum	Royaume-Uni	Pétrole	259 860	295 194
Softbank	Japon	Télécommunications	253 163	343 306
Total	France	Pétrole	249 678	273 865
Volkswagen	Allemagne	Automobile	243 469	548 271
Anheuser-Busch	Belgique	Agro-alimentaire	192 138	237 142
British American Tobbacco	Royaume-Uni	Tabacs	184 959	186 194
Daimler AG	Allemagne	Automobile – motorisation	179 506	339 742
Chevron	États-Unis	Pétrole	172 830	237 428

Source : site de la CNUCED.

LES 5 PREMIÈRES MULTINATIONALES ORIGINAIRES DES PAYS EN DÉVELOPPEMENT OU EN TRANSITION EN 2020 (CLASSÉES EN FONCTION DU MONTANT LEURS ACTIFS À L'ÉTRANGER EN MILLIONS DE DOLLARS)

Entreprises	Nationalités d'origine	Secteur	Actifs à l'étranger	Actifs totaux
Hutchison Whampoa	Hong Kong	Diversifié	144 891	157 337
CNPC	Chine	Pétrole	133 636	595 935
Hon Hai Precision Ind.	Chine (Taïwan)	Équipements	106 644	110 609
Sinopec	Chine	Pétrole	90 492	328 607
Samsung	Corée du Sud	Communications	84 717	304 057

Source : site de la CNUCED.

Le développement des filiales consacrées à des activités de services est notamment lié à la tendance des entreprises à segmenter internationalement la « chaîne de valeur ». Ce n'est donc plus seulement la production manufacturière qui fait l'objet d'une division internationale du processus productif.

B. Les firmes multinationales françaises

Jusqu'à la fin des années 1970, il y a peu de FMN françaises. Les implantations françaises à l'étranger sont concentrées dans des pays limitrophes (Allemagne, l'Italie et la Belgique) et dans des secteurs tels que la chimie, le textile-cuir, le commerce, les transports et l'électronique. Mais depuis le milieu des années 1980, il y a une accélération de la multinationalisation des entreprises françaises.
D'après l'Insee, en 2018, les firmes multinationales françaises contrôlent 45 500 filiales dans plus de 190 pays qui emploient 6,2 millions de salariés. Les implantations en dehors de la France sont très orientées vers l'industrie. Le déploiement à l'étranger des groupes français est surtout le fait des plus grands : 160 groupes français de la catégorie grande entreprise concentrent 83 % du chiffre d'affaires total à l'étranger. Un tiers des ETI est implanté à l'étranger. La présence des PME est marginale. Les activités financières et de l'information-communication sont les deux autres secteurs où les multinationales sont majoritaires dans l'emploi. L'Union européenne (UE) est la première zone d'implantation des firmes multinationales sous contrôle français avec 38 % de leurs effectifs étrangers, devant les États-Unis, le Royaume-Uni et la Chine.

LES FIRMES FRANÇAISES PARMI LES 100 PREMIÈRES STN MONDIALES (CLASSÉES EN FONCTION DU MONTANT LEURS ACTIFS À L'ÉTRANGER EN MILLIONS DE DOLLARS)

Entreprises	Secteur	Actifs à l'étranger	Actifs totaux
Total (5e)	Pétrole	249 678	273 865
EDF SA (13e)	Électricité-gaz	155 021	340 692
Engie (37e)	Électricité-gaz	89 247	179 502
Orange SA (48e)	Communications	76 795	119 415
Airbus (54e)	Aéronautique	69 722	128 721
Christian Dior (56e)	Textile, cuir	68 261	105 403
Sanofi (59e)	Industrie pharmaceutique	68 049	118 370
Renault (72e)	Automobile	57 983	137 240

►

Entreprises	Secteur	Actifs à l'étranger	Actifs totaux
Unibail (83e)	Immobilier	49 099	73 021
Peugeot (87e)	Automobile	47 869	78 371
Danone (89e)	Agro-alimentaire	47 099	50 957
Schneider (90e)	Électricité	47 058	50 754
Vinci (91e)	Construction	46 754	102 339
Air liquide (96e)	Chimie	45 416	49 052

Source : site de la CNUCED.

II. Les investissements directs à l'étranger (IDE)

A. L'évolution des IDE

Les **investissements directs à l'étranger** (IDE) désignent les investissements par lesquels des entités résidentes d'une économie acquièrent ou ont acquis un intérêt durable, gage d'une relation de long terme, dans une entité résidente d'une économie étrangère. Par convention, on considère qu'il y a intérêt durable et donc investissement direct lorsqu'une entreprise détient au moins 10 % du capital ou des droits de vote d'une entreprise résidente d'un pays autre que le sien. L'investissement direct comprend à la fois l'opération initiale entre les deux entités et toutes les opérations financières ultérieures entre elles et entre les entreprises du même groupe international. On les distingue ainsi des **investissements de portefeuille** qui ne sont que des placements financiers.

Les principales modalités des IDE sont la création de sociétés ou d'établissements ex-nihilo, (on parle d'investissements « *greenfield* »), les acquisitions et fusions avec des sociétés existantes, (on parle alors d'investissements « *brownfield* »), le réinvestissement dans les filiales étrangères de leurs bénéfices.

La multinationalisation d'une entreprise ne s'effectue pas seulement au moyen d'IDE; elle peut être également le produit d'une mobilisation de capitaux sur le territoire d'implantation ou de réinvestissement de capitaux d'une filiale déjà implantée sur un territoire étranger dans une nouvelle filiale située sur ce même territoire. Dans ces deux cas, il y a processus de multinationalisation, mais sans qu'il y ait d'IDE.

De 1980 à 2008, les IDE connaissent une croissance exponentielle. Sur la période 1991-1995, au niveau mondial, les IDE sortants se sont accrus au rythme annuel moyen de 22,5 %, ce rythme de croissance passe à 40,1 %

sur la période 1996-2000. La période 2001-2005 se caractérise par un net ralentissement (+ 5,3 % par an en moyenne) et l'année 2009 par une chute brutale (– 32,1 %). Cette chute, liée à la crise mondiale, est bien plus forte que la baisse de la production mondiale et du commerce mondial.

Bien que les investissements dans les pays développés soient repartis à la hausse, ils représentent désormais une part historiquement faible de l'IDE mondial (39 %), tiré essentiellement par les pays en développement ; et restent inférieurs de 57 % à leur maximum de 2007. En 2015, les IDE mondiaux ont atteint le montant record de 2 000 milliards de dollars selon le rapport sur l'investissement dans le monde la CNUCED (2020). Ils sont ensuite en recul de 2015 à 2019. La pandémie a provoqué en 2020 une chute de 40 % des IDE, qui retombent à leur niveau de 2005.

Les opérations de fusions-acquisitions ont connu une évolution cyclique, avec une croissance de 64 % entre 1996 et 2000, puis un fort ralentissement entre 2001 et 2005 (+ 0,6 % en moyenne) et un effondrement en 2009 (– 64,7 %). Puis elles repartent ensuite à la hausse sous l'effet de la faiblesse des taux d'intérêt conjuguée aux fortes disponibilités des entreprises multinationales. La pression concurrentielle a en outre contraint les grands groupes à trouver de nouvelles sources de croissance.

TOP 20 DES FLUX D'INVESTISSEMENTS DIRECTS ÉTRANGERS ENTRANTS (2020)
ENTRÉE D'IED : LES 20 PREMIERS PAYS D'ACCUEIL, 2018 ET 2019
(EN MILLIARDS DE DOLLARS)

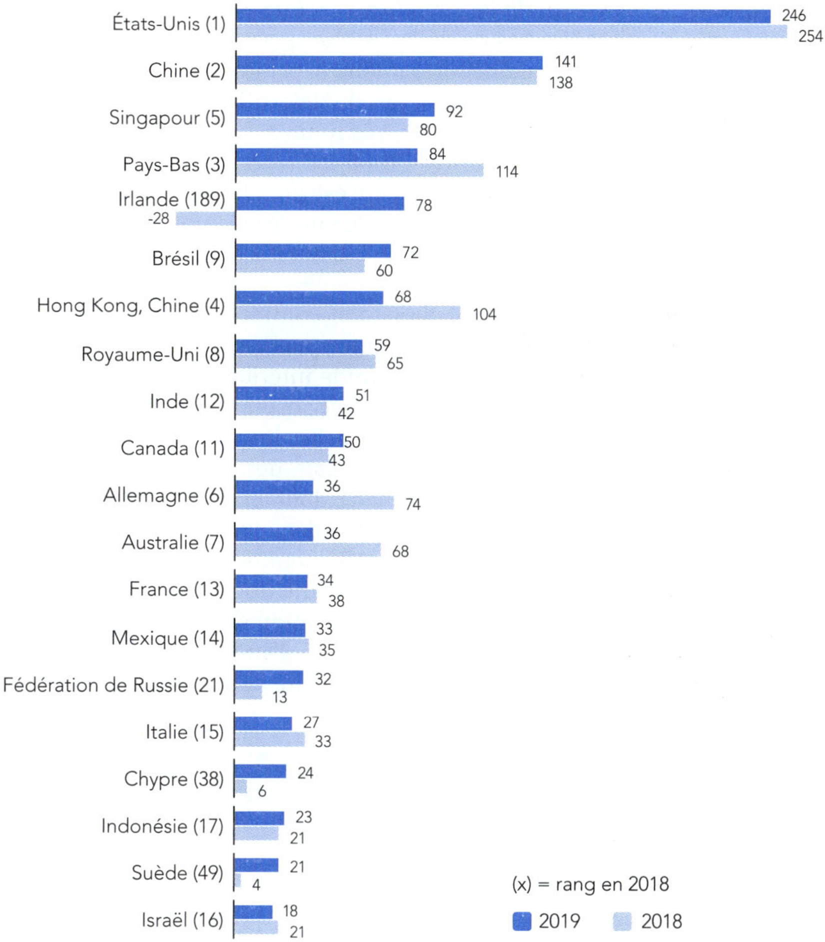

Source : CNUCED, base de données sur l'IED et les entreprises multinationales (www.unctad.org/fdistatistics).

Source : CNUCED, *World investment report*, 2020.

Une part importante des investissements directs à l'étranger est réalisée par les pays développés dans d'autres pays développés, cela s'explique par le fait que les pays riches disposent de ressources abondantes en main-d'œuvre qualifiée, en infrastructures et offrent de larges débouchés à la production. On retrouve la logique de divergence analysée par la théorie de la croissance endogène (v. chapitre La *croissance économique*).

Les FMN ne cherchent donc pas nécessairement à vendre dans les pays riches tout en produisant dans les pays pauvres. La réalité est plus complexe : l'implantation de filiale ou la délocalisation d'activités dépendent de la nature des produits, de leur qualité. Lorsque ceux-ci exigent peu de savoir-faire, des phénomènes de délocalisations peuvent avoir lieu. Mais lorsque la production exige une forte intensité capitalistique et une main-d'œuvre qualifiée, alors les phénomènes de délocalisation d'activités des pays riches vers les pays pauvres sont très limités. Il faut être attentif aux évolutions rapides : dans les années 1980 les « dragons d'Asie » étaient attractifs en termes de salaires, mais ce n'est plus le cas aujourd'hui. La Chine ensuite a pris le relais de ce point de vue. Mais une mutation est en cours qui se manifeste par une tendance à la hausse des salaires en Chine. Les investisseurs, à la recherche de bas salaires, doivent se tourner vers d'autres destinations. Cependant, la Chine continue d'attirer beaucoup d'investisseurs car elle constitue un gigantesque marché potentiel surtout si sa croissance se réoriente vers la demande intérieure. En 2010, pour la première fois, les pays en développement ont absorbé ensemble près de la moitié des flux mondiaux d'IDE. En revanche, les flux à destination de l'Afrique et des PMA ont diminué. On assiste donc au creusement des inégalités entre les pays en développement, dont les uns connaissent une « émergence » rapide et d'autres s'enfoncent dans les difficultés.
Par ailleurs, les IDE trouvent en grande partie leur origine dans des opérations de restructuration, de fusions ou d'acquisitions, conséquences des politiques de déréglementation et de libéralisation de secteurs d'activités tels que le transport, les télécommunications, l'énergie dans les PDEM. Ainsi, la libéralisation du marché de l'électricité en Europe conduit EDF à multiplier les opérations d'acquisitions.

B. Les IDE français à l'étranger et étrangers en France

Jusque dans les années 1970, la France est mal positionnée en matière d'IDE, qu'ils soient entrants ou sortants. À partir du début des années 1980 et durant toute la décennie qui suit, les IDE vont croître de façon exponentielle. Entre 1980 et 1990, les flux d'IDE entrants vont être multipliés par trois et les flux d'IDE sortant vont être multipliés par 12. Durant les années 1990, les flux IDE entrants restent globalement inférieurs aux flux d'IDE sortants.
Cette forte croissance des investissements français à l'étranger s'explique par l'adaptation du tissu productif au marché européen. Les investissements se réalisent essentiellement dans la zone euro.

Selon la Direction Générale du Trésor, si la France se situe aux premiers rangs mondiaux en termes de stock d'IDE (4e pour les IDE entrants, 5e pour les IDE sortants en 2013), elle a vu sa place se dégrader depuis la crise s'agissant des flux annuels (42e pour les flux entrants en 2013, alors qu'elle était encore 10e en 2010, et flux sortants négatifs, reflétant des désinvestissements). La forte chute des flux entrants dont fait état la CNUCED pour 2013 (– 80 %), doit être relativisée : elle ne porte que sur les prêts intra-groupe, c'est-à-dire des opérations internes aux groupes multinationaux.

En termes géographiques, flux comme stocks, entrants et sortants, restent concentrés sur les économies développées. Les principaux pays de destination ou de provenance des investissements français sont les pays de l'Union européenne, en particulier de la Zone Euro.

FLUX D'INVESTISSEMENTS DIRECTS ENTRE LA FRANCE ET L'ÉTRANGER (EN MILLIARDS D'EUROS)

	1990	1995	2000	2005	2010	2019
Flux des investissements étrangers en France	13,0	18,0	46,9	68,3	25,6	30,2
Flux des investissements français à l'étranger	– 30,1	– 12,0	– 192,6	– 92,5	– 63,5	– 34,5
Solde	– 17,1	6,0	– 145,7	– 24,1	– 37,9	– 4,3

r : données révisées.

Note : y compris les investissements immobiliers.

Champ : France.

Source : Banque de France.

§ 5. Déterminants, stratégies et impacts de la multinationalisation

I. Les déterminants et les stratégies de la multinationalisation

Comme le souligne **W. Andreff**, les FMN se situent à un « carrefour théorique » : les comprendre nécessite de mobiliser des connaissances issues de l'économie industrielle, de la sociologie de l'entreprise et de l'économie internationale.

A. Produit, marché et multinationalisation des firmes

a. Multinationalisation des entreprises et cycle de vie du produit

Certaines études s'appuient sur les analyses de **R. Vernon** pour rendre compte du processus de multinationalisation des entreprises. À chaque phase du cycle de vie du produit (nouveauté, croissance, maturité, sénescence) correspond une stratégie de la firme :

- durant la fin de la phase de nouveauté jusqu'à la phase de croissance, la firme privilégie l'exportation ;
- durant la phase de maturité, face au développement de produits concurrents, la firme délocalise sa production à l'étranger dans le but de maintenir son avantage en matière d'innovation.

b. Multinationalisation et « paradigme OLI »

Selon **J. Dunning**, la multinationalisation d'une entreprise s'explique en fonction de la détention ou non des trois séries d'avantages suivants (« **avantages OLI** », « **théorie éclectique** » essentiellement micro-économique) :

- avantage O (pour *ownership advantages*, propriété/technologie/information/capital humain/marketing), la firme détient un actif intangible, par exemple un droit de propriété sur une innovation ;
- avantage L (pour *localisation*), avantage à se localiser à l'étranger en fonction de la distance entre ses marchés et en fonction des politiques publiques en matière de régulation des échanges extérieurs (droits de douane) et de taxation du capital ;
- avantage I (pour *internalisation*), la firme dispose d'un intérêt à internaliser certaines activités.

Lorsqu'une firme dispose de ces trois types d'avantages, elle a intérêt à investir à l'étranger ; quand elle ne possède que des avantages O et I, elle a intérêt à conquérir des marchés étrangers par l'exportation de ses produits ; si elle ne dispose que de l'avantage O, elle a intérêt à vendre une licence. Selon J. Dunning, l'évolution des trois types d'avantages OLI peut expliquer l'évolution des IDE pour chaque pays.

c. Structure des marchés : avantage monopolistique et effets d'agglomération

C.P. Kindleberger (1910-2003) considère que la multinationalisation d'une firme s'explique par le fait qu'elle dispose d'un **avantage monopo-**

listique qui prend sa source dans l'existence d'imperfections du marché (différenciation des produits, avantage technologique, économie d'échelle).

Dans la même perspective, **J.-L. Mucchielli** recense les avantages compétitifs dont doit disposer une firme lorsqu'elle cherche à se multinationaliser :

- l'obtention d'économies d'échelle et une courbe d'apprentissage importante ;
- des politiques gouvernementales qui favorisent leur implantation (recherche d'une plus grande attractivité du territoire) ;
- la détention d'une marque ;
- la maîtrise et l'avance sur une technologie, un savoir-faire ou un produit (le réseau de boutiques « Apple Store » dans le monde) ;
- un accès privilégié aux marchés du fait de la taille de la firme (possibilité de négociation de prix sur les marchés de capitaux, de matières premières…).

Il reste que l'ensemble de ces avantages n'est pas nécessairement transférable (marque, courbe d'apprentissage).

Aux avantages compétitifs dont doit disposer une FMN, s'ajoutent des « **effets d'agglomération** », les FMN ont tendance à s'implanter dans des lieux où figurent déjà des FMN. Cette concentration d'entreprises génère des externalités positives.

d. L'analyse systémique de la multinationalisation

L'analyse systémique de **J.-L. Mucchielli**, prend en compte à la fois les avantages comparatifs d'un maintien sur le territoire d'origine de la firme (coûts de production comparés, taille et dynamique des marchés) et les avantages compétitifs dont dispose une firme (économie d'échelle, différenciation des produits). Lorsque les avantages comparatifs sont forts et que les avantages compétitifs sont faibles, la firme a intérêt à exporter sa production, et dans la situation inverse – avantages comparatifs faibles, avantages compétitifs forts – la firme a intérêt à se multinationaliser. Ainsi, la mondialisation suppose un environnement dans lequel toutes les entreprises d'un marché donné sont traitées de la même manière au niveau réglementaire et bénéficient de la même capacité à être compétitives. **C.A. Michalet** évoque à ce titre la nécessaire formation d'un ***level playing field***, métaphoriquement un terrain de jeu parfaitement plat, où l'égalité des chances entre les acteurs est respectée.

B. Les stratégies de multinationalisation des entreprises

La multinationalisation d'une entreprise peut se réaliser suivant quatre types de stratégies :

- une stratégie d'approvisionnement qui consiste en ce qu'une firme décide de s'assurer de la régularité de ses approvisionnements en produits primaires (matières premières, énergie);
- une stratégie de marché, à travers laquelle une firme cherche à se rapprocher de ses principaux marchés par le biais de « **filiales-relais** » généralement spécialisées dans la commercialisation et la distribution;
- une stratégie de rationalisation de la production selon laquelle une firme décide de l'implantation de « **filiales ateliers** » qui peuvent être en charge de la production de la totalité du produit ou d'un de ses composants. Ainsi, dans le domaine de la maroquinerie, Lancel exporte ses peaux découpées à l'île Maurice pour les faire coudre sur place et les réimporter vers l'Europe. Lorsqu'une filiale-atelier a pour seule fonction le montage des différents composants d'un produit, on parle alors d'« **usine tournevis** »;
- une stratégie technico-financière par laquelle une firme prend en compte non seulement les données technologiques et commerciales (qualité de la main-d'œuvre, infrastructure, débouchés, transports) mais également les données financières (taux de change, niveau de prélèvement obligatoires...), notamment sous la pression de la gouvernance actionnariale, avant de s'implanter sur un territoire donné.

La multinationalisation d'une entreprise répond à une volonté de renforcement de sa position concurrentielle; mais elle est, selon **F. Knickerboker**, à l'origine d'un « **effet de contagion** », d'une « **réaction oligopolistique** » : les concurrents se multinationalisent également.

Une entreprise qui dispose d'avantages compétitifs et qui s'interroge sur sa stratégie d'entrée sur un marché étranger a le choix entre l'exportation de ses produits ou la production de ceux-ci dans le marché étranger. Dans le cadre de cette option, elle a le choix entre cinq types d'implication :

- la fusion-acquisition d'entreprises sur le marché étranger;
- la constitution d'un ***joint-venture*** (système de co-entreprises) qui met en commun des moyens humains techniques et financiers dans le cadre d'une filiale; il s'agit donc d'un partenariat qui peut concerner aussi bien la commercialisation, la distribution de produits ou encore la recherche/développement;
- l'implantation d'une filiale;
- la vente de licence, c'est-à-dire la cession du droit d'utilisation de la technologie ou de la marque;
- l'utilisation de sous-traitants.

C. Internalisation et multinationalisation des entreprises

L'analyse de l'internalisation des activités trouve son origine dans les travaux pionniers de **R. Coase** (1910-2013, prix Nobel en 1991), prolongés par ceux d'**O. Williamson** (né en 1932, prix Nobel en 2009). Le socle de leur analyse est que le recours au marché est coûteux : coûts de négociation des contrats, de recherche du prix adéquat, de rédaction des contrats. Ces coûts sont logiquement plus élevés dans le cadre d'échanges entre pays de cultures et/ou de langues différentes. Si passer par le marché, c'est-à-dire exporter, est trop couteux, les firmes vont alors choisir de réaliser ces échanges au sein de la hiérarchie, pour éviter ces coûts.

Elles peuvent par des opérations de fusions et acquisitions, ou d'IDE internaliser ces transactions. **J.-C. Mac Manus**, mais aussi **P.-J. Buckley** et **M. Casson** reprennent la théorie des coûts de transactions (v. chapitre *Entreprise et système productif*) pour l'appliquer aux FMN. Ils soulignent plus particulièrement que les activités nécessitant un haut niveau de savoir et de savoir-faire sont régulées imparfaitement par le marché. Il en résulte une nécessaire internalisation/multinationalisation de ces activités par les firmes. Ils relèvent que les FMN sont fortement présentes dans des secteurs où les dépenses de R&D sont importantes.

D. Firmes hétérogènes et déterminants endogènes des exportations et des IDE

L'analyse sectorielle et éclectique, telle celle de Dunning, ne permet pas d'expliquer complètement les choix d'internationalisation des firmes. En effet, la littérature récente, notamment les travaux de **M. Melitz** montre que seule une minorité des firmes, les plus productives ou autrement dit les firmes à la frontière technologique de leur secteur, réalisent l'essentiel des exportations. Par exemple, en 2015, moins de 10 % des entreprises françaises exportent. Exporter présente en effet des coûts fixes importants (recherche d'informations sur le marché, communication, formalités administratives) que seules les firmes les plus efficaces, ayant les coûts de production les plus compétitifs, peuvent supporter tout en restant profitables et ainsi survivre à la sélection internationale des marchés.

Cette nouvelle approche a été également appliquée aux IDE. Passer d'une stratégie de multinationalisation par exportations à une stratégie s'appuyant sur les IDE suppose que les rendements de ces derniers sont plus élevés que la simple exportation. Mais réaliser des IDE est aussi couteux. Seules les entreprises les plus productives peuvent supporter ces coûts,

qui dépendent également des caractéristiques du secteur d'appartenance de l'entreprise.
Par ailleurs, ces approches considèrent les différents choix d'internationalisation davantage comme complémentaires que substituables. Elles se distinguent ainsi de l'approche par les coûts de transaction. Ainsi, 95 % des IDE des firmes françaises sont précédés par des exportations vers le pays concerné par l'IDE. Ce processus d'expansion internationale progressive des firmes, basé sur une réduction progressive des incertitudes sur un marché, avait déjà été mis en avant dans les années 1970 par des chercheurs de l'Université d'Uppsala.

II. L'impact des multinationales

Outre l'impact des multinationales sur la production mondiale et le commerce international à travers le commerce intra-firme et la chaîne de valeur mondiale qui en découle, plusieurs effets sont étudiés.

A. Les effets économiques de la multinationalisation des entreprises

a. L'impact des multinationales sur l'emploi

Les délocalisations sont très présentes dans l'opinion publique, et leur ampleur réelle est étudiée par les économistes. Au-delà des difficultés de définitions et de mesure, certains travaux concluent à un effet limité des délocalisations sur l'emploi dans les pays industrialisés. Dans un rapport au Conseil d'analyse économique (2010), **L. Fontagné** et **F. Toubal** soulignent que l'implantation à l'étranger des firmes françaises n'a pas d'impact sur l'emploi de cette entreprise en France. Cet effet est même positif lorsque l'entreprise appartient à un groupe français. Les FMN sont en fait créatrices nettes d'emplois dans les pays industrialisés. C'est encore plus vrai si on se place au niveau de l'économie mondiale : les filiales étrangères des FMN emploient 75 millions de personnes dans le monde.
Les effets négatifs de l'ouverture internationale sur les économies avancées ont été durement ressentis par les travailleurs non qualifiés et les régions les plus vulnérables. La puissance commerciale des pays émergents, en particulier de la Chine, ont eu des conséquences importantes sur l'emploi dans les pays développés. Une étude de **D. Autor** publiée en 2016 a montré que la concurrence des importations chinoises aurait induit une perte nette de l'ordre de 2 à 2.4 millions d'emplois aux États-Unis entre 1999 et 2011. Le « choc chinois » ne concerne pas seulement l'industrie

manufacturière mais aussi les fournisseurs. Sur les marchés du travail locaux des régions touchées, les salaires et le taux d'activité ont stagné pendant une décennie. Au-delà du nombre d'emplois, leur qualité est aussi affectée.

L'analyse des délocalisations amène donc à beaucoup de nuances. Si celles-ci peuvent être dramatiquement vécues dans certaines régions ou secteurs des pays industrialisés, si elles affectent plus durement les salariés les moins qualifiés ; elles peuvent avoir un effet global positif. L'effet direct de déplacement/destruction d'emplois peut être compensé par :

- des effets indirects de création d'emplois par stimulation des exportations de matériel de production, de produits intermédiaires vers le pays d'implantation de la filiale, ce qui conduit à des créations d'emplois sur le territoire d'origine de la FMN ;
- des créations d'emplois d'encadrement, de recherche et d'accompagnement à l'implantation à l'étranger (services bancaires, services de consultants) dans les maisons mères.

Cependant, **E.M. Mouhoub** dans *Mondialisation et Délocalisation des entreprises* (2017) souligne que les effets sur l'emploi dépendent de la nature du commerce (le commerce intra-branche Nord-Nord a moins d'impact sur l'emploi que le commerce inter-branche Nord-Sud) et de délocalisation ainsi que des effets de compensation, ou de report. Ces derniers peuvent se bloquer essentiellement pour deux raisons :

- la baisse de revenus des travailleurs non qualifiés peut entraîner une chute de la demande ;
- la rigidité des salaires à la baisse peut conduire à une augmentation du chômage des non qualifiés plutôt qu'à un report vers d'autres secteurs, ce qui provoque une perte de revenu national doublé d'un effet indirect de baisse des prix des biens de consommation.

b. Productivité des multinationales et capacité à exporter des pays

Sur le plan économique, si le concept de compétitivité est clairement défini au niveau de l'entreprise (il s'agit alors de la capacité de l'entreprise à faire face à la concurrence et gagner des parts de marché), il fait l'objet d'intenses débats lorsqu'il s'agit de l'appliquer au niveau des États. L'opposant le plus connu est **P. Krugman**, qui qualifie la compétitivité d'un pays de « dangereuse obsession ». Un pays ne peut en effet pas faire faillite. Par ailleurs, on ne peut assimiler le bien-être des populations aux profits d'une entreprise. Mais la compétitivité-pays est par ailleurs l'objet de classements internationaux, tel celui du Forum économique mondial. La compétitivité-pays peut alors être envisagée comme sa « *capacité à tirer avantage de son intégration internationale dans le but d'améliorer durable-*

ment le niveau de vie de l'ensemble de sa population » (**F. Bellone** et **R. Chiappini**, *La compétitivité des pays*, 2016).

La mondialisation a certainement contribué à intensifier le degré concurrentiel des marchés. En reprenant l'analyse des déterminants endogènes de l'internationalisation des firmes, les firmes les plus productives s'imposent par un processus de destruction créatrice et éliminent les firmes les moins efficaces, ce qui conduit à une hausse de la productivité moyenne des firmes, à l'amélioration de la capacité à exporter du pays, et du bien-être.

Pour autant, la compétitivité d'un pays ne se résume pas à la seule productivité : un pays peut être à la fois peu productif et compétitif s'il s'insère efficacement dans les chaînes de valeur mondiales. C'est typiquement le cas de la Chine, dont la productivité globale des facteurs représente seulement 38 % de celle des États-Unis en 2017, et qui a pleinement bénéficié de son ouverture internationale en termes de capacité exportatrice.

B. L'influence sociale, culturelle et politique des multinationales

a. Firmes multinationales et institutions publiques

Les FMN disposent d'un grand pouvoir d'influence sur les États, dans la mesure où ces derniers cherchent à les attirer au moyen de politiques de renforcement de l'attractivité de leur territoire (baisse de la fiscalité, mise en place d'infrastructures, formation de la main-d'œuvre), sous la pression des stratégies d'**optimisation fiscale** des FMN. Les politiques nationales d'investissement ont été et sont toujours majoritairement accès sur la libéralisation, la promotion et la facilitation des investissements. Les mesures visant à favoriser l'investissement dans des secteurs essentiels pour le développement durable restent assez peu nombreuses. La CNUCED note cependant une tentative de réformes des Accords Internationaux d'Investissement (AII) en faveur du développement durable, par exemple en renonçant à des mesures d'assouplissement des normes relatives à la santé, à la sécurité et à l'environnement pour attirer les investisseurs.

Par ailleurs, avec le développement des technologies de l'information et de la communication, de très grandes entreprises (Google, Amazon, Facebook, Twitter, Apple) contrôlent les réseaux d'information. Le scandale Cambridge Analytica (2016) a montré qu'il était possible d'influencer les électeurs. Cette emprise a été accentuée par le confinement au point de menacer, pour F.Fukuyama, la démocratie. Ces entreprises doivent faire l'objet d'une surveillance et d'un contrôle spécifique. La protection des données personnelles doit être davantage garantie.

Pour **M. Capron** et **E. Chiapello**, cette influence des FMN est également apparue lors de l'adoption de nouvelles normes comptables internationales depuis le 1er janvier 2005 pour les sociétés cotées européennes. Elles sont en effet largement le produit de la volonté de quatre grandes firmes anglo-saxonnes, spécialisées dans l'audit et le droit des affaires, que sont « Deloitte Touche Tohmatsu », « Ernst & Young », « KPMG », et « Pricewaterhouse Coopers ». Les nouvelles normes comptables tendent à imposer une représentation des firmes essentiellement orientée vers la rémunération des actionnaires.

Au niveau des organisations internationales, les FMN agissent de la même façon : elles ne cherchent pas à s'emparer des pouvoirs, ni à s'y opposer frontalement, mais bien plutôt à se mettre dans une position telle qu'elles puissent l'influencer fortement et durablement.

b. Les firmes multinationales créatrices d'une culture mondiale unique ?

Selon un certain nombre d'auteurs, dont **S. Latouche**, les FMN, par la diffusion de leurs produits à l'ensemble de la planète participeraient d'une « occidentalisation du monde ». Ce phénomène serait renforcé par le poids des industries culturelles occidentales (télévision, cinéma, etc.), celles-ci assurant la promotion d'un mode de vie unique. Si cette analyse peut être en apparence corroborée par un certain nombre de données factuelles (hégémonie américaine dans le cinéma et la télévision, expansion des produits Coca-cola et McDonald's), il n'en reste pas moins qu'il existe encore une grande diversité des cultures et des productions nationales. Ainsi, les deux plus grands producteurs de films longs-métrages sont l'Inde et le Nigéria. Cette diversité perdure aussi du fait de mesures prises par les pouvoirs publics. Ainsi, en matière européenne en matière de création cinématographique, une **exception culturelle** française et européenne est défendue afin de faire en sorte que le marché des produits culturels échappe aux règles classiques des échanges internationaux.

Ceci explique pourquoi les FMN se préoccupent plus de saisir les spécificités de chaque pays où elles sont implantées que de diffuser des produits standards et universels. Ainsi, **P. d'Iribarne** montre à travers le cas de l'entreprise Lafarge que les entreprises ont intérêt à gérer les particularismes culturels plutôt que de les combattre. Les firmes doivent instaurer des valeurs qui seront communes à tous les individus qui y travaillent, ce qui est gage d'efficacité, et ce d'autant plus que les conceptions du monde des pays d'origine et des pays d'implantation, sont éloignées. D'autre part, selon **K. Ohmae**, certaines FMN ont déjà opté pour une stratégie de ***global***

localization qui consiste à laisser une grande autonomie aux filiales implantées à l'étranger, à créer de véritables états-majors régionaux seuls capables de saisir les spécificités locales. Cette stratégie de « **glocalisation** » a été notamment mise en œuvre par Sony en Europe ; en revanche Danone, en l'absence de cette stratégie, n'a jamais pu imposer sa marque aux États-Unis.

c. Un certain désenchantement face à la mondialisation ?

L'accélération de la mondialisation des années 1990 à la crise de 2008 a conduit pour **J. P. Warnier** à un certain désenchantement. La mondialisation se caractérise par la contraction de l'espace-temps (baisse des temps de transports), une hausse des flux mondiaux de marchandises, de services culturels et de capitaux, et un régime capitaliste dominant. En faisant des gagnants et des perdants, cette mondialisation a provoqué certains « malaises », qui se traduisent par la montée des nationalismes et des populismes dans le monde (Turquie, États-Unis, Inde, Grande-Bretagne – Brexit – notamment) ; « *un repli sur ce qui semble pouvoir protéger les désabusés : les frontières nationales, religieuses, culturelles et identitaires* ». Rétablir les conditions du vivre ensemble mondial est alors essentiel, ce qui passe par un renouveau de la régulation et de la gouvernance mondiale.

§ 6. Régulation et gouvernance de la mondialisation

Les **politiques commerciales** déterminent le cadre d'intervention des pouvoirs publics sur les échanges extérieurs. Pour **J.-L. Mucchielli**, les politiques commerciales se définissent au regard de leur objectif de protectionnisme ou de libre-échange. Seul ou en partenariat avec d'autres, un État peut prendre des mesures en faveur de ses exportations ou à l'encontre de ses importations. Ces politiques sont également liées à l'évolution des inégalités tant entre les pays, qu'au sein des pays (inégalités internes).
Le poids des firmes multinationales dans la mondialisation et la fragmentation des chaînes de valeur mondiales rendent difficiles des politiques commerciales sans concertation. Par ailleurs, la gouvernance mondiale évolue et fait face à de nouveaux défis.

I. Libre-échange et multilatéralisme

Libéraliser les échanges internationaux, c'est-à-dire limiter les obstacles aux échanges entre pays, permet de bénéficier de nombreux avantages : générer des gains pour les acheteurs en faisant baissant les prix, faire reculer les inégalités entre pays.

Le **multilatéralisme** est un mode d'organisation des relations commerciales internationales reposant sur une coopération entre partenaires commerciaux sur la base de réciprocité dans les concessions accordées dans le cadre de négociations. Les négociations du **GATT** (*Général Agreement on Tariffs and Trade*), **AGETAC**, (Accord général sur les tarifs douaniers et le commerce) en constituent l'archétype. Les défenseurs du multilatéralisme considèrent que tous les pays doivent, simultanément, faire disparaître leur protection douanière. Ils s'opposent à l'existence d'accords bilatéraux et souhaitent une extension automatique à toutes les nations des avantages accordés par une nation à une autre (**clause de la nation la plus favorisée**).

A. Du GATT à l'OMC : des institutions internationales favorables au libre-échange

En février 1946, le Conseil économique et social des Nations Unies organise une conférence mondiale sur le commerce et l'emploi. En mars 1948, cette conférence débouche sur l'adoption de la **Charte de La Havane** qui institue une **Organisation Internationale du Commerce** (l'**OIC**). Cette charte prévoit de mettre en œuvre une approche globale des relations économiques internationales s'appuyant sur les grandes organisations économiques, tout en prenant en compte les intérêts particuliers des pays en développement. Elle n'a eu aucune application pratique du fait de l'opposition du Congrès américain et du contexte international (Guerre froide). Dès lors, le fonctionnement et l'organisation du commerce international dépendront d'une série d'accords multilatéraux et bilatéraux entre États. Dans cette perspective, le **GATT**, créé le 30 octobre 1947, a pour objectif de promouvoir une logique multilatérale. Ainsi, 23 États se dotent des principes suivants en matière d'échange international :

- la non-discrimination qui se traduit par l'adoption de la clause de la nation la plus favorisée ;
- l'élimination des restrictions quantitatives (contingentement des importations) ;
- l'interdiction du dumping (vente à perte).

L'histoire du GATT est marquée par différentes avancées vers la libéralisation du commerce mondial grâce aux accords suivants :

- Le **Dillon round** (1962) : baisse moyenne de 7 % des tarifs industriels.
- Le **Kennedy round** (1964-1967) : baisse moyenne des tarifs industriels de 35 %.
- Le **Nixon round** ou **Tokyo round** (1973-1979) : réduction moyenne des tarifs industriels de 34 %. Le Tokyo round a abouti à l'idée que les PED pouvaient prendre des mesures de sauvegarde afin de réaliser des objectifs de développement.
- L'**Uruguay round** (1986-1994) concerne la libération du commerce des produits agricoles et l'intégration du commerce des services dans l'accord général. L'une des difficultés majeures des négociations a porté sur l'**exception culturelle**. L'application de la seule logique marchande aux biens culturels (presse, cinéma, édition…) conduit à la domination des industries culturelles américaines, les produits américains pouvant amortir leurs coûts par les ventes sur le marché domestique pour être ensuite diffuser mondialement dans des conditions très compétitives. La définition d'une exception culturelle est une exigence forte de l'Union européenne dans les négociations commerciales internationales. D'autres débats importants ont eu lieu concernant l'**Accord général sur le commerce des services** (AGCS) et l'**Accord sur les aspects des droits de propriété** qui touchent au commerce (ADPIC) afin d'étendre la logique du marché et de la concurrence aux activités de services (y compris celles qui correspondent dans certains pays à des services publics) et aux droits de propriété intellectuelle (droits d'auteurs, brevets). Protéger la propriété intellectuelle et lutter contre la contrefaçon est nécessaire.
- Ces négociations ont débouché sur la création de l'Organisation mondiale du commerce (**OMC**).
- Le 1er janvier 1995 est créée l'**OMC** à laquelle adhèrent alors 135 États (162 membres fin 2015). L'OMC est une organisation internationale, contrairement au GATT qui ne résultait que d'une série d'accords internationaux. Cette organisation est désormais chargée de veiller à l'application des accords sur le commerce international et, le cas échéant, d'arbitrer les conflits commerciaux entre ses pays membres. L'organe d'appel de l'OMC (l'OA) a été **créé par l'Accord de Marrakech** de 1994. Dès lors que plusieurs pays sont en litige par rapport à l'application des règles de l'OMC et que le processus de consultation entre plaignant(s) et défenseur(s) a échoué, un groupe d'experts choisi par l'**Organe de règlement des différends** de l'OMC (l'ORD) est constitué pour examiner la plainte. Si l'une des parties conteste le rapport des experts, elle peut faire appel auprès de l'organe d'appel (OA). L'organe d'appel est constitué de sept juges, dont trois doivent être obligatoirement présents pour

étudier un cas. En 2016, 90 % des rapports ont fait l'objet d'un appel. Cet organe a donc une importance croissante dans la gouvernance mondiale des échanges. Par ailleurs, les compétences de l'OMC se sont élargies au domaine des services et de la propriété intellectuelle en plus du domaine des échanges de marchandises.

– Après l'échec de la conférence de Seattle en 1999, c'est la **conférence de Doha** en 2001 qui lance un nouveau cycle de négociations multilatérales. Baptisé « **Cycle de Doha pour le développement** », il est consacré au rôle que le commerce international peut jouer en matière de développement. Il suppose notamment l'ouverture croissante des pays industriels aux produits en provenance des pays du Sud. En contrepartie, les pays industrialisés réclament l'ouverture des pays du Sud aux investissements étrangers, la transparence des marchés publics, la facilitation des échanges. Mais les discussions mettent en évidence de vives tensions entre pays du Nord et du Sud et conduisent à l'échec de la conférence de Cancun en 2003 (lié notamment aux enjeux agricoles). Même si la conférence ministérielle de Hong Kong (décembre 2005) permet d'obtenir certaines avancées, l'enlisement des discussions conduit le Directeur général de l'OMC, **P. Lamy**, à suspendre les négociations en juillet 2006. Les travaux reprennent en janvier 2007. En décembre 2013, le nouveau Directeur général de l'OMC, **R. Azevedo**, conclut un accord « a minima », appelé « paquet de Bali » qui a le mérite de préserver la crédibilité de l'OMC même si les points conflictuels, en particulier dans le domaine agricole, demeurent; et les avancées très timides. L'OMC compte 164 membres en 2019. Sa directrice générale depuis 2021 est **N. Okonjo-Iweala**.

B. Une déstabilisation du système commercial multilatéral

Au sortir de la crise de 2008, le regard porté sur le multilatéralisme change. Aux États-Unis, dans un contexte marqué par la montée des inégalités et la stagnation, voire le déclin du pouvoir d'achat des classes moyennes et populaires, certaines études montrent le rôle de l'émergence de la Chine sur la désindustrialisation américaine et la perte d'emplois stables et qualifiés. En Europe, les tensions sont vives entre souveraineté nationale et respect des engagements internationaux. D'où une contestation des règles du commerce multilatéral en réaction à plusieurs changements majeurs :

– Le retournement des avantages comparatifs : les accords existants ont été signés à une période où les pays avancés détenaient un avantage comparatif marqué dans la plupart des secteurs manufacturiers. Un niveau de protection faible avec les pays en développement n'était pas incompatible avec des parts de marché conséquentes. Cet avantage comparatif s'est érodé, et le secteur des services et plus globalement de l'économie de la connaissance, dans lequel réside l'essentiel des avantages comparatifs des pays avancés, est soumis à des règles internationales moins contraignantes ;

- Les grandes économies émergentes étaient des PED au moment de l'Uruguay Round, et bénéficient à ce titre de traitements spéciaux et différenciés. La légitimité de ce statut, décidé par le pays lui-même, est contesté, en particulier pour la Chine ;
- L'économie mondiale est devenue multipolaire. Sans leader incontesté, les négociations multilatérales sont beaucoup plus difficiles.

À ces difficultés croissantes du système commercial multilatéral, se superpose le blocage de l'organe d'appel du mécanisme de règlement des différends commerciaux. Depuis 2016, les États-Unis s'opposent à la nomination de nouveaux juges et depuis 2019, un seul juge demeure en place, ce qui conduit au blocage de l'organe d'appel, le quorum de trois juges n'étant pas atteint. Aux États-Unis domine le sentiment que l'OMC serait incapable de faire respecter les règles du commerce international. Cette position ne traduirait pas une contestation de l'existence même de l'OMC mais une critique de son impuissance, notamment face à la Chine et le statut dérogatoire aux règles du multilatéralisme dont elle bénéficie du fait du statut de PED. Si la solution d'une réforme des règles de l'OMC n'est pas adoptée, les tensions protectionnistes, déjà vives, risquent de s'accroître encore.

II. La persistance du protectionnisme

Si le libre-échange s'est globalement imposé depuis 1945 en termes de réduction des barrières douanières, il convient de relever que le protectionnisme n'a pour autant pas disparu, loin s'en faut.

Il existe plusieurs types de politiques protectionnistes encore en vigueur aujourd'hui. La **politique protectionniste tarifaire** consiste à frapper de droits de douane les produits importés. Cette forme de protectionnisme, longtemps en recul sous l'effet de l'application du principe de la nation la plus favorisée, connaît un retour en force et devient même un argument électoral, notamment aux États-Unis avec l'Administration Trump. En 2018, des droits de douanes additionnels de 25 % sur les importations d'acier et 10 % sur les importations d'aluminium à destination des États-Unis (à l'exception des importations provenant de l'ALENA) ont été mises en place. Ce qui a entraîné une escalade protectionniste avec une réaction de l'Union Européenne notamment. Par ailleurs, des mesures spécifiquement tournées vers les importations chinoises ont aussi été décidées : de mars 2018 à fin 2019, les droits de douane entre les États-Unis et la Chine sont passés de près de 3 % à 26 %. La Chine a décidé une hausse des droits de douane sur les exportations agricoles américaines (16 % de la production agricole américaine est exportée vers la Chine). Loin d'être limitée à un petit groupe de pays, la résurgence du protectionnisme, y compris sous la forme tarifaire, est le signe d'une crise commerciale systémique dans le sens où ces tensions protectionnistes ébranlent l'organisation institutionnelle des échanges internationaux en tant qu'ensemble cohérent.

La **politique protectionniste non tarifaire** repose sur plusieurs instruments :

- le respect de normes sociales, sanitaires, d'hygiène et/ou de sécurité pour réduire les importations (principe d'une **clause sociale** ou **clause environnementale**) ;
- la décision unilatérale d'instaurer des quotas ou contingents (politique de contingentement aux importations). En cas d'entente entre les parties, on parle d'**Accord de commercialisation ordonnée** ou de **Restriction volontaire à l'exportation**. Ce type d'entente s'est particulièrement développé au cours des années 1970 et 1980, notamment dans le secteur de l'automobile (séries d'accords de contingentement entre États-Unis et Japon, Europe et Japon) ou dans le secteur du textile (Accords Multi-Fibres visant à contingenter les importations des PED et devant disparaître en 2005) ;
- l'octroi de subventions aux producteurs nationaux de biens substituables aux biens importés (**politique de substitution aux importations**) ou aux producteurs nationaux exportateurs (cas de l'agriculture européenne) ;
- la pratique du dumping qui, au sens strict du terme, renvoie à une situation selon laquelle une entreprise exporte ses produits à un prix moins élevé que celui pratiqué sur le marché intérieur. L'OMC élargit cette notion à toutes formes de distorsion de prix. Au-delà du cas précédent, il y a dumping dès lors qu'une entreprise vend à perte ou encore s'il existe une différence de prix entre les différents marchés extérieurs vers lesquels elle exporte ;
- la manipulation des taux de change qui permet, par une monnaie faible, de favoriser les exportations ;
- les règles de contenu local. Pour éviter l'implantation d'« usines-tournevis », certains pays exigent l'achat ou la production sur place du produit. C'est le cas du Brésil dans l'industrie automobile ;
- le patriotisme économique, qui consiste à promouvoir l'achat de produits nationaux. Outre que le « made in… » n'a plus guère de sens avec la fragmentation du processus productif, ces discours sont contrecarrés

par la perte de pouvoir d'achat qui découle d'achats de produits nationaux plus onéreux que les produits importés.

La prise en compte du caractère imparfait du marché international a été développée, au début des années 1980, dans le cadre du modèle de **J. Brander** et de **B. Spencer.** Il contribue à justifier le principe de « politiques commerciales stratégiques », de soutien et d'aide aux entreprises sur les marchés oligopolistiques. Dans cette perspective, les États subventionnent leurs exportations, érigent des barrières douanières, protègent certains secteurs par des accords de restrictions quantitatives « volontaires » ou favorisent le développement et la sauvegarde de nouvelles industries.

P. Krugman a contribué à la popularisation de leur modèle tout en ne partageant pas leurs conclusions. Rejetant le protectionnisme, il considère qu'un État développé, marqué par une productivité, une technologie et une qualité de ses produits plus faibles que d'autres États, dispose toujours de moyens pour maintenir sa place dans le commerce international et l'équilibre, à long terme, de sa balance des paiements. Au nombre de ces moyens figurent le taux de change et la spécialisation. D'une façon générale, les théoriciens de la nouvelle économie internationale suivent les orientations de **P. Krugman** sur la nécessité de rester fidèle au libre-échange.

III. Les défis de la gouvernance de la mondialisation

En l'absence d'un gouvernement mondial, une gouvernance mondiale est nécessaire. Le rapport du Conseil d'Analyse économique (CAE) de **J. Pisani-Ferry**, **P. Jacquet** et **L. Tubiana** dédié au thème de la **gouvernance mondiale**, en donne la définition suivante : « *dans un monde politiquement divisé en États nations autonomes, mais interdépendants, la gouvernance mondiale est un ensemble de principes, de pratiques et d'institutions communes concourent à la formation de normes collectives qui s'imposent aux États, à la définition des orientations de l'action collective, ou à la fixation de règles directement applicables aux acteurs privés* » (CAE, 2002). Cette gouvernance mondiale passe par l'action collective internationale d'institutions (FMI, Unesco, OMC, OCDE, etc.), par des accords formels ou informels entre États (Sommets du G8 ou du G20, Conférences des parties en ce qui concerne le climat, etc.) et par la société civile internationale (actions de Greenpeace, d'Amnesty International, d'Attac, etc.)

A. La recherche de nouveaux équilibres entre les acteurs de la mondialisation

a. Mondialisation et régulation étatique

Selon **F. Rachline**, quatre grands types de flux caractérisent l'économie mondiale : des flux commerciaux (biens et services), des flux de capitaux (monétaires et financiers), des flux migratoires, des flux d'information. Pendant longtemps, ces flux se sont réalisés, pour l'essentiel au sein de territoires sur lesquels s'exerçait une souveraineté politique. La globalisation est caractérisée par le fait que ces flux sont désormais transfrontières. Par exemple, en matière de circulation des marchandises on n'assiste pas seulement à un développement du commerce traditionnel (une marchandise produite dans le pays A est vendue dans le pays B), c'est le processus de production lui-même qui est internationalisé dans le cadre des chaînes de valeur mondiales. Cette évolution réduit la capacité des États à maîtriser les flux : dans une économie globalisée, la mise en œuvre d'une politique industrielle nationale ou le contrôle des mouvements de capitaux s'avèrent difficiles voire impossibles. Les marges de manœuvres des États seraient donc réduites par la mondialisation.

La globalisation économique et financière pourrait conduire à imaginer un seul code de « bonne gouvernance » (libéral) qui s'imposerait aux États, puisque toute politique publique considérée comme inadéquate par les opérateurs sur les marchés internationaux se traduirait par des « sanctions » (fuite des capitaux, chute du taux de change, etc.) Ce fut la logique du **consensus de Washington** dans les années 1990. Mais force est de constater que l'économie mondiale reste marquée par une grande diversité d'organisations économique et sociale des nations, à la fois en termes de tolérance aux inégalités internes, de niveau d'intervention de l'État dans l'économie, de modèles de protection sociale et de systèmes redistributifs, et de liberté laissée aux mécanismes du marché.

Une analyse attentive montre que l'État ne dispose pas de moins de moyens d'action économique et sociale que par le passé. Ces moyens sont cependant différents et font plus de place aux politiques structurelles qu'à l'action conjoncturelle (v. chapitre *Politiques économiques*).

L'État conserve en particulier trois fonctions dans l'économie globale qui lui permettent d'agir :

– L'État, par son action, peut façonner un environnement macroéconomique attractif pour les firmes multinationales et les opérateurs financiers, (un « *level playing field* »), soit un « terrain de jeu » pour les firmes selon **Ch. A. Michalet** (1938-2007). Il peut renforcer les avantages compétitifs des entreprises nationales et mener des politiques d'attractivité du territoire pour attirer les investisseurs étrangers (dynamisme de la demande sur le marché, qualification élevée de la main-d'œuvre, cadre réglementaire favorable aux affaires, administration efficace, infrastructures adaptées). Il peut aussi mener des politiques macroéconomiques favorables à la rentabilité des capitaux (taux d'intérêt suffisamment rémunérateurs, stabilité des prix, faible fiscalité du capital). La diplomatie joue également un rôle important dans cette perspective puisqu'elle contribue à l'élaboration de règles au niveau international.

- L'État a un rôle à jouer dans la capacité à exporter des entreprises situées sur son territoire. Les grands contrats d'infrastructure, d'aéronautique, d'armement, etc., sont liés souvent à des considérations politiques où la diplomatie peut jouer un rôle décisif. Les visites à l'étranger des chefs d'État et de gouvernement sont l'occasion de multiples contrats commerciaux. On considère aussi que la politique culturelle internationale (en matière linguistique notamment) a un impact commercial non négligeable.
- L'État peut jouer le rôle de « maître des horloges » (selon le titre de l'ouvrage de **Ph. Delmas**) puisqu'il est en charge du long terme. Certains analystes, comme **C. Saint-Étienne**, évoquent un « État stratège » dans le domaine de la recherche, du développement technologique, de la formation, de la cohésion sociale. L'État éclaire l'avenir pour des entreprises souvent court termistes dans leurs décisions de gestion. Par un décret, en septembre 2020, a été créé en France un « Haut-Commissariat au Plan » chargé d'animer et de coordonner les travaux de planification et de réflexion prospective conduits par l'État. Alimentée par les analyses d'experts de « France Stratégie » et les services de l'administration, cette institution doit éclairer les choix des pouvoirs publics face aux enjeux démographiques, économiques, sociaux, environnementaux, sanitaires, technologiques et culturels.

Le principal objectif économique d'un pays est d'assurer à l'ensemble de ses habitants un niveau de vie élevé et croissant, en fonction de l'environnement institutionnel et des contraintes économiques globales. Or, selon **D. Rodrik**, on ne peut avoir à la fois la démocratie et la souveraineté nationale exercée dans le cadre de l'État-Nation et accepter la mondialisation, c'est-à-dire un degré d'intégration entre États formant un espace économique et financier commun et ouvert (échanges de biens, de services, de capitaux). Il est donc indispensable de faire des choix entre ces pôles qui ne peuvent fonctionner en interaction de manière simultanée. Dans ce **« trilemme » politique**, on ne peut atteindre que deux objectifs maximums à la fois :

- Si l'on accorde une préférence à la mondialisation et la démocratie, il faut accepter un partage des souverainetés, voire envisager une régulation politique à l'échelle supranationale. Avec l'interdépendance des économies, la concurrence s'exacerbe et chaque État-Nation pris isolément perd de son autonomie. Le fédéralisme supranational ou un gouvernement mondial peuvent alors être des solutions dans le cadre de cette configuration, même s'il est difficile de les mettre en œuvre au niveau international.

- Le choix de privilégier l'insertion de l'État dans la mondialisation peut aussi être opéré en laissant de côté les aspects démocratiques. Les choix politiques et la démocratie sont alors soumis aux contraintes de la mondialisation. C'est le cas lorsqu'un État ancre son taux de change à une monnaie internationale, comme l'a fait l'Argentine avec le dollar au cours des années 1990.
- La troisième possibilité est de conserver la souveraineté de l'État-Nation et la démocratie, mais au prix d'une moindre insertion dans la mondialisation économique, voire d'une plus forte régulation de ce processus par des réglementations et des politiques protectionnistes.

LE DILEMME DE LA MONDIALISATION SELON DANI RODRIK

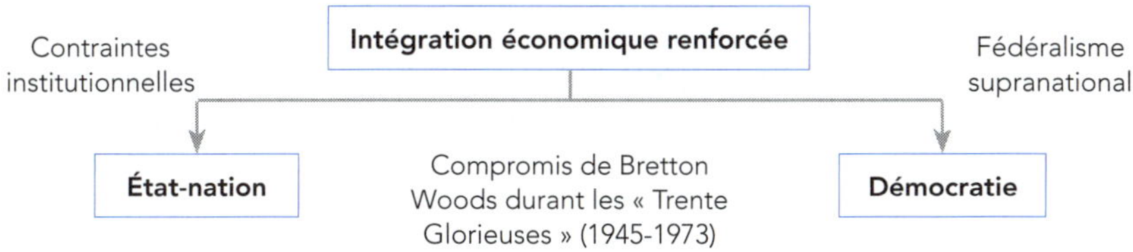

L'analyse de Dani Rodrik développe une critique de la mondialisation actuelle en se demandant si elle n'est pas allée trop loin sous certains aspects. Il insiste en particulier sur les dangers d'une globalisation financière sans contrainte, parfaitement illustrée, selon lui, par la crise financière de 2007 et les « effets domino » qui l'ont diffusée à travers le monde. Pour que la mondialisation procure ses bénéfices économiques réels et que ceux-ci soient largement partagés dans les sociétés, les démocraties nationales doivent selon lui être renforcées, et des règles internationales doivent être mises en place pour protéger tous les participants, tout en maintenant de la souplesse pour les entreprises dans la concurrence.

b. Une diversification croissante des acteurs de la mondialisation

La **gouvernance mondiale** résulte d'une interaction complexe entre divers acteurs et combine une **mosaïque de régulations internationales**. Cette gouvernance mondiale repose également sur un certain nombre d'institutions internationales : les problèmes de la mondialisation transcendent les frontières nationales et impliquent un grand nombre d'acteurs (institutions, firmes privées, ONG, États, etc.) Parmi ce réseau d'organisations intergouvernementales, on peut différencier trois grandes catégories :

- Les **organisations à vocation universelle**, comme les Nations Unies et ses différents organes ;
- Les **institutions économiques internationales** telles que le FMI ou la Banque Mondiale, mais aussi le GATT, et aujourd'hui l'OMC ;
- Les **organisations multilatérales** regroupant un certain nombre d'États, comme l'OCDE, l'Union européenne, l'ALENA, l'APEC, le MERCOSUR ;
- Les **organisations non gouvernementales** et plus largement la **société civile internationale** peuvent désormais tenter de peser sur les décisions des États et des organisations internationales.

La crise des *subprimes* de 2007 a été l'occasion d'une évolution importante. Les critiques du G8 se sont accentuées (puisque la crise avait son origine aux États-Unis et dans les pays du G8 et que l'on demandait aux pays émergents de participer au financement des mesures de réponse à la crise). La décision a donc été prise de donner un rôle central au **G20** qui rassemble, outre les pays du G8 (États-Unis, Japon, Allemagne, France, Royaume-Uni, Italie, Canada et Russie), l'Australie et la Corée du Sud, ainsi que 9 pays émergents (Afrique du Sud, Mexique, Argentine, Brésil, Chine, Inde, Indonésie, Arabie saoudite, Turquie) et l'Union européenne. En fait, le G20 existait déjà depuis 1999 car, en réaction aux crises financières, les ministres des Finances et les gouverneurs des banques centrales de ce groupe ont commencé à se réunir cette année-là. La nouveauté est la décision d'organiser (à partir de 2008) une réunion annuelle des chefs d'État et de gouvernement. Le G8 a continué cependant à exister. En 2011, la France a cumulé la présidence du G8 et du G20. Mais la Russie, qui faisait partie du G8 depuis 1998, a été exclue du groupe en 2014 en réaction à l'annexion de la Crimée et à la guerre en Ukraine.

Dès lors, existe toujours le G7 (ou « Groupe des 7 »), qui est une instance de discussion entre les dirigeants de sept grands pays : la France, l'Allemagne, l'Italie, le Royaume-Uni, les États-Unis, le Canada et le Japon. L'Union européenne (UE) est également associée aux travaux du G7 depuis 1977. Elle y est représentée par le président du Conseil européen et la présidente de la Commission européenne. Ainsi, en juin 2021, les ministres des finances du G7 ont signé un accord fixant un **taux minimum d'imposition des FMN** de 15 %, et jeter ainsi les bases d'une refonte de la fiscalité internationale. Cette décision devrait être reprise dans le cadre de l'OCDE et du G20.

Face à la crise de la covid-19, un sommet extraordinaire du G20, présidé par l'Arabie Saoudite, a eu lieu en mars 2020 en visioconférence pour mieux coordonner les efforts des États contre l'impact sanitaire et économique de la pandémie. En 2021, c'est l'Italie qui présidera le G20.

La société civile mondiale se compose des associations, organisations et mouvements qui répercutent en els amplifiant dans l'espace public politique les problèmes sociaux de la sphère privée. Une de ses composantes est constituée par le mouvement altermondialiste. Il s'agit de promouvoir une autre mondialisation. En parlant de « *Grande désillusion* » dans l'un de ses ouvrages consacrés à la mondialisation, le Prix Nobel d'économie **J. Stiglitz** analysait au début des années 2000 les limites de la dérégulation financière et du « consensus de Washington » qui a inspiré les réformes libérales de nombreux pays en développement, sous l'influence des grandes institutions internationales comme le FMI, la Banque mondiale et l'OMC. Cette mondialisation « néolibérale » a conduit à une extension dangereuse des marchés (une **« marchandisation » du monde**) et à une autonomisation du capital par rapport aux États et aux protections sociales que les salariés sont parvenus à construire par les luttes sociales au cours du XXe siècle. Pour les courants altermondialistes, et face à la libre circulation des marchandises et des capitaux, l'explosion des inégalités de revenus et de patrimoine, les masses surexploitées du tiers-monde pourraient, avec les travailleurs précaires et les exclus des pays du Nord, constituer l'équivalent mondial de ce qu'ont été les prolétaires nationaux au siècle précédent : une nouvelle classe ouvrière internationalisée, consciente de ses intérêts et organisée pour les défendre par des luttes sociales censées édifier une autre mondialisation (au nom du slogan « **un autre monde est possible** »). Les militants altermondialistes organisent ainsi régulièrement des forums sociaux militants (Porto Alegre en 2001, Munbay en 2004, Nairobi en 2007, Dakar en 2011, Tunis en 2013, et Montréal prévu en 2016), et souvent en marge des grandes réunions des chefs d'État et de gouvernement (G20, réunions de l'OMC, etc.). Ils se sont vivement opposés à certains projets d'accords « méga-régionaux » tels le ***Transatlantic Free Trade Area* (TAFTA)** entre les États-Unis et l'Europe. L'aboutissement des négociations demeure incertain mais plusieurs points d'inquiétude paraissent aujourd'hui justifier une **opposition croissante des citoyens**.

- La première concerne les **normes sanitaires et environnementales** qui seraient abandonnées dans le cadre des négociations, au nom de l'harmonisation avec les normes américaines (agriculture, OGM), même si ce point reste controversé puisque la Commission dément l'abandon des protections européennes.

- La deuxième inquiétude concerne la mise en place des « **tribunaux d'arbitrage** » (ISDS), accusés de soumettre les États aux multinationales, même si les éléments semblent plus complexes car un arbitrage concerne toujours un litige précis et ne peut se mettre en place sans l'accord des deux parties. Les juges (privés ou publics) n'auront que pour mission de faire application des dispositions de l'accord, dont l'acceptation et la modification restent entre les mains des gouvernements nationaux. Par ailleurs, l'inclusion de l'ISDS dans le cadre du Traité transatlantique pourrait fournir des protections supplémentaires pour les investisseurs européens aux États-Unis. En effet, contrairement à l'Union européenne, les tribunaux américains ne peuvent être saisis que sur la base de la réglementation américaine.

B. La recherche d'une meilleure articulation entre les multiples enjeux de la mondialisation

La gouvernance de la mondialisation doit être réformée. En effet, les enjeux commerciaux ou financiers s'entremêlent avec les enjeux sociaux, environnementaux, sanitaires et culturels.

Une série de problèmes globaux traités dans le cadre des États Nations dépasse largement les frontières nationales et nécessite d'inventer de nouvelles formes de coopérations et d'accords pour agir à un niveau global. Ce sont des **biens publics mondiaux**, c'est-à-dire selon **C. Kindelberger** (1986) « *l'ensemble des biens accessibles à tous les États qui n'ont pas nécessairement un intérêt individuel à les produire* » et dont la préservation est à la charge de l'Humanité dans son ensemble : préservation de la biodiversité ou du climat, prévention des pandémies, lutte contre le terrorisme en sont les exemples les plus actuels. Préserver les biens publics mondiaux nécessite des ressources budgétaires, que seule une coopération fiscale efficace au niveau mondial peut assurer.

Par ailleurs, la gouvernance « en silos », chaque institution étant spécialisée dans un domaine spécifique (OMS pour la santé, OMC pour le commerce international par exemple), ayant montré ses limites, de nouvelles formes de gouvernances, plus coopératives, semblent être nécessaires pour faire face aux défis actuels. Il faut rééquilibrer le pouvoir entre les organisations à vocation essentiellement marchandes (FMI, Banque Mondiale ou OMC) et celles rattachées à l'ONU comme l'OIT, l'OMS ou l'Unesco. La clause sociale du commerce international est l'un des dossiers sensibles révélateurs de la hiérarchisation implicite entre les objectifs marchands et financiers et les autres objectifs. L'**Organisation internationale du travail (OIT)** s'est prononcée en faveur d'un dispositif qui consisterait à appliquer des droits de douane aux exportations de pays qui ne respectent pas les conventions internationales en matière de travail des enfants, de respect des libertés syndicales, de reconnaissance des droits sociaux, etc. En effet la compétitivité prix de certains biens dont la production a été délocalisée dans les pays émergents est souvent liée à des normes sociales très insuffisantes. Les pays émergents suspectent les pays riches (à travers la mise en place de la clause sociale) de vouloir reconstituer, sous prétexte d'action humanitaire, des barrières protectionnistes les empêchant d'utiliser leur avantage comparatif (ils sont abondamment dotés en main-d'œuvre peu qualifiée). Pour sortir de cette impasse, **D. Rodrik** propose d'instaurer un « accord sur les sauvegardes sociales et environnementales », soumis à examen périodique lorsqu'un échange commercial rentre en contradiction avec certaines valeurs fondamentales mais seulement à l'issue d'un débat entre parties. Cette procédure pourrait ainsi créer les conditions favorables à une coopération entre PED et pays avancés pour mondialiser les normes sociales et environnementales.

RÉFÉRENCES DU CHAPITRE

Bellone F. et Chiappini R. (2016), *La compétitivité des pays*, La Découverte, Coll. Repères.

Kindelberger C. (1986), *International public goods without international government*, AER.

Jacquet P. (1994), « Le système monétaire international en devenir », *Économie internationale* n° 59.

Krugman P. (1986), *Strategic trade policy and the next international economics*, MIT press.

List F. (1841), *Système national d'économie politique.*

Warnier J.-P. (2017), *La mondialisation de la culture*, La Découverte, Coll. Repères.

POUR EN SAVOIR PLUS

Initiation

Berger S. (2003), *Notre première mondialisation*, Le Seuil, Coll. La République des idées.

Berger S. (2006), *Made in monde, Le* Seuil.

Bourguignon F. (2012), *La mondialisation de l'inégalité*, Le Seuil, Coll. La République des idées.

Brander A. (2012), *La France dans la mondialisation*, Coll. Repères, La Découverte.

CEPII (2019), *L'économie mondiale 2020*, Coll. Repères, La Découverte.

Cohen D. (2010), *Richesse du monde, pauvreté des nations*, PUF.

Deshayes A. (2011), *Le commerce international*, Bréal, Coll. Thèmes et débats.

Giraud P.-N. (2012), *La mondialisation. Émergence et fragmentation*, Sciences Humaines Éditions.

Mattelart A. (2017), *Diversité culturelle et mondialisation*, La Découverte, Coll. Repères.

Michalet C. A. (2007), *Mondialisation, la grande rupture*, La Découverte.

Mouhoud E. M. (2017), *Mondialisation et délocalisation des entreprises*, La Découverte, Coll. Repères.

Paquin S. (2008), *La nouvelle économie politique internationale*, A. Colin, Coll. Cursus.

Problèmes économiques, *Les multinationales du XXIe siècle*, n° 3130, avril 2016, La Documentation française.

Rainelli M. (2011), *L'Organisation mondiale du commerce*, La Découverte, Coll. Repères.

Rainelli M. (2015), *Le commerce international*, Coll. Repères, La Découverte.

Raffinot M., Venet B. (2003), *La balance des paiements*, Coll. Repères, La Découverte.

Sylvain M. (2020), *Comprendre la mondialisation*, Bréal, Coll. thèmes et débats.

Approfondissement

Adda J. (2012), *La mondialisation de l'économie*, La Découverte, Coll. Grands Repères.

Andreff W. (2012), *La mondialisation, stade suprême du capitalisme*, Presses de l'université de Paris X.

Charlton A., Stiglitz J. (2007), *Pour un commerce mondial plus juste*, Fayard.

Cohen et al. (2008), *La mondialisation immatérielle*, Rapport au CAE, La Documentation française.

D'Iribarne P. (2009), *L'épreuve des différences*, Le Seuil.

Fontagné L. et Toubal F. (2010), *Investissement direct étranger et performances des entreprises*, Rapport au CAE, La Documentation française.

Fontagné L. (2012), *La nouvelle mondialisation*, PUF.

Fouquin M., Hugot J., La régionalisation, moteur de la mondialisation, *La lettre du CEPII*, mai 2016.

Krugman P.-R. (2000), *La mondialisation n'est pas coupable*, La Découverte.

Krugman P., Obstfeld M., Melitz M. (2018), *Économie internationale*, Pearson.

Mejean Isabelle (2020), *La mondialisation et ses vulnérabilités*, dans *Agir face aux dérèglements du monde*, Odile Jacob.

Mucchielli J.-L., Mayer Th. (2010), *Économie internationale*, Dalloz, Coll. Hypercours.

Paquin S. (2013), *Théories de l'économie politique internationale*, Presses de Sciences Po, Coll. Références.

Rodrik D. (2008), *Nations et mondialisation*, La Découverte.

Rodrik D. (2018), *La mondialisation sur la sellette*, De Boeck Supérieur.

Sandretto R. et Abdelmalki L. (2011), *Politiques commerciales des grandes puissances. La tentation néo-protectionniste*, De Boeck.

Sapir J. (2011), *La démondialisation*, Le Seuil.

SUR LA TOILE

Site de l'OMC :

https://www.wto.org/french/res_f/publications_f/anrep20_f.htm

Site de la CNUCED :

Rapport annuel sur l'investissement dans le monde (WIR)

http://unctad.org/fr/PublicationsLibrary/wir2020_overview_fr.pdf

Site de l'OCDE : La courbe du sourire

http://www.observateurocde.org/news/fullstory.php/aid/3483/Qui_a_le_sourire_.html

Sur le site de France culture : les GAFAM : une menace pour la démocratie

https://www.franceculture.fr/emissions/le-tour-du-monde-des-idees/le-tour-du-monde-des-idees-du-mercredi-25-novembre-2020

Sur le site de la Banque Mondiale : Rapport sur le développement dans le monde (2020) Le commerce au service du développement à l'ère de la mondialisation des chaînes de valeur

https://openknowledge.worldbank.org/bitstream/handle/10986/32437/211457ovFR.pdf?sequence=47&isAllowed=y

CHAPITRE 21

L'intégration économique européenne

L'**intégration économique** désigne le processus par lequel plusieurs nations s'accordent pour supprimer les barrières aux échanges entre elles, afin d'unifier progressivement leurs marchés, et d'en tirer des avantages mutuels. Il existe différents degrés d'intégration, qui conduisent à la formation d'espaces économiques constitués de plusieurs nations, liées par un traité attribuant aux membres de la zone des droits non accordés au reste du monde (suppression des tarifs douaniers par exemple). Ces espaces sont appelés **unions économiques régionales**, ou zones d'intégration régionales, et se multiplient à partir des années 1950. Dès cette période, la construction de l'Europe fait le choix de l'intégration par le marché, en vertu de la formule de Robert Schuman selon lequel l'Europe, garante de la Paix sur le continent, devait avant tout progresser par « *des réalisations concrètes basées sur des solidarités de fait* », c'est-à-dire par une construction supranationale européenne constituée par des mesures concrètes dans le domaine économique.

L'achèvement de l'Union économique et monétaire (UEM) et la création de l'euro peuvent donc apparaître comme un prolongement naturel du processus d'intégration qu'a connu l'Union européenne depuis le début des années 1950. Pourtant, l'Union européenne demeure une construction politique originale, qui mêle les politiques communautaires et les décisions intergouvernementales : à mi-chemin entre la **fédération** et la confédération, la construction européenne a établi un système de politique économique qui combine de manière originale les institutions supranationales (comme la Banque centrale européenne en charge de la politique monétaire européenne) et les États membres qui conservent une souveraineté encadrée par des normes (comme dans le domaine de la politique budgétaire).

§ 1. L'Europe dans la mondialisation

I. La construction européenne : un long chemin vers l'intégration

A. L'Europe : un projet pour la paix et la prospérité économique

Au sortir de la Seconde Guerre mondiale, les destructions massives sur le territoire européen légitiment l'idée d'une construction politique pour rendre la guerre impossible. La mise en commun des ressources industrielles incorporées dans les armes, le charbon et l'acier, s'impose comme un signe fort des deux ex-belligérants, la France et l'Allemagne. La Communauté européenne du charbon et de l'acier (CECA) est scellée par le traité de Paris en 1951 et fonde une haute autorité, embryon d'un gouvernement fédéral sur le modèle des États-Unis. Alors qu'un rideau de fer partage le monde entre l'Occident capitaliste et le monde socialiste dans l'orbite de l'URSS, l'Europe se donne pour idéal les « États-Unis d'Europe », pour reprendre la célèbre formule de Winston Churchill. Dès 1950, **R. Schuman** avait appuyé la feuille de route de l'intégration européenne sur la nécessité de créer des réalisations concrètes basées sur des solidarités économiques.

Les « pères fondateurs » de l'Union partagent en effet une même conviction de l'intégration par l'économique, tandis que leurs convictions politiques, souvent démocrates-chrétiennes, les portent vers la défense d'une économie de marché libérée de toutes entraves. Konrad Adenauer, Alcide de Gasperi, Paul-Henri Spaak défendront un modèle d'intégration par cliquets successifs, fondé sur le principe de l'impossibilité du retour en arrière. Dès l'origine, l'élargissement de l'Union s'accompagne en parallèle d'un approfondissement des institutions européennes pour garantir une cohérence à cette construction interétatique originale. Mais l'échec de la Communauté européenne de défense (CED) en 1954 montre que la route est longue pour aboutir à l'intégration politique, d'autant que Charles de Gaulle plaide alors pour une Europe confédérale, plus respectueuse des identités, des traditions, et de la souveraineté des nations. Plaidant pour une zone de libre-échange, l'Angleterre se méfie quant à elle des projets trop ambitieux d'intégration politique. Des années 1950 aux négociations concernant le traité de Lisbonne en 2007, ou à la sortie de la Grande Bretagne de l'Union européenne (« Brexit »), cette controverse scande toute l'histoire de la construction européenne, entre les transferts de souveraineté nationale vers des institutions communautaires intégrées, et la tentation du repli sur la défense des intérêts nationaux.

B. Les trois « piliers » de l'intégration européenne

L'Europe, en tant qu'organisation internationale, prend des décisions dans trois « domaines » distincts (domaines politiques), également appelés les trois « piliers » de l'Union :

- Le premier pilier est le « domaine communautaire », qui couvre la plupart des politiques communes, dans lequel les décisions sont prises selon la « méthode communautaire », qui fait intervenir la Commission, le Parlement et le Conseil ;
- Le deuxième pilier est la « politique étrangère et de sécurité commune », dans lequel les décisions sont prises par le Conseil uniquement.
- Le troisième pilier est la « coopération policière et judiciaire en matière pénale » dans lequel, une fois de plus, le Conseil est seul à décider. Dans le premier pilier, le Conseil prend normalement ses décisions par vote à la « majorité qualifiée ». Dans les autres, la décision du Conseil doit être unanime ; elle peut donc être bloquée par le droit de veto d'un seul pays. Si le Conseil le décide, il peut utiliser la « passerelle communautaire » pour transférer certaines matières du troisième au premier pilier.

LES INSTITUTIONS DE L'UNION EUROPÉENNE

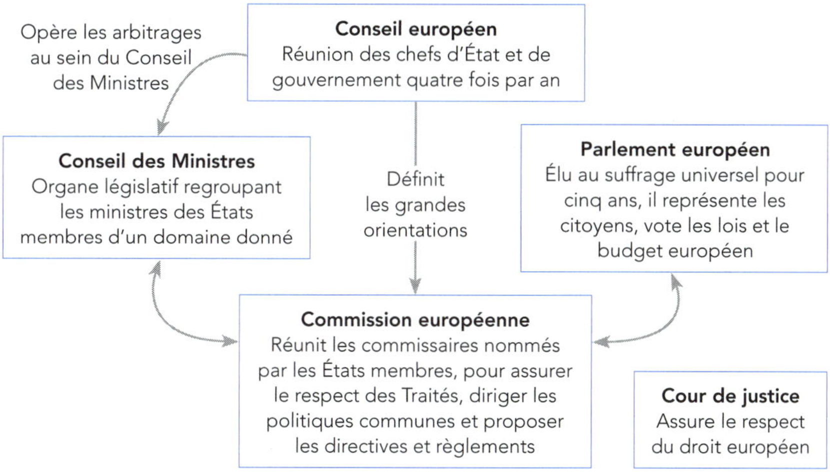

Source : d'après un document de la Fondation Robert Schuman.

II. La place de l'Europe dans l'économie globale

A. L'Union européenne : une puissance économique et commerciale

Avec 27 États membres, l'Union européenne (UE) compte, au 1er janvier 2020, 447,7 millions d'habitants, ce qui la place au troisième rang mondial, derrière la Chine et l'Inde. La population européenne augmente en raison de sa croissance naturelle et de son solde migratoire. Cependant, cette population vieillit, car l'espérance de vie augmente alors que le nombre de naissances diminue (v. chapitre *Économie et démographie*). Malte est l'État européen le moins peuplé, et l'Allemagne le plus peuplé (suivie de la France). Au niveau superficie, la France est l'État le plus grand, tandis que Malte est le plus petit. Avec son marché unique de 27 pays, l'Union européenne est l'une des principales puissances commerciales mondiales. Le PIB de l'UE, c'est-à-dire la valeur totale de l'ensemble des biens et services produits, s'élevait à 16 400 milliards d'euros en 2019, alors que le Royaume-Uni faisait encore partie de l'Union européenne. L'Union européenne ne compte que 7 % de la population mondiale, mais ses échanges commerciaux avec le reste du monde représentent environ 20 % du volume total des importations et exportations mondiales. Environ deux tiers du volume total des échanges des pays de l'UE sont réalisés avec d'autres pays de l'UE (que l'on appelle échanges intracommunautaires). Si l'UE demeure une puissance économique incontournable, sa part dans la richesse mondiale recule depuis une dizaine d'années au profit des puissances émergentes (Chine, Brésil, Inde). En 2018, le G20 a contribué à 86,2 % de la création du PIB mondial. Et deuxième contributeur, l'Union européenne en a généré 18,6 % : elle est devancée par les États-Unis (24 %) mais se situe devant la Chine (15,9 %). La part de l'UE dans le PIB mondial a ainsi diminué en dix ans, passant de 25,6 % en 2008 (avant la crise des dettes souveraines) à 18,6 % en 2018. La part des États-Unis a légèrement progressé (23,1 % en 2008 contre 24 % en 2018). Dans le même temps, la part de la Chine a connu un essor notable passant de 7,2 % à 15,9 %. L'Union européenne est le premier destinataire des investissements dans le monde, devant les États-Unis et la Chine. Sur le plan agricole, l'Union européenne est le premier importateur et premier exportateur de produits agroalimentaires. L'économie européenne fait donc partie des zones régionales, en termes de PIB par habitant, les plus prospères du monde.

Mais la pandémie de covid-19 a représenté, pour l'économie mondiale et celle de l'UE, un choc macroéconomique majeur aux conséquences socio-économiques très graves, avec une récession d'une ampleur historique. Selon la Commission européenne et ses prévisions économiques du printemps 2020, l'économie de l'Union européenne devrait se contracter de 7,5 % en 2020 et enregistrer une progression de 6 % en 2021, tandis que l'économie de la zone euro devrait enregistrer une contraction record de plus de 7 % en 2020, et croître de 6,25 % en 2021. Les prévisions de croissance pour l'UE et la zone euro ont été revues à la baisse d'environ 9 points de pourcentage par rapport aux perspectives économiques de 2019.

B. De la stratégie « Europe 2020 » à l'économie européenne post-covid

Si l'Union européenne conserve de puissants atouts dans l'économie globale, elle a souhaité s'attaquer aux quatre déficits qui pénalisent ses performances macroéconomiques :

- un déficit de niveau de vie persistant par rapport aux États-Unis, exprimé par le PIB par habitant en standard de pouvoir d'achat (SPA), de l'ordre de 20 % environ ;
- un déficit de travail, puisque le taux d'emploi s'avère encore trop faible en raison d'une insuffisante participation au marché du travail et d'un taux de chômage toujours élevé (7,5 % à l'automne 2020) ;
- un déficit de productivité du travail, qui implique des efforts sur l'éducation, les dépenses de recherche-développement ;
- un déficit environnemental, en utilisant des indicateurs comme les émissions de gaz à effet de serre, l'intensité énergétique de l'activité économique et le volume du transport de fret.

La stratégie, baptisée « Europe 2020 », visait à stimuler une croissance qui soit :

- intelligente, en investissant de façon plus efficace dans l'éducation, la recherche et l'innovation (capital humain) ;
- durable, en donnant la priorité à une économie sobre en carbone ;
- inclusive, en mettant clairement l'accent sur la création d'emplois et la réduction de la pauvreté.

Cette stratégie était axée sur cinq objectifs ambitieux dans les domaines de l'emploi, de l'innovation, de l'éducation, de la réduction de la pauvreté, ainsi que de l'énergie et du climat. Malgré des blocages politiques et des divergences entre les États membres (sur la question de l'accueil des migrants notamment), une certaine défiance des citoyens, et des performances macro-économiques médiocres (croissance du PIB faible, persistance d'un taux de chômage élevé, retard sur le niveau de vie moyen américain), et après avoir connu une série de crises, l'Union européenne demeure une puissance incontournable dans la mondialisation.

Comme d'autres régions du monde, l'UE a été frappée de plein fouet par la pandémie de la covid-19, avec une crise sanitaire, sociale et économique d'ampleur historique. Néanmoins, l'Union a entamé une réflexion sur ses objectifs pour la décennie à venir. Le 1er décembre 2020, les trois institutions européennes – le Conseil, la Commission et le Parlement – se sont mises d'accord sur un cadre général qui permet d'orienter le travail législatif de l'Union selon trois grands axes : les transformations vertes et numériques ainsi que l'autonomie stratégique de l'Union. Le Programme 2021 de la Commission européenne fait état des six grandes ambitions énoncées pour la prochaine décennie :

- Un « Pacte vert pour l'Europe » (*Green New Deal*), avec l'objectif de réduire les émissions d'au moins 55 % d'ici à 2030 ; la mise en place d'un mécanisme d'ajustement carbone aux frontières ; la mise en œuvre du plan d'action européen en faveur de l'économie circulaire, et une stratégie de l'UE en faveur de la biodiversité et de la stratégie de la ferme à la table.
- Adaptation à l'ère du numérique : droit à la vie privée et à la connectivité, liberté d'expression, libre circulation des données, cyber-sécurité, intelligence artificielle, identité électronique européenne, actualisation de la nouvelle stratégie industrielle pour l'Europe, amélioration des conditions de travail des travailleurs des plateformes.
- Soutien à une économie au service des personnes ;
- Renforcement de l'Europe sur la scène internationale : garantie d'un vaccin sûr et accessible à tous ; renforcement de la contribution de l'UE au multilatéralisme.
- Promotion du mode de vie européen : mise en place d'une Europe de la santé, stratégie nouvelle sur l'espace Schengen et d'un pacte sur les migrations et l'asile, renforcement de l'union de la sécurité (lutte contre le terrorisme et la criminalité organisée notamment).
- Nouvel élan pour la démocratie européenne : nouvelles stratégies sur les droits de l'enfant, sur ceux des personnes handicapées, ainsi qu'une proposition visant à lutter contre les violences sexistes.

En juillet 2020, les dirigeants des 27 États de l'Union européenne ont adopté, après d'âpres négociations, un accord sur le **plan de relance** économique destiné à aider les États membres à se reconstruire après la pandémie de covid-19. Cet accord prévoit un fonds de 750 milliards que la Commission européenne empruntera au nom de l'UE. Adossée au budget 2021-2027 de l'UE, cette somme se répartira en 390 milliards d'euros de subventions et 360 milliards d'euros de prêts aux États membres. Des désaccords sont néanmoins apparus sur les modalités du plan de relance, avec notamment une objection des pays dits « frugaux » (Pays-Bas, Suède, Danemark et Autriche), très réticents à l'idée de soutenir l'endettement des États européens plus dépensiers, et qui s'opposaient au principe d'un emprunt commun à 27 pour financer le fond de relance. Finalement, il a été acté que le montant des subventions allouées sera défini en fonction de plusieurs critères, dont les niveaux de vie et de chômage de chaque État. Pour bénéficier de subventions, les États membres devront présenter à la Commission européenne un plan national de relance sur lequel elle statuera, et il est précisé que ces plans devront « stimuler la croissance et l'emploi » et « contribuer aux transitions verte et numérique ». Les 27 États de l'UE ont par ailleurs convenu que 30 % des dépenses engagées dans le plan de relance concernent des projets en faveur du climat. Les États membres ont également décidé de fournir à l'UE de nouvelles ressources propres pour lui permettre de rembourser d'ici 2058 les 750 milliards d'euros empruntés sur les marchés financiers.

Les autres unions économiques régionales dans l'économie mondiale

Dans le reste du monde, le développement de l'intégration économique est très variable selon les zones. Il s'est globalement accéléré depuis la fin des années 1980, époque à laquelle les États-Unis adoptent à leur tour une démarche favorable au régionalisme économique.

Aujourd'hui, les principales unions régionales sont :

– L'Association de libre-échange nord-américain (**ALENA**), créant une zone de libre-échange le 1er janvier 1994 entre les États-Unis, le Canada et le Mexique. L'Alena prend la suite de l'ALE, Accord de libre-échange entre les États-Unis et le Canada institué en 1988.

– Le **Mercosur**, créant un Marché commun du sud de l'Amérique en 1991 entre l'Argentine, le Brésil, le Paraguay, l'Uruguay, auxquels s'associent la Bolivie et le Chili en 1996 sous la forme d'un traité de libre-échange. La déclaration de Cuzco en 2004 vise à l'étendre à l'ensemble du Continent, et le Venezuela le rejoint en 2005.

– L'association pour la coopération économique en Asie-Pacifique (**APEC**), créée en 1989 est une sorte de forum – un simple cadre diplomatique – regroupant dix-huit pays de cette zone.

– L'**ANASE** (Association des Nations d'Asie du Sud-Est) regroupe les pays suivants : Myanmar (ex-Birmanie), Brunëi, Cambodge, Indonésie, Laos, Malaisie, Philippines, Singapour, Thaïlande, Vietnam. À l'origine en 1967, l'Anase est une association à but politique : la lutte contre le communisme. Un accord signé en 1992 prévoit sa transformation progressive en zone de libre-échange.

Ces accords sont de nature très diverse, mais contrairement à l'Union européenne, ils ne prévoient généralement pas une intégration économique poussée au-delà du « marché commun », et aucune institution supranationale. Seule exception, le Mercosur envisage une intégration économique forte, avec une démarche « confédérale » où les institutions supranationales sont très réduites, ce qui en fait une alternative au modèle européen.

Le mouvement de création d'unions régionales est une tendance lourde de l'économie mondiale. En juin 2012, par exemple, est créée l'Alliance Pacifique par le Chili, le Pérou, la Colombie et le Mexique. L'objectif est d'assurer à termes la libre circulation des marchandises, des hommes et des capitaux. Il s'agit aussi de favoriser la coopération avec l'ASEAN.

III. La dynamique de l'intégration économique européenne

A. Les degrés d'intégration économique

On distingue différents degrés dans le processus d'intégration économique, selon l'importance de l'unification des marchés, et selon la nature des accords entre les pays de la zone. Selon la « *Théorie de l'intégration économique* » (1961) de **B. Balassa** (1928-1991), il existe cinq degrés d'intégration.

- La **zone de libre-échange** se caractérise par une diminution ou une suppression des barrières douanières à l'intérieur de la région. Ce type d'accord laisse libre chaque membre de sa politique commerciale envers les pays extérieurs à la zone : le libre-échange reste intra-régional, ce qui préserve l'autonomie des États dans leurs **politiques commerciales** nationales. L'**ALENA**, zone de libre-échange entre les États-Unis, le Mexique et le Canada créé en 1992 en fournit un exemple. Par nature, la création d'une zone de libre-échange entraîne un risque de contournement par les importateurs des tarifs douaniers : pour importer dans le pays B où le tarif douanier extérieur à la zone est élevé, il suffit de faire transiter les marchandises par un pays A membre de la zone où le tarif douanier est plus faible. Afin d'éviter ce contournement de la politique commerciale, et les déséquilibres qu'il génère dans leur balance commerciale, les pays membres instituent généralement des **règles d'origine** : c'est la nationalité d'origine d'un produit qui fixe son niveau de taxation, pas le pays par lequel il a transité avant de pénétrer sur le territoire de la nation importatrice.
- L'**union douanière** est une zone de libre-échange dont les membres décident d'adopter une politique commerciale unique vis-à-vis du reste du monde, en fixant des tarifs douaniers extérieurs communs. Généralement, le passage à une union douanière nécessite de fixer des règles de partage des recettes douanières. Le Mercosur est organisé sur ce mode depuis sa création en 1991. On trouve des exemples d'unions douanières dès le XIXe siècle, comme le **Zollverein**, créé entre les États Allemands en 1834 (voir chapitre *Commerce international internationalisation de la production et gouvernance mondiale*).
- Dans un **marché commun**, les pays membres ajoutent à l'union douanière la libre circulation des facteurs de production (capital, travail, brevets…). Cela suppose une harmonisation poussée des réglementations nationales, par exemple la fixation de règles communes concernant les diplômes et l'accès à des professions protégées par leur statut.

Après le Traité de Rome de 1957, l'usage était de parler de « marché commun » pour désigner ce qui constitue à cette époque une union douanière, au sens de **B. Balassa**. En revanche, le « marché unique européen » entré en vigueur en 1993 constitue bien un marché commun, en raison de la libre circulation des marchandises et des facteurs de production.

- L'**union économique** peut se définir par l'adoption d'objectifs de politique économique communs, ce qui conduit à une harmonisation progressive des politiques économiques dans la zone. Pour **B. Balassa**, cela inclut une politique monétaire commune.

Certains économistes distinguent l'union économique, qui entraîne uniquement l'harmonisation des politiques économiques, et l'**union monétaire** qui implique en outre une politique monétaire commune. Ainsi, l'Union européenne s'est engagée sur la voie de l'union économique et monétaire, définie en 1992 par le traité de Maastricht.

- La construction d'une véritable **fédération** d'États constitue le degré ultime d'intégration économique, ce que **B. Balassa** appelle « l'intégration totale » : à l'union économique et monétaire s'ajoute la constitution d'un pouvoir politique fédéral, avec l'harmonisation des politiques fiscales et sociales.

Il existe aussi des formes plus souples de coopération économique entre les États, qui n'incluent pas l'existence d'une **préférence commerciale** : aucun privilège facilitant les échanges commerciaux n'est réservé aux participants, comme une réduction des droits de douane par exemple. C'est le cas des **associations de coopération économique** qui regroupent des pays souhaitant mener des actions concertées dans le domaine économique. Ces accords ne sont pas exclusifs de la participation, pour chaque nation, à diverses formes d'intégration économique. On peut donner l'exemple de l'Organisation pour la coopération et le développement économique (**OCDE**) créée en 1960, qui regroupe actuellement une trentaine de pays et s'est ouverte aux pays émergents comme le Mexique et la Corée du Sud dans les années 1990.

B. Le lent processus d'intégration économique de l'Europe

Depuis ses débuts, l'intégration européenne ne répond pas uniquement à des objectifs économiques (favoriser la croissance au niveau régional), mais aussi à des objectifs politiques (garantir une paix durable en Europe par l'intégration des nations, avec des institutions communes). L'intégration européenne n'est pas un processus uniforme et linéaire, qui conduirait l'Europe à suivre dans l'ordre les différentes étapes de l'intégration économique distinguées par **B. Balassa**. C'est au contraire un processus complexe, où les différentes étapes s'enchevêtrent. Par exemple, l'intégration monétaire débute très précocement, avec l'**Union européenne de paiements** qui, entre 1950 et 1958, dans un contexte de pénurie de devises, organise une coopération monétaire en Europe par un mécanisme de compensation des créances et des dettes. De même, il existe des éléments de politique économique commune dès la signature du Traité de Rome en 1957, comme la politique agricole, alors que la libre circulation des marchandises et des facteurs de production est pleinement réalisée avec la création du « marché unique européen » en 1993.

L'unification de l'Europe s'inscrit dans un large processus d'intégration économique et commerciale, résultant d'accords entre les nations en vue de constituer un ensemble aux réglementations, aux institutions, voire aux mécanismes économiques définis sur une base commune. L'acquis communautaire contient dès l'origine, dans l'esprit des pères fondateurs de l'Europe, le postulat selon lequel le progrès économique est le moteur du progrès social dans le cadre d'une économie de marché fondée sur la **concurrence libre et non faussée**. En effet, l'intégration européenne s'appuie d'emblée sur le mécanisme de croissance décrit jadis par **A. Smith** dès le XVIIIe siècle : l'élargissement de la taille du marché et l'intensification de la concurrence entre les entreprises stimulent la recherche des gains de productivité, véritable moteur de la croissance des niveaux de vie, mesurée par le PIB par tête. La croissance de la production qui en résulte enclenche alors un cercle vertueux générateur d'économies d'échelle, de baisses de prix et de gains de pouvoir d'achat pour les consommateurs.

La concurrence et la spécialisation internationale sont censées transformer la construction européenne en jeu à somme positive, puisque le gain mutuel à l'échange enclenche une dynamique dont tous les États membres profitent. Décrits dans le **rapport Cecchini** dès 1988, ces bienfaits attendus du marché unique justifient ainsi l'élargissement progressif de l'Union européenne, accentuant encore la dynamique de compétitivité et d'efficacité des appareils productifs. Les revenus réels des ménages augmentent, tandis que les entreprises sont plus compétitives sur les marchés extérieurs, ce qui permet une amélioration de la balance commerciale. La croissance du PIB permet d'augmenter les recettes fiscales et les créations d'emploi. La conception allemande de l'**économie sociale de marché** sous-tend cette logique fondamentalement libérale : la liberté des échanges et des prix sur les marchés est le meilleur moyen d'atteindre l'optimum économique, et l'État peut contenir le creusement des inégalités les plus criantes qui en résultent par de modestes mécanismes sociaux.

L'intégration économique suppose aussi la mise en œuvre des « **quatre libertés** » à l'intérieur du marché unique, inscrites dans le traité de Rome de 1957 et dans l'Acte unique de 1986 : libertés de circulation des marchandises, des personnes, des services et des capitaux. L'Europe est supposée évoluer vers le modèle idéalisé décrit par la théorie pure de l'économie de marché, qui inclut l'hypothèse de mobilité des facteurs de production. En 1957, le traité de Rome institue la Communauté économique européenne (CEE ou marché commun) et la Communauté européenne de l'énergie atomique (CEEA) entre six pays : Belgique, France, Italie, Luxembourg, Pays-Bas, RFA. La CEE a pour but d'établir une union douanière, en supprimant les obstacles aux échanges, et de mettre en œuvre une politique économique commune aux six pays membres. Pour atteindre ces objectifs, des institutions communautaires ont été créées pour établir un **cadre juridique** : la Commission, le Conseil, l'Assemblée parlementaire et la Cour de justice. Le traité de Rome de 1957 visait à la formation progressive d'un marché commun au moyen, tout d'abord, de l'instauration d'une union douanière, réalisée le 1er juillet 1968. Celle-ci suppose l'élimination des droits de douane entre les six et la mise en place d'un tarif douanier commun. Si les obstacles tarifaires à la libre circulation des marchandises disparaissent, des entraves aux échanges persistent néanmoins (normes techniques, exclusivité nationale pour les marchés publics, etc.).

Au début des années 1970, les entraves au marché intérieur restent nombreuses, et le ralentissement de la croissance dans les pays de la CEE s'accompagne d'une progression d'un chômage de masse, de la pauvreté et de l'exclusion sociale. Par ailleurs, les relations monétaires internationales entrent dans une phase d'instabilité : la suspension de la convertibilité-or du dollar (pour les banques centrales étrangères) en 1971 fait entrer le système monétaire international dans une période de désordres, contre lesquels les pays européens vont essayer de lutter (v. chapitre *Les relations monétaires internationales*). Ils décident d'instaurer le Serpent monétaire le 21 mars 1972. Il s'agit de diminuer de moitié les marges de fluctuations entre monnaies européennes (+/– 2,25 %), en contenant leurs fluctuations à l'intérieur des bandes de fluctuations prévues vis-à-vis du dollar (ce que l'on a appelé le « serpent dans le tunnel »). La décision est complétée par la création du FECOM, un fonds de coopération monétaire pour donner aux membres les moyens de leur politique de change. En effet, comme les taux de change sont définis par rapport au dollar, c'est seulement au pays dont la monnaie sort du tunnel qu'il incombe d'intervenir, ce qui réduit la dimension coopérative du serpent.

Cette première réponse fera toutefois long feu : le flottement du dollar après 1973 fait disparaître le tunnel et le serpent va progressivement perdre lui-même sa substance puisque les pays à monnaie faible renoncent à payer le prix de la défense de leur taux de change (taux d'intérêt élevés, perte des réserves de change). La livre quitte le serpent dès 1972, la lire en 1973, le franc quant à lui fera un « aller-retour » pour sortir définitivement en 1976. Seule une petite zone mark subsiste alors, mais elle disparaîtra en 1978. Malgré cet échec, l'organisation des taux de change européens apparaît toujours nécessaire. Cette nécessité est exprimée par **Valery Giscard D'Estaing** et **Helmut Schmidt** lors du sommet franco-allemand de mars 1978. Les sommets de Copenhague et de Brème qui le suivent fixent les grandes lignes du nouveau système qui sera acté en décembre au cours du Sommet de Bruxelles.

Le **système monétaire européen (SME)** entre en vigueur le 13 mars 1979 et son fonctionnement repose sur l'écu et la définition de cours pivots dont va dépendre le mécanisme de change. L'écu, qui évoque une ancienne monnaie française mais qui tire son nom de l'acronyme de *European Currency Unit*, est constitué à partir d'un panier des monnaies de la communauté. La pondération des monnaies dans le panier dépend de la taille du pays (PIB) et du volume de ses échanges commerciaux. La fixité du change dépend de la définition d'un cours central, le « cours pivot », entre les monnaies des pays membres prises deux à deux. Le franc français a ainsi un cours pivot en mark, en lire, en franc belge, etc. Une marge de fluctuation de +/– 2,25 % autour de ce cours pivot est tolérée. Elle a même été étendue jusqu'en 1990 à +/– 6 % pour la lire ainsi que pour la peseta espagnole (1989), la livre sterling (qui n'entre dans le mécanisme de change qu'en 1990) et l'escudo portugais (1992). Les vagues spéculatives de 1993 conduiront à un élargissement général des marges à +/– 15 %. Le SME sera marqué par un fonctionnement asymétrique à l'avantage de l'Allemagne, dont la monnaie, le Mark, connaîtra une appréciation tendancielle grâce à une stratégie macroéconomique de taux de change fort et stable, obligeant les pays partenaires (dont la France) à maintenir des taux d'intérêt plus élevés pour défendre le taux de change et rassurer les marchés financiers.

Par ailleurs, si l'intégration économique a sans nul doute favorisé la prospérité sur le Vieux Continent et le rattrapage du niveau de vie des États-Unis, le blocage de la croissance et le ralentissement du progrès technique sont à l'origine d'un décrochage de l'Europe par rapport au PIB/habitant américain (de l'ordre de 30 %) à partir de la seconde moitié des années 1990. Les explications en sont diverses et variées et suscitent des débats : une durée annuelle de travail moyenne plus faible en Europe (fondée sur l'hypothèse d'une préférence pour le loisir, néanmoins discutée par les macro-économistes), des taux d'emploi inférieurs, des politiques économiques inadaptées, un investissement insuffisant dans les nouvelles technologies, ou encore un rythme du progrès technique trop lent, figurent parmi les facteurs explicatifs le plus souvent cités. Pourtant, si les avancées en matière d'intégration politique et d'Europe sociale restent modestes, l'intégration économique se poursuit à partir des années 1990 avec l'union monétaire de l'Europe, conçue comme une nouvelle étape indispensable pour compléter le marché unique et faciliter les échanges.

Chronologie de l'intégration économique européenne

• 9 mai 1950 : « plan Schuman », discours prononcé par **R. Schuman** (1886-1963) et initié par **J. Monnet** (1888-1979), qui propose la création d'une union douanière entre l'Allemagne et la France pour le charbon et l'acier, ouverte aux autres pays d'Europe, et la création d'institutions supranationales.
• 19 septembre 1950 : création de l'Union européenne des paiements.
• 18 avril 1951 : création de la Communauté européenne du Charbon et de l'Acier (CECA), qui regroupe les six pays fondateurs de la CEE : RFA, France, Italie, Belgique, Pays-Bas, Luxembourg.
• 25 mars 1957 : **Traité de Rome**, qui instaure la Communauté économique européenne (CEE) entre les six pays issus de la CECA.
• 1er janvier 1958 : entrée en vigueur du Traité de Rome, avec la mise en place progressive de « l'union douanière » entre les pays membres de la CEE, achevée en 1977.
• 14 janvier 1962 : création du Fonds européen d'orientation et de garantie agricole (FEOGA), institution chargée de mener la Politique Agricole Commune (PAC).
• 1er juillet 1967 : fusions des institutions de la CEE; de la CECA et d'Euratom (énergie nucléaire) pour former la Communauté européenne (CE).
24 avril 1972 : création du Serpent monétaire européen, résultant de « l'accord de Bâle » signé par les six États membre de la Communauté européenne.
• 1er janvier 1973 : élargissement à la Grande-Bretagne, au Danemark et à l'Irlande.
• 13 mars 1979 : création de l'European Currency Unit (ECU) et entrée en vigueur du Système monétaire européen (SME).
• 1er janvier 1981 : élargissement à la Grèce.
• 1er janvier 1986 : élargissement à l'Espagne et au Portugal.
• 17 février 1986 : adoption de l'Acte Unique, qui prévoit la création du marché unique des personnes, des capitaux et des biens en 1993.
• 9 février 1992 : signature du **Traité de Maastricht**, prévoyant la création d'une union économique et monétaire, pour les pays respectant les « **critères de convergence** » : stabilité de la monnaie, contrôle de l'inflation, déficit public inférieur à 3 % du PIB et dette publique inférieure à 60 % du PIB.
• 1er janvier 1993 : entrée en vigueur du « Marché unique européen ».
• 1er novembre 1993 : après ratification par les États européens (sauf le Danemark), le Traité de Maastricht entre en vigueur, et la Communauté européenne devient l'Union européenne (UE).
• 1er janvier 1995 : élargissement à l'Autriche, la Finlande et la Suède.
• 2 septembre 1997 : adoption du Traité d'Amsterdam, qui instaure un « pacte de stabilité » fixant les contraintes budgétaires à respecter par les États membres de la zone Euro (les critères de convergence sont pérennisés).
• 1er janvier 1999 : Entrée en vigueur de l'Union économique et monétaire pour onze pays de l'UE (la Grèce n'a pas respecté les critères de convergence initialement, elle intègre la zone Euro en 2001 ; le Royaume-Uni, la Suède et le Danemark ont refusé).
• 11 décembre 2000 : Accord sur le « Traité de Nice » encadrant l'élargissement de l'UE.
• 22 mars 2000 : Accord sur la « **stratégie de Lisbonne** », qui vise à faire de l'Europe d'ici 2010 « *l'économie de la connaissance la plus compétitive et la plus dynamique du monde* ».
• 1er janvier 2002 : mise en circulation des pièces et billets en Euros.
• 1er mai 2004 : entrée de dix nouveaux membres dans l'Union européenne (Chypre, l'Estonie, la Hongrie, la Lettonie, la Lituanie, Malte, la Pologne, la République tchèque, la Slovaquie et la Slovénie).
• 29 octobre 2004 : signature du projet de **Traité constitutionnel européen** à Rome.
• 29 mai 2005 : la France rejette par référendum le Traité constitutionnel européen, avec 54,6 % de votes négatifs. Elle est suivie par les Pays-Bas deux jours plus tard.

- 1er janvier 2007 : Élargissement à la Roumanie et à la Bulgarie.
- 13 décembre 2007 : signature du **Traité de Lisbonne** adoptant un « Traité simplifié » en lieu et place du **Traité constitutionnel européen**, qui est soumis à ratification par les États membres (entrée en vigueur le 1er décembre 2009).
- novembre 2009 : **H. Van Rompuy** est le premier président élu du Conseil européen.
- mars 2010 : Lancement de la **stratégie Europe 2020**.
- 10 mai 2010 : Création du Fonds européen pour la stabilité financière afin de venir en aide aux pays affectés par la crise de la dette.
- 7 septembre 2010 : Création du semestre européen de coordination (entrée en vigueur le 1er janvier 2011).
- 22 septembre 2010 : Création du Conseil européen du risque systémique et de trois autorités de surveillance concernant les banques, les assurances et les marchés financiers.
- 2 mars 2012 : Signature du **Traité sur la stabilité**, la **coordination et la gouvernance (TSCG)** qui institue notamment une « règle d'or » en matière de finances publiques (limitation du déficit structurel à 0,5 % du PIB) (entrée en vigueur prévue le 1er janvier 2013).
- 28-29 juin 2012 : Sommet de Bruxelles. Adoption d'un pacte budgétaire de 120 milliards d'euros (y compris les « Project Bonds »), recapitalisation des banques par le MES, lancement d'une « Union bancaire » (supervision bancaire par la BCE).
- 8 octobre 2012 : Entrée en vigueur du Mécanisme européen de stabilité (MES).
- 1er janvier 2014 : Entrée de la Lettonie dans la zone euro (18e État membre).
- Avril 2014 : Retour de la Grèce sur les marchés financiers.
- 1er janvier 2015 : Entrée de la Lituanie dans la zone euro (19e État membre).
- 13 juillet 2015 : Conseil européen de Bruxelles et négociations des chefs d'État et de Gouvernement pour un nouveau plan d'aide à la Grèce.
- 19 juin 2018 : Déclaration franco-allemande de Meseberg sur l'avenir de la zone euro et la création d'un budget commun pour « promouvoir la compétitivité, la convergence et la stabilisation ».
- 17-21 juillet 2020 : accord des 27 États sur un **plan de relance** de 750 milliards d'euros pour soutenir l'économie européenne face à la crise de la covid-19, et sur le budget 2021-2027 sensé financer la transition écologique et numérique de l'Union.

C. La marche vers l'Union monétaire : l'euro

Ratifié en 1992, le Traité de l'Union européenne prévoit la création d'une monnaie unique et un calendrier pour y parvenir. Parmi les dispositions prévues par ce traité dit de Maastricht figuraient en particulier les objectifs et les missions des pays membres de l'Union européenne sur le plan macroéconomique. Selon l'article 2 du traité : « *la Communauté a pour mission, par l'établissement d'un marché commun, d'une union économique et monétaire et par la mise en œuvre de politiques et d'actions communes, de promouvoir un développement harmonieux et équilibré des activités économiques dans l'ensemble de la Communauté, une croissance durable et non inflationniste* [...], *un haut degré de convergence des performances économiques, un niveau d'emploi et de protection sociale élevé.* » L'article 3A du traité donnait clairement la **priorité à la lutte contre l'inflation** : « *l'action des États membres comporte la fixation irrévocable des taux de change conduisant à l'instauration d'une monnaie unique* [...]

ainsi que la définition et la conduite d'une politique monétaire et d'une politique de change uniques dont l'objectif principal est de maintenir la stabilité des prix et, sans préjudice de cet objectif, de soutenir les politiques économiques générales dans la Communauté, conformément au principe d'une économie de marché ouverte où la concurrence est libre. »

De la même manière, les critères de convergence inscrits dans le traité de Maastricht donnaient **la priorité à la stabilité monétaire et budgétaire** : en effet, le processus d'adoption de la monnaie unique a consisté en une période de convergence des politiques économiques au cours des années 1990, afin de faciliter le rapprochement des situations macroéconomiques des pays candidats et d'atteindre une situation plus proche de ce que doit être une « zone monétaire optimale » (voir plus loin).

Ainsi, les **critères de convergence** nominale suivants ont été choisis pour réaliser l'union monétaire, et inscrits dans le Traité de Maastricht :

- un degré élevé de stabilité des prix apprécié par un taux d'inflation proche (pas plus de 1,5 point de plus) de celui des trois États membres (au plus) qui ont les meilleurs résultats en la matière;
- une capacité d'emprunt : le taux d'intérêt des emprunts à long terme (10 ans) ne doit pas dépasser le taux moyen des trois pays les plus performants de plus de 2 points. Ce second critère est presque un corollaire du premier (le taux d'intérêt dépend du taux d'inflation anticipé) et accorde une réelle importance au jugement des marchés financiers sur la qualité de la gestion de l'économie;
- une stabilité des taux de change : elle suppose la participation de la monnaie nationale au mécanisme de change européen, l'absence de dévaluation du taux officiel déclaré dans ce cadre et le maintien depuis deux ans du taux effectif du marché dans les marges normales de fluctuation (fixées autrefois à ± 2,25 % par rapport au taux officiel et élargies en août 1993 à ± 15 %);
- une situation des finances publiques soutenable (absence de déficit public excessif) : les valeurs de référence sont 3 % pour le rapport entre déficit prévu ou effectif et le PIB et de 60 % pour le rapport entre la dette publique et le PIB. Le Traité laisse cependant une marge d'appréciation en cas de dépassement faible et exceptionnel ou de dépassement faible mais décroissant par rapport aux seuils fixés.

Ainsi, chaque État devait, avant son entrée dans l'euro, mettre en œuvre les mesures nécessaires à un assainissement de ses finances publiques (réduction des dépenses publiques, hausse des impôts) et garantir la stabilité monétaire comme objectif prioritaire (stratégies de rigueur monétaire), notamment en réformant les statuts de sa banque centrale pour en assurer l'indépendance face au pouvoir politique.

La monnaie unique a été conçue comme complément du marché unique : l'usage d'une même monnaie permet de faciliter les échanges.

Les avantages théoriques de la monnaie unique ont été décrits par **M. Emerson**, l'un des directeurs de la Commission européenne, dans un rapport publié en 1990. La monnaie unique est censée apporter de nombreux bénéfices microéconomiques :

- l'Union économique et monétaire (UEM) permet de réduire l'incertitude liée aux fluctuations des taux de change au sein de la zone, puisque les dévaluations des monnaies nationales peuvent perturber le commerce extérieur (un exportateur a des difficultés à anticiper ses recettes) et le calcul de la rentabilité anticipée des investissements étrangers;
- l'UEM entraîne la suppression des coûts de transaction et favorise le développement des échanges intracommunautaires, puisque les conversions entre les monnaies nationales généraient des coûts sous forme de commission de change (pour les touristes notamment);
- l'UEM favorise la transparence en termes de prix et de coûts, ce qui améliore les conditions de la concurrence et la circulation de l'épargne au sein de la zone (allocation du capital plus efficiente), et une baisse des taux d'intérêt favorable à l'investissement productif.

Le projet de monnaie unique visait également des objectifs macroéconomiques :

- la mise en place de l'euro devait permettre de partager le pouvoir monétaire au sein de l'UEM. Au cours des années 1980, le fonctionnement du système monétaire européen (SME) est progressivement devenu asymétrique. Le choix d'une Banque centrale indépendante du pouvoir politique et les statuts retenus en matière de politique monétaire devaient permettre de maintenir une inflation faible sur longue période, gage d'un fonctionnement plus efficace des marchés;
- l'UEM devait faire de l'euro une monnaie internationale largement utilisée dans les transactions internationales, et une monnaie de réserve pour les banques centrales internationales.

Pour autant, le passage à l'intégration monétaire ne s'est pas effectué sans coûts :

- l'Union économique et monétaire nécessite d'accepter de perdre de l'autonomie dans la politique monétaire nationale. Dans un contexte de globalisation financière et de mobilité des capitaux, la fixité des taux de change dans l'UEM fait peser une forte contrainte sur les pays à monnaie faible, condamnés à maintenir des taux d'intérêt élevés pour empêcher les sorties de capitaux. Cette contrainte a été représentée dans le « **triangle des incompatibilités** » exposé par **R. Mundell** (né en 1932, prix Nobel d'économie 1999), selon lequel il est impossible de combiner trois facteurs : les taux de changes fixes (comme dans le SME), la mobilité parfaite des capitaux et l'autonomie des politiques monétaires. En effet un pays peut choisir d'adapter deux de ces trois points, mais devra nécessairement renoncer au troisième. Par exemple, un pays engagé dans un régime de changes fixes et qui souhaite conserver l'autonomie de sa politique monétaire doit conserver une réglementation restreignant la mobilité des capitaux : si ce n'était pas le cas, toute politique monétaire faisant varier le taux d'intérêt déclencherait des mouvements de capitaux qui affecteraient le taux de change fixé sur le marché. Le pays serait alors contraint d'utiliser la politique monétaire pour ramener le taux de change à sa parité. De la même manière, si le pays souhaite privilégier la mobilité des capitaux et conserver l'autonomie de sa politique monétaire, il ne doit pas avoir à défendre la parité de change et il doit donc adopter un régime de changes flexibles. Les pays européens ont longtemps cherché à maintenir un régime de changes fixes entre ses membres dans le cadre du SME : mais dans un contexte de mobilité des capitaux et de globalisation financière, les États devaient consacrer leur politique monétaire au maintien de la parité externe, au détriment de la recherche de l'équilibre interne. Et les vagues spéculatives qui ont frappé les différentes monnaies européennes au cours des années 1990 engagées dans le SME ont rendu cet objectif toujours plus difficile à atteindre : l'Union économique et monétaire (UEM) a pu être une réponse à ce dilemme puisque les pays ont renoncé à leur politique monétaire nationale, et l'ont transférée à une institution supranationale, la Banque Centrale européenne (BCE). Dès lors, la politique monétaire peut être employée pour atteindre un objectif interne à la zone euro (la maîtrise de l'inflation), car les changes flexibles par rapport au reste du monde lui permettent de retrouver une certaine autonomie.

LE TRIANGLE DES INCOMPATIBILITÉS

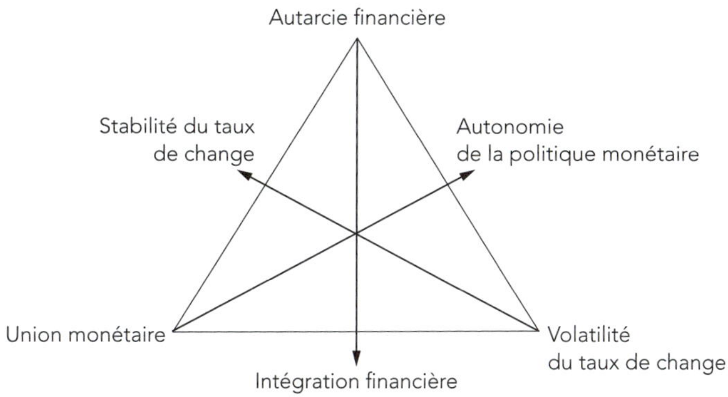

Source : Yves Jégourel, *La Taxe Tobin*, La Découverte, 2002.

Les modalités de la mise en place de la monnaie unique ont conduit à une perte de souveraineté des politiques économiques des États membres. Ainsi, le transfert de la souveraineté monétaire à la Banque centrale européenne (BCE) implique que chaque État perd sa capacité à stimuler la croissance et l'emploi à court terme et à lutter contre les **chocs asymétriques**, soit des chocs exogènes qui frappent un État membre de la zone en particulier ;

- par ailleurs, la politique budgétaire des États membres est encadrée par des règles communes et se trouve subordonnée à la politique monétaire (dont l'objectif prioritaire est la stabilité des prix), ce qui limite également sa capacité à lutter contre les chocs asymétriques. Or, c'est en théorie l'autonomie de la politique budgétaire qui est censée les amortir dans une zone où la politique monétaire est unique ;
- enfin, l'Union économique et monétaire implique une politique de change unique vis-à-vis des monnaies extérieures à la zone euro (zone yen et zone dollar notamment) : cela signifie que le pays ne peut plus dévaluer sa monnaie pour restaurer la compétitivité de ses exportations sur les marchés internationaux.

LES AVANTAGES ET LES INCONVÉNIENTS DE LA MONNAIE UNIQUE : UNE SYNTHÈSE

Les avantages de la Monnaie unique	Les inconvénients de la Monnaie unique
L'instauration d'une monnaie unique : • permet de limiter les incertitudes liées aux fluctuations des cours de change (pour les entreprises notamment) ; • entraîne une baisse des coûts de transaction (plus de commissions de change notamment), ce qui favorise un développement des échanges à l'intérieur de l'Union ; • garantit une plus grande transparence en termes de prix et de coûts, ce qui améliore les conditions de la concurrence sur le marché unique ; • enfin, appuyée sur une vaste zone commerciale, l'euro peut acquérir un statut de monnaie internationale et concurrencer, à terme, le dollar américain en tant que monnaie de facturation des échanges, ou en tant que monnaie de réserve de change des banques centrales.	Néanmoins, la zone euro demeure une construction institutionnelle originale : • elle est caractérisée par une politique monétaire unique mais par des politiques budgétaires nationales ; • la politique monétaire de la BCE peut difficilement s'adapter aux conjonctures économiques spécifiques de chaque pays de la zone euro, et les mécanismes de solidarité financière entre les pays membres restent limités, en l'absence d'un véritable gouvernement économique de la zone euro, et de mécanismes de redistribution du même type que ceux qui existent dans un État fédéral comme les États-Unis ; • la crise des dettes souveraines en Europe à partir de 2009 a montré que ces contradictions institutionnelles suscitent l'inquiétude des marchés financiers et des agences de notation, qui sont chargées d'évaluer pour les investisseurs les risques des placements.

D. La zone euro, une zone monétaire (non) optimale

L'instauration d'une monnaie unique dans une économie où les marchés des biens, des services et des facteurs de production sont intégrés, comme sur le marché européen, suppose de respecter certaines conditions. La **théorie des zones monétaires optimales** (ZMO) examine ce lien entre intégration économique et intégration monétaire : selon cette théorie, les pertes dues à l'abandon de l'instrument du taux de change dans une union monétaire sont d'autant plus faibles qu'un certain nombre de critères sont respectés. La perte principale due à la politique monétaire unique est l'impossibilité de répondre à un choc asymétrique : le pays en question ne peut plus mettre en œuvre de relance monétaire ni opérer une dévaluation en cas de crise, s'il a perdu sa souveraineté monétaire et l'autonomie de sa politique de change. Selon **R. Mundell**, une zone monétaire est dite optimale si « *lors des chocs externes asymétriques affectant la demande de produits ou l'offre de facteurs d'une ou moins des régions membres, des procédures automatiques d'ajustement sont mises en œuvre, évitant ainsi des modifications des taux de change nominaux entre les régions* » (Mundell, 1961).

La théorie des ZMO montre donc que la création d'une union monétaire comme la zone euro est pertinente *si et seulement si* les avantages de la disparition des coûts de transaction et du risque de change dépassent les inconvénients de la perte de la politique monétaire pour faire face aux chocs asymétriques qui frappent un ou plusieurs États membres de la zone, et que l'on distingue des **chocs symétriques** qui exercent des effets macroéconomiques pour toute la zone.

Les conditions des zones monétaires optimales (ZMO)

Un certain nombre de **conditions** doivent être réunies pour qu'un groupe de pays ait intérêt à choisir une zone monétaire fondée sur des parités de changes fixes, plutôt que conserver des parités flottantes, et donc de rejoindre une union monétaire comme la zone euro. Les principaux critères des zones monétaires optimales sont les suivants :

– **R. Mundell** (« *A Theory of Optimum Currency Area* », *American Economic Review*, 1961) insiste sur la mobilité du facteur travail : lorsqu'un pays de la zone monétaire est frappé par une crise, le déplacement des travailleurs vers les pays qui créent des emplois doit permettre de réduire le chômage dans le pays concerné. L'ajustement par la mobilité du travail peut compenser l'abandon du taux de change comme variable d'ajustement. De plus, la flexibilité des salaires doit permettre de remédier aux chocs de demande asymétriques : la hausse du chômage dans le pays en crise doit baisser les salaires et restaurer la compétitivité des produits.

– Selon **R. McKinnon** (« Optimum Currency Areas », *American Economic Review*, 1963), une union monétaire est pertinente si le degré d'ouverture des économies qui la composent est relativement proche. Une union monétaire doit inclure les principaux partenaires commerciaux d'une région qui n'ont plus à craindre la volatilité des taux de change bilatéraux : si une économie est très ouverte, son taux d'inflation sera peu différent de celui de ses partenaires, en raison de la concurrence liée à l'intégration commerciale. L'arme du taux de change serait peu efficace, puisqu'une dévaluation se traduirait par une hausse du prix des biens importés et par une perte de compétitivité par rapport aux partenaires commerciaux.

– **P. Kenen** (*The theory of optimum currency areas : an ecletic view*, Chigaco University Press, 1969) fait valoir qu'une économie très diversifiée dans sa production et dans sa consommation est moins sensible aux chocs économiques exogènes : si l'économie est spécialisée dans un secteur particulier, un choc frappant celui-ci peut déstabiliser toute l'économie nationale. Une économie très diversifiée est moins sensible aux chocs asymétriques et peut intégrer une union monétaire.

D'autres travaux ont ajouté un certain nombre de conditions préalables, parmi lesquelles le fédéralisme budgétaire et fiscal (un budget commun au sein de l'union monétaire pourrait permettre d'opérer des transferts budgétaires pour compenser les différences d'activité économique entre les pays membres), ou la nécessité de l'intégration financière et de la mobilité du capital, celle de la convergence des taux d'inflation entre les pays et de la convergence des institutions sociales et politiques.

La zone euro se rapproche d'une ZMO par certains aspects :

- Le processus de convergence macroéconomique et le respect des critères de Maastricht avaient pour but de rapprocher les pays candidats à la monnaie unique d'une ZMO, et l'euro a été conçu comme un prolongement de l'intégration économique. Avant l'euro, la création du marché unique supposait une certaine harmonisation des politiques économiques et la garantie des quatre libertés concernant la circulation des biens et des services, du travail et du capital à l'intérieur de l'unité économique ainsi créée, afin que les conditions d'accès aux marchés des pays membres soient les mêmes pour toutes les entreprises et tous les consommateurs, quelle que soit leur origine.
- Le taux d'ouverture des économies européennes est relativement élevé et une grande partie des échanges commerciaux a lieu avec des partenaires européens aux structures productives et au niveau de vie moyen relativement proches. De plus, les différentes phases de libéralisation des échanges ont permis de réduire les écarts de prix au sein de la zone euro (par la convergence des taux d'inflation).
- En matière de diversification productive, un certain nombre de travaux montrent que les pays membres de la zone euro ont une spécialisation productive moins affirmée que les États fédérés des États-Unis. Les pays européens ont donc une production diversifiée et consomment de manière globalement similaire : ils sont donc moins sujets aux chocs asymétriques, puisqu'ils sont plus homogènes que les États américains.

Pourtant la zone euro reste encore éloignée d'une ZMO dans de nombreux domaines :

- Même si les différents marchés nationaux au sein de la zone euro sont mis en relation directe, ils restent pour ainsi dire juxtaposés, et certaines règles du jeu économique sont fixées par chaque État, ce qui constitue un puissant obstacle aux échanges à l'intérieur du marché unique. Ainsi, par exemple, malgré les progrès de l'intégration économique, les échanges commerciaux restent soumis aux barrières non tarifaires (comme des réglementations différentes dans les différents États), et les économies européennes restent très diverses en matière d'institutions et de systèmes sociaux.
- La mobilité des facteurs de production reste imparfaite : la non-reconnaissance mutuelle des diplômes, l'hétérogénéité des systèmes de protection sociale et la persistance des barrières culturelles et linguistiques

peuvent être des obstacles importants à la mobilité des travailleurs au sein de la zone euro, et limiter les déplacements de main-d'œuvre en cas de crise, d'autant qu'un certain nombre de rigidités institutionnelles réduisent la flexibilité des salaires sur les différents marchés du travail. Par exemple, une montée du chômage en Espagne ne conduit pas forcément à des déplacements de main-d'œuvre vers les pays du Nord de la zone euro.

– La concurrence sur le marché unique a accentué l'hétérogénéité de la zone euro en matière de spécialisation productive : la libéralisation des échanges a favorisé une organisation territoriale des activités productives polarisée entre les pays du Nord et les pays du Sud de l'Union européenne. Le Nord a renforcé ses activités industrielles tournées vers les nouvelles technologies et créatrices d'emplois qualifiés, et a développé des économies d'agglomération : en situation d'incertitude, les entreprises vont en effet profiter de la faible distance qui les sépare les unes des autres pour bénéficier des fournisseurs et des clients des autres, de la diversité de l'offre productive, de l'importance du marché du travail et du partage des infrastructures ; tandis que le Sud a entamé un processus de désindustrialisation et une spécialisation tournée vers les services intensifs en main-d'œuvre peu qualifiée.

– Enfin, dans la zone euro, les États ont conservé leur souveraineté budgétaire (même si des règles de discipline budgétaire limitent les déficits publics et la dette publique) et cette absence de réel fédéralisme budgétaire et fiscal l'éloigne d'une véritable zone monétaire optimale (ZMO), d'autant que la taille du budget communautaire reste trop faible (environ 1 % du PIB de l'Union européenne) pour réaliser des transferts budgétaires en cas de chocs asymétriques (si un État est en crise, un budget commun peut prélever des ressources dans les États en croissance et les redistribuer vers les zones en difficulté).

§ 2. Le système de politique économique dans la zone euro

I. La zone euro : une gouvernance économique originale

A. Le fédéralisme monétaire : le système européen des banques centrales (SEBC)

Dans la zone euro, la politique monétaire est confiée au **Système européen de banques centrales (SEBC)**, composé de la BCE et des banques centrales nationales de l'Union (art. 4A du traité de Maastricht). Son objectif principal est de « *maintenir la stabilité des prix* » (article 105 du traité sur l'Union européenne).

Les tâches principales du Système européen de banques centrales sont les suivantes :

– la mise en œuvre de la politique monétaire dans la zone euro (article 105 (2) du traité sur l'Union européenne et article 3 des statuts du SEBC) ;
– la conduite des opérations de change ; la détention et la gestion des réserves de change des États membres ;
– le développement des systèmes de paiement dans la zone.

La BCE et les banques centrales nationales sont indépendantes des gouvernements nationaux et de la Commission européenne, et elles ne peuvent accepter d'instructions de leur part (en vertu de l'article 108 du Traité sur l'Union européenne). Ainsi, les banques centrales ne sont plus autorisées à « *accorder des découverts ou tout autre type de crédits aux autorités publiques* » ; « *l'acquisition directe, auprès d'elles, par la BCE ou les banques centrales nationales, des instruments de leur dette est également interdite* » (en vertu de l'article 104 du traité). L'Euro-système, institution qui regroupe la Banque centrale européenne et les banques centrales nationales des États membres de l'Union européenne qui ont adopté l'euro, est l'autorité monétaire de la zone euro. Son objectif principal est de « *maintenir la stabilité des prix pour le bien commun* » et il agit également « *en tant qu'autorité financière de premier plan* », et se donne pour mission de « *sauvegarder la stabilité financière et de promouvoir l'intégration financière européenne* ».

Le SEBC est dirigé par trois organes de décision de la Banque centrale européenne (BCE) : le directoire, le conseil des gouverneurs et le conseil général. Dans les faits, les deux organes de décision principaux sont le conseil des gouverneurs et le directoire. Avec l'Union économique et monétaire (UEM), la politique monétaire devient unique, les banques centrales des pays de la zone euro doivent appliquer les mesures décidées par la BCE et sont ainsi devenues avant tout des courroies de transmission. En effet, la crédibilité de la BCE repose notamment sur sa capacité à préciser son indépendance vis-à-vis des gouvernements nationaux. L'objectif ultime principal de la BCE est le maintien de la stabilité des prix dans la zone euro. Selon l'article 105 du traité de Maastricht, la mission de la BCE est clairement définie : « *l'objectif principal du Système européen des banques centrales est de maintenir la stabilité des prix. Sans préjudice de l'objectif de stabilité des prix, le SEBC apporte son soutien aux politiques générales dans l'UE, dans la perspective de contribuer à la réalisation des objectifs de la zone euro, tels qu'ils sont définis dans l'article 2 du traité de Rome* ». La BCE visait un taux annuel d'inflation, mesuré par l'indice des prix à la consommation harmonisé (IPCH), « *inférieur à, mais proche de 2 % à moyen terme* ». En juillet 2021, la BCE a modifié sa cible et passe à « *une d'inflation à 2 % à moyen terme* ». Par ailleurs, elle a annoncé inclure le changement climatique dans sa stratégie de politique monétaire vers un objectif de croissance durable : elle annonce notamment privilégier dans le futur un rachat d'obligations d'entreprises qui « *se conforment à la législation européenne visant à faire respecter l'accord de Paris et qui le font à travers des indicateurs climatiques pertinents et des engagements adaptés* » (v. chapitre *Économie et environnement*).

B. L'organisation du « *policy-mix* » dans la zone euro

La zone euro est un modèle de gouvernance très particulier qui combine une politique monétaire unique et dix-neuf politiques budgétaires, certes souveraines, mais encadrées par des règles. Ce choix d'un gouvernement par les règles et les normes budgétaires semble compliquer considérablement la mise en œuvre du « ***policy-mix*** », soit la combinaison de la politique monétaire et de la politique budgétaire, qui demeure sous-optimal dans la zone euro puisque la politique monétaire unique est confiée à une institution fédérale qui dispose d'une indépendance forte, la Banque centrale européenne (BCE), tandis que la politique budgétaire demeure nationale et soumise au respect de normes inscrites dans les traités européens.

C'est ce qui explique que la gestion macroéconomique de la zone euro depuis 1999 n'a pas pu être optimale car il n'existait qu'une seule et même politique monétaire pour des pays membres qui se trouvaient dans des situations économiques très différentes, du fait de l'hétérogénéité structurelle originelle et croissante entre économies. En effet, la politique monétaire unique se traduit par la conjonction d'un taux d'intérêt nominal unique et de taux d'inflation différents : cela entraîne des écarts importants de taux d'intérêt *réels* qui modifient le coût relatif de la dette, les incitations et les arbitrages en matière d'endettement et d'investissement au sein de la zone euro.

C. La coordination des politiques économiques dans l'union européenne

Un des problèmes essentiels des pays de l'Union européenne est d'assurer la coordination des politiques économiques, alors que l'UE ne constitue pas un État fédéral.

En ce qui concerne les politiques conjoncturelles, le « *policy-mix* », l'articulation de la politique monétaire et de la politique budgétaire agrégée des États membres cherche à maximiser la croissance économique, tout en maintenant l'inflation sous contrôle.

- En phase d'expansion : la BCE relève ses taux d'intérêt pour lutter contre la surchauffe et l'inflation, tandis que les États membres réduisent les déficits publics ou dégagent un surplus.
- En phase de récession, la BCE mène une politique monétaire expansionniste avec des taux d'intérêt bas, tandis que les États membres laissent les déficits publics se creuser pour stimuler l'activité économique.

Mais dans le cadre de la zone euro et son organisation, la coordination des politiques macroéconomiques reste surtout de nature intergouvernementale. Un seul instrument conjoncturel reste véritablement à la disposition des États, légitime d'un point de vue démocratique, dans le cadre du Pacte de stabilité et de croissance (PSC) : la politique budgétaire. Dans l'esprit des Traités européens, celle-ci doit être encadrée par des normes car elle participe de la crédibilité de la politique monétaire de la BCE. Mais cette organisation du « policy-mix » a pu favoriser les attitudes de type « passager clandestin » ou « cavalier seul » (*free rider*), au détriment de la coopération et de l'intérêt collectif : une inflation modérée et des taux d'intérêt faibles constituent des biens publics européens, mais si par exemple un État membre met en œuvre une politique de relance budgétaire, les conséquences négatives en termes de freinage de la demande globale sont socialisées dans toute la zone euro à partir du moment où la BCE relève ses taux d'intérêt pour prévenir le risque d'inflation.

Par ailleurs, comme l'a montré l'économiste **P. Artus**, la **crise des dettes souveraines** à partir de 2009 a démontré les contradictions de la gouvernance de la politique économique dans la zone euro. Les États membres sont en effet soumis à un dilemme :

- En phase de récession, si les pays fragilisés par la crise des dettes publiques s'engagent dans des plans d'austérité budgétaire trop précoces qui asphyxient la demande et freinent la croissance potentielle, la défiance des marchés financiers risque de grandir quant à leur solvabilité future ;

– S'ils laissent s'aggraver les déficits publics pour éviter la spirale de la récession, ils s'exposent à une remontée des taux d'intérêt et à une hausse du coût de leurs emprunts sur les marchés de capitaux.

Dès lors, les écarts ne peuvent que se creuser au sein de la zone euro. Avec le choix structurel de se priver d'une politique monétaire autonome et, en pratique, en l'absence d'une mobilisation de la politique de change, la faiblesse actuelle du budget européen (et son nécessaire équilibre) empêche une réelle redistribution entre les États sous la forme de transferts financiers suffisamment puissants (ce que l'on appelle le « fédéralisme budgétaire »).

L'enjeu de la coordination des politiques économiques est également important pour éviter des distorsions de concurrence. Ainsi, la zone euro reste un espace où la tentation est forte de recourir à la **concurrence fiscale** pour attirer les investisseurs étrangers et abaisser le coût du travail, puisque les leviers de la **politique conjoncturelle** sont contraints : dans une économie globalisée caractérisée par une forte mobilité du capital, la réduction des impôts sur le capital peut devenir un moyen de restaurer la compétitivité, au risque d'un niveau sous-optimal de services collectifs et de protection sociale (puisque l'État voit ses recettes fiscales se tarir).

II. La zone euro dans les crises : les évolutions institutionnelles

A. Le renforcement de la solidarité budgétaire

D'un point de vue plus institutionnel, les États et la BCE ont mis en place en 2010, après la crise des dettes souveraines, un **mécanisme de solidarité budgétaire** entre États à la suite de la crise de la zone euro : le Fonds européen de stabilité financière (FESF). La crise grecque du printemps 2010 a en effet conduit l'UE, confrontée pour la première fois au risque de défaut d'un des pays membres, à mettre en place le Fonds européen de stabilité financière (FESF), pour une durée de trois ans au-delà du prêt consenti à la Grèce. Le FESF est réservé aux pays membres de la zone euro. C'est une structure de financement *ad hoc* pouvant mobiliser jusqu'à 440 milliards d'euros. Les ressources du FESF sont des titres de dette émis sur les marchés qui sont garantis par les États, au prorata de leur participation au capital de la BCE. Le FESF a été pérennisé en devenant le MES

(Mécanisme européen de stabilité) en 2013. Avec le *Pacte Europlus*, le but est de renforcer la gouvernance de l'Union économique et monétaire, en déplaçant le curseur d'une discipline des pairs (surveillance mutuelle) vers une discipline de marché et des règles institutionnelles.

Le **Traité sur la stabilité, la coordination et la gouvernance (TSCG)** au sein de l'Union économique et monétaire, dit « Pacte budgétaire européen », a été ratifié par les États membres de l'Union européenne pour imposer une discipline financière renforcée en réponse à la crise de la zone euro, et le traité est entré en vigueur au 1er janvier 2013. Le Royaume-Uni et la République tchèque n'ont pas signé le traité et sont donc dispensés de cette mise en œuvre (l'article 15 du TSCG leur laisse la possibilité d'y adhérer *a posteriori* s'ils changent d'avis). Le TSCG comprend trois parties : le « pacte budgétaire » proprement dit (avec sa **règle budgétaire**), la coordination des politiques économiques et leur convergence, la gouvernance de la zone euro. Ainsi, l'article 3 du TSCG énonce clairement une règle d'équilibre : « *a) la situation budgétaire des administrations publiques d'une partie contractante est en équilibre ou en excédent; b) la règle énoncée au point a) est considérée comme respectée si le solde structurel annuel des administrations publiques correspond à l'objectif à moyen terme spécifique à chaque pays, tel que défini dans le pacte de stabilité et de croissance révisé, avec une limite inférieure de déficit structurel de 0,5 % du produit intérieur brut aux prix du marché.* » Le TSCG prévoit que les États membres qui dépassent la norme de dette publique de 60 % du PIB, qu'il réaffirme, réduisent leur niveau d'endettement public d'un vingtième par an, de manière concertée. Le TSCG constitue un engagement solennel des États signataires à viser la **stabilité budgétaire** en adoptant des mesures appropriées afin de restaurer la confiance et réduire le poids de leur endettement, nécessaire au retour de la croissance, sous peine d'éventuelles sanctions financières.

La crise des dettes souveraines dans la zone euro

En raison de la crise financière puis de la transmission de ses effets à l'économie « réelle », (ce que certains économistes ont appelé la « Grande Récession ») les gouvernements des pays de la zone euro ont été confrontés à un creusement des déficits publics et un gonflement de leur dette publique. Dans les pays de la zone euro, les déficits publics se sont creusés, bien au-delà du seuil des 3 % du PIB fixé comme limite inscrite dans le Pacte de Stabilité et de croissance (PSC). Après l'introduction de la Monnaie unique, une bulle de crédit s'est formée, puis a explosé avec la crise financière; le risque de défaut de remboursement a brutalement augmenté avec la chute des prix de l'immobilier, la récession et la stagnation des revenus, contraignant les pays du Sud de la zone à de difficiles plans de rigueur budgétaire, à l'instar de la Grèce (et de l'Espagne). Les crises de dettes souveraines se caractérisent par un risque de défaut de paiement par un État sur sa dette : celle-ci est née dans la zone euro d'une anticipation partagée sur les marchés financiers d'un risque futur, voire imminent, mais non certain, d'un défaut de paiement d'un État. Lorsque la crise de la dette souveraine débute à l'automne 2009 dans la zone euro, la Grèce ne fait pas défaut sur le service de sa dette, mais la révélation d'une grave déficience dans la présentation de ses comptes publics a fait naître l'idée sur les marchés de capitaux que le pays pourrait ne plus assurer le paiement à l'échéance de ses dettes. Il est apparu que la dette grecque était en réalité beaucoup plus élevée que ce qui avait été annoncé initialement. Les agences de notation ont alors pris la mesure de la situation financière réelle de la Grèce, et cela a eu pour effet de renchérir les taux d'intérêt demandés sur les marchés et aggravé d'autant le problème de financement de la Grèce. Après la Grèce, la perte de confiance des marchés s'est propagée à d'autres États de la zone euro comme l'Italie, l'Espagne, le Portugal et l'Irlande, avec la menace réelle d'une désintégration progressive et désordonnée de la zone euro. La prise de conscience par les marchés de ce risque de contagion a alors aggravé la situation des finances publiques des États les plus exposés, mais également fragilisé le système bancaire et financier mondial, puisque les grandes banques internationales détentrices de ces titres de dettes souveraines ont vu apparaître un risque de défaut de paiement qu'elles n'avaient pas anticipé. La zone euro a ainsi multiplié les plans de sortie de crise, mis en œuvre de nouveaux mécanismes d'urgence et de solidarité financière pour éviter que la crise de la dette n'entraîne une **crise systémique** de la zone euro. Enfin, la BCE a apporté son soutien par des politiques monétaires accommodantes et des instruments non conventionnels (v. chapitre *Monnaie et financement de l'économie*), tandis que les États concernés ont mis en œuvre des plans d'austérité budgétaire sévères. Mais le risque est grand que ces plans de rigueur créent des effets récessifs cumulatifs dans la zone et ne freinent encore davantage la croissance du PIB, accentuent les pressions déflationnistes, et finalement amputent les possibilités de remboursement des États membres fragilisés. On a pu le constater à l'été 2015 lorsque les difficultés financières de la Grèce ont à nouveau accru le risque de sortie du pays de la zone euro, et justifié de nouveaux prêts d'urgence à ce pays, et menacé l'intégrité de la Monnaie unique en raison de la probabilité d'effets de contagion à l'occasion de cette nouvelle phase de crise aiguë.

B. L'union bancaire de l'Europe

La crise des dettes publiques dans la zone euro a également été une crise bancaire, pas seulement une crise de la dette souveraine : les difficultés des banques ont été très sévères, en particulier dans les pays qui se sont enfoncés dans la récession ou la dépression économique (Grèce, Espagne, Portugal). Les capitaux ont fui les pays les plus fragilisés et les banques ont été poussées à se défaire de leurs actifs. Cela a entraîné le risque d'une contraction de l'offre de crédit, pénalisante pour les pays déjà fragilisés par la crise, avec à la clé un ralentissement de la croissance économique. Le projet d'**union bancaire** a été adopté lors du sommet européen de mi-octobre 2012 et il prévoyait une mise en place progressive jusqu'en mars 2014 : la crise de la zone euro a mis en lumière une interdépendance croissante entre les systèmes bancaires nationaux d'une part, et entre risque bancaire et risque souverain d'autre part, et permettra d'éviter le risque de fragmentation de la zone euro.

L'Union bancaire repose sur trois piliers :

- un mécanisme de supervision unique (MSU) ;
- un système de garantie collective des dépôts ;
- acteurs privés en cas de crise selon le principe du renflouement interne (bail-in), et un fonds de résolution des crises et de recapitalisation bancaire.

Sur chacun des piliers comme pour l'ensemble, les difficultés de mise en œuvre sont importantes. Elles tiennent notamment aux réticences de l'Allemagne concernant les mécanismes de solidarité financière et de mutualisation des dettes bancaires puisque, sur ce point, des règles de gouvernance n'ont pas encore été suffisamment mises en place au niveau européen (v. chapitre *Monnaie et financement de l'économie*).

C. L'avenir de la zone euro : débats et perspectives

La réforme de la gouvernance de l'euro pourrait passer également par un **fédéralisme budgétaire** et une **harmonisation fiscale** (voire la création d'un impôt européen ou la mise en commun de certaines parties de la fiscalité, comme la TVA ou l'impôt sur les sociétés comme le préconise l'économiste français **Th. Piketty**), qui permettrait de consolider la solidarité financière dans la zone euro. Mais cette perspective de gouvernement économique européen ne fait pas consensus sur le plan politique, dans la mesure où elle nécessiterait, au nom du projet d'union politique de l'Europe qui reste controversé, l'acceptation de nouveaux transferts de souveraineté consentis par les États-nations (en particulier une union budgétaire, un parlement de la zone euro et un ministre des Finances). Certains analystes évoquent même l'opportunité d'avancées institutionnelles vers le fédéralisme en matière de système de retraites ou de système d'indemnisation chômage par exemple, pour éliminer certaines distorsions de compétitivité.

Le fédéralisme dans la zone euro pourrait aussi passer par une émission en commun de dettes publiques (qu'on appelle *eurobonds*), de manière pérenne. En effet, si les pays émettaient leur dette publique en commun, il se produirait potentiellement un transfert des pays solvables vers les pays qui seraient en difficulté, par le biais de la solidarité entre les emprunteurs. La Commission européenne pourrait émettre des obligations garanties par le budget européen pour financer des investissements publics (infrastructures, réseaux de communication), permettant d'élever la croissance potentielle de la zone euro.

Pour certains économistes, comme la capacité de l'Union économique et monétaire (UEM) à devenir une zone monétaire optimale (ZMO) reste incertaine, il faudrait rapidement améliorer l'intégration économique et financière de la zone euro, et développer des mécanismes de transferts budgétaires puissants pour faire face à des chocs asymétriques, puisque la possibilité d'ajustement par les taux de change a disparu.

L'intégration économique européenne serait le moyen de restituer une marge de manœuvre à la politique économique, par la mise en place de politiques communes dans le cadre d'une union économique ou monétaire, puisque les institutions communes peuvent alors espérer bénéficier à leur tour d'un « effet de taille » pour que la politique économique retrouve son efficacité. C'est notamment le point de vue adopté par les économistes keynésiens comme **J.-P. Fitoussi**, favorables à des politiques de relance concertées au niveau européen, alors qu'elles sont devenues peu efficaces au niveau national.

Certains analystes, au nom d'une vision souverainiste, notamment en France, appellent toutefois de leurs vœux une sortie de l'euro afin de restaurer l'autonomie de la politique monétaire et de change, considérant que le coût de la participation à l'union économique et monétaire a dépassé les avantages retirés. Les gouvernements nationaux et les institutions européennes ont toutefois réitéré, à l'occasion de la crise grecque à l'été 2015, leur volonté de sauvegarder l'intégrité de l'euro. La crise des dettes souveraines a souligné le manque de coordination des politiques économiques en Europe et l'insuffisance du fédéralisme budgétaire (ce que certains appellent le « **coût de la non-Europe** »). Sous l'effet de la crise, diverses modifications institutionnelles ont été adoptées (création d'un Mécanisme européen de stabilité, adoption du Traité sur la stabilité, la coordination et la gouvernance en Europe, notamment). Cependant, un débat subsiste entre deux perspectives : celle, soutenue par l'Allemagne, qui met l'accent sur le respect des règles budgétaires (dans la tradition de l'ordo-libéralisme) et celle, soutenue notamment par la France, qui défend un renforcement de la solidarité et un renforcement des politiques communes en matière de croissance et de cohésion sociale.

Dans une note du Conseil d'Analyse économique (CAE) de 2015, **A. Bénassy-Quéré** (présidente déléguée du Conseil d'analyse économique), et **X. Ragot** (président de l'Observatoire français des conjonctures économiques), insistent sur les défaillances du pilotage macroéconomique propre à la zone euro. Ils examinent ce qui n'a pas fonctionné depuis 1999. Ils montrent que ce pilotage est resté « *polarisé sur la surveillance budgétaire sans prêter suffisamment attention aux divergences nominales (différences de salaire, de compétitivité...), aux déséquilibres financiers nourris par la dette privée et à la nécessité d'une gestion d'ensemble de la demande en zone euro* » (Bénassy-Quéré & Ragot, 2015) Sur la base de ce constat, ils formulent des recommandations qui peuvent se rassembler autour de deux grands axes. :

- simplifier et mieux intégrer la surveillance entre la zone euro et les États membres ;
- permettre une meilleure appropriation par les États membres et renforcer le diagnostic partagé ;

Cependant, au-delà des réformes et priorités de court terme, il convient, selon les auteurs, de garder à l'esprit les enjeux de long terme quand on réfléchit au fonctionnement de la zone euro. Dans le cadre de la stratégie « Europe 2020 », il est impératif de renforcer la croissance potentielle de l'Union européenne, mais aussi de repenser les conditions d'entrée dans la zone euro (à la lumière de la crise grecque et de l'expérience des douze premières années de l'euro) et d'avancer sur le dossier de la coordination des politiques fiscales et du fédéralisme budgétaire.

Dans une note du Conseil d'Analyse économique (CAE) de février 2016, A. Bénassy-Quéré, X. Ragot et G. Wolff tirent les enseignements de la crise de l'euro à l'été 2015 et recommandent de progresser rapidement sur la voie de l'union budgétaire dans la zone euro. En l'absence d'un véritable fédéralisme budgétaire, selon eux hors d'atteinte à l'heure actuelle, ils préconisent d'éviter les ajustements budgétaires trop brutaux pour les pays en crise, de laisser le futur Conseil budgétaire européen coordonner la politique budgétaire en relâchant les contraintes du Pacte de stabilité et de croissance (PSC) dans les périodes de crise, et plaident également pour l'établissement d'un système européen d'assurance chômage qui pourrait jouer un rôle stabilisateur contra-cyclique.

Quelques progrès ont été effectués sur la voie de l'**union budgétaire** de la zone euro depuis 2017. La déclaration faite le 19 juin 2018 par Angela Merkel et Emmanuel Macron, à l'issue du sommet franco-allemand de Meseberg, prévoyait de resserrer « *les liens entre les fonds structurels et la coordination des politiques économiques* ». L'Allemagne s'est ralliée à la proposition française de mettre en place un budget de la zone euro pour promouvoir « *la compétitivité, la convergence et la stabilité* ». Il serait financé par des contributions nationales, des contributions européennes et des ressources spécifiques : une taxe sur les transactions financières (selon le modèle français, donc uniquement sur les achats d'actions), la taxation des entreprises numériques, et une partie des ressources de l'impôt sur les sociétés. Il est précisé que les dépenses viendront en substitution des dépenses nationales et que la réduction du ratio dette publique/PIB reste une priorité. Il n'est pas précisé que ce budget pourrait être déficitaire et que la fonction de stabilisation n'induira pas des transferts permanents : la déclaration de Meseberg envisage un simple report des contributions au budget de la zone euro du pays frappé par un choc, ou un Fonds européen de stabilisation du chômage qui prêterait des ressources au système d'indemnisation du chômage d'un pays frappé par une perte importante d'emplois. Pourtant, en décembre 2018, notamment après l'expression de l'hostilité d'un certain nombre de pays du Nord de la zone euro à ce projet d'union budgétaire, et en particulier de la Hollande, le BICC (*budgetary instrument for convergence and compétitiveness*) a prévu pour abonder ce budget commun 17 milliards d'euros étalés sur 7 ans, soit moins de 0,02 % du PIB de la zone euro par an.

L'achèvement du dispositif institutionnel de la zone euro demeure donc très délicat, car il suppose des décisions institutionnelles compliquées et une redistribution de pouvoirs souverains (comme le budget et la fiscalité) politiquement très sensibles, avec à la clé des questions de légitimité démocratique liées à de nouveaux transferts de compétences vers des institutions supranationales, comme un gouvernement économique et un Parlement de la zone euro.

Face à la crise de la covid-19, la Banque centrale européenne et les États membres de la zone euro ont mis en œuvre en 2020 une combinaison de la politique monétaire et de la politique budgétaire, un « *policy-mix* » orienté vers le soutien à l'activité économique, avec un creusement des déficits publics et une politique monétaire expansionniste. Cet équilibre de politique économique où la banque centrale monétise la dette des États pour favoriser le financement des plans de relance budgétaire devrait perdurer un certain temps pour conforter la reprise économique. Cette monétisation massive des dettes publiques permet de maintenir un niveau faible des taux d'intérêt à long terme dans la zone euro, tente de freiner les divergences macroéconomiques entre les États membres, et de conjurer le spectre d'une nouvelle crise des dettes publiques. Mais des incertitudes demeurent sur la soutenabilité du niveau d'endettement additionnel que les États de la zone euro ont dû consentir, dans un contexte de sous-emploi et de chute de la croissance potentielle, et elles pourraient entraîner une instabilité à venir sur les marchés obligataires.

RÉFÉRENCES DU CHAPITRE

A. Bénassy-Quéré, Ragot X. (2015), *Pour une politique macroéconomique d'ensemble de la zone euro,* Note du Conseil d'Analyse économique (CAE).

A. Bénassy-Quéré, Ragot X., Wolff G. (2016), *Quelle union budgétaire pour la zone euro ?,* Note du Conseil d'Analyse économique (CAE).

POUR EN SAVOIR PLUS

Initiation

Aglietta (2014), *Europe. Sortir de la crise et inventer l'avenir,* Michalon.

Artus P. et Gravet I. (2012), *La crise de l'euro,* A. Colin.

Artus P. et Virard M. P. (2017), *Euro : par ici la sortie ?* Fayard.

Baldeschi L., Cohen J., Drut B. (2019), *Comment les années Draghi ont changé la Banque centrale européenne,* Bréal, Coll. Thèmes et débats.

Benassy-Quéré A. et Cœuré B. (2014), *Économie de l'euro,* La Découverte, Coll. Repères.

Braquet L. et Biasutti J.-P. (2013), *50 fiches pour comprendre la zone euro,* Bréal.

Dévoluy M., Koenig G. (2015), *Les politiques économiques européennes,* Points.

Farvaque E. (2010), *La Banque centrale européenne,* La Découverte, Coll. Repères.

Farah F. (2020), *Comprendre l'euro,* Bréal, Coll. « Thèmes et débat ».

Le Héron E. (2016), *À quoi sert la Banque centrale européenne ?* La Documentation française.

Approfondissement

Barbier-Gauchard A., Sidiropoulos M., Varoudakis A. (2018), *La gouvernance économique de la zone euro,* De Boeck.

Barthe M.-A. (2017), *Économie de l'Union européenne*, Economica, 6e éd.

Defraigne J.-C., Nouveau P. (2017), *Introduction à l'économie européenne*, de Boeck.

Fitoussi J.-P. (2002), *La règle et le choix*, Le Seuil, Coll. La République des idées.

OFCE (2021), *L'économie européenne 2021*, La Découverte, Coll. Repères.

Pisani-Ferry J. (2011), *Le réveil des démons. La crise de l'euro et comment nous en sortir*, Fayard.

Reichlin L. (2019), *La Banque centrale européenne et la crise de l'euro*, Collège de France.

Stiglitz J. (2018), *L'euro : comment la monnaie unique menace l'avenir de l'Europe*, Babel.

SUR LA TOILE

Artus P. (2017), *Quelles sont les difficultés essentielles de la zone euro ?* Revue de l'OFCE.
https://www.ofce.sciences-po.fr/pdf/revue/18-153.pdf

Benassy-Quéré A. (2020), *Annuler la dette détenue par la BCE, est-ce légal ? Utile ? Souhaitable ?* Direction générale du Trésor.
https://www.tresor.economie.gouv.fr/Articles/2020/11/30/annuler-la-dette-detenue-par-la-bce-est-ce-legal-utile-souhaitable

CHAPITRE 22

Les relations monétaires internationales

Les économies nationales sont dotées de monnaies différentes. Dès lors qu'existent entre elles des opérations économiques (commerce international, mouvements de capitaux) des problèmes de règlement se posent entre les différents espaces monétaires, expliqués par l'existence d'opérations de change et donc d'un marché des changes.
Au cours de l'histoire contemporaine, les relations monétaires internationales ont connu diverses formes d'organisation : étalon-or, première forme de l'étalon de change or entre les deux guerres mondiales, système de Bretton Woods.
L'organisation des paiements internationaux est en crise depuis les années 1960. Cette crise n'est pas sans rapport avec le ralentissement de la croissance économique mondiale qui se manifeste à partir de 1974. Des projets de réforme existent mais le système monétaire international reste asymétrique, centré sur le dollar, faute de monnaies internationales capables de se hisser au même statut de **devise clé**. Ainsi la coopération internationale fait défaut et la supervision globale reste insuffisante pour assurer une régulation de la liquidité internationale. L'économie mondiale reste donc marquée par une instabilité monétaire récurrente qui se traduit notamment par des crises de change, voire un risque de « guerre des monnaies » (v. chapitre *Commerce international, internationalisation de la production et gouvernance mondiale*). Les questions monétaires internationales sont d'autant plus aiguës qu'elles sont étroitement articulées au financement de l'économie mondiale (v. chapitre *Fluctuations, cycles et crises*).

§ 1. Opérations de change et marché des changes

I. Le change et les opérations de change

A. Devises, taux de change et cotations

On appelle **devise** une créance libellée en monnaie étrangère. Une **opération de change** consiste à échanger des avoirs détenus en une devise (ou en monnaie nationale) contre des avoirs détenus en une autre devise. Les échanges de devises se réalisent sur le **marché des changes** (Forex en anglais, abréviation usuelle de *Foreign Exchange*). Ce marché n'a pas d'existence matérielle, il est constitué par l'ensemble des opérateurs (cambistes) qui sont connectés par des moyens informatiques. On peut considérer qu'existe aujourd'hui un marché des changes mondial, dans la mesure où les différents centres financiers sont reliés entre eux et où les opérations de change se réalisent en permanence (24 heures sur 24). Sur le marché des changes se déterminent les **cours du change** (ou **taux de change**) c'est-à-dire les prix de chaque devise, exprimés en unités d'autres devises. La loi du prix unique joue sur ce marché : le cours du yen en dollar est nécessairement le même à Tokyo et à Chicago, si un écart intervenait, des opérations d'arbitrage se déclencheraient immédiatement pour acheter du yen là où il est le moins cher et le revendre là où il est le plus cher.

Pour analyser les cours du change, on peut prendre en compte différentes définitions des taux de change :

- Les **taux de change nominaux bilatéraux** sont ceux qui se forment sur les marchés des changes entre devises, aux prix courants.
- Le **taux de change effectif** d'une devise est son taux de change évalué au regard d'un panier de devises.
- Le **taux de change réel** exprime la valeur de la monnaie d'un pays A en termes de pouvoir d'achat de la monnaie d'un pays B.

Par conséquent on distingue les taux de changes nominaux et les taux de change réels d'une part, les taux de changes bilatéraux et les taux de change effectifs d'autre part. Le taux de change le plus révélateur est le **taux de change effectif réel** d'une monnaie.

Sur le marché des changes, comme sur n'importe quel marché, se confrontent des offres et des demandes. La cotation est l'opération qui

consiste à fixer le prix (taux de change) qui résulte de cette confrontation.
Il existe deux façons d'exprimer les cours du change :
- dans la **cotation au certain**, la base est exprimée en unité de monnaie nationale et la cote en devises. Par exemple, l'euro, depuis sa création, est coté au certain sur les places européennes. On détermine la cote d'un euro en yen, en dollar, en livre sterling, etc. (en mars 2021, par exemple, le taux de change au certain EUR/USD était de 1 euro contre 1,19 dollar, celui du EUR/JPY était de 1 euro contre 130,15 yens, etc.). De même la livre sterling est cotée au certain à Londres ;
- dans la **cotation à l'incertain**, on exprime la base en devise et la cote en monnaie nationale. Par exemple à New York on exprime le cours en dollars et en cents (cote) d'un euro, de 100 yens, etc. (0,8400 dollar pour 1 euro par exemple en mars 2021). La cotation à l'incertain peut se déduire de la cotation au certain. Elle se calcule en faisant l'inverse du taux de change au certain.

$$\frac{USD}{EUR} = \frac{\frac{1}{EUR}}{USD}$$

B. Le marché des changes : opérateurs et stratégies

On distingue deux catégories d'opérations de change :
- les opérations de **change manuel** qui sont opérées par les particuliers aux guichets des banques ou des bureaux de change et qui consistent à se procurer des devises sous forme de billets et de pièces ;
- les opérations de **change scriptural** qui consistent à convertir des avoirs en compte-courant d'une devise en une autre. Par exemple un entrepreneur français qui doit régler une dette à un fournisseur à New York, va s'adresser à sa banque qui créditera le compte du créancier à New York en dollars et qui débitera le compte du débiteur français. La somme en euro qui sera débitée dépend évidemment du cours du change du dollar en euros au moment de l'opération.

Ce sont les opérations de change scriptural qui représentent l'essentiel des opérations sur le marché des changes.

Sur le marché des changes, les opérateurs, les cambistes, peuvent adopter diverses stratégies. Pour préciser ces stratégies, il convient de préciser le concept de **position de change** d'un opérateur pour une échéance donnée :

Position de change = devises possédées + devises à recevoir
– devises à livrer

Lorsque cette somme est nulle, on est en présence d'une **position de change** fermée. Dans ce cas, l'opérateur ne court aucun **risque de change**. Dans le cas contraire, on est dans la situation d'une **position de change ouverte** et l'opérateur court un risque de change car il ne sait pas dans quelles conditions il pourra acheter les devises qui lui font défaut ou vendre les devises qu'il possède en excédent.

Certains opérateurs se préoccupent avant tout d'effectuer le règlement des transactions qui portent sur les marchandises ou les services. Pour eux, les opérations de change sont des opérations subordonnées aux opérations sur biens et services. Ils ont, en général, une **stratégie de couverture**, c'est-à-dire qu'ils cherchent à fermer leur position de change lorsque celle-ci est ouverte.

Les **spéculateurs**, sont ceux pour qui les opérations de change sont menées pour elles-mêmes. La **stratégie de spéculation** consiste à rester en position de change ouverte afin de tirer profit d'une évolution favorable (du point de vue du spéculateur) des cours du change. Le spéculateur accepte donc de courir un risque de perte afin de saisir une opportunité de gain. Les spéculateurs jouent donc un rôle utile dans le fonctionnement du marché. Ils prennent en charge les risques que d'autres refusent, ils animent le marché et permettent aux opérateurs qui ont une stratégie de couverture de trouver une contrepartie. Ce qui fait débat, en revanche, c'est l'importance relative des opérations spéculatives par rapport aux autres types d'opérations.

Il existe un troisième type de stratégie, la **stratégie d'arbitrage**. Elle consiste à jouer sur les différences de cours entre deux marchés ou deux échéances différentes. Une opération d'arbitrage ne comporte pas de risque en dehors du **risque de contrepartie** (défaillance éventuelle du partenaire du contrat de vente ou d'achat de devises), alors qu'une opération de spéculation suppose un risque lié à l'évolution du cours du change. Le comportement des arbitragistes contribue à la réalisation de la **loi du prix unique** (à un moment donné et pour une échéance donnée, il ne peut y avoir qu'un seul cours du change pour une devise).

C. Les différents compartiments du marché des changes

Deux catégories d'**opérations de change** doivent être distinguées :
- les opérations « sèches », qui sont complètes par elles-mêmes ;
- les opérations « liées » (***swap***) qui impliquent le couplage de deux opérations de sens contraire. Par exemple, on peut acheter un montant déterminé de dollars aujourd'hui (achat au comptant) en prévoyant dans le contrat la revente de ces dollars à une échéance ultérieure (vente à terme).

Il existe, pour simplifier, quatre compartiments du marché des changes.

a. Le marché des opérations de change au comptant

Les **opérations de change au comptant** se dénouent dans les deux jours ouvrables qui suivent leur conclusion. Par exemple, un entrepreneur français qui a encaissé une recette en dollars, peut décider de vendre au comptant ces dollars contre des euros. Cette opération est dénuée de risque car la banque indique le cours auquel se réalise l'opération : le montant en euro que recevra l'entrepreneur est certain.

b. Le marché des opérations de change à terme

Dans une **opération de change à terme**, on fixe aujourd'hui les conditions d'une opération (cours et montant) qui ne donnera lieu à un règlement qu'à une échéance ultérieure (quelques jours, quelques mois ou, plus rarement, quelques années). Dès lors que le contrat est passé, il n'y a plus de risque de change puisque, à l'échéance prévue, l'acheteur devra payer les devises au taux prévu et le vendeur devra livrer le montant prévu. L'engagement est irrévocable. Une opération de change à terme peut être utilisée comme instrument de couverture et comme instrument de spéculation.

Le cours au comptant et le cours à terme d'une devise sont étroitement liés. Si le cours à terme est identique au cours au comptant, on dit que le terme est « à la parité » du comptant. Si le cours à terme est supérieur au cours au comptant, la devise est en **report**. Réciproquement, si le cours à terme est inférieur au comptant, la devise est en **déport**. La différence entre le cours à terme et le cours au comptant est liée aux anticipations des opérateurs sur l'évolution du cours des devises : si l'on anticipe une baisse, le cours à terme sera inférieur au cours au comptant.

c. Le marché des « contrats futurs » en devises

Les **contrats futurs** en devises (de l'anglais *futures*) constituent, selon **H. Bourguinat** (né en 1933) un « *engagement d'acheter ou de vendre certaines quantités déterminées de devises à une échéance future mais à un prix fixé à l'avance* » (Bourguinat, 1999). Il s'agit donc de contrats à terme, mais ils se distinguent des contrats traditionnels sur plusieurs points :

- les opérations portent sur des contrats, c'est-à-dire sur un montant déterminé de devises (par exemple 50 000 dollars), on achète ou on vend donc un certain nombre de contrats dont les montants sont standardisés ;
- les échéances sont elles aussi standardisées selon un calendrier fixé par les autorités de marché ;
- pour acheter un contrat futur, il suffit de verser un dépôt de garantie qui est généralement faible (moins de 3 % de la valeur du contrat). On peut donc acheter des quantités importantes de devises avec un faible versement (**effet de levier**) ;

– les contrats donnent rarement lieu à la livraison effective des devises. À l'échéance, les opérateurs qui ont réalisé un gain (la valeur de leurs contrats s'est appréciée) encaissent leur marge qui est versée par les opérateurs perdants ;
– les autorités de marché assurent la bonne fin des opérations. En particulier, elles procèdent à des appels de marge en cours de contrat pour s'assurer de la solvabilité des opérateurs.

En principe, les marchés organisés offrent plus de garanties (contre le risque de contrepartie notamment) et ils sont plus efficients puisque la standardisation des offres et des demandes permet une détermination du prix qui reflète correctement les conditions du marché.

d. Le marché des options de change

Les **options de change** (ou options en devises) se sont développées sur les marchés de Chicago et de Philadelphie à partir de 1982. Pour comprendre ce développement, il faut partir de la volatilité du cours des monnaies et des problèmes qui sont ainsi posés aux opérateurs qui veulent se couvrir. Supposons qu'un opérateur français ait besoin d'un million de dollars dans trois mois pour régler un fournisseur américain (position de change ouverte), cet opérateur dispose de plusieurs stratégies :
– Il peut rester en position de change ouverte et acheter les devises nécessaires dans trois mois. Il spécule donc. Si le cours du dollar baisse, il sera gagnant, si le cours du dollar monte il sera perdant.
– Il peut acheter aujourd'hui les devises nécessaires dans le cadre d'une opération à terme sec. Dans ce cas il ferme sa position de change et il connaît avec certitude le cours auquel se réalisera l'opération (il s'agit du cours à terme de trois mois tel qu'il est fixé aujourd'hui sur le marché des changes). L'opérateur ferme ainsi sa position et si, entre-temps, le dollar monte, il sera protégé contre la hausse. Cependant, si le cours du dollar baisse, l'opérateur sera tenu de prendre livraison des devises au cours prévu par le contrat. Il subit donc un coût d'opportunité.

La technique des options de change permet de se garantir contre une évolution défavorable du cours d'une devise, tout en offrant la possibilité de bénéficier d'une évolution favorable.

Selon H. Bourguinat, l'option « *est une convention entre deux parties par laquelle l'une (l'acheteur) se voit reconnaître par l'autre (le vendeur ou celui qui "écrit" l'option) le droit mais non l'obligation de lui acheter (vendre) à l'échéance un contrat en devises à un prix convenu à l'avance (le prix d'exercice) moyennant le paiement d'une prime (le prix de l'option)* » (Bourguinat, 1999).

On peut donc acheter ou vendre une **option d'achat** (*call*) et acheter ou vendre une **option de vente** (*put*).

Plusieurs facteurs interviennent dans la détermination du prix des options. Le plus important peut se formuler de la façon suivante : toutes choses égales par ailleurs, plus la volatilité (passée et anticipée) de la devise concernée est forte, plus le prix de l'option sera élevé.

Le marché des options est fondamentalement asymétrique :

- Pour l'acheteur de l'option, le risque de perte est limité (paiement de la prime) et le risque de gain est illimité.
- Pour le vendeur de l'option, le risque de gain est limité (encaissement de la prime) et le risque de perte illimité.

Le marché des options de change ne peut donc fonctionner qu'en raison du fait que, face aux opérateurs qui cherchent à se couvrir, existent un grand nombre de spéculateurs qui pensent être en mesure de prévoir, mieux que les autres opérateurs, les évolutions du marché.

L'évolution des transactions sur les marchés des changes

Depuis 1992, la **Banque des Règlements Internationaux (BRI)** réalise tous les trois ans au mois d'avril une enquête sur les transactions sur les marchés des changes. Lors de l'enquête de septembre 2019, le montant quotidien moyen des transactions, en augmentation régulière depuis 2004, avec une légère baisse entre 2013 et 2016, était de 6 590 milliards de dollars contre 5 100 de dollars en 2016 (une augmentation de presque 30 % en trois ans). Cet accroissement des échanges de devises s'explique par la conjoncture : Brexit, élection de D. Trump, crises de certaines monnaies émergentes ou encore incertitudes sur l'économie de la zone euro. Cela a entraîné une volatilité plus importante des devises. Le dollar reste de très loin la devise la plus utilisée dans les opérations de change (88,3 % du montant total des devises devant l'euro en recul, 32,3 %). Le volume d'activité du Yen a baissé, passant de 21, 6 % à 16,8 %. La part des monnaies émergentes (Pesos Mexicain ou Renminbi Chinois) continue de progresser pour atteindre 25 % du volume total des échanges.

II. La détermination des taux de change

Les théories relatives à la détermination des taux de change ne sont pas nécessairement contradictoires, elles sont mêmes complémentaires et il est souvent utile de faire appel simultanément à plusieurs théories pour rendre compte de la dynamique observée des taux de change.

A. La théorie de la parité des pouvoirs d'achat (PPA)

Selon la théorie de la **parité des pouvoirs d'achat**, formulée initialement par l'économiste suédois **G. Cassel** (1866-1945) dans les années 1920, le taux de change entre deux monnaies a tendance à s'établir à un niveau tel qu'il compense le différentiel de pouvoir d'achat entre les deux pays. Autrement dit, avec une unité de monnaie du pays A on peut acheter, compte tenu du change, la même quantité de biens dans le pays A et dans le pays B.

Ce résultat est subordonné à des hypothèses contraignantes : libre échange, libre convertibilité des monnaies, structures de consommation identiques dans les deux pays.

On raisonne le plus souvent aujourd'hui en termes relatifs et on s'intéresse au différentiel d'inflation entre deux pays et non plus, comme **G. Cassel**, au différentiel de niveau général des prix. Le taux de change a donc tendance à s'établir à un niveau qui compense le différentiel d'inflation. Si l'on raisonne sur deux pays dont l'un a un taux d'inflation plus élevé que l'autre, la théorie de la PPA nous enseigne que le pays qui a le taux d'inflation le plus élevé verra sa monnaie se déprécier sur le marché des changes, alors que le pays qui a le taux d'inflation le plus faible verra sa monnaie s'apprécier.

La théorie de la PPA est assez bien vérifiée à long terme, mais, à court terme, on observe d'importantes déviations du taux de change par rapport au taux qui devrait résulter de la parité de pouvoir d'achat.

B. La théorie de la parité des taux d'intérêt (PTI)

Selon la théorie de la **parité des taux d'intérêt**, formulée par **J.M. Keynes** (1883-1946) en 1923, il existe une relation inverse entre le taux d'intérêt sur une monnaie et le cours du change de cette monnaie. En effet, un taux d'intérêt élevé signifie que la confiance dans la monnaie considérée est faible et réciproquement. Si le marché des changes est parfaitement efficient, le différentiel de change est égal au différentiel de taux d'intérêt. On comprend aussi pourquoi, pour défendre une monnaie qui a tendance à se déprécier, les autorités monétaires ont souvent recours à une hausse des taux d'intérêt. En effet, on peut évoquer le cas, en 2016, des économies émergentes qui face à la dépréciation de leur monnaie par rapport au dollar (à la suite de la fin de la politique accommodante de la Fed) et les fuites de capitaux qui s'en suivent (on parle de *sudden stop*), voient les banques centrales relever leur taux directeur. L'objectif étant de préserver la confiance dans la monnaie malgré le sacrifice en termes de croissance. Cependant cela peut enfermer les pays émergents dans un ralentissement plus important, accentuant les effets sur le change et les fuites de capitaux.

Si la relation inverse entre taux d'intérêt et taux de change est assez bien vérifiée, il faut souligner que des situations atypiques peuvent se produire. Par exemple, aux États-Unis au début des années 1980, le niveau élevé des taux d'intérêt (du fait du tournant de la politique monétaire de 1979) a attiré les placements en dollars et poussé le dollar à la hausse.

C. L'influence de la balance des paiements

Le solde de la balance des paiements, en régime de change flexible, est susceptible d'exercer une influence sur les taux de change par l'intermédiaire de variables monétaires (on parle d'une approche monétaire de la balance des paiements). Supposons qu'un pays connaisse un déficit de sa balance des paiements, sa monnaie sera davantage offerte (pour effectuer des règlements au bénéfice de non-résidents) que demandée et, par conséquent, le taux de cette monnaie se dépréciera (v. chapitre *Commerce international, internationalisation de la production et gouvernance mondiale*).

Cette approche par le solde de la balance des paiements doit être nuancée. Pendant longtemps en effet, les transactions courantes occupaient une place déterminante dans la balance des paiements. On pouvait donc considérer que les déterminants « fondamentaux » du solde des transactions courantes avaient un impact sur le taux de change. Aujourd'hui, la financiarisation du taux de change et l'importance croissante des mouvements de capitaux dans la balance des paiements, changent les données du problème. Par exemple, la poursuite de la hausse du dollar entre 1981 et 1985, alors que les « **déficits jumeaux** » (déficit courant et déficit budgétaire) ne cessaient d'augmenter, apparaît comme contradictoire avec cette théorie.

Les approches évoquées jusqu'ici ne parviennent pas à rendre compte des fluctuations à court terme des cours du change. Plusieurs autres approches ont donc été développées au cours des dernières années.

D. La surréaction des taux de change

R. Dornbusch (1942-2002) a développé en 1976, une approche en termes de « **surréaction** » (*over-shooting*). Ce phénomène de réaction excessive s'explique par le fait que les prix sur le marché des biens et services sont plus rigides (ils mettent plus de temps à s'adapter) que les prix sur les marchés financiers (taux de change et taux d'intérêt). Supposons que, dans un pays, un choc monétaire non anticipé (hausse de la quantité de monnaie) conduise à une dépréciation du cours du change plus importante que ne l'exigerait la détermination d'un nouveau taux de change d'équilibre, ce n'est que dans un second temps, et de façon progressive, que le cours du change va revenir à son nouveau niveau d'équilibre. Si ce modèle offre un cadre d'interprétation aux variations erratiques du cours du change, sa portée explicative est réduite dès lors que l'on considère que les agents anticipent les évolutions de politique monétaire, ils peuvent alors adopter des comportements qui réduisent l'ampleur des phénomènes de surréaction.

E. Les bulles spéculatives

Les phénomènes de bulles spéculatives ne sont pas propres au marché des changes, mais l'instabilité des cours du change et les crises de changes qui se sont produites au cours des dernières années ont conduit les spécialistes du marché des changes à faire appel de façon croissante à ce type de modèle. On est en présence d'une **bulle spéculative** sur un marché (ici le marché des changes) lorsque le prix d'un actif (ici une devise) s'éloigne durablement et cumulativement de son prix d'équilibre. Le gonflement de la bulle implique un risque d'éclatement et de retour brutal à l'équilibre, voire de surréaction qui ferait baisser le cours du change bien en deçà de son cours d'équilibre.

On parle de **bulle spéculative rationnelle**, lorsque les agents, tout en sachant que la devise est surévaluée, considèrent que la hausse va se poursuivre et, en conséquence continuent de spéculer à la hausse car les gains espérés compensent le risque pris. Si de très nombreux opérateurs pensent que la hausse va se poursuivre, on est en présence d'un phénomène de **prophétie autoréalisatrice** qui conduit à un paradoxe : sur un marché efficient et avec des agents rationnels, le prix de marché s'éloigne de son niveau d'équilibre au lieu de s'en rapprocher. Pour, **S. J. Grossman** et **J. E. Stiglitz** (prix Nobel 2001), des bulles spéculatives rationnelles peuvent se former lorsque le prix est efficient et l'information coûteuse : il est alors rationnel de ne pas s'informer et de se contenter d'observer les évolutions des prix (des devises par exemple). On aboutit alors à un processus « d'autoréalisation des croyances ». Mais comme le coût de l'information n'incite plus les agents à s'informer, le prix s'éloigne de sa valeur efficiente.

On parle de **bulle spéculative irrationnelle** lorsque les opérateurs (cambistes) prennent leurs décisions en ignorant ou en minorant l'importance des déterminants fondamentaux. Par exemple, entre 1981 et 1985, lorsque la bulle spéculative sur le dollar se gonfle, on peut difficilement admettre que les opérateurs traitent au mieux toute l'information disponible (déficits jumeaux, conséquences négatives sur l'économie américaine de la surévaluation du dollar, etc.). Dans un tel contexte, la rumeur l'emporte sur l'information et les comportements mimétiques se substituent aux calculs rationnels.

La distinction entre « bulle rationnelle » et « bulle irrationnelle » est discutable. En particulier, en situation de forte incertitude, il semble rationnel d'adopter un comportement mimétique, puisque le comportement des autres opérateurs est l'information la moins coûteuse et la plus accessible.

F. L'approche chartiste

Les analyses présentées ci-dessus, en particulier celles qui portent sur les bulles spéculatives, mettent l'accent, au-delà des déterminants fondamentaux, sur l'importance des comportements des cambistes (anticipations, comportements mimétiques, etc.). Or, les cambistes ont souvent recours à la méthode chartiste (ou analyse technique). Le **chartisme** consiste à étudier des graphiques présentant l'évolution des cours des devises au cours du temps et à y repérer des figures caractéristiques qui sont censées se reproduire et à partir desquelles les opérateurs vont prendre des décisions d'achat ou de vente. Mais comme tous les opérateurs disposent des mêmes graphiques et des mêmes logiciels d'aide à la décision, on observe une convergence des comportements qui conduit, là encore, à des prévisions autoréalisatrices. Bien que cette méthode graphique soit dépourvue de fondement solide sur le plan de la théorie économique, elle exerce une influence significative sur les comportements des opérateurs et donc sur les cours du change.

§ 2. Histoire des relations monétaires internationales : de l'étalon-or à la crise du système de Bretton Woods

I. Monnaie internationale et système monétaire international

Une **monnaie internationale** est une monnaie qui est acceptée en paiement dans le cadre des transactions internationales et qui est aussi utilisée comme instrument d'intervention par les États et les organismes monétaires internationaux.

Dans le cadre d'une définition de la monnaie par ses fonctions, **P. Krugman** (né en 1953, Prix Nobel en 2008) propose la présentation ci-dessous.

Fonctions	Secteur privé	Secteur public
Moyen de paiement	Véhicule	Interventions
Unité de compte	Facturation	Ancrage
Réserve de valeur	Arbitrage	Réserves

Source : P. Krugman, « The International Role of the Dollar : Theory and Prospects », in *Currencies and Crises*, MIT Press, 1991.

Du point de vue des agents privés, la monnaie internationale est donc un instrument véhiculaire (un moyen de paiement), un instrument de facturation (par exemple, les contrats comportent l'indication en dollars du montant de la transaction) et un instrument d'arbitrage (on peut détenir des liquidités en dollars et utiliser le dollar pour se procurer d'autres devises). Du point de vue des agents publics, la monnaie internationale est un instrument d'intervention (par exemple, les banques centrales peuvent utiliser des ventes ou des achats de dollars pour influencer le cours des devises sur les marchés des changes), un instrument d'ancrage nominal (par exemple, dans le système de Bretton Woods la définition officielle de la valeur des monnaies pouvait être exprimée en dollars) et un instrument de réserve (constitution de réserves de change par les banques centrales).

Cependant, sur le plan interne comme sur le plan international, l'approche fonctionnelle n'épuise pas le concept de monnaie. Il faut souligner, en particulier, que la monnaie est un **bien collectif**. On comprend dès lors que, sur le plan national, on a assisté à l'instauration d'un monopole public de l'émission de monnaie. Sur le plan international, la situation est plus complexe, puisqu'il y a concurrence entre les différentes monnaies nationales pour accéder au statut de monnaie internationale et « *si deux devises sont concurrentes pour être le support de la liquidité ultime dans l'économie mondiale, leur taux de change est indéterminé* » (**Kareken** et **Wallace**, 1981). En effet il est impossible de déterminer un prix d'équilibre entre deux monnaies pour le même bien public (il n'y a pas deux demandes de monnaie, il s'agit de la demande collective pour le système de paiement). Dès lors, la question de l'organisation d'un **système monétaire international** se pose car la monnaie internationale se concentre sur une devise dominante qui doit obtenir la confiance des agents dans la conservation de son statut.

Ainsi, selon **R. Solomon**, un **système monétaire international** (SMI) est un « *ensemble d'accords, de règles, de pratiques et d'institutions dans le cadre desquels s'effectuent les paiements correspondant à des transactions franchissant les frontières* » (Solomon, 1979).

Et selon **A. Benassy-Quéré** et **J. Pisani-Ferry**, un système monétaire international (ou régime monétaire international) articule quatre caractéristiques essentielles :
- les modalités de la convertibilité des monnaies et de la gestion des flux de capitaux;
- les régimes de change;
- les règles et les mécanismes assurant la fourniture de liquidités en cas de besoin;
- la surveillance et la coopération monétaire.

Au cours de l'histoire, différents systèmes monétaires internationaux ont fonctionné, articulant différemment ces quatre caractéristiques.

II. L'étalon-or

A. Le modèle théorique de l'étalon-or : un système autorégulateur

Le modèle théorique de l'**étalon-or** repose sur quelques règles « non écrites » simples. Chaque État doit donner une définition officielle de sa monnaie par un poids d'or et la Banque centrale doit assurer la libre convertibilité en or des billets de banque. Les États doivent aussi garantir la liberté des changes et la liberté d'entrée et de sortie d'or de leur territoire. De plus, les Banques centrales doivent s'interdire toute intervention discrétionnaire et s'en remettre au libre jeu de l'initiative individuelle sur le marché des changes. Ce modèle de SMI est symétrique puisque les contraintes, liées aux règles du système, sont supportées par tous les pays. Dans ces conditions, on montre que l'étalon-or assure à la fois la stabilité des changes et le retour automatique à l'équilibre des balances de paiements.

Par exemple, avant 1914, le franc était défini par 290,3225 mg d'or fin. À la même époque, la livre sterling correspondait à 7 322,382 mg d'or fin. Le rapport du poids des monnaies permettait de connaître la parité (dite aussi « **pair métallique** ») : 7 322,382/290,3225 = 25,21. La parité était donc de 25,21 francs pour une livre. L'étalon-or était donc un système de parités fixes.

Autour de ces parités, les variations des cours du change résultant des transactions en devises entre les banquiers et leurs clients étaient très limitées. En effet, si le cours du franc baissait trop sur le marché des changes, les commerçants qui souhaitaient effectuer un règlement à Londres avaient tout intérêt à convertir leurs francs en or, à expédier cet or à Londres pour se procurer des livres et s'acquitter de leur dette. Les conditions auxquelles cette opération se menait étaient connues (le pair métallique était certain ainsi que la commission de la banque pour les conversions en or et les coûts de transport et d'assurance entre Paris et Londres). Chaque opérateur avait donc le choix de payer en devises (lettre de change tirée sur Londres) ou en or. Il n'acceptait pas de payer les devises à un prix supérieur au pair métallique augmenté des coûts de transfert de l'or à Londres. Cette limite constituait le **point de sortie d'or**. Réciproquement, on pouvait définir un **point d'entrée d'or**, c'est-à-dire le cours du change à partir duquel les commerçants anglais avaient intérêt à effectuer en or le règlement de leurs dettes en France. Ces points d'or constituaient les marges de fluctuation (très étroites) du cours du change autour du pair métallique. La stabilité des changes était donc assurée de façon automatique, sans intervention des États ou Banques centrales, du seul fait du comportement rationnel des agents.

De même, les entrées et les sorties d'or assurent le retour automatique à l'équilibre de la balance des paiements. Supposons en effet qu'un pays connaisse un déficit structurel de sa balance des paiements, la monnaie de ce pays va se déprécier et atteindre le point de sortie d'or. Cette sortie d'or conduit à une contraction de la circulation monétaire intérieure et donc, en vertu de la théorie quantitative de la monnaie, une baisse des prix. La baisse des prix améliore la compétitivité, stimule les exportations et freine les importations, ce qui pousse au retour à l'équilibre de la balance des paiements.

La régulation dans le cadre de l'étalon-or était douloureuse en raison des faillites d'entreprises, du chômage : c'est la « *régulation par la faillite* » selon l'expression de **J. Rueff** (1896-1978). Cependant, l'étalon-or imposait une discipline et faisait obstacle à la création de « *faux droits* » ainsi qu'à l'inflation (v. chapitres *Monnaie et financement de l'économie* et *Inflation, désinflation, déflation*).

B. Le fonctionnement réel de l'étalon-or : politique discrétionnaire et étalon-sterling

Le fonctionnement réel de l'étalon-or est assez différent de son fonctionnement théorique. Si l'étalon-or est en principe symétrique, c'est-à-dire que tous les pays subissent de façon identique la contrainte métallique, il n'en a rien été en réalité. La livre sterling a joué le rôle de monnaie internationale, intervenant dans les règlements et donnant lieu à la constitution d'avoirs en sterling hors de la Grande-Bretagne (« balances sterling »). De ce fait, la Grande-Bretagne bénéficiait d'un avantage indiscutable, puisqu'elle était le seul pays à pouvoir régler sa dette extérieure avec sa propre monnaie. Par ailleurs, la place financière de Londres jouait un rôle essentiel de régulation dans une situation caractérisée par une libre circulation internationale des capitaux. Enfin, la Banque d'Angleterre a mené une politique discrétionnaire très active, utilisant en particulier le maniement du taux de l'escompte pour inciter à des placements sur la place de Londres lorsque les conditions l'exigeaient. La Banque d'Angleterre a aussi mené une politique de stérilisation des mouvements d'or : elle retirait des liquidités du marché pour compenser les effets potentiellement inflationnistes des entrées d'or et elle injectait des liquidités pour lutter contre les effets potentiellement déflationnistes des sorties d'or.

Dans la réalité, l'étalon-or n'a donc pas été le mécanisme autorégulateur que mettent en avant ses partisans.

C. Pourquoi l'étalon-or-sterling a-t-il cessé de fonctionner ?

On attribue souvent à l'étalon-or une longévité exceptionnelle. En réalité, il n'a fonctionné que de 1870 à 1914. Pendant cette période, la contrainte métallique a joué un rôle régulateur indiscutable, même si le système n'était pas conforme au modèle théorique.

La fin de l'étalon-or ne peut trouver une explication suffisante dans le déclenchement de la première guerre mondiale. Deux explications principales ont été avancées par les économistes.

Pour les uns (**J. Rueff** et **P. Salin** notamment) la fin de l'étalon-or est liée à l'absence de volonté politique, au refus de respecter les règles (vertueuses mais contraignantes) du système. Les responsables politiques ont préféré le laxisme monétaire plus « payant » sur le plan électoral. **P. Salin** insiste sur le fait que la thèse d'une insuffisance de liquidités (pénurie d'or) ne résiste pas à l'analyse car, pour lui, le système économique est parfaitement viable avec une lente déflation résultant d'une croissance du volume des biens à échanger plus rapide que la croissance de la masse monétaire.

Pour les autres (**J.M. Keynes** et les économistes de la régulation notamment), le système de l'étalon-or n'était plus adapté à l'évolution du capitalisme. **J.M. Keynes** plaide pour la régulation consciente du capitalisme contre les automatismes de l'étalon-or. Selon lui le retour de l'étalon-or rendrait le maintien de la valeur externe de la livre insoutenable : « *En vérité l'étalon-or est déjà une relique barbare. Du Gouverneur de la Banque d'Angleterre jusqu'au simple citoyen, nous sommes tous préoccupés essentiellement aujourd'hui de préserver la stabilité de l'activité économique, les prix et l'emploi, et nous ne sommes pas disposés, quand le dilemme nous sera imposé, à les sacrifier au profit du dogme périmé qui eut sa valeur jadis et qui disait : l'once est à 3 livres, 17 shillings et 10 pence et demi* » (Keynes, 1923). Les économistes de la régulation considèrent que le passage à l'accumulation intensive suppose le recours à la monnaie de crédit et exige donc de s'affranchir de la contrainte métallique.

III. L'entre-deux-guerres et l'étalon de change or

Au lendemain de la Première Guerre mondiale on assiste à un double mouvement :

- une tentative d'organisation de l'économie mondiale avec la **Conférence de Gênes** en 1922 et des efforts de coopération entre les banquiers centraux (États-Unis, Grande-Bretagne, France pour l'essentiel). La Conférence de Gênes jette les bases de l'**étalon de change-or**. Les participants s'accordent sur la nécessité de réaliser des « économies d'or » et le dollar et la livre sont considérés comme des monnaies de réserve. En réalité, ce ***Gold Exchange Standard*** ne fonctionnera pas vraiment en raison des tensions, économiques, monétaires et politiques ;
- des politiques nationales non concertées vont progressivement conduire à la montée du protectionnisme et au fractionnement de l'économie mondiale en zones monétaires.

Les différents pays tentent en effet de résoudre les problèmes économiques qu'ils rencontrent.

La Grande-Bretagne décide en 1925 le retour à l'étalon-or sur la base de la définition en or de la Livre d'avant-guerre. Cela conduit à une surévaluation de la livre qui a des conséquences très néfastes sur la compétitivité, la croissance et l'emploi. En 1931, la Grande-Bretagne est acculée à la dévaluation.

L'Allemagne est victime d'une crise d'**hyperinflation** (1921-1923) et adopte ensuite une politique déflationniste sévère. Ces événements, qui se produisent alors que la querelle des réparations fait rage, contribueront à la montée du nazisme.

En France, la spéculation à la baisse du franc qui accompagne l'arrivée au pouvoir du **Cartel des Gauches** (1924-1926) va conduire à la **stabilisation Poincaré** (1926-1928). La valeur du **franc Poincaré** est amputée des quatre cinquièmes par rapport à la valeur du **franc Germinal**. On s'accorde généralement à considérer que le franc était sous-évalué, ce qui retarde l'entrée en crise de l'économie française mais n'empêchera pas le gouvernement du Front Populaire d'être à nouveau acculé à la dévaluation.

Le déclenchement de la crise de 1929 aux États-Unis conduit à une dévaluation du dollar en 1934.

Au total, alors qu'en 1928 la Réserve fédérale des États-Unis considérait que la reconstruction monétaire du monde était pratiquement achevée, ce qui caractérise l'entre-deux-guerres, c'est l'absence d'un véritable système monétaire international.

Le facteur déterminant de cette situation de crise semble être lié à la question des « **devises clés** ». L'étalon-or n'a pu fonctionner qu'en raison du rôle de monnaie internationale de la livre, qui reposait sur la domination économique et militaire de la Grande-Bretagne. Or, à partir de la Grande Crise de 1875-1895, la Grande-Bretagne connaît un déclin relatif et on assiste à la montée de nouvelles puissances économiques : Allemagne et surtout États-Unis. Avec la guerre de 1914-1918, la suprématie économique des États-Unis s'impose. Mais les États-Unis ne sont pas encore en mesure d'imposer véritablement leur hégémonie : ils n'ont pas abandonné totalement la tentation isolationniste, ils ne se sont dotés d'une Banque centrale que depuis 1913. La Grande-Bretagne, par ailleurs, conserve une indiscutable puissance financière, même si la place de Londres est concurrencée par New York. Au total donc, la livre n'est plus en mesure d'assumer pleinement ses fonctions de monnaie internationale et le dollar n'est pas encore en mesure de la remplacer.

IV. Le système de Bretton Woods et sa crise

A. Le système de Bretton Woods

Le système mis en place à Bretton Woods en juillet 1944 repose d'abord sur la volonté d'éviter le retour aux errements des années 1920-1930. Les responsables des principaux pays sont d'accord pour favoriser le libre-échange et la croissance et ils considèrent que seul un système de taux de changes fixes est de nature à assurer un cadre monétaire propice à la croissance mondiale.

Le projet de **J.M. Keynes**, qui visait à créer une liquidité internationale (le **bancor**) émise par une véritable banque supranationale, se heurte à l'opposition des États-Unis dont le porte-parole, **H. White**, va imposer le point de vue.

Le système monétaire mis en place à Bretton Woods se caractérise par les traits suivants :

- C'est un système de taux de changes fixes mais ajustables. Chaque pays donne une définition de la valeur de sa monnaie par rapport à l'or ou au dollar. Le dollar lui-même est défini par rapport à l'or : 35 dollars pour une once d'or fin. Le rapport des définitions officielles permet de déterminer les parités des monnaies prises deux à deux. Autour de ces parités officielles existent des marges de fluctuation de plus ou moins 1 %. Chaque Banque centrale s'engage à défendre sa monnaie, c'est-à-dire à intervenir en vendant (en cas de hausse) ou en achetant (en cas de baisse) sa propre monnaie sur le marché des changes. Si la parité officielle se révèle structurellement inadaptée, au regard des évolutions macroéconomiques, les pays ont la possibilité de procéder à une **dévaluation** (ou à une **réévaluation**), sous le contrôle du FMI. Il s'agit d'éviter les dévaluations compétitives.

- C'est un système fondé sur la libre convertibilité des monnaies dans le cadre des transactions courantes. Il s'agit de favoriser le commerce mondial par la liberté des changes. Par contre, le contrôle des mouvements de capitaux est possible dans le cadre de Bretton Woods.
- C'est un système fondé sur la coopération internationale dans le cadre du **Fonds Monétaire International (FMI)**. Chaque État membre souscrit à une fraction du capital du Fonds (un quart du capital souscrit doit être versé en or, le reste en devises convertibles). Les sommes ainsi collectées sont utilisées par le FMI pour venir en aide, sous forme de prêt, aux pays qui rencontrent des difficultés.

Le refus du **Plan Keynes** et de la création du bancor conduisent à accorder de fait au dollar le rôle de monnaie internationale. Afin de renforcer la confiance de leurs partenaires, les États-Unis s'engagent à assurer la libre convertibilité en or du dollar au bénéfice des banques centrales des autres pays membres du FMI. C'est en fait un véritable système d'étalon-dollar qui se met en place à Bretton Woods.

B. La crise du système de Bretton Woods

a. La « crise de l'or »

Le système a bien fonctionné dans les années cinquante. Il y avait alors une pénurie de dollars et les États-Unis octroyaient des prêts afin de financer la reconstruction de leurs alliés dans le cadre de la Guerre Froide. On considérait de plus, à l'époque, que le dollar était aussi bon que l'or (*as good as gold*). Mais, dans cette période, le système ne fonctionne pas vraiment puisque les monnaies européennes ne sont pas librement convertibles au sens de Bretton Woods (v. chapitre *Intégration économique européenne*). Ce n'est qu'en 1958 que le passage à la convertibilité s'effectue et dès le début des années 1960, des signes de dysfonctionnement du système de Bretton Woods se manifestent par des tensions sur le marché de l'or à Londres. La hausse de l'or est interprétée comme une défiance à l'égard du dollar. Cette défiance s'explique, pour l'essentiel, par le déficit de la balance des paiements des États-Unis. Certes, ce pays dispose d'une balance commerciale excédentaire, mais il connaît aussi d'importantes sorties de capitaux (investissements américains dans le reste du monde et notamment en Europe).

Pour défendre le dollar, les États-Unis suscitent en novembre 1961 la création du **Pool de l'or**. Les principaux pays industrialisés s'engagent à intervenir ensemble pour vendre de l'or sur le marché de Londres afin d'empêcher les cours de monter au-dessus du prix officiel de 35 dollars l'once. En mars 1968, le Pool de l'or cesse de fonctionner et on instaure un double marché de l'or :

– un marché où le prix se fixe en fonction de l'offre et de la demande ;
– un marché officiel qui ne concerne que les échanges entre les banques centrales où le dollar continue à être évalué sur la base du prix officiel.

b. De la crise du dollar à la fin du système de Bretton Woods

Au printemps et à l'automne 1968 se produit la crise du franc français qui débouchera sur la dévaluation de 1969. Dans le même temps, la spéculation à la hausse du franc suisse, du mark allemand et du yen fait rage. Aux États-Unis, la situation macroéconomique se dégrade : au premier trimestre 1971, pour la première fois depuis la fin du XIXe siècle, la balance commerciale est en déficit. Le 15 août 1971, le Président des États-Unis (**R. Nixon**) annonce unilatéralement l'inconvertibilité du dollar en or et des mesures protectionnistes (surtaxe des importations). La crise ainsi ouverte sera partiellement résolue par les **accords du Smithsonian Institute** de Washington en décembre 1971 : le dollar est dévalué et les marges de fluctuations sont portées à plus ou moins 2,25 %. On espère pouvoir défendre plus facilement les parités officielles dans un « tunnel » plus large.

Ces mesures n'ont qu'un succès très relatif. En dépit d'une nouvelle dévaluation du dollar en février 1973, le passage au flottement généralisé des monnaies intervient en mars 1973. Un élément essentiel du système de Bretton Woods disparaît : la stabilité des taux de change.

On peut expliquer la crise de Bretton Woods par le déclin relatif des États-Unis ou, plus précisément, par le rattrapage progressif des États-Unis par leurs principaux concurrents européens et japonais. Cette explication pose cependant problème car sur le plan politique et militaire les États-Unis restent indiscutablement la puissance dominante, par ailleurs le dollar a conservé dans une large mesure son statut de monnaie internationale.

L'économiste belge **R. Triffin** (1911-1993) propose une explication qui semble plus pertinente. Pour lui, la situation dans laquelle la monnaie internationale est, en même temps, monnaie nationale de l'un des États du système n'est pas viable à long terme. En effet, pour alimenter l'économie mondiale en liquidités, la balance des paiements du pays émetteur de la monnaie internationale doit être déficitaire. Mais ce déficit sape progressivement la confiance dans la monnaie internationale. On se trouve confronté au « **dilemme de Triffin** » le pays émetteur de la monnaie internationale doit avoir à la fois une balance des paiements en équilibre (pour inspirer confiance) et en déficit (pour accompagner la croissance mondiale par la création de liquidités).

L'approche de **R. Triffin** permet d'interpréter la crise du système de Bretton Woods (crise de l'or, passage au flottement) et en même temps de comprendre que le dollar a pu rester monnaie internationale dès lors qu'il était libéré des contraintes de convertibilité.

§ 3. Histoire des relations monétaires internationales : l'expérience du flottement des monnaies depuis 1973

Le passage au **flottement des monnaies** a été le résultat de l'échec des tentatives de réforme du système monétaire international. Au cours des années 1960, lors de toutes les conférences monétaires, les responsables du FMI, les ministres des finances et les banquiers centraux ne cessent d'affirmer leur attachement aux changes fixes. Mais l'enchaînement des événements et la modification du contexte intellectuel, plus favorable aux thèses flexibilistes, ont conduit aux changes flottants : les accords de la Jamaïque de 1976 donnent la liberté à chaque pays de choisir son régime de change. Cependant, le capitalisme financier globalisé n'est pas autorégulateur, un système de changes flexibles avec partage de la liquidité entre plusieurs devises ne peut fonctionner. Le SMI s'avère trop « asymétrique » avec la modification structurelle de l'économie mondiale (multipolarité croissante) et le déclin de la suprématie américaine face à la montée en puissance des économies émergentes. Un SMI centré sur le dollar ne semble plus approprié, il provoque une instabilité dans les flux internationaux de capitaux et amplifie les cycles financiers. Mais le dollar reste encore une monnaie internationale *de facto* malgré sa contestation.

I. Le plaidoyer flexibiliste et la réalité contrastée du flottement

A. Le plaidoyer flexibiliste

Dès les années 1950, **M. Friedman** (1912-2006) propose d'instaurer un système de changes flottants. Son argumentation peut se résumer ainsi :

- Seul le marché est capable de déterminer les taux de change d'équilibre. Lorsqu'elles fixent unilatéralement la valeur officielle des monnaies, les autorités monétaires ne disposent pas nécessairement de toutes les informations nécessaires. Si des modifications de taux de change sont nécessaires pour des raisons structurelles, elles se produisent graduellement, alors qu'en changes fixes les gouvernements commencent en général par refuser la dévaluation avant d'y procéder (et parfois de façon excessive).
- Dans un système de taux de changes flexibles, la spéculation est stabilisatrice. En effet, si le taux de change s'éloigne de sa valeur d'équilibre, les spéculateurs qui anticipent le retour à l'équilibre vont acheter (si la monnaie est sous-évaluée) ou vendre (si la monnaie est surévaluée) ce qui provoque le retour à l'équilibre.
- Dans un système de taux de changes flexibles, l'équilibre des balances des paiements est automatiquement assuré. Par exemple, si la balance d'un pays est en déficit, sa monnaie va se déprécier ce qui pousse au retour à l'équilibre de la balance.
- Dans un système de taux de changes flexibles, il y a « insularisation » des politiques économiques. C'est-à-dire que si un pays mène une politique monétaire laxiste, l'ajustement se réalisera par la baisse de son taux de change, alors qu'en système de changes fixes, les partenaires de ce pays devraient vendre leur propre monnaie sur le marché des changes (pour lutter contre l'appréciation) ce qui conduit à une contagion de l'inflation.

On le voit, l'argumentation de **M. Friedman** repose sur la conviction du caractère autorégulateur du marché. Pour que les mécanismes autorégulateurs puissent jouer, il faut que les États s'interdisent toute intervention sur le marché des changes (« flottement pur »).

B. La réalité contrastée du flottement

Le bilan du flottement est loin de confirmer la vision optimiste du plaidoyer flexibiliste.

En effet, depuis 1973, on a assisté à d'amples variations des cours du change et non à une stabilisation autour de taux de change d'équilibre.

Par ailleurs, l'équilibre automatique des balances des paiements n'a pas été assuré. Bien au contraire, on a connu des pays en déficit structurel (États-Unis pendant les années 1970 et 1980 par exemple) et d'autres en excédent structurel (Japon, Allemagne au cours de la même période). Les mouvements de taux de change, loin d'avoir un effet rééquilibrant, ont amplifié les déficits (cercle vicieux de la monnaie faible) ou les excédents (cercle vertueux de la monnaie forte).

Enfin, l'interdépendance des économies, loin de se réduire, s'est accrue, notamment par l'intermédiaire des variables financières (taux d'intérêt, mouvements de capitaux). Par exemple, la hausse du dollar entre 1979 et 1985 a eu un effet négatif sur la croissance et l'emploi en Europe. Dans le même temps, les taux d'intérêt élevés résultant du durcissement de la politique monétaire américaine, ont eu un impact défavorable sur les pays du Tiers-monde (crise du Mexique en 1982).

Le SMI est ainsi devenu hybride : certains pays ont choisi les changes flottants et des marchés de capitaux ouverts et d'autres pays, plus nombreux, ont décidé d'un ancrage plus ou moins souple sur le dollar couplé avec un contrôle de capitaux, plus ou moins important. Selon **M. Aglietta** cela entraîne la coexistence de deux types de déséquilibres :

- Des mouvements de changes entre les monnaies ancrées autour du dollar contre l'ensemble des monnaies à changes flexibles. On a donc une alternance de cycles haussier puis baissier de grandes amplitudes qui crée des distorsions de prix d'échange internationaux. Cela provoque une mauvaise allocation des capitaux avec une accumulation de réserves de change (notamment dans les pays émergents) dans la phase expansive du cycle financier et inversement pendant les crises financières ;
- Une accumulation de déséquilibres financiers par polarisation des balances courantes (Japon en excédent, zone euro entre les deux et États-Unis déficitaire) s'expliquant par les mouvements de changes qui accentuent les écarts de balances courantes pendant la période d'appréciation réelle du dollar et réduisent les écarts pendant le cycle de dépréciation sans résorber les déséquilibres.

Ces déséquilibres ont montré un lien entre le déficit américain et les réserves de change de la Chine. La Chine maintient un cours sous-évalué de sa devise en achetant des dollars. Ainsi la Chine poursuit son modèle de croissance tiré par les exportations et les États-Unis bénéficie d'un déficit « sans pleurs » par la demande importante de titres américains, ils peuvent alors faire face à leur manque d'épargne. Des économistes ont parlé de Bretton Woods II pour évoquer cette situation : comme sous Bretton Woods les États-Unis ont un important déficit extérieur, qui était financé par la demande de dollars des pays européens et du Japon mais qui aujourd'hui est financé par la demande de dollars des pays d'Asie et notamment la Chine.

Au total, le flottement des monnaies à partir de 1973, puis la libération presque totale des mouvements de capitaux au cours des années 1980 et 1990 ont transformé en profondeur le fonctionnement de l'économie mondiale. Cette évolution se manifeste par des déséquilibres importants et des crises financières. La question se pose alors d'une réforme du SMI.

II. Vers une réforme du SMI ?

A. Avant la crise de 2008 : quels débats ?

Les autorités monétaires nationales et internationales ont mobilisé des moyens importants pour éviter que les différentes crises financières aient des effets généralisés. Ainsi, entre 1997 et 1999 plus de 170 milliards de dollars ont été mis à la disposition des pays d'Asie de l'Est (Thaïlande, Malaisie, Corée), de la Russie et du Brésil. En dépit de cette mobilisation, les problèmes fondamentaux demeurent : le FMI n'est pas un véritable prêteur en dernier ressort au niveau mondial, les règles prudentielles sont insuffisantes pour offrir un cadre juridique stable aux mouvements de capitaux et la logique spéculative continue à rester prédominante (v. chapitre *Politiques économiques*).

Deux approches peuvent être distinguées en ce qui concerne la réforme du SMI :

– Certains observateurs et responsables politiques, sans nier la gravité des crises successives des marchés financiers, soulignent que, depuis 1973, le SMI a accompagné des modifications considérables de l'économie mondiale (stagflation en Europe, apparition des pays émergents, crise du pétrole, effondrement du système soviétique, tensions protectionnistes, etc.). La continuité des paiements n'a jamais été mise en cause et le financement de l'économie mondiale a été assuré. Ce diagnostic conduit à proposer que l'on maintienne le libre jeu des marchés financiers et des marchés des changes et que l'on se limite à renforcer les règles prudentielles. Dans cette première perspective, les États n'ont pas à se mêler du fonctionnement des marchés, il leur revient de donner aux marchés des informations claires et cohérentes sur l'orientation à moyen terme des politiques économiques.
– Une autre approche, plus radicale, considère que le marché n'est pas autorégulateur et, dans la lignée de **J.M. Keynes**, réclame la mise en place d'une régulation consciente du système monétaire et financier international. La proposition formulée par **J. Tobin** (1918-2002, Prix Nobel 1981), de taxer les opérations de change afin de limiter les mouvements spéculatifs fait l'objet d'un regain d'intérêt (**Taxe Tobin**) (v. cha-

pitre *Commerce international, internationalisation de la production et gouvernance mondiale*). De même, **J. Williamson** a proposé la mise en place d'un système de « **zones cibles** » permettant une stabilisation des cours du change dans le cadre d'une organisation multipolaire du SMI.

Il s'agit d'assurer une plus grande stabilité des taux de change par une action plus volontariste des autorités monétaires des différents pays. Il existe trois modalités possibles d'un système de zones cibles.

- Des **zones cibles muettes**. Les pays se mettent d'accord sur des parités de référence et une bande de fluctuation, mais ne rendent pas public le détail de leurs décisions (ils affichent seulement leur volonté de coordination des politiques du change).
- Des **zones cibles flexibles**. Dans ce cas les pays rendent publiques les parités de référence et les marges de fluctuation souhaitables et relativement larges (plus ou moins 10 ou 15 %). Mais ils ne s'imposent pas une obligation d'intervention pour défendre ces marges. Les indications ainsi fournies sont un signal donné aux marchés.
- Des « **bandes dures** », c'est-à-dire des marges de fluctuations à l'intérieur desquelles les gouvernements s'engagent à conserver strictement les taux de change.

On voit que ces trois propositions pourraient être mises en œuvre successivement, les marchés étant de mieux en mieux préparés à interpréter et à prendre au sérieux les orientations des banques centrales. L'objectif n'étant pas de revenir à des changes fixes, mais à des ajustements de marché ordonnés autour du taux de change d'équilibre.

Ces propositions valent surtout pour les pays avancés. S'agissant des pays du Sud (et surtout des pays émergents) les expériences d'ancrage nominal ne sont guère concluantes car, si elles ont un succès à court et moyen terme en matière de lutte contre l'inflation, elles débouchent souvent sur des offensives spéculatives et des crises de change. On peut faire référence à la crise asiatique de 1997-1998 où le Bath thaïlandais va subir une série d'attaques spéculatives liées à une combinaison de déséquilibres macroéconomiques (v. chapitre *Fluctuations, cycles et crises*). La politique la plus souvent préconisée consisterait pour ces pays à renforcer le cadre institutionnel de leurs marchés financiers, à conquérir et à conserver une crédibilité de leur politique monétaire (en matière de lutte contre l'inflation principalement) sans renoncer pour autant à d'éventuels ajustements par le taux de change.

B. Depuis la crise de 2008 : quelles propositions ?

Le développement et l'aggravation de la crise des *subprimes* à l'automne 2008 ont relancé le débat sur la nécessité d'un « nouveau Bretton Woods ».

En effet la crise des marchés financiers et les faillites bancaires, les défaillances des agences de notation, les prises de risque excessives des institutions financières, ont conduit à faire appel à l'intervention massive des États et à la coopération internationale. Dès lors, la question se pose d'une institutionnalisation accrue de la finance mondiale dont chacun s'accorde désormais à considérer qu'on ne peut la laisser gouvernée par les seuls mécanismes du marché (v. chapitre *commerce international, internationalisation de la production et gouvernance mondiale*). La crise des *subprimes*, puis la crise des dettes souveraines en Europe, a conduit le FMI à renforcer ses interventions et les autorités monétaires et financières à engager des réformes visant à la mise en place de règles prudentielles plus efficaces.
Dans un rapport sur la réforme du SMI présenté au Conseil d'analyse économique en 2011, **A. Benassy-Quéré** et **J. Pisani-Ferry** soulignent qu'il existe un lien fort entre l'instabilité financière, qui s'est manifestée notamment à l'occasion de la crise des *subprimes*, et l'instabilité monétaire. La réforme du SMI s'impose également pour s'adapter à l'évolution de l'économie mondiale qui est caractérisée notamment par la montée des pays émergents, et en particulier de la Chine. Le « non-système monétaire international » issu de l'effondrement de Bretton Woods comporte de nombreux défauts : volatilité excessive des taux de change, des déséquilibres externes persistants, une asymétrie entre les États-Unis et le reste du monde, une accumulation excessive de réserves de change dans les pays émergents. Le passage d'un système hégémonique centré sur le dollar à un système multipolaire organisé autour du dollar, de l'euro et du yuan est alors inéluctable.
Selon eux, un système monétaire international doit répondre à trois exigences :
- l'efficacité économique, qui suppose notamment de minimiser les coûts de transaction et plaide donc pour un nombre limité de monnaies internationales ;
- la stabilité économique et financière, qui suppose notamment d'éviter les périodes d'excès ou de pénurie de liquidités internationales ;
- l'équité, qui suppose une symétrie des efforts d'ajustement.

Le Triangle de Rodrik

L'avenir des relations monétaires internationales peut être analysé à la lumière du Triangle de **D. Rodrik** (2000). Celui-ci considère trois pôles qui forment un **triangle des incompatibilités** comparable à celui de **R. Mundell** (né en 1932, Prix Nobel en 1999) : intégration monétaire, souveraineté des nations, coopération politique et institutionnelle.

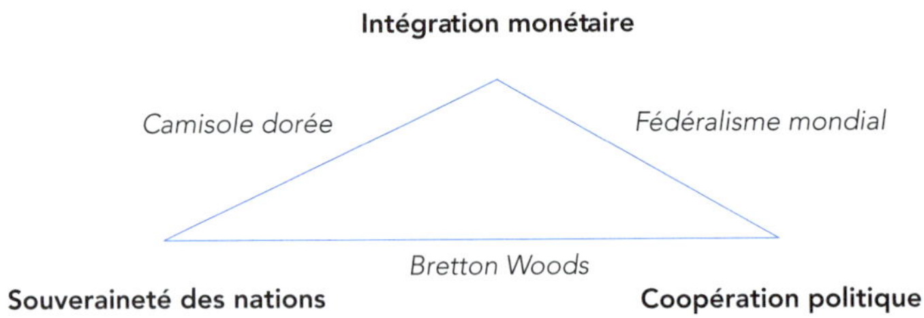

On peut articuler deux des pôles du triangle mais pas les trois. Le compromis de *Bretton Woods* reposait sur l'articulation entre la souveraineté des nations (contrôle des mouvements de capitaux, politiques économiques nationales volontaristes) et une coopération politique institutionnalisée dans le cadre du FMI. La globalisation financière conduit à une forme d'intégration monétaire (constitution d'un marché mondial unique des devises et des capitaux), elle éloigne nécessairement l'économie mondiale du compromis de *Bretton Woods*. Deux scénarii sont concevables :

– Une articulation de la souveraineté des nations et de l'intégration monétaire (que **D. Rodrik** désigne du terme « *camisole dorée* »). Dans ce cas, la coopération politique institutionnalisée au niveau mondial est limitée et inexistante, la liberté des mouvements de capitaux conduit à un dynamisme économique, mais la souveraineté des nations est contrainte par la libre circulation des capitaux (c'est la « *tyrannie des marchés financiers* » dont parle **H. Bourguinat**).

– Une articulation de l'intégration monétaire et de la coopération politique qui suppose un transfert de souveraineté des nations au profit d'institutions monétaires et financières internationales chargées de gérer l'espace monétaire et financier mondial (fédéralisme mondial).

Bien évidemment, le système monétaire international, tel qu'il fonctionne concrètement, se situe à l'intérieur du triangle et il évolue (au gré des rapports de force et du contexte économique) vers l'un ou l'autre des trois sommets du triangle. Il faut aussi prendre en compte l'hétérogénéité de l'économie mondiale. Par exemple, au sein de l'Union européenne, c'est le fédéralisme qui l'emporte alors qu'au niveau mondial on est plus proche actuellement de la « *camisole dorée* ».

III. Vers un SMI multipolaire ?

A. Le dollar reste la monnaie dominante et le SMI toujours asymétrique

Le dollar n'a pas perdu de son attrait. Il est la devise la plus utilisée pour les transactions commerciales et financières, la devise la plus échangée sur les marchés des changes et la principale monnaie de réserves des

banques centrales. 63 % des pays sont ancrés au dollar, 29 % à l'euro. En 2019, en moyenne 60 % des réserves de change des banques centrales sont composées en dollar, 20 % pour l'euro, 5 % pour la livre et le Yen et 2 % pour le renminbi. En 2019, le volume des prêts contractés en dollar est trois fois supérieur à celui des prêts en euro. La forte utilisation du dollar résulte des **externalités de réseau** : plus une monnaie est utilisée plus il est avantageux de l'utiliser.
Ainsi le SMI est dit asymétrique car, possédant la monnaie de référence, le dollar, les États-Unis n'ont aucune parité à défendre alors que les pays dont la monnaie est « ancrée » au dollar doivent défendre leur parité contre le dollar. Selon **M. Aglietta** et **V. Coudert**, le dollar exerce son hégémonie par défaut et non de manière bienveillante, faute de négociations permettant la mise en œuvre de nouvelles règles internationales avec un régime de coordination multilatérale. Le SMI est *de facto* un système de semi-étalon dollar et la liquidité internationale est dépendante des choix internes de la politique monétaire américaine. Cela entraîne des mouvements de capitaux et des variations brutales de taux de change qui affectent les pays ayant pris la décision de s'ancrer au dollar. En 2014, la décision de la Réserve fédérale américaine de mettre fin à la politique monétaire de *Quantitative Easing* (QE) (v. chapitre *Politiques économiques*), a fait entrer le dollar dans un nouveau cycle d'appréciation qui a joué sur les flux de capitaux notamment contre les pays émergents (Le *sudden stop*). De plus, cette appréciation a pénalisé les pays ayant accumulé des dettes en dollars. C'est le cas par exemple du Brésil, qui a vu la valeur de ses dettes exploser ainsi que celle d'autres pays émergents. Les chocs de change sont importants et ils ne s'expliquent pas par la situation économique dans ces pays mais principalement par la politique monétaire unilatérale des États-Unis. Le « *privilège exorbitant* » (Eichengreen, 2011) des États-Unis est générateur de crise.

Le privilège exorbitant

On parle de **privilège exorbitant** pour un pays dont la monnaie est la principale monnaie internationale. C'est le cas des États-Unis avec le dollar. Tous les opérateurs sont soumis au risque de change sauf les Américains, détenteurs de la première devise internationale : les banques américaines prêtent en dollar et sont également remboursées dans cette devise. Les États-Unis n'ont pas de contrainte de rééquilibrage des déficits et n'interviennent pas dans l'évolution de leur taux de change. On parle alors de « négligence bienveillante ». Par ailleurs, selon les travaux d'**O. Gourinchas** et **H. Rey**, les intérêts sur le dollar sont plus faibles que les rendements annuels moyens des investissements américains à l'étranger, ce qui permet aux Américains d'accumuler une dette supérieure d'environ 30 % à leurs actifs. La grande résistance du dollar à la crise financière de 2007-2008 a renforcé son rôle comme valeur refuge. Les autres pays, et notamment les pays asiatiques (la Chine en particulier), ont accumulé une grande quantité de réserves en dollar pour faire face à la volatilité des flux de capitaux à court terme et maintenir la sous-évaluation de leurs taux de change. **B. Eichengreen** souligne cet autre privilège de la devise internationale : on l'utilise car les autres font de même, et stabiliser sa monnaie vis-à-vis du dollar la stabilise vis-à-vis des autres monnaies. **M. Aglietta** parle pour cela « *des effets de réseaux dans les paiements internationaux puisque l'utilité d'une monnaie découle de son acceptabilité par autrui. La taille de l'espace économique est donc le premier facteur de la devise clé parce que le fait que son usage soit plus répandu que celui des autres monnaies dans les paiements entre partenaires privés réduit les coûts de transactions* » (Aglietta, 2008).

Mais le poids économique des États-Unis s'amenuise et les relations internationales sont multipolaires, existe-t-il pour autant une alternative au dollar ?

B. Quelles alternatives au dollar ?

La domination du dollar en tant que devisé clé s'explique par les externalités de réseau, parce que les marchés financiers américains sont plus profonds (ils peuvent absorber de gros volumes de transactions) et plus liquides. De plus il y a une absence de concurrent sérieux :

- L'euro connaît différentes lacunes : c'est une monnaie incomplète qui a une trop petite capacité à servir de monnaie refuge en périodes de crise financière. L'Europe manque d'un cadre macroéconomique stable et d'actifs sûrs. Ensuite, les marchés de capitaux en Europe sont trop segmentés, peu profonds et peu liquides ce qui accroît les coûts de transactions et les risque de refinancement. Enfin le manque de cohésion au sein de l'Europe sur les questions internationales et les problèmes de gouvernance empêchent l'euro d'être une monnaie internationale. L'existence d'un titre de dette commun aux émetteurs de la zone, comme des « eurobonds », et la création d'une Union budgétaire pourrait faire de l'euro un concurrent sérieux au dollar.
- Le renminbi dont l'internationalisation est en cours reste fortement lié au dollar. L'essentiel des échanges de la Chine se fait en dollar. Ses réserves de changes sont majoritairement en dollar et composées de

bons du Trésor américain. Ainsi pour devenir une monnaie concurrente du dollar, le Renminbi doit se détacher du dollar, en développement ses marchés financiers et en augmentant l'utilisation du Renminbi dans les flux commerciaux, financiers et de dettes. Depuis les années 1980 la Chine développe son secteur financier, notamment par l'expansion de son secteur bancaire, puis dans les années 1990 par l'ouverture de places boursières (Shangai et Shenzen). L'expansion du PIB chinois a ensuite permis le développement du secteur financier. Depuis 2008 les réformes s'accélèrent. Mais la devise chinoise n'est que partiellement convertible et le secteur financier est très protégé de la concurrence internationale, fermé et encadré. Or, le développement économique de la Chine nécessite un couplage entre le commerce international et la finance et donc de développer la convertibilité du renminbi. Consciente de cette nécessité, la Chine met en œuvre, avec les autorités monétaires régionales, des programmes de création de centres offshore, qui permettent à la devise chinoise de s'échanger librement. Des accords d'échange (swap) de devises sont ainsi conclus avec Hongkong mais aussi l'Argentine, la Biélorussie, l'Islande, l'Indonésie, la Malaisie, afin de faciliter l'usage de la devise dans les transactions commerciales. En août 2010 la Chine a aussi autorisé les banques étrangères, y compris les instituts d'émission, à souscrire à sa dette publique et signe des accords d'échange de liquidités entre les banques centrales (filets de sécurité financiers internationaux : *Global Financial Safety nets*), et notamment avec la Fed afin de garantir la liquidité en cas de crise. Depuis 2014 il y a un allégement des contraintes réglementaires imposées aux investisseurs étrangers pour accéder aux marchés boursiers et obligatoires chinois. Les avoirs étrangers en obligations domestiques chinoises ont presque triplé entre mi-2017 et mi-2020. Mais le secteur financier chinois est encore fermé et connaît des fragilités structurelles : les financements restent en priorité sur les entreprises publiques qui sont moins rentables, le système est peu transparent et l'**intermédiation financière non bancaire** y est importante, le taux d'endettement est très élevé et enfin l'attractivité pour les investisseurs étrangers restent faible.

Cependant certaines évolutions vont dans le sens d'un système multipolaire :

– La réforme du FMI débutée en 2010, qui restait bloquée par le veto parlementaire des États-Unis, est finalement votée par le congrès américain en décembre 2015. Elle consiste à doubler les ressources permanentes du fonds et à renforcer la voix des grands pays émergents (BRICS) au conseil d'administration du FMI. Elle diminue les voix des pays d'Europe de l'Ouest, tout en préservant la domination des États-Unis qui détiennent 17 % des droits de vote au conseil (le gouvernement américain conserve de fait un droit de veto sur les décisions du FMI).

– Le 30 novembre 2015, le FMI annonce ainsi que le renminbi (RMB) entre dans le panier de devises définissant la parité des DTS aux côtés du dollar, de l'euro, du yen et de la livre sterling (voir encadré ci-dessous). Ce changement est entré en vigueur le 1er octobre 2016. Le FMI estime que ce changement est porteur de solidité pour le SMI mais aussi le garant d'une croissance plus forte et d'une plus grande stabilité de l'économie mondiale. Ainsi le FMI peut prêter des RMB et les débiteurs du FMI peuvent se libérer de leurs dettes auprès du FMI dans cette devise.

Pour certains cela est surtout un acte symbolique reconnaissant le rôle de cette devise sur le plan monétaire et financier au niveau international.

Les droits de tirages spéciaux (DTS)

Les **droits de tirages spéciaux** ont été créés en 1969. Le DTS est un actif qui n'est accessible qu'aux banques centrales à travers un compte spécial géré par le FMI. C'est aussi une unité de compte utilisée par le FMI pour ses propres comptes. Il ne peut s'échanger sur un marché où se déterminerait sa valeur relative par rapport à d'autres actifs monétaires. Sa parité est calculée par une moyenne pondérée d'un panier de devises.

Les pondérations entre les monnaies sont révisées tous les 5 ans. Le DTS est le principal actif de réserve du SMI. Il sert d'unité de compte dans la sphère des banques centrales mais aussi de réserve de valeur afin de libérer la liquidité mondiale de la dépendance des politiques économiques américaines. L'utilisation des DTS n'a pas atteint ses objectifs car ils ne servent que les banques centrales en tant qu'unité de compte et ont été très peu utilisés comme facteur d'allocation de la liquidité mondiale. Trois allocations furent réalisées en 1970 et 1972 puis en 1978 et 1981 et enfin lors de la crise de 2007-2009 (par décision du G20 lors du Sommet de Londres en avril 2009). Le DTS reste un instrument lourd et les allocations des DTS sont fonction des quotes-parts des États membres du FMI, ce qui ne correspond pas forcément aux besoins de liquidité au niveau mondial.

L'intégration d'une devise dans les DTS dépend de deux critères définis en 2000 : Le premier est relatif à l'importance du pays émetteur dans le commerce mondial. Le second est que la monnaie soit « libre d'utilisation » (*freely usable*) : « *Une monnaie est réputée librement utilisable lorsqu'elle est largement utilisée pour effectuer des paiements au titre des transactions internationales et qu'elle est largement négociée sur les principaux marchés des changes* » (FMI, 2015). Cela ne signifie pas qu'elle doit être totalement convertible et que les flux de capitaux soient totalement libres.

– De plus en plus de pays expriment le souhait de voir émerger des alternatives au dollar. La Russie a entamé une « dédollarisation » de son économie depuis 2013 (elle a fortement réduit ses réserves en dollar et vendu la quasi-totalité de ses titres de dette américains) et organise son commerce autour de nouvelles monnaies (le renminbi, l'euro et le rouble). Elle développe aussi un nouveau système interbancaire de paiement.
– Face aux difficultés de réforme du SMI, les pays émergents tentent de se défaire du « *privilège exorbitant* » du dollar. Les pays membres des BRICS (Brésil, Russie, Inde, Chine et Afrique du Sud) ont ainsi ratifié, lors de leur sommet annuel de juillet 2015, l'accord prévoyant la création de la Nouvelle Banque de Développement (NBD). Son siège est à Shanghai.

L'objectif de cette banque est de financer des infrastructures sur du long terme pour les pays émergents sans conditions de politique et en dehors du dollar. De plus la création d'un fonds de réserve doit permettre de combattre les effets des crises financières en dehors du FMI.

La multipolarité permettrait une amélioration de l'efficacité économique à travers notamment une meilleure allocation du capital. Elle serait le reflet des blocs économiques intégrés. Les taux de change seraient flottants entre les blocs mais pas nécessairement au sein des blocs, cela réduirait l'accumulation des réserves officielles, plus diversifiées, moins de désajustements de changes et moins durables. Moins d'instabilité financière, car le dilemme de Triffin serait dilué entre les monnaies clés sans toutefois l'éliminer (seule une monnaie mondiale peut le faire).

Mais une instabilité de court terme est possible du fait de la substitution entre grandes monnaies, donc la question de la liquidité mondiale n'est pas résolue. Pour cela il faudrait une coordination et une coopération forte entre les banques centrales des pays clés. C'est un système plus équitable car le « *privilège exorbitant* » serait partagé. Un système multipolaire nécessite une surveillance des politiques de change nationale inscrites dans les missions du FMI. Il faut aussi créer un cadre de surveillance des contrôles de capitaux.

M. Aglietta propose aussi un SMI multipolaire par concertation institutionnalisée (avec des institutions régulatrices). L'ère de la devisé clé est terminée. Il voit les Droits de tirages spéciaux (DTS) comme l'actif ultime en dernier ressort « *les DTS sont ce qui se rapproche le plus d'une monnaie universelle synthétique. Ils ont l'avantage d'être un panier de devises fondé sur des allocations issues d'un accord politique et donc de n'être la dette d'aucun pays* » (Aglietta 2021). Cela passera par une transformation du FMI et nécessitera une coopération plus importante.

RÉFÉRENCES DU CHAPITRE

Aglietta M. et Valla N. (2021), *Le futur de la monnaie*, Odile Jacob.

Aglietta M. (2008), *La gouvernance du système monétaire international*, La Découverte, Regards croisés sur l'économie.

Bourguinat H. (1999), *Finances internationales*, PUF.

Eichengreen B. (2011), *Le privilège exorbitant du dollar. Le déclin du dollar et l'avenir du système monétaire international*, Odile Jacob.

Keynes J.M. (1923), *A tract on monetary reform*, Broché (rééd. 2009).

Solomon R. (1979), *Le système monétaire international*, Economica.

Neil Wallace N. et John Kareken J. (1981), *On the Indeterminacy of Equilibrium Exchange Rates*, Quaterly journal of economics.

POUR EN SAVOIR PLUS

Initiation

Aglietta M. et Valla N. (2021), *Le futur de la monnaie*, Odile Jacob.

Aglietta M. (2017), *Macroéconomie financière*, La Découverte, Coll. Grands Repères.

Artus P. (2008), *La crise financière. Causes, effets et réformes nécessaires*, PUF.

Artus P. et Gravet I. (2012), *La crise de l'euro*, A. Colin.

Beitone A. et Hemdane E. (2018), *Relations monétaires internationales*, Armand Colin.

Benassy-Quéré A. et Coeuré B. (2014), *Économie de l'euro*, La Découverte, Coll. Repères.

Brender A., Pisani F., Gagna M. (2013), *La crise des dettes souveraines*, La Découverte, Coll. Repères.

Farvaque E. (2010), *Les produits financiers dérivés*, La Découverte, Coll. Repères.

Jacquillat B. et Levy-Garboua V. (2013), *Les 100 mots de la crise financière*, PUF, Coll. Que sais-je ?

Jegourel Y. (2010), *Les produits financiers dérivés*, La Découverte, Coll. Repères.

Lelart M. (2011), *Le système monétaire international*, La Découverte, Coll. Repères.

Marteau D. (2016), *Les marchés de capitaux*, A. Colin, Coll. Cursus.

Mistral J. (2014), *Guerre et paix entre les monnaies, Fayard.*

Plihon D. (2012), *Les taux de change*, La Découverte, Coll. Repères.

Approfondissement

Aglietta M. (2008), *La crise. Pourquoi on en est arrivé là ? Comment en sortir ?*, Michalon.

Allégret J.-P. et Le Merrer P. (2015), *Économie de la mondialisation*, De Boeck, Coll. Ouvertures économiques.

Allégret J.-P. (2008), *Monnaies, finance et mondialisation*, Vuibert.

Artus P. et al. (2008), *La crise des subprimes*, Rapport du CAE, La Documentation française.

Benassy-Quéré A., Pisani-Ferry J., Mistral J., Rey H. (2011), *Réformer le système monétaire international*, Rapport du CAE, La Documentation française.

Benassy-Quéré A., Gourinchas P.-O., Martin Ph., Plantin G. (2014), *L'euro dans la guerre des monnaies*, Note du CAE n° 11.

Bourguinat H., Teïletche J., Dupuy M. (2007), *Finance internationale*, Dalloz, Coll. Hypercours.

Boyer R., Dehove M. et Plihon D. (2004), *Les crises financières*, Rapport du Conseil d'analyse économique, La Documentation française.

CEPII (2020), *L'économie mondiale 2021*, La Découverte, Coll. Repères.

Eichengreen B. J. (2011), *Un privilège exorbitant. Le déclin du dollar et l'avenir du système monétaire international*, Odile Jacob.

Giraud P.-N. (2009), *Le commerce des promesses*, Seuil, Coll. Points.

Krugman P., Obstfeld M., Melitz M. (2012), *Économie internationale*, Pearson.

Lemoine M., Madiès Ph. et Madiès Th. (2012), *Les grandes questions d'économie et de finance internationales*, De Boeck, Coll. Ouvertures économiques.

Mishkin F. (2013), *Monnaie, banque et marchés financiers*, Pearson.

Mucchielli J. L., Mayer Th. (2010), *Économie internationale*, Dalloz, Coll. Hypercours.

Pisani-Ferry J. (2011), *Le réveil des démons. La crise de l'euro et comment nous en sortir*, Fayard.

Regards croisés sur l'économie (2008), *Comprendre la finance contemporaine*, n° 3, mars, La Découverte.

Regards croisés sur l'économie (2012), *L'Europe après la crise*, n° 11, juin, La Découverte.

SUR LA TOILE

Sur le site de La vie des idées :

– un article de Kessler M. à propos de l'ouvrage de McKinnon (2013), *The Unloved Dollar Standard. From Bretton Woods to the Rise of China*, Oxford University Press :

http://www.laviedesidees.fr/IMG/pdf/20130513_dollar.pdf

– un article de F. Vasselin, Bitcoin et souveraineté monétaire :

https://laviedesidees.fr/Bitcoin-et-souverainete-monetaire.html

Artus P. (2015), *« Guerres des changes » : quelles conséquences de cet équilibre monétaire mondial non coopératif ?* Flash économie, n° 661, août, Natixis : http://cib.natixis.com/flushdoc.aspx?id=86616

Sur le site de l'ENS :

Mathieu C. et Sterdyniak, *Vers un nouveau Bretton Woods*, 2010. http://ses.ens-lyon.fr/vers-un-nouveau-bretton-woods-104746.kjsp?RH=SES

Jézabel Couppey soubeyran, (2017), Les évolutions du système financier international et évolutions bancaires. http://ses.ens-lyon.fr/articles/evolutions-du-systeme-financier-international-et-reformes-bancaires

Sur le site du CEPII :

http://www.cepii.fr/PDF_PUB/lettre/2019/let404.pdf

CHAPITRE 23

Économie du développement

L'**économie du développement**, en tant que discipline académique, naît dans les années 1940 et 1950. Ses pionniers, notamment **A. Hirschman**, (1915-2012) **A. Lewis** (1915-1991), **R. Prebisch** (1901-1986) et **G. Myrdal** (1898-1987) cherchent des solutions aux problèmes du sous-développement, en particulier par l'élaboration de politiques économiques adaptées. Le mouvement de décolonisation et la montée de l'influence des pays du Sud (**Conférence de Bandung**, 1955) provoquent une multiplication des études économiques sur les conditions du développement. À partir des années 1950 et jusque dans les années 1960, le développement de l'ensemble des pays est considéré comme inéluctable, dans la mesure où le sous-développement n'est que le produit d'un retard historique. À partir des années 1960 et dans les années 1970, une vision tiers-mondiste tend à s'imposer, elle se montre beaucoup plus pessimiste sur les chances des PED de rattraper les pays riches. À partir de la fin des années 1970, le constat d'échec d'un certain nombre de politiques économiques de développement bouleverse le climat idéologique. Dans les années 1980, une contre-offensive libérale s'impose peu à peu en théorie et en pratique. À la suite de la crise de la dette des PED, un ensemble de mesures d'ajustement structurel, alors dénommé le « **consensus de Washington** », est mis en œuvre sous l'égide des experts d'institutions siégeant à Washington, le Fonds Monétaire International (FMI) et la Banque mondiale. Depuis la fin des années 1990, suite à l'échec relatif de ce dispositif, un « **post-consensus de Washington** » propose un renouveau dans les politiques de développement. Tous ces changements s'expliquent aussi par une évolution des objectifs du développement : ces derniers étaient plutôt axés sur la croissance et l'industrialisation dans les premiers travaux de l'économie du développement ; ils se sont ensuite davantage centrés sur la question de la réduction de la pauvreté, la stabilisation et les ajustements nécessaires pour atteindre des équilibres macroéconomiques ; dans les années

2000, se met en place un plan comprenant huit objectifs du Millénaire pour le développement (OMD). En 2016, L'ONU lance un programme de développement durable à l'horizon 2030, adopté par les dirigeants politiques du monde entier, comportant 17 objectifs (les Objectifs de développement durable, ODD) et la promesse de « ne laisser personne de côté », en aidant en premier les plus défavorisés. Une vision multidimensionnelle du développement, propre à chaque pays, semblait se dessiner où chaque nation devait trouver le modèle de développement qui correspondait le mieux aux objectifs choisis. Mais le coronavirus éloigne la concrétisation des ODD à l'horizon 2030 et la crise sanitaire, économique et sociale, entraînée par la pandémie, va effacer tous les progrès accomplis, en termes de développement, de la dernière décennie.

§ 1. Définir et mesurer le développement

I. Croissance, développement et sous-développement

A. Développement et sous-développement : Quelles définitions ?

Selon **P. Bairoch** (1930-1999), le **développement** est l'ensemble des changements économiques, sociaux, techniques et institutionnels liés à l'augmentation du niveau de vie résultant des mutations techniques et organisationnelles de la Révolution industrielle du XVIIIe siècle. Le concept de développement va au-delà de l'augmentation des niveaux de vie. Pour **F. Perroux** (1903-1987), le développement correspond à « *la combinaison des changements mentaux et sociaux d'une population qui la rendent apte à faire croître, cumulativement et durablement, son produit réel global* » (Perroux, 1961). Il doit être distingué de l'expansion ou de la croissance (v. chapitre *La croissance économique*). Enfin, **F. Perroux** considère que le développement doit déboucher sur le **progrès économique** en tant que « *propagation aux moindres coûts humains, à la vitesse la plus grande en première approximation (à la vitesse optimum dans une analyse plus approfondie), de la nouveauté, au sein d'un réseau d'activités économiques dont le sens, la signification devient accessible à tous* » (Perroux, 1961). On voit par ces définitions que la croissance économique ne peut, à elle seule, permettre le développement. Pour **F. Perroux**, l'une des caractéristiques essentielles du **sous-développement** est l'incapacité économique des PED à répondre aux besoins fondamentaux de sa population, « *aux frais fondamentaux du statut humain de la vie* », aux « *coûts de l'homme* » (alimentation, santé, éducation...). Le sous-développement est analysé comme la non-satisfaction des besoins essentiels.

Plus récemment, les travaux d'**A. Sen** (né en 1933, prix Nobel en 1998) mettent l'accent sur le fait que le **développement** suppose une extension des libertés des individus, c'est-à-dire de la possibilité effective pour les individus d'atteindre les situations et d'accomplir les actions qui sont nécessaires à la réalisation de leur conception de la vie bonne (v. chapitre *Les inégalités économiques*). Dans une perspective voisine, **E. Duflo** (née en 1972) souligne que le développement consiste à faire reculer la pauvreté.

Le Programme des Nations Unis pour le développement (PNUD), qui est un organisme multilatéral de développement qui aide les pays à élaborer des politiques afin de réduire les inégalités, la pauvreté et l'exclusion, va approfondir le concept de développement, dans le sens développé par A. Sen, à travers la notion de **développement humain**. Ce dernier prend en compte, à la fois, la dimension sociale et économique du développement et il est défini comme « *un processus qui conduit à l'élargissement des possibilités qui s'offrent à chacun.* [...] *Elles impliquent que soient réalisées trois conditions essentielles : vivre longtemps et en bonne santé, acquérir un savoir et avoir accès aux ressources nécessaires pour jouir d'un niveau de vie convenable* » (PNUD 1990). Ainsi l'augmentation des revenus n'est qu'une capacité parmi d'autres. Pour aller plus loin dans les modalités du développement, le PNUD a mis en avant, en 2009, une vision endogène du développement avec la notion de **développement des capacités**, qui est le « *processus par lequel des personnes, des organisations et des sociétés obtiennent, renforcent et entretiennent les capacités de définir et de réaliser leurs propres objectifs de développement dans le temps* » (PNUD, 2009). Dans cette analyse il ne s'agit pas de ne donner que des fonds aux PED ou d'imposer les modèles des pays développés mais plutôt de partir des priorités locales et/ou nationales et de contribuer à les faire se développer. C'est-à-dire que les changements sont générés, maîtrisés et intégrés par ceux qui en bénéficient, c'est ce qui permet l'autonomisation des personnes. De plus ce **développement** doit être **inclusif** et durable, il doit profiter à toutes les catégories de population quel que soit le sexe, l'âge, l'origine ethnique ou le statut social.

Dans cette idée, le sous-développement n'est pas conçu comme le résultat d'un retard de croissance mais plutôt comme le résultat d'un processus historique à la fois externe mais aussi interne aux pays. Même si on ne peut pas parler d'unité entre les pays où le développement est insuffisant, il existe des caractéristiques au **sous-développement**, c'est-à-dire au fait qu'une grande partie de la population mondiale n'atteint pas la satisfaction du minimum vital (alimentation, logement, habillement, santé, éducation) :

- La désarticulation entre les secteurs de l'économie (agriculture et industrie), une forte population rurale et vivant de l'agriculture avec une faible productivité et en faible lien avec le secteur industriel ;
- Un régime démographique particulier, notamment un décalage dans le temps entre la baisse du taux de mortalité et la baisse du taux de fécondité, ce dernier étant plus tardif. D'où un accroissement naturel important (v. chapitre *Économie et démographie*) ;
- Un niveau d'inégalités élevé, plus prononcé que dans les pays développés. Des inégalités diverses et cumulatives (de revenus, de patrimoine, de genre, etc.).

B. Pluralité des situations de sous-développement et des classifications

Après la Seconde Guerre mondiale, on distingue habituellement les pays développés des pays sous-développés. Cette typologie a rapidement été remise en cause, dans la mesure où elle s'appuyait sur une vision ethnocentrique du développement selon laquelle les pays sous-développés relevaient d'une situation d'infériorité.

C'est pourquoi l'ONU adoptera finalement l'expression de **Pays en développement (PED)**.

Face à la diversité des situations en matière de développement, la Conférence des Nations Unies pour le commerce et de développement (CNUCED) distingue les « pays exportateurs de pétrole » et les « **Pays nouvellement industrialisés** » (**PNI**), des « **Pays les Moins Avancés** ». Les **PMA** sont caractérisés par un faible PNB par habitant et un faible niveau d'industrialisation et d'alphabétisation. Parmi les PNI, on trouve les « quatre dragons » ou « nouveaux pays industrialisés d'Asie » (Hongkong, Taïwan, Singapour, Corée du Sud), mais également les « **pays émergents** » ou « **économies émergentes** » (pays à fort potentiel de croissance, en voie d'industrialisation rapide, ayant amorcé leur décollage par leur ouverture sur les marchés mondiaux : Indonésie, Malaisie, Thaïlande, Philippines).

Les Tiers-mondes

Le concept de **Tiers-monde** a été forgé par **A. Sauvy** (1898-1990) en 1952. Évoquant la situation des pays pauvres, il écrit « *ce Tiers-monde ignoré, exploité, méprisé comme le Tiers état, veut lui aussi être quelque chose* » (Sauvy, 1952). Mais, face à l'existence de disparités énormes entre les pays, il est aujourd'hui difficile de concevoir une unité du Tiers-monde. Il n'existe plus un, mais des tiers-monde. En effet, les pays de l'Asie de l'Est classés comme PED jusqu'au début des années 1960, ont depuis connu un fort développement, relevant et figurant aujourd'hui parmi les **Nouveaux pays Industrialisés** (NPI) ou les pays émergents. Les « dragons » asiatiques (Corée du Sud, Hongkong, Taïwan et Singapour) ont aujourd'hui rejoint le niveau de vie des pays riches. La part des BRICS (Brésil, Inde, Chine et Afrique du Sud) dans la production mondiale et le commerce mondial s'accroît à un rythme rapide, alors que les pays d'Afrique subsaharienne connaissent une croissance faible et des difficultés récurrentes (conflits armés, instabilité politique, etc.).

La notion d'**États fragiles** a été proposée par la Banque mondiale. Ce concept émerge dans les années 1990 à l'occasion de la quasi-disparition de l'État en Somalie. Cette première approche est basée sur la notion de crise, lorsque des pays en situation de détérioration ou de crise prolongée connaissent des conflits ou des crises ouvertes. Pour la Banque mondiale, les **États fragiles** sont ceux dans lesquels la gouvernance politique est défaillante et l'État peu présent ce qui a pour conséquences une grande pauvreté et des difficultés à atteindre les Objectifs du millénaire pour le développement (OMD). L'OCDE publie un rapport tous les deux ans sur les États fragiles et en donne la définition suivante : un État qui « *n'a qu'une faible capacité à assurer les fonctions de gouvernance de base et n'est pas en mesure de développer des relations constructives et mutuellement avantageuses avec la société. Les États fragiles sont aussi plus vulnérables face aux chocs internes ou externes tels que des catastrophes naturelles et des crises économiques* » (OCDE 2014). Pour déterminer la liste des États fragiles dans le monde, l'OCDE s'appuie sur des indicateurs politiques (perte de légitimité de l'État, détérioration des services publics, non-respect des droits humains), sociaux (violences communautaires, mouvements de populations, réfugiés), économiques (inégalités de développement entre les populations), environnementaux (risques de catastrophes naturelles) et de sécurité (notamment alimentaire).

On estime que 23 % de la population mondiale vit dans un **État fragile** en 2020 (14 % en 2010). 57 pays sont considérés comme des États fragiles en 2020 dont 13 en situation d'extrême contexte de fragilité comme le Yémen, le Soudan du Sud, Haïti, la Somalie ou encore le Congo. Dans son rapport *États de fragilité* 2020, l'OCDE met en avant le fait que sortir de la fragilité n'est pas linéaire et complexe, ainsi certains pays sortis du contexte de fragilité en 2018, s'y retrouvent en 2020, comme le Cambodge. De plus la pandémie va accentuer la fragilité des États, c'est un choc externe qui a des effets sur toutes les dimensions de la fragilité, mais notamment un accroissement de l'extrême pauvreté et surtout celle des enfants et des difficultés plus importantes dans l'accès à la scolarisation et aux soins.

II. Les indicateurs du développement

A. Les indicateurs quantitatifs du développement

L'indicateur le plus couramment retenu est le PIB par habitant et plus précisément encore le **PIB par habitant** corrigé des parités de pouvoir d'achat. Depuis la Révolution Industrielle, les pays dont le PIB par habitant est le plus élevé sont aussi les pays pour lesquels les résultats sont les meilleurs en termes d'éducation, d'espérance de vie, d'accès aux soins et d'institutions plus démocratiques. Il semble donc y avoir une corrélation forte entre bien-être et augmentation du PIB par habitant.

Comparaisons internationales et parités de pouvoir d'achat

Lorsqu'on souhaite comparer la production ou le niveau de vie de deux ou plusieurs pays, il faut exprimer ces grandeurs économiques en une même unité monétaire (le dollar le plus souvent). La conversion aux taux de change courants n'est pas satisfaisante car ils fluctuent et ne sont pas toujours représentatifs des caractéristiques fondamentales des économies. Pour pallier ces inconvénients on utilise un taux de change calculé de telle façon que le pouvoir d'achat d'un dollar soit le même dans tous les pays, pour une année donnée. On dispose alors d'une mesure en parité des pouvoirs d'achat (ou corrigée des parités de pouvoir d'achat).

Selon **S. Kuznets** (1901-1985, prix Nobel en 1971), le sous-développement peut être évalué de manière relative en comparant sur le long terme les rythmes de croissance des différents pays.

Il y a de fortes disparités entre pays en termes de PIB_{ppa} par habitant. En 2019, au niveau mondial, selon la banque mondiale, le PIB_{ppa} par habitant (base 2011) était de 17 200 dollars par habitant (14 269 dollars en 2014). Celui de l'Amérique du Nord était de 63 900 dollars par habitant, alors que celui de l'Afrique subsaharienne n'atteignait pas les 4 000 dollars par habitant. La zone de l'Union européenne à 28 avait pour cette même année un PIB_{ppa} par habitant de 47 827 dollars par habitant (34 861 dollars en 2014).

Néanmoins, depuis le début du XXIe siècle au moins, les zones géographiques qui correspondent aux pays en développement connaissent une croissance plus rapide que les pays anciennement industrialisés, elles connaissent un phénomène de rattrapage. Le PIB/hab PPA a augmenté de 7,5 % en Amérique du Nord et de 11,2 % dans l'Union européenne entre 2001 et 2011, de 31,5 % en Afrique subsaharienne, de 72,8 % en Asie du Sud sur la même période. Et entre 2010 et 2020 le taux de croissance

annuel moyen a été de 2,4 % pour les États-Unis, de 7,6 % pour la Chine, de 3,3 % pour le Brésil ou encore de 5,9 % pour l'Afrique (hors Afrique du sud).
Mais sur la longue période, ce constat doit être relativisé. Un certain nombre de pays restent à l'écart et les données moyennes ne reflètent pas les fortes inégalités internes. Même si la croissance des pays émergents a été plus forte que celle des pays qui se sont développés plus tôt, elle est restée moins qualitative en termes de bien-être. L'émergence d'une classe moyenne dans certaines économies ne fait pas disparaître l'extrême pauvreté, qui reste un problème majeur. Les inégalités de revenus ont augmenté en Chine et en Inde malgré la croissance économique.
Même si les écarts entre les pays les plus riches et les plus pauvres se réduisent depuis les années 2000, les écarts se creusent entre les pays à revenus intermédiaires et les pays les plus pauvres.

B. Des indicateurs de développement plus qualitatifs

a. L'Indicateur de développement humain

En 1990, le PNUD crée l'**Indicateur de développement humain** (IDH), indicateur multidimensionnel qui évite de se fonder sur le seul PIB.
Cet indicateur composite prend en compte le revenu par habitant, l'espérance de vie à la naissance, le taux d'alphabétisation des adultes et le taux de scolarisation. Le calcul de l'IDH repose donc sur trois éléments perçus comme essentiels pour mesurer le développement humain : la santé, l'éducation et les revenus. Le calcul de l'IDH a été largement modifié en 2010, et repose désormais sur une moyenne géométrique et non plus arithmétique des trois dimensions, ce qui permet de mieux refléter les écarts de performance entre pays. La définition des différents indices a également changé.
À chacune de ces variables est attribué un indice entre 0 et 1. Pour chaque indice, la note maximale de 1 est, par convention, attribuée au pays qui réalise la meilleure performance mondiale, et la note 0 à celui qui a la performance la plus faible dans ce domaine.
- L'indice relatif à la santé est attribué en fonction de l'espérance de vie.
- L'indice relatif à l'éducation est calculé désormais en associant les années de scolarisation escomptées pour un enfant d'âge scolaire aujourd'hui (soit le nombre d'années d'études qu'il peut s'attendre à faire) et les années de scolarisation préalables moyennes pour les adultes âgés de 25 ans et plus (soit le nombre d'années d'études que les adultes ont suivi en moyenne).

– L'indice relatif aux revenus est désormais calculé à partir du revenu national brut par habitant, ajusté en parité de pouvoir d'achat.

L'IDH est une moyenne géométrique de ces trois notes, il est lui-même compris entre 0 et 1.

Le PNUD distingue quatre catégories, chacune d'elles correspondant à un quart de l'effectif total des 189 pays étudiés en 2019 :

– les pays à développement humain très élevé (par exemple Norvège, États-Unis, France, etc.) ;
– les pays à développement humain élevé (par exemple Chine, Brésil, Cuba, Afrique du Sud, etc.) ;
– les pays à développement humain moyen (par exemple Maroc, Pakistan, Congo, etc.) ;
– les pays à développement humain faible (par exemple Malawi, Sénégal, Guinée, Niger, etc.).

IDH MOYEN POUR QUELQUES GROUPES DE PAYS EN 2019

	IDH moyen
Pays à développement humain très élevé	0,898
Pays à développement humain élevé	0,753
Pays à développement humain moyen	0,631
Pays à développement humain faible	0,513
Pays les moins avancés	0,538
Monde	0,737

Source : PNUD, *Rapport sur le développement humain*, 2019.

b. Des indicateurs permettant de mieux cerner les inégalités de développement

- Un **Indicateur de développement humain ajusté aux inégalités** (IDHI) qui réduit la valeur moyenne de l'IDH en fonction du niveau d'inégalités présent dans chaque dimension. Ainsi, selon le PNUD, « *l'IDHI est en théorie égal à l'IDH s'il n'existe aucune inégalité entre les individus, mais il décroît pour s'éloigner de l'IDH à mesure que les inégalités augmentent. Autrement dit, l'IDHI représente le niveau réel du développement humain (qui tient compte de cette inégalité), tandis que l'on peut considérer l'IDH comme un indice de développement humain "potentiel" (ou le niveau maximum de l'IDHI) qu'il serait possible d'atteindre en l'absence de toute inégalité. C'est la différence, exprimée sous forme de pourcentage, entre l'IDH et l'IDHI, qui indique la "perte" subie par le développement humain potentiel, en raison des inégalités* » (PNUD, 2014). En 2019, l'IDH de la France était de 0,901 et l'IDHI de 0,820 avec une perte de 9 %. Aux États-Unis l'IDH était de 0,926 et l'IDHI de 0,808 avec une perte de 12,7 %.

- Un **Indice de pauvreté multidimensionnelle (IPM)** qui « *montre l'incidence de la pauvreté multidimensionnelle non monétaire et son intensité (nombre relatif de privations subies simultanément par ces personnes)* », (PNUD, 2014). Il identifie les privations dans les trois domaines de l'IDH à hauteur de 33 % des indicateurs pondérés. Selon le PNUD dans son rapport 2018, le nombre de personnes en situation de pauvreté multidimensionnelle dans un PED était de 1,3 milliard dont la moitié sont des personnes de moins de 18 ans. Dans le monde, une personne sur 9 est sous-alimentée.
- Un **Indice de l'inégalité de genre (IIG)** : il montre les désavantages des femmes dans trois dimensions. La santé reproductive (choix des méthodes de régulation de la fécondité, suivi de grossesse), l'autonomisation (accès aux ressources financières) et le marché de l'emploi (accès égalitaire à l'emploi). L'indice varie entre 0 et 1. Plus il est proche de 0 plus les femmes ont un traitement égal à celui des hommes et plus il est proche de 1 plus la condition des femmes est mauvaise. L'IIG était en 2019 de 0,0045 en Norvège, 0,049 en France, de 0,204 aux États-Unis ou encore de 0,408 au Brésil.

§ 2. Théories du développement

Les théories du développement ont connu une évolution importante, qui a accompagné les transformations des problèmes rencontrés par les PED, leur rattrapage ou leur non-rattrapage des pays développés, et l'histoire des relations Nord-Sud.

I. L'explication du sous-développement par le retard de développement

Les économistes libéraux expliquent le sous-développement par l'accumulation de retards. Pour **W. W. Rostow** (1916-2003, *Les étapes de la croissance, un manifeste non communiste*, 1960), le développement passe nécessairement par les étapes suivantes :
- l'étape de la société traditionnelle dans laquelle, la productivité du travail est faible en raison d'un développement insuffisant des technologies. L'économie est essentiellement agricole et le système de valeurs n'est pas favorable au développement (**économie de subsistance**) ;

- l'étape de la constitution de « ***préalables au développement*** » (Rostow, 1960) : la recherche scientifique ; l'ouverture des marchés mondiaux ; la transformation du système de valeurs (développement de l'esprit d'entreprise) ; l'augmentation de l'investissement notamment dans les transports et enfin, la constitution d'un État centralisé se substituant au modèle seigneurial ;
- l'étape de **décollage** (***take off***) marquée par une transformation de la structure fondamentale de l'économie et de la société, « *de telle façon que le taux de croissance de l'économie pourra par la suite rester constant* » (Rostow, 1960) (v. chapitre *La croissance économique*) ;
- l'étape de « ***marche vers la maturité*** » (Rostow, 1960), caractérisée par une diffusion du progrès technique, l'émergence de nouvelles industries telles que la chimie ou l'industrie électrique, un relatif déclin des anciennes industries ;
- l'étape de la **consommation de masse**, caractérisée par le développement de la production de biens de consommation et de services, l'urbanisation, l'augmentation de la qualification de la main-d'œuvre et le développement de la protection sociale. Pour stimuler le développement, il faut mettre en place rapidement selon Rostow les principes du libéralisme (ouverture des économies, développement de l'esprit d'entreprise…) pour que ces pays accèdent au même niveau que les pays développés.

Un certain nombre d'auteurs critiquent l'idée de l'existence d'une voie unique de développement, suivant le modèle des pays précurseurs de l'industrialisation, comme la Grande-Bretagne. Pour **A. Gerschenkron** (1904-1978), les pays à industrialisation tardive peuvent suivre une voie de développement spécifique (franchissement direct d'un certain nombre d'étapes) comme l'ont fait certaines nations développées à la fin du XIXe siècle, telle l'Allemagne par exemple. Ce modèle repose sur les traits suivants :

- une intervention massive de l'État pour compenser les limites de l'initiative privée ;
- un financement bancaire face à la faiblesse de l'autofinancement des entreprises ;
- un appel à l'épargne étrangère pour pallier l'insuffisance de l'épargne nationale ;
- l'importation de technologies.

La mise en œuvre de ce type de politique peut permettre, selon cet auteur, un développement très rapide (cas des Nouveaux pays industrialisés, NPI), facilité par le fait que les pays qui accèdent au développement emploient nécessairement les technologies les plus modernes leur permettant même de concurrencer immédiatement et efficacement les anciens pays industrialisés (« **effet Gerschenkron** »).

II. Développement et spécificités nationales

Les deux fondateurs de l'économie de du développement sont **G. Myrdal** (prix Nobel en 1974) et **A. Lewis** (prix Nobel 1979). Comme **A.O. Hirschman**, ils considèrent que les pays en développement doivent trouver une voie spécifique pour se développer car ils ne rencontrent pas les mêmes problèmes que les pays industrialisés.

D'après **A.O. Hirschman**, l'économie du développement se caractérise par :

- une forte critique des théories classiques sur les bienfaits des échanges internationaux en termes de réciprocité des avantages ;
- l'idée qu'il n'existe pas une voie de développement à caractère universel (mono-économisme).

Ces deux présupposés de l'économie du développement peuvent servir à constituer une grille de lecture des théories du développement.

Si les PED connaissent des difficultés, cela résulte du caractère dual de leur économie (**modèle dualiste**). Les PED sont marqués par l'existence de deux secteurs :

- un secteur capitaliste, caractérisé par un niveau de productivité élevé, qui dégage un surplus économique et par conséquent permet l'accumulation ;
- un secteur de subsistance, caractérisé par une productivité faible, qui pèse sur l'ensemble de l'économie mais qui constitue un véritable réservoir de main-d'œuvre pour le développement du secteur capitaliste.

Selon **A. Lewis**, le **sous-développement** est à associer à une situation de sous-emploi rural (chômage déguisé) et le développement passe par une réduction du secteur de subsistance au profit du secteur capitaliste.

Il souligne également que les échanges internationaux peuvent provoquer une destruction des capacités de développement des pays les plus fragiles et que le marché n'assure pas forcément la meilleure allocation des ressources.

Enfin, **A. Lewis** en appelle à un renouvellement des approches économiques du développement par l'intégration au sein de la science économique des apports de l'histoire et de l'anthropologie.

G. Myrdal, considère que le sous-développement est le résultat de multiples facteurs (analyse institutionnaliste) et que l'on ne peut, pour analyser la question du développement, isoler le système économique du système de valeurs et des processus techniques. Il est également un partisan de la mise en œuvre d'un nouvel ordre économique international et de réformes radicales au sein des PED par un interventionnisme accru de l'État.

Selon **A. O. Hirschman**, le développement est nécessairement déséquilibré : la croissance apparaît dans telle ou telle région, ou dans tel ou tel secteur, elle est une succession de déséquilibres qui incitent les acteurs économiques à investir pour y faire face, générant par là même de nouveaux déséquilibres. Comme il existe dans tous les PED des potentialités de développement à partir de ressources non utilisées, il convient de promouvoir un développement déséquilibré. L'État doit ainsi assurer le développement d'industries à forte intensité capitalistique, génératrices de goulets d'étranglement (en matière d'infrastructures, d'énergie, de matières premières…) qui vont entraîner de nouveaux investissements en aval ou en amont pour y faire face.

III. Développement et inégalités des relations internationales

A. Développement et dégradation des termes de l'échange

Selon **R. Prebisch**, ancien secrétaire général de la CNUCED et représentant de la Commission économique pour l'Amérique latine (**CEPAL**, créée en 1948), l'Amérique latine connaît un certain nombre de difficultés du fait d'une spécialisation dans les produits primaires qui génère :
- une ponction importante du revenu national pour le paiement des importations en raison de la détérioration des **termes de l'échange** de ces produits ;
- une inégale répartition des revenus qui contribue au gonflement des importations de produits de luxe ;
- une forte dépendance technologique ;
- une orientation de l'agriculture vers des produits d'exportation, qui augmente la dépendance en matière de production vivrière.

Les termes de l'échange

• L'indicateur des **termes de l'échange** rapporte l'indice des prix des exportations d'un pays à l'indice des prix de ses importations. Si le rapport est supérieur à 1, il y a amélioration des termes de l'échange, si celui est inférieur à 1, il y a détérioration des termes de l'échange. Cet indicateur permet de mesurer les conséquences de l'évolution des prix relatifs sur le commerce extérieur.

• On distingue deux types de calcul des termes de l'échange : l'indice net des termes de l'échange ; les termes de l'échange factoriels.

– L'**indice net des termes de l'échange** est le rapport entre l'indice de prix des exportations et l'indice de prix des importations (multiplié par 100). On suppose par exemple qu'un

pays A importe des magnétoscopes en provenance d'un pays B et exporte des melons vers ce pays. Si le prix des melons au kilo augmente de 5 % entre 2011 et 2012, tandis que le prix des magnétoscopes augmente de 10 %, alors l'indice net des termes de l'échange est le suivant :
105/110 multiplié par 100 = 95,45
Cela traduit une détérioration des termes de l'échange pour le pays A de 4,55 %.
– Le calcul des **termes de l'échange factoriels** s'intéresse aux quantités de facteurs de production nécessaires (principalement de facteur travail) pour produire un bien ou un service concerné par un échange international. Si, pour le pays A, la production d'une tonne de melons nécessite 1 000 heures de travail, pour un prix à la tonne de 500 euros et qu'un magnétoscope représente 1 000 heures de travail pour un prix de 1 000 euros ; il fallait donc pour le pays A vendre 2 tonnes de melons pour acheter un magnétoscope, soit échanger 2000 heures de travail contre 1 000.

R. Prebisch, souligne que l'insertion des Pays en développement dans les relations économiques internationales fonctionne selon un système centre/périphérie (« **capitalisme périphérique** »). Le centre est constitué des pays développés et la périphérie des PED. Les pays développés ont la maîtrise de ce système, orientant la production de la périphérie pour la satisfaction des besoins du centre. Il considère qu'il existe une tendance séculaire à la dégradation des termes de l'échange au détriment des produits primaires et donc au détriment du tiers-monde. Il relève que les gains de productivité obtenus dans la production de biens primaires profitent aux pays riches et non aux salariés des PED et que les pays industrialisés s'organisent en oligopoles pour maîtriser les prix de leur production. Inversement, le Tiers-monde est divisé (concurrence interne) et se spécialise dans des productions qui excèdent les capacités d'absorption de ses marchés.

Face à cette domination du centre, les PED doivent mener des politiques d'industrialisation volontaristes plutôt que de compter sur leur insertion dans les échanges mondiaux. Il faut conduire des politiques protectionnistes modérées, une industrialisation par substitution aux importations (politique menée au Brésil notamment, dans les années 1960) et une réforme de leur politique agricole (développement de l'autosuffisance alimentaire).

Les thèses de **R. Prebisch** ne sont pas corroborées par l'analyse des échanges internationaux. En effet, les PED ne sont pas nécessairement spécialisés dans la production et l'exportation de produits primaires (riches en facteur travail), tandis que les pays industrialisés, de leur côté, exportent également des produits primaires (cas des États Unis ou de la France en matière notamment de production agricole). Par ailleurs, les analyses de l'évolution des termes de l'échange conduisent à penser qu'il y a instabilité des termes de l'échange et non tendance séculaire à la dégradation.

B. Les théories néo-marxistes

L'analyse néo-marxiste relève que les causes du sous-développement résident essentiellement dans une mauvaise utilisation du surplus économique, accaparé par les classes dominantes dans les pays du Sud. **S. Amin** et **P. Salama** (1917-2009), ajoutent que le statut d'ex-colonies d'un certain nombre de pays explique leur sous-développement. La colonisation et le néo-colonialisme ont créé une situation de dépendance de ces pays à l'égard du centre et des échanges inégaux. Selon **A. Emmanuel** (1911-2011), les causes du sous-développement ne tiennent pas au fait que les PED seraient spécialisés dans la production de produits primaires – bien des pays industrialisés connaissent une insertion internationale par l'exportation de ce type de produits – mais bien plutôt à une surexploitation des travailleurs des PED dans les secteurs ouverts aux échanges internationaux. Celle-ci se traduit par des rémunérations largement inférieures à la productivité du travail, ce qui explique un appauvrissement général des PED par le biais du commerce international. Il parle alors d'« **échange inégal** » parce qu'une même valeur (produits vendus par les PED et les pays développés à prix égal) incorpore plus de travail dans les PED que dans les pays riches.

Les néo-marxistes préconisent pour les PED, une déconnexion des échanges internationaux (**S. Amin**, *L'Accumulation à l'échelle mondiale*, 1981), la mise en œuvre d'un mode de développement autocentré, dans une perspective socialiste. Ils soulignent également la nécessité de réformes agraires et de l'intervention économique et sociale de l'État.

Les analyses néo-marxistes sont remises en cause par l'essor des pays émergents. Cette transformation majeure de l'économie mondiale montre que les pays du Tiers-monde n'étaient pas condamnés au « développement du sous-développement » et l'ouverture aux échanges extérieurs est davantage un facteur de développement que les politiques auto-centrées.

Cependant, la perspective critique n'a pas perdu toute fécondité. De nombreux travaux mettent l'accent sur les conséquences néfastes de la mondialisation en matière d'inégalités et d'environnement.

IV. Le renouveau des théories du développement

A. La théorie des besoins essentiels

Au cours des années 1970, à partir des travaux du Bureau international du travail (BIT), un nouveau courant en matière d'économie du développement émerge, qui insiste sur la nécessaire recherche des conditions locales optimales de développement. Le développement passe par une voie qui n'est ni celle suivie antérieurement par les pays industrialisés (étapes à rattraper en matière de développement), ni celle suivie par les pays « marxistes » (développement par l'industrialisation). Dans cette perspective, il s'agit de mettre en œuvre une stratégie de réponse aux besoins essentiels (***Basic Needs Approach***). Ce courant est à l'origine de l'adoption et de la généralisation d'indicateurs sociaux du développement (Indicateur de Développement Humain) à côté des indicateurs classiques (croissance du PIB).

Cette approche inspire l'action de nombreuses ONG. Il s'agit de tenir compte de la nature de l'économie des PED, d'abandonner les grands programmes d'industrialisation ou d'urbanisation, et de promouvoir les projets locaux réellement susceptibles d'avoir des effets d'entraînement sur une économie encore fondée sur une agriculture et un artisanat traditionnel.

A. Sen, prix Nobel d'économie en 1998, a approfondi la théorie du bien-être et du choix collectif. Il est à l'origine de l'indicateur de développement humain (IDH) utilisé par le PNUD et d'une approche en termes de « **capabilités** » (néologisme traduisant le concept de *capability*) illustrant « *les possibilités, les "chances", qu'a l'individu de réaliser ses objectifs* » ou encore de « *choisir entre des modes de vie possibles* ». Cette approche en termes de **capabilités** met ainsi l'accent sur les possibilités qu'ont les êtres humains de décider et de choisir effectivement (v. chapitre *Les inégalités économiques*).

Dans son ouvrage *Un nouveau modèle économique (1999)*, il défend l'idée selon laquelle le développement dépend essentiellement de l'accroissement des « libertés positives ». Il distingue :

Les **libertés politiques** qui concernent les possibilités, pour les individus, de choisir les gouvernants, « *de contrôler et de critiquer les autorités, de s'exprimer sans restriction et de lire une presse non censurée, de choisir entre des partis politiques antagonistes, etc.* » (Sen, 2000).

Les **opportunités sociales** qui concernent notamment les dispositions prises par une société, en faveur de l'éducation ou de la santé.

Les **facilités économiques**, enfin, qui concernent, « *les opportunités, offertes aux individus, d'utiliser les ressources économiques à des fins de consommation, de production ou d'échanges* » (Sen, 2000).

La démocratie est ainsi pour **A. Sen** un facteur de développement et constitue même une étape nécessaire : « *aucun pays démocratique, même le plus pauvre, n'a jamais subi de famines. La raison en est que la prévention de ce fléau ne présente aucune difficulté pour autant que les gouvernements aient la volonté de la mettre en œuvre. Bien entendu, une démocratie multipartite, dotée de médias libres et d'un système électoral, constitue, pour un gouvernement, une forte incitation politique à prendre les mesures préventives* » (Sen, 2000).

B. Approche microéconomique de la pauvreté et expériences aléatoires

Les travaux de l'économiste française **E. Duflo** et de l'Indien **A. Banerjee** ont profondément renouvelé les théories du développement, au cours des années 2000. Ils cherchent à comprendre les facteurs qui maintiennent dans la pauvreté certaines populations, même quand elles bénéficient d'aide au développement : il ne suffit pas de distribuer une aide pour réduire la pauvreté, il faut donc en étudier précisément les mécanismes. Ils ont mis en place dans ce but une structure de recherche originale le *Poverty action Lab* (J-PAL) qui coordonne plusieurs centaines d'études dans le monde, et les efforts de plusieurs dizaines de chercheurs. C'est une analyse microéconomique qui cherche à identifier l'impact d'une politique comme celle de la micro-finance, les différentes options pour motiver les enseignants ou encore quelle organisation mettre en œuvre pour favoriser les vaccinations. Dans leur démarche, ils font donc l'hypothèse que les échecs dans la lutte contre la pauvreté et le sous-développement peuvent être mieux compris si on saisit pourquoi les individus ne font pas les choix les plus favorables au développement. Pourquoi certains parents refusent-ils d'envoyer leurs enfants à l'école, ne les vaccinent pas alors que ces choix sont largement bénéfiques à long terme ?

Ils s'inspirent de l'approche d'**A. Sen** pour ne pas réduire la pauvreté à un manque de ressources monétaires, mais à un manque de capacité à les utiliser. Les pauvres peuvent par exemple manquer tout simplement d'informations pour prendre de meilleures décisions. Ils font des choix dans un univers économique très imparfait, ce qui les conduit fréquemment à prendre des décisions qui ne sont pas objectivement les meilleures, car ils ne peuvent pas toujours en percevoir l'impact. L'introduction d'une nouvelle information, d'une incitation monétaire ou non-monétaire ou d'un changement institutionnel peut alors les conduire à revoir leurs choix et à adopter un comportement qui leur donne plus de chances de sortir de la pauvreté.

Pour comprendre les facteurs de blocage du développement, ou évaluer l'efficacité d'un programme de lutte contre la pauvreté, il faut mener des études empiriques. **E. Duflo** et **A. Banerjee** (tous les deux prix Nobel 2019) ont adopté les méthodes d'**expériences aléatoires** (ou **essai randomisé contrôlé** – ERC) inspirées des essais cliniques dans le domaine médical : on tire de façon aléatoire un échantillon de population-cible, qui bénéficie de la mesure que l'on souhaite tester, et on compare ses comportements à ceux d'une population identique en tous points, sauf qu'elle ne bénéficie pas du programme. La mise en place d'une étude efficace passe par une étroite collaboration avec les ONG présentes sur le terrain généralement.

Une des études des auteurs a porté sur 134 villages indiens de la région d'Udaipur. Elle cherche à comprendre pourquoi l'accès aux soins préventifs est si faible, même quand ils sont gratuits. **L'expérience aléatoire** permet de montrer que les soins demandent du temps, et engendrent donc une perte de revenu (coût d'opportunité), alors que ses avantages sont lointains et peu visibles, ce qui n'incite pas à se soigner. Dans ces conditions, une incitation monétaire modeste a des effets importants sur les comportements : le taux de vaccination est passé de 17 à 38 % en donnant aux mères qui vaccinaient leurs enfants un kilo de lentilles.
Dans la lutte contre la pauvreté, le diable se loge donc dans les détails, et une évaluation systématique de l'efficacité des dispositifs est nécessaire. Les travaux d'**E. Duflo** et **A. Banerjee** permettent de mieux comprendre les facteurs qui bloquent le développement, et ont déjà exercé une influence sur de nombreux programmes gouvernementaux en matière de santé, d'éducation ou d'aide à la pauvreté.
Il existe des approches additionnelles qui permettent d'aller plus loin en termes de politique économique à un niveau plus large. C'est notamment le cas des travaux de **D. Acemoglu**, **S. Johnson** et **J. Robinson** sur l'importance des institutions dans la croissance de long terme (v. chapitre *La croissance économique*). Pour eux les programmes locaux et ciblés validés par les ERC ne seront pas efficaces sans institutions qui mettent en œuvre un système d'incitations et de contraintes adaptés.

§ 3. Politiques de développement

I. La pluralité des stratégies et des politiques de développement

Depuis 1945, trois périodes peuvent être distinguées en matière de politique du développement :
- une période (1945-fin des années 1970) marquée par des politiques de développement plutôt protectionnistes (stratégie autocentrée) ; ces politiques mettent en avant le rôle de l'État pour pallier les défaillances du marché, la nécessité de l'accumulation du capital pour la croissance économique et l'importance de l'aide internationale pour permettre les investissements ;
- une période (1980 à 1990) de plus grande intervention des institutions internationales (Banque mondiale et FMI) marquée par les thèses libre-échangistes (développement extraverti) et une méfiance vis-à-vis

de l'intervention de l'État; les institutions mettent en place une aide publique au développement (APD) dans l'objectif de retrouver les équilibres macroéconomiques;
- une période, à partir des années 2000, qui montre l'hétérogénéité des modèles de développement et l'impossibilité d'appliquer des « recettes » universelles. Il faut réaliser des diagnostics et mettre en œuvre des stratégies permettant de dépasser les barrières au développement. Il faut faire au « cas par cas ». Les analyses sont plutôt microéconomiques et l'État devient un guide.

A. Les stratégies autocentrées

Les **stratégies autocentrées** (ou **développement autocentré**) reposent sur une priorité donnée au développement du marché intérieur et au refus de la spécialisation internationale.

a. Les industries industrialisantes

La stratégie des **industries industrialisantes** repose sur le développement prioritaire des industries qui ont des **effets d'entraînements** sur l'ensemble de l'économie. Il y a effet d'entraînement lorsque le développement d'une activité entraîne celui d'une autre. Dans cette perspective, l'État joue un rôle majeur d'organisateur de polarisation des ressources en faveur de grands complexes industriels (généralement des industries lourdes). Ce type de politique a été mis en œuvre par exemple en Algérie, à la suite de sa décolonisation, durant l'ère Boumédiène (1965-1978).
Cette stratégie se heurte à un certain nombre de difficultés :
- l'inadéquation de la main-d'œuvre (d'origine rurale et peu qualifiée) aux exigences du projet industriel;
- le coût élevé des investissements initiaux;
- l'insuffisance de débouchés qui constitue au passage le principal obstacle au développement. En effet, dans cette stratégie, les difficultés surgissent moins d'insuffisantes capacités à produire que d'insuffisantes capacités à absorber la production.

b. L'industrialisation par substitution des importations (ISI)

L'industrialisation par substitution des importations (ISI) est une stratégie qui repose sur :
- une déconnexion des PED vis-à-vis des PDEM par le développement d'une production nationale de produits qui se substitue aux importations;

– un protectionnisme élevé (contrôle des importations, réglementation des changes…) ;
– des subventions publiques aux nouvelles industries et la mise en œuvre de mécanismes de planification par l'État.

Ce type de stratégie a été adopté par l'ensemble des pays d'Amérique latine durant les années 1950 et 1960 (plus particulièrement au Brésil). Elle se heurte à l'existence d'une dépendance technologique en matière, plus particulièrement, de biens d'équipements qui génère un déséquilibre de la balance des paiements et, à terme, une dépendance extérieure accrue.

B. Le développement extraverti

Entre 1960 et 1970, un certain nombre de pays du continent asiatique (Corée du Sud, Taïwan, Singapour, Hongkong) se sont engagés dans des politiques économiques volontaristes qui consistent :
– à modifier leur spécialisation initiale ;
– à conquérir, dans un premier temps, de nouveaux marchés dans les secteurs traditionnels des pays riches (production à fort contenu en main-d'œuvre : textile, confection, sidérurgie) ;
– à développer, dans un second temps, des productions de biens et de services plus sophistiqués (matériel informatique, composants électroniques, électronique grand public, automobile…) par des **stratégies de remontée de filière**.

Ce changement d'orientation en matière de politique économique s'est opéré avec l'appui d'un appareil d'État puissant, souvent au mépris de la démocratie, et dans le cadre d'un **protectionnisme éducateur** (v. chapitre *Commerce international, internationalisation de la production et gouvernance mondiale*).

Dès le début des années 1980, ces pays ont été suivis dans leur stratégie de développement par l'ensemble des pays de la zone Asie (ANASE, plus particulièrement par l'Indonésie, la Malaisie, la Thaïlande et les Philippines dans une moindre mesure), abandonnant donc les politiques de substitution aux importations au profit d'une politique d'industrialisation par le développement des exportations. Le contexte international a toutefois changé, dans la mesure où les interventions actives de l'État et les politiques protectionnistes sont largement remises en cause par les principes de l'OMC. Les stratégies de développement dans la zone Asie passent désormais par des développements extravertis qui s'appuient sur :
– une main-d'œuvre abondante (exode rural), relativement bien formée et faiblement rémunérée ;
– un recours à la technologie étrangère ;

– une ouverture du marché des capitaux pour attirer les Investissement Directs Étrangers (**IDE**) en vue de financer la croissance et plus spécialement le développement de la production de biens manufacturiers (v. chapitre *Commerce international, internationalisation de la production et gouvernance mondiale*) ;
– un marché intérieur protégé.

Ce type de politique reçoit l'appui de la Banque mondiale qui considère qu'il existe là un modèle de développement exportable mais qui implique toutefois une nécessaire accumulation « primitive » de capital, une bonne affectation de celui-ci, une stimulation de la recherche de gains de productivité et une croissance qui profite à tous. **J.R. Chaponnière** relève que le succès des « quatre dragons » tient en partie à l'existence d'une répartition égalitaire des ressources qui favorise l'émergence d'une classe moyenne et par conséquent le développement du marché intérieur (**développement auto-entretenu**) et des capacités de financement des projets industriels (croissance de l'épargne intérieure).

L'essor industriel des pays émergents contribue à la remise en cause du développement autocentré. Dès les années 1980, sous la contrainte des plans d'ajustement structurel ou par volonté autonome des pouvoirs publics, de nombreux PED se sont orientés vers le libre-échange. Aujourd'hui, ouverture et insertion dans les échanges internationaux sont considérées comme des catalyseurs de la croissance et du développement.

II. Les politiques de développement : un enjeu international

A. Le rôle des institutions internationales : ONU, CNUCED, Banque mondiale, FMI

L'**ONU**, créée en avril 1945, cherche à promouvoir les idées de développement, d'égalité entre les nations et d'universalisme. Pour sa part la Banque Internationale pour la Reconstruction et le Développement (**BIRD** ou **Banque mondiale**), créée à Bretton Woods en 1944, est chargée :
– de l'octroi de prêts à des conditions avantageuses ;
– du soutien financier et technique pour des grands projets d'infrastructures ou pour des programmes sociaux (santé, éducation…) ;
– et, plus récemment, de la protection de l'environnement.

En 1964, à l'initiative des pays du Tiers-monde, est créée la **Conférence des Nations unies pour le commerce et le développement (CNUCED)** dont l'objectif est de promouvoir une organisation des échanges internationaux plus favorable aux PED. En 1968, à son initiative, un système de préférences tarifaires (**Système généralisé de préférence, SGP**) au bénéfice des pays du Tiers-monde est mis en place par dérogation aux principes du GATT. En 1976, la CNUCED propose un programme de stabilisation des cours des matières premières par un mécanisme de stocks régulateurs. Ce mécanisme n'a dans la réalité jamais véritablement pu contribuer à une stabilisation des prix des matières premières, en raison du faible nombre d'accords de produits (cacao, café, caoutchouc, étain, sucre), de la concurrence entre PED et de ressources insuffisantes.

Dans le cadre de l'Union européenne, les **conventions de Lomé**, prolongées par la **convention de Cotonou** (2000), exonèrent de droits de douanes, partiellement ou totalement un certain nombre de produits en provenance des **pays ACP** (Afrique, Caraïbes, Pacifique) et donnent des garanties à ces derniers en matière de recettes d'exportations.

Plus généralement, en 1974, l'ONU se prononce pour un Nouvel Ordre Économique International (NOEI) qui nécessite :
- l'élargissement de l'accès des marchés des pays industrialisés aux PED ;
- l'augmentation des aides publiques et privées au développement ;
- la stabilisation du prix des produits primaires.

Ces orientations seront reprises en 1980, dans le rapport Brandt intitulé « *Nord-Sud : un programme de survie* », qui insiste sur la nécessité de lutter contre la famine et la pauvreté et d'opérer des transferts de capitaux massifs vers les PED. Dans une perspective relativement semblable, le discours de Cancun d'octobre 1981 de F. Mitterrand, mettra l'accent sur l'impossibilité pour le Nord de bénéficier durablement de la prospérité, si le Sud reste à l'écart du développement.

Mais dès le début des années 1980, l'ensemble de ces orientations et de ces perspectives vont être remises en cause face notamment au problème du gonflement de la dette des PED nécessitant, aux yeux des experts du FMI, la mise en œuvre de **politiques d'ajustement structurel** (PAS) d'inspiration nettement libérales.

Des objectifs du millénaire pour le développement aux ODD

En 2000, l'ONU a adopté les objectifs du millénaire pour le développement (OMD) afin de promouvoir une **croissance pro-pauvres** c'est-à-dire une croissance économique qui contribue plus fortement à la réduction de la pauvreté. Il s'agissait de huit objectifs qui devaient être atteints en 2015.

Chaque objectif est ensuite décliné en « cibles » quantifiées. Par exemple, pour le premier objectif, réduire l'extrême pauvreté et la faim, l'une des cibles est « *réduire de moitié la part des individus vivant avec moins de 1,25 dollars par jour* ». Une autre cible est de « *réduire de moitié la part des individus souffrant de la faim* ». Les cibles concernent l'année 2015 comparée à l'année 1990. Au cours de ces quinze années certaines cibles ont été abandonnées et les OMD ont totalement négligé le problème environnemental. Les résultats sont mitigés mais des progrès sont nets, notamment dans le domaine de la réduction de la pauvreté.

Depuis 2016 les OMD ont été remplacés par les **Objectifs de développement durable**

(ODD). Ils comprennent 17 objectifs et 169 cibles. Parmi ces 17 objectifs il y a la préoccupation environnementale comme atteindre une énergie propre et d'un coût abordable ou encore préserver et restaurer les écosystèmes.
Une critique des ODD, développée par **B. Lomborg**, souligne que toutes les cibles ne sont pas efficaces et qu'il faut instaurer un ordre de priorité. Ainsi les plus efficaces sont celles qui rapportent quinze fois plus que leurs coûts (économique, social, environnemental). Parmi elles, la lutte contre le paludisme ou le retrait des subventions à la consommation des énergies fossiles. Les moins rentables sont celles qui coûtent plus cher qu'elles ne rapportent comme l'augmentation de la part des énergies renouvelables dans la consommation mondiale : le coût de cette progression (5 %) serait l'équivalent du budget nécessaire pour atteindre les ODD en 2030 alors que le bénéfice pour l'environnement serait très faible et n'augmenterait pas suffisamment l'accès des plus pauvres à l'électricité.

B. Les politiques d'aide publique au développement

L'**aide publique au développement (APD)**, regroupe l'ensemble des ressources en provenance des organismes publics mises à la disposition des PED et des institutions internationales et qui prennent la forme de dons ou de prêts à long terme et à taux d'intérêt peu élevé. Au sein de cette aide, il faut distinguer l'aide publique bilatérale (majeure partie de l'aide publique) de l'aide publique multilatérale qui transite par des organismes internationaux tels que la FAO, l'UNICEF, le Programme Alimentaire Mondial, l'Organisation Mondiale de la Santé (OMS).

L'aide publique constitue une source de revenus indispensable pour un certain nombre de pays. Ainsi, elle peut représenter plus de 15 % du RNB pour certains pays. Sans cette aide qui permet de financer des projets de développement et de réduire le déficit de la balance des paiements ; ces pays seraient soumis à la logique et aux aléas du marché des capitaux privés, marqué par une forte tendance au financement des seuls pays stables politiquement et financièrement, et déjà engagés sur la voie du développement. Depuis 1970 les transferts annuels de capitaux (publics et privés) en provenance des pays riches s'établissent à 0,7 % du Revenu National Brut (RNB). En moyenne, sur la période 1960-2010, l'aide publique au développement des pays membres du Comité d'aide au développement de l'OCDE représentait 0,4 % de leur revenu national brut et pour 2018 à 0,31 % du RNB. Les efforts sont diversifiés. Parmi les pays riches qui font le plus d'effort en matière d'aide publique on trouve le Danemark, la Norvège, la Suède, le Luxembourg, le Royaume-Uni, qui ont atteint ou dépassé l'objectif des 0,7 % du RNB. La France a consacré en 2020 0,53 % de son RNB à l'APD. Les plus faibles contributeurs en 2020 sont les États-Unis avec 0,17 % de leur RNB, la Pologne ou encore la Corée (0,14 % du RNB). Les pays se sont de nouveau engagés en juillet 2015 lors de la conférence d'Addis-Abeba à consacrer 0,7 % de leurs richesses à l'APD.

Les financements se font de plus en plus à travers les fonds souverains, sous forme de prêts.

De plus, l'Aide publique au développement n'est plus seulement une relation entre pays du Nord et pays du Sud, les PED eux-mêmes contribuent à l'APD. Les émergents sont de plus en plus sensibles à la pauvreté qui les entoure, freinant leur propre développement. En 2018, l'aide internationale de l'Inde était estimée à 1,3 milliard de dollars. Depuis 2000, l'aide financière chinoise se dirige vers l'Amérique du Sud et l'Afrique sur des projets d'infrastructures et d'exploitation des ressources naturelles et elle s'effectue en dehors du cadre de l'APD. L'OCDE, chiffre en 2018 la coopération internationale de la Chine au développement à environ 4,4 milliards de dollars.

Enfin les acteurs privés prennent de plus en plus de place dans le financement (La fondation Gates).

Parallèlement à l'aide publique au développement, existe également l'aide privée regroupant tous les transferts financiers d'origine privée (banques, particuliers, **Organisations non gouvernementales –** ONG), sous forme de dons, de conseil technique, de prêts ou de prise de participation. Il en résulte qu'il est difficile de distinguer investissement de portefeuille, investissement direct à l'étranger de la notion d'aides privées. Par exemple, les actions des fondations privées sont en croissance depuis les années 2000 passant de 3 milliards d'aides à plus de 8 milliards aujourd'hui. L'autonomie financière des fondations leur permet de persévérer sur le long terme et de développer des actions dans des domaines oubliés ou délaissés par les organismes publics.

L'efficacité des programmes d'aide au développement est parfois remise en cause, en raison de multiples facteurs, notamment de la corruption dans les pays aidés. Selon certains économistes comme **E. Duflo**, une évaluation rigoureuse, par des méthodes scientifiques, de son usage peut donc contribuer à la rendre plus efficace, et donc à en légitimer la nécessité. La création des OMD en 2000 va justement dans ce sens puisqu'il y a des objectifs avec des cibles précises à atteindre. Les résultats de l'aide pourront être évalués.

L'APD a été importante dans les progrès sanitaires. Par exemple, majoritairement financées par l'aide, les moustiquaires ont fortement contribué au recul de la mortalité paludéenne en Afrique depuis 2000. Dans les pays à faible revenu, la plupart des vaccins ont pu être financés par l'aide et ont permis de réduire fortement le nombre de décès dus à des maladies évitables, comme la rougeole. L'APD pour atteindre les ODD d'ici à 2030 a été estimée à 2 500 milliards de dollars par an minimum. Cependant depuis 2018 l'aide extérieure du secteur public baisse. Enfin face à la covid-19, les membres du Comité d'aide au développement (CAD) ont mobilisé des financements. Selon les estimations faites par l'OCDE, le CAD a mobilisé 12 milliards de dollars pour aider les PED face à la pandémie. Cependant une partie seulement de ces financements sont nouveaux, il s'agit aussi d'une réorientation de l'APD, ce qui pourrait retarder les Objectifs du développement durable à l'horizon 2030.

J. Sachs montre que l'amélioration de la santé et la réduction des prix des produits alimentaires dans les PED passent par des mesures pragmatiques :
– fournir des engrais et des variétés de semences améliorées pour accroître la productivité du secteur agricole ;
– lutter contre les maladies tropicales pour lesquelles les médicaments existent.
Pour lui la santé et l'alimentation sont des **biens publics mondiaux**, la lutte contre les maladies tropicales et l'amélioration des rendements agricoles doivent être financées au niveau mondial.

C. Investissements directs à l'étranger (IDE) et développement

Selon **W. Andreff**, il existe une corrélation positive entre rythme de croissance et degré de pénétration de l'IDE. Il s'appuie sur la théorie mise en avant par **J. Dunning** (1927-2009) qui explique que les IDE évoluent selon le niveau de développement du pays. Un pays sous-développé attire peu les capitaux et investit peu à l'étranger. Puis en tant que PED, il voit les IDE entrants augmenter mais il enregistre toujours peu d'IDE sortants. Enfin, lorsque le pays émerge, ses IDE entrants restent forts et supérieurs aux IDE sortants mais il devient un investisseur plus important à l'étranger. Il y a donc une inégale répartition du stock d'IDE concentré sur les PDEM et les NPI. Les PED qui connaissent des taux de croissance élevés, attirent les capitaux étrangers, c'est le cas notamment des NPI. En revanche, l'Afrique est marquée par la fuite des IDE, l'absence relative de FMN et par une faible croissance, confirmant l'idée de sa marginalisation croissante dans l'économie mondiale. Les BRICS (Brésil, Russie, Inde, Chine, Afrique du Sud) seraient dans la troisième phase en devenant des investisseurs importants à travers leurs Firmes Multinationales (FMN). Aujourd'hui, pour les PED, l'enjeu n'est plus, comme dans les années 1950-1970, de dénoncer le néocolonialisme des firmes géantes, mais de les attirer par la création d'un environnement favorable en cherchant parallèlement à bénéficier de transferts de technologies par la constitution de ***joint-ventures*** (co-entreprise) et l'achat de licences étrangères.

III. Crise des dettes des PED et consensus de Washington

A. Dette des PED et crise de la dette

En 1974, à la suite du premier choc pétrolier, les PED rentrent dans une phase de gonflement de leur dette en raison de besoins de financement importants pour le développement industriel et de la détérioration du solde de la balance des paiements. Le point de départ de la crise d'endettement se situe symboliquement en 1982, lorsque le Mexique se déclare insolvable. Après avoir multiplié les rééchelonnements de dette et l'octroi de nouveaux prêts, les pays riches vont finir, dès 1988 (sommet de Toronto), par prendre des mesures plus radicales en termes d'annulations de dettes. En 1989, le **Plan Brady** (secrétaire d'État au Trésor américain) autorise les PED à racheter leur dette à des montants très inférieurs à leur valeur initiale en échange de titres (bons du Trésor américain, actions dans des entreprises nationales…). Mais cette crise d'endettement modifie la donne sur le marché des capitaux, les prêts privés à destination des PED (à l'exception des NPI d'Asie du Sud-Est), sont quasiment suspendus. Entre le milieu des années 1980 et 1990, les transferts nets en direction des PED deviennent négatifs du fait que le montant des capitaux affectés au service de la dette est supérieur au montant des capitaux perçus : le Sud finance donc le Nord.

En 2001, la dette des pays du Sud et de l'Est représente encore près de 40 % de leur PIB. L'Amérique latine représente à elle seule un tiers de cette dette, l'Asie du Sud-Est un quart, les pays de l'Europe de l'Est 16 % et l'Afrique subsaharienne 8 %. Depuis la fin des années 1990, la dette extérieure totale du Sud a légèrement régressé. Mais depuis quelques années la dette des pays émergents et des pays à faibles revenus augmente et les rend vulnérables. Ainsi en 2019, l'encours de la dette des pays à faibles revenus est de 8 100 milliards de dollars et il est détenu, pour un tiers, par des créanciers privés. Avec la pandémie du coronavirus, certains pays se retrouvent dans des situations de surendettement. Alors la Banque mondiale a proposé la suspension du service de la dette. L'initiative de suspension du service de la dette (ISSD) a pour objectif de permettre aux pays surendettés de concentrer leurs ressources sur la lutte contre la crise sanitaire. Depuis sa mise en œuvre au 1er mai 2020, elle a permis d'alléger la dette de plus de 40 pays, pour un montant total de plus de 5 milliards de dollars.

B. Les politiques d'ajustement structurel

Les **politiques d'ajustement structurel** (PAS) préconisées par le **FMI** et la **Banque mondiale** reposent sur l'idée que les obstacles au développement se situent du côté d'une trop grande intervention de l'État, d'une insuffisante mobilisation des initiatives privées et d'une confiance trop limitée dans les mécanismes du marché comme moyen de la régulation économique et sociale. Ces demandes de réformes structurelles se retrouvent, dans ce que **J. Williamson** va appeler le **Consensus de Washington**, autour de dix propositions :
- une stricte discipline budgétaire ;
- un redéploiement des dépenses publiques : recherche de forts rendements économiques tout en permettant la réduction des inégalités (améliorer les soins médicaux, développer le capital humain et les infrastructures) ;
- une réforme de la fiscalité, notamment en élargissant l'assiette et en augmentant les taux marginaux d'imposition ;
- une libéralisation financière ;
- un taux de change unique et concurrentiel ;
- une ouverture internationale ;
- la fin des restrictions aux IDE ;
- une privatisation des entreprises publiques ;
- une déréglementation des marchés ;
- une garantie des droits de propriété.

Les PAS ont rétabli les équilibres macroéconomiques, développé un meilleur cadre institutionnel et permis une meilleure intégration économique mondiale. Mais ces politiques de stabilisation ont également des effets récessionnistes. On a pu parler alors de « décennie perdue ».

IV. Les nouvelles politiques de développement

Depuis la fin des années 1990, une pensée « post-ajustement » a émergé ce qui a amené **J. Stiglitz** (né en 1943, prix Nobel 2001) à parler de « **Post-consensus de Washington** ». Ces analyses proposent notamment :
- une re-légitimation des pouvoirs publics ;
- une place plus importante aux contextes institutionnels de chaque pays ;
- de nouvelles politiques de développement liées aux problèmes de l'environnement : retour de l'agriculture comme moteur du développement, renforcement de la place des femmes dans ces politiques. Ces nouvelles

politiques cherchent ainsi à favoriser l'émergence de nouvelles puissances.

A. Les limites du consensus de Washington

Les Politiques d'ajustement structurel (PAS) sont fortement contestées en raison de leurs effets sur les conditions de vie des populations. Elles ont permis dans un premier temps un retour des équilibres macroéconomiques, mais, par la suite, ont émergé des problèmes de croissance, de pauvreté et d'inégalités. L'Amérique Latine a été frappée par la crise de la dette et l'Afrique a connu la spirale de la stagnation et de l'endettement permanent. L'attractivité du territoire pour les investisseurs étrangers est également restée limitée. Mais depuis la fin des années 1990, la Banque mondiale entame un changement d'orientation. D'une part, l'intervention de l'État, dans le cadre d'une politique de développement, ne lui semble plus illégitime, d'autre part, elle considère que l'objectif principal de toute politique de développement est la satisfaction de besoins essentiels (alimentation, santé, éducation, assainissement, transport, distribution d'eau potable, etc.). Il ne s'agit donc plus de mener l'ensemble des pays vers le niveau économique et social des pays industriels, mais de tenir compte des situations particulières, notamment celles des pays les moins avancés (PMA). **J. Stiglitz** propose que, dans le cadre de l'Organisation mondiale du commerce (OMC), les PMA bénéficient d'un traitement spécifique, notamment pour revenir sur la **clause de la nation la plus favorisée** : les pays les plus pauvres ne peuvent concurrencer les pays avancés sans bénéficier de conditions préférentielles, et il faut tenir compte des asymétries internationales, ainsi que des blocages structurels.
D. Rodrik, dans son ouvrage écrit à la fin des années 1990, *Nations et mondialisation*, montre qu'on ne peut appliquer les préceptes du consensus à tous les pays et que différentes politiques et différentes institutions peuvent conduire aux mêmes résultats. Pour cela, il faut des institutions solides et résoudre les conflits sociaux internes au pays. De plus, les recommandations du FMI et de la Banque mondiale reposent sur l'idée de marchés efficaces, ce qui n'est pas toujours le cas. Par ailleurs, les pays ayant suivi les principes du « Consensus » ne sont pas nécessairement ceux qui ont le mieux réussi : l'Inde effectue son décollage au début des années 1980 sans avoir appliqué les règles du FMI et de la Banque mondiale, et on peut citer le cas de l'Amérique latine qui, au contraire, en appliquant les « thérapies de choc » préconisées par le FMI et la Banque mondiale, a vécu une grande instabilité macroéconomique.
Les années 1990 sont aussi celles d'une réhabilitation du rôle de l'État. Il est désormais conçu comme complémentaire du marché et de la société civile. Même si son rôle a changé, et que sa fonction est davantage articu-

lée en partenariat avec le secteur privé, il joue un rôle important dans la mise en place d'un environnement favorable, dans l'élaboration des diagnostics. Il reste essentiel dans la réussite de la stratégie de développement.

Il semblerait qu'aujourd'hui l'expérience asiatique, notamment celle de la Chine, change la vision du développement : l'importance de l'économie de marché n'est pas remise en cause, le progrès technique garde une dimension essentielle qui doit être guidée par un État régulateur et porteur des infrastructures nécessaires. On ne parle plus de modèle uniforme mais plutôt d'une variété de voies basées sur l'expérimentation et adaptées aux nations et à leurs institutions. Il s'agit d'une approche plus pragmatique.

B. L'importance des contextes institutionnels

L'histoire montre que les trajectoires de croissance et de développement sont différentes selon les pays et qu'il est difficile d'appliquer les mêmes instruments à toutes les sociétés. Des auteurs ont mis en avant le rôle des institutions économiques et politiques dans les explications des différences de développement. Pour **D. North** (1920-2015) les **institutions** ont un rôle essentiel dans le développement. Selon lui, la création du marché ne peut exister sans institutions solides, c'est-à-dire sans droits de propriété, sans monnaie, sans respect des contrats, et sans État de droit. Les institutions permettent de créer un environnement dans lequel les agents économiques vont interagir, profiter d'opportunités et ainsi modifier à leur tour cet environnement institutionnel. Le changement institutionnel est possible et il est lié à une dynamique historique spécifique qui modifie l'ensemble des activités économiques et influence la performance d'une économie.

D. Acemoglu et **J. Robinson**, montrent aussi l'importance de l'existence d'institutions : « *les disparités économiques entre les divers pays du monde reposent sur des différences institutionnelles, sur les règles qui influencent la marche de l'économie et sur les motivations qui poussent les citoyens à l'action.* » (Acemoglu, Robinson, 2015) Selon eux, la réussite du développement a deux dimensions : les institutions économiques (« *inclusives* » et « *extractives* »), et le poids de l'histoire (v. chapitre *La croissance économique*) :

- les **institutions inclusives** sont celles qui « *permettent et favorisent la participation de la plupart des citoyens aux activités économiques en tirant le meilleur parti de leurs talents et de leurs compétences* » (Acemoglu, Robinson, 2015). Elles permettent la croissance et le développement par l'existence d'un État de droit, des droits de propriété garantis, des médias libres, une sécurité et un ordre assuré par un État fort et des opportunités économiques pour tous.

– les **institutions extractives** sont celles qui permettent à une minorité de s'approprier les revenus et les richesses créées par d'autres ou par le reste de la société. Dans ce type de société la croissance n'est pas durable car elle ne permet pas de progrès technique. Les tensions politiques sont en général élevées.

Les deux types d'institutions peuvent coexister, comme en Chine, mais pour eux, cela ne peut permettre un développement sur le long terme et ses sociétés sont instables. Leur analyse tend à montrer que le manque de croissance et les échecs des politiques de développement dans certains PED viennent de l'importance des institutions extractives souvent anciennes qui jouent un rôle de frein à la croissance.

– le **poids de l'histoire**, cela correspond aux événements qui ont modifié fortement les équilibres économiques et politiques d'un pays. Ils peuvent accélérer la croissance ou au contraire modifier les tendances. Les auteurs donnent l'exemple de la peste noire du XIVe siècle qui entraîna la perte de la moitié de la population anglaise et ainsi « *a eu un fort impact social, économique et politique sur les sociétés médiévales d'Europe* » (Acemoglu, Robinson, 2015). Cela modifie l'ordre féodal du fait de la pénurie de main-d'œuvre qui va permettre de modifier le statut des travailleurs en Angleterre, leur accordant de plus grandes libertés. Ce ne sera pas le cas en Europe de l'Est où les travailleurs vont voir leurs libertés se réduire davantage. Ces événements historiques permettent, en Angleterre, l'émergence d'institutions inclusives à la place des institutions extractives, et en Europe de l'Est des institutions extractives plus approfondies vont être développées.

Ces institutions économiques sont aussi dépendantes des institutions politiques qui elles aussi peuvent être inclusives ou extractives. Le choix des dirigeants et de la répartition du pouvoir (absolutiste ou pluraliste) aura un impact sur le type d'institutions économiques mis en place. Dans ce type d'approche, le développement passe donc par la construction et le maintien d'institutions inclusives.

Pour **J. Sachs** les institutions ne sont pas le seul facteur à prendre en compte dans le développement. Il y a d'autres obstacles comme l'isolement géographique, les maladies, le manque de ressources. Il montre notamment comment le paludisme en Afrique agit sur sa croissance économique du fait de son isolement géographique. La géographie d'un pays, lorsqu'elle est défavorable a des conséquences sur son commerce extérieur, sur les flux d'IDE entrants, sur ses migrations (par exemple, la fuite des cerveaux).

Dans son ouvrage *La culture de la croissance. Les origines de l'économie moderne* (2020), **J. Mokyr** (né en 1946), explique comment les différences institutionnelles ont permis à l'innovation de se développer. En effet, avant la Révolution Industrielle, les innovations sont isolées et elles sont basées sur un savoir prescriptif (savoir pratique), on cherche la connaissance des techniques pour produire. Puis on passe à un savoir propositionnel (théorique) qui permet des découvertes. Au XIXe siècle va se mettre en place la démarche et la pensée scientifique. On passe de la technique à la technologie, ce qui va permettre l'application du progrès technique à la production.

J. Mokyr met en avant trois facteurs qui permettent ce passage :

- La diffusion du savoir et de l'information : l'innovation devient cumulative (les inventeurs ne repartent plus de zéro, ils peuvent s'appuyer sur les connaissances précédentes) grâce au développement des services postaux, journaux, encyclopédies (échanges d'idées, clubs scientifiques). Tout cela permet l'accumulation des savoirs;
- La concurrence entre les pays en Europe : cela entraîne le développement de la destruction créatrice. L'Europe est politiquement fragmentée, il y a une compétition entre les pays, pour faire mieux que les autres : attirer les personnes brillantes. Cela diverge d'avec la Chine où il n'y a pas de pression concurrentielle, la navigation est interdite, pas de commerce chinois;
- L'émergence d'institutions avec la protection de la propriété intellectuelle : La *Glorious Revolution* (1688-1689) au Royaume-Uni va enlever la suprématie au roi pour la donner au Parlement, ce qui va inciter à l'innovation avec la reconnaissance des droits des inventeurs. La suppression des *guildes* va aussi être moteur du progrès technique car elles encadraient les travailleurs, elles gardaient secrètes les techniques et il y avait peu de diffusion du savoir (à Venise, à Murano, on y naissait avec l'interdiction de quitter l'île pour éviter la diffusion des techniques).

Pour **J. Mokyr**, c'est l'articulation entre technologie et facteurs institutionnels qui permet de mieux comprendre pourquoi ce décollage a eu lieu au début du XIXe.

C. Émergence de nouveaux enjeux : environnement et nouvelles puissances

a. L'enjeu environnemental

En 1987, la CNUCED, à la suite du rapport **G.H. Brundtland** « *Our Common Future* » propose de raisonner en termes de **développement durable** (« *sustainable development* ») qui repose sur les idées suivantes :

- le développement n'est pas une affaire nationale mais mondiale;
- le développement doit prendre en compte les besoins actuels des populations mais également ceux des générations futures. Il s'agirait donc de

se soucier de l'environnement et du caractère épuisable des ressources énergétiques et des matières premières (v. chapitre *Économie et environnement*).

Plus précisément, les objectifs stratégiques suivants sont fixés :
- favoriser la croissance tout en assurant la protection de l'environnement (préservation et mise en valeur des ressources naturelles, technologies propres) ;
- satisfaire les besoins essentiels ;
- maîtriser la démographie.

Cette approche a donné lieu à un certain nombre d'orientations et d'accords internationaux (v. chapitre *Économie et environnement*), notamment pour le développement humain à travers la constitution des ODD. Aujourd'hui l'Aide publique au développement, les Objectifs du développement durable, sont conçus autour du développement durable, mais la finance mondiale n'est pas alignée aux enjeux environnementaux. En effet, 80 % des financements ne sont pas à l'attention des populations et des pays qui en ont le plus besoin et il y a un manque de transparence : on ne sait pas quelle proportion finance le développement durable. Face à ces incertitudes s'ajoutent les besoins liés à la crise sanitaire qui réduiront les financements à court, moyen et long terme pour atteindre les objectifs.

b. Une réévaluation de la place de l'agriculture dans le développement

Les années 1990 voient, dans les stratégies de développement, une réhabilitation du rôle de l'agriculture. Elle est notamment le premier moteur de la croissance des PMA. En outre, elle est efficace dans la réduction de la pauvreté et de la malnutrition. Elle est aussi nécessaire dans les objectifs d'une préservation des ressources naturelles et de la lutte contre le réchauffement climatique.

P. Timmer pense qu'il faut, dans les premiers stades du développement, investir dans l'agriculture. Elle est porteuse de gains de productivité qui précèdent souvent la croissance du PIB. Le secteur agricole est un moteur préalable à la croissance économique. L'agriculture, tout en dégageant une main-d'œuvre mobilisable pour d'autres secteurs, a aussi des effets d'entraînements sur les secteurs amont et aval. On parle des effets de liaison en aval (quand l'industrie agroalimentaire profite de produits à prix réduits) et en amont (par l'utilisation plus importante d'intrants). Elle a des effets-revenus sur la consommation (diversification de la consommation).

J. Sachs a critiqué la Banque mondiale dont les incitations étaient, pour les PED, à la production de biens pour l'exportation. Ainsi les PED ont négligé leur agriculture se rendant dépendant pour leurs besoins alimentaires.

Pour **P. Timmer**, ce n'est pas une question de proportion mais une question de mobilisation efficace de l'agriculture pour le développement. En effet, la sur-spécialisation dans l'agriculture peut être un piège, elle doit au contraire rester un levier.

À l'avenir, l'agriculture devra relever trois défis : nourrir une population mondiale plus importante, procurer un revenu aux agriculteurs et protéger l'environnement. Ces trois défis sont interdépendants et complexes à réaliser en même temps, ce qui nécessitera des politiques économiques appropriées.

c. Le rôle des femmes

Dans les PED et les PMA, malgré les efforts de promotion au niveau international, la situation des femmes reste préoccupante alors que leur rôle dans le développement est crucial.

Les inégalités dont elles sont victimes sont celles qui résultent de l'inégalité devant l'éducation, le respect de l'intégrité physique (l'excision particulièrement) et l'équilibre psychologique, la formation à l'emploi, les revenus, la défense des droits et de leur absence ou leur faible représentativité dans les instances de pouvoir.

Cependant, elles sont des agents économiques importants. En effet, elles sont présentes dans tous les secteurs d'activité, elles occupent une place prépondérante dans l'économie informelle, elles développent des formes de solidarité, notamment financières. Le rôle des femmes dans le développement économique est reconnu comme indispensable. Elles jouent notamment un rôle important dans le secteur agricole et, représentaient, en 2018 presque la moitié des agriculteurs dans le monde, elles sont l'épine dorsale de l'économie rurale dans les PED. Mais elles sont aussi beaucoup plus touchées par la précarité et moins rémunérées. Elles sont confrontées à des inégalités qui ont un impact sur le niveau du PIB. Il est reconnu que les femmes affectent davantage les ressources du ménage à l'éducation des enfants et en faveur d'une meilleure alimentation. Ces deux éléments sont essentiels dans les stratégies de développement. Ainsi, une politique active de promotion des femmes aura des effets bénéfiques sur la croissance et le développement. Celle-ci passe par le développement de leur éducation, plus d'égalité homme/femme, une prise en charge de leur santé mais aussi une plus grande autonomie financière et économique. Les inégalités restent encore très importantes : environ 810 femmes meurent chaque jour dans le monde des suites de complications pendant la grossesse ou lors de l'accouchement. Le taux d'activité des femmes a baissé entre 2000 et 2019 passant de 51 % à 48 % et dans le même temps elles consacrent jusqu'à cinq heures de plus par jour que les hommes aux travaux domestiques non rémunérés. La Banque mondiale a mis en place un nouvel indice qui s'intéresse aux réformes juridiques qui favorisent l'inclusion des femmes dans la vie économique. Cet indice intègre huit indicateurs qui mesurent l'influence des lois sur la vie professionnelle des femmes : la libre circulation (les déplacements), l'accès à l'emploi, la rémunération des femmes, les contraintes juridiques liées au mariage, la prise en charge de la maternité, la possibilité d'entreprendre, l'accès à la propriété et à une retraite. Si les femmes ont les mêmes droits que les hommes alors l'indice est égal à 100. En 2019, au niveau mondial le score est de 74,15 et il est en progression. Certains pays comme la Belgique, la France, le Luxembourg ou encore la Suède le score est de 100, mais ce n'est pas le cas pour toutes les régions du monde où le plus haut degré d'inégalité juridique entre les hommes et les femmes se situe en Afrique du Nord.

d. L'émergence de nouvelles puissances

En 1993, la Banque mondiale publie une étude sur le miracle asiatique. Elle porte sur plusieurs pays, dont le Japon, la Chine, la Malaisie, Hong-Kong, Singapour. Elle met en exergue l'importance du rôle de l'État et des politiques industrielles mais aussi le rôle des institutions. Cependant les conclusions du rapport mettent en avant le fait que le miracle asiatique n'est pas reproductible ailleurs.

Plutôt que de parler de nouveau modèle, l'expérience chinoise montre que l'expérimentation et la diversité des modèles permettent la réussite. Il y a en Chine des entreprises qui dépendent fortement des flux d'IDE et qui sont intégrées dans la mondialisation (les zones économiques spéciales, SEZ), des entreprises d'État, restructurées à la fin des années 1990, où l'État concentre ses efforts et un modèle d'économie semi-privée, qui se développe depuis les années 1990, avec un rôle important pour les acteurs locaux.

En outre la Banque mondiale prévoit que les émergents recevront la moitié des capitaux mondiaux d'ici 2030 avec une augmentation de l'épargne dans ces pays. L'APD cherche à capter une partie de cette épargne. De plus le poids croissant des PED dans le commerce mondial change la donne. En effet, ils absorbent les exportations des pays avancés notamment avec la montée de la classe moyenne dans ces pays. Les pays à revenu faible et intermédiaire sont destinataires des trois cinquièmes des exportations américaines. On constate aussi un développement du commerce Sud-Sud.

En 2014, la création par les BRICS de la Nouvelle Banque de développement montre des changements dans les politiques de développement à venir. L'objectif pour ces pays est de se doter d'instruments mieux adaptés à leurs besoins et de limiter l'influence occidentale (v. chapitre *Relations monétaires internationales*). Par ailleurs la Chine a créé en 2015 la **Banque Asiatique d'Investissement pour les Infrastructures** (BAII) qui permet de financer, dans la zone, les besoins d'infrastructures qui sont de l'ordre de 800 milliards de dollars par an. La BAII a ouvert son capital aux pays occidentaux (57 pays fondateurs au total avec beaucoup de pays l'Europe de l'Ouest) et est dotée d'un capital de 100 milliards de dollars, même si le Japon et les États-Unis en sont absents. On voit apparaître les ambitions de la Chine : financer ses besoins et développer son influence régionale. La Chine met en œuvre aussi le Fonds d'infrastructure chinois (ou le Fonds de la route de la soie) dont le premier bénéficiaire sera le Pakistan.

RÉFÉRENCES DU CHAPITRE

Acemoglu D. & J.A. Robinson (2015), *Prospérité, puissance et pauvreté ; Pourquoi certains pays réussissent mieux que d'autres*, Markus Haller.

North D. (1990), *Institutions, institutional change and economic performence*, Cambridge, Cambridge University Press.

Perroux F. (1961), *L'économie du XXe siècle*, Presse Universitaire de Grenoble.

OCDE (2020), « *États fragiles 2020* », OCDE.

OCDE (2019), *Perspectives du développement mondial 2019*, OCDE.

OCDE (2020), *Coopération pour le développement 2020. Apprendre des crises, renforcer la résilience*, OCDE.

PNUD (2020), « *Rapport sur le développement humain 2020. La prochaine frontière. Le développement humain et l'Anthropocène* », PNUD.

PNUD (2014), *Pérenniser le progrès humain : réduire les vulnérabilités et renforcer la résilience*, Rapport sur le développement humain 2014, PNUD.

PNUD (2011), *Durabilité et équité*, Rapport sur le développement humain 2011.

Rostow W.W. (1960), *Les étapes de la croissance économique, un manifeste non communiste*, Le Seuil.

Sauvy A. (1952), *Trois mondes, une planète*, L'Observateur, 14 août 1952.

http://www.homme-moderne.org/societe/demo/sauvy/3mondes.html

Sen A. (2000), *Un nouveau modèle économique : développement, justice, liberté*, Odile Jacob.

POUR EN SAVOIR PLUS

Initiation

Assidon E. (2002), *Les théories économiques du développement*, La Découverte, Coll. Repères.

Brasseul J. (2008), *Introduction à l'économie du développement*, A. Colin, Coll. Cursus.

Brasseul J. et Lavrard-Meyer C. (2016), Économie du développement, A. Colin, Coll. Cursus.

Copans J. (2006), *Développement mondial et mutations des sociétés contemporaines*, A. Colin, Coll. 128.

Charnoz O. et Severino J.-M. (2015), *L'aide publique au développement*, La Découverte, Coll. Repères.

Duflo A. (2010), *Le développement humain*, Le Seuil, Coll. La République des idées.

Duflo E. (2010), *La politique de l'autonomie*, Le Seuil, Coll. La République des idées.

Raffinot M. (2010), *La dette des Tiers-monde*, La Découverte, Coll. Repères.

Mancebo F. (2013), *Développement durable*, A. Colin, Coll. 128.

Prager J.-C. et Thisse J.F. (2010), *Économie géographique du développement*, La Découverte, Coll. Repères.

Sen A. (2006), *La démocratie des autres*, Payot.

Treillet S. (2015), *Économie du développement. De Bandoeng à la mondialisation*, A. Colin, Coll. Cursus.

Approfondissement

Adda J. (2012), *La mondialisation de l'économie*, La Découverte, Coll. Grands repères.

Azoulay G. (2002), *Les théories du développement*, Presses universitaires de Rennes.

Banerjee A.V. et Duflo E. (2012), *Repenser la pauvreté*, Seuil.

Banque mondiale (2012), *Égalité des genres et développement*. Rapport sur le développement dans le monde 2012.

Banque mondiale (2010), *Développement et changement climatique*, Rapport sur le développement dans le monde 2010.

Bürgenmeir J. (2008), *Politiques économiques du développement durable*, De Boeck.

Didry C., Vincensini C. (2010), *Au-delà de la dichotomie marché-institutions : l'institutionnalisme de Douglass North face au défi de Karl Polanyi, Revue Française de Socio-Économie*, La Découverte.

CEPII (2018), « L'économie mondiale 2019 » – Chapitre7, La Découverte, Coll. Repères.

Easterly W. (2007), *Les pays pauvres sont-ils condamnés à le rester ?*, Eyrolles.

Gazier B. (dir.) (2006), *L'avancée des biens publics. Politique de l'intérêt général et mondialisation*, Albin Michel.

Greffe X. et Maurel M. (2009), *Économie globale*, Dalloz.

Mokyr J. (2020), *La culture de la croissance. Les origines de l'économie moderne*, Gallimard.

Perkins D.H., Radelet S. et Lindauer D.L. (2008), *Économie du développement*, De Boeck.

Ponthieux S. (2006), *Le capital social*, La Découverte, Coll. Repères.

PNUD (2011), *Durabilité et équité*, Rapport sur le développement humain 2011.

PNUD (2014), *Pérenniser le progrès humain : réduire les vulnérabilités et renforcer la résilience*, Rapport sur le développement humain 2014, PNUD.

Problèmes économiques (2013), *Nourrir la planète*, n° 3073 septembre, La Documentation française.

Problèmes économiques (2015), *Quels objectifs pour le développement après 2015 ?*, n° 3116 septembre, La Documentation française.

Problèmes économiques (2015), *Les défis de l'Afrique*, n° 3102, Janvier, La Documentation française.

Renard M.-F. (2018), *L'économie de la Chine*, La Découverte, Coll. Repères.

Rodrik D. (2008), *Nations et mondialisation. Les stratégies de développement dans un monde globalisé*, La Découverte.

Sen A. (2000), *Un nouveau modèle économique*, Odile Jacob.

SUR LA TOILE

Sur le site de La vie des idées : un article de Wladimir Andreff :
http://www.laviedesidees.fr/BRICs-et-emergents-les-nouveaux-investisseurs-internationaux.html

Sur le site du PNUD toutes leurs publications :
http://www.undp.org/content/undp/fr/home/librarypage.html

Sur le site de l'OCDE toutes leurs publications :
https://www.oecd.org/fr/

Sur le site de la Banque mondiale toutes leurs publications :
https://www.banquemondiale.org/fr/home

Un article sur le lien entre aide au développement et croissance :
http://www.blog-illusio.com/article-l-aide-au-developpement-favorise-t-elle-la-croissance-123812460.html

Finance et développement :
https://www.imf.org/external/pubs/ft/fandd/fre/2003/06/pdf/sachs.pdf

Sur les inégalités de genre : *World Bank 2019. The Little Data Book on Gender 2019*
https://openknowledge.worldbank.org/bitstream/handle/10986/31689/LDB-Gender-2019.pdf ?sequence=2&isAllowed=y

Liste des prix de sciences économiques en mémoire d'Alfred Nobel

1969 Ragnar Frisch (1895-1973) et Jan Tinbergen (1903-1994)
1970 Paul Anthony Samuelson (1915-2009)
1971 Simon Smith Kuznets (1901-1985)
1972 Kenneth Arrow (1921-2017) et John Richard Hicks (1904-1989)
1973 Wassily Leontief (1906-1994)
1974 Friedrich August Hayek (1899-1992) et Gunnar Myrdal (1898-1987)
1975 Leonid Vitalievich Kantorovich (1912-1986) et Tjalling Charles Koopmans (1910-1985)
1976 Milton Friedman (1912-2006)
1977 James Meade (1907-1995) et Bertil Ohlin (1899-1979)
1978 Herbert Alexander Simon (1917-2001)
1979 William Arthur Lewis (1915-1991) et Théodore W. Schultz (1902-1998)
1980 Lawrence Robert Klein (1920-2013)
1981 James Tobin (1918-2002)
1982 George J. Stigler (1911-1991)
1983 Gérard Debreu (1921-2004)
1984 John Richard Nicolas Stone (1913-1991)
1985 Franco Modigliani (1918-2003)
1986 James McGill Buchanan (1919-2013)
1987 Robert M. Solow (né en 1924)
1988 Maurice Allais (1911-2010)
1989 Trygve Haavelmö (1911-1999)
1990 Harry Markowitz (né en 1927), William Sharpe (né en 1934), Marton Miller (1928-2000)
1991 Ronald Coase (1910-2013)

1992 Gary Becker (1930-2014)
1993 Robert William Fogel (1926-2013) et Douglass C. North (1920-2015)
1994 John F. Nash (1928-2015), John C. Harsany (1920-2000) et Reinhard Selten (1930-2016)
1995 Robert E. Lucas (né en 1937)
1996 James A. Mirlees (né en 1936) et William Vickey (1914-1996)
1997 Robert C. Merton (né en 1944) et Myron S. Scholes (né en 1941)
1998 Amartya Sen (né en 1933)
1999 Robert A. Mundell (né en 1932)
2000 James J. Heckman (né en 1944) et Daniel L. McFadden (né en 1937)
2001 Georges Akerlof (né en 1940), Michael Spence (né en 1943) et Joseph Stiglitz (né en 1943)
2002 Daniel Kahneman (né en 1934) et Vernon Smith (né en 1927)
2003 Robert F. Engle (né en 1942) et Clive W. J. Granger (1934-2009)
2004 Finn E. Kydland (né en 1943) et Edward C. Prescott (né en 1940)
2005 Robert J. Aumann (né en 1930) et Thomas Schelling (1921-2016)
2006 Edmund Phelps (né en 1933)
2007 Leonid Hurwicz (1917-2008), Éric Maskin (né en 1950) et Roger Myerson (né en 1951)
2008 Paul Krugman (né en 1953)
2009 Elinor Ostrom (1933-2012) et Oliver Williamson (1932-2020)
2010 Peter Diamond (né en 1940), Dale Mortensen (1939-2014) et Christopher Pissarides (né en 1948)
2011 Thomas Sargent (né en 1943) et Christopher A. Sims (né en 1942)
2012 Alvin Roth (né en 1951) et Lloyd Shapley (1923-2016)
2013 Eugene Fama (né en 1939), Lars Peter Hansen (né en 1952) et Robert Shiller (né en 1946)
2014 Jean Tirole (né en 1953)
2015 Angus Deaton (né en 1945)
2016 Oliver Hart (né en 1948) et Bengt Holmström (né en 1949)
2017 Richard Thaler (né en 1945)
2018 William Nordhaus (né en 1941) et Paul Romer (né en 1955)
2019 Esther Duflo (née en 1972), Abhijit Banerjee (né en 1961) et Michael Kremer (né en 1964)
2020 Paul Milgrom (né en 1948) et Robert Wilson (né en 1937)

Index des noms cités

Index analytique

C

D

E

F

G

H

I

N

O

P

Q

R

S

T

Certifié PEFC
Ce produit est issu de forêts gérées durablement et de sources contrôlées
PEFC/18-31-280
www.pefc-france.org

720850 - 721069 (I) OSB – P 60 – SCM – (EDO)
Achevé d'imprimer en octobre 2021
Dépôt légal : octobre 2021
Imprimé en Italie par Lego S.p.A.